머리말

여러분, 안녕하세요.
여러분의 토익 선생님 정재현입니다.

2016년 5월 이후 토익에 기존에 없던 새로운 문제 유형이 추가되면서
토익의 전반적인 체감 난이도는 상승하였고 따라서 이를 제대로 대비할
좋은 토익 실전 문제에 대한 필요가 더욱더 커지게 되었습니다.

그렇다면 제대로 된, 좋은 토익 실전 문제는 무엇일까요?
어떤 문제를 풀고 공부해야, 단기간에 최고의 토익 점수를 얻을 수 있을까요?

좋은 토익 실전 문제는,
실제 토익 문제와 같거나 조금 더 높은 난이도의 문제가 되어야 합니다.
그런 문제로 연습해야 단기간에 가장 많은 점수를 올릴 수 있습니다.
좋은 토익 실전 문제는,
가장 많이 출제되는 유형을 빠짐없이 담고 있어야 합니다.
또한, 신유형의 출제 패턴을 정확히 분석해 반영하는 것은 기본이고,
문제를 구성하는 문장과 어휘까지도 반드시 토익에 출제되는 것이어야 합니다.
그렇게 되면, 한 문제를 공부하면서도 5점이 아니라, 10점, 15점의 점수 상승을
기대할 수 있습니다.

이를 위해, 정재현어학연구소에 토익 분석만을 담당하는 숙련된 토익 전문가들과 토익 문제
출제에 경험이 많은 원어민을 초빙했습니다. 탄탄한 기존 연구진과 새롭게 구성된 연구진의
피나는 노력으로 문제에 숨어 있는 출제자의 의도와 유형의 변화 패턴을 파악하였습니다.
그리고 문제에 쓰인 문장과 지문의 길이, 어휘, 난이도를 실제 토익 시험 대비에 최적화된
상태로 모두 조절하였습니다.

이러한 정재현어학연구소의 노력의 결과는 신토익이 시행되면서 더욱 높아진 적중률이 말해
주고 있습니다. 그리고 그 결과의 진수를 바로 이 책 〈정재현 新토익 실전 1000제 RC〉에
모두 담았습니다.

적중,
단기간의 점수 상승,
이것이 〈정재현 新토익 실전 1000제 RC〉가 관심을 두는 모든 것입니다.

이 책이 여러분의 토익 졸업을 분명히 앞당겨 줄 것이라 확신합니다.

정재현 드림

정재현의 新토익 RC
끝내기 비법 FAQ

Q1 신토익으로 바뀌면서 ETS에서 바뀐 토익 규정이 있나요?

A 네, 있습니다. 기존에는 토익 응시자들이 고사장 변경을 원하는 경우, 정기/특별 추가 접수 기간에 동일 지역에 한해서만 고사장 변경이 가능했습니다. 하지만 신토익으로 바뀌면서 인터넷 접수 기간 이내라면 얼마든지 응시 지역과 관계없이 고사장 변경이 가능하게 되었답니다. 이 부분과 관련해서는 ETS 토익 관련 규정에서 확인하실 수 있어요.

Q2 신토익으로 바뀌면서 Part별로 어떻게 바뀌고 난이도는 얼마나 달라졌나요?

A Part 5는 40문제에서 30문제로 줄어든 대신 Part 6는 4지문에 총 16문제로 4문제가 늘어났어요. 무엇보다 Part 6에는 '문맥상 적절한 문장을 선택'하는 신유형이 추가되었습니다. Part 7 역시 문제 수가 6문제 늘었는데, 여기에도 몇 가지 신유형이 추가되었어요. 특히 세 지문을 읽고 문제를 풀어야 하는 트리플 지문이 15문제를 차지하게 되어서 독해에 자신이 없는 학생들에게는 체감 난이도가 높아졌다고 할 수 있습니다. 한정된 시간 안에 다량의 문제를 풀어야 해서 이전보다 긴 지문을 빠르고 정확하게 읽는 독해력이 요구됩니다.

Q3 신토익의 경우 Part별로 어떻게 시간을 배분해야 할까요?

A 상대적으로 Part 6, 7에 시간이 더 소요되기 때문에 최대한 Part 5에서 시간을 줄여야 해요. 따라서 Part 5를 '10분' 정도로 속도감 있게 푸시고 Part 6는 '8분' 안에 풉니다. 그리고 Part 7을 '54분' 안에 푸시고 나머지 '3분' 정도는 마킹하는 데 배분하시면 되겠습니다.

Q4 RC를 시간 내 모두 풀기가 힘들어요. 시간을 좀 더 효율적으로 관리할 수 있는 방법이 있을까요?

A 파본 검사 시간이나 LC 디렉션 시간을 잘 활용해야 합니다. 이 시간에 RC의 Part 5를 대략 5문제 정도 푸실 수 있습니다. 또한, Part 7의 경우 기사 지문이나 진위 확인 유형과 같이 단서가 지문 전체에 걸쳐 있어서 시간이 많이 소요되는 유형은 가장 마지막에 푸시는 것이 좋아요. 무엇보다 평소에 실제 시험처럼 시간을 재고 실전 문제를 푸는 연습을 꾸준히 하셔야 합니다.

정재현 新토익
실전 1000제
RC 해설집

커넥츠 영단기

정재현 新토익 실전 1000제 RC 해설집

저자	정재현
연구원	송다영(수석) 최민정 김은영 임정길 함윤희 유정수 우중민 송인지 박승원
	Kirsten Avila Jooch Nam Michael Putlack Peter Morton
기획 총괄	오용철 공정아
기획·편집	정유상 한미선
마케팅·영업	손지한 김정현 양윤화 김보경 김은지
표지 디자인	김유선
내지 디자인	닷츠
펴낸날	초판 1쇄 2017년 4월 10일
	5쇄 2021년 4월 30일
펴낸이	윤성혁
펴낸곳	(주)에스티유니타스
등록번호	제2015-000186호
홈페이지	eng.conects.com
고객센터	카카오톡 플러스 친구 [영단기] / 커넥츠 영단기 1:1 게시판
주소	서울시 강남구 영동대로 417 오토웨이타워 2F
ISBN	979-11-6131-014-5 (13740)

이 책에 실린 모든 글과 사진, 일러스트를 포함한 디자인 및 편집 형태, 배포에 대한 권리는
(주)에스티유니타스에 있으므로 무단으로 전재하거나 복제, 배포, 전송할 수 없습니다. 파본은 교환해 드립니다.

Q5 OMR 카드에 답안을 마킹할 때 시간 내 실수 없이 답안지를 옮기는 방법을 알려 주세요.

A 시험 막판에 모든 Part의 답을 옮기려고 하면 자칫 실수할 수가 있어요. 따라서 Part별로 답안을 마킹하시는 것을 추천합니다. Part 5, 6를 풀고 나서 한꺼번에 OMR 카드에 마킹하세요. Part 7은 한 지문씩 문제를 풀고 답을 옮기는 것이 좋습니다. 예를 들어, 편지 지문에서 두 문제를 푸셨다면 바로 답안지에 옮기고 다음 지문으로 넘어가서 푸시면 됩니다.

Q6 목표 점수가 900점 이상인데 몇 달째 800점 후반에서 오르지 않고 있어요. 특히 Part 7에서 많이 틀리고 시간도 부족합니다. 독해를 잘할 수 있는 방법에 대해 조언해 주세요.

A 독해의 경우 가장 중요한 건 어휘력입니다. 따라서 평소에 토익에 자주 출제되는 단어와 숙어 표현을 공부해 두셔야 합니다. 기출 어휘집이 있으시면 시험 직전까지 반복해서 암기해 주세요.
다음으로 직독 직해를 빠르게 하시려면 정독과 다독을 통해 독해의 기본기를 쌓으시는 것이 필요합니다. 토익 지문은 물론 평소에 실용문(영어로 된 편지, 광고, 공지문, 기사 등)을 접하시면서 다양한 영어 지문을 통해 독해 연습을 하시는 것도 영어 지문을 빠르고 정확히 읽는 데 많은 도움이 됩니다. 토익 문제집에 나온 지문은 반드시 끊어 읽기를 하면서 해석하시는 연습과 함께 틀린 문제는 지문의 단서가 어디였고, 어떤 부분을 놓치셨는지 오답을 정리하는 것도 필요합니다.

정재현의 新토익 RC
끝내기 라인업

新토익 끝내기 5단계 라인업

초보/입문	기초/중급	실전 대비	최종 점검	시험 당일
영단기 新토익 스타트 RC	영단기 新토익 RC	적중특강	정재현 新토익 실전 1000제 RC	정재현의 적중노트

토익 단기 고득점을 위해서는 분명한 공부 전략과 시험에 반드시 나오는 유형만을 짚어 주는 1등 강사에게 배워야 합니다.

영단기 新토익 스타트 RC (교재/유료 강의)
- 알기 쉽게 풀어 쓴 신토익 RC 입문서

영단기 新토익 RC (교재/유료 강의) + **정재현 RC 종결노트** (강의 부교재)
- 신토익 기초부터 실전까지 한 권으로 끝내는 기본서
- 정재현 RC 강의와 함께 보면 토익을 빠르고 완벽하게 종결시킬 수 있는 노트 3종

적중특강 (무료 특강)
- 반드시 알아야 할 핵심 포인트를 완벽하게 정리하여 실전 토익에서 자주 출제되는 유형을 파악할 수 있습니다.

정재현 新토익 실전 1000제 RC (교재/유료 강의)
- 시험 전, 실전 토익에서 문제 푸는 법을 점검하고 기출로 완성된 고퀄리티의 문제로 실전 능력을 극대화할 수 있습니다.

적중노트: 시험장에 가져가야 할 단 하나의 노트 (특별 한정 노트)
- D-7, D-1, D-day에 꼭 봐야 할 문제만을 다루었습니다.
- 정재현 선생님의 토익 RC 점수 상승 비밀을 공개합니다.

정재현의 新토익 RC
적중 사례

단순한 예측이 아닌, 진짜 적중된 문제를 경험해 보세요!
정확한 예측과 적중은 강의를 몇 년 한다고 아무나 할 수 있는 것이 아닙니다.
10년 이상의 치밀한 분석과 연구로 완성된 <정재현 新토익 실전 1000제 RC>로 남들보다 더 빠르게 토익을 끝낼 수 있습니다.

2016년 12월 적중특강 문제	2017년 1월 토익 시험
------- Mr. Carpenter hired a new company to make the firm's advertisements, sales began to rise at a rapid pace. (A) Along **(B) Once** (C) So (D) Finally	------- you have submitted all the necessary documents for your grant proposal, the evaluation process will begin. (A) Then (B) Next **(C) Once** 　정답 적중! (D) Always

2016년 11월 적중특강 문제	2017년 1월 토익 시험
The opening of the newly designed downtown civic center was postponed ------- construction delays. (A) without (B) as if **(C) due to** (D) instead of	The Violet Café is closed today ------- problems with its heating system. (A) while (B) whereas (C) as for **(D) due to** 　정답 적중!

2016년 11월 적중특강 문제	2017년 1월 토익 시험
The Human Resources Department recently altered the company Web site ------- potential applicants could submit all relevant documents electronically. **(A) so that** (B) if (C) why (D) because of	Please fill out the feedback form ------- conference organizers can improve future workshops. **(A) so that** 　정답 적중! (B) in order to (C) because of (D) as well as

2016년 9월 적중특강 문제	2017년 1월 토익 시험
It is ------- that all hospital personnel immediately report incidents affecting employee or patient safety. (A) critic (B) critics **(C) critical** (D) critically	It is ------- that clients be made aware of inventory shortages as soon as they occur. (A) sudden **(B) critical** 　정답 적중! (C) eventful (D) actual

2016년 9월 적중특강 문제	2017년 1월 토익 시험
On account of the low number of passengers, Destiny Air's weekly flights to Samoa have been cancelled until **further** notice.	Rimax employees will continue to receive a discount on in-store purchases until further notice. 　유형 적중!

新토익 시험 정보의 모든 것

新토익 소개

TOEIC 시험이란?
TEST OF ENGLISH FOR INTERNATIONAL COMMUNICATION의 약자로, 모국어가 영어가 아닌 사람이 일상적인 생활 또는 업무에서 의사소통이 가능한지를 평가하는 시험입니다.

시험 구성
듣기(LC) 4개 파트 100문제와 읽기(RC) 3개 파트 100문제로 총 7개 파트에 걸쳐 200문제가 출제됩니다. 200문제 모두 선택지 중에서 정답을 찾는 객관식 문제로 출제됩니다.

구성	PART 구성	출제 내용	문항수	시간	점수
LC (Listening Comprehension)	PART 1	사진 묘사 (사진 보고 문제 풀기)	6	45분 내외	495점
	PART 2	질문-대답 (질문 듣고 답변 고르기)	25		
	PART 3	짧은 대화 (두 명이나 세 명의 대화를 듣고 질문에 답하기) 신유형	39		
	PART 4	설명문 (전화 메시지, 연설문, 안내방송, 일기예보 등을 듣고 질문에 답하기) 신유형	30		
RC (Reading Comprehension)	PART 5	문장 빈칸 채우기 (하나의 문장 안에 있는 빈칸에 알맞은 말(문법&어휘) 고르기)	30	75분	495점
	PART 6	지문 빈칸 채우기 (짧은 지문 안에 있는 빈칸에 알맞은 말(문법&어휘&문장) 고르기) 신유형	16		
	PART 7	싱글 지문 (1개의 지문을 읽고 질문에 답하기) 신유형	29		
		더블 지문 (2개의 지문을 읽고 질문에 답하기)	10		
		트리플 지문 (3개의 지문을 읽고 질문에 답하기) 신유형	15		
총계			200	약 120분	990점

출제 범위 및 주제
일상생활 및 업무에 대한 영어 의사소통 능력을 평가하기 때문에 특정 분야의 전문 지식 또는 이와 관련된 어휘는 출제하지 않습니다. 국제 업무 환경에 맞게 다양한 국가의 지명과 성명이 등장하며, 듣기 평가에서는 미국, 영국, 호주 발음이 고르게 섞여 출제됩니다. 다음 주제를 참고해 봅시다.

기업 일반	이사회, 편지, 공지, 전화, 팩스, 이메일, 사무실 장비 및 가구, 사무실 규정, 계약, 협상, 합병 및 인수, 판매, 보증, 사업계획, 회의, 노사관계
공식 연회	식사 및 연회, 장소 예약
엔터테인먼트	영화, 공연, 전시
재무	은행업무, 투자, 세금, 회계, 청구
의료	건강보험, 병원 방문 및 예약
부동산	건설 및 보수 내역, 부동산 구매 및 임대, 기타 설비
제조	제품 조립, 공장 경영, 품질 관리
채용	모집, 고용, 퇴임, 승진, 급여, 일자리 지원서, 구인광고, 연금, 시상
구매	쇼핑, 주문, 배송, 송장
기술	전자장비, 기술지원, 컴퓨터, 연구실과 관련 장비
여행	교통 관련 일정, 교통 관련 각종 공지, 렌터카, 호텔 예약, 연착 및 취소

세상에서 가장 친절한 新토익 시험 가이드

1. 토익 접수 방법
- 토익 시험의 인터넷 접수 기간을 한국 TOEIC 위원회 사이트(www.toeic.co.kr)에서 확인합니다.
- 사이트에서 인터넷 접수를 선택하고 시험일, 고사장, 수험정보 등의 정보를 입력합니다.
- 시험 접수 시 최근 6개월 이내 사진(JPG 형식)이 필요하니 미리 준비합니다.

 시험 D-30부터는 특별추가접수에 해당하여 약 5천원 정도의 추가 비용이 발생합니다. 미리 시험을 접수하는 것이 좋습니다.

2. 시험 당일 꼭! 챙겨야 할 준비물
- **규정 신분증**
  성인의 경우, 주민등록증, 운전면허증, 기간 만료 전 여권, 공무원증 등이 인정됩니다. 중고등학생에 한하여 학생증(국내 학생증만 허용)도 신분증으로 인정됩니다.
- **연필 (볼펜, 사인펜은 No!)**
  연필 끝을 뭉뚝하게 만들어 준비하면 답안 마킹을 더 쉽게 할 수 있습니다.
- **지우개**
- **아날로그 손목시계 (전자식 시계는 No!)**

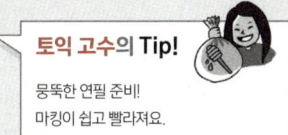
토익 고수의 **Tip!**
뭉뚝한 연필 준비!
마킹이 쉽고 빨라져요.

3. 입실 전 유의사항
- 시험 시간이 오전일 경우, 오전 9:20까지, 시험 시간이 오후일 경우 오후 2:20까지 입실합니다.

 오전 시험은 오전 9:50 이후, 오후 시험은 오후 2:50 이후로는 절대 입실할 수 없으니 꼭 시간을 지켜 미리 입실합니다.
시험 시간 직전에는 독해 문제를 풀기보다는 듣기 연습을 충분히 하여 귀를 훈련시키는 게 더 효과적입니다.

4. 시험 진행 안내

오전 시험	오후 시험	시험 진행
9:30~9:45 (15분)	2:30~2:45 (15분)	답안지 작성 오리엔테이션
9:45~9:50 (5분)	2:45~2:50 (5분)	쉬는 시간
9:50~10:05 (15분)	2:50~3:05 (15분)	신분증 확인
10:05~10:10 (5분)	3:05~3:10 (5분)	문제지 배부, 파본 확인
10:10~10:55 (45분)	3:10~3:55 (45분)	듣기 평가 (LC)
10:55~12:10 (75분)	3:55~5:10 (75분)	독해 평가 (RC)

5. 성적 확인 및 성적표 발급 방법 알아보기
- 시험일로부터 19일 후 오후 3시에 한국 TOEIC 위원회 사이트(www.toeic.co.kr) 혹은 ARS 060-800-0515로 성적 확인이 가능합니다. (단, ARS 성적 확인에 '동의'한 수험자에 한하여 ARS 성적 확인이 가능함)
- 성적 수령은 온라인 출력이나 우편 수령을 택할 수 있습니다.
- 온라인 출력 시, 성적 유효기간 내 홈페이지를 통해 출력 가능합니다.
- 우편 수령 시, 성적발표 후 접수 시 기입한 주소로 성적표가 우편 발송됩니다. (약 7~10일 소요)
- 온라인 출력과 우편 수령은 1회 발급만 무료이며, 이후에는 유료로 발급됩니다.

新토익 RC 출제 경향

2016년 5월~12월 新토익 시험 분석

PART 5 Trends 분석

1 어휘 문제보다 문법 문제의 출제 비중 편차가 크다.

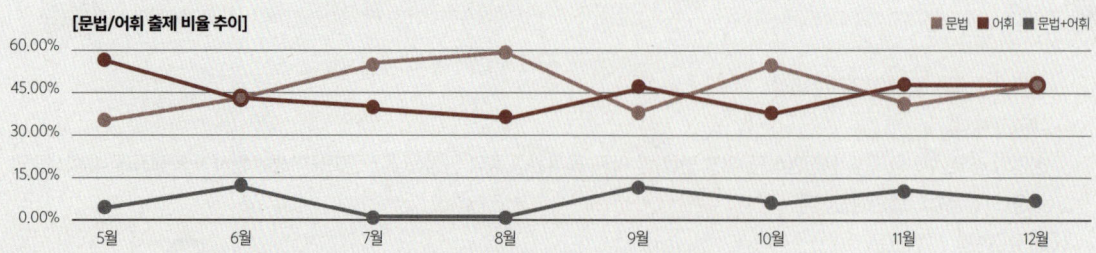

위의 그래프는 신토익 이후 출제된 토익 시험의 '문법/어휘/문법+어휘' 문제 유형의 출제 비중 변화를 추적한 것이다. 위의 그래프를 보면 문법 문제의 출제 비중 변화 폭이 크며 상대적으로 어휘 문제의 출제 비중 변화 폭은 작다. 이는 '문법+어휘' 유형의 출제 비중 폭을 나타내는 그래프의 모양이 어휘 문제와 거의 같은 것에서 그 이유를 찾을 수 있다. 위의 그래프에서 또 하나 발견할 수 있는 것은 2~3개월 주기로 출제 비중의 역전 현상이 일어나고 있으며 그 폭은 점차 감소하고 짧아지고 있다는 점이다. 5월 첫 시험 이후 문법 문제가 8월까지 3개월간 상승하고 9월부터 12월까지는 매월 등락을 거듭하고 있으나 11월과 12월에 시험에서는 어휘와 문법의 출제 비중이 거의 동일하다.

2 품사별 출제 비중은 구토익과 거의 동일하다.

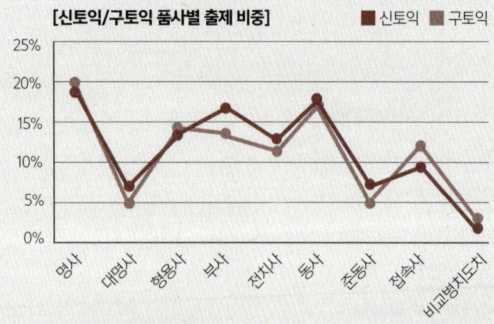 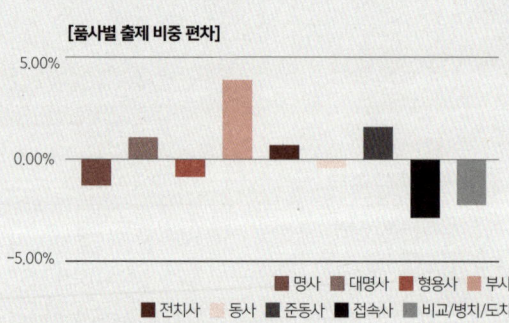

ETS는 신토익으로 변경하면서 기존 시험과 난이도와 출제 경향은 거의 비슷할 것이라고 발표하였는데, 정말 그렇게 구현될 것인지에 대해서는 회의적이었다. 위의 그래프를 분석해 보면, 왼쪽 그래프에서 신토익과 구토익의 그래프 모양이 거의 유사한 형태를 가지고 있다는 것은 실제로 두 시험 간의 품사별 출제 비중은 큰 차이가 없음을 알 수 있다. 오른쪽 그래프는 품사별 실제 출제 비중의 편차를 보여 주는 것이다. 40문항에서 30문항으로 줄어든 것을 고려하면, 부사와 준동사는 구토익보다 1문항 더 출제되며, 접속사는 1문항 덜 출제된다.

3 동사 관련 문법 문제는 복합유형이 늘었다.

구토익에 비해 10문항이 줄어들었기 때문에 기존에 자주 출제되던 문법 항목의 출제 비중은 줄어든 대신 다양성은 늘었다. 예를 들어, 동사 관련 문제는 동사의 형태, 수일치, 시제, 능수동태로 네 가지로 나눌 수 있다. 기존 시험에서 시제와 능수동태 문제가 동시에 출제되는 경우가 많았으나 신토익 이후에는 단독으로 묻는 대신 '시제+수일치', '시제+능수동태', '수일치+능수동태'와 같이 복합유형을 묻는 문제의 비중이 늘었다. 비교구문을 예로 들면, 출제 빈도가 가장 높던 비교급 문제의 비중이 줄어들고 원급과 최상급 문제의 비중이 늘어난 것이다. 기존의 기본 문법 지식을 확인하는 문제보다 난이도가 중/상에 해당하는 문제의 출제 비중이 늘었다고 결론을 내릴 수 있다.

월	핵심 문법	핵심 어휘
5월	대명사 someone	notwithstanding, concentrated
6월	가정법과거완료	부사 since
7월	현재분사구문	equivalent, selective
8월	수량표현+of+관계대명사	a wealth of
9월	명사절 접속사 whichever	traditionally, likewise
10월	등위접속사 yet	marginally
11월	be set to V	marked
12월	기수+최상급	seldom

1년 총 20회의 시험 중에서 1회 정도 출제되거나 한 번도 출제되지 않을 만한 유형들이 매월 출제되었다. 그중에서 6월에 출제된 가정법 과거완료의 경우 능수동태와 함께 출제되어 난이도를 높였고, 8월에는 관계대명사 문제 중에서 선행사의 종류와 동사의 수(數)까지 고려해야 하는 '수량표현+of+관계대명사' 유형이 출제되었고, 9월에는 명사절 접속사 중 복합관계형용사 'whichever'가 출제되어 난이도를 높였다. 처음 출제되는 유형은 아니지만, 문장 전체를 수식하는 현재분사구문을 묻는 문제의 출제 비중이 높다. 어휘 문제 중에서는 5월에는 'notwithstanding(~에도 불구하고)', 분사형용사 'concentrated(집중된)', 7월에는 'selective(선택적인)', 8월에는 '많은, 풍부한'이라는 의미를 가진 숙어 'a wealth of'에서 명사 'wealth', 9월에는 부사 'traditionally(전통적으로)'가 처음으로 토익 시험에 등장하였다. 이외에 6월 시험에서 전치사와 접속사로 출제 빈도가 높은 'since'가 부사로 출제되었고 출제 비중이 아주 낮았던 유형이었다. 그리고 12월 시험에서는 부정을 나타내는 빈도 부사 'seldom'이 전치사구와 출제되어 어휘 문제의 난이도를 높였다.

PART 6 Trends 분석

1 어휘 문제의 출제 비중이 높다.

구토익과 신토익의 문법/어휘 문제의 출제 비중을 분석해 보면 12문항으로 구성되어 있던 구토익과 신토익 모두 출제 비중이 거의 유사하다. 신유형을 제외하면, 대략 6:4로 어휘 문제의 비중이 높다. 2016년 1월부터 4월까지 실시된 구토익 시험을 분석해 보면 대부분 어휘 7문항, 문법 5문항으로 어휘 문제의 비중이 높았으며, 이는 신토익에서 16문항 중 신유형인 문맥상 알맞은 문장 넣기 4문제를 제외한 12문항의 출제 비중과 거의 동일하다.

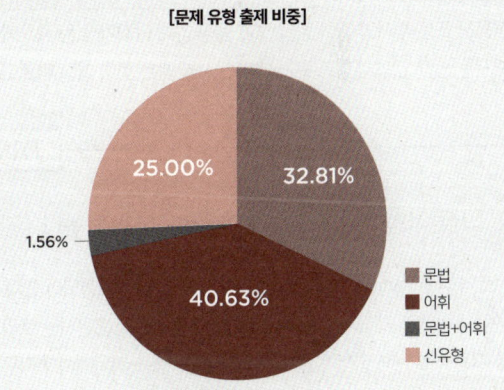

[문제 유형 출제 비중]

- 32.81%
- 25.00%
- 40.63%
- 1.56%

■ 문법
■ 어휘
■ 문법+어휘
■ 신유형

2 부사와 준동사의 출제 비중이 상승하였다.

신토익에서 Part 6는 12문항에서 16문항으로 늘어났으나 늘어난 4문제는 모두 신유형인 문맥상 알맞은 문장 넣기로 구성되기 때문에 기존 유형의 품사별 출제 비중을 살펴보는 것은 의미가 있다. 뒤의 그래프를 살펴보면 신토익에서는 명사, 형용사, 전치사, 동사의 출제 비중이 감소하였고 부사와 준동사의 비중은 상승하였다. 대명사와 접속사의 출제 비중은 거의 이전과 동일하다. 부사의 경우 앞뒤 문장의 내용으로 정답을 찾는 접속부사의 비중이 상승하였고, 준동사의 경우 주로 Part 5와 동일하게 to부정사와 분사 문제로 구성되었으며, 동명사의 출제 비중은 높지 않았다. 동사의 경우 어휘 문제와 시제 복합 문제의 출제 비중이 높다.

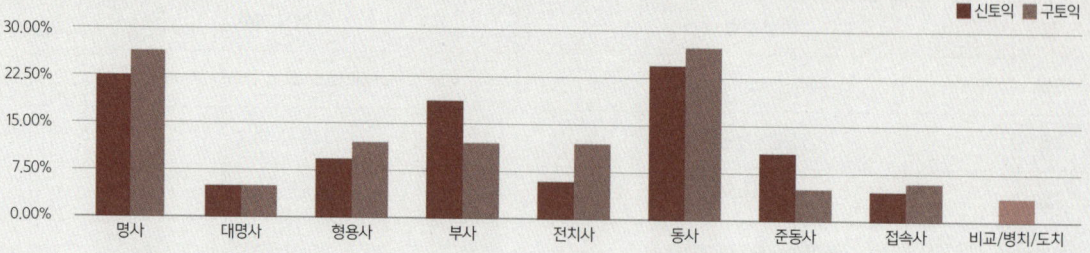

[신토익/구토익 품사별 출제 비중]

3   신유형은 두 번째와 세 번째 문제의 출제 비중이 높다.

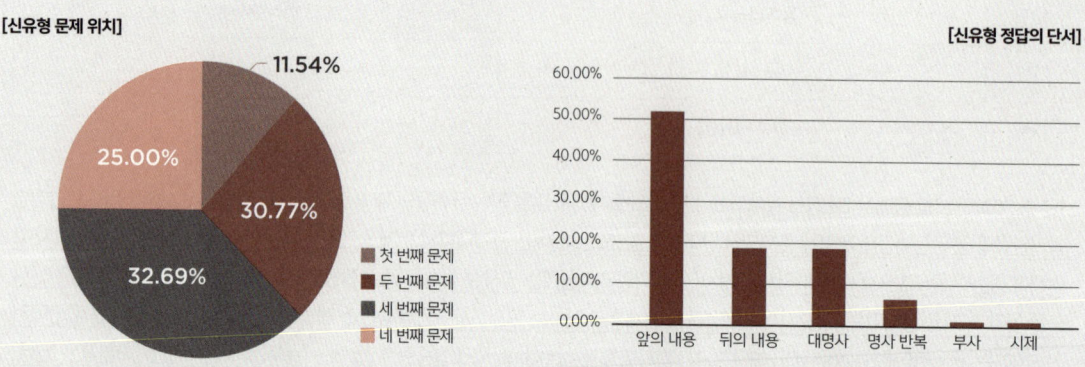

[신유형 문제 위치]

[신유형 정답의 단서]

신유형인 문맥상 알맞은 문장 넣기의 경우 신유형 문항이 출제되는 위치와 정답의 단서가 어디에 위치해 있는지에 따라 난이도가 결정된다. 문제의 위치의 경우 앞쪽에 위치할수록 난이도는 상승할 수밖에 없다. 그 이유는 빈칸 이후의 내용을 근거로 정답을 찾아야 하기 때문이다. 빈칸 뒤의 내용을 기반으로 역추론하는 것이 앞의 내용을 근거로 순서대로 추론하기보다 더 어렵기 때문이다. 신유형의 문제 위치를 살펴보면 세 번째 문항>두 번째 문항>네 번째 문항>첫 번째 문항 순이다.

정답의 단서를 살펴보면 빈칸 앞의 내용이 단서인 경우가 50%가 넘는다. 지시형용사/지시대명사/의미가 같은 명사 사용/순서를 나타내는 형용사 또는 부사와 같이 정답 보기 문장 안에 단서가 있는 경우가 대략 30%를 차지하고 있다. 따라서 Part 6의 신유형 문제를 해결하기 위해서는 빈칸 앞의 내용과 보기 내의 단서를 찾는 것이 가장 빠르고 정확한 방법이다.

PART 7 Trends 분석

1   세부사항과 추론 유형의 출제 비중이 가장 높다.

신토익 이후 Part 7의 난이도는 거의 중상 이상으로 고정되어 있다. 문항 수는 48문제에서 54문제로 6문제가 늘어났을 뿐이지만 트리플 지문으로 인해 읽어야 할 지문의 수 또한 총 15지문에서 21지문으로 문항 수와 똑같이 6지문이 증가하여 가장 난이도 상승이 높은 Part이다. 문항 수가 2문제로 정해져 있는 주어진 문장이 들어갈 알맞은 위치를 찾는 유형과 의도를 묻는 유형을 제외하면 세부사항이 가장 많이 출제되며 그 뒤를 추론, 진위, 주제/목적 순으로 비중을 차지하고 있다. 특히 기존 구토익에 비해 진위(NOT/TRUE) 유형보다 추론 유형의 출제 비중이 높은 것이 가장 큰 특징이다. 동의어 문제는 신토익 실시 이후 최대 6문제까지 출제되었으나 점차 감소하여 12월 시험에서는 3문항으로 구토익 출제 비중까지 떨어졌다.

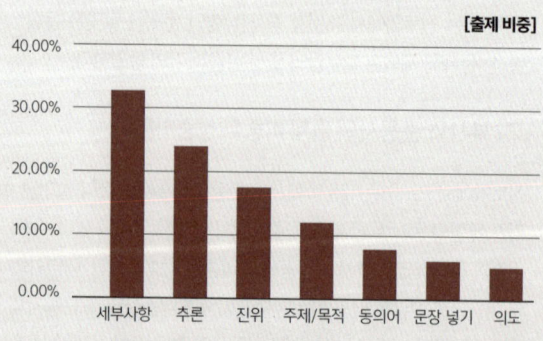

[출제 비중]

2 싱글 지문과 더블 지문에서 이메일과 편지의 출제 비중이 가장 높다.

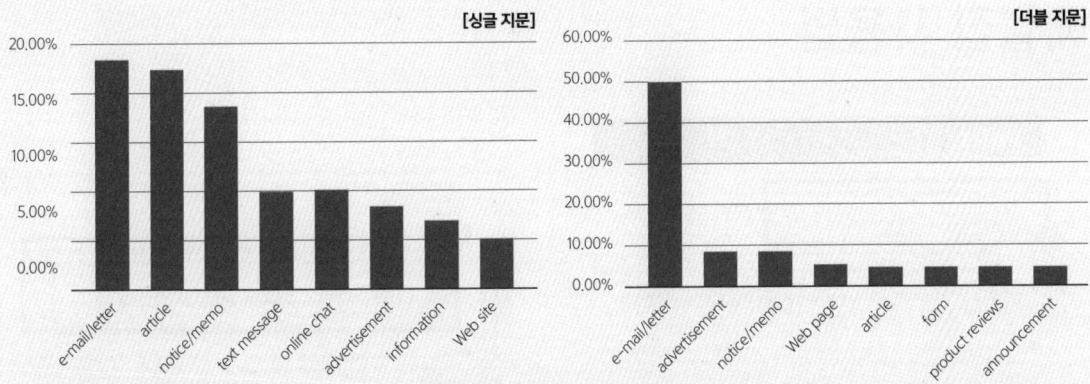

기존 유형인 싱글 지문과 더블 지문의 지문 종류별 출제 비중을 살펴보면 전혀 다른 양상을 보이고 있다. 싱글 지문과 더블 지문에서 가장 출제 비중이 높은 종류는 이메일과 편지이다. 하지만 싱글 지문에서는 20% 미만이나 더블 지문에서는 거의 50%에 육박하는 비중으로 출제되고 있다. 싱글 지문에서는 이외에도 기사 지문과 공지 지문이 비슷한 비중으로 출제되나 더블 지문에서는 기타 다른 지문의 경우 그 출제 비중의 차이가 너무 크다. 이는 더블 지문의 경우 두 지문 중 한 지문은 거의 이메일 또는 편지일 확률이 높다는 것을 의미한다.

3 트리플 지문에서 Web page와 기사 지문의 출제 비중이 가장 높다.

트리플 지문의 경우 더블 지문과 거의 유사한 출제 비중을 보이고 있으나 하나의 세트에서 3개의 지문이 출제되기 때문에 더블 지문에 비해 기타 다른 지문 유형이 출제될 확률이 높다. 오른쪽 그래프에서 알 수 있듯이 Web page와 기사 지문의 출제 비중이 상대적으로 높다. 특히 최근 들어 Web page 관련 지문이 다양한 내용으로 출제되고 있는 것에 주의한다. 2개 이상의 지문에서 정답의 단서를 찾아야 하는 연계 문제의 경우 세트당 1~2문항이 출제되고 있다. 정답의 단서 또한 1-2지문, 2-3지문, 1-3지문에 걸쳐 다양하다.

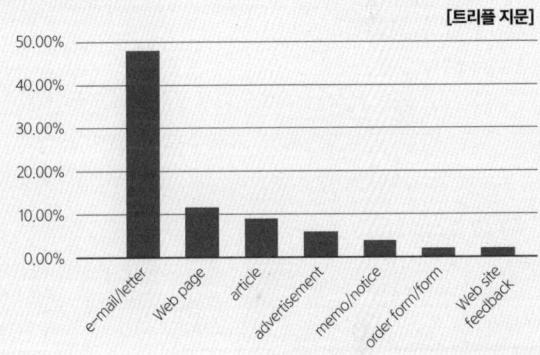

4 주어진 문장이 들어갈 알맞은 위치를 찾는 신유형은 이메일/편지, 기사 지문에서 출제 빈도가 높다.

신유형인 의도를 묻는 문제 유형은 LC와 달리 모든 문제가 의미하는 바 또는 암시하는 바를 묻는 문제로 구성되어 있으며, 시험마다 2문제가 출제되며, text message chain과 online chat discussion에서 각각 1문제씩 출제된다. 이와 달리 문장이 들어갈 알맞은 위치를 찾는 유형의 경우 다양한 지문 종류에서 출제되고 있다. 이메일/편지, 기사에서 거의 85%가량 등장하며, 이외에는 안내, 보고서, 메모에도 출제되었다. 정답의 위치로는 3번과 4번에 위치할 확률이 높으며, 정답의 단서로는 '순서를 나타내는 형용사 및 부사', '앞의 문장을 요약하는 지시대명사', '접속부사', '앞의 지문 내용에 대한 부연설명', '예제 문장' 등이 제공된다.

정재현 新토익 실전 1000제 RC
해설집 사용법

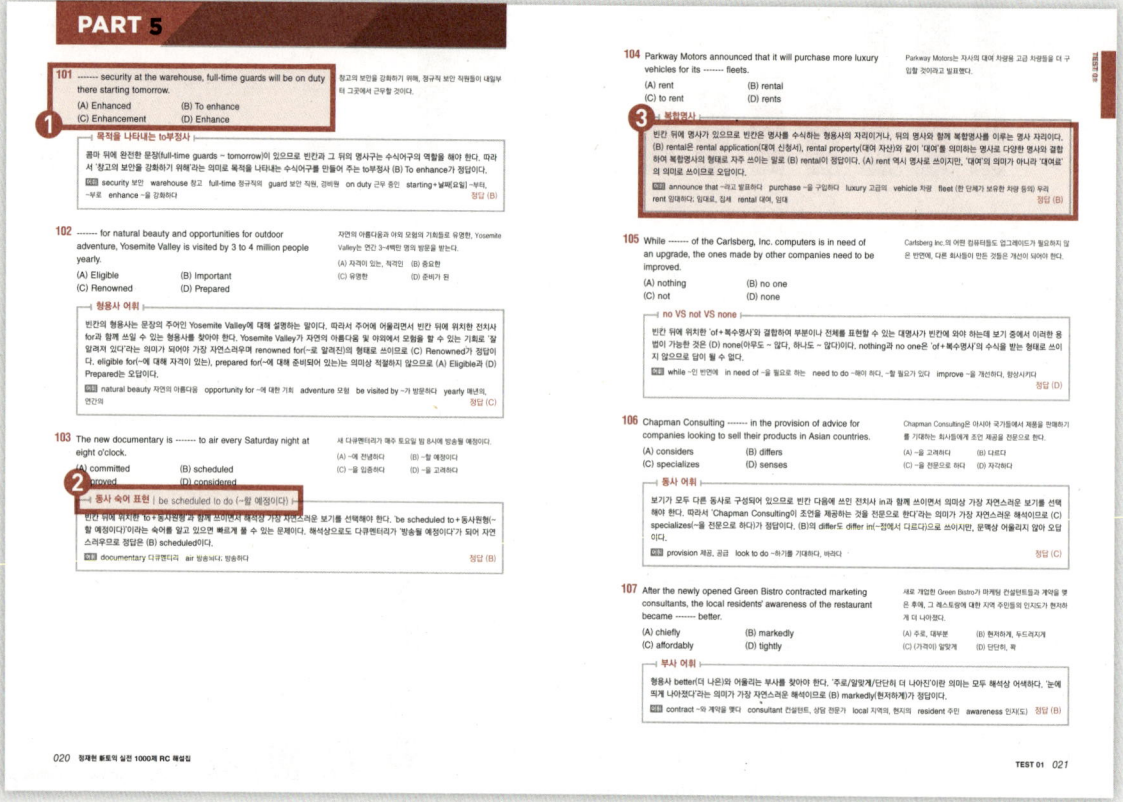

❶ 문제 | 문제집에 수록된 문제를 해설집에도 그대로 수록하여, 문제를 다시 한 번 풀어보며 복습할 수 있도록 하였습니다.

❷ 문제 유형 | 실전에 자주 출제되는 문제 유형, 또는 자신이 취약한 유형이 무엇인지 알 수 있도록 모든 문제에 문제 유형을 표기하였습니다.

❸ 상세한 풀이법 | 학습자 입장에서 이해하기 쉬운 친절한 해설을 제공합니다. 정답을 빠르게 찾을 수 있도록 단서를 파악하는 방법을 중점적으로 제시하여 학습자들이 풀이 방법을 효과적으로 익히고 실전에 적용할 수 있도록 하였습니다.

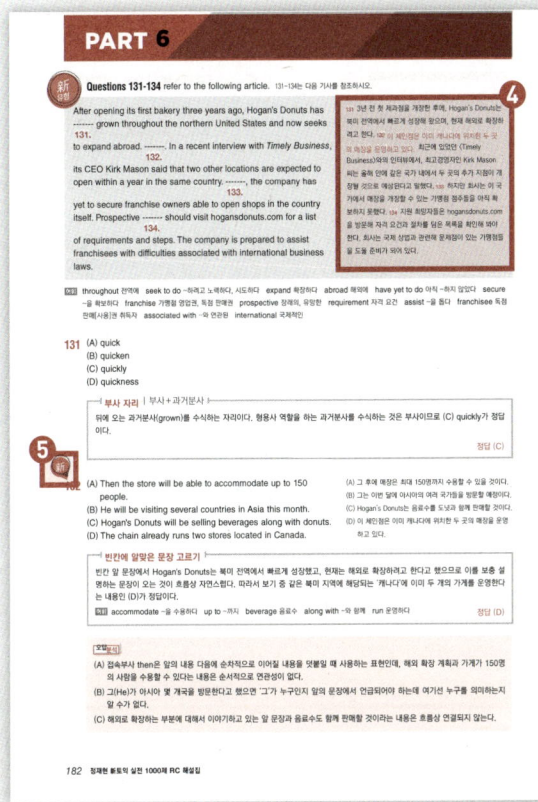
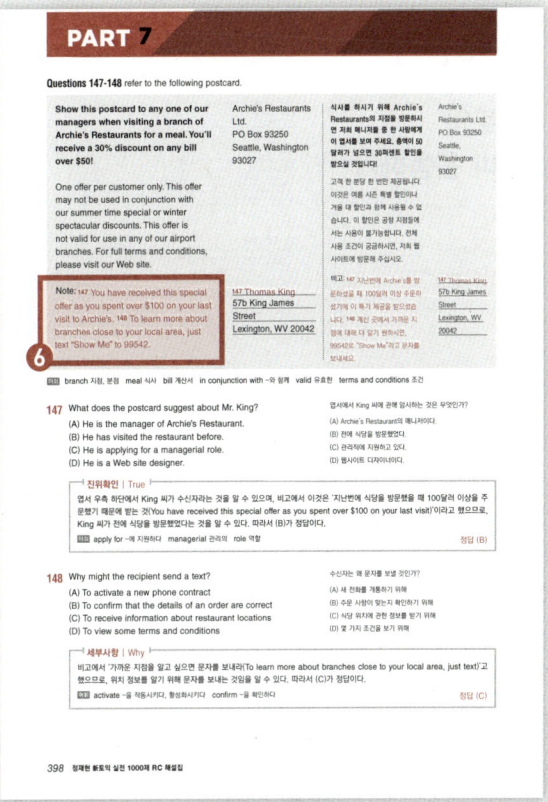

❹ 해석	정확하고 자연스러운 해석을 수록하여 지문과 문제 내용을 완벽하게 이해하고 넘어갈 수 있도록 하였습니다. PART 6 해석의 경우 문제로 출제된 부분을 표기해 주어 해당 부분을 빠르게 찾아볼 수 있도록 하였습니다.
❺ 신유형 표기: PART 6, 7	신유형 지문과 문제에 '신유형' 마크를 표기하여 눈에 띄게 함으로써 신유형 문제만 확인하거나 또는 선택적으로 복습하고 싶을 경우 한눈에 찾아보기 쉽도록 하였습니다.
❻ 정답 단서	지문에서 정답을 선택하는 단서가 되는 부분을 해당 문제 번호와 함께 표시하였습니다. 단서를 통해 빠르게 정답을 찾는 연습을 할 수 있습니다.

해설집 사용법 **013**

정재현 新토익 실전 1000제 RC 문제집 미리보기 [별매]

STEP 1
신토익 준비 운동하기
신토익 경향을 파악하고 전략을 세우자!

정재현의 新토익 RC 끝내기 비법 FAQ
신토익을 준비하는 수험생들이 자주 하는 질문을 모아 정재현 선생님만의 핵심 노하우로 상세하게 답변하였습니다.

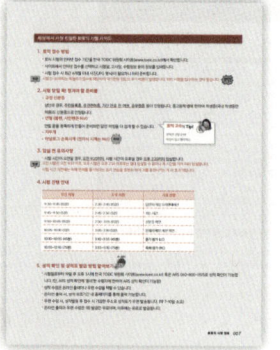

세상에서 가장 친절한 신토익 시험 가이드
토익 접수 방법부터 시험 당일 팁까지 유용한 정보를 수록하였습니다.

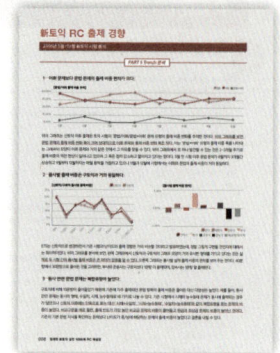

新토익 RC 출제 경향
신토익 시행 이후 출제 경향을 Part별로 철저히 분석하여 신토익에 효과적으로 대비할 수 있도록 하였습니다.

STEP 2
RC 실전 TEST 풀기
신토익 출제 경향을 철저히 반영한 새로운 문제!

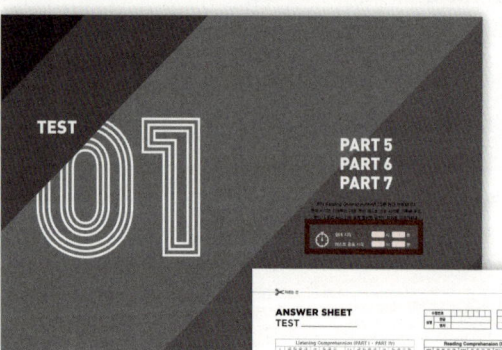

잠깐! TEST를 시작하기 전에 ❶
시작 시각과 종료 시각을 적으세요. 시계까지 옆에 챙겨 두었다면 당신은 완벽한 토익커입니다.

잠깐! TEST를 시작하기 전에 ❷
문제집 맨 뒤에 수록되어 있는 ANSWER SHEET 중 한 장을 잘라냅니다. 이제 마킹이 잘 되는 뭉뚝한 연필을 들고 시험을 시작해 볼까요?

신토익 RC 실전 TEST 10회분
〈정재현 新토익 실전 1000제 RC 문제집〉은 신토익 시행 이후의 최신 출제 경향을 완벽 분석하여 제대로 정밀하게 반영하였습니다. 정기 토익 시험에 응시하기 전 실전 TEST 10회분을 모두 풀고 꼼꼼히 복습하여 진정한 토익 고수가 되어 보세요.

STEP 3
채점 및 복습하기
자신의 실력을 확인하고 점검하자!

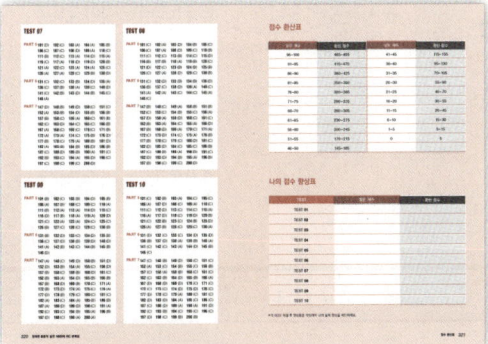

정답표/점수 환산표/점수 향상표

각 TEST를 마친 후 교재 뒤에 수록된 정답표를 통해 채점을 한 뒤, 점수 환산표에서 자신의 점수를 확인하세요. 각 TEST가 끝날 때마다 점수 향상표에 점수를 기록함으로써 자신의 실력을 파악하고 학습 계획을 세울 수 있습니다.

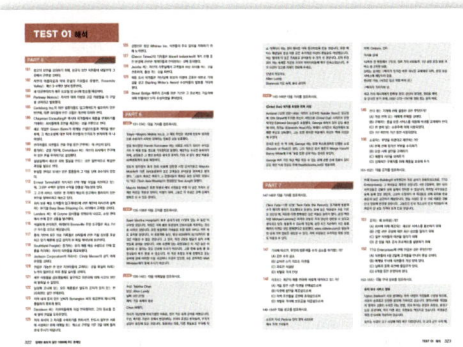

해석 전문 수록

교재에 수록된 모든 문제와 지문 해석을 수록하였습니다. 이해가 잘 되지 않았던 문제와 지문은 반드시 해석을 확인하여 이해한 뒤 학습을 이어가세요.

STEP 4
부가자료 활용하기
신토익 고득점으로 가는 가장 빠른 지름길!

정재현 RC 종결노트(유료)
eng.conects.com

정재현 RC 강의를 들으며 종결노트 3종을 활용하면 토익을 빠르고 완벽하게 종결시킬 수 있습니다. 강의만으로 부족할 때, 좀 더 확실한 학습을 원할 때, 종결노트 3종으로 더욱 완벽하게 공부할 수 있습니다.

단기 고득점 달성을 도와주는 적중특강(무료)
eng.conects.com

정재현 선생님의 적중특강으로 시험 전 실전 문제에 익숙해지고 꼼꼼히 대비할 수 있습니다. 토익 시험 전에 적중특강을 학습하고 목표 점수를 달성해 보세요.

목차 및 학습 플래너

002   정재현의 新토익 RC 끝내기 비법 FAQ
004   정재현의 新토익 RC 끝내기 라인업
005   정재현의 新토익 RC 적중 사례
006   新토익 시험 정보의 모든 것

페이지	TEST	공부한 날	풀이 소요 시간	점수	복습 여부
018	**TEST 01**	☐ 월 ☐ 일	_____ 분 75분 내에 완료했나요? ○ ǀ ×	맞은 개수 _____ 환산 점수 _____	○ ǀ ×
068	**TEST 02**	☐ 월 ☐ 일	_____ 분 75분 내에 완료했나요? ○ ǀ ×	맞은 개수 _____ 환산 점수 _____	○ ǀ ×
120	**TEST 03**	☐ 월 ☐ 일	_____ 분 75분 내에 완료했나요? ○ ǀ ×	맞은 개수 _____ 환산 점수 _____	○ ǀ ×
172	**TEST 04**	☐ 월 ☐ 일	_____ 분 75분 내에 완료했나요? ○ ǀ ×	맞은 개수 _____ 환산 점수 _____	○ ǀ ×
226	**TEST 05**	☐ 월 ☐ 일	_____ 분 75분 내에 완료했나요? ○ ǀ ×	맞은 개수 _____ 환산 점수 _____	○ ǀ ×

008	新토익 RC 출제 경향
012	정재현 新토익 실전 1000제 RC 해설집 사용법
014	정재현 新토익 실전 1000제 RC 문제집 미리보기

페이지	TEST	공부한 날	풀이 소요 시간	점수	복습 여부
280	TEST 06	월 일	____ 분 75분 내에 완료했나요? O I X	맞은 개수 ____ 환산 점수 ____	O I X
330	TEST 07	월 일	____ 분 75분 내에 완료했나요? O I X	맞은 개수 ____ 환산 점수 ____	O I X
380	TEST 08	월 일	____ 분 75분 내에 완료했나요? O I X	맞은 개수 ____ 환산 점수 ____	O I X
430	TEST 09	월 일	____ 분 75분 내에 완료했나요? O I X	맞은 개수 ____ 환산 점수 ____	O I X
482	TEST 10	월 일	____ 분 75분 내에 완료했나요? O I X	맞은 개수 ____ 환산 점수 ____	O I X

*환산 점수는 TEST 10 뒤에 수록된 '점수 환산표'를 참고하세요.

PART 5
PART 6
PART 7

ANSWER KEYS

PART 5
101 (B)	102 (C)	103 (B)	104 (B)	105 (D)	106 (C)	107 (B)	108 (B)	109 (B)	110 (B)
111 (D)	112 (C)	113 (B)	114 (B)	115 (C)	116 (D)	117 (A)	118 (B)	119 (C)	120 (C)
121 (A)	122 (D)	123 (B)	124 (D)	125 (B)	126 (C)	127 (D)	128 (B)	129 (B)	130 (B)

PART 6
| 131 (A) | 132 (B) | 133 (C) | 134 (B) | 135 (B) | 136 (C) | 137 (D) | 138 (A) | 139 (B) | 140 (C) |
| 141 (B) | 142 (C) | 143 (B) | 144 (A) | 145 (A) | 146 (B) | | | | |

PART 7
147 (D)	148 (B)	149 (D)	150 (D)	151 (C)	152 (B)	153 (C)	154 (B)	155 (B)	156 (B)
157 (D)	158 (D)	159 (B)	160 (C)	161 (C)	162 (B)	163 (C)	164 (A)	165 (B)	166 (A)
167 (C)	168 (D)	169 (C)	170 (B)	171 (D)	172 (D)	173 (A)	174 (D)	175 (A)	176 (D)
177 (C)	178 (D)	179 (B)	180 (A)	181 (D)	182 (A)	183 (C)	184 (B)	185 (B)	186 (C)
187 (C)	188 (A)	189 (A)	190 (B)	191 (C)	192 (A)	193 (B)	194 (D)	195 (B)	196 (D)
197 (B)	198 (A)	199 (D)	200 (D)						

PART 5

101. ------- security at the warehouse, full-time guards will be on duty there starting tomorrow.

(A) Enhanced (B) To enhance
(C) Enhancement (D) Enhance

창고의 보안을 강화하기 위해, 정규직 보안 직원들이 내일부터 그곳에서 근무할 것이다.

목적을 나타내는 to부정사

콤마 뒤에 완전한 문장(full-time guards ~ tomorrow)이 있으므로 빈칸과 그 뒤의 명사구는 수식어구의 역할을 해야 한다. 따라서 '창고의 보안을 강화하기 위해'라는 의미로 목적을 나타내는 수식어구를 만들어 주는 to부정사 (B) To enhance가 정답이다.

어휘 security 보안 warehouse 창고 full-time 정규직의 guard 보안 직원, 경비원 on duty 근무 중인 starting+날짜[요일] ~부터, ~부로 enhance ~을 강화하다

정답 (B)

102. ------- for natural beauty and opportunities for outdoor adventure, Yosemite Valley is visited by 3 to 4 million people yearly.

(A) Eligible (B) Important
(C) Renowned (D) Prepared

자연의 아름다움과 야외 모험의 기회들로 유명한, Yosemite Valley는 매년 3~4백만 명이 방문한다.

(A) 자격이 있는, 적격인 (B) 중요한
(C) 유명한 (D) 준비가 된

형용사 어휘

빈칸의 형용사는 문장의 주어인 Yosemite Valley에 대해 설명하는 말이다. 따라서 주어에 어울리면서 빈칸 뒤에 위치한 전치사 for와 함께 쓰일 수 있는 형용사를 찾아야 한다. Yosemite Valley가 자연의 아름다움 및 야외에서 모험을 할 수 있는 기회로 '잘 알려져 있다'라는 의미가 되어야 가장 자연스러우며 renowned for(~로 알려진)의 형태로 쓰이므로 (C) Renowned가 정답이다. eligible for(~에 대해 자격이 있는), prepared for(~에 대해 준비되어 있는)는 의미상 적절하지 않으므로 (A) Eligible과 (D) Prepared는 오답이다.

어휘 natural beauty 자연의 아름다움 opportunity for ~에 대한 기회 adventure 모험 be visited by ~가 방문하다 yearly 매년의, 연간의

정답 (C)

103. The new documentary is ------- to air every Saturday night at eight o'clock.

(A) committed (B) scheduled
(C) proved (D) considered

새 다큐멘터리가 매주 토요일 밤 8시에 방송될 예정이다.

(A) ~에 전념하다 (B) ~할 예정이다
(C) ~을 입증하다 (D) ~을 고려하다

동사 숙어 표현 | be scheduled to do(~할 예정이다)

빈칸 뒤에 위치한 'to+동사원형'과 함께 쓰이면서 해석상 가장 자연스러운 보기를 선택해야 한다. 숙어 'be scheduled to+동사원형(~할 예정이다)'을 알고 있으면 빠르게 풀 수 있는 문제이다. 해석상으로도 다큐멘터리가 '방송될 예정이다'가 되어 자연스러우므로 정답은 (B) scheduled이다.

어휘 documentary 다큐멘터리 air 방송되다; 방송하다

정답 (B)

104 Parkway Motors announced that it will purchase more luxury vehicles for its ------- fleets.

(A) rent (B) rental
(C) to rent (D) rents

Parkway Motors는 자사의 대여 차량용 고급 차량들을 더 구입할 것이라고 발표했다.

┤ 복합명사 ├

빈칸 뒤에 명사가 있으므로 빈칸은 명사를 수식하는 형용사 자리이거나, 뒤의 명사와 함께 복합명사를 이루는 명사 자리이다. rental application(대여 신청서), rental property(대여 자산)와 같이 다양한 명사와 결합하여 복합명사의 형태로 자주 쓰이는 '대여'라는 의미의 명사 (B) rental이 정답이다. (A) rent 역시 명사로 쓰이지만, '대여'의 의미가 아니라 '대여료'의 의미로 사용되므로 오답이다.

어휘 announce that ~라고 발표하다   purchase ~을 구입하다   luxury 고급의   vehicle 차량   fleet (한 단체가 보유한 차량 등의) 무리   rent 임대하다; 임대료, 집세   rental 대여, 임대

정답 (B)

105 While ------- of the Carlsberg, Inc. computers is in need of an upgrade, the ones made by other companies need to be improved.

(A) nothing (B) no one
(C) not (D) none

Carlsberg Inc.의 어떤 컴퓨터도 업그레이드가 필요하지 않은 반면에, 다른 회사들이 만든 것들은 개선이 되어야 한다.

┤ no VS not VS none ├

빈칸 뒤에 위치한 'of+복수명사'와 결합하여 부분이나 전체를 표현할 수 있는 대명사가 빈칸에 와야 하는데 보기 중에서 이러한 용법이 가능한 것은 (D) none(아무도 ~ 않다, 하나도 ~ 않다)이다. nothing과 no one은 'of+복수명사'의 수식을 받는 형태로 쓰이지 않으므로 답이 될 수 없다.

어휘 while ~인 반면에   in need of ~을 필요로 하는   need to do ~해야 하다, ~할 필요가 있다   improve ~을 개선하다, 향상시키다

정답 (D)

106 Chapman Consulting ------- in the provision of advice for companies looking to sell their products in Asian countries.

(A) considers (B) differs
(C) specializes (D) senses

Chapman Consulting은 아시아 국가들에서 제품을 판매하기를 기대하는 회사들에게 조언을 제공하는 것을 전문으로 한다.

(A) ~을 고려하다 (B) 다르다
(C) ~을 전문으로 하다 (D) 자각하다

┤ 동사 어휘 ├

보기가 모두 다른 동사로 구성되어 있으므로 빈칸 다음의 전치사 in과 함께 쓰이면서 의미상 가장 자연스러운 보기를 선택해야 한다. 'Chapman Consulting은 조언을 제공하는 것을 전문으로 한다'라는 의미가 가장 자연스러운 해석이므로 (C) specializes(~을 전문으로 하다)가 정답이다. (B)의 differs도 differ in(~점에서 다르다)으로 쓰이지만, 문맥상 어울리지 않아 오답이다.

어휘 provision 제공, 공급   look to do ~하기를 기대하다, 바라다

정답 (C)

107 After the newly opened Green Bistro contracted marketing consultants, the local residents' awareness of the restaurant became ------- better.

(A) chiefly (B) markedly
(C) affordably (D) tightly

새로 개업한 Green Bistro가 마케팅 컨설턴트들과 계약을 맺은 후에, 그 레스토랑에 대한 지역 주민들의 인지도가 현저하게 더 나아졌다.

(A) 주로, 대부분 (B) 현저하게, 두드러지게
(C) (가격이) 알맞게 (D) 단단히, 꽉

┤ 부사 어휘 ├

형용사 better(더 나은)와 어울리는 부사를 찾아야 한다. '주로/알맞게/단단히 더 나아진'이란 의미는 모두 해석상 어색하다. '눈에 띄게 나아졌다'라는 의미가 가장 자연스러운 해석이므로 (B) markedly(현저하게)가 정답이다.

어휘 contract ~와 계약을 맺다   consultant 컨설턴트, 상담 전문가   local 지역의, 현지의   resident 주민   awareness 인지(도)

정답 (B)

108 Neither the managers ------- the employees are interested in working during the holiday weekend.

(A) and
(B) nor
(C) but
(D) yet

관리자들도 직원들도 연휴 주말 동안 근무하는 데 관심이 없다.

┤ 상관 접속사 ├

neither는 nor와 함께 'neither A nor B(A와 B 모두 아닌)'의 구조로 사용되므로 (B) nor가 정답이다.

어휘 neither A nor B A도 B도 아니다   be interested in ~하는 데 관심이 있다   yet (부정문) 아직, (의문문) 이미, 벌써

정답 (B)

109 ------- increasing competition, Mr. Donaldson has decided to invest more money into research at his company.

(A) To
(B) Amid
(C) During
(D) Within

증가하는 경쟁 가운데, Donaldson 씨는 자신의 회사에서 연구에 더 많은 돈을 투자하기로 결정했다.

(A) ~에
(B) ~ 중에
(C) ~ 동안에
(D) ~ 내에

┤ 전치사 어휘 ├

보기가 모두 의미가 다른 전치사로 구성되어 있으므로 해석상 가장 적절한 보기를 정답으로 선택해야 한다. '경쟁이 점점 더 치열해지는 가운데(증가하는 경쟁 가운데)'가 의미상 적절하므로 '~하는 가운데, ~중에'를 의미하는 (B) Amid가 정답이다. (C) During은 특정 기간과 함께 쓰이는 전치사인데 competition(경쟁)이 기간을 나타내지 않으므로 오답이다. (D) Within은 '기간이나 범위의 이내'를 의미하며 '~가운데, ~중에'의 의미로 쓸 수 없으므로 오답이다.

어휘 increasing 증가하는, 늘어나는   competition 경쟁   decide to do ~하기로 결정하다   invest A into B A를 B에 투자하다

정답 (B)

110 Making new chemicals in the laboratory typically requires a ------- process.

(A) complicate
(B) complicated
(C) complicates
(D) complicating

실험실에서 새로운 화학 물질을 만드는 것은 일반적으로 복잡한 과정을 필요로 한다.

┤ p.p.와 V-ing형 분사의 구별 ├

빈칸은 뒤의 명사 process를 수식하는 형용사 자리이다. 보기 중에서 형용사는 (B) complicated(복잡한)와 (D) complicating(복잡하게 만드는)인데, 해석상 '복잡하게 만드는 과정'이 아닌 '복잡한 과정'이 되어야 자연스러우므로 (B) complicated가 정답이다.

어휘 chemical 화학 물질   laboratory 실험실, 연구실   typically 일반적으로   require ~을 필요로 하다   process 과정, 절차   complicate ~을 복잡하게 만들다   complicated 복잡한

정답 (B)

111 Many of the items that had been turned in to the lost and found center were not ------- the next day.

(A) retrieves
(B) retrieval
(C) retrieving
(D) retrieved

분실물 센터로 보내진 많은 물품들이 그 다음 날에 회수되지 않았다.

┤ 능동태와 수동태의 구별 ├

빈칸 앞에 쓰인 be동사와 결합할 수 있는 (B) retrieval, (C) retrieving, (D) retrieved 중에서 알맞은 형태를 찾아야 한다. (A) retrieves는 동사인데, 한 문장에 두 개의 동사가 쓰일 수 없으므로 오답이다. 명사인 (B) retrieval이 답이 되려면 주어와 동격 관계가 되어야 하는데 '물품=회수'가 아니므로 오답이다. (C) retrieving과 (D) retrieved 모두 be동사 다음에 올 수 있는데, 많은 물품들은 '회수되는' 대상이므로 수동태를 구성하는 (D) retrieved가 정답이다. 빈칸 뒤 the next day(다음 날)는 시점을 나타내는 부사이지 목적어가 아님에 유의한다.

어휘 item 물품, 제품   turn in ~을 제출하다, 반납하다   lost and found center 분실물 센터   retrieve ~을 찾아가다, 회수하다   retrieval 되찾아 옴, 회수

정답 (D)

112 Ernest Tannehill supports continuing work on the new medicine, ------- has the potential to generate millions of dollars in revenue.

(A) that
(B) who
(C) which
(D) whatever

Ernest Tannehill은 지속적인 신약 개발 작업을 지원하고 있는데, 그것은 수백만 달러의 수익을 창출할 가능성이 있다.

주격 관계대명사 which

문장의 주어는 Ernest Tannehill이고 동사는 supports이며, 빈칸 앞에 접속사가 없는데 빈칸부터 in revenue까지가 절의 형태로 빈칸 앞의 the new medicine을 부연 설명하므로 빈칸은 관계대명사 자리이다. 선행사인 the new medicine(신약)은 사물이며 빈칸 뒤에 주어가 없으므로 사물을 수식하는 주격 관계대명사가 와야 한다. that과 which 모두 사물을 수식하는 주격 관계대명사이나, 콤마(,) 뒤에 that이 올 수 없으므로 (C) which가 정답이다.

어휘 support ~을 지원하다, 후원하다 continuing 지속되는 medicine 약, 약품 potential 잠재성, 잠재력 generate ~을 창출하다, 만들어 내다 millions of 수백만의 revenue 수익 whatever ~하는 것은 무엇이든

정답 (C)

---

113 The customer service representative is trying to ------- the cause of several shipments never being sent from the warehouse.

(A) instruct
(B) determine
(C) develop
(D) afford

그 고객 서비스 직원은 몇 차례의 배송이 창고에서 출하되지 않은 원인을 알아보려고 애쓰고 있다.

(A) ~에게 지시하다, 가르치다 (B) ~을 알아내다, 밝혀내다
(C) ~을 개발하다, 발전시키다 (D) (시간적·금전적) ~할 여유가 되다, 형편이 되다

동사 어휘

보기가 모두 의미가 다른 동사로 구성되어 있으므로 목적어 'the cause(원인)'와 함께 썼을 때 의미상 가장 자연스러운 보기를 정답으로 선택해야 한다. '~을 결정하다'의 의미 외에도 '~을 알아내다, 밝혀내다'라는 뜻을 가진 (B) determine이 정답이다. determine the cause는 '원인을 알아내다'라는 의미이다. (A) instruct(~에게 지시하다, 가르치다)는 목적어로 지시를 받는 대상(주로 사람)이 와야 하므로 오답이고, (C) develop와 (D) afford는 모두 목적어와 의미가 어울리지 않아 오답이다.

어휘 representative 직원 try to do ~하려 애쓰다, 노력하다 cause 원인, 이유 several 여러 개의 shipment 배송(품) warehouse 창고 proceed (계속) 진행하다, 나아가다

정답 (B)

---

114 A ------- to upgrade the fleet of delivery trucks will be considered at the quarterly Busy Bees Shipping Co. meeting with board members.

(A) conclusion
(B) proposal
(C) shift
(D) degree

회사 보유 배송 트럭들의 업그레이드에 관한 제안이 이사진과 함께하는 분기별 Busy Bees Shipping Co. 회의에서 고려될 것이다.

(A) 결론 (B) 제안(서)
(C) 교대 근무(조) (D) 정도, 등급, 학위

명사 어휘

빈칸에 필요한 명사는 동사 will be considered(고려될 것이다)의 주어이다. 보기 중에서 회의에서 고려되어야 하는 대상으로 가장 잘 어울리는 명사는 '제안'이라는 뜻의 (B) proposal이다. proposal은 뒤에 to부정사를 써서 'proposal to do(~하기 위한 제안)'의 형태로 자주 쓰인다는 것을 기억해 두자.

어휘 fleet (한 단체가 보유한 차량 등의) 무리 delivery truck 배송 트럭 consider ~을 고려하다 quarterly 분기의 board members 이사진

정답 (B)

---

115 Ms. Landers went out looking for the new Coryne dishes and found ------- for sale at the shopping center.

(A) they
(B) their
(C) them
(D) themselves

Landers 씨는 새 Coryne 접시들을 찾아보러 나갔고, 쇼핑센터에서 판매 중인 것들을 발견했다.

목적격 인칭대명사

빈칸은 동사 found의 목적어 자리로, 보기 중에서 목적격인 them이나 재귀대명사 themselves가 올 수 있다. 그런데 이 문장에서 빈칸은 바로 앞에 위치한 new Coryne dishes를 가리켜야 하므로 목적격인 (C) them이 정답이다. 목적어 자리에 재귀대명사가 오려면 행위의 주체와 목적어가 동일해야 한다.

어휘 look for ~을 알아보다, 찾아보다 dish 접시, 음식 find ~을 찾아내다 for sale 판매 중인, 팔려고 내놓은

정답 (C)

116 ------- proper care, your Bronoville kitchen gadgets are expected to last at least seven years.

(A) For
(B) To
(C) About
(D) With

적절하게 관리하면, 여러분의 Bronoville 주방 도구들은 최소 7년간 지속될 것으로 예상됩니다.

(A) ~을 위하여
(B) ~에게
(C) ~에 대하여
(D) ~하여

▎전치사 어휘 ▎

의미가 다른 전치사로 보기가 구성되어 있으므로 문맥상 가장 적절한 것을 선택한다. '적절한 관리로 Bronoville 주방 도구들이 최소 7년 동안 지속된다'는 의미가 되어야 알맞다. '~하여, ~하게'라는 의미로 방법이나 수단을 나타내는 (D) With가 정답이다.

어휘 proper 적절한, 제대로 된   care 관리, 돌봄, 보호   gadget 도구, 장치   be expected to do ~할 것으로 예상되다   last 지속되다   at least 최소한

정답 (D)

117 All paper-based medical records are stored in a locked file cabinet because they contain ------- information about patients.

(A) confidential
(B) confided
(C) confiding
(D) confidentiality

종이 기반의 모든 의료 기록들은 환자들에 관한 기밀 정보를 포함하고 있기 때문에 잠금 장치가 된 파일 캐비닛에 보관된다.

▎형용사 자리 | 형용사+명사 ▎

빈칸 뒤에 명사(information)가 있으므로, 빈칸은 복합명사를 만드는 명사의 자리이거나 명사를 수식하는 형용사 자리이다. confidentiality information(기밀성 정보)은 의미상 어색하므로 명사인 (D) confidentiality는 오답이다. 나머지 보기는 모두 형용사로 (A) confidential은 '기밀의', (B) confided는 '털어 놓게 된', (C) confiding은 '털어 놓는'이라는 의미인데, 해석상 '기밀 정보'가 가장 적절하므로 (A) confidential이 정답이다.

어휘 paper-based 종이를 기반으로 한   medical 의료의   store ~을 보관하다, 저장하다   locked 잠금 장치가 된   contain ~을 포함하다   patient 환자   confidential 기밀의, 비밀의   confide (비밀 등) ~을 털어 놓다   confidentiality 비밀 유지

정답 (A)

118 Southfield Freight has retrained its employees in handling items because of an increasing number of glassware -------.

(A) shipped
(B) shipments
(C) ship
(D) shipment

Southfield Freight는 증가하는 유리 제품 배송 수량으로 인해 물품을 처리하는 자사의 직원들을 재교육했다.

▎a number of + 복수명사 ▎

a number of(많은)나 an increasing number of(점점 더 늘어나는)는 복수명사와 함께 쓰는 표현이다. 또한, glassware shipments는 복합명사의 형태로 '유리 제품 배송'의 의미가 되어 의미상으로도 자연스럽다. 따라서 (B) shipments가 정답이다.

어휘 retrain ~을 다시 교육하다   handle ~을 처리하다   item 물품, 제품   an increasing number of 점점 더 증가하는 ~의 수   glassware 유리 제품   ship ~을 배송하다, 선적하다   shipment 배송(품)

정답 (B)

119 The Jackson Corporation's subsidiary will ------- under the direction of Cindy Mercer.

(A) conduct
(B) evolve
(C) operate
(D) direct

Jackson Corporation의 자회사는 Cindy Mercer의 감독 아래 운영될 것이다.

(A) ~을 실시하다, 실행하다
(B) ~을 발전시키다, 발전되다
(C) 운영되다[하다], 작동되다[하다]
(D) ~을 감독하다, (길을) 안내하다

▎동사 어휘 ▎

보기가 모두 의미가 다른 동사로 구성되어 있으므로 해석을 통해 가장 자연스럽게 연결되는 것을 선택해야 한다. 우선, 빈칸 뒤에 목적어가 없으므로 보기 중에서 타동사로만 쓰이는 (A) conduct와 (D) direct는 오답이다. 자회사가 Cindy Mercer의 지휘 아래 운영된다는 의미가 적절하므로 '운영되다'의 의미인 (C) operate가 정답이다. 참고로 operate는 자동사(운영되다)와 타동사(~을 운영하다) 모두로 사용될 수 있다.

어휘 subsidiary 자회사   under the direction of ~의 지휘 하에, 감독 하에

정답 (C)

120 Interviews will be conducted ------- day in an effort to ensure that as many candidates as possible may be considered.

(A) only (B) full
(C) all   (D) some

면접은 가능한 한 많은 지원자들이 고려되는 것을 확실히 하려는 노력의 일환으로 하루 종일 실시될 것이다.

(A) 오직   (B) 가득한
(C) 전체의, ~ 내내 (D) 일부

─┤ 형용사 어휘 ├─

빈칸은 바로 뒤의 명사 day를 수식하는 형용사 자리이다. 의미가 다른 형용사들로 보기가 구성되어 있으므로 해석을 통해 적절한 것을 찾아야 한다. 가능한 한 많은 지원자들이 고려될 수 있도록 면접이 '하루 종일' 진행될 것이라고 하는 것이 자연스러우므로 (C) all이 정답이다. all day(하루 종일)는 하나의 표현으로 정리해 두도록 하자.

어휘 conduct ~을 실시하다, 실행하다   in an effort to do ~하기 위한 노력의 일환으로   ensure that ~하는 것을 확실히 하다, 꼭 ~하다   as many A as possible 가능한 한 많은 A   candidate 지원자, 후보자   consider ~을 고려하다

정답 (C)

121 The cause of the accident could not be determined by the committee despite their having reviewed -------.

(A) specifics   (B) specify
(C) specific   (D) specifically

세부 사항들을 검토했음에도 불구하고 위원회에 의해 사고의 원인이 밝혀질 수 없었다.

─┤ 명사 자리 | 동명사+명사 ├─

전치사(despite) 뒤에 동명사(having reviewed)가 온 구조로, 빈칸은 동명사의 목적어가 와야 하는 자리이다. 목적어 자리에 올 수 있는 것은 명사이므로 보기 중 명사인 (A) specifics가 정답이다. specifics는 오직 복수 형태인 경우에만 '세부사항'이라는 뜻의 명사로 쓰인다는 것을 알아두자. 참고로 having reviewed 앞의 their은 동명사의 의미상 주어로 the committee를 가리킨다.

어휘 cause 원인, 이유   accident 사고   determine ~을 밝혀내다, 알아내다   committee 위원회   despite ~에도 불구하고   review ~을 검토하다   specifics 세부사항, 내용   specify ~을 (구체적으로) 명시하다   specific 구체적인, 명확한   specifically 분명히, 명확하게

정답 (A)

122 All items that are in the menswear department are on sale for 25% off ------- otherwise noted.

(A) despite   (B) afterward
(C) neither   (D) unless

남성복 코너에 있는 모든 제품들은 별도의 공지가 있지 않는 한 25퍼센트 할인 판매된다.

─┤ 접속사 숙어 표현 | unless+p.p. ├─

빈칸 뒤에 나온 부사 otherwise는 '그렇지 않으면, (앞에 언급한 것과) 다르게'라는 의미로 뒤에 과거분사 noted/specified/notified 등과 함께 자주 등장한다. 이때 접속사 unless가 함께 사용되어 '앞에 언급한 것과 다르게 공지되지/명시되지/통보되지 않는다면'이라는 뜻으로 숙어처럼 잘 쓰인다. 따라서 (D) unless가 정답이 된다.

어휘 item 제품, 품목   on sale 할인 중인, 세일 중인   unless otherwise noted 별도의 공지가 있지 않는 한, 달리 언급이 없다면

정답 (D)

123 The poor weather in the local area prevented Mr. Symington's flight ------- departing on time.

(A) with   (B) from
(C) in   (D) onto

지역 내의 좋지 않은 날씨가 Symington 씨의 항공편이 제시간에 출발하지 못하게 했다.

(A) ~와 함께   (B) ~에서, ~부터
(C) ~에   (D) ~로

─┤ 전치사 어휘 ├─

동사 prevent는 전치사 from과 결합하여 'prevent A from B(A가 B하는 것을 방지하다, 막다)'의 형태로 쓰인다. 빈칸에 from을 넣어서 해석하면 'Symington 씨의 항공편이 제시간에 이륙하는 것을 막다'라는 의미가 되어 문맥상 자연스럽다. 따라서 (B) from이 정답이다.

어휘 prevent A from -ing A가 ~하지 못하게 하다, ~하는 것을 막다   flight 항공편   depart 출발하다, 떠나다   on time 제시간에, 제때

정답 (B)

124 Mr. Davidson contacted the applicants -------, but three of his coworkers helped with the interviews.

(A) herself
(B) myself
(C) yourself
(D) himself

Davidson 씨는 지원자들에게 직접 연락했지만, 그의 동료들 중 세 명이 면접을 도와주었다.

┤ 재귀대명사 강조 용법 ├

재귀대명사(~self)는 주어를 강조하여 '직접'의 의미를 나타내며 주어 바로 뒤나 절의 끝에 위치할 수 있다. 따라서 빈칸은 주어를 강조하는 재귀대명사가 들어가는 것이 적절하다. 주어가 Mr. Davidson이므로 정답은 (D) himself가 된다.

어휘 contact ~에게 연락하다 applicant 지원자 coworker 동료 직원 help with ~하는 것을 돕다

정답 (D)

---

125 If you wish to accept the position with our company, be sure to sign the attached document and return it by e-mail or fax ------- three business days.

(A) by
(B) within
(C) about
(D) over

저희 회사의 그 자리를 수락하기를 원하시면, 반드시 첨부된 서류에 서명하신 후에 이메일 또는 팩스로 근무일 기준 3일 내에 돌려 보내 주시기 바랍니다.

(A) ~까지
(B) ~ 이내에
(C) ~에 관하여
(D) ~ 동안

┤ 전치사 어휘 ├

빈칸 뒤에는 명사구(three business days)가 있으므로 빈칸은 전치사 자리이다. (A) by(~까지) 뒤에는 시점 표현이 와야 하는데 three business days는 기간 표현이므로 오답이다. (C) about(~에 관하여)과 (D) over(~ 동안)는 모두 의미상 어색하므로 오답이다. 참고로 about은 '약'의 의미로, over은 '이상'의 의미로 숫자 표현과 잘 어울리지만, 이때는 after about three days(약 3일 후에)처럼 앞에 다른 전치사가 있어야 자연스러운 쓰임이 된다. '근무일 기준 3일 이내에 되돌려 보내 주시기 바랍니다'가 문맥상 가장 적절하므로 '~ 이내에'의 의미를 가진 (B) within이 정답이다.

어휘 accept ~을 수락하다, 받아들이다 position 직책, 자리 be sure to do 반드시 ~하다, 꼭 ~하다 sign ~에 서명하다 attached 첨부된 document 서류, 문서 return ~을 돌려보내다

정답 (B)

---

126 Management always ------- to recognize the major achievements of the employees at Whitner, Inc.

(A) creates
(B) assumes
(C) strives
(D) conforms

경영진은 항상 Whitner Inc. 직원들의 주요 업적을 치하하기 위해 노력한다.

(A) ~을 창조하다
(B) ~을 추정하다, 맡다
(C) 노력하다, 애쓰다
(D) 따르다, 순응하다

┤ 동사 어휘 ├

보기가 의미가 다른 동사들로 구성되어 있고, 빈칸 뒤에 to부정사가 있으므로 문맥상 자연스럽게 연결되는 동사를 골라야 한다. 해석상 '경영진이 직원들의 업적을 치하하려고 애쓴다'는 의미가 되어야 적절하므로 (C) strives가 정답이다. strive to do는 '~하려고 애쓰다'라는 뜻으로 자주 사용되는 표현이다.

어휘 management 경영진 recognize ~을 치하하다, 인정하다, 표창하다 major 주요한 achievement 업적, 성취

정답 (C)

---

127 Reporters at the *Devon Times* ------- to interview individuals who are involved in the ongoing dispute with Maxell Industries.

(A) agreeing
(B) were agreed
(C) agreement
(D) have agreed

〈Devon Times〉의 기자들은 Maxell Industries와 계속 진행 중인 분쟁에 관련된 개개인들과 인터뷰하는 것에 동의했다.

┤ 동사 자리 및 능동태와 수동태의 구별 ├

보기에 동사와 동사가 아닌 것이 섞여 있으면 빈칸이 동사 자리인지 먼저 확인해야 한다. 문장의 주어는 Reporters이고 빈칸 이하에 문장의 동사가 없으므로 보기 중 동사인 (B) were agreed와 (D) have agreed 중 하나가 정답이 된다. 주어가 복수(Reporters)이고 두 보기 모두 수 일치 되므로 능동태와 수동태를 따져 본다. 기자들이 사람들을 인터뷰 하는 것을 '동의했다'가 적절하므로 능동태인 (D) have agreed가 정답이다.

어휘 agree to do ~하는 데 동의하다 individual 사람, 개인 be involved in ~에 관련되어 있다 ongoing 계속 진행 중인 dispute with ~와의 분쟁 agreement 동의, 합의(서)

정답 (D)

128. Ms. Jacobs avoids going on business trips, ------- to conduct video conferences with clients from her office.

(A) prefers
(B) preferring
(C) preferred
(D) preference

Jacobs 씨는 자신의 사무실에서 고객들과 화상 회의를 하는 것을 선호하여, 출장 가는 것을 피한다.

분사구문 | 완전한 문장, V-ing

'완전한 문장, +-------'의 형태이므로 접속사 없이 또 다른 동사는 쓸 수 없다. 따라서 빈칸 이하는 분사구문의 형태가 되어야 한다. 보기 중에서 분사는 (B) preferring과 (C) preferred인데, 정답은 주어에 어울리는 것으로 선택해야 한다. 주어는 사람(Jacobs)이며, Jacobs 씨가 화상 회의를 실시하는 것을 '선호한다'는 능동의 의미가 적절하므로 현재분사인 (B) preferring이 정답이다.

어휘 avoid -ing ~하는 것을 피하다   go on a business trip 출장을 가다   prefer to do ~하는 것을 선호하다   conduct 실시하다   video conference 화상 회의   preferred 선호되는, 우선의   preference 선호(하는 것)

정답 (B)

129. Children's book authors have awaited the announcement of the Starling Writer's Award winners with anticipation since ------- were made public last month.

(A) subscriptions
(B) nominations
(C) creations
(D) venues

아동 도서 작가들은 지난달에 후보자 지명이 공표된 이후로 기대감을 갖고 Starling Writer's Award 수상자들의 발표를 기다려 왔다.

(A) 구독
(B) 지명, 추천, 임명
(C) 창조, 창작
(D) (스포츠·회담 등의) 장소

명사 어휘

보기가 모두 의미가 다른 명사로 구성되어 있으므로 해석을 통해 가장 자연스럽게 연결되는 것을 선택한다. 아동 도서 작가들이 수상자 발표를 기다려 왔다고 했는데, 이는 '후보자 지명'이 된 이후에 가능한 것이므로 문맥상 '후보자 지명'의 의미인 (B) nominations가 정답이다.

어휘 author 작가   await ~을 기다리다   announcement 발표   winner 수상자   anticipation 기대   since ~ 이후로, 이래로   make public ~을 알리다, 공개하다, 발표하다

정답 (B)

130. The timeframe for finishing the Street Bridge was ------- an estimate made by an engineer on the project.

(A) shortly
(B) merely
(C) strongly
(D) slightly

Street Bridge 마무리 공사를 위한 기간은 그 프로젝트 기술자에 의해 만들어진 단지 추정치였을 뿐이었다.

(A) 곧
(B) 단지, 그저
(C) 강하게, 맹렬히
(D) 약간, 조금

부사 어휘

보기가 모두 의미가 다른 부사로 구성되어 있으므로 해석상 가장 적절한 보기를 정답으로 선택해야 하지만, 명사구(an estimate) 앞에 빈칸이 있으므로 명사구를 수식할 수 있는 보기를 정답으로 선택한다. 따라서 only와 마찬가지로 명사구 앞에 위치해 '단지, 그저'의 의미로 쓰이는 (B) merely가 정답이다.

어휘 timeframe (어떤 일에 필요한) 시간, 기간   estimate 추정, 견적(서)

정답 (B)

PART 6

Questions 131-134 refer to the following article. 131-134는 다음 기사를 참조하시오.

Tokyo—Mayoto Mobile Inc. released information today that ------- would begin exporting its line of products to India and the
           131.
Philippines next year.

The vice president of sales, Mr. Haruki Kurosawa, said he expects the new endeavor to nearly double revenue for the company. To meet the anticipated demand, factories will expand their production capabilities. -------.
                       132.

Market analysts familiar with cell phone use in India and the Philippines believe Mayoto Mobile will attract many customers from other companies. "Their sales will quickly excel well ------- of those
                                                              133.
of their competitors," said Yani Jung, editor for *Tech Asia Weekly*.

Mayoto Mobile will also be developing a new line of lower-priced devices specifically for the foreign markets. -------, they will be able
                                                    134.
to sell to a wider demographic of consumers.

Tokyo—131 Mayoto Mobile Inc.는 그 제품 라인을 내년에 인도와 필리핀으로 수출하기 시작할 것이라는 정보를 오늘 발표했다.

영업 부사장인 Haruki Kurosawa 씨는 새로운 시도가 회사의 수익을 거의 두 배로 만들 것으로 기대한다고 말했다. 예상되는 수요를 충족하기 위해, 공장들은 그 생산 능력을 확대할 것이다. 132 다섯 곳 모두 생산 비율을 40퍼센트까지 늘릴 예정이다.

인도와 필리핀의 휴대 전화 사용에 정통한 시장 분석가들은 Mayoto Mobile이 다른 회사들로부터 많은 고객들을 끌어들일 것이라고 생각한다. 133 "그들의 매출은 빠르게 그 경쟁사들의 매출을 훨씬 앞지를 것입니다."라고 〈Tech Asia Weekly〉의 편집장인 Yani Jung이 말했다.

Mayoto Mobile은 또한 특별히 해외 시장들을 위한 더 낮은 가격의 신제품 라인을 개발할 것이다. 134 이렇게 하여, 그들은 더 폭넓은 고객 층에게 판매를 할 수 있을 것이다.

어휘 release ~을 공개하다, 내놓다 export ~을 수출하다 line 제품 라인 vice president 부사장 expect A to do A가 ~할 것으로 기대하다 endeavor 시도, 노력 nearly 거의 double ~을 두 배로 만들다 revenue 수익 meet 충족하다 anticipated 예상되는 demand 수요 expand ~을 확장하다 production capability 생산 능력 analyst 분석가 familiar with ~을 잘 아는 attract 끌어들이다 sales 매출 excel 뛰어 넘다, 능가하다 competitor 경쟁사 editor 편집자 develop ~을 개발하다 lower-priced 더 저렴한 가격의 device 기기, 장치 specifically 특히 be able to do ~할 수 있다 a wider demographic of 더 다양한 층의 consumer 소비자

131 (A) it
      (B) he
      (C) anyone
      (D) someone

⊣ 적절한 대명사 찾기 ⊢

빈칸은 that절 안의 주어 자리이고 보기 모두 주어 자리에 올 수 있는 대명사이다. 빈칸은 앞서 언급한 Mayoto Mobile Inc.를 대신하는 자리이므로 사물을 대신하여 쓸 수 있는 인칭대명사 (A) it이 정답이다.

정답 (A)

132 (A) The relocation will help to make operations more centralized.
(B) All five are set to increase manufacturing rates by forty percent.
(C) However, local regulations significantly held back profits.
(D) The device features video and camera capabilities.

(A) 위치 이전은 회사가 더욱 중앙 집중적으로 운영되도록 하는 데 도움이 될 것이다.
(B) 다섯 곳 모두 생산 비율을 40퍼센트까지 늘릴 예정이다.
(C) 하지만 지역 내 법규들은 수익 창출을 상당히 저해했다.
(D) 그 기기는 동영상 및 사진 촬영 기능을 특징으로 한다.

┤ 빈칸에 알맞은 문장 고르기 ├

앞의 문장에서 예상된 수요를 충족시키기 위해 공장마다 생산량을 늘릴 것이라고 했으므로 이와 관련된 내용이 와야 자연스럽게 연결된다. 따라서 보기 중 앞의 공장을 가리키는 '다섯 곳'이란 표현과 더불어 생산 비율을 40퍼센트 증가할 예정이라는 의미로, 빈칸 앞의 문장에서 언급한 '공장마다 생산량을 늘릴 것'이라는 사실에 대한 추가 설명으로 볼 수 있는 (B)가 정답이 된다.

어휘 relocation 위치 이전 operation 운영, 경영 centralized 집중된 be set to do ~할 예정이다 increase ~을 늘리다 manufacturing 제조 rate 비율 by (정도) ~만큼 regulation 규정, 규제 significantly 상당히 hold back 저지하다, 방해하다 profit 수익 feature 특징으로 하다 capability 기능, 능력

정답 (B)

오답분석
(A) 첫 문장에서 자사의 제품을 인도와 필리핀으로 수출하기 시작한다고 했지 회사가 다른 곳으로 이전을 한다는 내용은 없으므로 전혀 관련 없는 내용이다.
(C) 빈칸 앞의 문장에서 예상 수요를 충족하기 위해 각 공장의 생산량을 늘린다고 했는데 지역 내 법규로 인한 수익 창출 저해 이야기는 흐름상 맞지 않는다.
(D) The device(그 기기)라고 했으면 어떤 기기인지 앞에서 언급이 되어야 하는데 관련된 내용이 제시된 바 없으므로 흐름상 적절하게 어울리는 문장으로 볼 수 없다.

133 (A) above
(B) before
(C) ahead
(D) aware

(A) ~보다 위에
(B) ~ 전에, 앞에
(C) 앞으로, 앞에
(D) ~을 알고 있는

┤ 전치사 어휘 ├

해석상 '이 회사의 매출은 빠르게 경쟁사들을 훨씬 앞질러 갈 것이다'라는 뜻이 되어야 알맞다. 따라서 뒤의 of 이하 전치사구와 함께 '~ 보다 앞선'이란 의미로 쓰일 수 있는 (C) ahead가 정답이다. 참고로 ahead of schedule(일정보다 앞서)도 토익에 자주 등장하는 표현이므로 함께 정리해 두자.

정답 (C)

134 (A) Likewise
(B) In this way
(C) In particular
(D) Alternatively

(A) 마찬가지로
(B) 이러한 방법으로, 이렇게 하여
(C) 특히
(D) 그 대신에, 그렇지 않으면

┤ 적절한 연결어 찾기 ├

의미가 다른 접속부사로 보기가 구성되어 있으므로 해석을 통해 문맥상 가장 적절한 것을 선택한다. 앞의 문장에서 Mayoto Mobile 사가 해외 시장에 특화된 저렴한 가격의 신제품 라인을 개발할 것이라고 했고, 빈칸 다음 문장에서 이 회사는 더 다양한 소비자 층을 대상으로 제품을 판매할 수 있게 될 것이라고 했다. 따라서 빈칸 뒤의 내용이 앞의 내용에 대한 결과로 볼 수 있으므로 '이렇게 하여, 이를 통해'라는 의미를 가진 접속부사 (B) In this way가 정답이 된다.

정답 (B)

Questions 135-138 refer to the following notice. 135-138은 다음 공지를 참조하시오.

The renovation at Saint Martha Hospital will take place during the week of June 11. Work will commence with the west supply room being converted into a nurse's station. -------. During this project, patient rooms 9208 through 9215 will not be accessible. -------, staffing will be reduced to match the number of patients on the unit. Please note that the restrooms on the west side will be unavailable during this time. The east hall restrooms may therefore experience ------- use. If you have any questions or comments on preparations ------- for this improvement process, please talk to the ninth floor director, Matt Whitaker.

135.
136.
137.
138.

Saint Martha Hospital의 보수 공사가 6월 11일이 있는 주 동안 이루어질 것입니다. 작업은 서쪽 물품 보관실이 간호사실로 개조되는 것으로 시작할 것입니다. 135 또한 방문객과 가족들을 위한 셀프 서비스 커피 바도 설치될 것입니다. 이 프로젝트 동안, 9208부터 9215까지의 병실은 이용할 수 없을 것입니다. 136 그 결과, 직원 규모도 병동의 환자 수에 맞도록 줄어들 것입니다. 서쪽 측면에 있는 화장실들은 이 기간 동안 이용하실 수 없다는 것을 유념해 주시기 바랍니다. 137 그로 인해 동쪽 홀 화장실들이 매우 붐빌 수 있습니다. 138 이 개선 과정을 위해 진행되고 있는 준비에 관해 어떠한 의문 사항이나 의견이 있으면, 9층 관리자인 Matt Whitaker에게 말해 주시기 바랍니다.

어휘 renovation 보수 take place 발생하다 commence 시작되다 convert 바꾸다, 전환하다 accessible 접근 가능한, 이용 가능한 the number of ~의 수 restroom 화장실 unavailable 이용 불가능한 therefore 그 때문에 preparation 준비 improvement 개선, 향상

135 (A) The building will soon be leased to Saint Martha Hospital.
(B) A visitor and family self-serve coffee bar will also be installed.
(C) Supplies will be sold at the gift shop during this time.
(D) It ensures that all nurses are rewarded for working overtime.

(A) 건물은 곧 Saint Martha Hospital에 임대될 것입니다.
(B) 또한 방문객 및 가족들을 위한 셀프 서비스 커피 바도 설치될 것입니다.
(C) 물품은 이 기간 동안 선물 매장에서 판매될 것입니다.
(D) 그것은 모든 간호사들이 추가 근무한 것에 대해 반드시 보상받도록 해 줍니다.

빈칸에 알맞은 문장 고르기

빈칸 앞 문장에서 공사진행 관련 세부사항으로 물품 보관실을 간호사실로 개조하는 것으로 공사를 시작한다고 했으므로 이에 대한 추가 내용이 오는 것이 자연스럽다. 따라서 또 다른 공사 내용으로 볼 수 있는 커피 바 설치가 언급된 (B)가 정답이다.

어휘 lease 임대하다 install 설치하다 ensure 보장하다 reward 보상하다

정답 (B)

오답분석

(A) 첫 문장에서 병원의 보수 공사가 있을 것이라고 했고 빈칸 앞 문장도 공사 관련한 내용이 언급되어 있으므로 건물이 임대된다는 내용은 흐름상 관련이 없다.
(C) supply room은 물품 보관실이지 물품을 판매하는 곳이 아니다. 빈칸 앞에 물품 보관실이 간호사실로 변경된다고 했으므로 물품 구매와 관련된 내용은 글의 흐름상 적절하지 않다.
(D) It(그것)이 가리키는 말이 빈칸 앞에서 언급되어야 하는데 앞 문장은 물품 보관실이 간호사실로 바뀐다는 내용일 뿐, 간호사들의 추가 근무에 대한 보상과는 관련이 없다.

136 (A) In other words
(B) Nevertheless
(C) As a result
(D) On the other hand

(A) 다시 말해서
(B) 그럼에도 불구하고
(C) 결과적으로
(D) 다른 한편으로는

적절한 연결어 찾기

의미가 다른 접속부사로 보기가 구성되어 있으므로 앞의 문장과 연결하여 가장 자연스럽게 연결되는 것을 선택한다. 빈칸 앞의 문장에서 9208호 병실부터 9215호 병실까지는 접근이 불가능하다고 했고, 뒤의 문장에선 그 병동에서 환자들을 돌볼 직원의 수가 줄어들 것이라고 했다. 접근이 불가능할 것이기 때문에 해당 병동의 직원 수가 줄어드는 것으로 볼 수 있으므로 인과관계를 나타내는 접속부사 (C) As a result가 가장 자연스럽다.

정답 (C)

137 (A) long-term
(B) heavy
(C) correct
(D) available

(A) 장기적인
(B) (양·정도 등이 보통보다) 많은, 심한
(C) 맞는, 정확한
(D) 이용할 수 있는

┤ 형용사 어휘 ├

형용사 어휘 문제이므로 해석을 통해 가장 자연스럽게 연결되는 것을 찾는다. 앞의 문장에서 서쪽 측면의 화장실은 이 기간 동안 이용할 수 없다고 했고, 이어서 이로 인한 동쪽 홀 화장실 상황을 설명하고 있다. 서쪽 측면 화장실이 이용 불가능하면 동쪽 홀 화장실을 이용하는 사람들이 많아질 것이므로 '많고 붐비는' 상황을 나타내는 어휘가 오는 것이 자연스럽다. 따라서 (B) heavy가 정답이다.

정답 (B)

138 (A) being made
(B) making
(C) will be made
(D) have made

┤ 후치 수식 분사 ├

문장의 동사 have가 있으므로 또 다른 동사가 올 수 없다. 따라서 보기 중 동사인 (C)와 (D)는 모두 오답이다. being made는 수동형의 분사이고, making은 능동형의 분사이다. 여기서는 앞의 명사 preparation(준비)을 수식하고 있고 해석상으로도 준비를 '하는 것'이 아닌 준비가 '되어지는 것'이 적절하므로 수동의 의미를 가진 (A) being made가 정답이 된다.

정답 (A)

Questions 139-142 refer to the following e-mail. 139-142는 다음 이메일을 참조하시오.

To: Tabitha Chun
From: Allen Lundy
Date: September 27
Subject: Autumn Festival Success

Dear Ms. Chun,

I have been busy since we last spoke, preparing for the annual Autumn Festival. First, I ------- your advice to change the layout
139.
from the previous one, so that the stage would be in the center of the park. As you said, having other activities ------- close to the
140.
stage should make the event more united. I have also arranged for additional children's activities like face painting and balloon art. -------. The planning committee and I are really pleased ------- your
141.   142.
ideas to improve the festival. If you have any further input, please call me.

Sincerely,
Allen Lundy
Starwood Autumn Festival, Logistics Director

수신: Tabitha Chun
발신: Allen Lundy
날짜: 9월 27일
제목: 가을 축제의 성공

Chun 씨에게,

저희가 지난번에 이야기했던 이후로, 연례 가을 축제 준비로 바빴습니다. 139 우선, 배치를 기존의 것에서 변경하라는 귀하의 조언을 받아들여, 무대가 공원의 중앙에 있을 것입니다. 140 말씀하신 대로, 다른 활동들을 무대에 다소 가까이서 하는 것이 행사를 더욱 통합되도록 만들 것입니다. 또한 페이스 페인팅과 풍선 아트 같은 추가적인 어린이 활동들도 마련했습니다. 141 이는 행사에 더 많은 가족들을 끌어들일 수 있게 할 것입니다. 142 조직 위원회와 저는 축제를 개선할 귀하의 아이디어에 매우 만족스럽습니다. 추가 의견이 있으면 저에게 전화해 주세요.

안녕히 계십시오.
Allen Lundy
Starwood 가을 축제, 물류 관리자

어휘 layout 배치 so that ~하기 위해서 united 화합한, 단결된, 연합한 arrange for ~을 준비하다 additional 추가의 committee 위원회 pleased 기쁜 improve 향상시키다, 개선하다 input 조언, 투입

139 (A) will take
(B) took
(C) having taken
(D) would take

┤ 적절한 시제 찾기 ├

빈칸은 동사 자리이므로 동사가 아닌 (C) having taken은 오답이다. 나머지 보기들은 모두 주어와 수일치 되고 능동태이므로 시제를 따져 정답을 찾아야 한다. 발신자가 배치를 바꾸자는 조언을 받아들였는지, 아니면 앞으로 받아들일 것인지 시점을 파악해야 한다. 빈칸 바로 다음 문장에서는 정확한 시점을 파악하기 어렵지만, 그 다음 문장의 I have also arranged(나는 또한 ~도 마련했다)를 통해서 이미 조언을 받아들였다는 사실을 알 수 있다. 따라서 이미 일어난 일이나 행위를 표현하는 과거 시제 (B) took가 정답이다.

정답 (B)

140 (A) also
(B) just
(C) rather
(D) soon

(A) 또한
(B) 막, 단지
(C) 다소, 약간, 꽤, 상당히
(D) 곧

┤ 부사 어휘 ├

빈칸 뒤 close를 수식하는 자리이므로 형용사를 수식하는 부사가 와야 한다. 보기가 모두 의미가 다른 부사로 구성되어 있으므로 해석을 따져 정답을 찾는다. 무대 가까이에서 다른 행사를 한다는 내용이므로 거리가 얼마나 가까운지를 나타내는 부사 표현이 자연스럽다. 따라서 보기 중 '꽤, 상당히'의 의미를 지닌 (C) rather가 정답이 된다.

정답 (C)

141 (A) The April Festival was also held in the same place.
(B) This will allow us to attract more families to the occasion.
(C) A large crowd is expected to attend the competition.
(D) The stage was previously located further from the center.

(A) 4월의 축제도 같은 장소에서 열렸습니다.
(B) 이는 행사에 더 많은 가족들을 끌어들일 수 있게 할 것입니다.
(C) 많은 사람들이 그 경기에 참석할 것으로 예상됩니다.
(D) 이전에는 무대가 중앙에서 더 먼 곳에 위치했었습니다.

┤ 빈칸에 알맞은 문장 고르기 ├

빈칸 앞 문장에서 조언을 받아들여 추가로 얼굴 페인팅과 풍선 아트 같은 어린이를 위한 행사를 마련했다는 이야기를 하고 있다. 따라서 이 행사와 관련된 추가 정보나 결과를 보여주는 문장이 오면 흐름상 자연스럽게 연결된다. 보기 중 대명사 This가 앞 문장 전체를 가리키면서 '이는 더 많은 가족들이 올 수 있도록 해 줄 것입니다'라는 의미가 되어 앞의 일로 인한 결과를 보여주는 문장인 (B)가 정답이 된다.

어휘 occasion 행사 be expected to do ~할 것으로 기대된다 competition 경기 previously 이전에 further 더 멀리에   정답 (B)

오답분석

(A) 이메일 전반이 가을 축제 행사에 관한 내용이고, 빈칸 앞의 문장에서도 가을 축제에서 진행될 행사와 관련된 이야기를 하고 있으나 장소에 관한 언급은 전혀 없으므로 4월 축제의 장소와 관련된 문장은 어색하다.
(C) competition은 '경기'를 의미한다. 열릴 행사는 festival(축제)이지 경기가 아니므로 관련이 없는 문장이다.
(D) 무대의 위치는 두 번째 문장에서 언급된 내용이므로 위치적으로 빈칸에 들어가기에 적절하지 않은 내용이다.

142 (A) to
(B) after
(C) with
(D) over

(A) ~로
(B) ~ 후에
(C) ~에 대해
(D) ~ 위에

┤ 전치사 어휘 ├

보기가 모두 전치사로 구성되어 있으므로 문맥상 적절한 전치사를 선택한다. 'be pleased with(~에 대해 기뻐하다)'를 알고 있다면 쉽게 풀 수 있는 문제이다. 따라서 정답은 (C) with이다. 참고로 'be pleased to+동사원형(~해서 기쁘다)'도 함께 정리해 두자.

정답 (C)

Questions 143-146 refer to the following article. 143-146은 다음 기사를 참조하시오.

Local Bookstore Hosts *Dried Out* Author

Aukland (December 3)—The Attic bookstore owner, Natalie Yoon, ------- Edmond George, celebrated author of the book series *Dried Out*, to the 12th Street location of her store Sunday. Following a question and answer session with Mr. George, the author read an excerpt from the latest addition to the series, subtitled *Eleventh Hour*. -------.
 143.
 144.

In addition to this acclaimed book, Mr. George also wrote the stand-alone novel *Breach of Risk*, a best seller. His ------- has been
 145.
praised as a "remarkable achievement" by book reviewers Marge Hass and Benny White.

For ------- about where to find Mr. George's most recent book,
 146.
and for a recording of the question and answer session, visit theatticbooks.net.

⟨*Dried Out*⟩ 작가를 초청한 지역 서점

Aukland (12월 3일)—143 Attic 서점의 소유주인 Natalie Yoon은 일요일에 12th Street에 위치한 자신의 서점으로 ⟨*Dried Out*⟩ 시리즈의 유명 작가인 Edmond George를 초청했다. George 씨와의 질의응답 세션에 이어, 작가는 ⟨Eleventh Hour⟩라는 부제의 시리즈의 최신작에서 발췌한 부분을 낭독했다. 144 그는 또한 참석한 이들에게 자신의 책에 사인을 해 주었다.

찬사를 받은 이 책 외에, George 씨는 또한 베스트셀러인 단행본 소설 ⟨Breach of Risk⟩를 썼다. 145 그의 작품은 도서 평론가 Marge Hass와 Benny White에 의해 "놀랄 만한 성과"라는 찬사를 받았다.

146 George 씨의 가장 최신 책을 찾을 수 있는 곳에 관한 상세 정보와 질의응답 세션 녹화 영상을 위해 theatticbooks.net을 방문하라.

어휘 celebrated 유명한　excerpt 발췌, 인용　subtitle 부제를 달다　in addition to ~에 더하여　acclaimed 찬사를 받고 있는　stand-alone 독자적인　remarkable 놀랄 만한　achievement 업적, 성취

143 (A) recommended
(B) invited
(C) notified
(D) interviewed

(A) ~을 추천했다
(B) ~을 초대했다
(C) ~을 알렸다
(D) ~을 인터뷰했다

┤ 동사 어휘 ├

보기가 각기 다른 의미의 동사로 구성되어 있으므로 해석을 통해 가장 자연스럽게 연결되는 것을 정답으로 선택한다. Attic 서점 주인인 Natalie Yoon 씨가 그녀의 가게에 Edmond George 씨를 오게 했다는 의미이므로 보기 중 '초대하다'라는 뜻의 동사 (B) invited가 정답이 된다.

정답 (B)

144 (A) He also signed copies of his books for those in attendance.
(B) Ms. Yoon occasionally invites authors to her bookstore.
(C) Moreover, the author spent his childhood years in Spain.
(D) After that, the author went on to write a subsequent novel to the series.

(A) 그는 또한 참석한 이들에게 자신의 책에 사인을 해 주었다.
(B) Yoon 씨는 때때로 자신의 서점에 작가들을 초대한다.
(C) 게다가, 작가는 자신의 어린 시절을 스페인에서 보냈다.
(D) 그 후, 작가는 시리즈의 그 다음 이야기를 계속해서 써 나갔다.

┤ 빈칸에 알맞은 문장 고르기 ├

빈칸 앞의 문장에서는 작가가 서점에 와서 한 일로 시리즈의 최신작에서 발췌한 것을 낭독했다고 언급했다. '추가'의 의미를 가진 접속부사 'also'를 이용하여 낭독 외에 사인도 해 주었다고 한 (A)가 앞의 문장과 가장 자연스럽게 연결된다.

어휘 attendance 참석　occasionally 때때로　moreover 게다가, 더욱이　subsequent 그 다음의, 차후의

정답 (A)

> **오답분석**
> (B) 빈칸 바로 앞의 문장에서 질의응답 시간 후 작가가 시리즈의 최신작에서 발췌한 부분을 낭독했다고 했는데 서점에 작가들을 종종 초대한다는 내용은 글의 흐름상 부적절하다.
> (C) moreover는 앞의 내용에 내용을 덧붙일 때 쓰는 접속 부사이다. 앞에는 작가가 낭독해 주었다고 했는데 그에 대한 추가 내용으로 작가가 어린 시절 스페인에서 지냈다는 것은 연결이 부자연스럽다.
> (D) After that으로 보아 순서상 빈칸 앞의 내용 다음에 이어질 내용이 와야 하는데 작가가 책을 낭독한 다음에 해당 시리즈의 후속 소설을 계속해서 썼다는 것은 어색하다.

145 (A) work
(B) contract
(C) service
(D) deal

(A) 작품, 작업
(B) 계약
(C) 서비스
(D) 거래

┤ 명사 어휘 ├

보기가 모두 의미가 다른 명사로 구성되어 있으므로 의미를 따져 정답을 골라야 한다. 빈칸 앞의 His는 작가를 가리키며, 빈칸의 명사는 찬사를 받고 있는(has been praised) 주체가 되어야 하므로 작가의 '작품'을 의미하는 (A) work가 정답이 된다. 이처럼 work는 '일' 외에도 '작품'의 의미로 사용될 수 있다는 것을 기억해 두자.

정답 (A)

146 (A) detail
(B) details
(C) detailed
(D) detailing

┤ 가산명사와 불가산명사의 구별 ├

빈칸은 전치사 for의 목적어 자리이므로 명사나 동명사가 올 수 있다. 따라서 보기 중 (A) detail, (B) details 그리고 (D) detailing 모두 형태상 가능하다. 하지만 동명사는 동사의 성질을 가지고 있어서 타동사가 동명사로 쓰이면 뒤에 반드시 목적어가 있어야 하므로 detailing은 오답이다. 명사 detail은 '세부사항'이란 뜻일 때는 가산명사이므로 앞에 한정사 없이 단수로 쓸 수 없고 복수 형태로 써야 한다. 따라서 (B) details가 정답이 된다.

정답 (B)

Questions 147-148 refer to the following article. 147-148은 다음 기사를 참조하시오.

(Twin Falls—January 12) Twin Falls Ski Resort has reported an unexpected decrease in the number of visitors this winter. Given this year's large amount of snowfall and cold temperatures, the lower number of ticket sales has surprised many. 147 Park director Michael Lemme believes the area's increase in gasoline prices may be the cause. 148 In response to the decline in numbers, the park has announced a sale on tickets from now until the end of the season. Visit www.skitwin.com for information on pricing details. Additional special offers are also available for local residents.

(Twin Falls—1월 12일) Twin Falls Ski Resort는 올겨울에 방문객 수가 예기치 못하게 감소했다고 알렸다. 올해 많은 적설량과 추운 기온을 감안할 때, 저조한 티켓 판매량은 많은 이들을 놀라게 했다. 147 공원 책임자인 Michael Lemme은 지역의 휘발유 가격 인상이 원인일 수 있다고 생각하고 있다. 148 방문객 수 감소에 대응해, 공원 측은 지금부터 시즌 종료 때까지 티켓을 할인 판매한다고 발표했다. www.skitwin.com을 방문하면 상세 가격 정보를 확인할 수 있다. 지역 주민들은 추가적인 특별 할인도 이용할 수 있다.

어휘 | unexpected 예기치 못한 the number of ~의 수 amount of snowfall 적설량 temperature 기온 surprise ~을 놀라게 하다 cause 원인 in response to ~에 대응해 decline in ~의 감소 pricing 가격 책정 detail 상세 정보 additional 추가적인 special offer 특별 할인 available 이용 가능한 local 지역의

147 According to the article, what caused the decrease in the number of visitors?

(A) A decline in the number of parks
(B) The costly tickets for the ski resort
(C) An excessive amount of snowfall
(D) An increase in the price of gasoline

기사에 따르면, 무엇이 방문객들 수의 감소를 야기했는가?

(A) 공원 수의 감소
(B) 값비싼 스키 리조트 티켓들
(C) 과도한 적설량
(D) 휘발유 가격 인상

세부사항 | What

방문객 수의 감소 원인과 관련해, 지문 중반부에 지역 내의 휘발유 가격 인상이 원인일 것으로(the area's increase in gasoline prices may be the cause) 제시되어 있다. 따라서 (D)가 정답이다.

어휘 | decline in ~의 감소 excessive 지나친, 과도한 increase in ~의 증가 gasoline 휘발유

정답 (D)

148 How is the resort dealing with the recent change in sales?

(A) By selling season tickets during the winter
(B) By providing a discount on tickets
(C) By inviting local residents to the park
(D) By subsidizing gasoline prices

리조트는 최근의 매출 변화에 어떻게 대처하고 있는가?

(A) 겨울 동안 시즌 티켓을 판매함으로써
(B) 티켓에 할인을 제공함으로써
(C) 지역 주민들을 공원에 초대함으로써
(D) 휘발유 가격에 보조금을 지급함으로써

세부사항 | How

지문 중반부에 방문객 감소에 대응해 현 시점부터 시즌 종료 시까지 티켓을 할인 판매한다고 발표한 내용이(the park has announced a sale on tickets from now until the end of the season) 제시되어 있으므로 (B)가 정답이다.

어휘 | subsidize ~에 보조금을 주다

정답 (B)

Questions 149-150 refer to the following advertisement. 149-150은 다음 광고를 참조하시오.

Posted by owner: Perkins Lawn Mower 4200X
Asking price: $110
Location: Ontario, OR

Posting Description

149 Bought at a store 10 months ago. Original price $450. Mower has two months remaining on a 1-year factory warranty.
Mower in great condition but has one broken wheel to be replaced by buyer, not covered by warranty.
Cash only. (Pictures not available, see in person.)

Buyer must pick up.

Will be sold to highest bidder; 150 if interested, call to reserve.
For directions, call or text (562) 272-1747.

소유자 게시: Perkins 잔디 깎이 4200X
제시 가격: 110달러
지역: Ontario, OR

게시물 상세

149 10개월 전 매장에서 구입함. 원래 가격 450달러. 1년 공장 품질 보증 서비스 중 2개월 남음.
상태는 좋으나 구매자가 망가진 바퀴 하나를 교체해야 하며, 품질 보증 서비스에 해당되지 않음.
현금만 가능. (사진은 없고 직접 봐야 함.)

구매자가 가져가야 함.

최고 가격 제시자에게 판매될 것임; 150 관심이 있다면, 전화로 예약.
길 안내를 받기 위해, (562) 272-1747로 전화 또는 문자 바람.

어휘 post ~을 게시하다 owner 소유자 mower 잔디 깎는 기계 asking price (소유자가 원하는) 제시 가격 description 설명 remaining 남아 있는 warranty(= guarantee) 품질 보증(서) in great condition 상태가 좋은 replace ~을 교체하다 cover ~을 포함하다, ~의 비용을 충당하다 available 이용 가능한 in person 직접 방문해서 pick up ~을 가져가다 bidder 가격을 제시하는 사람 reserve 예약하다 directions 길 안내

---

149 What has been described about the lawn mower?

(A) It will be sold to the one who comes first.
(B) The buyer should use the warranty to replace a wheel.
(C) It has been used by more than one owner.
(D) It has been in use for less than a year.

잔디 깎는 기계에 관해 설명된 것은 무엇인가?

(A) 가장 먼저 오는 이에게 판매될 것이다.
(B) 구매자는 품질 보증 서비스를 이용해 바퀴를 교체해야 한다.
(C) 한 명이 넘는 소유주에 의해 사용되었다.
(D) 1년 미만의 기간 동안 사용되었다.

> **진위확인 | True**
> 기계에 관련된 설명(Description)이 시작되는 첫 줄에 'Bought at a store 10 months ago'라는 말로 보아 10개월 전에 구입했음을 알 수 있으므로 이 정보를 통해 파악 가능한 내용인 (D)가 정답이다. 바퀴 교체와 관련해, 보증 서비스에 해당되지 않는다고 했으므로(not covered by warranty) (B)는 오답이다.
> **어휘** describe ~을 설명하다, 묘사하다 in use 사용 중인
> 정답 (D)

---

150 What does the owner offer to do?

(A) Repair the broken part before selling
(B) Consider a discount upon request
(C) Show photographs of the item
(D) Hold the item for a prospective buyer

소유자는 무엇을 하겠다고 제안하는가?

(A) 판매 전에 망가진 부분을 수리하기
(B) 요청 시에 할인을 고려하기
(C) 제품의 사진을 보여주기
(D) 잠재적인 구매자를 위해 제품을 보유해 두기

> **세부사항 | What**
> 지문의 끝부분에 '관심 있는 사람은 예약 전화를 하라(If interested, call to reserve)'고 했으므로 구매를 희망하는 사람을 위해 해당 기계를 갖고 있을 것임을 알 수 있다. 따라서 이와 같은 의미에 해당되는 (D)가 정답이다. 수리 작업은 구매자가 하는 것으로 되어 있으므로 (A)는 오답이며, 사진이 없다고 했으므로 (C)도 오답이다.
> **어휘** repair ~을 수리하다 consider ~을 고려하다 photograph 사진 prospective 장래의, 예기된
> 정답 (D)

Questions 151-152 refer to the following notice. 151-152는 다음 공지를 참조하시오.

Now that the six-month renovation of the Evans Building has been completed, **151 TTG Enterprises will reorganize its departments.** Starting from April 2, the finance team's offices can be found in the south wing of the building. **151, 152 The marketing offices will be in the east wing, as it is the only space large enough to keep these employees together.** The change will be reflected in the new building directory within a few weeks. The receptionists at the front desk are happy to show you where to go in the meantime.

이제 Evans Building의 6개월간의 개조 공사가 완료되었으므로, **151 TTG Enterprises는 그 부서들을 재편할 것입니다.** 4월 2일부터, 재무 팀의 사무실들은 건물의 남쪽 동에서 찾아볼 수 있습니다. **151, 152 마케팅 사무실들은 동쪽 동에 있을 것인데, 그곳이 유일하게 이 직원들을 함께 모아둘 만큼 충분히 넓은 공간이기 때문입니다.** 변동 사항은 몇 주 내로 새로운 건물 안내 정보에 반영될 것입니다. 그동안은 안내 데스크의 안내 직원들이 여러분이 갈 곳을 기꺼이 알려 드릴 것입니다.

어휘 now that ~이므로 renovation 개조, 보수 completed 완료된 reorganize ~을 재편하다, 개편하다 department 부서 finance 재무, 재정 wing 동, 부속 건물 large enough to do ~할 만큼 충분히 넓은 keep A together A를 한곳에 모아 두다 reflect ~을 반영하다 building directory (건물 현관 등에 있는) 건물 안내도 within ~ 이내에 receptionist 안내 직원 be happy to do 기꺼이 ~하다 where to go 어디로 가야 할지 in the meantime 그러는 동안, 그 사이에

151 Why was the notice written?
(A) To promote a new service offered by the company
(B) To report updates to a building regulation
(C) To announce the relocation of some employees
(D) To explain an upcoming renovation project

공지는 왜 쓰여졌는가?
(A) 회사에 의해 제공되는 새로운 서비스를 홍보하기 위해
(B) 건물 관련 규정에 대한 최신 정보를 알리기 위해
(C) 일부 직원들의 이전을 알리기 위해
(D) 곧 있을 개조 공사 프로젝트를 설명하기 위해

┤ 주제/목적 | 목적 ├

지문의 시작 부분에 개조 공사가 끝났다는 말과 함께 부서를 재편한다고(~ reorganize its departments) 언급하고 있다. 이와 관련해, 몇몇 부서들이 새롭게 상주할 위치를 알리고 있으므로 직원 재배치에 대해 언급한 (C)가 정답이다.

어휘 promote ~을 촉진하다, 홍보하다 regulation 규정 relocation 재배치 explain ~을 설명하다 upcoming 다가오는, 곧 있을

정답 (C)

152 What is mentioned about TTG Enterprises?
(A) Its employees will not see clients on April 2.
(B) Its marketing department has the most employees.
(C) It has entrances on the south and east side.
(D) It has been in operation for six months.

TTG Enterprises에 관해 언급된 것은 무엇인가?
(A) 직원들이 4월 2일에 고객들을 만나지 못할 것이다.
(B) 마케팅 부서에 직원들이 가장 많이 있다.
(C) 남쪽과 동쪽 측면에 출입구가 있다.
(D) 6개월 동안 운영되어 왔다.

┤ 진위확인 | True ├

지문 중간 부분에 마케팅 부서가 위치할 곳을 언급하면서 '이 부서의 직원들을 한곳에 모아 둘 수 있을 만큼 충분히 넓은 유일한 공간(it is the only space large enough to keep these employees together)'이라고 알리고 있다. 이를 통해 마케팅 부서의 규모가 가장 크다는 것을 알 수 있으므로 (B)가 정답이다.

어휘 client 의뢰인, 고객 marketing department 마케팅 부서 entrance 출입구 in operation 가동[운용] 중인

정답 (B)

Questions 153-155 refer to the following information. 153-155는 다음 안내 정보를 참조하시오.

Maintenance Services Information

The maintenance department at Upton Station, with its team of approximately fifteen people, contributes to the smooth and safe operation of the facility. While the engineering staff makes repairs to the trains and tracks, our department is responsible for all other aspects of the station, including lighting, restrooms, entrances, and more. ¹⁵³ These are outlined in the staff handbook.

Duties vary widely depending on the needs of the facility. At the beginning of each shift, we perform all urgent tasks first followed by routine maintenance and repairs. ¹⁵³, ¹⁵⁴ We maintain an equipment log to show what has been checked in or out. This is hanging on the door of the storage room.

¹⁵⁵ All entry points are examined daily upon the opening and closing of the station. For after-hours access to the facility, call 555-7878.

유지 보수 서비스 정보

Upton Station의 시설 관리부는 대략 15명의 직원들로 구성된 팀으로, 시설의 순조롭고 안전한 운영에 기여하고 있습니다. 엔지니어링 직원들이 열차와 선로의 수리를 하는 반면, 저희 부서는 조명과 화장실, 출입구 등을 포함하여, 역의 다른 모든 측면들을 책임지고 있습니다. ¹⁵³ 이것들은 직원 안내서에 개괄되어 있습니다.

업무는 시설의 요구 사항에 따라 매우 다양합니다. 각 교대 근무 시작 때, 긴급 업무들을 모두 먼저 수행하고 뒤이어 일상적인 유지 보수와 수리를 진행합니다. ¹⁵³, ¹⁵⁴ 저희는 무엇이 반납되고 대여되었는지를 보여주는 장비 일지를 관리하고 있습니다. 이것은 물품 보관실의 문에 걸려 있습니다.

¹⁵⁵ 모든 출입구들은 매일 역을 열고 닫을 때 점검됩니다. 운영 시간 이후 시설 이용에 대해서는 555-7878로 전화하세요.

어휘 maintenance 시설 관리, 유지 보수 approximately 약, 대략 contribute to ~에 기여하다, 공헌하다 smooth 순조로운 operation 운영, 경영 facility 시설(물) while ~인 반면 make a repair 수리하다 be responsible for ~에 대한 책임이 있다 aspect 요소, 측면, 양상 including ~을 포함해 lighting 조명 outline ~을 간략히 설명하다 staff handbook 직원 안내서 duty 업무, 직무 vary 다양하다 widely 대단히, 폭넓게 depending on ~에 따라 shift 교대 근무(조) perform ~을 수행하다 urgent 긴급한 task 일, 업무 followed by 뒤이어, 잇달아 routine 일상적인 equipment 장비 log 기록(지) hang on ~에 걸려 있다 storage room 보관실 entry point 출구 examine ~을 점검하다, 검사하다 upon ~할 때 after-hours 업무[운영] 시간 이후의 access 접근, 이용

153 Who is the intended audience of this information?

(A) Passengers at a bus terminal
(B) Professional travel agents
(C) Employees at a train station
(D) Current engineering students

이 안내 정보를 받도록 의도되는 대상은 누구인가?

(A) 버스 터미널의 승객들
(B) 전문 여행사 직원들
(C) 기차역의 직원들
(D) 현재 엔지니어링을 공부하는 학생들

┤ 추론 │ 대상 ├

지문 한 곳의 정보만으로는 명확한 단서가 드러나지 않으므로 전반적인 내용을 통해 단서를 파악해야 한다. 첫 단락 마지막에 직원 안내서에 업무가 설명되어 있다고 언급하는 부분(These are outlined in the staff handbook), 그리고 두 번째 단락에서 물품 대여 기록지가 위치한 곳을 알리는 부분(This is hanging on the door of the storage room) 등을 통해 해당 기차역의 다른 직원들에게 보여 주기 위한 목적으로 쓴 정보임을 알 수 있다. 따라서 (C)가 정답이다.

어휘 professional 전문적인 current 현재의

정답 (C)

154 According to the information, how can readers get more information about borrowing equipment?

(A) By calling a helpline
(B) By reading a posted document
(C) By speaking to a supervisor
(D) By checking a Web page

안내 정보에 따르면, 읽는 이들은 장비 대여에 관한 추가 정보를 어떻게 얻을 수 있는가?

(A) 전화 상담 서비스에 전화함으로써
(B) 게시된 문서를 읽음으로써
(C) 상사에게 이야기함으로써
(D) 웹 페이지를 확인함으로써

> **세부사항 | How**
>
> 장비 대여와 관련된 내용은 두 번째 단락에서 찾아 볼 수 있다. '무슨 장비가 반납되고 무슨 장비가 대여되었는지 확인해 볼 수 있는 장비 관리 기록이 있다(We maintain an equipment log to show what has been checked in or out)'고 알리고 있으므로 이 기록지를 봐야 한다는 것을 알 수 있다. 따라서 '게시된 문서를 읽는다'는 의미로 쓰인 (B)가 정답이다.
>
> **어휘** helpline 전화 상담 서비스   supervisor 상사
>
> 정답 (B)

155 How often are the entrances checked?

(A) Once a day
(B) Twice a day
(C) Once a week
(D) Twice a week

출입구들은 얼마나 자주 확인되는가?

(A) 하루에 한 번
(B) 하루에 두 번
(C) 일주일에 한 번
(D) 일주일에 두 번

> **세부사항 | How**
>
> 출입구 확인과 관련된 정보는 마지막 단락에 쓰여 있다. '모든 출입구는 매일 역이 문을 열고 닫는 시점에 점검된다(~ examined daily upon the opening and closing of the station)'고 하는 것으로 봐서 하루에 두 번 점검한다는 것을 알 수 있다. 따라서 (B)가 정답이다.
>
> 정답 (B)

Questions 156-158 refer to the following memo.

Kathryn Morrison Marathon after-race Banquet

The Kathryn Morrison Marathon after-race spaghetti feed will continue as originally scheduled on September 20 at 5 PM, the evening after the race. Due to double booking, however, **156** the event will be held at the Gold Gate Festivities Hall on Cole Road rather than at the Alphonsus Center.

157 Directions to the Gold Gate Festivities Hall from Leif Stadium (Race starting line)

157 Begin west on Vermont Road, following it through two stop lights until it becomes Granite Street. Continue on Granite for one mile. Then turn right onto Phillmore. Take an immediate left on Gold Street and the parking lot of Gold Gate Hall will be on your right. The staff at the welcome desk will direct you to the correct room.

Please note that onsite parking is abundant. **158** You will be issued a parking ticket upon pulling into the parking lot at the Festivities Hall. Simply have the ticket validated before leaving the dinner and no payment will be necessary.

---

156 Where was the event originally planned to take place?

(A) At the Gold Gate Festivities Hall
(B) At the Alphonsus Center
(C) On Cole Road
(D) At the gate of the race

157 Where will the race start?

(A) Granite Street
(B) Phillmore Road
(C) Gold Street
(D) Vermont Road

경주는 어디에서 시작될 것인가?

(A) Granite Street
(B) Phillmore Road
(C) Gold Street
(D) Vermont Road

⊣ 세부사항 | Where ⊢

지문 중간 부분에 경주 시작 지점이 Leif Stadium(Leif Stadium (Race starting line))이라고 밝히고 있다. 이 지점에서(from) 출발해 Gold Gate Festivities Hall로 가는 방법을 알려 주는 내용에서 출발 지점을 'Begin west on Vermont Road'라고 언급하고 있으므로 경주 시작 지점은 Vermont Road임을 알 수 있다. 따라서 (D)가 정답이다.

정답 (D)

158 According to the memo, how can the parking fee be waived?

(A) By finding a valid parking place
(B) By leaving before the dinner ends
(C) By attending the marathon race
(D) By having an eligible ticket

회람에 따르면, 주차 요금은 어떻게 면제될 수 있는가?

(A) 유효한 주차 공간을 찾음으로써
(B) 저녁 식사가 끝나기 전에 떠남으로써
(C) 마라톤 경주에 참가함으로써
(D) 조건에 맞는 티켓을 보유함으로써

⊣ 세부사항 | How ⊢

질문의 핵심은 주차 요금을 공제받는 방법이다. 마지막 단락에 '주차권을 발급받아 주차권 확인을 받으면 요금을 내지 않아도 된다(Simply have the ticket validated before leaving the dinner ~)'고 했으므로 이를 '조건에 맞는 티켓(eligible ticket)'이라는 말로 표현한 (D)가 정답이다.

어휘 waive (권리 등) ~을 포기하다, (규칙 등) ~을 적용하지 않다   valid 유효한   eligible 자격이 있는

정답 (D)

Questions 159-160 refer to the following text message chain. 159-160은 다음 문자 메시지 대화를 참조하시오.

Alita LaGrande   10:14 A.M.
I thought my meeting would last until 11 A.M., but it's finished. So I'm headed to Birmingham now.

Walter Lind   10:17 A.M.
You didn't have any trouble changing your train ticket, did you? I booked you a flexible fare so you could take any train on that route.

Alita LaGrande   10:18 A.M.
It was fine. But I want to make sure I can check in at the Ewell Hotel as soon as I arrive. 159 I told them I would check in at 2, but I'll be there about an hour early. 160 Could you call them for me and make sure that's okay?

Walter Lind   10:20 A.M.
Of course. I'll text you after I'm done with that.

Alita LaGrande   10:21 A.M.
Thank you!

Alita LaGrande   오전 10:14
제 회의가 오전 11시까지 지속될 거라 생각했는데, 끝났어요. 그래서 지금 Birmingham으로 가요.

Walter Lind   오전 10:17
기차표 변경하는 데 아무 문제 없으셨죠, 그렇죠? 제가 유연한 요금으로 예약했으니 그 노선의 아무 열차나 타실 수 있으실 거예요.

Alita LaGrande   오전 10:18
문제없었어요. 그런데 도착하는 대로 Ewell Hotel에 체크인할 수 있도록 확실히 해 두고 싶어요. 159 2시에 체크인할 거라고 했는데, 거기 1시간 정도 일찍 도착할 거예요. 160 나 대신 전화해서 괜찮은지 확인해 주겠어요?

Walter Lind   오전 10:20
물론이죠. 확인을 끝낸 후에 문자를 보낼게요.

Alita LaGrande   오전 10:21
고마워요!

어휘   last 지속되다   until (지속) ~까지   finished 끝난, 완료된   be headed to ~로 가다, 향하다   have trouble -ing ~하는 데 문제가 있다, 어려움을 겪다   book A B A에게 B를 예약해 주다   flexible 유연한, 융통성이 있는   fare (교통) 요금   route 노선   make sure (that) 반드시 ~하다, ~하는 것을 확실히 해 두다   as soon as ~하자마자, ~하는 대로   about 약, 대략   text ~에게 문자 메시지를 보내다   be done with ~을 완료하다

159 When does Ms. LaGrande want to check in at a hotel?

(A) At 11 A.M.
(B) At 1 P.M.
(C) At 2 P.M.
(D) At 5 P.M.

LaGrande 씨는 언제 호텔에 체크인하기를 원하는가?

(A) 오전 11시에
(B) 오후 1시에
(C) 오후 2시에
(D) 오후 5시에

세부사항 | When

LaGrande 씨가 호텔에 체크인하는 것과 관련된 내용은 10시 18분 메시지에 나타나 있다. 이 부분에서 '호텔에 2시에 체크인할 거라고 했는데, 1시간 정도 일찍 도착할 것(I told them I would check in at 2, but I'll be there about an hour early)'이라고 알리고 있다. 따라서 2시가 아닌 1시가 체크인 예정 시간이므로 (B)가 정답이다.

정답 (B)

---

160 At 10:20 A.M., what does Mr. Lind most likely mean when he writes, "Of course"?

(A) He will pick Ms. LaGrande up.
(B) He will book a train ticket.
(C) He will contact a hotel.
(D) He will call the train station.

오전 10시 20분에, Lind 씨가 "Of course"라고 썼을 때 의미하는 것은 무엇인가?

(A) 그가 LaGrande 씨를 픽업할 것이다.
(B) 그가 기차 표를 예약할 것이다.
(C) 그가 호텔에 연락할 것이다.
(D) 그가 기차역에 전화할 것이다.

의도파악

오전 10시 20분에 "Of course"라고 말하는 것은 앞서 LaGrande 씨가 자기를 대신하여 그들에게 전화해서 확인해 달라고 요청하는 질문(Could you call them for me and make sure that's okay?)에 대한 긍정의 답변이다. 오전 10시 18분 메시지에서 '그들'은 'Ewell Hotel'임을 알 수 있다. 따라서 호텔에 연락하겠다는 뜻을 나타내는 (C)가 정답이다.

어휘   station 역

정답 (C)

Questions 161-164 refer to the following letter.

Joyce Wallace
629 Park Boulevard
Roxbury, MA 02119

January 8

Sergio Bianchi
881 Valley Street
Collingswood, NJ 08108

Dear Mr. Bianchi,

My name is Joyce Wallace, and I am the head of the research department of Vernon Pharmaceuticals. I am aware that you have a job opening for a senior lab technician, and **161** I believe that James McCarty would be an excellent candidate for this role.

162 Mr. McCarty joined our company six years ago as a volunteer trainee and was hired permanently after the three-month program ended. After just six months of working as a lab technician, he assumed the role of project manager, which is usually given to much more senior staff members. I have been his immediate supervisor since that time. While working with Mr. McCarty, I was impressed with **164-C** how he was able to come up with solutions to the project delays and unexpected challenges. **164-B** He always completed tasks with energy and enthusiasm, **164-D** and he was happy to put in the necessary effort to increase his knowledge about his field.

I'm confident that should you bring Mr. McCarty on board, you will benefit greatly from his work ethic and experience. I'm happy to answer any questions you may have, and I may be reached at (617) 555-7041.

Sincerely,

Joyce Wallace

161 What is the purpose of Ms. Wallace's letter?

(A) To submit an application for a job opening
(B) To offer Mr. Bianchi a lab technician job
(C) To recommend an employee for a position
(D) To explain job duties to a new employee

| 주제/목적 | 목적 |

지문의 첫 단락에서 특정 직책을 언급하면서 'James McCarty 씨가 이 자리에 뛰어난 후보자일 것이라고 생각한다(~ James McCarty would be an excellent candidate for this role)'고 말한다. 더불어, 나머지 단락에서는 McCarty 씨의 장점을 설명하고 있으므로 직원을 추천하는 것이 목적임을 알 수 있다. 따라서 (C)가 정답이다.

어휘 submit ~을 제출하다   offer ~을 제안하다   recommend ~을 추천하다

정답 (C)

162 What is suggested about Mr. McCarty?

(A) He worked with Ms. Wallace for six months.
(B) He has never had a management role.
(C) He was Ms. Wallace's immediate supervisor.
(D) He has not always been a paid employee.

McCarty 씨에 관해 알 수 있는 것은 무엇인가?

(A) Wallace 씨와 6개월 동안 함께 일했다.
(B) 관리자 역할을 맡은 적이 없다.
(C) Wallace 씨의 직속 상관이었다.
(D) 늘 유급 사원이었던 것은 아니다.

| 추론 | 진위확인 |

두 번째 단락의 시작 부분에 'McCarty 씨가 6년 전 자원봉사 교육생으로 회사에 들어와 3개월 기간의 프로그램이 끝난 후에 정규직으로 채용되었다(Mr. McCarty joined our company six years ago as a volunteer trainee ~)'고 되어 있는데, 자원봉사 교육생이라는 신분은 급여 없이 일한 것을 의미한다. 따라서 이 정보를 바탕으로 '늘 유급 사원이었던 것은 아니다'라고 표현한 (D)가 정답이다.

어휘 paid employee 유급 사원

정답 (D)

163 The word "assumed" in paragraph 2, line 3, is closest in meaning to

(A) assigned
(B) supposed
(C) accepted
(D) created

두 번째 단락, 세 번째 줄의 단어 "assumed"와 의미가 가장 가까운 것은 무엇인가?

(A) ~을 할당했다
(B) ~을 제안했다
(C) ~을 수락했다
(D) ~을 만들었다

| 동의어 | 동사 |

해당 문장에서 "assumed" 다음에 목적어로 쓰인 the role of project manager는 '프로젝트 책임자 자리'를 의미한다. 이 문장은 '불과 6개월 만에 프로젝트 책임자 자리를 맡았다'는 뜻으로 해석할 수 있는데, 어떤 직책을 맡는다는 것은 그 자리를 수락한 것과 같으므로 '~을 수락하다'를 뜻하는 (C)가 정답이다.

정답 (C)

164 What is NOT indicated as one of Mr. McCarty's qualities?

(A) Time-management skills
(B) An energetic attitude
(C) Problem-solving skills
(D) A willingness to learn

McCarty 씨가 지닌 자질들 중 하나로 나타나 있지 않은 것은 무엇인가?

(A) 시간 관리 능력
(B) 에너지 넘치는 태도
(C) 문제 해결 능력
(D) 배움에 대한 의지

| 진위확인 | NOT true |

두 번째 단락의 후반부에 McCarty 씨의 자질이 상세히 기술된다. 에너지 넘치는 태도를 의미하는 (B)는 '~ completed tasks with energy and enthusiasm'에서, 문제 해결 능력을 뜻하는 (C)는 'how he was able to come up with solutions to the project delays and unexpected challenges'에서, 그리고 배움에 대한 의지를 의미하는 (D)는 '~ put in the necessary effort to increase his knowledge'에서 각각 단서를 찾아볼 수 있다. 하지만 시간 관리 능력을 뜻하는 (A)와 관련된 내용은 제시된 바가 없으므로 (A)가 정답이다.

어휘 energetic 에너지 넘치는   attitude 태도   problem-solving 문제 해결   willingness 의지

정답 (A)

Questions 165-167 refer to the following article. 165-167은 다음 기사를 참조하시오.

Restaurant License Updates

Numerous restaurants in the Greater Detroit area will be affected by the upcoming changes to the restaurant license legislation currently under review by state officials. — [1] —. Proponents of the bill point to increased government revenues as an important consideration.

Industry observers predict that, following an above-inflation raise last year of 6%, 165 restaurant license costs will probably jump by approximately 8% if the regulations pass a vote and are implemented in early January. — [2] —. 166 They expect to see a negative effect on service industry job growth, which has enjoyed 10% and 11% increases in the last two years, respectively.

"This change could have harmful consequences for the food and beverage industry as a whole," said Restaurant Association Chairman Sol Adams. "— [3] —. 167 Further administrative costs could prove too much for some." Legislators must decide whether the benefits outweigh the risks to the business community. — [4] —.

레스토랑 라이선스 관련 새 소식

Greater Detroit 지역의 수많은 레스토랑들은, 현재 주 공무원들에 의해 검토 중인 레스토랑 라이선스 법률에 있어 곧 있을 변경 사항에 영향을 받을 것이다. — [1] —. 법안의 지지자들은 증가된 정부 세입을 중요한 고려 사항으로 지적한다.

업계 관찰자들은 물가 상승률을 초과한 작년의 6퍼센트 증가율에 이어, 그 규정이 의결되어 1월 초에 시행될 경우 165 레스토랑 라이선스 비용이 약 8퍼센트까지 증가할 것이라고 예측한다. — [2] —. 166 그들은 서비스 업계의 고용 성장률에 부정적인 영향을 볼 것으로 예상하는데, 그것은 지난 2년 동안 각각, 10퍼센트와 11퍼센트의 증가를 누렸다.

"이 변경 사항은 식음료 업계에 전체적으로 해로운 결과를 초래할 수 있습니다,"라고 Restaurant Association 회장 Sol Adams가 말했다. "— [3] —. 167 일부에게는 추가적인 행정 비용이 너무 큰 부담일 수 있습니다." 입법자들은 그 혜택이 비즈니스 업계에서 감수해야 할 위험보다 클지 여부를 결정해야 한다. — [4] —.

어휘 license 라이선스, 영업 허가증 numerous 수많은 affect ~에 영향을 미치다 upcoming 다가오는 legislation 법률 (제정) currently 현재 under review 검토 중인 state (행정 구역) 주 official 당국자 proponent 지지자 bill 법안 point to ~을 지적하다 revenue 세입 consideration 고려 industry 업계 observer 전문가, 관측자 predict that ~라고 예측하다 following ~ 후에 above-inflation 물가 상승률을 넘는 raise 증가 approximately 약, 대략 regulation 법규, 규정 pass a vote 의결되다 implement ~을 시행하다 expect to do ~할 것으로 예상하다 negative 부정적인 effect 영향, 효과 job growth 고용 성장(률) respectively 각각 harmful 부정적인, 해로운 consequence 결과 food and beverage industry 식음료 업계 as a whole 전체적으로 administrative 행정의 prove ~인 것으로 드러나다 legislator 입법자 decide ~을 결정하다 whether ~인지 아닌지 benefit 혜택 outweigh ~보다 더 크다

165 According to the article, how much are license fees likely to rise next year?

(A) 6%
(B) 8%
(C) 10%
(D) 11%

기사에 따르면, 내년에 라이선스 요금은 얼마나 오를 것 같은가?

(A) 6퍼센트
(B) 8퍼센트
(C) 10퍼센트
(D) 11퍼센트

┤ 세부사항 | How ├

라이선스 비용의 증가 비율은 두 번째 단락에서 '약 8퍼센트까지 증가할 것(restaurant license costs will probably jump by approximately 8%)'이라고 제시되어 있으므로 (B)가 정답이다.

정답 (B)

166 What do experts believe is a possible consequence of the legislation?

(A) Fewer jobs will become available.
(B) Inflation will continue to rise.
(C) Administration fees will be simplified.
(D) Business closures may decline.

전문가들이 법률 제정에 따른 가능한 결과라고 생각하는 것은 무엇인가?

(A) 더 적은 일자리들이 제공될 것이다.
(B) 인플레이션이 계속 증가할 것이다.
(C) 행정 비용이 간소화될 것이다.
(D) 폐업이 줄어들 수 있다.

> **세부사항 | What**
>
> 전문가들의 예측이 담긴 두 번째 단락의 중간에 '고용 성장에 악영향을 미칠 것으로 예상하고 있다(They expect to see a negative effect on service industry job growth ~)'고 제시되어 있다. 따라서 취업난과 관련된 문제점을 언급한 (A)가 정답이다.
>
> **어휘** inflation 인플레이션, 통화 팽창 simplify ~을 간소화하다 business closure 폐업   정답 (A)

167 In which of the positions marked [1], [2], [3], and [4] does the following sentence best belong?

"With increases in the costs of ingredients, many restaurants are already strained."

(A) [1]
(B) [2]
(C) [3]
(D) [4]

[1], [2], [3], [4]로 표기된 위치들 중에서 다음 문장이 가장 잘 어울리는 곳은 어디인가?

"재료비의 증가로 인해, 많은 레스토랑들이 이미 긴장한 상태다."

(A) [1]
(B) [2]
(C) [3]
(D) [4]

> **주어진 문장 넣기 | 문장의 내용 단서**
>
> 주어진 문장은 재료비가 증가해 많은 레스토랑들이 이미 어려움을 겪고 있다는 의미이다. 이는 레스토랑들이 비용과 관련해 현재 겪고 있는 문제점에 해당되므로 추가 행정 비용이 일부 레스토랑에게 부담이 될 수 있다는 의미를 나타내는 문장 앞에 표기된 [3]에 위치해야 의미가 자연스럽게 연결된다. 따라서 (C)가 정답이다.
>
> **어휘** increase 증가 ingredient 재료 be strained 긴장감이 흐르다   정답 (C)

Questions 168-171 refer to the following online chat discussion.

Huan Wu 5:24 P.M.
168 Since we didn't have time to meet today, I wanted to see how everything is coming along for the Classic Movies Celebration.

Dale Gracey 5:26 P.M.
168 We've just begun advertising for the festival.

Ravi Gupta 5:27 P.M.
169 I've dropped our posters at all the restaurants and shops around town, and they'll be posted in prominent areas.

Huan Wu 5:29 P.M.
That's wonderful. 169 I know a lot of business owners had promised that, but I thought they might not follow through.

Dale Gracey 5:30 P.M.
You don't have to worry.

Ravi Gupta 5:31 P.M.
I'm expecting high attendance, but that creates another problem. 170 Neither the lot behind the theater nor the one across the street can hold many vehicles.

Amber Vanuolo 5:32 P.M.
That's why I'm working on getting permission to use the Tresson Mall lot and have a shuttle bus running between the two sites.

Huan Wu 5:33 P.M.
That'll work perfectly. Thanks! Amber, do we know which special guests will be there?

Amber Vanuolo 5:34 P.M.
Some of the directors, but I don't have a final list yet. Also, 171 Carlton Fletcher is planning to be there. He said his article about the event will most likely be on the front page of *the Peoria Daily Times*.

168 What is the online chat mainly about?

(A) An awards show
(B) A community parade
(C) An anniversary celebration
(D) A film festival

| 주제/목적 | 주제 |

지문 시작 부분에 Wu 씨가 '고전 영화 기념행사(Classic Movies Celebration)에 필요한 준비 상황을 알고 싶다'고 언급한다. 이와 관련해, 다른 사람들이 축제에 대한 광고를 시작했고 레스토랑과 상점에 포스터를 갖다 놓는 등의 준비 상황을 전달하는 내용으로 채팅이 전개되고 있다. 따라서 '영화제'가 이 채팅의 주제인 것으로 생각할 수 있으므로 (D)가 정답이다.

정답 (D)

169 At 5:29 P.M., what does Ms. Wu most likely mean when she writes, "but I thought they might not follow through"?

(A) She is surprised that the event attendance will be high.
(B) She thought a project might not be completed on time.
(C) She was worried they could not put up some advertisements.
(D) She believed some business owners would not make donations.

오후 5시 29분에, Wu 씨가 "but I thought they might not follow through"라고 썼을 때 의미하는 것은 무엇인가?

(A) 그녀는 행사 참석률이 높을 것이라는 사실이 놀랍다.
(B) 그녀는 프로젝트가 제때 완료되지 않을 수 있다고 생각했다.
(C) 그녀는 광고를 내걸지 못할 수 있을까 봐 걱정했다.
(D) 그녀는 몇몇 사업주들은 기부하지 않을 것이라고 생각했다.

| 의도파악 |

해당 표현은 앞서 5시 27분에 Gupta 씨가 도시 전역에 있는 레스토랑과 상점에 포스터가 잘 보이는 곳에 부착될 예정이라고 알린 것에 대한 Wu 씨의 반응에 포함되어 있다. 해당 표현 바로 앞에 '많은 업체 소유주들이 그렇게 하기로 약속했다(I know a lot of business owners had promised that)'는 말이 있으므로, 상반된 내용을 말할 때 사용하는 but절에 포함된 이 표현은 업체 소유주들이 그렇게 하지 않을 수도 있음을 나타낸다. 즉, 원래 약속과는 달리 잘 보이는 곳에 포스터를 부착하지 않을 가능성에 대해 우려하는 것이므로 이와 같은 의미를 지닌 (C)가 정답이다.

어휘 completed 완료된 advertisement 광고(물) donation 기부, 기증

정답 (C)

170 What does Mr. Gupta think will happen?

(A) A mall will close early.
(B) Some parking areas will fill up.
(C) A shuttle bus will not run on time.
(D) Some tickets will sell out quickly.

Gupta 씨는 무슨 일이 일어날 것이라고 생각하는가?

(A) 몰이 일찍 문을 닫을 것이다.
(B) 일부 주차 구역들이 가득 찰 것이다.
(C) 셔틀 버스가 제때 운행되지 않을 것이다.
(D) 일부 티켓들이 빠르게 판매될 것이다.

| 세부사항 | What |

Gupta 씨가 예상하는 일을 묻는 문제이므로 Gupta 씨의 메시지에 집중해 단서를 찾아야 한다. 5시 31분에 Gupta 씨가 행사 개최와 관련해, '극장 뒤쪽에 있는 주차장뿐만 아니라 길 건너편에 있는 주차장도 많은 차량을 수용할 수 없을 것(Neither the lot behind the theater nor the one across the street can hold many vehicles)'이라는 문제점을 알리고 있다. 따라서 이를 '주차 구역이 가득 찰 것'이라는 말로 바꿔 표현한 (B)가 정답이다.

어휘 fill up 가득 차다 on time 제때, 제시간에

정답 (B)

171 Who most likely is Mr. Fletcher?

(A) A director
(B) A building owner
(C) An entertainer
(D) A journalist

Fletcher 씨는 누구일 것 같은가?

(A) 감독
(B) 건물 소유주
(C) 연예인
(D) 기자

| 추론 | 세부사항 |

Fletcher 씨의 신분을 묻는 문제이므로 Fletcher 씨의 이름이 언급된 부분을 찾아 함께 제시되는 관련 정보를 파악해야 한다. 지문의 맨 마지막에 Fletcher 씨의 이름과 함께 '그의 기사가 1면에 실리는 일(his article about the event will most likely be on the front page of *the Peoria Daily Times*)'에 대한 언급으로 볼 때 '기자'임을 알 수 있으므로 (D)가 정답이다.

정답 (D)

Questions 172-175 refer to the following e-mail. 172-175는 다음 이메일을 참조하시오.

To: Katherine Jarvis <katherine.jarvis@phc.net>
From: Geraldine Grayson <g.grayson@reachcomp.com>
Date: January 17
Re: PHC Proposal

Dear Ms. Jarvis,

175 Many thanks for your informative presentation last week. You did an excellent job outlining PHC's market saturation and reader engagement. — [1] —. 172,175 Unfortunately, we have determined that PHC is not a good fit for us, so we are going to pass this time.

We have seen diminishing returns across the board from print media advertising. — [2] —. 173-C We believe this is due to the impact Web-based channels have had over the past five years, which we have found work well for us. We have also committed to other projects that have a strong track record, 173-D such as mailing flyers to consumers directly and 173-B sponsoring sporting events. — [3] —.

In addition, we do see some success with monthly and quarterly magazines, and these still form a core part of our strategy. 174 However, daily papers fare worse and sometimes do not provide a return on investment, as we have found with yours in the past. — [4] —.

Thank you for your understanding, and I wish you all the best.

Sincerely,

Geraldine Grayson
Marketing Communications Director, Reach Computers

수신: Katherine Jarvis <katherine.jarvis@phc.net>
발신: Geraldine Grayson <g.grayson@reachcomp.com>
날짜: 1월 17일
답장: PHC 제안서

Jarvis 씨에게,

175 지난주에 있었던 귀하의 유익한 발표에 대해 대단히 감사 드립니다. 귀하께서는 PHC의 시장 점유 상태와 독자 참여도를 개괄하는 작업을 아주 잘 해주셨습니다. — [1] —. 172, 175 유감스럽게도, PHC가 저희에게 잘 맞지는 않다는 결정을 내려, 이번에는 거절하려 합니다.

저희는 전반적으로 인쇄 매체 광고를 통한 수익이 줄어드는 것을 목격해 왔습니다. — [2] —. 173-C 이는 지난 5년 동안 웹 기반 채널들의 영향 때문으로 생각하며, 그것은 저희에게 주효하다고 판단했습니다. 저희는 또한 173-D 고객들에게 직접 전단을 우편으로 발송하고 173-B 스포츠 행사를 후원하는 일과 같은, 현저한 실적이 있는 다른 프로젝트들에도 전념해 왔습니다. — [3] —.

게다가, 월간 잡지와 분기별 잡지에 있어서의 성과를 지켜보고 있고, 이것들은 여전히 저희 전략의 핵심 부분을 형성합니다. 174 하지만, 일간지의 경우 과거에 귀사의 것에서 확인했듯이, 더 나빠져 때로 투자 대비 수익을 제공하지 않고 있습니다. — [4] —.

귀하의 양해에 감사 드리며, 행운을 빌어 드립니다.

안녕히 계십시오.

Geraldine Grayson
마케팅 커뮤니케이션 책임자, Reach Computers

어휘 many thanks for ~에 대해 대단히 감사하다 informative 유익한 presentation 발표(회) do an excellent job -ing ~을 아주 잘 해내다 outline ~의 개요를 설명하다 saturation 포화 상태(수요를 공급이 충족하는 상태) engagement 참여, 관여 unfortunately 안타깝게도 determine that ~라고 결정하다 fit 적합한 것 pass 넘어가다, 지나치다 diminishing 점감하는 return 수익 across the board 전반적으로 print media 인쇄 매체 due to ~로 인해 impact 영향 work well for ~에게 주효하다 be committed to ~에 전념하다 track record 실적 flyer 전단 consumer 소비자 sponsor ~을 후원하다 in addition 더욱이, 게다가 quarterly 분기의 form ~을 구성하다 core 핵심인 strategy 전략 fare worse 더 나빠지다 return on investment 투자 대비 수익 wish A all the best A에게 행운을 빌다

172 Why did Ms. Grayson write the e-mail?

(A) To propose a business arrangement
(B) To pass on a computer order
(C) To make suggestions to a business
(D) To decline an advertising opportunity

Grayson 씨는 왜 이메일을 썼는가?

(A) 비즈니스 협정을 제안하기 위해
(B) 컴퓨터 주문서를 전달하기 위해
(C) 한 업체에 제안을 하기 위해
(D) 광고 기회를 거절하기 위해

주제/목적 | 목적

첫 단락에서 먼저 감사의 인사를 전하면서 'PHC가 자신의 회사에 적합한 곳이 아니라는 결정을 내려 거절하려 한다(~ PHC is not a good fit for us, so we are going to pass this time)'고 알리고 있다. 또한, 뒤에 이어지는 단락들을 통해 PHC 사가 광고 수단을 제공하는 곳임을 알 수 있으므로 (D)가 정답이다.

어휘 propose ~을 제안하다 pass on ~을 넘겨 주다, 전달하다 suggestion 제안 decline ~을 거절하다

정답 **(D)**

173 What is NOT mentioned as an effective marketing technique for Reach Computers?

(A) Exhibition attendance
(B) Corporate sponsorship
(C) Online channels
(D) Direct mail

Reach Computers를 위한 효과적인 마케팅 기술로 언급되지 않은 것은 무엇인가?

(A) 전시회 참가
(B) 기업 후원
(C) 온라인 채널들
(D) 광고용 우편물

진위확인 | NOT true

광고 방식과 관련된 정보는 두 번째 단락에 언급되어 있다. 이 단락에서 회사의 후원(sponsoring sporting events), 온라인 채널(Web-based channels ~), 그리고 광고용 우편물(mailing flyers to consumers directly)에 대한 정보가 제시되어 있어 (B), (C), (D)는 모두 맞는 내용이다. 하지만 전시회 참가에 대한 정보는 나타나 있지 않으므로 (A)가 정답이다.

어휘 exhibition 전시회   corporate 기업[회사]의   sponsorship 후원   direct mail 광고용 우편물

정답 (A)

---

174 What kind of business most likely is PHC?

(A) A monthly magazine
(B) A news Web site
(C) A mobile app
(D) A daily newspaper

PHC는 어떤 유형의 업체일 것 같은가?

(A) 월간 잡지사
(B) 뉴스 웹사이트
(C) 모바일 앱
(D) 일간 신문사

추론 | 세부사항

세 번째 단락의 끝부분에, 일간지(daily papers)와 관련된 내용에서 상대방 회사의 일간지를 yours로 가리킨다. 즉, '귀사의 일간지를 통해 확인했듯이(as we have found with yours in the past)'라고 말하는 부분을 통해 (D)가 정답임을 알 수 있다.

정답 (D)

175 In which of the positions marked [1], [2], [3] and [4] does the following sentence best belong?

"Our board members reviewed your materials during their meeting and discussed these points at length."

(A) [1]
(B) [2]
(C) [3]
(D) [4]

[1], [2], [3], [4]로 표기된 위치들 중에서 다음 문장이 가장 잘 어울리는 곳은 어디인가?

"저희 이사진이 회의 중에 귀하의 자료를 검토했고 이 요점들을 장시간 논의했습니다."

(A) [1]
(B) [2]
(C) [3]
(D) [4]

주어진 문장 넣기 | 지시어 단서

주어진 문장은 상대방의 자료(your materials)와 관련해 회의를 열었다는 점과 이 자료의 중요 사항들(these points)을 검토했다는 점이 핵심이다. 이는 자료를 바탕으로 어떤 결정을 내리기 전에 거치는 과정으로 판단할 수 있다. 따라서 주어진 문장의 these points가 가리키는 대상으로 보이는 PHC's market saturation과 reader engagement에 관해 발표를 했다는 의미를 담은 문장과 상대방 회사를 거절하기로 결정했다는 문장 사이에 위치한 [1]에 들어가야 적합하므로 (A)가 정답이다.

어휘 at length 길게, 상세히, 충분히

정답 (A)

Questions 176-180 refer to the following report and article. 176-180은 다음 보고서와 기사를 참조하시오.

177 Kovar Aquarium and Marine Preservation (KAMP) Quarterly Summary Review: Curtis Rafferty

Tasks/Accomplishments:

176 Organized press event for the groundbreaking of the new wing of the Marine Preservation Center, which will house the penguin habitat exhibition next year. Representatives from 16 media outlets were in attendance. 176 [April]
177 Planned and operated a booth at the Avery Career Fair in Dallas for the third year in a row, assisted by Jamie Halstead. Interest in our booth was much higher than last year. [May]
Accompanied Director Lionella Monaldo as she presented her research at the 180 Progressive Environmental Conference in Vancouver, Canada. Met with researchers to discuss KAMP projects. [May]
Conducted training sessions for employees to inform them of new government regulations regarding animal welfare. Brought all KAMP sectors into compliance with these regulations. [June]

Aquarium Under New Leadership
178 By Dorothy Langston, *Kovar Herald Community News* Journalist

SEPTEMBER 14— 179 Kovar Aquarium and Marine Preservation (KAMP) has announced the hiring of Ruben Caro as its new director. Caro will take over for Lionella Monaldo, who served as the aquarium's director for fifteen years. She is leaving her position to go into retirement. Although Caro has worked as a researcher at KAMP for five years, 179 his appointment has been surprising to some, as all previous directors had come from a management background rather than an academic one. However, Caro's passion for the facility, along with his strong background in the field and innovative ideas for generating interest in the site, will certainly have a positive effect on KAMP. Caro is scheduled to give a talk on rescued marine mammals at 180 the upcoming Progressive Environmental Conference, held next year in Sydney, Australia. There he will work to not only educate his colleagues but also draw attention to the invaluable work that KAMP does for the ocean environment.

하는 것뿐만 아니라 해양 환경을 위해 KAMP가 하는 대단히 중요한 일에 대해 사람들이 관심을 갖도록 만들려고 노력할 것이다.

어휘 hiring 고용, 채용 take over for ~의 자리를 대신하다, 후임이 되다 serve as ~로서 일하다 leave ~에서 떠나다, 물러나다 retirement 은퇴 appointment 선임, 임명 surprising 놀라게 하는 previous 이전의 management 운영진 rather than ~라기보다는, ~가 아닌 academic 학문의, 학술적인 passion 열정 facility 시설(물) along with ~와 함께 field 업계, 분야 innovative 혁신적인 generate ~을 발생시키다 site 부지, 장소 have a positive effect on ~에 긍정적인 영향을 미치다 be scheduled to do ~할 예정이다 give a talk 연설하다 rescue ~을 구조하다 marine mammal 해양 포유류 upcoming 다가오는 hold (행사 등) ~을 개최하다 not only A but also B A뿐만 아니라 B도 colleague 동료 (직원) draw attention to ~에 대한 관심을 이끌어내다 invaluable 대단히 중요한 ocean environment 해양 환경

176 What happened at KAMP in April?

(A) Funds for protecting the habitat of penguins were raised.
(B) Visitors were welcomed to a newly opened exhibit.
(C) Some groundbreaking research was announced.
(D) Construction was begun on a new building section.

4월에 KAMP에서 무슨 일이 있었는가?
(A) 펭귄의 서식지 보호를 위한 기금이 마련되었다.
(B) 새롭게 개장한 전시회에 온 방문객들이 환영을 받았다.
(C) 몇몇 획기적인 연구가 발표되었다.
(D) 새로운 건물 구역에 대한 공사가 시작되었다.

세부사항 | What

'4월'이라는 시점은 첫 지문의 시작 부분에 제시되어 있다. 해당 기간의 보고 내용을 보면, 새로운 부속 건물 기공식(the groundbreaking of the new wing)이 언급되어 있으므로 이를 '새로운 건물 구역에 대한 공사'라는 말로 표현한 (D)가 정답이다.

어휘 fund 기금 protect ~을 보호하다 exhibit 전시회 groundbreaking 획기적인, 신기원을 이룬 construction 공사   **정답 (D)**

177 What most likely was the purpose of Mr. Rafferty's visit to Dallas?

(A) To network with potential donors
(B) To learn about new regulations
(C) To promote KAMP's job openings
(D) To advertise a new service

Rafferty 씨의 Dallas 방문 목적은 무엇이었을 것 같은가?
(A) 잠재적인 기부자들과 네트워크를 형성하기
(B) 새로운 규정들에 관해 배우기
(C) KAMP의 공석을 홍보하기
(D) 새로운 서비스를 광고하기

추론 | 세부사항

'Dallas'라는 장소는 첫 지문의 5월 보고 내용에 포함되어 있다. Dallas에서 열린 취업 박람회(Career Fair)에서 부스를 설치하고 운영했다고 쓰여 있는데, 이는 곧 구직자들을 모집하기 위한 것이다. 같은 지문의 상단에서 Rafferty 씨가 KAMP의 직원임을 확인할 수 있으므로 이와 같은 내용을 'KAMP의 공석을 홍보하기'라는 말로 표현한 (C)가 정답이다.

어휘 potential 잠재적인 donor 기부자 regulation 규정, 규제 promote ~을 촉진하다, 홍보하다 job opening 빈 자리, 공석   **정답 (C)**

178 What is suggested about Ms. Langston?

(A) She recently visited the aquarium.
(B) She used to work for KAMP.
(C) She plans to leave her position soon.
(D) She is employed by a local newspaper.

Langston 씨에 관해 알 수 있는 것은 무엇인가?
(A) 최근에 수족관을 방문했다.
(B) 한때 KAMP에서 일을 했었다.
(C) 곧 자신의 직책을 그만둘 계획이다.
(D) 지역 신문사에 고용되어 있다.

추론 | 진위확인

Langston 씨는 두 번째 지문인 기사의 작성자이다. '〈Kovar Herald Community News〉의 기자(Kovar Herald Community News Journalist)'라고 밝힌 것으로 보아 지역 신문사에서 일하는 사람임을 알 수 있으므로 (D)가 정답이다.

어휘 employ ~을 고용하다   **정답 (D)**

179 What is indicated about the KAMP director position?

(A) It requires five years of experience.
(B) It is usually not held by a researcher.
(C) It had to be filled unexpectedly.
(D) It is appointed by board members.

KAMP 관장 직책에 관해 암시된 것은 무엇인가?

(A) 5년 동안의 경력이 요구된다.
(B) 대개 연구원이 맡지 않는다.
(C) 예기치 못하게 채워져야 했다.
(D) 이사진에 의해 임명된다.

진위확인 | True

KAMP 관장 직책과 관련해, 두 번째 지문의 중간 부분에서 기존의 관장들은 연구원이 아닌 운영진으로 일한 경력이 있는 사람들 이었다(all previous directors had come from a management background ~)고 알리는 내용이 있다. 따라서 일반적으로 연구원 출신이 관장 자리에 오른 적이 없었다는 사실을 알 수 있으므로 이에 대해 언급한 (B)가 정답이다.

어휘 unexpectedly 예상 외로, 예기치 못하게   appoint ~을 임명하다

정답 (B)

---

180 What is implied about the Progressive Environmental Conference?

(A) Its host country changes.
(B) Its popularity is growing.
(C) It is held every other year.
(D) It is intended for scientists only.

Progressive Environmental Conference에 관해 암시된 것은?

(A) 주최 국가가 바뀐다.
(B) 인기가 증가하고 있다.
(C) 2년에 한 번 개최된다.
(D) 과학자들만을 위해 의도된 것이다.

연계문제 | 추론

해당 컨퍼런스의 이름은 첫 지문과 두 번째 지문에 모두 등장한다. 첫 지문의 세 번째 항목에서 캐나다의 Vancouver(Vancouver, Canada)에서 열렸다고 되어 있는데, 두 번째 지문의 후반부에서는 내년에 호주의 Sydney(Sydney, Australia)에서 열린다고 되어 있다. 따라서 행사를 주최하는 장소가 해마다 다르다는 사실을 알 수 있으므로 (A)가 정답이다.

어휘 popularity 인기   intend ~을 의도하다

정답 (A)

Questions 181-185 refer to the following flyer and e-mail.

Be Changed by The Power of Art!

Is your business located in the downtown commercial district? Would you like to bring attention to your business while helping our community at the same time? Then you should consider enrolling in The Power of Art (TPOA) program. 181 TPOA is commissioning the painting of colorful murals in the city center to help bring more visitors to Norfolk City. The city council has determined that the number of tourists has been declining steadily over the past few years. This has prompted the city council's decision to take measures to prevent a further drop in visitors.

By enrolling in TPOA, you are giving permission for a mural to be painted on the exterior of your building. You can select an image created by one of our professional artists or design one yourself. Should you choose to make your own design, it must follow the theme of "Historical Norfolk City." 184 The design cannot contain any business name or logo.

Inquiries and registration requests should be sent to Hubert Fletcher at h.fletcher@norfolkcity.gov. Registration is free, and submissions will be accepted until April 15. Owners of the selected sites will be notified no later than April 25. 185 Painting of small-scale murals (50–250 square feet) will begin on May 10, while painting of large-scale murals (251+ square feet) will begin on June 1.

183 If you are interested in donating paint, paintbrushes, buckets, ladders, etc., please visit www.norfolkcity.gov/tpoa. This will help us to maximize our budget and produce as many murals as possible.

To: Marilyn Raya <rayam@sunnydayflorist.com>
From: Hubert Fletcher <h.fletcher@norfolkcity.gov>
Date: April 20
Subject: The Power of Art (TPOA)

Dear Ms. Raya,

Congratulations! Your site (154 Ames Street) has been selected for the TPOA program. You submitted your own image, with the following description:

185 8´ x 15´ mural (120 sq. ft. total) depicting Main Street as it appeared 100 years ago. Mural includes several buildings and people, **184** along with the Sunny Day Florist logo in the bottom left-hand corner and the artists' signature in the bottom right-hand corner.

We made some alterations to your submission, as it did not fit our criteria in its original state. Please see the attached altered version. You do not need to make any special preparations for the painters other than removing items from the area. The team will take care of the rest.

Thanks!

Hubert Fletcher
Director, The Power of Art (TPOA)

100년 전 Main Street의 모습을 그대로 보여주는 **185** 8´×15´ 벽화 (총 120평방 피트). 벽화에는 **184** 왼쪽 아래 모서리에 Sunny Day Florist 로고와 오른쪽 아래 모서리에는 미술가의 서명과 함께, 여러 건물들과 사람들이 포함되어 있다.

귀하의 제출물에 일부 수정을 했는데, 그 원래 상태가 저희의 기준에 맞지 않았기 때문입니다. 첨부된 수정 버전을 보시기 바랍니다. 벽화를 그릴 구역에 물품들을 치우는 것 외에 화가들을 위해 특별히 어떤 준비를 하실 필요는 없습니다. 나머지는 팀이 처리할 것이다.

감사합니다!

Hubert Fletcher
책임자, The Power of Art (TPOA)

어휘 site 장소, 부지 submit ~을 제출하다 description 설명, 묘사 depict ~을 묘사하다 appear 보이다, 나타나다 include ~을 포함하다 along with ~와 함께 bottom left-hand 왼쪽 아래 signature 서명 make an alteration to ~을 수정하다, 변경하다 fit ~에 알맞다, 적합하다 criteria 기준 original 원래의, 애초의 state 상태 attach ~을 첨부하다 alter ~을 변경하다 make preparations for ~을 준비하다 other than ~ 외에는 remove ~을 치우다, 없애다 take care of ~을 처리하다 the rest 나머지

181 What is the purpose of TPOA?

(A) To clean up the downtown area
(B) To start more local businesses
(C) To provide training for artists
(D) To attract more people to the city

TPOA의 목적은 무엇인가?

(A) 시내 구역을 청소하기
(B) 더 많은 지역 사업체를 시작하기
(C) 미술가들을 위한 교육을 제공하기
(D) 도시에 더 많은 사람들을 끌어들이기

┤ 세부사항 | What ├

TPOA의 명칭이 제시된 첫 지문의 첫 단락에서 벽화를 그려 'Norfolk City에 더 많은 방문객들이 찾아오도록 하는 데 도움을 주는 것(to help bring more visitors to Norfolk City)'이라고 목적이 쓰여 있다. 따라서 이와 같은 내용에 해당하는 (D)가 정답이다.

어휘 clean up ~을 치우다, 청소하다 attract ~을 끌어들이다

정답 (D)

182 In the flyer, the word "prompted" in paragraph 1, line 6, is closest in meaning to

(A) initiated
(B) acted quickly
(C) allowed
(D) provided assistance

전단에서, 첫 번째 단락, 여섯 번째 줄의 단어 "prompted"와 의미가 가장 가까운 것은 무엇인가?

(A) ~을 시작하게 했다
(B) 신속히 행동했다
(C) ~을 허용했다
(D) 도움을 제공했다

┤ 동의어 | 동사 ├

동사 prompted 앞뒤로 원인을 나타내는 This와 결과에 해당되는 '시 의회의 결정'이 쓰여 있다. 즉, This가 가리키는 '관광객 감소'라는 원인에 따라 '시 의회의 결정'이라는 결과가 발생한 것이므로 '~을 시작하게 하다'라는 의미로 원인과 결과를 나타낼 수 있는 동사 (A)가 정답이다.

정답 (A)

183 According to the flyer, what can be done on the Web site?

(A) Submitting project ideas
(B) Viewing past entries
(C) Making supply donations
(D) Reviewing program rules

┤ 세부사항 | What ├

웹사이트와 관련된 정보는 첫 지문의 마지막 단락에 제시되어 있다. 여기서 페인트, 그림 붓, 양동이, 사다리 등을 기부하는 데 관심이 있는 사람들에게 웹사이트를 방문하라(If you are interested in donating paint, paintbrushes, buckets, ladders, etc. ~)고 알리고 있으므로 '물품 기부'를 의미하는 (C)가 정답이다.

어휘 view ~을 보다 entry 출품작 supply 공급(품) make a donation 기부하다

정답 (C)

전단에 따르면, 웹사이트에서 할 수 있는 것은 무엇인가?
(A) 프로젝트 아이디어들을 제출하는 것
(B) 과거의 출품작들을 보는 것
(C) 물품을 기부하는 것
(D) 프로그램 규칙들을 검토하는 것

---

184 What most likely is the problem with Ms. Raya's submission?

(A) It failed to follow the requested theme.
(B) It contained a reference to a specific business.
(C) Its site does not fall within the city center area.
(D) It was not designed by a professional artist.

┤ 연계문제 | 추론 ├

Raya 씨에게 보내는 이메일인 두 번째 지문의 중간에 Raya 씨의 제출물에 관한 설명이 있다. 이 설명의 끝부분에 'Sunny Day Florist 로고가 있다(along with the Sunny Day Florist logo)'고 쓰여 있는데, 이는 첫 지문의 두 번째 단락에서 언급한 '어떠한 업체의 이름이나 로고도 포함되지 않도록 해야 한다(The design cannot contain any business name or logo)'는 조건에 부합하지 않는 사항이다. 따라서 로고와 관련된 문제점을 언급한 (B)가 정답이다.

어휘 requested 요청된 reference 언급 specific 특정한, 구체적인 professional 전문적인

정답 (B)

Raya 씨의 제출물의 문제는 무엇일 것 같은가?
(A) 요구되는 주제를 따르지 않았다.
(B) 특정 업체에 대한 언급이 포함되어 있었다.
(C) 그 장소가 도심 지역 범위에 들어가지 않는다.
(D) 전문 미술가에 의해 디자인되지 않았다.

---

185 When will a team most likely start working at Ms. Raya's business?

(A) April 25
(B) May 10
(C) May 25
(D) June 1

┤ 연계문제 | 추론 ├

작업 시작 일정과 관련해, 첫 지문의 세 번째 단락에서 '소형 벽화(50~250평방 피트) 작업은 5월 10일에 시작되며, 대형 벽화(251평방 피트 이상) 작업은 6월 1일에 시작된다'고 쓰여 있다. 두 번째 지문의 중간에 Raya 씨의 벽화는 '8피트×15피트 크기(총 120평방 피트)의 벽화(8´x15´ mural (120 sq. ft. total))'라고 되어 있으므로 소형 벽화의 작업 시작 날짜인 (B)가 정답이다.

정답 (B)

팀이 언제 Raya 씨의 업체에서 작업을 시작할 것 같은가?
(A) 4월 25일
(B) 5월 10일
(C) 5월 25일
(D) 6월 1일

Questions 186-190 refer to the following notice, review, and article.

NOTICE TO COOL BEANS COFFEE PATRONS

Cool Beans Coffee will be relocating to 176 Irving Street on October 1. Driving directions to the new site are available on our Web site at www.coolbeansc.com. We hope you will visit us there and continue to support locally owned businesses such as ours. We are committed to bringing you the finest coffee drinks in town. **187 Please note that our last day of business at the Wentzville Mall will be September 20.**

We will be holding a special event during our first week in business to celebrate the move. There will be specialty drinks crafted by our creative baristas, discounts on hot beverages, and live folk music. Check us out from October 1–7 to make sure you don't miss out on the fun. We look forward to serving you for many years to come!

186 Cassandra Marquez
Owner, Cool Beans Coffee

---

www.wentzvillenow.com/chamber-of-commerce/reviews

Business: Aloha Coffee   Date Posted: October 28

187 I recently tried Aloha Coffee for the first time because it took over the rental space that was previously used by Cool Beans Coffee. The coffee itself was satisfactory, and the coffee shop offers all of the standard drinks that you would expect. However, big chains like this just can't provide the level of personal and friendly service that locally owned businesses do. In this community, Cool Beans Coffee has set the standard for excellence in customer service, and I'm afraid Aloha Coffee falls short.

Shopping Center Remains at the Center of Business

With over two hundred retail shops, the Wentzville Mall has always been a major attraction for both local shoppers and tourists. **189 Under new ownership,** it has received some upgrades to the parking lot and security system, and plans to renovate the food court and restrooms are underway. However, the changes taking place behind the scenes will significantly shape the site in the long run.

186 One of the first changes was an increase in the rental fees for shops in the mall, going into effect as each individual lease expires. This has forced several businesses off site, including locally owned businesses such as Evelyn's Boutique and Cool Beans Coffee. These types of businesses are being replaced by major chains that can benefit from name recognition and national advertising campaigns.

While small business owners are concerned about the trend, it doesn't seem to be negatively affecting the mall's image. **190** "I love shopping at the Wentzville Mall," said one shopper, Alice Russell. "It has everything I need under one roof."

변화들이 장기적으로 상당 부분 쇼핑몰의 모습을 만들게 될 것이다.

186 첫 변화들 중 하나는 몰 안의 매장들의 임대료가 증가한 것으로, 각 매장의 개별 임대가 만료됨에 따라 시행된 것이다. 이것이 Evelyn's Boutique와 Cool Beans Coffee 같은 지역 소유의 업체들을 포함한 여러 업체들을 밖으로 내몰리게 했다. 이런 유형의 업체들은 브랜드 인지도와 전국적인 광고 캠페인의 혜택을 볼 수 있는 대형 체인점들에 의해 대체되고 있다.

소규모 기업주들은 그런 경향을 우려하지만, 이는 몰의 이미지에 부정적으로 영향을 미치지는 않는 듯하다. **190** "저는 Wentzville Mall에서 쇼핑하는 것을 좋아해요."라고 쇼핑객 Alice Russell이 말했다. "한 지붕 아래 제가 필요한 모든 게 다 있거든요."

어휘 retail shop 소매점 attraction 명소 ownership 소유(권) security 보안 renovate ~을 개조하다 underway 진행 중인 take place 발생되다, 일어나다 behind the scenes 이면에서, 무대 뒤에서 significantly 상당히 shape ~을 만들다, 구체화하다 in the long run 장기적으로 go into effect 시행되다 individual 개별적인 lease 임대 expire 만료되다 force A 형용사 A가 ~되게 만들다 off site 부지 밖으로 including ~을 포함해 be replaced by ~에 의해 대체되다 benefit from ~로부터 혜택을 얻다 name recognition 브랜드 인지도 be concerned about ~을 우려하다 seem to do ~하는 것 같다 negatively 부정적으로 affect ~에 영향을 미치다 roof 지붕

186 Why most likely did Ms. Marquez relocate her business?

(A) She thought the new location was more convenient.
(B) She needed more seating for customers.
(C) She could no longer afford the rent.
(D) She wanted to be in a newer facility.

Marquez 씨는 왜 업체를 이전했을 것 같은가?

(A) 새로운 위치가 더 편리하다고 생각했다.
(B) 고객들을 위해 더 많은 좌석들이 필요했다.
(C) 더 이상 임대료를 감당할 수 없었다.
(D) 더 새로운 시설 안에 있고 싶었다.

┤ 연계문제 | 추론 ├

우선, Marquez 씨의 이름은 첫 지문의 끝부분에서 Cool Beans Coffee 매장의 사장으로 표기되어 있는데, 이 지문에서는 업체 이전의 이유와 관련된 정보가 나타나 있지 않다. 그런데 세 번째 지문의 두 번째 단락을 보면, Cool Beans Coffee 매장의 이름이 다시 언급되면서 쇼핑몰 내의 매장들에 대한 임대 비용 증가(an increase in the rental fees for shops in the mall)의 영향을 받은 곳 중의 하나로 제시되어 있다. 따라서 임대료를 낼 수 없었던 것이 위치를 옮기게 된 이유임을 유추할 수 있으므로 (C)가 정답이다.

어휘 convenient 편리한, 간편한 seating 좌석, 자리 afford (경제적·시간적으로) ~할 수 있다, ~할 여유가 있다 facility 시설(물)

정답 (C)

187 What is suggested about Aloha Coffee?

(A) It has a partnership with Cool Beans Coffee.
(B) It occasionally features live music.
(C) It is located in the Wentzville Mall.
(D) It has many regular customers.

Aloha Coffee에 관해 알 수 있는 것은 무엇인가?

(A) Cool Beans Coffee와 제휴를 맺고 있다.
(B) 때때로 라이브 음악 공연을 특별히 선보인다.
(C) Wentzville Mall 내에 위치해 있다.
(D) 단골 고객들이 많다.

┤ 연계문제 | 추론 ├

'Aloha Coffee'라는 명칭은 우선 두 번째 지문 시작 부분에서 찾아볼 수 있으며, 이전에 Cool Beans Coffee 매장이 사용했던 임대 공간에 들어선 매장(it took over the rental space that was previously used by Cool Beans Coffee)이라고 제시되어 있다. 이와 관련해, 첫 지문의 첫 단락 끝부분에서 Cool Beans Coffee 매장이 Wentzville Mall에서 마지막으로 영업하는 날짜(our last day of business at the Wentzville Mall ~)가 언급된 정보와 연계해 보면, 현재 Aloha Coffee 매장이 Wentzville Mall에 입점해 있다는 것을 알 수 있으므로 (C)가 정답이다.

어휘 partnership 제휴 관계 occasionally 때때로 regular customer 단골 고객

정답 (C)

188 In the review, the word "set" in paragraph 1, line 5, is closest in meaning to

(A) established
(B) rested
(C) calculated
(D) placed

후기에서, 첫 번째 단락, 다섯 번째 줄의 단어 "set"과 의미가 가장 가까운 것은 무엇인가?

(A) ~을 확립했다
(B) 쉬었다, 휴식을 취했다
(C) 계산했다
(D) ~을 놓아두었다

동의어 | 동사

해당 문장에서 동사 set 다음에 쓰인 목적어 standard는 '기준, 표준' 등을 의미한다. 따라서 이 문장은 Cool Beans Coffee 매장이 '탁월함에 대한 기준을 세웠다'라고 말함으로써 이 매장의 훌륭함을 알리고 있음을 알 수 있다. 따라서 '~을 확립했다'라는 의미를 나타내는 (A) established가 정답이다.

정답 (A)

---

189 What is mentioned about the Wentzville Mall?

(A) It has recently been sold.
(B) It is currently recruiting staff.
(C) It will expand its building.
(D) It advertises nationally.

Wentzville Mall에 관해 언급된 것은 무엇인가?

(A) 최근에 매각되었다.
(B) 현재 직원을 모집하고 있다.
(C) 건물을 확장할 것이다.
(D) 전국적으로 광고를 한다.

진위확인 | True

Wentzville Mall과 관련된 정보가 언급된 세 번째 지문에서, 해당 쇼핑몰의 특성과 관련해 언급되는 첫 단락 중간 부분을 보면 'Under new ownership'이라는 말이 제시되어 있는데, 이는 소유주가 바뀌었음을 의미한다. 따라서 이를 '최근에 매각되었다'라고 바꾸어 표현한 (A)가 정답이다.

어휘 recruit ~을 모집하다 expand ~을 확장하다 advertise 광고하다 nationally 전국적으로, 국내에서

정답 (A)

---

190 What does Ms. Russell like about the Wentzville Mall?

(A) Its modern appearance
(B) Its wide variety
(C) Its low prices
(D) Its friendly staff

Russell 씨가 Wentzville Mall에 관해 좋아하는 것은 무엇인가?

(A) 현대적인 외관
(B) 폭넓은 다양성
(C) 저렴한 가격
(D) 친절한 직원들

세부사항 | What

Russell 씨의 이름은 세 번째 지문의 맨 마지막 부분에서 찾아볼 수 있다. 이 부분에 쓰여 있는 Russell 씨의 인터뷰 내용을 보면, '한 지붕 아래 자신이 필요로 하는 모든 것이 있다(it has everything I need under one roof)'고 하므로 제품의 종류가 매우 다양하다는 것을 알 수 있다. 따라서 이에 해당하는 (B)가 정답이다.

어휘 modern 현대의, 근대의 appearance 모습, 외관 variety 여러 가지, 갖가지 friendly 친절한

정답 (B)

Questions1 91-195 refer to the following e-mail, letter, and calendar. 191-195는 다음 이메일과 편지, 그리고 일정표를 참조하시오.

TEST 01

To: Saiki Kojima <kojimas@hoshinotech.com>
From: Namiyo Fujimoto <fujimoton@hoshinotech.com>
Date: January 9
Subject: Business trip details

Dear Mr. Kojima,

I am writing in response to your inquiry about your business trip to Singapore in March. The regulations for expenses are the same as those for domestic trips, as listed below.
– The company will pay for your hotel and flight directly.
– You should use the corporate credit card for all other expenses.
    191 It is not necessary to keep receipts for small purchases up to $100 such as food, transportation, and client entertainment, as these can be reviewed on the credit card statement.
– 191 For any expense that exceeds that amount, you must turn in the receipt to me upon your return.

Please observe the following notes regarding transportation.
– Free shuttle bus services will be available when traveling to and from the airport, Novena Convention Center, and Aspella Hall.
– 195 We will arrange a hired car for your visit to Sunrise Restaurant.

I am happy to answer any further questions you may have.

Sincerely,

Namiyo Fujimoto
Human Resources Officer, Hoshino Tech

수신: Saiki Kojima <kojimas@hoshinotech.com>
발신: Namiyo Fujimoto <fujimoton@hoshinotech.com>
날짜: 1월 9일
제목: 출장 상세 정보

Kojima 씨께,

3월에 싱가포르로 가는 출장에 관한 귀하의 문의에 대한 응답으로 글을 씁니다. 비용에 관한 규정들은 국내 출장과 동일하며, 아래와 같습니다.
– 회사가 직접 호텔비와 항공료를 지불할 것입니다.
– 다른 모든 비용에 대해 법인 신용카드를 써야 합니다. 식사와 교통, 그리고 고객 접대와 같은 191 최대 100달러까지의 소액 결제 영수증은 보관할 필요가 없는데, 이는 신용카드 거래 명세서에서 확인될 수 있기 때문입니다.
– 191 그 금액을 초과하는 비용에 대해서는, 돌아오는 대로 반드시 저에게 영수증을 제출하셔야 합니다.

교통편과 관련하여 다음 안내 사항들을 준수하시기 바랍니다.
– 공항과 Novena Convention Center, 그리고 Aspella Hall을 오가는 무료 셔틀 버스 서비스를 이용하실 수 있습니다.
– 195 Sunrise Restaurant 방문을 위해 저희가 대여 차량을 마련해 드립니다.

갖고 계실 추가 문의 사항에 대해 기꺼이 답변해 드리겠습니다.

안녕히 계십시오.

Namiyo Fujimoto
인사 담당자, Hoshino Tech

어휘 in response to ~에 대한 답변으로 inquiry 문의 regulation 법규, 규제 expense 지출 비용 domestic 국내의 as listed below 아래에 기재된 대로 directly 직접 corporate 법인의 receipt 영수증 transportation 교통 client entertainment 고객 접대 review ~을 확인하다 statement 명세서 exceed ~을 초과하다 turn in ~을 제출하다 proof 증명(서) upon ~하자마자 observe ~을 준수하다 following 아래의, 다음의 regarding ~에 관해 arrange ~을 마련하다, 준비하다

Saiki Kojima
Hoshino Tech
33-4 Sakanoshita, Kamakura
Kanagawa Prefecture 248-0021, Japan

Dear Mr. Kojima,

Thank for your registering for the International Tech Design Conference (ITDC). We have received your booking and $300 registration fee. Enclosed you will find the receipt for this charge. This year's conference will feature notable leaders in the field, including Keith Noster of OBC. We are still working out some scheduling details, but as soon as the speaker schedule is settled, we will post them on the Web site.

Saiki Kojima
Hoshino Tech
33-4 Sakanoshita, Kamakura
Kanagawa Prefecture 248-0021, 일본

Kojima 씨께,

국제 기술 디자인 학회(ITDC)에 등록해 주셔서 감사합니다. 귀하의 예약과 300달러 등록비를 받았습니다. 동봉된 것에서 이 요금에 대한 영수증을 보실 수 있을 것입니다. 올해의 학회는 OBC의 Keith Noster를 포함하여, 업계의 저명한 리더들을 특징으로 할 것입니다. 아직 일부 일정의 세부 사항들을 작업 중인데, 연사 일정이 확정되는 대로 웹사이트에 게시해 드리겠습니다.

193 I recommend that you do not delay in booking your hotel room, as hotels in the neighborhood are expected to fill up quickly. Please note that, in addition to the scheduled conference sessions, **194** there will be a welcome breakfast on the first day of the conference for members of the Global Technology Alliance. There will also be a closing banquet for all conference presenters on March 24.

Enjoy your time at the ITDC!

Felicia Lim
Event Coordinator, International Tech Design Conference

193 호텔 객실 예약을 미루지 마시라고 권해 드리는데, 근처 호텔들이 빠르게 채워질 것으로 예상되기 때문입니다. 예정된 학회 세션들에 더해, **194** Global Technology Alliance 회원들을 위해 학회 첫날 환영 아침 식사가 있을 것임을 유념해 주시기 바랍니다. 또한 3월 24일에는 모든 학회 발표자들을 위한 폐회 만찬 행사도 있을 것입니다.

ITDC에서 즐거운 시간 보내시기 바랍니다!

Felicia Lim
행사 진행 책임자, 국제 기술 디자인 학회

어휘 register for ~에 등록하다 registration fee 등록비 Enclosed you will find A 동봉된 것에서 A를 확인할 수 있다 feature ~을 특징으로 하다 notable 저명한 field 업계, 분야 including ~을 포함해 work out ~을 알아내다 settle ~을 확정하다, 해결하다 post ~을 게시하다 delay in ~하는 것을 미루다 neighborhood 지역, 인근 be expected to do ~할 것으로 예상되다 fill up 채워지다 note that ~라는 점에 유의하다 in addition to ~ 외에도 session (특정 활동을 위한) 시간, 프로그램 banquet 연회 presenter 발표자

Weekly Calendar of Events / Saiki Kojima

Mach 21	March 22	**195** March 23	March 24	March 25
2:10 P.M. Flight DS384 departs from Narita International Airport 8:55 P.M. Arrival at Changi Airport Check in at Jave Hotel	**194** 8 A.M. Welcome breakfast at Novena Convention Center 10 A.M.–6 P.M. Conference sessions	10 A.M.–6 P.M. Conference sessions at Novena Convention Center **195** 7:30 P.M. Dinner with Norman Kelly at Sunrise Restaurant	10 A.M.–2 P.M. Conference sessions at Novena Convention Center 3:00 P.M. Tour of Aspella Hall	8 A.M. Meeting with Zi Mai at Jave Hotel 11:50 A.M. Flight DS1609 departs from Changi Airport 8:11 P.M. Arrival at Narita International Airport

주간 행사 일정 / Saiki Kojima

3월 21일	3월 22일	**195** 3월 23일	3월 24일	3월 25일
오후 2:10 DS384 항공편 Narita International Airport에서 출발 오후 8:55 Changi Airport 도착 Jave Hotel 체크인	**194** 오전 8:00 Novena Convention Center에서 환영 아침 식사 오전 10:00–오후 6:00 학회 세션들	오전 10:00–오후 6:00 Novena Convention Center에서 학회 세션들 **195** 오후 7:30 Sunrise Restaurant에서 Norman Kelly와 저녁 식사	오전 10:00–오후 2:00 Novena Convention Center에서 학회 세션들 오후 3:00 Aspella Hall 투어	오전 8:00 Jave Hotel에서 Zi Mai와 미팅 오전 11:50 DS1609 항공편 Changi Airport에서 출발 오후 8:11 Narita International Airport 도착

어휘 weekly 주간의 depart 출발하다

191 According to Ms. Fujimoto, what should Mr. Kojima do for purchases over $100?

(A) Use a different credit card
(B) Get approval in advance
(C) Submit proof of purchase
(D) Make a bank transfer

Fuimoto 씨의 말에 따르면, Kojima 씨는 100달러가 넘는 구매에 대해 무엇을 해야 하는가?

(A) 다른 신용카드를 사용하기
(B) 사전에 승인받기
(C) 구매 증명서 제출하기
(D) 은행 계좌 이체를 하기

┤ 세부사항 | What ├

100달러라는 기준 금액이 제시되는 첫 지문의 중간 부분을 보면, 100달러까지는 영수증을 보관하지 않아도 된다(It is not necessary to keep receipts for small purchases up to $100 ~)고 쓰여 있다. 그리고 뒤이어 '그 금액을 초과하는 비용 지출에 대해서는 영수증을 제출하라(For any expense that exceeds that amount, you must turn in the receipt ~)'고 제시되어 있으므로 영수증 제출과 같은 의미에 해당되는 (C)가 정답이다.

어휘 approval 승인, 허가　in advance 미리, 사전에　submit ~을 제출하다　proof 증명(서)　make a bank transfer 은행 계좌 이체를 하다

정답 (C)

192 In the letter, the word "settled" in paragraph 1, line 5, is closest in meaning to

(A) finalized
(B) paid
(C) ended
(D) relieved

편지에서, 첫 번째 단락, 다섯 번째 줄의 단어 "settled"와 의미가 가장 가까운 것은 무엇인가?

(A) 최종 확정된
(B) 지불된
(C) 종료된
(D) 완화된

┤ 동의어 | 형용사 ├

"settled"가 포함된 문장을 보면, 현재 일정과 관련된 작업을 하는 중이고, 곧 게시하겠다고 알리고 있다. 여기서 settled는 일정이 게시되는 조건에 해당하는 as soon as절에 포함되어 있으므로 '일정이 정해진'이라는 뜻으로 쓰였음을 알 수 있다. 따라서 이와 유사하게 '최종 확정된'이라는 의미로 쓰이는 (A)가 정답이다.

정답 (A)

193 What does Ms. Lim suggest doing?

(A) Reviewing a schedule of events
(B) Arranging accommodation right away
(C) Downloading conference materials
(D) Making dinner reservations in advance

Lim 씨가 하도록 제안하는 것은 무엇인가?

(A) 행사 일정표를 확인하는 것
(B) 숙소를 즉시 마련하는 것
(C) 학회 자료들을 다운로드하는 것
(D) 미리 저녁 식사 예약을 하는 것

┤ 세부사항 | What ├

Lim 씨가 쓴 편지인 두 번째 지문의 두 번째 단락에서, '호텔 객실 예약을 미루지 말라(I recommend that you do not delay in booking your hotel room)'고 권하는 내용이 있다. 이는 가능한 한 빨리 객실을 예약하라는 의미이므로 이에 해당하는 내용인 (B)가 정답이다.

어휘 conference 회의　reservation 예약　in advance 미리

정답 (B)

194 What is indicated about Mr. Kojima?

(A) He will give a presentation at the conference.
(B) He used to be an employee of the ITDC.
(C) He will attend a meeting with Ms. Lim.
(D) He is a member of the Global Technology Alliance.

Kojima 씨에 관해 암시된 것은 무엇인가?

(A) 그는 학회에서 발표를 할 것이다.
(B) 그는 한때 ITDC의 직원이었다.
(C) 그는 Lim 씨와의 회의에 참석할 것이다.
(D) 그는 Global Technology Alliance의 회원이다.

---| 연계문제 | 진위확인 |---

Kojima 씨에게 보내는 편지인 두 번째 지문의 두 번째 단락에서, Global Technology Alliance(글로벌 기술 연합)의 회원들에게 행사 첫날에 환영 아침 식사가 제공된다(there will be a welcome breakfast on the first day of the conference for members of the Global Technology Alliance)고 알리는 내용이 있다. Kojima 씨의 일정표인 세 번째 지문에서, 행사 첫날에 해당하는 3월 22일 아침 일정으로 '환영 아침 식사'가 쓰여 있으므로 Kojima 씨는 Global Technology Alliance(글로벌 기술 연합)의 회원임을 알 수 있다. 따라서 (D)가 정답이다.

어휘 give a presentation 발표하다

정답 (D)

195 When will Mr. Kojima use a private car?

(A) On March 22
(B) On March 23
(C) On March 24
(D) On March 25

Kojima 씨는 언제 전용 차량을 이용할 것인가?

(A) 3월 22일에
(B) 3월 23일에
(C) 3월 24일에
(D) 3월 25일에

---| 연계문제 | 세부사항 |---

우선, 차량 이용과 관련된 정보는 첫 지문의 중간 부분에서 'Sunrise Restaurant 방문 시에 회사 측에서 대여 차량을 마련해 준다 (We will arrange a hired car for your visit to Sunrise Restaurant)'고 쓰여 있는 것을 확인할 수 있다. 그리고 일정표인 세 번째 지문에서 해당 레스토랑으로 가는 일정이 적혀 있는 날짜가 '3월 23일'이므로 (B)가 정답이다.

정답 (B)

Questions 196-200 refer to the following announcement and e-mails.

Product Testers Wanted

RP Investigators is currently seeking members for a consumer panel that will taste test a variety of drinks and snacks from major food producers. **196-C You must be at least 18 years old to participate.** The panel members will evaluate the products on several factors and share their opinions both in written form and through small group discussions. **196-A The session will last from 1 P.M. to 4 P.M., and you must be able to attend the entire session without interruption.** For more information, visit www.rpinvestigators.com.

To: Lila Valente
From: Darshan Bassi
Date: August 14
Subject: Consumer Panel Update

Dear Ms. Valente,

197 Regarding the August 28 consumer panel, I've moved the session to 6–9 P.M. because many people in our target demographic (18- to 30-year-olds) work during the day. We had 45 applicants, and 40 of them were accepted. **196-B The others were rejected because they were allergic to wheat or nuts,** which are ingredients in some of the products to be tested.

199 I've decided to use two conference rooms. Participants will start in Conference Room A. We have space for individual tables there, so participants won't chat and influence each other's opinions. They will try each product on their own and write a full description of their experience. I'll then have everyone move to Conference Room B, where the room will be set up for small group discussions.

We will test products from the following companies:
 Lee's Beverages: three soda flavors
 Duncan Farms: one fruit juice flavor
 Neosho: four cracker flavors
 200 Jarmill Co.: two potato chip flavors

I will contact the clients with a full report after the session is completed.

Sincerely,

Darshan

어휘 regarding ~에 관해 target demographic 목표 연령층 applicant 신청자 reject ~을 거절하다 be allergic to ~에 알레르기가 있다 wheat 밀 ingredient 성분, 재료 decide to do ~하기로 결정하다 participant 참가자 individual 개별의 influence ~에 영향을 미치다 on one's own 각자, 직접 full 완전한, 제대로 된 description 설명 be set up for ~을 위해 준비되다, 설치되다 following 아래의, 다음의 flavor 맛 completed 완료된

---

200 To: Anthony Fowler
From: Darshan Bassi
Date: August 30
Subject: Consumer Panel Results

Dear Mr. Fowler,

RP Investigators has completed the consumer testing of your products. Attached you will find the complete report of the participants' comments as well as recommendations from our staff. In brief, **200** customers liked your products' flavors, rating both of them higher than 90%. If you would like to have further testing performed, or explore other factors such as packaging, please do not hesitate to contact me.

Warmest regards,

Darshan Bassi
Lead Researcher, RP Investigators

---

200 수신: Anthony Fowler
발신: Darshan Bassi
날짜: 8월 30일
제목: 소비자 패널 결과

Fowler 씨께,

RP Investigators가 귀사의 제품에 대한 소비자 테스트를 완료했습니다. 첨부된 것에서 저희 직원들의 추천 사항들뿐만 아니라 참가자들의 의견에 관한 완전한 보고서를 보실 것입니다. 간단히 말해, **200** 고객들께서는 귀사 제품들의 맛을 좋아했고, 두 가지 제품 모두 90퍼센트보다 높게 평가했습니다. 추가 테스트를 실시하거나 포장 같은 다른 요소들에 관해 조사해 보고 싶으시다면, 주저하지 마시고 제게 연락 주시기 바랍니다.

안부를 전하며,

Darshan Bassi
수석 연구원, RP Investigators

어휘 Attached you will find A 첨부된 것에서 A를 확인할 수 있다 comment 의견 A as well as B B뿐만 아니라 A도 in brief 간단히 말해 rate ~을 평가하다 have A p.p. A가 ~되게 하다 further 추가의 perform ~을 실시하다 explore ~을 조사하다 such as ~와 같은 packaging 포장 do not hesitate to do 주저하지 마시고 ~하세요

196 What is NOT indicated about the members of the consumer panel?

(A) They must be available for three hours.
(B) They cannot have certain food allergies.
(C) They must meet a minimum age requirement.
(D) They should be frequent shoppers.

소비자 패널 구성원에 관해 암시된 것이 아닌 것은 무엇인가?

(A) 반드시 3시간 동안 시간이 있어야 한다.
(B) 특정 음식에 알레르기가 없어야 한다.
(C) 최소 연령 요건을 충족해야 한다.
(D) 단골 쇼핑객들이어야 한다.

연계문제 | 진위확인

첫 지문의 중간 부분에서, '시식 테스트는 오후 1시부터 4시까지 진행될 것이며, 중단 없이 전체 테스트 시간 동안 참여할 수 있어야 한다(The session will last from 1 P.M. to 4 P.M., and ~ attend the entire session without interruption)'고 했으므로 (A)는 맞는 내용이다. 그리고 두 번째 지문의 첫 단락에서 '밀이나 견과류에 알레르기가 있는 몇 명이 거절되었다(~ were rejected because they were allergic to wheat or nuts)'고 했으므로 (B)도 맞는 내용이다. 또한, 첫 지문의 시작 부분에서 참가자 나이와 관련해 '반드시 최소 18세 이상이어야 한다(You must be at least 18 years old to participate)'고 되어 있으므로 (C)도 맞는 내용이다. 하지만 '단골 쇼핑 고객'이 자격 요건으로 제시되어 있지는 않으므로 (D)가 정답이다.

어휘 requirement 필요조건, 요건 frequent 잦은, 빈번한

정답 (D)

---

197 According to Mr. Bassi, why was a session's time changed?

(A) To avoid double-booking some meeting rooms
(B) To accommodate a certain age group
(C) To comply with a government regulation
(D) To ensure enough employees can attend

Bassi 씨에 따르면, 세션 시간은 왜 변경되었는가?

(A) 일부 회의실의 이중 예약을 피하기 위해
(B) 특정 연령 그룹을 수용하기 위해
(C) 정부 규제를 준수하기 위해
(D) 충분한 직원들이 참석할 수 있도록 보장하기 위해

| 세부사항 | Why |

Bassi 씨가 쓴 이메일인 두 번째 지문의 시작 부분에서, '목표 연령층(18세-30세)에 해당하는 많은 사람들이 낮 시간 동안 일을 해야 해서 행사 시간을 오후 6시에서 9시 사이에 진행하는 것으로 옮겼다(I've moved the session to 6-9 P.M. because many people in our target demographic (18- to 30-year-olds) work during the day)'고 알리고 있으므로 해당 연령층의 사람들을 수용하기 위해 시간이 변경되었음을 알 수 있다. 따라서 (B)가 정답이다.

정답 (B)

198 In the first e-mail, the word "full" in paragraph 2, line 3, is closest in meaning to

(A) detailed
(B) occupied
(C) satisfied
(D) crowded

첫 번째 이메일에서, 두 번째 단락, 세 번째 줄의 단어 "full"과 의미가 가장 가까운 것은 무엇인가?

(A) 상세한
(B) 사용 중인
(C) 만족한
(D) 붐비는

| 동의어 | 형용사 |

'full' 다음에 위치한 'description'은 시식 후에 작성하게 되는 각자의 경험에 관한 '설명'을 뜻한다. 따라서 해당 경험을 설명하는 방식과 관련된 의미를 나타내기 위해 'full'이 사용되었음을 알 수 있으므로 '상세한'이라는 뜻으로 쓰이는 (A) detailed가 정답이다.

정답 (A)

199 Why does Mr. Bassi want to use two rooms?

(A) To host two groups simultaneously
(B) To avoid mixing the various products
(C) To have access to different equipment
(D) To get independent opinions

Bassi 씨는 왜 두 개의 회의실을 사용하기를 원하는가?

(A) 동시에 두 그룹을 맞이하기 위해
(B) 다양한 제품들이 섞이는 것을 피하기 위해
(C) 다양한 장비에 접근 권한을 갖기 위해
(D) 독립적인 의견을 얻기 위해

| 세부사항 | Why |

Bassi 씨가 두 개의 방을 사용하는 것과 관련된 정보는 두 번째 지문의 두 번째 단락에서 제시되어 있다. 여기서 Bassi 씨는 소규모 토론을 위한 회의실 B와는 별도의 공간인 회의실 A를 사용하면 참가자들이 서로 이야기를 하거나 각자의 의견에 영향을 미치는 일은 없을 것이라고(~ participants won't chat and influence each other's opinions) 알리고 있다. 따라서 이를 '독립적인 의견을 얻기 위해'라는 말로 바꿔 표현한 (D)가 정답이다.

어휘 simultaneously 동시에 independent 독립적인

정답 (D)

200 Where does Mr. Fowler most likely work?

(A) At Lee's Beverages
(B) At Duncan Farms
(C) At Neosho
(D) At Jarmill Co.

Fowler 씨는 어디에서 일하는가?

(A) Lee's Beverages에서
(B) Duncan Farms에서
(C) Neosho에서
(D) Jarmill Co.에서

| 연계문제 | 추론 |

테스트 결과를 알리는 세 번째 지문의 중간 부분에서, 고객들이 Fowler 씨의 회사에서 만든 '두 가지 제품' 모두에 대해 높은 평가를 했음(~ rating both of them higher than 90%)을 알리는 내용이 나온다. 두 번째 지문의 중간 부분에서 '두 개의 제품'을 테스트하려는 회사는 Jarmill Co.: two potato chip flavors라고 되어 있으므로 (D)가 정답이다.

정답 (D)

TEST 02

PART 5
PART 6
PART 7

ANSWER KEYS

PART 5	101 (D)	102 (B)	103 (B)	104 (D)	105 (B)	106 (A)	107 (C)	108 (A)	109 (B)	110 (B)
	111 (C)	112 (B)	113 (B)	114 (B)	115 (C)	116 (D)	117 (C)	118 (D)	119 (D)	120 (C)
	121 (D)	122 (B)	123 (C)	124 (C)	125 (A)	126 (C)	127 (B)	128 (C)	129 (C)	130 (C)
PART 6	131 (C)	132 (A)	133 (A)	134 (C)	135 (B)	136 (D)	137 (A)	138 (B)	139 (C)	140 (A)
	141 (A)	142 (B)	143 (B)	144 (D)	145 (A)	146 (A)				
PART 7	147 (C)	148 (D)	149 (B)	150 (B)	151 (D)	152 (A)	153 (B)	154 (C)	155 (B)	156 (B)
	157 (D)	158 (D)	159 (B)	160 (B)	161 (A)	162 (B)	163 (B)	164 (C)	165 (B)	166 (C)
	167 (D)	168 (C)	169 (C)	170 (B)	171 (C)	172 (C)	173 (A)	174 (B)	175 (C)	176 (D)
	177 (B)	178 (A)	179 (C)	180 (B)	181 (B)	182 (A)	183 (D)	184 (B)	185 (B)	186 (A)
	187 (C)	188 (C)	189 (B)	190 (B)	191 (C)	192 (B)	193 (C)	194 (A)	195 (C)	196 (C)
	197 (D)	198 (C)	199 (D)	200 (B)						

PART 5

101 All employees are requested to use the back ------- to the building while the lobby is being renovated.

(A) entrant
(B) entered
(C) enters
(D) entrance

모든 직원들은 로비에 보수 공사가 진행되는 동안 뒷문을 이용해 건물에 출입해야 한다.

비슷한 명사의 구별 | entrant VS entrance

빈칸 앞에 관사 the와 함께 '뒤쪽의'란 뜻의 형용사 back이 있으므로 빈칸은 형용사의 수식을 받는 명사가 오는 자리임을 알 수 있다. 보기 중에서 명사는 (A) entrant(출전자)와 (D) entrance(출입구)가 있는데 해석상 '뒤쪽의 문'을 의미하는 것이 적절하므로 (D) entrance가 정답이다.

어휘 be requested to do ~해야 한다 back 뒤쪽의 while ~하는 동안 renovate ~을 보수하다, 개조하다 entrant 출전자 enter ~에 들어가다 entrance 출입구

정답 (D)

---

102 Marqui Flowers provides its ------- customers with a complimentary bouquet of flowers every year on their birthdays.

(A) reserved
(B) established
(C) approximate
(D) solitary

Marqui Flowers는 그들의 기존 고객들에게 매년 그들의 생일에 무료로 꽃다발을 제공한다.

(A) 예약된, 내성적인
(B) 기존의, 확립된
(C) (수량 등이) 근사치의
(D) 혼자 하는, 외딴 곳에 있는

형용사 어휘

보기가 모두 의미가 다른 형용사로 구성되어 있으므로, 의미상 가장 적절한 보기를 정답으로 선택한다. '기존의' 고객들에게 무료로 꽃다발을 준다는 것이 문맥상 어울리므로 '확립된'이라는 의미 외에도 '기존의'라는 의미로 쓰이는 (B) established가 정답이다.

어휘 provide A with B A에게 B를 제공하다 complimentary 무료의 bouquet 부케, 꽃다발

정답 (B)

---

103 Employees who are planning on taking this Friday off should ------- their hours worked to their supervisors no later than this Thursday.

(A) involve
(B) submit
(C) resolve
(D) propose

이번 주 금요일에 쉴 계획인 직원들은 늦어도 이번 주 목요일까지 소속 부서장들에게 그들의 근로 시간을 제출해야 한다.

(A) ~을 수반하다, 관련시키다 (B) ~을 제출하다
(C) ~을 해결하다 (D) ~을 제안하다

동사 어휘

보기가 모두 의미가 다른 동사로 구성되어 있으므로, 의미상 가장 적절한 보기를 정답으로 선택한다. 동사는 목적어와 바로 연결되므로, 우선 빈칸 뒤에 위치한 목적어 'their hours worked(그들의 근무 시간)'와 의미가 가장 잘 어울리는 동사를 찾는다. 문맥상 직원들이 그들의 근무 시간을 '제출한다'는 의미가 가장 자연스러우므로 (B) submit이 정답이다.

어휘 plan on ~을 계획하다 take A off A를 쉬다, 휴무하다 supervisor 부서장, 상사, 책임자 no later than 늦어도 ~까지는

정답 (B)

---

104 Two Oaks sells ------- priced good-quality furniture for both residences and office environments.

(A) reason
(B) reasons
(C) reasonable
(D) reasonably

Two Oaks는 주택 및 사무 환경에 합리적인 가격의 품질이 좋은 가구 제품을 판매한다.

부사 자리 | 부사+형용사+명사

빈칸 뒤에 위치한 priced(가격이 매겨진)는 명사 furniture를 수식하는 형용사이다. 형용사를 앞에서 수식하는 것은 부사이며, reasonably priced(합리적으로 가격이 매겨진)가 되어 의미상으로도 적절하므로 부사인 (D) reasonably가 정답이다.

어휘 reasonably priced 합리적인 가격의 good-quality 품질이 좋은 residence 주택, 거주지 environment 환경 reasonable 저렴한, 적정한, 합리적인

정답 (D)

105 Parabolic Ventures intends to release several revolutionary devices ------- the next few years.

(A) past (B) over
(C) among (D) since

Parabolic Ventures 사는 앞으로 몇 년에 걸쳐 여러 가지 혁신적인 기기들을 출시할 계획이다.

(A) ~을 지나서, 넘어서, 과거 (B) (기간) ~에 걸쳐
(C) ~ 사이에서 (D) ~ 이래로

┤ 전치사 어휘 ├

전치사 어휘 문제로, 빈칸 다음에 위치한 기간 표현(the next few years)과 어울리는 전치사는 보기 중 '~ 동안에, ~에 걸쳐'의 의미로 쓰이는 (B) over이다. 참고로, 전치사 in/during/for 역시 'the next+기간 표현'과 결합하여 '앞으로 ~의 기간 동안에'라는 의미를 나타낼 수 있다. 또한 (D) since는 기간 표현이 아닌 과거의 시점 표현과 결합하므로 오답이다.

어휘 intend to do ~할 계획이다, 작정이다 release ~을 출시하다 several 여러 가지, 여럿 revolutionary 혁신적인 device 기기, 장치

정답 (B)

106 ------- at Vecker Laboratories revealed that it would be possible to cure heart disease within the next few years.

(A) Research (B) Researcher
(C) Researched (D) Researches

Vecker Laboratories의 연구는 향후 몇 년 이내에 심장병을 치료하는 것이 가능할 수도 있다는 사실을 밝혀냈다.

┤ 가산명사와 불가산명사의 구별 ├

빈칸은 주어 자리이고, at Vecker Laboratories는 주어를 수식하며, 문장의 동사는 revealed이다. 주어 자리에는 명사가 올 수 있으며 보기 중 명사는 (A) Research, (B) Researcher, (D) Researches이다. researcher(연구자)는 사람을 나타내는 가산명사이므로, 한정사 없이는 단수로 쓸 수 없으므로 (B)는 오답이다. 또한 research(연구)는 불가산명사이므로 단수 형태로만 쓸 수 있다. 따라서 (A) Research(연구)가 정답이다.

어휘 reveal that ~라는 것이 드러내다 it is possible to do ~하는 것이 가능하다 cure ~을 치료하다 heart disease 심장병 within ~ 이내에 research 연구, 조사; ~을 연구하다, 조사하다 researcher 연구원, 조사원

정답 (A)

107 The county fair was a big success, ------- the relative lack of advertising that was done for it.

(A) because (B) whereas
(C) notwithstanding (D) however

지역 박람회는 그 행사를 위해 실시된 광고가 상대적으로 부족했음에도 불구하고 큰 성공을 거뒀다.

(A) ~ 때문에 (B) ~인 반면에
(C) ~에도 불구하고 (D) 하지만, 아무리 ~해도

┤ 부사절 접속사 VS 전치사 VS 부사 ├

보기가 접속사, 전치사, 접속부사로 구성되어 있으므로 빈칸 뒤에 문장이 있는지 또는 명사구가 있는지를 파악해야 한다. the relative ~ advertising은 명사구이므로 빈칸은 전치사 자리이다. 따라서 보기 중에서 유일한 전치사인 (C) notwithstanding(~에도 불구하고)이 정답이다.

어휘 county fair 지역 박람회 success 성공 relative 상대적인 lack of ~의 부족 advertising 광고 (활동)

정답 (C)

108 The home listed for sale at 2472 E. Grapewood Drive boasts ------- space for a large garden and an already installed watering system.

(A) sufficient (B) a lot
(C) considerate (D) mandatory

판매 중인 것으로 기재된 E. Grapewood Drive 2472번지의 주택은 넓은 정원에 필요한 충분한 공간 및 기존에 설치된 급수 시설을 가지고 있다.

(A) 충분한 (B) 많이
(C) 사려 깊은 (D) 의무적인

┤ 형용사 어휘 ├

보기가 모두 의미가 다른 형용사로 구성되어 있으므로 의미상 가장 자연스러운 보기를 정답으로 선택한다. 빈칸은 명사 space를 수식하는 자리이므로 넓은 정원을 위한 '어떤' 공간인지를 설명해야 한다. 공간이 정원 꾸미기에 충분하다는 의미가 해석상 자연스럽다. 따라서 '충분한'의 의미인 (A) sufficient가 정답이다. (B)의 a lot이 '많은'이란 의미의 형용사로 쓰이려면 a lot of의 형태가 되어야 한다.

어휘 listed 기재된, 목록에 올라 있는 for sale 팔려고 내놓은 boast ~을 포함하다, 자랑하다 install ~을 설치하다 watering system 급수 시스템

정답 (A)

109 The vice president ------- everyone in the R&D Department that the budget would not be reduced in the coming year.

(A) observed (B) assured
(C) pleased   (D) inspired

부사장은 연구 개발 부서의 모든 직원들에게 내년 예산이 줄어들지 않을 것이라고 장담했다.

(A) ~을 준수했다, 관찰했다 (B) ~라고 보장했다, 장담했다
(C) ~을 기쁘게 했다 (D) ~을 격려했다

┤ 동사 어휘 ├

보기가 모두 의미가 다른 동사로 구성되어 있으므로 의미상 가장 자연스러운 보기를 정답으로 선택해야 하는데, 빈칸 뒤가 '명사+that절'의 형태이므로 이 형태를 취하는 동사가 정답이다. (B) assured는 'assure+명사+that절'의 형태로 쓰여 '~에게 …을 보장하다'의 의미로 쓰이므로, '부사장이 모든 연구 개발부서 직원들에게 내년 예산이 줄어들지 않을 것이라고 장담했다'가 되어 문맥 및 형태상으로 적절하므로 (B) assured가 정답이다.

어휘 vice president 부사장 R&D Department 연구 개발부 budget 예산 reduce ~을 줄이다, 감소시키다

정답 (B)

110 The coordinator of the company retreat told everyone that ------- would complete the arrangements by the end of the day.

(A) his   (B) he
(C) him   (D) himself

사내 야유회 준비 담당자는 오늘까지 준비를 완료할 것이라고 모든 사람들에게 말했다.

(A) 그의 것 (B) 그가
(C) 그를   (D) 그 자신

┤ 주격 인칭대명사 ├

빈칸은 that절의 주어 자리이므로 보기 중 주어의 역할을 할 수 있는 소유대명사 (A) his(그의 것)와 주격 대명사 (B) he(그) 중 의미상 적절한 것을 정답으로 선택한다. '그가 모든 준비를 완료할 것이다'가 되어야 적절하며, '그의 것이 모든 준비를 완료할 것이다'는 어색하다. 따라서 The coordinator를 가리키는 주격 대명사 (B) he가 정답이다.

어휘 coordinator 진행 책임자 retreat 야유회 tell A that A에게 ~라고 말하다 complete ~을 완료하다 arrangement 준비, 마련, 조치 by (기한) ~까지

정답 (B)

111 Pollard Clothes outlines its exchange policy both on its Web site and ------- a sign at the cash register.

(A) to   (B) until
(C) on   (D) under

Pollard Clothes는 그들의 웹사이트 및 계산대의 안내판에서 회사의 제품 교환 정책을 간략히 보여 주고 있다.

(A) ~로   (B) ~까지
(C) ~(위)에 (D) ~ 아래에서

┤ 전치사 어휘 ├

보기가 모두 의미가 다른 전치사로 구성되어 있으므로 해석상 가장 적절한 보기를 정답으로 선택한다. sign은 '안내판'의 의미로 Pollard Clothes가 교환 정책을 게시한 위치이므로 무엇과 접촉하여 '~의 위에, ~의 표면에'를 의미하는 (C) on이 정답이다. (A) to(~로), (D) under(~ 아래에서) 역시 장소와 함께 쓸 수 있는 전치사이나 해석상 어울리지 않으므로 오답이다.

어휘 outline ~을 간략히 설명하다, 개요를 설명하다 exchange 교환 policy 정책, 방침 both A and B A와 B 둘 모두 sign 표지(판), 안내판 cash register 계산대

정답 (C)

112 ------- Ms. Langford completed the assignment for Mr. Nugent, she was sent to the vice president's office to brief him on her progress.

(A) Except   (B) As soon as
(C) So that (D) Also

Langford 씨가 Nugent 씨에게 할당된 일을 완료하자마자, 자신의 업무 진척 상황에 관해 부사장에게 보고하기 위해 부사장실로 보내졌다.

(A) ~을 제외하고 (B) ~하자마자
(C) (목적) ~할 수 있도록, (결과) 그래서 ~하다 (D) 또한

┤ 부사절 접속사 VS 전치사 VS 부사 ├

빈칸 뒤에 완전한 두 개의 절이 있으므로, 빈칸은 두 개의 절을 연결하는 접속사 자리이다. 따라서 전치사인 (A) Except와 부사인 (D) Also는 오답이다. 나머지 접속사 보기 중 의미상 적절한 것을 정답으로 선택해야 하는데, 일을 완료했다는 말 바로 뒤의 문장에서 부사장실로 보내졌다고 했으므로 문맥상 '~하자마자'가 적절하다. 따라서 '~하자마자'의 의미인 (B) As soon as가 정답이다.

어휘 complete ~을 완료하다 assignment 할당(된 일), 배정(된 일), 업무 vice president 부사장 brief (간략히) ~에게 보고하다, 알리다 progress 진척, 진행 (상황)

정답 (B)

113 After many studies showing the importance of recycling, a ------- of 135 municipalities now have some form of mandatory recycling program.

(A) goal (B) total
(C) search (D) result

재활용의 중요성을 보여 주는 많은 연구 후에, 현재 총 135개의 지자체들이 일종의 의무적인 재활용 프로그램을 보유하고 있다.

(A) 목표 (B) 총
(C) 찾기, 수색, 검색 (D) 결과

┤ 명사 숙어 표현 | a total of(총 ~의) ├

보기가 모두 의미가 다른 명사로 구성되어 있으므로, 의미상 가장 적절한 보기를 정답으로 선택해야 하지만, 'a+명사+of'로 쓰이는 명사 숙어 표현을 알아 둔다면 좀 더 빠르게 풀 수 있는 문제이다. (B) total은 'a total of+숫자+복수명사(총 ~개의 명사)'로 쓰이므로, a total of 135 municipalities는 '총 135개의 지자체들'이 되어 문맥상으로도 형태상으로도 적절하므로 (B) total이 정답이다.

어휘 study 연구 importance 중요성 recycling 재활용 municipality 지자체 (당국) form 방식, 형태 mandatory 의무적인

정답 (B)

114 Given the popularity of tennis, it is no surprise to see ------- numbers of young children starting to play it these days.

(A) many (B) large
(C) broad (D) sudden

테니스의 인기를 고려해 보면, 요즘 아주 많은 어린아이들이 테니스를 치기 시작하는 것을 보는 것은 놀라운 일이 아니다.

(A) 많은 (B) 큰
(C) 넓은 (D) 갑작스러운

┤ 형용사 숙어 표현 | large numbers of(아주 많은) ├

보기가 모두 의미가 다른 형용사로 구성되어 있으므로 해석해서 정답을 찾아야 하지만, 숙어 표현을 알고 있다면 좀 더 빨리 풀 수 있는 문제이다. (B) large는 'a large number of', 혹은 'large numbers of'의 형태로 쓰여 '아주 많은'이라는 의미를 나타낸다. 따라서 (B) large가 정답이다. (A) many는 many children(많은 아이들)의 형태로는 쓸 수 있지만, numbers of와는 결합하지 않기 때문에 오답이다.

어휘 given (전치사 또는 접속사로 쓰여) ~을 고려해 보면 popularity 인기 it is no surprise to do ~하는 것은 놀라운 일이 아니다 large numbers of 아주 많은 수의

정답 (B)

115 When listing ------- during an interview, only focus on those that are relevant to the job you're applying for.

(A) accomplishing (B) accomplished
(C) accomplishments (D) accomplishes

면접에서 성과를 열거할 때, 지원하는 일과 관련이 있는 것에만 초점을 맞추십시오.

┤ 명사 자리 | V-ing+명사 ├

When절이 축약된 분사구문으로, when listing은 '~을 하나씩 언급할 때'라는 의미이다. 따라서 빈칸은 listing의 목적어가 와야 하는 자리이다. 보기 중에서 목적어 자리에 올 수 있는 명사인 (C) accomplishments(업적들, 성과들)가 정답이다.

어휘 list ~을 (순서대로) 언급하다, 열거하다 during ~ 중에 focus on ~에 초점을 맞추다 relevant to ~와 관련이 있는 apply for ~에 지원하다, ~을 신청하다 accomplish ~을 완수하다, 성취하다 accomplishment 업적, 성과

정답 (C)

116 Throughout its 30 years in business selling kitchen appliances, Dean & Gold Co.'s sales have increased ------- almost every year.

(A) arguably (B) currently
(C) productively (D) incrementally

주방 기기를 판매하는 사업을 해온 30년 동안, Dean & Gold Co.의 매출은 거의 매년 점진적으로 증가해 왔다.

(A) 거의 틀림없이 (B) 현재
(C) 생산적으로 (D) 점진적으로, 점차

┤ 부사 어휘 ├

보기가 모두 의미가 다른 부사로 구성되어 있으므로 의미상 가장 적절한 보기를 정답으로 선택한다. 빈칸은 동사 have increased를 수식하는 자리로, '증가'의 정도나 상태를 설명하는 부사가 와야 한다. (D) incrementally는 '점진적으로'라는 의미로 증가나 감소를 나타내는 동사와 잘 어울린다. 따라서 정답은 (D) incrementally이다.

어휘 throughout ~ 동안 (내내) kitchen appliance 주방 기기 sales 매출, 판매(량) increase 증가하다

정답 (D)

117 Lessons in Russian and German ------- to both students who wish to study by themselves and those who want to learn with others.

(A) have offered
(B) to be offered
(C) are offered
(D) offering

독학으로 공부하기를 원하는 학생들과 다른 이들과 함께 배우기를 원하는 학생들 모두에게 러시아어와 독일어 수업이 제공된다.

┤ 동사 자리 및 능동태와 수동태의 구별 ├

문장의 주어는 Lessons이고, who 이하가 앞의 students를 수식하는 구조이다. 따라서 문장에 동사가 없으므로 빈칸은 동사 자리이다. 그러므로 보기 중에서 동사가 아닌 (B) to be offered와 (D) offering은 오답이다. 나머지 보기는 모두 복수 주어 (Lessons)와 수 일치가 되지만, '수업(Lessons)이 제공된다'라는 수동의 의미가 적절하므로 수동태인 (C) are offered가 정답이다.

어휘 offer A to B A를 B에게 제공하다 both 둘 모두 wish to do ~하기를 바라다 by oneself 스스로, 혼자 those who ~하는 사람들 learn 학습하다, 배우다

정답 (C)

118 Staff members who transfer to branches abroad ------- rely upon someone in HR to find accommodations for them and their families.

(A) norm
(B) normed
(C) normal
(D) normally

해외 지사로 전근하는 직원들은 보통 자신 및 자신의 가족들에게 필요한 거처를 찾기 위해 인사부의 직원에게 의존한다.

┤ 부사 자리 | 부사+동사 ├

빈칸은 바로 뒤에 위치한 동사 rely를 수식하는 자리이다. 동사를 수식할 수 있는 것은 부사이므로 (D) normally가 정답이다. 참고로 normally(보통, 일반적으로)는 현재 동사와 잘 어울리는 부사임을 알아 두자.

어휘 staff member 직원 transfer 전근하다 branch 지사, 지점 abroad 해외에 있는 rely upon ~에 의존하다 HR(= Human Resources) 인사부 accommodation 거처, 숙소, (-s) 숙박 시설 norm 표준, 기준, 규범 normed 기준에 대한 기초가 되는 normal 보통의, 일반의, 평범한 normally 보통, 일반적으로

정답 (D)

119 The Pollard Award recognizes ------- in engineering and is given to a deserving individual each year.

(A) to innovate
(B) innovator
(C) innovating
(D) innovation

Pollard Award는 공학 분야의 혁신을 인정하는 상이며, 매년 상을 받을 자격이 있는 사람에게 수여된다.

┤ 비슷한 명사의 구별 | innovator VS innovation ├

빈칸은 동사 recognizes(~을 인정하다, 표창하다)의 목적어 자리이다. 따라서 명사인 (B) innovator(혁신자)와 (D) innovation(혁신) 중 하나가 정답이 된다. 의미상으로는 '혁신자를 인정하다'와 '혁신을 인정하다' 둘 다 가능해 보이지만 (B) innovator는 셀 수 있는 명사이므로 한정사 없이 단수 형태로 쓸 수 없으므로 오답이다. 따라서 (D) innovation이 정답이다. 또한 recognize는 to부정사를 목적어로 취하지 않으므로 (A) to innovate 역시 오답이며, (C) innovating은 동명사이므로 뒤에 목적어가 있어야 하므로 오답이다.

어휘 recognize ~을 인정하다, 표창하다 engineering 공학 (기술) deserving 받을 자격이 있는, 받을 만한 individual 개인, 사람 innovate ~을 혁신하다 innovator 혁신자 innovation 혁신(적인 일)

정답 (D)

120 Please be advised that no one ------- hotel patrons and guests has access to the Winchester Hotel pool facilities.

(A) out of
(B) for
(C) except
(D) among

호텔의 고객과 손님들을 제외한 어느 누구도 Winchester Hotel의 수영장 시설을 이용할 수 없다는 점에 유의하시기 바랍니다.

(A) ~의 밖으로
(B) ~ 동안, ~을 위해
(C) ~을 제외하고
(D) ~ 사이에서

| 전치사 어휘 |

보기가 모두 의미가 다른 전치사로 구성되어 있으므로 해석을 통해 가장 자연스럽게 연결되는 것을 정답으로 선택한다. 호텔의 고객과 손님들을 '제외하고' 아무도 호텔 수영장을 이용할 수 없다는 내용이 되어야 알맞으므로 '~을 제외하고'라는 뜻을 가진 전치사인 (C) except가 정답이다.

어휘 be advised that ~라는 점에 유의하다 patron 고객 have access to ~을 이용하다, ~에 접근하다 facility 시설(물)   정답 (C)

121 ------- speaking to large audiences, it is important to avoid looking at one's notes for the majority of the talk.

(A) For (B) As
(C) In order to (D) When

대규모의 청중들에게 연설할 때, 연설하는 대부분의 시간 동안 메모를 보는 일을 피하는 것이 중요하다.
(A) ~ 때문에 (B) ~이므로, ~할 때
(C) ~하기 위해 (D) ~할 때

| 접속사+V-ing | When+V-ing(~할 때) |

빈칸 뒤에 V-ing 형태가 있으므로 보기 중, V-ing와 함께 잘 쓰이는 표현을 정답으로 선택한다. for V-ing는 '~을 했기 때문에'라는 의미이므로 해석상 어울리지 않아 (A) For는 오답이다. (B) As는 'as p.p.(~된 대로)'의 형태로는 자주 쓰이지만, 'as+V-ing'로는 거의 쓰이지 않으므로 오답이다. 또한 (C) In order to(~하기 위해)는 뒤에 동사원형이 와야 하므로 오답이다. (D) When은 뒤의 문장의 주어와 동사가 짧게 축약되어 'when+V-ing(~할 때)'의 형태로 잘 쓰이며 의미상으로도 문장과 잘 어울리므로 (D) When이 정답이다.

어휘 audience 청중, 관객, 시청자 avoid -ing ~하는 것을 피하다 note 메모, 쪽지 the majority of 대부분의   정답 (D)

122 Ms. Johnson is ------- to provide assistance to the clients from Berlin since it will give her the chance to speak German.

(A) delighting (B) delighted
(C) delightful (D) delights

Johnson 씨는 Berlin에서 온 고객들에게 도움을 줄 수 있어서 기쁜데, 이는 그녀에게 독일어로 말할 기회를 줄 것이기 때문이다.

| 형용사 숙어 표현 | be delighted to do(~해서 기쁘다) |

동사 delight은 '기쁘게 만들다'의 의미이므로 '기쁘다'의 의미는 'be+delighted'와 같이 수동태로 표현해야 한다. Johnson 씨가 고객들에게 도움을 제공해서 '기쁘다'라는 의미가 되어야 알맞으므로 be동사와 함께 수동태를 만드는 (B) delighted가 정답이다. (C) delightful 역시 형용사이나 '정말 마음에 드는'의 의미이므로 문맥상 어색하고, be delightful to do의 형태로 쓰이지도 않으므로 오답이다.

어휘 be delighted to do ~해서 기쁘다 provide A to B A를 B에게 제공하다 assistance 도움 give A a chance to do A에게 ~할 기회를 주다 delight 기쁨, 즐거움; ~을 기쁘게 하다   정답 (B)

123 Please note that bloggers do not necessarily reflect the ------- of *Greenwich News and Report* or its contributors.

(A) differences (B) effects
(C) views (D) exchanges

블로거들이 〈Greenwich News and Report〉 또는 소속 기고자들의 견해를 반드시 반영하는 것은 아니라는 점에 주의하시기 바랍니다.
(A) 차이, 다름 (B) 효과, 영향
(C) 견해, 관점 (D) (제품) 교환

| 명사 어휘 |

보기가 모두 의미가 다른 명사로 구성되어 있으므로 해석상 가장 적절한 보기를 정답으로 선택한다. 〈Greenwich News and Report〉 또는 소속 기고자들의 '무엇'을 블로거들이 반드시 반영하는 것은 아니라는 내용이 되어야 알맞으므로, 문맥상 언론사나 소속 기고자들의 '견해'를 뜻하는 어휘가 빈칸에 와야 적절하다. 따라서 '견해'라는 의미를 가진 (C) views가 정답이다.

어휘 note that ~라는 점에 주의하다 not necessarily 반드시 ~할 필요가 없다, 꼭 ~할 필요가 없다 reflect ~을 반영하다 contributor 기고자   정답 (C)

124 According to Mr. Marshall, information ------- to employees should be restricted only to those working on the Bentley project.

(A) distributes (B) distribute
(C) distributed (D) distributing

Marshall 씨의 말에 따르면, 직원들에게 배부되는 정보는 오직 Bentley 프로젝트를 맡아 작업하는 사람들에게만 한정되어야 한다.

---| 후치 수식 분사 |---

빈칸은 앞의 명사 information을 수식하는 자리이므로 형용사 역할을 하는 (C) distributed(배부되는)와 (D) distributing(배부하는) 중 하나가 정답이 된다. 수식을 받는 명사와의 관계를 살펴보면, 정보는 배부하는 것이 아닌 '배부되는' 것이므로, 수동의 의미를 나타내는 과거분사 (C) distributed가 정답이다.

어휘 according to ~에 따르면 be restricted to ~로 한정되다, 제한되다 work on ~을 맡아 작업하다 distribute ~을 배부하다 **정답 (C)**

125 The decision to reduce the number of workers on the team was opposed by virtually ------- in the office.

(A) everyone (B) anything
(C) whatever (D) one another

팀 내의 직원 수를 줄이려는 결정은 사무실에 있는 거의 모든 사람들에 의해 반대되었다.

(A) 모든 사람들 (B) 무엇, 아무것
(C) ~하는 것은 무엇이든 (D) 서로

---| 적절한 대명사 찾기 |---

빈칸은 전치사의 목적어 자리로, 보기 중에서 대명사인 (A) everyone, (B) anything, (D) one another 모두 가능하므로 문맥에 알맞은 것을 정답으로 선택해야 한다. 해석상 어떤 결정을 반대하는 것은 사무실 내 '모든 사람들'이 자연스러우므로 (A) everyone이 정답이다. (C) whatever 역시 전치사의 목적어 자리에 올 수 있지만 whatever 뒤에는 동사가 포함된 절의 형태가 와야 하므로 오답이다.

어휘 decision to do ~하려는 결정 reduce ~을 줄이다, 감소시키다 the number of ~의 수 oppose ~을 반대하다 virtually 거의 **정답 (A)**

126 There are more than ten ethnic restaurants ------- walking distance of the Mandarin Hotel.

(A) by (B) usually
(C) within (D) until

Mandarin Hotel에서 걸어서 갈 수 있는 거리에 10곳이 넘는 이국적인 식당들이 있다.

(A) (기한) ~까지, (방법) ~함으로써 (B) 일반적으로
(C) ~ 이내에 (D) (지속) ~까지

---| 전치사 숙어 표현 | within walking distance(걸어갈 수 있는 거리 이내에) |---

빈칸 뒤에 명사구(walking distance of the Mandarin Hotel)가 있으므로 빈칸은 전치사 자리이다. 따라서 (B) usually는 부사이므로 오답이며, 전치사인 나머지 보기 중 하나를 정답으로 선택해야 한다. 'within walking distance(걸어갈 수 있는 거리 이내에)'는 자주 쓰이는 숙어 표현이므로 (C) within이 정답이다.

어휘 more than ~가 넘는 ethnic 다른 민족의, 이방인의 within walking distance of ~에서 걸어갈 수 있는 거리에 있는 **정답 (C)**

127 Meredith Wesley, the CFO, ------- the bonuses recently given to some employees at tomorrow's shareholders' meeting.

(A) had addressed (B) is addressing
(C) will be addressed (D) can be addressed

재무 이사인 Meredith Wesley 씨는 내일 열릴 주주 회의에서 최근에 일부 직원들에게 지급된 보너스에 대해 다룰 것이다.

---| 능동태와 수동태의 구별 및 적절한 시제 찾기 |---

보기가 모두 동사로 구성되어 있으므로 '수 일치 → 능동/수동 → 시제' 순서로 따져 문제를 푼다. 주어가 단수(Meredith Wesley)이고 동사 역시 모두 수 일치되므로 능/수동 관계를 확인한다. 주어인 Meredith Wesley가 문제를 스스로 다루며 빈칸 뒤에 목적어도 있으므로 수동태인 (C) will be addressed와 (D) can be addressed는 오답이다. at tomorrow's shareholders meeting(내일의 주주 총회)에서 미래에 일어날 일을 서술하고 있음을 알 수 있으므로 미래 시점을 나타내는 (B) is addressing이 정답이다. 현재 진행 시제는 '~을 하고 있다'는 의미 외에도 가까운 미래를 나타낼 수 있다는 것을 알아 두자.

어휘 CFO 재무 이사 recently 최근에 given to ~에게 주어진 shareholder 주주 address (문제 등) ~을 다루다, 처리하다 **정답 (B)**

128 Hartford Manufacturing attributes its success to the quality of its products ------- the marketing campaign conducted by Jefferson Media.

(A) as for
(B) except
(C) rather than
(D) after all

Hartford Manufacturing은 자사의 성공 원인이 Jefferson Media에 의해 진행된 마케팅 캠페인이 아니라 자사 제품의 품질 때문이라고 생각한다.

(A) ~에 관해 말하자면
(B) ~을 제외하고
(C) ~보다는 오히려
(D) 결국

전치사 어휘

the marketing campaign 다음에 쓰인 conducted by Jefferson Media는 분사구로서 앞의 명사 the marketing campaign을 수식한다. 따라서 '명사+수식어구' 앞에 온 빈칸은 전치사 자리이다. 전치사 보기인 (A) as for(~에 관해 말하자면), (B) except(~을 제외하고)와 전치사/접속사로 모두 쓰이는 (C) rather than(~보다는 오히려) 중에서 의미상 적절한 것을 정답으로 선택한다. 해석상 '마케팅 캠페인이 아니라 자사의 제품이 지닌 품질'이라는 의미가 되어야 가장 자연스러우므로 (C) rather than이 정답이다.

어휘 attribute A to B A의 원인이 B라고 생각하다 success 성공 quality 질, 품질 conduct ~을 실시하다, 수행하다 A rather than B B보다는 오히려 A, B 대신에 A

정답 (C)

---

129 While market experts had long predicted a drop in sales this holiday season, consumers ------- continued to surprise analysts by turning out in record numbers.

(A) furthermore
(B) despite
(C) nevertheless
(D) neither

시장 전문가들은 이번 연휴 시즌에 매출의 감소를 오랜 기간 예상했었지만, 그럼에도 불구하고 기록적으로 많은 소비자들이 모습을 드러내면서 지속적으로 분석가들을 놀라게 했다.

(A) 더욱이, 게다가
(B) ~에도 불구하고
(C) 그럼에도 불구하고
(D) 둘 다 아니다

부사 어휘

빈칸은 주어와 동사 사이에 있고 빈칸에 다른 성분이 없어도 문장이 성립하므로 부사가 들어갈 자리이다. 따라서 보기 중에서 부사인 (A) furthermore(더욱이, 게다가)와 (C) nevertheless(그럼에도 불구하고) 중 의미상 적절한 것을 정답으로 선택한다. '매출의 감소를 오랜 기간 예상했었지만, 그럼에도 불구하고 기록적으로 많은 소비자들이 모습을 드러내면서'가 해석상 가장 자연스러우므로 (C) nevertheless가 정답이다.

어휘 while ~이지만, ~인 반면 expert 전문가 predict ~을 예상하다 drop in ~의 감소 sales 매출, 판매(량) consumer 소비자 continue to do 지속적으로 ~하다, 계속 ~하다 surprise ~을 놀라게 하다 analyst 분석가 by (방법) ~함으로써 turn out 모습을 드러내다, 나타나다 in record numbers 기록적으로 많은

정답 (C)

---

130 Portions of Westmill Mall will be closed ------- renovations during the month of January, and a list of affected stores can be found on our Web site.

(A) in
(B) to
(C) for
(D) of

Westmill Mall의 일부가 1월 한 달 동안 보수 공사로 인해 문을 닫을 것이고, 영향을 받는 매장들 목록은 저희 웹사이트에서 찾아볼 수 있습니다.

(A) ~ 안에
(B) ~로
(C) ~ 때문에
(D) ~의

전치사 숙어 표현 | be closed for(~ 때문에 문을 닫다)

빈칸 뒤에 쇼핑몰이 문을 닫는 이유에 대해 설명하고 있으므로 '이유'에 해당되는 명사구를 수반할 수 있는 전치사 (C) for(~ 때문에)가 정답이다. be closed for(~ 때문에 문을 닫다)를 하나의 숙어 표현으로 기억해 두자.

어휘 portion 부분, 일부 closed 문을 닫은, 폐쇄된 renovation 보수 (공사) during the month of ~ 한 달 동안 a list of ~의 목록 affect ~에 영향을 미치다

정답 (C)

PART 6

Questions 131-134 refer to the following notice. 131-134는 다음 공지를 참조하시오.

New recreation facilities ------- to the community of Hernsdale.
                              131.
Yesterday, *The Hernsdale Press* ran a story announcing that a 3 million dollar sports complex was approved by the city council parks committee. -------.
                                                 132.

Construction begins on November 10 at the site of the field located next to Willis Park. The Blue Ridge Sports Complex, as it will be known, will open on June 22. The facilities may be reserved for local sports teams ------- of the time, but will normally be available
                            133.
to anyone ------- regular hours.
         134.

131 새로운 레크리에이션 시설이 Hernsdale 지역에 찾아옵니다. 어제, 〈The Hernsdale Press〉는 3백만 달러의 비용이 드는 종합운동장이 시 의회 공원 위원회의 승인을 받았음을 알리는 기사를 실었습니다. 132 그 투표는 9월 2일 화요일에 실시되었습니다.

공사는 Willis Park 옆에 위치한 들판 부지에서 11월 10일에 시작됩니다. The Blue Ridge Sports Complex로 알려질 이 운동장은 6월 22일에 개장합니다. 133 이 시설물은 종종 지역 내 스포츠 팀들을 위해 예약될 수 있지만, 134 일반적으로 정규 개방 시간 동안 누구나 이용할 수 있을 것입니다.

어휘 facility 시설(물) run a story 기사를 싣다 announce that ~라고 알리다 sports complex 종합운동장 approve ~을 승인하다 city council 시 의회 committee 위원회 construction 건설, 건축 site 부지, 장소, 위치 located next to ~ 옆에 위치한 reserve ~을 예약하다 some of the time 종종, 때때로 normally 일반적으로, 보통 available to ~가 이용할 수 있는 regular hours 정규 운영 시간, 정규 영업 시간

131 (A) has come
(B) will have come
(C) are coming
(D) came

┤ 적절한 시제 찾기 ├

주어가 New recreation facilities이며 빈칸은 동사 자리이다. 각 보기가 동사 come의 여러 형태로, 모두 한 문장에서 동사의 역할이 가능하지만 각각 시제가 다르다. 다음 문장에서 종합운동장이 시 의회 공원 위원회의 승인을 받았다고 했고, 공사가 11월 10일에 시작된다고 했으므로 결국 미래의 일임을 알 수 있다. 따라서 보기 중 미래 시제인 (C) are coming이 정답이다. 현재나 현재진행 시제도 정해진 미래의 일을 표현할 수 있음을 함께 정리해 두자. 미래 완료 시제인 (B) will have come의 경우, 미래의 특정 시점에 완료되는 일을 나타낼 때 사용하며, 해당 시점이 함께 제시되어야 한다.

정답 (C)

132 (A) The vote was held on Tuesday, September 2.
(B) Thousands of fans enjoyed watching sports there.
(C) Members agreed that funds should be spent elsewhere.
(D) Even so, supporters will appeal to the council.

(A) 그 투표는 9월 2일 화요일에 실시되었습니다.
(B) 수천 명의 팬들이 그곳에서 스포츠 경기를 즐겁게 관람했습니다.
(C) 위원들은 자금이 다른 곳에 사용되어야 한다는 점에 동의했습니다.
(D) 그렇다 하더라도, 지지자들은 의회에 호소할 것입니다.

┤ 빈칸에 알맞은 문장 고르기 ├

빈칸 바로 앞의 문장에 종합운동장 건설 비용을 시 의회 공원 위원회에서 승인했다는 내용이 나오고 있으므로 이러한 승인 과정과 관련된 부가 설명이 이어지는 것이 문맥상 가장 자연스럽다. 따라서 보기 중 투표가 9월 2일 화요일에 실시되었다는 의미로 바로 앞에서 언급한 건설 비용 승인과 관련된 과정에 대해 부연 설명하는 (A)가 정답이다.

어휘 vote 투표 hold (행사 등) ~을 열다, 개최하다 thousands of 수천 명의 agree that ~라는 점에 동의하다 fund 자금, 기금 elsewhere 다른 곳에 even so 그렇다 하더라도 appeal to ~에 호소하다

정답 (A)

오답분석

(B) 앞에서 운동장 건설 비용 승인에 대해 언급한 것뿐인데 그곳에서 경기를 관람했다는 내용은 흐름상 자연스럽게 연결되지 않는다.

(C) 앞서 이미 승인이 진행되었다는 내용이 제시되어 있고, 다음 문장에서 건설 공사가 시작되는 날짜가 언급되어 있으므로 전혀 관련 없는 내용이다.

(D) 접속부사 even so는 '그렇다 하더라도'라는 뜻으로 앞의 문장을 한 번 더 언급하면서 뒤에는 이와 대조적이 내용이 나올 때 사용한다. 여기서는 '건설 비용 승인을 받았더라도'라는 의미가 되고, 그 뒤에 그와 반대되는 내용이 나와야 하는데, 지지자들이 의회에 호소한다는 내용은 이에 해당되지 않으므로 정답이 될 수 없다.

133 (A) some
(B) many
(C) little
(D) all

(A) 몇몇의
(B) 많은
(C) 거의 없는
(D) 모든

┤ 부분이나 전체를 나타내는 대명사 ├

보기가 전체 또는 부분을 나타내는 대명사들로 구성되어 있으므로 문맥상 가장 적절한 것을 선택한다. 빈칸 뒤에 of the time, 즉 'of+불가산명사'가 있으므로 보기 중 뒤에 불가산명사를 수반할 수 없는 (B) many는 오답이다. 문장을 해석해 보면, 종종 지역 내 스포츠 팀들을 위해 예약될 수 있다는 것이 가장 자연스러우므로 (A) some이 정답이다. (D) all 역시 of the time과 함께 쓰일 수 있지만, 의미상 어색하므로 오답이다.

정답 (A)

134 (A) for
(B) to
(C) during
(D) with

(A) ~을 위해, ~ 동안
(B) ~로
(C) ~ 동안
(D) ~와 함께

┤ 전치사 어휘 ├

보기가 모두 의미가 다른 전치사로 구성되어 있으므로 해석상 가장 자연스럽게 연결되는 것을 선택한다. 일반적으로 정규 개방 시간 동안 누구나 이용할 수 있다는 의미이므로 '~ 동안'의 의미를 가지고 있는 (A) for 또는 (C) during이 정답이 된다. 하지만 for 뒤에는 '숫자 표현'으로 된 기간이 나오고, during은 기간을 나타내는 명사와 함께 쓰이므로, 빈칸 뒤에 regular hours라는 명사 표현이 있는 이 문장의 빈칸에는 (C) during이 정답이다.

정답 (C)

Questions 135-138 refer to the following article. 135-138은 다음 기사를 참조하시오.

Irving (9 July)—Jonathan Melle has been promoted to director of the Irving School District. He was ------- chosen at the board meeting on Monday night. -------. In his new role, he will be responsible for overseeing the budget, staff and facilities of all the schools in the district. -------, he will chair the school board starting at the next meeting on August 11. Ms. Adel Keene is the outgoing director ------- the board during her last five years.
135. 136. 137. 138.

Irving (7월 9일)—Jonathan Melle 씨가 Irving School District의 책임자로 승진했다. 135 그는 월요일 밤에 열린 이사회에서 만장일치로 선출되었다. 136 Melle 씨는 6년 동안 JPC High School에서 교장으로 재직했다. 새로운 직책에서, 그는 그 구역 내 모든 학교의 예산과 직원, 그리고 시설물들을 관리하는 책임을 맡을 것이다. 137 더욱이, 그는 8월 11일에 열리는 다음 회의부터 교육 위원회 의장을 맡게 될 것이다. 138 이사회 의장 자리에서 물러나는 Adel Keene 씨는 지난 5년 동안 해당 직책을 맡아 왔다.

어휘 | promote ~을 승진시키다 | district 지구, 구역 | board 이사회 | be responsible for ~에 대한 책임을 맡고 있다 | oversee ~을 감독하다 | budget 예산 | facility 시설 | chair ~의 의장을 맡다 | outgoing 물러나는, 떠나는

135 (A) numerously
(B) unanimously
(C) singly
(D) greatly

(A) 다수로
(B) 만장일치로
(C) 혼자, 개별적으로
(D) 대단히, 크게

┤ 부사 어휘 ├

보기가 모두 의미가 다른 부사로 구성되어 있으므로 해석을 통해 가장 적절한 것을 선택한다. 그가 어떻게 선출되었는지를 설명하는 부사가 와야 하는데, 문맥상 '만장일치로 선출되다'가 적절하므로 '만장일치로'의 의미를 가진 (B) unanimously가 정답이다.

정답 (B)

136 (A) The positions have been vacant throughout the whole month.
(B) Several schools have been newly added to the school district.
(C) During the meeting, Mr. Melle talked about the upcoming merger.
(D) Mr. Melle has been the principal at JPC High School for six years.

(A) 한 달 내내 그 자리들이 비어 있었다.
(B) 몇몇 학교들이 학교 구역에 새롭게 생겼다.
(C) 회의 동안, Melle 씨는 다가오는 합병에 대해 이야기했다.
(D) Melle 씨는 6년 동안 JPC High School에서 교장으로 재직했다.

┤ 빈칸에 알맞은 문장 고르기 ├

빈칸 앞의 문장에서 Jonathan Melle 씨가 Irving School District의 책임자로 승진되었다는 내용이 있고, 빈칸 뒤에는 새로 맡게 될 역할에 대해 설명하고 있으므로 빈칸에는 그의 기존 업무나 경력에 관련된 내용이 언급되어야 자연스럽다. 따라서 보기 중 그가 6년간 고등학교 교장이었다는 경력을 소개한 (D)가 정답이다.

어휘 | vacant 비어 있는 | district (특정한) 지구, 지역 | merger 합병 | principal 교장

정답 (D)

┌ 오답분석 ┐

(A) 앞 문장에서 언급된 직책은 하나(director of the Irving School District)이므로 복수의 '직책들(positions)'이 비어 있었다는 내용은 적절하지 않다.
(B) 빈칸 앞 문장은 새로운 학군 담당자의 선출 사실을, 뒤 문장은 새롭게 맡게 될 업무에 관한 설명이므로 새롭게 생긴 학교들에 관한 내용은 전혀 관련이 없다.
(C) 앞 문장에 회의(meeting)가 언급되어 있지만, 앞/뒤 문장이 새로운 학군 담당자의 선출과 새로운 업무에 관한 내용이므로 합병(merger) 관련 내용은 적절하지 않다.

137 (A) In addition
(B) Nevertheless
(C) As a result
(D) Instead

(A) 게다가, 더욱이
(B) 그럼에도 불구하고
(C) 그 결과
(D) 대신에

┤ 적절한 연결어 찾기 ├

보기가 다 접속부사이므로 해석을 통해 정답을 찾아야 한다. 빈칸 앞에서는 그가 새로운 직책에서 맡을 일을 설명하고 있고, 다음 문장에서는 학교 이사회 의장도 맡을 것이라고 했으므로 '추가'의 의미를 지닌 접속부사가 필요하다. 따라서 '게다가, 더욱이'라는 뜻의 접속부사 (A) In addition이 정답이다. (B) Nevertheless(그럼에도 불구하고), (C) As a result(그 결과), (D) Instead(대신에) 모두 의미상 적절하지 않은 연결어이다.

정답 (A)

138 (A) that chairs
(B) who has chaired
(C) whose chairs
(D) chairing that

┤ 문장의 구조 및 관계대명사 ├

각 보기의 문법적 역할이 다르므로, 문장의 구조를 따져 문제를 풀어야 한다. 먼저 that과 the가 동시에 쓰여 명사를 수식할 수 없으므로, chairing that the board는 잘못된 형태이다. 따라서 (D) chairing that은 오답입니다. 또한 관계대명사 whose 뒤에는 완전한 절의 형태가 와야 하므로 (C) whose chairs 역시 오답이다. 나머지 보기 (A) that chairs와 (B) who has chaired 중 하나가 정답인데 선행사가 사람이므로 관계대명사 who, that 모두 적절하나 현재완료 시제와 함께 쓰는 시점 표현 during her last five years(지난 5년 동안)가 있으므로 현재완료 시제인 (B) who has chaired가 정답이다.

어휘 chair ~의 의장을 맡다

정답 (B)

Questions 139-142 refer to the following letter. 139-142는 다음 편지를 참조하시오.

Karlee Wood
Hiring Manager of Habitat Advertising
342 Marsh Lane
Sun Valley, ID 83353

Dear Ms. Wood,

We've had the pleasure of having Mr. Andrew Nelson work with us here at Yountville Marketing Agency for more than three years. ------- the very beginning of his employment with our company, he **139.** has proven to be a reliable and dedicated asset. -------. As a result, **140.** we have witnessed an increase in the overall productivity of our staff.

Of course, I truly ------- seeing Andrew leave Yountville Marketing, **141.** yet I give nothing short of my highest recommendation for him to your company. Undoubtedly, he ------- a remarkable asset to Habitat **142.** Advertising just as he has been to us.

Sincerely,

Joshua Shroud
Yountville Marketing Agency, Director

Karlee Wood
Habitat Advertising의 채용 책임자
342 Marsh Lane
Sun Valley, ID 83353

Wood 씨께,

Andrew Nelson 씨가 여기 Yountville Marketing Agency 에서 3년이 넘는 시간 동안 저희와 함께 일하셔서 기뻤습니다. **139** 저희 회사에 채용된 바로 그 순간부터, Nelson 씨는 신뢰할 수 있고 헌신적인 인재라는 것을 증명해 왔습니다. **140** 지난 10개월 동안, 그는 신입 직원 교육을 담당했습니다. 결과적으로, 저희는 직원들의 전반적인 생산성 향상을 목격해 왔습니다.

141 물론, Andrew 씨가 저희 Yountville Marketing을 떠나는 것을 보게 되어 진심으로 유감스럽게 생각하지만, 저는 그를 귀하의 회사에 아주 강력하게 추천해 드리고자 합니다. **142** 의심할 여지 없이, 그는 저희 회사에서 그래왔던 것처럼 Habitat Advertising에 필요한 뛰어난 인재가 될 것입니다.

안녕히 계십시오.

Joshua Shroud
Yountville Marketing Agency, 팀장

어휘 pleasure 기쁨 employment 고용 prove ~을 증명하다 reliable 믿을 수 있는 dedicated 헌신적인 asset 자산 as a result 결과적으로 witness ~을 목격하다 overall 전반적인 productivity 생산성 yet 그러나 nothing short of 아주 ~한 recommendation 추천 undoubtedly 의심할 여지 없이 remarkable 놀랄 만한

139 (A) Along
(B) Given
(C) From
(D) Without

(A) ~을 따라
(B) ~을 고려해 볼 때
(B) ~부터
(D) ~ 없이

전치사 어휘

보기가 모두 의미가 다른 전치사로 구성되어 있으므로 해석을 통해 가장 자연스럽게 연결되는 것을 선택한다. '회사에서 처음 일을 시작한 바로 그 순간부터 그가 신뢰할 수 있고 헌신적인 자산임을 증명했다'는 맥락이 되어야 가장 자연스러우므로 '~부터'를 의미하는 (C) From이 정답이다.

정답 (C)

140 (A) Over the past 10 months, he has been in charge of training new hires.
(B) This is why Mr. Nelson is eligible for a promotion.
(C) I have interviewed many candidates for the position.
(D) Our intellectual property is handled with much care.

(A) 지난 10개월 동안, 그는 신입 직원 교육을 담당했습니다.
(B) 이것이 바로 Nelson 씨가 승진 자격이 있는 이유입니다.
(C) 저는 그 직책에 대해 많은 지원자들을 대상으로 면접을 실시했습니다.
(D) 저희 지적 재산은 매우 조심스럽게 다루어집니다.

┤ 빈칸에 알맞은 문장 고르기 ├

빈칸 뒤에 '결과적으로(as a result) 저희는 직원들의 전반적인 생산성 향상을 목격해 왔습니다'라고 했으므로 빈칸에는 이 결과가 나올 수 있었던 원인이 되는 일이 언급되어야 한다. 이처럼 뒤 문장의 '연결어'는 명시적인 단서가 될 수 있으므로 연결어와 앞/뒤 문장의 관계를 따지는 것이 중요하다. 보기 중 직원 생산성의 증가를 가지고 올 만한 내용에 해당하는 것은 직원 교육과 관련된 내용인 (A)이다.

어휘 in charge of ~을 맡고 있는 be eligible for ~에 자격이 있다 promotion 승진 candidate 후보자 intellectual 지적인, 지능의 property 재산 handle ~을 다루다, 취급하다

정답 (A)

오답분석

(B) 우선 '이것'이 무엇인지 빈칸 앞의 문장에 언급되어야 한다. 빈칸 앞에서 '저희 회사에 채용된 바로 그 순간부터, 그는 신뢰할 수 있고 헌신적인 인재라는 것을 증명해 왔습니다'라고 했으므로 충분히 승진의 이유로 볼 수 있다. 하지만 뒤의 문장과 연결되지 않으므로 오답이다. 앞/뒤 문장 모두와 연결이 자연스러운 보기만 정답이 된다는 것을 잊지 말아야 한다.
(C) 지원자들을 대상으로 면접을 실시한 내용과 빈칸 뒤에 나온 직원들의 생산성이 증가했다는 내용은 연결이 되지 않는다.
(D) 지적 재산 관련 내용은 앞/뒤의 문장과 전혀 관련이 없는 내용이다.

141 (A) regret
(B) excuse
(C) apologize
(D) disapprove

(A) ~이 유감스럽다
(B) ~을 변명하다
(C) 사과하다
(D) ~에 불만을 나타내다

┤ 동사 어휘 ├

동사 어휘 문제이므로 해석을 통해 가장 자연스러운 것을 선택한다. 이 글은 회사를 떠나는 직원을 다른 회사에 추천하는 내용으로 직원이었던 Andrew 씨가 떠나는 것이 안타깝다는 내용이 적절하므로 보기 중 (A) regret(~이 유감스럽다)가 정답이다.

정답 (A)

142 (A) has been
(B) will be
(C) would have been
(D) is being

┤ 적절한 시제 찾기 ├

회사를 떠나 다른 회사에 지원한 직원을 추천하는 내용의 편지이므로 아직 Andrew 씨가 이직하고자 하는 회사에 직원으로 고용된 것은 아니라는 것을 알 수 있다. 그러므로 그가 Habitat Advertising의 자산이 되는 것은 '앞으로의 일'이므로 보기 중 미래 시제인 (B) will be가 정답이다.

정답 (B)

Questions 143-146 refer to the following e-mail. 143-146은 다음 이메일을 참조하시오.

To: Kyra Thompson <k.thompson@mail.org>
From: Trista Whitaker <trista@harvestgrain.com>
Date: April 4
Subject: your application

Dear Kyra,

I received your application for pastry chef posted at our Capitol Street bakery. The ------- has not yet been filled. -------. I ------- that
                                            143.   **144.**   **145.**
you have some work experience baking bread and cakes in another bakery. Therefore you probably understand some of the duties this job entails. My co-owner and I are quite impressed that your credentials are so strong. I have an opening for an interview on April 9 at 3 P.M.

If you are interested, call me to ------- the appointment. Thank you
                                   146.
for your interest.

Sincerely,
Trista Whitaker
Harvest Grain Bakery, Co-owner

수신: Kyra Thompson <k.thompson@mail.org>
발신: Trista Whitaker <trista@harvestgrain.com>
날짜: 4월 4일
제목: 귀하의 지원

Kyra 씨께,

Capitol Street에 있는 저희 제과점에 게시된 제빵사 직에 대한 귀하의 지원서를 받았습니다. 143 그 자리는 아직 충원되지 않았습니다. 144 귀하께서 여전히 관심이 있으시다면, 다음 단계는 면접 날짜를 잡는 것입니다. 145 귀하께서 다른 제과점에서 빵과 케이크를 만든 경험이 있다는 점을 알고 있습니다. 그러니 이 일에 포함되는 몇 가지 업무를 이해하고 계실 겁니다. 제 동업자와 저는 귀하의 자격 사항이 매우 훌륭하다는 점에 대해 상당히 깊은 인상을 받았습니다. 저는 4월 9일 오후 3시에 면접을 할 시간이 있습니다.

146 만약 귀하께서 관심이 있으시면, 제게 전화 주셔서 약속을 확인해 주시기 바랍니다. 귀하의 관심에 감사 드립니다.

안녕히 계십시오.
Trista Whitaker
Harvest Grain Bakery, 공동 소유주

어휘 application 지원(서)   receive ~을 받다   post ~을 게시하다, 공고하다   work experience 근무 경력   therefore 그러므로   probably 아마도
duty 의무   entail ~을 수반하다   co-owner 동업자, 공동 소유주   impressed 감명을 받은   credential 자격 사항   appointment 약속

143 (A) document
(B) position
(C) bakery
(D) form

(A) 서류
(B) 자리, 직책
(C) 베이커리, 빵집
(D) 형식, 형태

| 명사 어휘 |

보기가 모두 의미가 다른 명사로 구성되어 있으므로 해석을 통해 가장 자연스럽게 연결되는 것을 선택한다. 제과점의 제빵사 자리에 지원서를 받았다고 했고 '어떤 것'이 충원되지 않았다고 했으므로 문맥상 '자리, 직책'을 뜻하는 (B) position이 정답이다.

정답 (B)

144 (A) In addition, is it possible for you to work on weekends?
(B) In other words, can you send us two references?
(C) All bread products at our bakery is dairy-free.
(D) If you are still interested, the next step is to schedule an interview.

(A) 추가적으로, 주말에도 근무하는 것이 가능하신가요?
(B) 바꿔 말해서, 저희에게 추천서 두 장을 보내 주시겠습니까?
(C) 저희 제과점에 있는 제빵 제품에는 유제품이 들어 있지 않습니다.
(D) 귀하께서 여전히 관심이 있으시다면, 다음 단계는 면접 날짜를 잡는 것입니다.

| 빈칸에 알맞은 문장 고르기 |

빈칸 바로 앞의 문장에서 지원서를 받았고 자리가 아직 충원되지 않았다고 했으므로 그 다음 관련 내용으로 면접 일정에 대해 이야기하는 것이 글의 흐름상 자연스러우므로 (D)가 정답이다.

어휘 possible 가능한   in other words 다시 말해서   reference 추천서   dairy-free 유제품이 함유되지 않은   step 단계

정답 (D)

> **오답분석**
> (A) 보기의 연결어도 주의해서 해석한다. In addition(추가적으로)은 앞의 내용에 추가적으로 연결되는 내용을 언급할 때 사용하는 연결어이다. 앞 문장의 내용은 자리가 아직 충원되지 않았다는 것이므로 주말에도 근무가 가능한지를 묻는 내용은 추가적으로 연결되기에는 어색한 내용이다.
> (B) 연결어 In other words(다시 말해서)는 앞에 언급한 내용을 다른 방식으로 한 번 더 설명할 때 사용하는 표현이다. 앞 문장의 내용은 자리가 아직 충원되지 않았다는 내용이므로 추천서를 보내달라는 것과는 전혀 관계가 없으므로 오답이다.
> (C) 제과점에 지원한 사람에게 지원 관련 정보를 주는 맥락이므로 제과점의 상품에 관련된 내용은 연결이 자연스럽지 않다.

145 (A) see
(B) will see
(C) was seen
(D) would see

┤ 적절한 시제 찾기 ├

보기가 모두 동사로 구성되어 있으므로 '수 일치 → 능동/수동 → 시제' 순서로 확인한다. 주어가 I이므로 모든 보기가 주어와 수 일치가 되며, 사람인 I가 보고 있다는 능동의 의미가 적절하므로 수동태인 (C) was seen은 오답이다. 다음으로 시제를 확인해야 하는데, I see that은 '~라는 사실을 알겠다'라는 의미의 관용적 표현이다. 따라서 현재 시제인 (A) see가 정답이다.

정답 (A)

146 (A) confirm   (A) ~을 확인하다
(B) finish   (B) ~을 끝내다
(C) authorize   (C) ~에게 권한을 부여하다
(D) ask   (D) ~을 묻다

┤ 동사 어휘 ├

보기가 모두 의미가 다른 동사로 구성되어 있으므로 해석을 통해 가장 자연스럽게 연결되는 것을 선택한다. 인터뷰를 위해 시간을 비워 둔다고 했고, 그 인터뷰에 관심이 있으면 '약속을 확인하기 위해 전화해 달라'는 의미가 문맥상 적절하므로 '~을 확인하다'의 의미인 (A) confirm이 정답이다.

정답 (A)

PART 7

Questions 147-148 refer to the following e-mail. 147-148은 다음 이메일을 참조하시오.

To: gamer1985@mail.com
From: taladipro@shop.taladi.com
Subject: New Taladi Active Pro
Date: August 31

147, 148 As a gaming enthusiast, you may have already heard that the Taladi Active Pro Gaming Console will be released soon.

As a previous customer of Taladi Inc., you are receiving a special invitation to preorder the Taladi Active Pro, scheduled to be on the market November 1. Supplies are limited and expected to be sold out well into the holiday season. Orders can be made by visiting www.taladi.com/activepro and entering your special invitation code W23YU1.

Happy Gaming
Taladi Gaming Consoles Promotions

수신: gamer1985@mail.com
발신: taladipro@shop.taladi.com
제목: 새로 나오는 Taladi Active Pro
날짜: 8월 31일

147, 148 게임 애호가이신 귀하께서는 아마 Taladi Active Pro Gaming Console이 곧 출시된다는 얘기를 이미 들어 보셨을 것입니다.

Taladi Inc.의 기존의 고객으로서, 귀하는 11월 1일에 시장에 출시될 예정인 Taladi Active Pro 제품을 미리 주문하실 수 있는 특별 안내장을 받으실 것입니다. 공급량이 한정되어 있어 연휴 시즌이 다가오는 해당 시점에 빠르게 매진될 것으로 예상됩니다. www.taladi.com/activepro 를 방문하시어, 귀하의 특별 안내장 코드인 W23YU1을 입력하셔서 주문하실 수 있습니다.

즐거운 게임 하시기 바랍니다.
Taladi Gaming Consoles 홍보팀

어휘 enthusiast 열광적인 팬   release ~을 출시하다   previous 이전의   receive ~을 받다   preorder ~을 미리 주문하다   scheduled to do ~할 예정인   supplies 공급 물품   limited 한정된, 제한된   be expected to do ~할 것으로 예상되다   be sold out 매진되다, 품절되다   make an order 주문하다   enter ~을 입력하다

---

147 What is the purpose of the e-mail?

(A) To announce a new game company opening
(B) To notify its customer of a seasonal sale
(C) To introduce an upcoming product
(D) To extend an invitation to an event

이메일의 목적은 무엇인가?

(A) 새롭게 문을 여는 게임 회사 알리기
(B) 자사 고객에게 시즌 할인 공지하기
(C) 곧 출시될 제품 소개하기
(D) 행사 초대장 발송하기

> **주제/목적 | 목적**
> 지문의 첫 문장에 'Taladi Active Pro Gaming Console이 곧 출시된다(~ the Taladi Active Pro Gaming Console will be released soon)'는 사실을 언급하면서 이 제품을 미리 주문하는 방법을 소개하고 있다. 따라서 (C)가 정답이다.
> **어휘** notify ~을 알리다, 통지하다   upcoming 다가오는, 곧 있을   extend ~을 주다, 베풀다
> **정답 (C)**

---

148 What is suggested about Taladi Active Pro?

(A) It is exclusively for new customers.
(B) It is popular among young professionals.
(C) It requires a six-digit code in order to play.
(D) It is not yet available.

Taladi Active Pro에 관해 알 수 있는 것은 무엇인가?

(A) 신규 고객들만을 위한 것이다.
(B) 젊은 전문가들 사이에서 인기가 많다.
(C) 게임을 하기 위해서는 여섯 자리의 코드가 필요하다.
(D) 아직 구매할 수 없다.

> **추론 | 진위확인**
> 지문 시작 부분에 해당 게임기가 '곧 출시될 것(will be released soon)'이라고 했으므로 이에 대해 아직 구매할 수 없다(not yet available)는 말로 바꿔 표현한 (D)가 정답이다. 지문 하단에 제시된 6자리의 코드는 제품 주문에 필요한 것이므로 (C)는 오답이다.
> **어휘** exclusively for 오로지 ~을 위한   professional 전문가   digit 숫자
> **정답 (D)**

Questions 149-150 refer to the following invoice. 149-150은 다음 청구서를 참조하시오.

Inside Out Pest Control
3510 Market Street
Milton, Nebraska 68858

149 Date: May 9
Account Number: X32433MV

149 Bill to:
Marito Resort and Spa
PO Box 695
Milton, Nebraska 68858

Invoice for **150** April 23 comprehensive seasonal pest control treatment

Materials used: $96.50
Labor: $135.20
Subtotal: $231.70
Tax: $13.90
Total: $245.60

149 Next treatment date: May 23
Thank you for your business.

149 *Please send the requested amount prior to the next monthly treatment date. If payments are not received on time, the next scheduled appointment may be delayed or canceled. Late fees of 10 percent of the outstanding amount will also be added to the bill. Our records show that your facility is scheduled through August only, so to arrange for fall services, please call our office at 585-711-3620 no later than August 10.

Inside Out Pest Control
3510 Market Street
Milton, Nebraska 68858

149 날짜: 5월 9일
계정 번호: X32433MV

149 청구 대상:
Marito Resort and Spa
PO Box 695
Milton, Nebraska 68858

150 4월 23일에 실시한 계절별 종합 병충해 방지 처리 작업에 대한 내역서

물품 사용: 96.50달러
인건비: 135.20달러
소계: 231.70달러
세금: 13.90달러
총계: 245.60달러

149 다음 작업 날짜: 5월 23일
거래해 주셔서 감사합니다.

149 *다음번 월간 작업 날짜 이전에 청구 금액을 납부해 주시기 바랍니다. 기한 내에 비용이 수납되지 않을 경우, 다음으로 예정된 예약은 지연되거나 취소될 수 있습니다. 또한 미납 금액의 10퍼센트에 해당되는 연체료가 청구서에 추가될 것입니다. 저희 기록에 따르면 귀사의 시설물에 대한 서비스는 8월까지만 예정된 것으로 나타나므로, 가을 서비스 일정을 잡으시려면 늦어도 8월 10일까지 저희 사무실 번호인 585-711-3620으로 전화 주시기 바랍니다.

어휘 account 계정, 계좌 invoice 거래 내역서 comprehensive 종합적인 pest control 병충해 방지 treatment 처리, 처치, 치료 material 물품, 재료 labor 인력, 노동력 subtotal 소계 tax 세금 requested 요청된 amount 액수 prior to ~에 앞서 payment (지불) 비용 on time 제시간에 scheduled 예정된 appointment 예약 delay ~을 지연시키다 cancel ~을 취소하다 late fee 연체료 outstanding 미납된 add ~을 추가하다 bill 청구서 show that ~임을 나타내다, 보여주다 facility 시설(물) arrange for ~의 일정을 잡다, ~을 조치하다 no later than 늦어도 ~까지

---

149 What is Marito Resort and Spa asked to do?

(A) Reply in writing to Inside Out Pest Control
(B) Make a payment within two weeks
(C) Choose the date of the next treatment
(D) Confirm the amount of total payment

Marito Resort and Spa는 무엇을 하도록 요청받는가?

(A) Inside Out Pest Control에 서면 답변하기
(B) 2주 내로 비용 지불하기
(C) 다음 작업 날짜 정하기
(D) 총 지불 비용 액수 확인하기

세부사항 | What

Marito Resort and Spa는 청구서 상단에 비용 청구 대상(Bill to: Marito Resort and Spa)으로 표기되어 있다. 지문 하단에 제시된 부가 설명 부분의 첫 문장에서 다음번 월간 작업 날짜 이전에 금액 납부를 할 것을 요청하고 있는데, 지문 상단에 내역서 작성 날짜가 5월 9일(May 9)로 되어 있고, 항목별 금액 아래에 다음번 작업 처리 날짜가 5월 23일(New treatment date: May 23)로 쓰여 있으므로 2주의 납부 기간이 주어졌음을 알 수 있다. 따라서 이와 같은 납부 기한에 대해 언급한 (B)가 정답이다.

어휘 reply 답변하다 make a payment 비용을 지불하다 confirm ~을 확인하다

정답 (B)

150 When was the work performed?
(A) March 9
(B) April 23
(C) May 23
(D) August 10

언제 작업이 실시되었는가?
(A) 3월 9일
(B) 4월 23일
(C) 5월 23일
(D) 8월 10일

─┤ 세부사항 │ When ├─

지문 중간에 '4월 23일에 실시한 계절별 종합 병충해 방지 처리 작업에 대한 내역서(Invoice for April 23 comprehensive seasonal pest control treatment)'라고 되어 있으므로 (B)가 정답임을 알 수 있다.

정답 (B)

Questions 151-152 refer to the following notice. 151-152는 다음 공지를 참조하시오.

---

151 Attention English-speaking professionals living in Manila. The International Association of Business and Marketing (IABM) is opening its first chapter in Manila. The first meeting will be held June 3 from 6-9 P.M. in unit 3C located at 2342 Rizal Avenue.

Due to the size of the facilities rented, attendance is limited to 150. No membership fee is required to attend the first session. However, those interested should call 5442-5467 to reserve a seat.

Vice president Samyra Duete of IABM will be the featured speaker. **152** She will outline the many functions of IABM and the contributions its members have made in business and marketing around the globe. Those who attend can learn about the many opportunities for professional development that IABM offers.

We are excited to expand IABM into the Philippines. Membership details and our chapter's scheduled speakers and events can be found at www.iabm.org/manila.

어휘 professional 전문가 chapter (협회 등의) 지부 located at ~에 위치한 due to ~로 인해 facility 시설(물) rent ~을 대여하다 attendance 참가자 수 be limited to ~로 제한되다 membership fee 회비 required 필요한, 필수의 attend ~에 참석하다 session (특정 활동을 위한) 시간, 프로그램 interested 관심이 있는 reserve ~을 예약하다 featured speaker 특별 연사 outline ~을 개괄적으로 설명하다 function 역할, 기능 contribution 기여, 공헌 around the globe 전 세계에서 opportunity 기회 professional development 전문성 향상, 전문성 개발 expand A into B A를 B로 진출시키다 details 상세 정보

151 Where would the notice be found?

(A) At a broadcasting facility
(B) In a book about business and marketing
(C) In an international newspaper
(D) In a community newsletter

추론 | 출처

지문 시작 부분에 해당 공지의 대상자로 'Manila에 거주 중이며 영어가 가능한 전문가들에게 알린다(Attention English-speaking professionals living in Manila)'고 되어 있다. 따라서 특정 지역에 국한된 공지임을 알 수 있으므로 (D)가 정답이다.

어휘 broadcasting 방송업 international 국제적인

정답 (D)

---

152 What is indicated about IABM?

(A) It has been gathering its members internationally.
(B) Manila is the first location where it started its business.
(C) No membership fee is required for its new employees.
(D) Requests to open a chapter can be made online.

진위확인 | True

세 번째 단락에서 '전 세계에서 IABM 소속 회원들이 비즈니스와 마케팅 분야에 기여한 바를 설명할 것(~ the contributions its members have made in business and marketing around the globe)'이라고 알리는 부분을 통해 전 세계에 회원들이 있음을 알 수 있다. 따라서 (A)가 정답이다.

어휘 internationally 세계적으로

정답 (A)

Questions 153-155 refer to the following information.

Rosanna Cosmetics

154-A Highly esteemed by his colleagues for his expertise and business sense, 153 William Terry is the replacement for Judith Perkins, who recently stepped down from her CEO position. Mr. Terry has already outlined a five-step strategy to take Rosanna Cosmetics to the next level and launch our award-winning brand in Europe.

Mr. Terry founded a small cosmetics distribution company fifteen years ago and ran it successfully for five years before he joined the Rosanna Cosmetics team and worked his way up to the chief marketing officer position. 154-B His brand management has helped the company to make gains each quarter. During his six years as chief marketing officer, 154-D Mr. Terry used his networking skills to connect to an impressive number of colleagues across the country and beyond. 155 Prior to his time at his own business and Rosanna Cosmetics, he was a veterinarian at a small practice in his hometown.

153 Why was the information posted?

(A) To promote a product launch
(B) To profile a new executive
(C) To announce an award winner
(D) To outline a business procedure

154 What is NOT mentioned about Mr. Terry?

(A) He is respected by others.
(B) He helped to improve profits.
(C) He is originally from Europe.
(D) He has extensive business contacts.

Terry 씨에 관해 언급되지 않은 것은 무엇인가?

(A) 다른 사람들에게 존경받고 있다.
(B) 수익을 늘리는 데 도움이 되었다.
(C) 원래 유럽 출신이다.
(D) 폭넓은 비즈니스 인맥을 가지고 있다.

┤ 진위확인 | NOT true ├

다른 사람들로부터 존경을 받는다는 의미를 지닌 (A)는 지문 첫 부분의 'Highly esteemed by his colleagues for ~'에서, 그리고 수익 증가에 도움이 되었다는 뜻을 나타내는 (B)는 두 번째 단락 중간 부분의 'His brand management has helped the company to make gains each quarter'에서 단서를 찾을 수 있다. 또한 폭넓은 인맥 관계를 언급한 (D)에 대한 단서도 두 번째 단락 중간 부분의 'Mr. Terry used his networking skills to connect to an impressive number of colleagues ~'에 제시되어 있다. 하지만 Terry 씨의 출신 지역에 대한 정보는 찾아 볼 수 없으므로 (C)가 정답이다.

어휘 extensive 아주 많은, 대규모의

정답 (C)

155 What is indicated about Mr. Terry?

(A) He worked at Rosanna Cosmetics for fifteen years.
(B) He decided to change his career path.
(C) He does not have experience in public speaking.
(D) He sold his company to Rosanna Cosmetics.

Terry 씨에 관해 알 수 있는 것은 무엇인가?

(A) Rosanna Cosmetics에서 15년 동안 근무했다.
(B) 경력상의 진로를 변경하기로 결정했다.
(C) 공개 연설 경험이 없다.
(D) 자신의 회사를 Rosanna Cosmetics에 매각했다.

┤ 진위확인 | True ├

지문 맨 마지막 부분을 보면 'Rosanna Cosmetics에 입사하기 전에 개인 사업을 했고, 그 이전에는 작은 개인 병원의 수의사였다(~ he was a veterinarian at a small practice in his hometown)'고 쓰여 있다. 이는 다른 분야에서 일을 하기로 결정한 시점이 있었음을 뜻하므로 '진로 변경'에 대해 언급한 (B)가 정답이다.

어휘 career path 진로

정답 (B)

Questions 156-157 refer to the following text message chain. 156-157은 다음 문자 메시지 대화를 참조하시오.

Lawrence Sosa [11:38 A.M.]
We're almost ready here at the Nelson Avenue property.

Dwight Bryant [11:40 A.M.]
Okay, I'm on the way.

Lawrence Sosa [11:41 A.M.]
Fantastic. 156 We've just finished packing, so we'll be ready to start loading everything around noon.

Dwight Bryant [11:42 A.M.]
As usual, we'll handle the large items first and then the boxes. That will help us to best use the space that we have available.

Lawrence Sosa [11:44 A.M.]
157 We'll bring the sofa and bed out onto the lawn once you arrive.

Dwight Bryant [11:45 A.M.]
Why wait? 157 We'll save some time if you do it now.

Lawrence Sosa [11:46 A.M.]
Okay, I'll let the crew know.

Lawrence Sosa [오전 11:38]
이곳 Nelson Avenue에 있는 건물은 준비가 거의 다 되었어요.

Dwight Bryant [오전 11:40]
알았어요, 저는 가는 중입니다.

Lawrence Sosa [오전 11:41]
좋습니다. 156 저희는 지금 막 짐 싸는 일을 완료했기 때문에, 정오쯤에 모든 물품들을 싣기 시작할 준비가 될 겁니다.

Dwight Bryant [오전 11:42]
평소와 마찬가지로, 부피가 큰 물품들부터 먼저 처리하고, 그다음에 상자들을 처리할 것입니다. 그렇게 해야 우리가 이용 가능한 공간을 최대로 활용하는 데 도움이 될 겁니다.

Lawrence Sosa [오전 11:44]
157 도착하시는 대로 소파와 침대를 잔디밭으로 내놓겠습니다.

Dwight Bryant [오전 11:45]
왜 기다리시죠? 157 지금 바로 하시면 시간을 절약할 수 있을 거예요.

Lawrence Sosa [오전 11:46]
알았어요, 작업 팀원들에게 알릴게요.

어휘 property 건물, 부동산 on the way 가는 중인, 오는 중인 finish -ing ~하는 것을 끝내다 pack 짐을 싸다, 꾸리다 be ready to do ~할 준비가 되다 load ~을 싣다 as usual 평소와 마찬가지로 handle ~을 처리하다, 다루다 then 그런 다음에 help A to do A가 ~하는 것을 돕다 best use ~을 최대한 활용하다 bring A onto B A를 B에 내놓다 lawn 잔디밭 let A know A에게 알리다 crew (함께 일하는) 팀, 조

156 Who most likely is Mr. Sosa?

(A) A truck mechanic
(B) A professional mover
(C) A construction worker
(D) A property manager

Sosa 씨는 누구일 것 같은가?

(A) 트럭 정비사
(B) 이사 전문 업체 직원
(C) 공사장 인부
(D) 건물 관리 책임자

추론 | 세부사항

Sosa 씨가 11시 41분에 남긴 메시지를 보면, '짐 싸는 일을 완료했고 정오쯤에 모든 물품들을 싣기 시작할 준비가 될 것(We've just finished packing, so we'll be ready to start loading everything around noon)'이라고 언급한다. 이와 같은 일은 이사 전문 업체의 직원이 하는 것이므로 (B)가 정답이다.

정답 (B)

157 At 11:45 A.M., what does Mr. Bryant most likely mean when he writes, "Why wait"?

(A) He suggests letting the crew take a break now.
(B) He is confused about missing a deadline.
(C) He thinks some furniture can be sold immediately.
(D) He wants the team to start a task right away.

오전 11시 45분에, Bryant 씨가 "Why wait"라고 썼을 때 의미하는 것은 무엇인가?

(A) 작업 팀원들이 지금 휴식을 취하게 하도록 제안한다.
(B) 마감 시한을 맞추지 못하는 것에 대해 혼란스러워한다.
(C) 일부 가구가 즉시 판매될 수 있다고 생각한다.
(D) 팀원들이 지금 당장 일을 시작하기를 원한다.

의도파악

해당 표현은 바로 앞서 11시 44분에 Sosa 씨가 Bryant 씨에게 '도착하는 대로 소파와 침대를 잔디밭으로 내놓겠다'고 말한 것에 대한 답변으로 쓰인 표현이다. 바로 뒤이어 '지금 바로 하면 시간을 절약할 수 있을 것(We'll save some time if you do it now)'이라는 말을 덧붙이고 있으므로 기다리지 말고 바로 일을 시작하라는 의미로 쓰였음을 알 수 있다. 따라서 (D)가 정답이다.

어휘 take a break 휴식을 취하다, 쉬다 be confused about ~에 대해 혼란스러워하다 immediately 즉시

정답 (D)

Questions 158-160 refer to the following article. 158-160은 다음 기사를 참조하시오.

Bookstore Set to Expand

February 9—Intelecto Mundial Books announced completion of plans to expand its business starting this summer. Three bookstores are currently being planned to open in the next few years, each in a different country. — [1] —. The company, which specializes in the sale of rare books from around the world, is a major source for hard-to-find books of varying languages and origins. **160 While most of its profits currently come from its online store, the company did begin operating its first brick and mortar store in England two years ago.** — [2] —.

The new bookstore has been hugely successful attracting locals and even becoming a major draw to tourists visiting the country.

Intelecto Mundial Books CEO Mariana de la Torre said, "This is only the first step in reviving reading around our world. When we first launched our online Web site, **158 our goal was to make great literature accessible to everyone and to encourage reading.** Our company has been able to hire workers in England with the same goal as ours. **159 We will soon bring this vision to Spain.** — [3] —. **We have already purchased property in Barcelona and will start building very soon.** Our company headquarters is in Madrid so it's good to finally open a shop here."

More stores are expected to open in Mexico and Canada in the coming years. — [4] —. Although not projected to be as large as the first two locations, careful planning will still be required for their success.

확장 예정인 서점

2월 9일—Intelecto Mundial Books는 올여름부터 사업을 확장할 계획이 완료됐음을 발표했다. 현재 세 곳의 서점들이 앞으로 몇 년 안에 각각 다른 국가에서 문을 열 계획이다. — [1] —. 전 세계의 희귀 도서 판매를 전문으로 하는 이 업체는 다양한 언어로 다양한 곳에서 출판되는 구하기 어려운 도서들의 주요 공급원이다. 160 현재 대부분의 수익은 온라인 매장에서 나오고 있지만, 이 업체는 2년 전에 이미 잉글랜드에 첫 번째 소매점을 운영하기 시작했다. — [2] —.

이 새로운 서점은 지역 주민들을 끌어들이면서 대단한 성공을 거둬 왔으며, 심지어 그 나라를 방문하는 관광객들이 찾는 주요 명소가 되고 있다.

Intelecto Mundial Books의 대표 이사인 Mariana de la Torre는 다음과 같이 말했다. "이것은 전 세계에서 독서를 되살리기 위한 첫 단계에 불과합니다. 저희가 처음 온라인 웹사이트를 시작했을 때, 158 저희의 목표는 모든 사람이 훌륭한 문학 작품을 읽을 수 있고 독서를 장려하는 것이었습니다. 저희 회사는 잉글랜드에서 저희와 같은 목표를 지닌 직원들을 채용할 수 있었습니다. 159 저희는 곧 이 비전을 스페인으로 옮겨갈 생각입니다. — [3] —. 이미 Barcelona에 있는 부지를 매입해 둔 상태이며, 아주 빠른 시일 내에 건축 공사를 시작할 것입니다. 저희 회사의 본사가 Madrid에 있는데 드디어 여기서 매장을 열게 되어 좋습니다."

앞으로 몇 년 안에 멕시코와 캐나다에서도 더 많은 매장들이 문을 열 것으로 예상된다. — [4] —. 비록 첫 두 곳의 매장만큼 클 것으로 예상되지는 않지만, 성공을 위해 신중한 계획이 여전히 필요할 것이다.

어휘 completion 완료 expand ~을 확장하다 currently 현재 specialize in ~을 전문으로 하다 rare 희귀한 major source 주요 공급원 hard-to-find 구하기 힘든 varying 다양한 origin 출처, 원산지 profit 수익 operate ~을 운영하다 brick and mortar store 소매 판매점 hugely 대단히, 엄청 successful 성공한 attract ~을 끌어들이다 local 현지인 draw 인기 있는 것 revive ~을 되살리다 accessible to ~가 이용 가능한 encourage ~을 장려하다 be able to do ~할 수 있다 property 부동산, 부지, 건물 headquarters 본사 finally 결국, 마침내 be expected to do ~할 것으로 예상되다 although 비록 ~이지만 projected to do ~할 것으로 예상되는 as A as B B만큼 A한 location 위치, 지점 careful 신중한 planning 계획 (짜기) success 성공

158 What is mentioned about Intelecto Mundial Books?

(A) Most profit currently comes from the London branch.
(B) Its headquarters is planned to be built in Spain.
(C) New stores will be greater in size than its first branch.
(D) It offers people opportunities to read more literature.

Intelecto Mundial Books에 관해 언급된 것은 무엇인가?

(A) 현재 대부분의 수익이 London 지점을 통해 나온다.
(B) 본사가 스페인에 지어질 계획이다.
(C) 신규 매장들은 첫 번째 지점보다 규모가 더 클 것이다.
(D) 사람들에게 더 많은 문학 작품을 읽을 기회를 제공한다.

│ 진위확인 │ True │

세 번째 단락에서 'Intelecto Mundial Books의 목표가 모든 사람들이 훌륭한 문학 작품을 읽어 볼 수 있게 하고 독서를 장려하는 것(our goal was to make great literature accessible to everyone and to encourage reading)'이라고 했으므로 (D)가 정답이다. 첫 단락에서 대부분의 수익이 온라인에서 나온다(most of its profits currently come from its online store)고 했으므로 (A)는 오답이며, 마지막 단락에서 신규 매장이 기존의 매장보다 크지 않을 것이라고 했으므로 (C)도 오답이다.

어휘 opportunity 기회

정답 (D)

159 Where is the next store expected to open?

(A) In England
(B) In Spain
(C) In Mexico
(D) In Canada

세부사항 | Where

세 번째 단락에서 '스페인의 Barcelona에 있는 부지를 매입해 둔 상태이며, 아주 빠른 시일 내에 건축 공사를 시작할 것(We have already purchased property in Barcelona and will start building very soon)'이라고 했으므로 (B)가 정답이다. 잉글랜드의 매장은 2년 전에 이미 문을 연 것으로 첫 단락에 제시되어 있고, 멕시코와 캐나다의 매장은 앞으로 몇 년 후에 문을 열 것으로 예상된다고 마지막 단락에 제시되어 있다.

정답 (B)

다음 매장은 어디에서 문을 열 것으로 예상되는가?
(A) 잉글랜드에서
(B) 스페인에서
(C) 멕시코에서
(D) 캐나다에서

---

160 In which of the positions marked [1], [2], [3], and [4] does the following sentence best belong?

"With the huge interest in global literature in Europe, the London branch is on track to eventually outsell even the international sales from the Web site."

(A) [1]
(B) [2]
(C) [3]
(D) [4]

[1], [2], [3], [4]로 표기된 위치들 중에서 다음 문장이 가장 잘 어울리는 곳은 어디인가?

"유럽 내 세계 문학에 대한 대단한 관심으로 인해, London 지점은 결국에는 웹사이트를 통한 해외 매출을 능가할 추세에 있다."

(A) [1]
(B) [2]
(C) [3]
(D) [4]

주어진 문장 넣기 | 문장의 내용 단서

제시된 문장의 핵심은 London 지점이 웹사이트의 매출을 뛰어 넘는(outsell) 단계로 향해 가고 있다는 점이다. 따라서 현재 주로 웹사이트를 통해 수익을 얻고 있지만 2년 전에 London 지점이 생겨 현재 영업 중임을 언급하는 문장 다음에 위치한 [2]에 들어가는 것이 적합하므로 (B)가 정답이다.

어휘 on track 제대로 진행되고 있는 eventually 결국에는 outsell ~보다 많이 팔다

정답 (B)

Questions 161-163 refer to the following e-mail. 161-163은 다음 이메일을 참조하시오.

To: Pandara Nishad 162 <p_nishad@bellhurst.net>
From: Ross Dillard 162 <r_dillard@bellhurst.net>
Date: April 18
Subject: Assignment

Dear Ms. Nishad,

I've completed the task you've assigned me regarding the possibility of starting an employee investment program. 161 After looking into the options for our company, I have determined that implementing such a program would be feasible within the timeframe you suggested. I've attached a summary with the details.

While there are many factors to consider, I believe that Abner Investments would suit our needs best. 162 The company has experience working with firms whose employees are mainly very far from retirement age, providing extensive resources to help people make informed decisions about investments, 162 so I think it would be perfect for Bellhurst. We can start a contract as soon as we make the final decision.

163 I know you'll be out of the office later today. I'll be out of town next week, so I'd like to get together before that. Please let me know your availability.

Thanks!

Ross Dillard

---

161 What is the purpose of the e-mail?

(A) To submit some research
(B) To reject a suggestion
(C) To give approval
(D) To assign a task

정답 (A)

162 What is implied about Bellhurst?

(A) It specializes in financial products.
(B) It has young staff members.
(C) Its workforce is growing quickly.
(D) It has not been operating long.

Bellhurst에 관해 암시된 내용은 무엇인가?

(A) 금융 상품을 전문으로 한다.
(B) 직원들이 젊다.
(C) 직원 수가 빠르게 늘고 있다.
(D) 오랫동안 운영되어 온 회사가 아니다.

추론 | 진위확인

우선, Bellhurst라는 명칭은 두 번째 단락의 중간에서 찾아볼 수 있고, 이메일 수신인과 발신인 정보의 이메일 주소에도 나타나 있으므로 Bellhurst라는 회사에 속한 두 사람이 이메일을 주고 받는 과정임을 알 수 있다. 두 번째 단락에서는 'Abner Investments가 정년과 거리가 먼 직원들이 주로 근무하는 회사들과 함께 일해 본 경험이 있다(The company has experience working with firms whose employees are mainly very far from retirement age)'는 말과 함께 '그곳이 Bellhurst에 이상적인 곳(it would be perfect for Bellhurst)'이라고 언급하고 있다. 따라서 Bellhurst에 젊은 직원들이 많다는 것을 알 수 있으므로 (B)가 정답이다.

어휘 specialize in ~을 전문으로 하다   financial 금융의   workforce 노동자, 직원   operate ~을 운영하다

정답 (B)

---

163 When would Mr. Dillard most likely want to have a meeting?

(A) Later today
(B) Later this week
(C) Next week
(D) In two weeks

Dillard 씨는 언제 회의를 하고 싶어할 것 같은가?

(A) 오늘 늦게
(B) 이번 주 후반
(C) 다음 주
(D) 2주 후

추론 | 세부사항

마지막 단락에 오늘은 수신인이 시간이 없고 발신인인 Dillard 씨는 다음 주에 시간이 되지 않는다고 언급하면서 '그 전에 만나자 (~ I'll be out of town next week, so I'd like to get together before that)'고 제안하고 있다. 따라서 내일부터 다음 주가 되기 전까지의 기간에 해당하는 '이번 주 후반'을 뜻하는 (B)가 정답이다.

정답 (B)

Questions 164-167 refer to the following Web page.

http://www.oakridgecleaning.com/company_information

| HOME | **COMPANY INFORMATION** | PRODUCT LIST | ORDER PAGE | CONTACT US |

Our Products
Oakridge Cleaning is Oakridge's largest supplier of cleaning products used commercially and in residential settings. We work with top manufacturers to ensure our selection is of the best quality. 164 Each product is non-toxic and specifically designed to clean a specific area. Our staff members are fully trained to recommend products for difficult tasks and stain removal.

Our Story
165 Oakridge Cleaning was founded twenty-five years ago by Joseph Jordan, who got the idea for the business when he was frustrated with the lack of options for the cleaning products to be used at the hotel he managed. Jordan wanted to make it easy for people to get what they needed right here in Oakridge so that they could support the local economy. 165 The business was kept in the family upon Jordan's retirement, when he handed over the business to his daughter.

Our Expansion
166 Thanks to loyal customer support, Oakridge Cleaning is ready to expand operations to Evansville. Our shop there will allow for faster delivery to that area and—just like at our initial branch—will be open daily for in-store purchases. 166 It will also be the exclusive site of weekly product demonstrations aimed at teaching customers the best ways to clean surfaces and fabrics of all kinds.

167 To keep up-to-date about everything going on at Oakridge Cleaning, e-mail us at info@oakridgecleaning.com and we will add you to our newsletter mailing list. We look forward to serving you at Oakridge Cleaning!

165 Paula Kirchner, Owner
Craig Ramos, Store Manager (Oakridge Location)

164 What is indicated about Oakridge Cleaning?

(A) It advertises its products in commercials.
(B) It is the largest business of its kind in the country.
(C) Its products do not contain harmful chemicals.
(D) It is a manufacturer of cleaning products.

Oakridge Cleaning에 관해 알 수 있는 것은 무엇인가?

(A) 당사의 제품을 광고 방송을 통해 광고한다.
(B) 전국의 동종 업계 회사들 중에서 가장 크다.
(C) 당사의 제품에 유해한 화학 성분이 들어 있지 않다.
(D) 청소 용품 제조사다.

진위확인 | True

첫 단락의 제품 설명 부분에서, '각 제품이 무독성(Each product is non-toxic ~)'이라고 설명하고 있으므로 '유해한 화학 성분이 들어 있지 않다'라는 의미인 (C)가 정답임을 알 수 있다. Oakridge Cleaning은 청소 용품을 제조하는 회사가 아니라 유통하는 회사이므로 (D)는 틀린 설명이다.

어휘 commercial 상업의; 광고 (방송)   harmful 유해한   chemical 화학 성분

정답 (C)

---

165 What is suggested about Ms. Kirchner?

(A) She plans to move to Evansville.
(B) Her father used to manage a hotel.
(C) She has twenty-five years of experience.
(D) She will pass the business on to Mr. Ramos.

Kirchner 씨에 관해 알 수 있는 것은 무엇인가?

(A) Evansville로 이사할 계획이다.
(B) 그녀의 아버지는 호텔을 운영했다.
(C) 25년의 경력이 있다.
(D) 업체를 Ramos 씨에게 물려줄 것이다.

추론 | 진위확인

Kirchner 씨의 이름은 지문의 맨 마지막에 소유주라고 언급된 부분에서 찾을 수 있다. 이 경영주와 관련해, 두 번째 단락에서 25년 전에 Joseph Jordan 씨가 Oakridge Cleaning을 설립했으며, 그 당시 '경영하던 호텔에서 사용할 청소 제품(for the cleaning products to be used at the hotel he managed)'과 관련해 아이디어를 얻어 설립했다는 말과 함께 단락 끝부분에 '회사를 딸에게 물려주었다(~ he handed over the business to his daughter)'고 되어 있다. 따라서 Kirchner 씨의 아버지인 회사 창업주가 호텔을 경영한 경험이 있음을 알 수 있으므로 (B)가 정답이다.

어휘 pass A on to B A를 B로 전하다

정답 (B)

---

166 How will the Evansville site differ from the Oakridge site?

(A) It will be open every day of the week.
(B) It will offer a wider selection of goods.
(C) It will provide cleaning demonstrations.
(D) It will have a delivery option.

Evansville 지점은 Oakridge 지점과 어떻게 다를 것인가?

(A) 일주일 내내 문을 열 것이다.
(B) 더 많은 종류의 제품을 제공할 것이다.
(C) 청소 시연회를 제공할 것이다.
(D) 제품 배송 방법을 선택할 수 있을 것이다.

세부사항 | How

Evansville 지점에 관해 설명하는 세 번째 단락에서, '모든 종류의 표면과 직물을 세척하는 최상의 방법을 가르쳐 주는 주간 제품 시연회를 개최할 전용 매장이 될 것(It will also be the exclusive site of weekly product demonstrations ~)'이라고 설명하고 있다. 즉, 청소와 관련된 시연회를 매주 연다는 뜻이므로 (C)가 정답이다.

어휘 demonstration 시연(회)

정답 (C)

---

167 Why should customers e-mail the address provided on the Web page?

(A) To request some complimentary samples
(B) To sign up for a rewards program
(C) To share feedback about the products
(D) To stay informed about company news

고객들은 왜 웹 페이지에 제공된 주소로 이메일을 보내야 하는가?

(A) 무료 샘플을 요청하기 위해
(B) 보상 프로그램을 신청하기 위해
(C) 제품에 관한 의견을 공유하기 위해
(D) 회사의 소식을 접하기 위해

세부사항 | Why

마지막 단락에서 'Oakridge Cleaning에서 진행되고 있는 모든 일과 관련된 최신 소식을 접하길 원하면(To keep up-to-date about everything going on at Oakridge Cleaning)' 이메일을 보내라고 쓰여 있다. 따라서 (D)가 정답임을 알 수 있다.

어휘 complimentary 무료의   rewards 보상, 사례   stay informed 정보를 알다

정답 (D)

Questions 168-171 refer to the following letter.

Adam Sanderson
428 Ridgewood Drive
Aberdeen, SD 57401

Dear Mr. Sanderson,

168 Under your extended warranty for your Dargo 4-door sedan, serial number 683495-97, you are eligible for a complimentary inspection every six months. — [1] —. Tyson Garage offers this inspection, called the Basic Preventative Maintenance Package (BPMP), to all owners of Dargo brand vehicles. The package includes 169-B testing the on-board electric circuits, 169-D making sure the air conditioner is in good operation, monitoring brake function, and more. — [2] —. 169-A We also vacuum and polish the inner surfaces of your car for your comfort. The BPMP is a way to make sure that all of your vehicle components are running smoothly, and 171 it gives us a chance to look for possible repairs that may be needed. — [3] —.

You may claim your package between June 8 and 20. 170 These sessions are by appointment only. Please contact us at 555-5950 to set one up. — [4] —. If you are unable to bring in your vehicle within the timeframe mentioned, we may be able to issue you a voucher for a later date, but this is at the discretion of the manager.

Sincerely,

The Tyson Garage Team

168. What is the purpose of the letter?

(A) To provide an urgent safety warning
(B) To introduce a customer loyalty program
(C) To notify a customer of a free service
(D) To update some warranty information

169 What is NOT mentioned as part of the BPMP?
(A) Cleaning a vehicle's interior
(B) Checking electronic components
(C) Replacing worn brakes
(D) Testing a cooling system

BPMP의 일환으로 언급된 사항이 아닌 것은 무엇인가?
(A) 차량 내부를 청소하는 일
(B) 전자 부품을 확인하는 일
(C) 닳은 브레이크를 교체하는 일
(D) 냉방 장치를 테스트하는 일

> **진위확인 | NOT true**
>
> BPMP의 상세 서비스는 첫 단락에 설명되어 있다. (A)에서 말하는 차량 내부 청소는 'We also vacuum and polish the inner surfaces of your car' 부분에, (B)에서 언급하는 전자 부품 확인은 'testing the on-board electric circuits' 부분에 단서가 제시되어 있다. 또한 냉방 시스템 테스트를 의미하는 (D)에 대한 단서는 'making sure the air conditioner is in good operation'에 나타나 있다. 하지만 브레이크와 관련해 그 기능을 점검한다고만 되어 있을 뿐 교체에 대한 언급은 없으므로 (C)가 정답이다.
>
> **어휘** component 부품　cooling system 냉각 장치
>
> 정답 (C)

170 What is Mr. Sanderson asked to do?
(A) Upgrade to a newer package
(B) Make an appointment by phone
(C) Check a voucher's expiration date
(D) Confirm a serial number

Sanderson 씨는 무엇을 하도록 요청받는가?
(A) 더 새로운 패키지로 업그레이드하기
(B) 전화로 예약하기
(C) 상품권의 만료일을 확인하기
(D) 일련 번호를 확인하기

> **세부사항 | What**
>
> 마지막 단락에서 '점검 패키지 서비스는 예약에 의해서만 가능하고 전화를 걸어 예약하라고(These sessions are by appointment only. Please contact us at 555-5950 to set one up)'고 요청하고 있다. 따라서 (B)가 정답이다.
>
> **어휘** expiration date 유효 기간　confirm ~을 확인하다　serial number 일련 번호
>
> 정답 (B)

171 In which of the positions marked [1], [2], [3], and [4] does the following sentence best belong?

"If any are identified, we will inform you before moving forward."

(A) [1]
(B) [2]
(C) [3]
(D) [4]

[1], [2], [3], [4]로 표기된 위치들 중에서 다음 문장이 가장 잘 어울리는 곳은 어디인가?

"어떤 것이라도 발견될 경우, 작업을 더 진행하기 전에 귀하께 알려 드리겠습니다."

(A) [1]
(B) [2]
(C) [3]
(D) [4]

> **주어진 문장 넣기 | 문장의 내용 단서**
>
> 제시된 문장이 '하나라도 발견될 경우(If any are identified)'라는 조건으로 시작되고 있으므로 발견 대상에 해당하는 것을 언급한 문장 다음에 와야 한다는 것을 알 수 있다. 따라서 '수리 작업이 필요할 수 있는 부분(possible repairs)을 찾을 수도 있다'라고 한 문장 다음에 오는 것이 자연스러우므로 (C)가 정답이다.
>
> **어휘** identify ~을 확인하다, 발견하다　inform ~에게 알리다
>
> 정답 (C)

Questions 172-175 refer to the following online chat discussion. 172-175는 다음 온라인 채팅을 참조하시오.

Madison Lynch [1:11 P.M.]
Hey, Evan. Sorry to bother you. 172 Would you help me with a technical question about the database?

Evan Norris [1:13 P.M.]
If I can. I don't think I know any more about it than you do, though.

Madison Lynch [1:14 P.M.]
I just tried to log on, and I got an error message. I'm trying to access some information for 173 Kent Feldman of HF Enterprises. I need to prepare a marketing strategy for 173 their new soda line, and I wanted to review some government regulations.

Evan Norris [1:16 P.M.]
Didn't you hear? The system has been upgraded. You need to use the new password you were assigned at 174 yesterday's staff meeting.

Madison Lynch [1:17 P.M.]
174 I wasn't there.

Evan Norris [1:18 P.M.]
175 Talk to Ben in the IT department. He can assign you a password. I had the same problem this morning.

Madison Lynch [1:19 P.M.]
I'll do that. Thanks!

Madison Lynch [오후 1:11]
저기, Evan. 방해해서 죄송해요. 172 데이터베이스와 관련된 기술적인 문제에 대해 저 좀 도와주시겠어요?

Evan Norris [오후 1:13]
제가 할 수 있는 일이면요. 하지만 그와 관련해서 당신보다 더 많이 알고 있을 것 같지 않은데요.

Madison Lynch [오후 1:14]
저는 그저 접속하려고 했을 뿐인데, 에러 메시지가 떴어요. 173 HF Enterprises의 Kent Feldman 씨에게 필요한 정보에 접속하려고 하는 중이에요. 173 그들의 새로운 탄산음료 제품 라인에 필요한 마케팅 전략을 준비해야 해서, 정부의 몇몇 규정들을 살펴보고 싶었거든요.

Evan Norris [오후 1:16]
얘기 못 들으셨어요? 그 시스템이 업그레이드되었어요. 174 어제 있었던 직원회의에서 배정받은 새로운 비밀번호를 입력하셔야 해요.

Madison Lynch [오후 1:17]
174 저는 그 자리에 없었어요.

Evan Norris [오후 1:18]
175 IT 부서에 있는 Ben에게 얘기해 보세요. 그분이 비밀번호를 배정해 드릴 거예요. 저도 오늘 아침에 같은 문제를 겪었어요.

Madison Lynch [오후 1:19]
그렇게 할게요. 감사합니다!

어휘 bother ~을 방해하다, 귀찮게 하다   help A with B B에 대해 A를 돕다, A가 B하는 것을 돕다   technical 기술적인   though (문장 중간이나 끝에서) 하지만, 그러나   try to do ~하려 하다   log on 로그인하다, 접속하다   access ~에 접근하다, ~을 이용하다   prepare ~을 준비하다   strategy 전략   line 제품 라인   review ~을 확인하다, 검토하다   regulation 규정, 규제   assign (A B) (A에게 B를) 배정하다, 할당하다

172 At 1:13 P.M., what does Mr. Norris most likely mean when he writes, "If I can"?

(A) He hopes to meet Ms. Lynch later.
(B) He is unsure about his schedule.
(C) He will try to give assistance.
(D) He will report a technical problem.

오후 1시 13분에, Norris 씨가 "If I can"이라고 썼을 때 의미하는 것은 무엇인가?

(A) 나중에 Lynch 씨를 만나기를 바란다.
(B) 자신의 일정에 대해 확신이 없다.
(C) 도움을 주려 할 것이다.
(D) 기술적인 문제점을 보고할 것이다.

의도파악

'If I can'은 '할 수 있다면'이라는 의미로 조건에 해당된다. 이는 바로 앞서 Lynch 씨가 '데이터베이스와 관련된 기술적인 문제에 대해 도와 달라(Would you help me with a technical question about the database)'고 요청한 것에 대한 답변으로 자신이 할 수 있는 일이라면 돕겠다는 의미를 나타낸다. 따라서 (C)가 정답이다.

어휘 be unsure about ~에 대해 확신이 없다   assistance 도움

정답 (C)

173 Where does Mr. Feldman most likely work?

(A) At a beverage manufacturer
(B) At a research institute
(C) At a marketing firm
(D) At a government office

Feldman 씨는 어디에서 근무할 것 같은가?

(A) 음료 제조사에서
(B) 연구 기관에서
(C) 마케팅 회사에서
(D) 정부의 부처에서

> 추론 | 세부사항
>
> Feldman 씨의 이름은 1시 14분에 Lynch 씨가 작성한 메시지에서 찾아볼 수 있다. 이 메시지에서 'HF Enterprises의 Kent Feldman 씨'라는 말과 함께 '이 회사의 새로운 탄산음료 제품 라인(their new soda line)'이 언급된 것으로 볼 때 음료수를 만드는 회사임을 알 수 있으므로 (A)가 정답이다.
>
> 어휘 beverage 음료
>
> 정답 (A)

174 What is indicated about Ms. Lynch?

(A) She is a new employee.
(B) She was absent from a meeting.
(C) She added files to a database.
(D) She upgraded her computer.

Lynch 씨에 관해 알 수 있는 것은 무엇인가?

(A) 신입 직원이다.
(B) 회의에 참석하지 않았다.
(C) 데이터베이스에 파일을 추가했다.
(D) 자신의 컴퓨터를 업그레이드했다.

> 진위확인 | True
>
> Norris 씨가 1시 16분에 언급한 메시지에서 어제 직원회의가 있었다고 했고 바로 이어진 Lynch 씨의 메시지에서 자신이 '그 자리에 없었다(I wasn't there)'고 말한 것을 통해 직원회의에 참석하지 않았음을 알 수 있다. 따라서 (B)가 정답이다.
>
> 어휘 absent from ~에 결석한, 결근한   add ~을 더하다, 추가하다
>
> 정답 (B)

175 What did Mr. Norris do in the morning?

(A) Contacted a client
(B) Assigned Ms. Lynch a password
(C) Spoke to an IT worker
(D) Got his computer repaired

Norris 씨는 오전에 무엇을 했는가?

(A) 고객에게 연락했다.
(B) Lynch 씨에게 비밀번호를 배정해 주었다.
(C) IT 부서의 직원과 이야기했다.
(D) 자신의 컴퓨터를 맡겨서 수리했다.

> 세부사항 | What
>
> 질문에 제시된 '아침'이라는 시점은 Norris 씨가 1시 18분에 남긴 메시지에 제시되어 있다. 여기서 'IT 부서에 있는 Ben에게 얘기해 보라'는 말과 함께 '그가 비밀번호를 배정해 줄 것이며, 자신도 오늘 아침에 같은 문제를 겪었다(He can assign you a password. I had the same problem this morning)'고 말한다. 즉, 오늘 아침에 같은 문제를 해결하기 위해 IT 부서의 Ben 씨와 이야기를 했음을 알 수 있으므로 (C)가 정답이다.
>
> 정답 (C)

Questions 176-180 refer to the following advertisement and e-mail.

Ride the Rails Drawing Contest: Your Ticket to Adventure

For a one-of-a-kind experience, see the beautiful scenery of the Pacific Northwest from the window of a train! The Northwest Folk Festival is partnering with Seattle Train Tours to 176-B offer you a chance to win a free train ride for you and two guests.

176-A, 178 Buy anything at the Northwest Folk Festival, taking place throughout the month of August, and you will be issued a six-digit code for the prize drawing. Input the code on our Web site, www.northwestff.org/contest, to enter. You must be at least 18 years old to participate. 176-C One entry per person. 177 The drawing will be held the morning after the submission period ends, and the winner will be contacted that same day. Check out the fabulous prizes below!

Prize	Submission Date
Mount Rainier Railroad Tour	August 1–7
177 Cascade Railroad Tour	August 8–14
Coastal Railroad Tour	August 15–21
Heritage Park Railroad Tour	August 22–28

Whether you're a visitor or a resident of the Seattle area, we hope you'll make the most of your summer by visiting the Northwest Folk Festival and participating in this contest. Good luck!

To: Lillian Brewer <brewer.l@star-inbox.net>
From: Curtis Flynn <curtis@northwestff.org>
177 Date: August 15
Subject: You're a Ride the Rails Winner!

Dear Ms. Brewer,

Congratulations! 178 I'm pleased to inform you that you are this week's winner in the Ride the Rails drawing contest. Attached you will find a schedule of the upcoming tours that are offered. 179 Please e-mail me back with your first and second choices for the days you would like to take the tour, and I will do my best to accommodate you. I recommend doing this as soon as possible, as the tours are popular and they tend to sell out in a short time. Your tickets will arrive by mail on approximately August 27 at the address provided on your entry form. Tours vary slightly in time, lasting up to six hours. The company also regularly conducts surveys to find out how it can further improve its services, so you may be asked to complete a form at the end of your trip. If you have any questions, please let me know.

Sincerely,

Curtis Flynn

또한 회사의 서비스를 한층 더 개선할 수 있는 방법을 알아보기 위해 주기적으로 설문 조사를 실시하고 있으므로, 투어가 끝나는 시점에 조사 양식을 작성하도록 요청받으실 수 있습니다. 문의 사항이 있으실 경우, 제게 알려 주시기 바랍니다.

안녕히 계십시오.

Curtis Flynn

어휘 inform A that A에게 ~라고 알리다 winner 당첨자 Attached you will find A 첨부한 것을 보면 A를 확인할 수 있다 upcoming 다가오는 do one's best 최선을 다하다 accommodate ~을 수용하다 recommend -ing ~하도록 권하다 as soon as possible 가능한 한 빨리 tend to do ~하는 경향이 있다 sell out 매진되다, 품절되다 arrive 도착하다 by mail 우편으로 approximately 약, 대략 form 양식 vary in ~가 다르다, 차이가 나다 slightly 약간 last 지속되다 up to 최대 ~까지 regularly 주기적으로 conduct ~을 실시하다 survey 설문 조사 find out ~을 알아내다, 확인하다 further 한층 더 improve ~을 개선하다 be asked to do ~하도록 요청받다 complete ~을 작성 완료하다

176 What is NOT mentioned about the Ride the Rails drawing contest?

(A) A purchase is required to enter.
(B) Each prize is valid for three people.
(C) Participants may only enter one time.
(D) It is held in the area every year.

Ride the Rails 추첨 콘테스트에 관해 언급되지 않은 것은 무엇인가?

(A) 참여하기 위해서는 물품 구입이 필수이다.
(B) 각 상품은 세 명에게 유효하다.
(C) 참여자들은 단 한 번 응모할 수 있다.
(D) 지역 내에서 해마다 열린다.

진위확인 | NOT true

첫 지문의 두 번째 단락 시작 부분에 'Northwest Folk Festival에서 어떤 물품이든 구매하면 경품 추첨 행사 참여 코드를 제공한다(Buy anything at the Northwest Folk Festival ~ will be issued a six-digit code for the prize drawing)'고 했으므로 (A)는 맞는 내용이다. 또한 첫 단락에서 '동반 2인을 포함한 무료 기차 여행 티켓(a free train ride for you and two guests)'이라고 했으므로 (B)도 맞는 내용이다. 그리고 두 번째 단락의 중간에 '1인당 1회로 응모가 제한된다(One entry per person)'고 했으므로 (C)도 맞는 내용이다. 하지만 행사 개최 주기와 관련된 정보는 제시되어 있지 않으므로 (D)가 정답이다.

어휘 valid 유효한 participant 참가자

정답 (D)

177 Which prize did Ms. Brewer most likely win?

(A) The Mount Rainier Railroad Tour
(B) The Cascade Railroad Tour
(C) The Coastal Railroad Tour
(D) The Heritage Park Railroad Tour

Brewer 씨는 어느 상품에 당첨됐을 것 같은가?

(A) Mount Rainier 기차 투어
(B) Cascade 기차 투어
(C) 해변 기차 투어
(D) Heritage Park 기차 투어

연계문제 | 추론

당첨자 추첨과 관련해, 첫 지문의 두 번째 단락에서 '추첨은 코드 입력 기간이 끝난 다음 날 아침에 진행되며, 당첨자에게는 추첨 당일에 연락해 준다(The drawing will be held the morning after the submission ~ the winner will be contacted that same day)'고 되어 있다. Brewer 씨에게 보내는 이메일인 두 번째 지문의 발신 날짜가 8월 15일로 되어 있으므로 첫 지문의 도표에서 바로 전날에 해당되는 8월 14일이 코드 입력 마감 날짜로 제시되어 있는 (B)가 정답이다.

정답 (B)

178 What is suggested about Ms. Brewer?

(A) She attended the Northwest Folk Festival.
(B) She had trouble downloading a schedule.
(C) She wants to change the tour time.
(D) She requested her tickets by e-mail.

Brewer 씨에 관해 알 수 있는 것은 무엇인가?

(A) Northwest Folk Festival에 참석했다.
(B) 일정표를 다운로드하는 데 어려움을 겪었다.
(C) 투어 시간을 변경하고 싶어 한다.
(D) 티켓을 이메일로 받도록 요청했다.

| 연계문제 | 추론 |

Brewer 씨에게 보내는 이메일의 시작 부분에 '이번 주 Ride the Rails 추첨 콘테스트의 당첨자(you are this week's winner in the Ride the Rails drawing contest)'라고 알리는 내용이 있다. 이 콘테스트에 대한 참여 조건이 제시된 첫 지문의 두 번째 단락 시작 부분에 'Northwest Folk Festival에서 어떤 물품이든 구매하면 경품 추첨 행사 참여 코드를 제공한다(Buy anything at the Northwest Folk Festival ~ will be issued a six-digit code for the prize drawing)'고 했으므로 (A)가 정답임을 알 수 있다.

어휘 have trouble -ing ~하는 데 어려움을 겪다

정답 (A)

179 What is Ms. Brewer asked to provide?

(A) Her mailing address
(B) Proof of her identity
(C) Her date preferences
(D) A valid receipt

Brewer 씨는 무엇을 제공하도록 요청받는가?

(A) 우편 주소
(B) 신분증
(C) 선호하는 날짜
(D) 유효한 영수증

| 세부사항 | What |

두 번째 지문의 중간 부분에 '여행을 떠나기 원하는 두 가지 날짜를 알려 달라(Please e-mail me back with your first and second choices for the days you would like to take the tour)'고 요청하는 내용이 있으므로 (C)가 정답이다.

어휘 identity 신원, 신분 preference 선호(하는 것) valid 유효한

정답 (C)

180 In the e-mail, the word "conducts" in paragraph 1, line 7, is closest in meaning to

(A) accomplishes
(B) administers
(C) guides
(D) behaves

이메일에서, 첫 번째 단락, 일곱 번째 줄의 단어 "conducts"와 의미가 가장 가까운 것은 무엇인가?

(A) ~을 완수하다
(B) ~을 시행하다
(C) ~을 안내하다
(D) 행동하다

| 동의어 | 동사 |

해당 문장에서 conducts 바로 뒤에 목적어로 쓰인 surveys는 '설문 조사'를 뜻한다. 즉, '설문 조사를 실시하다'라는 의미를 나타내기 위해 conducts가 쓰인 것이므로 '~을 시행하다'라는 뜻으로 사용되는 (B)가 정답이다.

정답 (B)

Questions 181-185 refer to the following e-mail and survey.

To: Albert Chapman <alchapman@grantviewmail.com>
From: BB-Card <info@bb-card.com>
Date: May 23
Subject: A Message from BB-Card

Dear Mr. Chapman,

On behalf of BB-Card, I would like to thank you for using our services. 182 Our records indicate that you recently redeemed your rewards points for the first time. In order to help us monitor customer experience, 181 we ask that you fill out the attached form. It is a questionnaire on which you can share your feedback freely. The form can be returned via e-mail to this address.

To show our appreciation for your time, 184 you will receive a free BB-Card leather-bound day planner if the form is completed and returned on or before June 15. Customers who submit forms after that date will receive a BB-Card pen set. We hope you enjoy the free gift.

Sincerely,

Kevin Salas
Head of Customer Services, BB-Card

Thank you for completing this survey from BB-Card!

Name: Albert Chapman   184 Survey completion date: June 29

1. Why did you sign up for the BB-Card? It was recommended to me by a friend.
2. How often do you usually use your BB-Card, and where do you use it? I use it almost daily, mainly for regular purchases such as at gas stations and supermarkets.
3. How would you rate your experience of redeeming your rewards points?
[✔] Excellent   [ ] Good   [ ] Okay   [ ] Poor

Comments: I liked that there was a wide variety of items available for me to purchase with my BB-Card points. At first, I had trouble figuring out how to access my account to check my point balance, but once I read the online user guide everything became clear.

185 After placing the order, I was surprised that I received my goods within just a few days. I will keep shopping with this card so I can earn more points.

것이 명확해졌습니다. **185** 주문을 한 후에, 불과 며칠 만에 제 주문품을 받게 되어서 놀랐습니다. 더 많은 포인트를 받을 수 있도록 이 카드를 이용해 계속 쇼핑할 생각입니다.

어휘 completion 작성 완료   sign up for ~에 가입하다, ~을 신청하다   recommend ~을 추천하다   usually 보통, 일반적으로   daily 매일   mainly 주로   regular 주기적인, 정규의   purchase 구입(품)   such as ~와 같은   rate ~을 평가하다, 등급을 매기다   a wide variety of 아주 다양한   available 이용 가능한   at first 처음에는   have trouble -ing ~하는 데 어려움을 겪다   figure out ~을 알아내다   how to do ~하는 법   access ~을 이용하다, ~에 접속하다   account 계정, 계좌   balance 남아 있는 것, 잔금   once 일단 ~하자마자   place an order 주문하다   be surprised that ~라는 점에 놀라다   goods 상품   within ~ 이내에   keep -ing 계속 ~하다   earn ~을 얻다

181 What is the purpose of the e-mail?

(A) To thank a customer for upgrading a service
(B) To gather opinions from a customer
(C) To remind a customer to make a payment
(D) To request information for an order form

이메일의 목적은 무엇인가?

(A) 서비스를 업그레이드한 고객에게 감사하기
(B) 고객에게 의견 얻기
(C) 고객에게 비용을 지불하도록 상기시키기
(D) 주문 양식에 필요한 정보 요청하기

┤ 주제/목적 │ 목적 ├

이메일의 첫 단락에 '고객들의 구매 경험을 관찰하는 데 도움을 얻기 위해 첨부한 양식을 작성할 것(~ we ask that you fill out the attached form)'을 요청하는 부분이 있다. 이 말과 함께 '설문 조사 양식임을 밝히면서 자유롭게 의견을 공유할 수 있다(a questionnaire on which you can share your feedback freely)'고 했으므로 고객들로부터 의견을 얻는 것이 목적임을 알 수 있다. 따라서 (B)가 정답이다.

어휘 gather ~을 모으다   opinion 의견   remind ~을 상기시키다

정답 (B)

182 What is true about BB-Card?

(A) It offers a rewards program.
(B) It has a low interest rate.
(C) It can be used internationally.
(D) It gives a gift to first-time customers.

BB-Card에 관해 사실인 것은 무엇인가?

(A) 보상 프로그램을 제공한다.
(B) 저금리 혜택을 제공한다.
(C) 해외에서 사용할 수 있다.
(D) 처음 이용하는 고객에게 선물을 준다.

┤ 진위확인 │ True ├

BB-Card에서 보내는 이메일인 첫 지문의 시작 부분에 '귀하께서 최근에 처음으로 보상 포인트를 상품으로 교환하셨습니다(you recently redeemed your rewards points for the first time)'라고 언급하는 부분이 있다. 이를 통해 보상 프로그램을 운영한다는 사실을 확인할 수 있으므로 (A)가 정답이다.

어휘 interest rate 금리, 이율

정답 (A)

183 In the e-mail, the word "monitor" in paragraph 1, line 2, is closest in meaning to

(A) supervise
(B) retain
(C) detect
(D) observe

이메일에서, 첫 번째 단락, 두 번째 줄의 단어 "monitor"와 의미가 가장 가까운 것은 무엇인가?

(A) ~을 감독하다
(B) ~을 유지하다
(C) ~을 감지하다
(D) ~을 지켜보다

┤ 동의어 │ 동사 ├

해당 문장에서 동사 monitor의 목적어로 '고객 경험'을 뜻하는 customer experience가 있고, 바로 뒤에 첨부한 양식을 작성해 달라고 요청하는 말이 나온다. 즉, 고객들의 이용 경험을 파악하거나 관찰한다는 뜻으로 monitor가 쓰였다는 것을 알 수 있으므로 이와 가장 유사한 의미인 '~을 지켜보다'라는 의미를 지니는 (D) observe가 정답이다.

정답 (D)

184 What will probably be sent to Mr. Chapman from BB-Card?

(A) A voucher for gas
(B) A set of writing utensils
(C) A supermarket sample
(D) A leather day planner

BB-Card로부터 Chapman 씨에게 보내질 것은 무엇인가?

(A) 주유 상품권
(B) 필기구 세트
(C) 슈퍼마켓 샘플 제품
(D) 가죽 데이 플래너

┤ 연계문제 | 추론 ├

뭔가를 보내는 것과 관련된 정보는 첫 지문의 두 번째 단락에서 우선적으로 찾을 수 있다. 6월 15일이라는 날짜를 기준으로, 그 이전에 양식을 제출하는 고객은 '가죽으로 제본한 무료 BB-Card 데이 플래너(BB-Card leather-bound day planner)'를, 이후에 제출하는 고객은 'BB-Card 펜 세트(BB-Card pen set)'를 받는다고 쓰여 있다. 두 번째 지문의 상단에 양식 작성 날짜가 '6월 29일'로 되어 있으므로 Chapman 씨가 받게 될 것은 펜 세트이다. 따라서 (B)가 정답이다.

어휘 voucher 상품권, 할인권 utensil 도구, 기구

정답 (B)

185 What does Mr. Chapman indicate about BB-Card?

(A) Its online user guide was confusing.
(B) Its items were dispatched quickly.
(C) Its policy changes are fair.
(D) Its Web site access was temporarily unavailable.

Chapman 씨가 BB-Card에 관해 말한 것은 무엇인가?

(A) 온라인 사용자 가이드의 내용이 헷갈린다.
(B) 물품이 신속히 배송되었다.
(C) 정책의 변화가 타당하다.
(D) 웹사이트 접속이 일시적으로 불가능했다.

┤ 진위확인 | True ├

Chapman 씨의 의견이 제시된 두 번째 지문의 하단에, '주문을 한 후에, 불과 며칠 만에 주문품을 받게 되어서 놀랐다(I was surprised that I received my goods within just a few days)'고 알리는 내용이 있으므로 (B)가 정답임을 알 수 있다.

어휘 dispatch ~을 보내다 temporarily 일시적으로, 임시로

정답 (B)

Questions 186-190 refer to the following advertisement, form, and e-mail. 186-190은 다음 광고와 양식, 그리고 이메일을 참조하시오.

Glitz Cleaning
Leave your cleaning to us!

At Glitz Cleaning, we understand that cleaning chores are difficult to fit into your busy lifestyle. That's why we offer one-time and weekly cleaning services. We are committed to creating a fresh and welcoming environment in your home, and our team of professionals can handle jobs of any size.

We send a team of three cleaners, and our rates are calculated in blocks as follows: $80/1 hour, $150/2 hours, 188 $215/3 hours, $280/4 hours. Work exceeding 4 hours should be negotiated ahead of time.

Our staff will bring all of the cleaning supplies and appliances with them, so you don't need to prepare anything. If you have tasks that require special attention, please let us know at the time of booking an appointment. Contact us today at www.glitzcl.com.

---

http://www.glitzcl.com/booking
Glitz Cleaning / Work Request

Date of Request: October 14   Request #: 9820
Customer: Vivian Pharr
Address: 592 Brook Road, Fredericksburg, VA 22401
Contact: [ ] Phone _____ / [✔] E-mail vpharr@espinozainc.com
Have you used Glitz Cleaning before? [ ] Yes [✔] No
Size of the property to be cleaned: Five-bedroom house, all rooms

Preferred Date of Service: Preferred Time of Day:
October 20   Morning
Type of Service: [✔] One-time [ ] Weekly 188 Number of hours: 2

Customer Notes: 187 The cleaners will need a tall ladder to dust the light fixtures attached to the ceiling. This will have to be provided, as I don't have one.
Special Instructions: 190 In the living room, I have an old armchair that I would like taken away, so I'm wondering if you can handle that. Please let me know.

어휘 request 요청(서)　property 건물, 부동산　preferred 선호되는, 우선시되는　note 메모　ladder 사다리　dust ~의 먼지를 털다　light fixture 조명기기　attach A to B A를 B에 부착하다, 붙이다　ceiling 천장　instructions 지시, 안내　armchair 안락의자　would like A p.p. A가 ~되도록 하다　take A away A를 치우다　wonder if ~인지 궁금하다

To: Vivian Pharr <vpharr@espinozainc.com>
From: Glitz Cleaning <appointments@glitzcl.com>
Date: October 14
Subject: Cleaning Request

Dear Ms. Pharr,

I would like to confirm your cleaning appointment for October 20 at 10 A.M. Due to the size of your property, **188 we've booked you for one hour more than you requested.** It seems this will be necessary due to the size of the property, especially since it's our first visit. Three employees will be sent to your home, and they can be identified by their green Glitz Cleaning name tags. Please remember that our employees cannot accept cash payments from customers. **189 Therefore, you should arrange payment by bank transfer at least twenty-four hours before the appointment.** I have attached the invoice and the instructions for making the transfer. You will be issued a receipt by e-mail. You may keep this for your records, but it is not necessary to present it to the employees.

190 Regarding the request you made in the Special Instructions section of our request form, I'm happy to say that we can accommodate you. And because you are a new customer, we will perform this service free of charge.

If you have any questions, please do not hesitate to contact me at this e-mail address or by phone at 555-2907.

Sincerely,

Alan Jordan
Glitz Cleaning Customer Service Representative

수신: Vivian Pharr <vpharr@espinozainc.com>
발신: Glitz Cleaning <appointments@glitzcl.com>
날짜: 10월 14일
제목: 청소 작업 요청

Pharr 씨께,

귀하의 청소 작업이 10월 20일 오전 10시로 예약되었음을 확인해 드리고자 합니다. 귀하의 건물 크기로 인해, 188 요청하신 작업 시간보다 1시간 더 예약해 드렸습니다. 건물의 크기 때문에 이렇게 하는 것이 필요할 것으로 보이는데, 특히 저희가 처음 방문하기 때문입니다. 귀하의 주택으로 세 명의 직원들이 보내질 것이며, 녹색으로 된 Glitz Cleaning 명찰을 통해 신분을 확인하실 수 있습니다. 저희 직원들은 고객들로부터 현금으로 지불되는 금액을 수납하지 않는다는 점을 기억해 주시기 바랍니다. 189 따라서, 최소한 예약 시간보다 24시간 전에 은행 계좌 이체로 지불하도록 준비해 주셔야 합니다. 제가 거래 내역서 및 계좌 이체를 위한 안내 사항들을 첨부해 드렸습니다. 귀하께서는 이메일로 영수증을 받게 되실 것입니다. 기록을 위해 이를 보관해 두셔도 되지만 저희 직원들에게 보여 주실 필요는 없습니다.

190 저희 작업 요청서의 특별 지시 사항 항목에 기재해 주신 요청 사항과 관련해, 해당 내용을 수용해 드릴 수 있다는 점을 말씀 드리게 되어 기쁩니다. 그리고 귀하께서는 신규 고객이시므로 이 서비스는 무료로 진행해 드리겠습니다.

질문이 있으시면 주저하지 마시고 이 이메일 주소로 연락하시거나 555-2907로 전화하시기 바랍니다.

안녕히 계십시오.

Alan Jordan
Glitz Cleaning 고객 서비스 담당

어휘 confirm ~을 확인하다　due to ~로 인해　necessary 필요한, 필수의　especially 특히　be identified by ~에 의해 신원이 확인되다　name tag 명찰, 이름표　remember that ~임을 기억하다　accept ~을 받아들이다　payment 지불 (비용)　therefore 그러므로　arrange ~을 준비하다, 마련하다　bank transfer 은행 계좌 이체　at least 최소한　attach ~을 첨부하다　invoice 거래 내역서　issue A B A에게 B를 발급해 주다　receipt 영수증　present ~을 제시하다　regarding ~와 관련해　accommodate ~의 요청을 수용하다　perform ~을 수행하다　free of charge 무료로　do not hesitate to do 주저하지 말고 ~하세요

186 In the advertisement, the word "committed" in paragraph 1, line 2, is closest in meaning to

(A) limited
(B) contributed
(C) accustomed
(D) dedicated

광고에서, 첫 번째 단락, 두 번째 줄의 단어 "committed"와 의미가 가장 가까운 것은 무엇인가?

(A) 제한된
(B) 기부된
(C) 익숙한
(D) 전념하는

동의어 | 형용사

committed가 포함된 문장을 보면 to 이하 부분에 해당 업체가 목표로 삼는 것에 대한 정보가 제시되어 있다. 즉, 그 목표를 위해 이 업체가 최선을 다한다는 의미이므로 각 보기의 단어들 중에서 '전념하는'이라는 의미로 쓰이는 (D) dedicated가 정답임을 알 수 있다.

정답 (D)

---

187 What does Ms. Pharr indicate about her home?

(A) It has some broken lights.
(B) It is more than one story tall.
(C) It has high ceilings.
(D) It was renovated recently.

Pharr 씨가 자신의 주택에 관해 말한 것은 무엇인가?

(A) 망가진 조명들이 있다.
(B) 1개가 넘는 층으로 되어 있다.
(C) 천장이 높다.
(D) 최근에 개조되었다.

진위확인 | True

Pharr 씨가 작성한 작업 요청서인 두 번째 지문을 보면 하단의 '고객 메모(Customer Notes)'에서 천장을 청소하기 위해 '사다리가 필요하다(The cleaners will need a tall ladder)'고 밝히고 있는데, 이는 천장이 높다는 것을 의미하므로 (C)가 정답이다.

어휘 story 층, 이야기 ceiling 천장 renovate ~을 보수하다, 개조하다

정답 (C)

---

188 How much will Ms. Pharr's bill most likely be?

(A) $80
(B) $150
(C) $215
(D) $280

Pharr 씨의 청구 비용은 얼마일 것 같은가?

(A) 80달러
(B) 150달러
(C) 215달러
(D) 280달러

연계문제 | 추론

우선, 첫 지문의 두 번째 단락에서 비용이 시간 단위로 제시되어 있으므로 작업 시간 정보를 다른 지문에서 찾아야 한다. 두 번째 지문 중간에 '작업 시간이 2시간(Number of hours: 2)'으로 표기되어 있지만 세 번째 지문에서 '1시간을 더 예약했다(we've booked you for one hour more than you requested)'고 알리고 있으므로 총 3시간에 해당하는 비용인 (C) 215달러가 정답이다.

정답 (C)

189 What does Mr. Jordan remind Ms. Pharr to do?

(A) Move items out of the way
(B) Make a payment in advance
(C) Confirm an address
(D) Check an account number

Jordan 씨는 Pharr 씨에게 무엇을 하도록 상기시키는가?

(A) 물건들 치워 놓기
(B) 미리 비용 지불하기
(C) 주소 확인하기
(D) 계좌번호 확인하기

> **세부사항 | What**
>
> Jordan 씨가 상기시키는 것을 묻고 있으므로 Jordan 씨가 작성한 이메일인 세 번째 지문에서 단서를 찾아야 한다. 첫 단락의 중간 부분을 보면 '예약 시간보다 24시간 전에 계좌 이체를 통해 비용을 지불하도록(you should arrange payment by bank transfer at least twenty-four hours before the appointment)' 요청하고 있으므로 (B)가 정답이다.
>
> **어휘** in advance 미리
>
> 정답 (B)

190 What is suggested about Glitz Cleaning?

(A) It plans to expand its workforce.
(B) It offers furniture removal services.
(C) It advertises its business locally.
(D) It performs outdoor maintenance.

Glitz Cleaning에 관해 알 수 있는 것은 무엇인가?

(A) 직원 규모를 늘릴 계획이다.
(B) 가구를 치우는 서비스를 제공한다.
(C) 지역 내에서 자사의 비즈니스를 광고한다.
(D) 옥외의 유지 관리 서비스를 실시한다.

> **연계문제 | 추론**
>
> Glitz Cleaning의 직원 Jordan 씨가 쓴 이메일인 세 번째 지문을 보면, 하단에 Pharr 씨의 '요청을 수용한다(I'm happy to say that we can accommodate you)'고 알리고 있으며, 두 번째 지문에서 Pharr 씨가 요청한 사항이 '안락의자를 치우는 것(I have an old armchair that I would like taken away)'이므로 이 업체는 가구를 치우는 서비스를 제공함을 알 수 있다. 따라서 (B)가 정답이다.
>
> **어휘** workforce 노동자, 직원　removal 없애기, 제거　outdoor 옥외의, 야외의　maintenance 유지
>
> 정답 (B)

Questions1 91-195 refer to the following notice, e-mail, and review.

NOTICE

The management team is pleased to announce that our hotel will be featured in *Urban Outdoors Magazine*. There will be an article about our private gardens. 191 Photographs of the gardens, along with a group picture of the relevant staff members who help to maintain them, will accompany the article. 192 A photographer will visit our hotel on Tuesday, May 20, for a photo shoot at 2 P.M. If you will be part of the group photo, please wear a professional-style button-up shirt and trousers (no jeans, please) for the picture. 192 You should bring along something to change into after that so you can continue your work. If you have any questions, please talk to Antonia Suhr.

To: Antonia Suhr <antoniasuhr@merrillhotel.net>
191 From: Jessie Weiss <jessie@urbanoutdoorsmag.com>
Date: May 16
Subject: Upcoming photo shoot

Hello Ms. Suhr,

The weather is supposed to be warm and sunny on next week's photo shoot day, so I think the pictures will turn out great. 191 I'll take the group picture first so people can get back to work. That won't take more than ten minutes, and 193 I think the best place would be near the fountain, so please have people meet me there. I'll then go on to photographing the rest of the gardens, and I plan to have everything wrapped up by 4 P.M. I look forward to meeting you in person on Tuesday!

Sincerely,

Jessie Weiss

Merrill Hotel: A Nature Break in the City
by Ralph Cross

For those staying in Hammond City, the Merrill Hotel—with its four acres of gardens surrounding the building—offers a welcome break from the hustle and bustle of the city. At the main entrance on the north side of the hotel, guests are greeted by beautiful rose gardens featuring twelve different varieties of roses. 193 At the rear of the building, to the south side, there is a functioning marble fountain designed by artist Fausta Udinesi. To the west, guests can enjoy an outdoor patio area that is attached to the hotel's on-site restaurant. And to the east, there are six elaborate hedge sculptures.

194 Every year, when Merrill Hotel opens in the spring for the tourist season, visitors and locals flock to the hotel to enjoy the beauty of the site. "When the gardens are in full bloom, it is a feast for the eyes," says regular hotel guest Andrew Deleon. 195 "I love the calming environment in these gardens. It always helps me relax."

The Merrill Hotel accepts bookings on its Web site, www.merrillhotel.net.

바쁘고 부산한 생활에서 벗어나 반가운 휴식을 제공합니다. 호텔의 북쪽에 있는 중앙 출입구에서, 12가지 다양한 종류의 장미들을 특징으로 하는 아름다운 장미 정원이 손님들을 맞이할 것입니다. 193 건물의 뒤편인 남쪽 방면에는 미술가인 Fausta Udinesi 씨가 디자인한 대리석 분수대가 가동되고 있습니다. 서쪽 방면에서는, 손님들이 호텔 구내에 있는 레스토랑으로 이어지는 야외 테라스 구역을 즐길 수 있습니다. 그리고 동쪽 방면에는 6개의 정교한 울타리 조각 작품이 있습니다.

194 매년, Merrill Hotel이 여행 시즌을 맞아 봄에 개장하면, 방문객들과 지역 주민들이 이곳의 아름다움을 즐기기 위해 호텔에 모여듭니다. "정원에 꽃들이 만발하면, 눈을 즐겁게 하는 축제가 됩니다"라고 이 호텔을 주기적으로 찾는 손님인 Andrew Deleon 씨는 말합니다. 195 "저는 이 정원에서 느낄 수 있는 차분한 분위기가 정말 좋아요. 항상 제가 휴식을 취하는 데 도움이 됩니다."

Merrill Hotel은 웹사이트 www.merrillhotel.net을 통해 예약을 받습니다.

어휘 surround ~을 둘러싸다 break 휴식 hustle and bustle 바쁘고 부산함, 혼잡함 be greeted by ~가 맞이하다 feature ~을 특징으로 하다 variety 종류, 종자 at the rear of ~의 뒤편에 function 기능하다, 작동되다 marble 대리석 patio 테라스 be attached to ~에 연결되다 elaborate 정교한 hedge 울타리 sculpture 조각품 local 지역 주민 flock to ~로 모이다 in full bloom 꽃이 만발한 feast 축제 calming 차분하게 하는 environment 환경, 분위기 help A do A가 ~하는 것을 돕다 relax 휴식을 취하다 accept ~을 받아들이다 booking 예약

191 Who most likely will Mr. Weiss take a photo of?

(A) Housekeepers
(B) Receptionists
(C) Groundskeepers
(D) Hotel guests

Weiss 씨는 누구의 사진을 촬영할 것 같은가?

(A) 객실 청소 직원들
(B) 접수 담당 직원들
(C) 정원 관리 직원들
(D) 호텔 손님들

연계문제 | 추론

Weiss라는 이름은 두 번째 지문의 발신인에서 확인할 수 있으며, 이 지문의 시작 부분에서 '단체 사진을 먼저 찍겠다'라고 언급하고 있다. 또한 첫 번째 지문의 시작 부분에 '정원을 유지 관리하는 데 도움을 주는 관련 직원들의 단체 사진과 정원을 찍은 사진들이 기사와 함께 실린다(Photographs of the gardens, along with a group picture of the relevant staff members who help to maintain them)'고 언급되어 있으므로 정원 등의 시설물을 관리하는 직원들을 뜻하는 (C)가 정답이다.

정답 (C)

192 What are some staff members asked to do on May 20?

(A) Stay out of the garden area
(B) Bring extra clothing to work
(C) Come early for a shift
(D) Wear an employee ID badge

일부 직원들은 5월 20일에 무엇을 하도록 요청받는가?

(A) 정원 구역 밖에 있기
(B) 여분의 옷을 갖고 출근하기
(C) 일찍 교대 근무를 하러 오기
(D) 사원증을 착용하기

세부사항 | What

5월 20일이라는 날짜는 첫 번째 지문의 중간 부분에 사진 촬영 날짜로 제시되어 있다. 같은 지문의 후반부에 '촬영 후에 근무를 계속할 수 있도록 갈아입을 것을 가져오라(You should bring along something to change into after that)'며 당일에 해야 할 일을 언급하는데, 이것을 다른 말로 표현한 (B)가 정답이다.

어휘 stay out of ~을 피하다 extra 추가의, 가외의 shift 교대 근무 (시간)

정답 (B)

193 Where will a group photo be taken?

(A) North of the hotel
(B) East of the hotel
(C) South of the hotel
(D) West of the hotel

어디에서 단체 사진 촬영을 할 것인가?

(A) 호텔의 북쪽 구역
(B) 호텔의 동쪽 구역
(C) 호텔의 남쪽 구역
(D) 호텔의 서쪽 구역

┤ 연계문제 | 세부사항 ├

단체 사진 촬영 장소와 관련해 두 번째 지문의 중간 부분에서 '분수대 근처가 가장 좋은 장소일 것(I think the best place would be near the fountain)'이라고 언급한다. 그런데 세 번째 지문의 첫 단락에서 분수대의 위치와 관련해 '건물의 뒤편인 남쪽 방면에는 대리석 분수대가 가동되고 있다(At the rear of the building, to the south side, there is a functioning marble fountain)'고 언급하고 있으므로 (C)가 정답이다.

정답 (C)

194 What is suggested about the Merrill Hotel?

(A) It is not open year round.
(B) It has more than one branch.
(C) It is the largest hotel in the city.
(D) It hosts an annual flower festival.

Merrill Hotel에 관해 알 수 있는 것은 무엇인가?

(A) 일 년 내내 여는 곳이 아니다.
(B) 한 곳이 넘는 지점이 있다.
(C) 해당 도시에서 가장 큰 호텔이다.
(D) 연례 꽃 축제를 주최한다.

┤ 추론 | 진위확인 ├

Merrill Hotel과 관련된 정보가 제시된 세 번째 지문의 두 번째 단락에서 '매년, Merrill Hotel이 여행 시즌을 맞아 봄에 개장한다(Every year, when Merrill Hotel opens in the spring for the tourist season)'는 내용을 찾아볼 수 있는데, 이는 일 년 중 특정 기간에만 문을 연다는 것을 의미하므로 (A)가 정답이다.

정답 (A)

195 What does Mr. Deleon like about the hotel's gardens?

(A) The natural wildlife
(B) The variety of plants
(C) The comfortable seats
(D) The peaceful surroundings

Deleon 씨는 호텔 정원의 무엇을 마음에 들어 하는가?

(A) 야생 동식물들
(B) 화초들의 종류
(C) 편안한 좌석
(D) 평화로운 주변 환경

┤ 세부사항 | What ├

Deleon 씨는 세 번째 지문의 두 번째 단락에서 호텔 이용객으로 언급되는 인물이다. 여기서 Deleon 씨는 '정원에서 느낄 수 있는 차분한 분위기가 정말 좋다(I love the calming environment in these gardens)'고 말하고 있으므로 이를 바꾸어 표현한 (D)가 정답이다.

어휘 wildlife 야생동물 surroundings 환경

정답 (D)

Questions 196-200 refer to the following information and e-mails.

Autumn Lecture Series at Laurel Community Center

Thursday, September 15 / "Improving Decision-Making" / Granite Room / 7:30 P.M.–9:30 P.M.
Professor JieKuo, who teaches psychology at Bergan University, will explain the principles behind how people make decisions and teach you how to avoid the most common mistakes. 196 There will be a collection for the Laurel Homeless Shelter after the talk. Everyone is encouraged to give generously.

Thursday, September 29 / "The Science of Health" / Slate Room / 7:30 P.M.–9:00 P.M.
Dr. Arthur Cardoso of Russell University will discuss the latest research in the field of health and well-being, including topics such as vaccinations, work-related stress, and the effects of too much screen time. 196 Dr. Cardoso will be collecting donations on behalf of the 8th Avenue Clinic.

198 **Thursday, October 13 / "International Politics" / Granite Room / 7:00 P.M.–9:00 P.M.**
A great way to stay informed! Cynthia Ebert will cover the hottest political issues of our time, with insights you won't hear anywhere else. 196 Participants will have the opportunity to make a financial contribution to the Worldwide Relief Fund.

Thursday, October 27 / "Exploring Classic Literature" / Granite Room / 7:00 P.M.–9:30 P.M.
Professor Isabella Folliero of Charlotte College will examine some of the best-known novels in history, highlighting the aspects that set them apart as masterpieces. 196 Participants may donate to the Laurel Library at the event.

E-mail Britney Maxwell, b.maxwell@laurelccenter.org, for tickets ($6.50 each). 197 Please note that seating in the front row is reserved exclusively for employees of the municipal government.

To: Britney Maxwell <b.maxwell@laurelccenter.org>
From: Hayden Lester <lesterhayden@epic-mail.com>
Date: September 10

Subject: Autumn Lecture Series

Dear Ms. Maxwell,

I'm interested in reserving a ticket for your Autumn Lecture Series. I have already ordered—and received—my ticket for the "Improving Decision-Making" lecture. 197 I'm so pleased that I'll be able to sit in the first row. 198 The ticket I would like to add is "International Politics." Please send me one adult ticket and charge the credit card I provided for my original purchase (Invoice #7592). Thank you!

Hayden Lester

To: Hayden Lester <lesterhayden@epic-mail.com>
From: Britney Maxwell <b.maxwell@laurelccenter.org>
Date: September 11
Subject: RE: Autumn Lecture Series

Dear Mr. Lester,

198 I'm sorry to inform you that we cannot fulfill the request you made yesterday. Unfortunately, that lecture has been canceled and replaced with a talk by Glenda Fesno called "The Social Media Age." Unfortunately, a ticket for the canceled lecture has already been sent to you and your credit card was charged. If you would like to attend the new lecture, we will just exchange your old ticket for a new one. We would hold the ticket for you at the information desk, and you could pick it up on the day of the event. 200 Please e-mail me back to let me know whether you would like to attend the new lecture or receive a refund.

Sincerely,

Britney Maxwell
Ticketing Agent, Laurel Community Center

---

196 What is the same about all of the lectures?

(A) They are all in the same room.
(B) They are all the same duration.
(C) They are all taking donations.
(D) They are all given by professors.

| 세부사항 | What |

첫 번째 지문에서 각 강연의 세부사항 마지막에, 기부금을 내거나 받는 일을 나타내는 표현들(a collection for the Laurel Homeless Shelter, collecting donations, make a financial contribution, donate to the Laurel Library)이 언급된다. 즉, 모든 강연에서 기부금을 모금하므로 (C)가 정답이다.

어휘 duration 지속(기간)   donation 기부(금)

정답 (C)

197 What is suggested about Mr. Lester?

(A) He thinks his first ticket was lost.
(B) He attended last year's event.
(C) He is a community center member.
(D) He works for the government.

Lester 씨에 관해 알 수 있는 것은 무엇인가?

(A) 자신의 첫 번째 입장권을 잃어버렸다고 생각한다.
(B) 작년 행사에 참석했다.
(C) 지역 문화 센터의 회원이다.
(D) 정부 부처에서 근무한다.

| 연계문제 | 추론 |

Lester 씨가 쓴 이메일인 두 번째 지문의 중간 부분에 '첫 번째 줄에 앉을 수 있게 되어 매우 기쁘게 생각한다(I'm so pleased that I'll be able to sit in the first row)'는 내용이 나온다. 이와 관련해, 첫 지문의 끝부분에서 '앞줄의 좌석은 오로지 지방 정부 근무자들을 위해서만 예약되어 있다(~ seating in the front row is reserved exclusively for employees of the municipal government)'고 알리고 있으므로 (D)가 정답이다.

정답 (D)

198 When will the lecture entitled "The Social Media Age" take place?

(A) On September 15
(B) On September 29
(C) On October 13
(D) On October 27

"소셜 미디어 시대"라는 제목의 강연은 언제 열리는가?

(A) 9월 15일에
(B) 9월 29일에
(C) 10월 13일에
(D) 10월 27일에

| 연계문제 | 세부사항 |

'소셜 미디어 시대'라는 강연은 세 번째 지문의 시작 부분에 제시되어 있다. 여기서 Lester 씨가 요청한 부분을 진행할 수 없다는 말과 함께 '요청한 강연이 '소셜 미디어 시대'라는 이름의 강연으로 대체되었다(~ replaced with a talk by Glenda Fesno called "The Social Media Age.")'고 알리고 있다. 두 번째 지문에서 Lester 씨가 '추가 예매하려는 입장권은 국제 정치(The ticket I would like to add is "International Politics.")'라고 했고, 첫 번째 지문에서 이 강연의 일정을 확인하면 '10월 13일'로 되어 있으므로 (C)가 정답이다.

정답 (C)

199 In the second e-mail, the word "hold" in paragraph 1, line 5, is closest in meaning to

(A) host
(B) carry
(C) grasp
(D) keep

두 번째 이메일에서, 첫 번째 단락, 다섯 번째 줄의 단어 "hold"와 의미가 가장 가까운 것은 무엇인가?

(A) ~을 주최하다
(B) ~을 옮기다
(C) ~을 움켜쥐다
(D) ~을 보관하다

| 동의어 | 동사 |

'hold'의 목적어가 입장권을 뜻하는 'ticket'이고, 뒤에 이어지는 내용을 보면 행사 당일에 와서 찾을 수 있다고 되어 있으므로 해당 입장권을 안내 데스크에서 갖고 있겠다는 의미라는 것을 알 수 있다. 따라서 여기서 'hold'는 '~을 보관하다, 보유하다' 등의 의미로 쓰였음을 알 수 있으므로 이와 유사한 뜻을 지니는 (D)가 정답이다.

정답 (D)

200 What is Mr. Lester asked to do?

(A) Provide a mailing address
(B) Express a preference
(C) Show proof of payment
(D) Select a seat

세부사항 | What

Lester 씨에게 보내는 이메일인 세 번째 지문의 마지막 부분에서, '이메일로 답장해서 새로운 강연에 참석하기를 원하는지, 아니면 환불을 받을 것인지를 알려달라(Please e-mail me back to let me know whether you would like to attend the new lecture or receive a refund.)'고 요청하고 있다. 이를 '선호하는 것을 알리기'로 바꾸어 표현한 (B)가 정답이다.

어휘 preference 선호(하는 것) proof 증거

정답 (B)

Lester 씨는 무엇을 하도록 요청받는가?

(A) 우편 주소 제공하기
(B) 선호하는 사항 알리기
(C) 비용 지불 증명서 보여 주기
(D) 좌석 선택하기

PART 5
PART 6
PART 7

ANSWER KEYS

PART 5 101 (D) 102 (B) 103 (D) 104 (A) 105 (B) 106 (C) 107 (C) 108 (A) 109 (D) 110 (B)
111 (D) 112 (B) 113 (A) 114 (A) 115 (B) 116 (A) 117 (A) 118 (B) 119 (D) 120 (C)
121 (D) 122 (B) 123 (B) 124 (C) 125 (B) 126 (B) 127 (A) 128 (A) 129 (A) 130 (D)

PART 6 131 (A) 132 (C) 133 (C) 134 (B) 135 (C) 136 (C) 137 (D) 138 (B) 139 (A) 140 (D)
141 (C) 142 (C) 143 (C) 144 (A) 145 (C) 146 (A)

PART 7 147 (C) 148 (A) 149 (A) 150 (B) 151 (C) 152 (D) 153 (D) 154 (C) 155 (D) 156 (C)
157 (B) 158 (D) 159 (C) 160 (C) 161 (D) 162 (C) 163 (D) 164 (B) 165 (D) 166 (B)
167 (A) 168 (B) 169 (C) 170 (D) 171 (D) 172 (C) 173 (C) 174 (D) 175 (D) 176 (A)
177 (B) 178 (B) 179 (A) 180 (D) 181 (D) 182 (A) 183 (C) 184 (A) 185 (D) 186 (C)
187 (D) 188 (B) 189 (B) 190 (D) 191 (D) 192 (C) 193 (C) 194 (C) 195 (B) 196 (B)
197 (C) 198 (B) 199 (D) 200 (C)

PART 5

101 The manager of Lexon Construction has proposed changes to make operations less ------- by recycling the building materials.

(A) wasting
(B) wastefully
(C) wastes
(D) wasteful

Lexon Construction의 부서장은 건축 자재를 재활용함으로써 공사 작업을 덜 낭비하는 변화를 제안했다.

| 형용사 자리 | make+목적어+형용사 |

make는 형용사를 목적격 보어로 취하는 5형식 동사로, 'make+목적어+형용사'의 형태로 쓰여 '~를 …한 상태로 만들다'의 의미를 나타낸다. 따라서 make 다음에 목적어(operations)가 있고 그 뒤에 빈칸이 있으므로, 빈칸은 형용사 자리이다. 보기 중 (A) wasting, (D) wasteful이 형용사로 쓰일 수 있는데, V-ing형 형용사와 일반 형용사가 함께 보기에 있을 경우 일반 형용사를 정답으로 선택한다. make operations less wasteful은 '공사 작업을 덜 낭비적으로 만들다'라는 의미가 되어 문맥상으로도 적절하다. 따라서 (D) wasteful이 정답이다.

어휘 manager 부서장, 책임자 propose ~을 제안하다 make A 형용사 A를 ~하게 만들다 operation 공사 (작업) recycle ~을 재활용하다 building material 건축 자재

정답 (D)

102 The company restricts ------- to the main laboratory to senior technicians because the research conducted there is highly sensitive.

(A) accessible
(B) access
(C) accessed
(D) accesses

회사는 본관 실험실에 대한 출입을 선임 기술자들로 제한하는데, 그곳에서 실시되는 연구가 매우 민감한 것이기 때문이다.

| 가산명사와 불가산명사의 구별 |

빈칸은 동사 restricts의 목적어 자리이므로 명사 보기인 (B) access와 (D) accesses 중에서 하나를 선택해야 한다. access는 불가산명사이므로 복수 형태로 쓰이지 못하며 항상 단수 형태로만 쓰인다. 따라서 (B) access가 정답이다.

어휘 restrict ~을 제한하다 laboratory 실험실, 연구실 senior 선임의, 상급의, 고위의 technician 기술자 research 연구, 조사 conduct ~을 실시하다 highly 매우 sensitive 민감한

정답 (B)

103 The wheat harvest is ------- to be excellent on account of the pleasant weather this summer.

(A) completed
(B) maximized
(C) seemed
(D) expected

이번 여름의 쾌적한 날씨 덕분에 밀 수확이 매우 좋을 것으로 예상된다.

(A) 완료된
(B) 극대화된
(C) ~인 것 같았다
(D) 예상된

| 동사 숙어 표현 | be expected to do(~할 것으로 예상되다) |

보기가 모두 의미가 다른 p.p. 형태로 구성되어 있으므로 의미상 가장 적절한 보기를 정답으로 선택해야 하는데, 빈칸 앞에 be동사가, 빈칸 뒤에 to부정사가 있으므로 이 둘과 연결되는 숙어 표현이 있는지 먼저 살펴본다. 'be expected to+동사원형'은 '~할 것으로 예상되다'라는 숙어 표현으로, 빈칸에 expected를 넣어 해석하면 '밀 수확이 매우 좋을 것으로 예상된다'가 되어 의미상으로도 적절하다. 따라서 (D) expected가 정답이다. 'seem to+동사원형(~인 것 같다)'의 형태는 적절하나 'be seemed to+동사원형'의 형태로는 쓰지 않으므로 (C) seemed는 오답이다.

어휘 wheat 밀 harvest 수확, 추수 excellent 매우 좋은, 훌륭한, 뛰어난 on account of ~ 때문에 pleasant 쾌적한, 기분 좋게 하는

정답 (D)

104 The Mahawai Resort Hotel has a reputation for being ------- to the requests of its guests, no matter how large or small the matter.

(A) attentive
(B) comprehensive
(C) noteworthy
(D) partial

Mahawai Resort Hotel은 고객들의 요청 사항이 큰 것이든 작은 것이든 상관없이 그 일에 세심히 귀 기울이는 것으로 명성이 나 있다.

(A) 세심히 귀 기울이는, 배려하는
(B) 종합적인, 포괄적인
(C) 주목할 만한
(D) 부분적인

┤ 형용사 어휘 ├

보기가 모두 의미가 다른 형용사로 구성되어 있으므로 해석을 통해 가장 자연스럽게 연결되는 것을 정답으로 선택한다. have a reputation for는 '~로 명성이 나 있다'라는 의미이므로, Mahawai Resort Hotel이 고객들의 요청 사항에 어떻게 대처해서 명성을 얻었는지를 설명해 주는 단어가 정답이다. 문맥상 '고객의 요구에 세심히 귀 기울인다'는 것이 적절하므로 (A) attentive가 정답이다. attentive는 전치사 to와 짝을 이루어 '~에 세심히 귀 기울이는'이란 뜻으로 자주 쓰이므로 기억해 두자.

어휘 have a reputation for ~로 명성이 나 있다 request 요청, 요구 no matter how+형용사/부사 얼마나 ~하든 상관없이 matter 일, 문제

정답 (A)

105 Parking is not allowed on either side of Waterstone Road because it is the narrowest ------- in the entire town of Clarksville.

(A) any (B) one
(C) each (D) which

Waterstone Road의 양쪽 어느 곳이든 주차하는 것이 허용되지 않는데, 그곳이 Clarksville 마을 전체에서 가장 좁은 거리이기 때문이다.

┤ 적절한 대명사 찾기 ├

because 이하의 주어는 it이며, 빈칸은 주어를 설명하는 주격 보어 자리이므로 빈칸에는 it을 설명하는 말이 들어가야 한다. it은 either side of Waterstone Road(Waterstone Road의 양쪽 어느 곳)를 가리키며, because 이하의 문장은 주차가 허락되지 않는 이유가 되어야 하므로, 'Clarksville 마을 전체에서 가장 좁은 길'이라는 의미가 되어야 한다. 따라서 보기 중에서 앞에 나온 명사(road)와 동일한 종류의 것을 가리킬 때 쓰이는 대명사 (B) one이 정답이다. 참고로, 대명사 (A) any, (C) each는 형용사의 수식을 받을 수 없으므로 정답이 될 수 없다.

어휘 parking 주차 allow ~을 허용하다 on either side of ~의 양쪽 어디든 narrow 좁은 entire 전체의

정답 (B)

106 Thanks to the state-of-the-art technology it uses, the Brotan-630 printer is able to ------- plenty of professionally printed materials.

(A) duplicates (B) duplicated
(C) duplicate (D) duplicating

Brotan-630 프린터에 사용된 최신 기술 덕분에, 그 프린터는 전문적으로 인쇄된 출력물을 대량 복사할 수 있다.

┤ to부정사 숙어 표현 | be able to do(~할 수 있다) ├

'be able to+동사원형(~할 수 있다)'의 숙어 표현을 알고 있다면 쉽게 풀 수 있는 문제이다. 따라서 동사원형인 (C) duplicate (~을 복사하다)가 정답이다. 참고로, duplicate는 명사로도 쓰여 '복사본'이라는 의미를 나타낼 수 있다는 것을 기억해 두자.

어휘 thanks to ~로 인해, ~ 덕분에 state-of-the-art 최신의 be able to do ~할 수 있다 plenty of 많은 professionally 전문적으로 printed material 출력물 duplicate ~을 복사하다; 복사본

정답 (C)

107 According to a recent survey, many customers at Harding's are ------- of the existence of its exclusive shoppers club.

(A) willing (B) entitled
(C) unaware (D) undecided

최근 설문 조사에 따르면, Harding's를 찾는 많은 고객들이 이 회사의 쇼핑객 전용 클럽의 존재에 대해 모르고 있다.

(A) 의향이 있는, 기꺼이 하는 (B) 자격이 있는
(C) 알지 못하는 (D) 결정하지 못한, 미결의

┤ 형용사 숙어 표현 | be unaware of(~을 알지 못하다) ├

보기가 모두 형용사이므로 해석을 통해 가장 자연스러운 것을 골라야 하는데, 'be+형용사+of'로 쓰이는 형용사 숙어를 알고 있다면 쉽게 풀 수 있는 문제이다. be unaware of는 '~을 알지 못하고 있다'의 의미이며, 문맥상 많은 고객들이 회사의 쇼핑객 전용 클럽에 대해 알지 못하고 있다는 내용이 적절하므로 (C) unaware가 정답이다. 참고로, 'be aware of(~을 알고 있다)'도 자주 출제되는 숙어 표현이므로 함께 정리해 두자.

어휘 according to ~에 따르면 recent 최근의 survey 설문 조사 existence 존재 exclusive 전용의, 독점적인

정답 (C)

108 The national marketing campaign for Camping Express generated a great deal of interest in its ------- line of tents.

(A) updated
(B) updates
(C) update
(D) updating

Camping Express에 대한 전국적인 마케팅 캠페인은 그 회사의 최신 텐트 제품 라인에 대해 많은 관심을 이끌어 냈다.

┤ p.p.와 V-ing형 분사의 구별 ├

빈칸은 뒤에 위치한 명사 line을 수식하는 자리이므로, 보기 중에서 형용사 역할을 하는 (A) updated(업데이트된)와 (D) updating(업데이트하는) 중 하나가 정답이다. 수식을 받는 명사와 두 보기와의 관계를 살펴보면, 텐트 제품 라인이 업데이트하는 것이 아닌 '업데이트되는' 것이므로, 수동의 의미를 나타내는 과거분사 (A) updated가 정답이다.

어휘 national 전국적인 generate ~을 만들어 내다, 발생시키다 a great deal of 대단히 큰, 아주 많은 (양의) interest in ~에 대한 관심 line (제품) 라인

정답 (A)

109 Officials reported that the population of the southern suburbs of the city is growing at a ------- fast pace.

(A) surprising
(B) surprises
(C) surprised
(D) surprisingly

공무원들은 도시 남부 교외 지역의 인구가 놀라울 정도로 빠른 속도로 증가하고 있다고 보고했다.

┤ 부사 자리 | 부사+형용사+명사 ├

빈칸 뒤에 위치한 fast는 명사 pace를 수식하는 형용사이다. 형용사를 수식하는 것은 부사이며 surprisingly fast pace는 '놀라울 정도로 빠른 속도'라는 의미가 되어 문맥상으로도 적절하므로, 부사인 (D) surprisingly가 정답이다.

어휘 official 당국자, 관리, 공무원 report that ~라고 알리다, 보도하다, 보고하다 population 인구 southern 남부의 suburb 교외 (지역) grow 증가하다, 늘어나다 at a fast pace 빠른 속도로

정답 (D)

110 Your selected shipping method can be upgraded to one-day air for an additional ------- of just $7.99.

(A) pay
(B) charge
(C) revenue
(D) money

오직 7.99달러의 추가 요금만 내시면 귀하께서 선택하신 배송 방식은 당일 항공 배송으로 업그레이드될 수 있습니다.

(A) 급여, 보수
(B) (상품·서비스에 부과되는) 요금
(C) 수익
(D) 돈

┤ 명사 어휘 ├

보기가 모두 의미가 다른 명사로 구성되어 있으므로 의미상 가장 적절한 보기를 정답으로 선택한다. 당일 배송을 위해 7.99달러를 추가로 내야 한다는 내용이 되어야 하므로 보기 중에서 상품이나 서비스에 대해 부과되는 '요금'을 뜻하는 (B) charge가 문맥상 적절하다. (A) pay(급여)와 (C) revenue(수익)는 의미상 부적절하고, (D) money는 불가산명사이므로 부정관사인 an과 함께 쓸 수 없어 오답이다.

어휘 selected 선택된 shipping 배송, 선적 method 방식, 방법 one-day 당일의, 하루 만에 가는 additional 추가적인

정답 (B)

111 At Gold's Gym, it was announced that the costs of attending group classes will differ ------- in January.

(A) started
(B) starts
(C) to start
(D) starting

Gold's Gym에서, 1월부터 단체 수업의 참가 비용이 달라질 것이라는 공지가 있었다.

┤ V-ing형 전치사 ├

that절 이하의 주어는 the costs, 동사는 will differ이므로 빈칸은 동사 자리가 아니다. 따라서 동사인 (B) starts는 오답이다. 빈칸 뒤에 시점 표현(in January)이 있으므로 시점 표현과 함께 '~부터'라는 의미로 쓸 수 있는 (D) starting이 정답이다. 이처럼 starting은 V-ing의 형태이지만 전치사로 쓰인다는 것을 기억해 두자.

어휘 it is announced that ~라는 공지가 있다, 발표가 있다 cost 비용 differ 다르다, 차이가 있다

정답 (D)

112 The president met with several ------- economists to discuss ways to prevent a downturn in the export market.

(A) notably (B) notable
(C) noting   (D) note

사장은 수출 시장의 침체를 방지하기 위한 방법들을 논의하기 위해 여러 유명 경제학자들과 만났다.

┤ 형용사 자리 | 형용사+명사 ├

빈칸은 뒤에 나온 명사 economists를 수식하는 단어가 와야 하는 자리이므로 형용사 자리임을 알 수 있다. 형용사 역할을 할 수 있는 보기는 (B) notable(유명한)과 (C) noting(언급하는)이 있다. 일반 형용사와 V-ing형 형용사가 함께 보기에 출제될 경우 일반 형용사를 정답으로 선택해야 하는데, 의미상으로도 '언급하는 경제학자'가 아니라 '유명한 경제학자'가 적절하므로 (B) notable이 정답이다.

어휘 meet with (약속하여) ~와 만나다 several 여럿의, 여러 명의 economist 경제학자 discuss ~을 논의하다 way to do ~하는 방법 prevent ~을 방지하다, 예방하다 downturn 침체, 하락 export market 수출 시장 notably 특히, 현저히 notable 유명한, 주목할 만한 note 메모; ~에 주목하다

정답 (B)

113 A survey is going to be conducted over the next two weeks to ------- customer satisfaction at the Moreland Department Store.

(A) gauge   (B) administer
(C) invent   (D) please

Moreland Department Store에서는 고객 만족도를 평가하기 위해 앞으로 2주에 걸쳐 설문 조사가 실시될 것이다.

(A) ~을 평가하다, 측정하다 (B) ~을 관리하다, 집행하다
(C) ~을 발명하다   (D) ~을 기쁘게 하다

┤ 동사 어휘 ├

보기가 모두 의미가 다른 동사로 구성되어 있으므로, 의미상 가장 적절한 보기를 정답으로 선택한다. 빈칸은 설문 조사가 시행되는 목적을 설명하는 부분이므로, 백화점이 고객 만족도(customer satisfaction)를 '평가하기 위해'가 문맥상 적절하다. 따라서 '~을 평가하다'의 의미인 (A) gauge가 정답이다.

어휘 survey 설문 조사 conduct ~을 실시하다 over ~ 동안에 걸쳐 customer satisfaction 고객 만족(도)

정답 (A)

114 More in-depth details ------- the annual journalism conference can be found at www.hughesjournalism.org/conference.

(A) pertaining to (B) despite
(C) along   (D) through

연례 저널리즘 학회와 관련된 더 깊이 있는 상세 정보는 www.hughesjournalism.org/conference에서 찾아볼 수 있다.

(A) ~와 관련된   (B) ~에도 불구하고
(C) (길 등) ~을 따라 (D) ~을 통해

┤ 전치사 어휘 ├

의미가 다른 전치사로 보기가 구성되어 있으므로 해석을 통해 가장 적절한 것을 찾는다. 문맥상 '연례 저널리즘 학회와 관련된 한층 더 깊이 있는 상세 정보'가 자연스러우므로 '~와 관련된'이란 뜻을 가진 전치사 (A) pertaining to가 정답이다. 토익에 출제되는 '관련된'이란 의미의 전치사는 'about, on, as to, regarding, concerning, pertaining to'가 있으므로 함께 기억해 두자.

어휘 in-depth 깊이 있는, 심층적인 detail 상세 정보, 세부 사항 annual 연례의, 해마다의

정답 (A)

115 Participation in the Sustainability for Life event gives entrepreneurs wide ------- to investors who may financially support their projects.

(A) exposed   (B) exposure
(C) exposing   (D) expose

Sustainability for Life 행사에 참가하는 것은 기업가들이 그들의 프로젝트에 재정적으로 지원해 줄 투자자들에게 폭넓게 알려질 수 있는 기회를 준다.

┤ 명사 자리 | 형용사+명사 ├

빈칸 앞에 형용사 wide가 있으므로 빈칸은 형용사의 수식을 받는 명사 자리이다. 따라서 명사인 (B) exposure(노출)가 정답이다. 참고로, 동명사 (C) exposing도 명사 역할을 할 수 있지만, 동명사는 동사의 성격을 가지고 있어서 형용사가 아닌 부사의 수식을 받으므로 오답이다.

어휘 participation in ~에 대한 참가 give A wide exposure to B A가 B에게 널리 알려질 기회를 주다 investor 투자자 financially 재정적으로 support ~을 지원하다, 후원하다

정답 (B)

116 The funds raised at the annual banquet will be distributed to ------- charity is in the greatest need.

(A) whichever (B) every
(C) several   (D) any

연례 연회에서 모금된 기금은 도움을 가장 필요로 하는 어느 자선 단체에게든지 나눠질 것이다.

(A) 어느 ~이든지 (B) 모든
(C) 여럿의, 여러 개의 (D) 어느

명사절 접속사 | whichever+명사+동사

전치사 to 뒤에 주어와 동사가 있는 '절'의 형태가 이어져 있으므로 빈칸은 절을 명사로 만드는 명사절 접속사 자리이다. 보기 중에서 명사절 접속사는 (A) whichever뿐이다. 'whichever+명사'를 'any+명사+관계대명사 that'으로 풀어서 문장에 넣어 보면 문장의 구조가 눈에 잘 들어오므로 기억해 두자. 나머지 보기의 단어들은 모두 형용사이므로 오답이다.

어휘 fund 기금, 자금 raise (자금 등) ~을 모금하다, 마련하다 annual 연례의, 해마다의 banquet 연회 distribute A to B A를 B에게 분배하다, 나눠 주다 charity 자선 단체 in need 도움을 필요로 하는, 어려움에 처한

정답 (A)

117 Companies will not ------- approve requests to transfer departments until an employee has worked a minimum of six months in the same position.

(A) generally (B) exactly
(C) currently (D) largely

기업들은 일반적으로 한 직원이 같은 직책에서 최소 6개월 동안 근무를 할 때까지 부서 간의 이동에 대한 요청을 승인하지 않는다.

(A) 일반적으로 (B) 정확히
(C) 현재 (D) 주로

부사 어휘

보기가 모두 의미가 다른 부사로 구성되어 있으므로 의미를 따져 가장 적절한 것을 정답으로 선택한다. 빈칸 뒤에 나온 동사 approve(~을 승인하다)를 수식해야 하므로 이 동사와 어울리는 부사를 찾아야 한다. 한 직원이 같은 직책에서 최소 6개월 동안 근무해야 부서 간 이동에 대한 요청을 승인한다고 했으므로 '일반적으로'라는 의미를 나타내는 (A) generally가 동사 approve와 가장 잘 어울린다. 또한, (C) currently(현재)는 현재 시제와만 함께 쓸 수 있다는 것을 기억해 두자.

어휘 not A until B B한 후에야 A하다 approve ~을 승인하다 request 요청 transfer 이동, 전근 department (회사의) 부서 a minimum of 최소한의 position 직책, 자리

정답 (A)

118 The Carthage project, ------- the direction of Ms. Luther, is expected to be completed two weeks from tomorrow.

(A) before (B) under
(C) beside (D) regarding

Luther 씨의 감독하에 있는 Carthage 프로젝트는 내일부터 2주 후에 완료될 것으로 예상된다.

(A) ~ 전에 (B) ~하에
(C) ~의 옆에 (D) ~에 관해

전치사 숙어 표현 | under the direction of(~의 감독하에 있는)

보기가 모두 의미가 다른 전치사로 구성되어 있으므로 의미상 가장 적절한 것을 정답으로 선택해야 하는데, under the direction of는 '~의 감독하에 있는'이라는 의미의 전치사 숙어 표현이므로, 이 표현을 알고 있다면 좀 더 쉽게 풀 수 있는 문제이다. 따라서 (B) under가 정답이다.

어휘 direction 감독 be expected to do ~할 것으로 예상되다 complete ~을 완료하다

정답 (B)

119 The Municipal Transit Department is developing a card that ------- passengers to travel by bus, subway, and taxi with one payment.

(A) allow (B) was allowed
(C) has allowed (D) will allow

Municipal Transit Department는 승객들이 한 번의 요금 지불로 버스, 지하철 그리고 택시를 타고 이동할 수 있게 하는 카드를 개발하고 있다.

┤ 관계대명사절의 동사 ├

빈칸 앞의 that은 관계대명사로 card를 수식한다. 관계대명사절의 동사 역시 '수 일치 → 능동/수동 → 시제' 순서로 확인해야 한다. 빈칸에 쓰일 동사는 앞에 위치한 선행사 a card와 수가 일치해야 하므로 단수동사여야 한다. 따라서 보기 중에서 복수동사인 (A) allow는 오답이다. 빈칸 뒤에 목적어가 있고 해석상 '승객들에게 허용해주다'라는 능동의 의미가 적절하므로 수동태인 (B) was allowed 역시 답이 될 수 없다. 앞에서 현재 카드를 개발하는 중(is developing a card)이라는 사실을 알 수 있으므로, 문맥상 승객들이 이 카드를 이용하는 것은 미래의 일이 되어야 알맞다. 따라서 미래 시제인 (D) will allow가 정답이다.

어휘 municipal 지방 자치제의 transit department 교통국 develop ~을 개발하다 passenger 승객 travel 이동하다 payment (비용) 지불

정답 (D)

120 Critics who attended the concert of pianist Melissa Keen were impressed by her uniquely ------- playing.

(A) precisely
(B) preciseness
(C) precise
(D) precision

피아니스트 Melissa Keen의 콘서트에 참석했던 평론가들은 그녀의 특유의 정확한 연주에 깊은 인상을 받았다.

┤ 형용사 자리 | 형용사+V-ing형 명사 ├

빈칸은 부사 uniquely의 수식을 받으면서 뒤에 나온 명사 playing을 수식하는 자리이므로 형용사가 와야 한다. 따라서 보기 중에서 형용사인 (C) precise가 정답이다. playing(연주)은 V-ing 형태이지만, 동명사뿐만 아니라 명사로도 쓰임을 기억해 두자.

어휘 critic 평론가 attend ~에 참석하다 be impressed by ~에 깊은 인상을 받다 uniquely 특유하게, 독특하게 precisely 정확히 preciseness 정확함 precise 정확한 precision 정확(성)

정답 (C)

121 The research of Marie Hollister, professor of Political Science at Wrenton University, is published ------- in the *Journal of Current Events*.

(A) shortly
(B) thoroughly
(C) finely
(D) regularly

Wrenton University의 정치학 교수인 Marie Hollister의 연구는 〈Journal of Current Events〉에 주기적으로 게재된다.

(A) 곧, 머지않아
(B) 철저히, 완전히
(C) 멋지게, 섬세하게
(D) 주기적으로

┤ 부사 어휘 ├

빈칸은 앞에 위치한 현재 시제 동사 is published를 수식하는 부사 자리이므로 이 동사와 어울리는 부사를 찾아야 한다. 〈Journal of Current Events〉에 '주기적으로' 실린다는 의미가 문맥상 가장 자연스러우므로 '주기적으로, 정기적으로'라는 의미인 (D) regularly가 정답이다. 이처럼 regularly는 현재 시제를 수식하는 부사로 자주 출제되므로 기억해 두자.

어휘 research 연구, 조사 professor 교수 publish ~을 출판하다, 발행하다

정답 (D)

122 Due to its ------- to public schools, parks and shopping centers, the Meadow Lake Village is very popular among people.

(A) area
(B) proximity
(C) resource
(D) direction

공립 학교와 공원, 그리고 쇼핑 센터와의 근접성 때문에, Meadow Lake Village는 사람들 사이에서 매우 인기 있다.

(A) 지역
(B) 근접(성)
(C) 자원, 재원, 재료
(D) 감독, 지시, 방향

┤ 명사 어휘 ├

보기가 모두 의미가 다른 명사로 구성되어 있으므로 의미상 가장 적절한 보기를 정답으로 선택한다. Meadow Lake Village가 인기 있는 이유에 대해 설명하고 있으므로, 공립 학교와 공원, 그리고 쇼핑 센터와 가깝기 때문이라는 맥락이 되어야 한다. 따라서 '근접성'이라는 의미를 가진 (B) proximity가 정답이다. proximity to(~와의 근접성)를 하나의 표현으로 정리해 두자.

어휘 due to ~ 때문에 popular 인기 있는 among ~ 사이에서

정답 (B)

123 ------- the airline found Ms. Camacho's missing luggage, she had already taken her return flight.

(A) Whenever (B) By the time
(C) Thanks to (D) Unless

항공사가 Camacho 씨의 분실 수하물을 찾았을 무렵, 그녀는 이미 돌아오는 항공편에 탑승했다.

(A) ~할 때는 언제든지 (B) ~할 무렵에는, ~할 때쯤에는
(C) ~ 덕분에 (D) ~가 아니라면

┤ By the time+주어+과거, 주어+과거완료 ├

빈칸 뒤에 주어와 동사가 있는 완전한 두 개의 절이 있으므로 빈칸은 두 개의 절을 연결하는 접속사 자리이다. 따라서 전치사인 (C) Thanks to는 오답이다. 문맥상 '항공사에서 분실 수하물을 찾았을 무렵 이미 그녀가 돌아가는 항공편을 탔다'라는 의미가 적절하므로 '~할 때쯤에'라는 뜻으로 쓰이는 접속사 (B) By the time이 정답이다. 또한, by the time은 함께 쓰이는 시제가 정해져 있는데, 'By the time+주어+과거 시제, 주어+과거완료 시제'를 알고 있다면 좀 더 쉽게 맞출 수 있다.

어휘 missing 분실된, 빠진, 없는 luggage 수하물 take (교통편) ~을 타다 return flight 돌아가는 항공편

정답 (B)

124 ------- being one of the most popular vacation spots in Central America, Belize is known among nature lovers for its remarkable wildlife.

(A) In search of (B) Regardless
(C) Aside from (D) Seeing that

중앙아메리카에서 가장 인기 있는 휴양지 중 한 곳이라는 점 외에도, Belize는 놀랄 만한 야생 동물로 자연을 사랑하는 사람들 사이에서 알려져 있다.

(A) ~을 찾아 (B) (~와) 상관없이
(C) ~ 외에도 (D) ~라는 점으로 보아

┤ 부사절 접속사 VS 전치사 VS 부사 ├

빈칸 뒤에 동명사(being)가 있으므로 빈칸은 전치사 자리이다. 따라서 부사인 (B) Regardless와 접속사인 (D) Seeing that은 오답이다. 중앙아메리카에서 인기 있는 휴양지라는 것과 더불어 야생 동물로 잘 알려져 있다는 의미가 되어야 적절하므로 '첨가'의 의미를 가지고 있는 전치사 (C) Aside from이 정답이다. aside from(= apart from)은 '~ 외에도' 또는 '~을 제외하고'의 의미로 쓰인다.

어휘 popular 인기 있는 vacation spot 휴양지 among ~ 사이에서 nature lover 자연을 사랑하는 사람 remarkable 놀랄 만한, 주목할 만한 wildlife 야생 동물

정답 (C)

125 The VIP lounge on the top floor of the building is to be ------- solely by executives and their guests.

(A) use (B) usage
(C) using (D) used

건물 꼭대기 층에 있는 VIP 휴게실은 오직 임원들과 그들의 손님들에 의해서만 사용되어야 한다.

┤ 능동태와 수동태의 구별 ├

빈칸은 be동사 뒤에 위치하므로 (C) using과 결합하면 '능동태'를, (D) used와 결합하면 '수동태'를 나타낸다. 주어가 VIP Lounge(VIP 휴게실)이며 빈칸은 주격 보어 자리이므로 주어를 적절히 설명해 주는 형태를 고른다. 휴게실이 '사용하는' 것이 아니라, '사용되는' 것이므로, 앞의 be동사와 결합하여 수동태를 나타내는 (D) used가 정답이다. 참고로 'be to do'는 '~해야 한다, ~할 것이다'의 의미를 나타낸다는 것을 기억해 두자.

어휘 top floor 꼭대기 층 be to do ~해야 하다, ~하기로 되어 있다 solely 오직, 단지 executive 임원

정답 (D)

126 To improve safety in the parking lot, the maintenance team will replace the dim lights with ------- ones.

(A) brightest (B) brighter
(C) brightly (D) brightness

주차장의 안전을 개선하기 위해, 시설 관리 팀이 어두운 조명을 더 밝은 것으로 교체할 것이다.

┤ 비교급 ├

빈칸 뒤의 ones는 앞서 언급한 lights를 가리키는 대명사이므로 빈칸은 이 대명사를 수식하는 형용사가 와야 하는 자리임을 알 수 있다. 보기 중에서 형용사는 (A) brightest와 (B) brighter인데, brightest는 최상급으로 앞에 the나 소유격 표현이 있어야 하므로 오답이다. 따라서 비교급 형태인 (B) brighter가 정답이다. 의미상으로도 '더 밝은 조명으로 교체한다'가 되어 적절하다. 이처럼 than이 없어도 비교급을 사용할 수 있다는 점에 주의하자.

어휘 improve ~을 개선하다 parking lot 주차장 maintenance 시설 관리, 유지 보수 replace A with B A를 B로 교체하다 dim 어둑한

정답 (B)

127 On March 9, sales ------- from top selling brands across the country convened for the Conference on Brand Marketing.

(A) associates (B) revenue
(C) products (D) priority

3월 9일에, 전국에서 가장 판매가 잘 되는 브랜드 회사의 영업 사원들이 브랜드 마케팅 학회를 위해 모였다.

(A) 동료 (B) 수익
(C) 제품 (D) 우선 사항, 우선권

┤ 명사 어휘 ├

보기가 모두 의미가 다른 명사로 구성되어 있으므로 해석상 가장 적절한 보기를 정답으로 선택한다. 빈칸의 명사는 빈칸 앞의 명사 sales와 함께 복합명사를 이루며, 학회를 위해 모이는 주체는 사람이 되어야 하므로 sales와 함께 쓰여 '영업 사원'을 뜻하는 (A) associates가 정답이다.

어휘 top selling 가장 잘 팔리는 across the country 전국에서 convene 모이다, 회합하다

정답 (A)

128 The organizers of the international conference have hired over thirty interpreters, ------- are native speakers of the target language.

(A) most of whom (B) insofar as
(C) many of them (D) because of them

국제 학회의 주최 측은 30명이 넘는 통역사들을 고용했는데, 이들 중 대부분은 번역의 목표어를 모국어로 사용하는 사람들이다.

┤ 부분을 나타내는 대명사 + 관계대명사 ├

문장의 주어는 The organizers of the international conference, 동사는 have hired인데 빈칸 뒤에 또 다른 동사 are가 있으므로 두 개의 절이 쓰였음을 알 수 있다. 따라서 빈칸부터 문장 끝부분은 앞의 명사 interpreters(통역사들)를 수식하는 구조가 되어야 하므로 빈칸은 관계대명사 자리이다. 보기 중에서 관계대명사가 포함된 것은 (A) most of whom이 유일하다. '부분을 나타내는 표현 + 관계대명사'의 형태로 앞에 위치한 명사를 수식할 수 있는 most of which나 most of whom의 형태를 알아 두자. 여기서는, 선행사가 사람(interpreters)이므로 most of which가 아니라 most of whom이 정답이 된 것이다.

어휘 organizer 주최자, 조직자 hire ~을 고용하다 over ~가 넘는 interpreter 통역사 native speaker 모국어로 하는 사람 target language 목표 언어, 대상 언어 insofar as ~하는 한에 있어서(는)

정답 (A)

129 Every fax machine ------- a one-year agreement to provide service or repairs free of charge.

(A) includes (B) fixes
(C) locates (D) accommodates

모든 팩스 기기는 1년 동안 무료로 서비스를 제공하거나 수리를 해 준다는 내용의 약정서를 포함하고 있다.

(A) ~을 포함하다 (B) ~을 고치다
(C) ~을 찾다 (D) ~을 수용하다

┤ 동사 어휘 ├

보기가 모두 의미가 다른 동사로 구성되어 있으므로 해석을 통해 가장 자연스럽게 연결되는 단어를 선택한다. 문맥상 '모든 팩스 기기는 1년 동안의 약정서(agreement)를 포함하고 있다'는 의미가 가장 적절하므로 (A) includes가 정답이다.

어휘 agreement 약정(서), 합의(서), 계약(서) provide ~을 제공하다 repair 수리 free of charge 무료로

정답 (A)

130 Zaga Inc. manufacturing plants use the most time-efficient machinery available, ------- increasing production capabilities.

(A) nevertheless (B) in spite of
(C) likewise (D) therefore

Zaga Inc. 제조 공장들은 이용 가능한 가장 시간 효율이 좋은 기계를 사용하고 있으며, 그에 따라 생산 능력을 늘리고 있다.

(A) 그럼에도 불구하고 (B) ~에도 불구하고
(C) 마찬가지로 (D) 그러므로

┤ 분사구문 | 완전한 문장, V-ing ├

이 문장은 '완전한 문장, V-ing ~'의 구조로, 분사구문이다. 이때 V-ing는 '그래서 ~하게 되었다'의 의미를 나타내며, 부사 therefore, thereby(그래서, 그러므로)가 V-ing 앞에 위치하여 그 의미를 강조한다. 따라서 (D) therefore가 정답이다.

어휘 manufacturing plant 제조 공장 time-efficient 시간 효율이 좋은 machinery 기계 available 이용 가능한 production 생산 capability 역량, 능력

정답 (D)

PART 6

 Questions 131-134 refer to the following advertisement. 131-134는 다음 광고를 참조하시오.

Natural hot springs, delicious food and a peaceful river nestled in beautiful wooded mountains ------- you at Sawtooth Spa. -------. With
                                        131.   **132.**
nearby accommodations abundantly available in any style and price range, visiting Sawtooth is ------- anyone's budget.
                                 133.

For more details or to purchase a pass, simply visit sawtoothspa.com. Inquiries can be made under the tab 'Contact Us'. All questions and requested materials will be responded to -------, because we
                                             134.
believe planning a vacation should never be stressful!

131 천연 온천, 맛있는 음식과 아름다운 나무들이 우거진 산 사이에 자리 잡은 평화로운 강이 여기 Sawtooth Spa에서 여러분을 기다리고 있습니다. 132 84번 주간 고속도로의 21B 출구에서 불과 15분 거리에 위치해 있어 쉽게 찾아오실 수 있습니다. 133 다양한 스타일과 가격대로 이용이 가능한 숙박 시설들이 근처에 많이 있어, 저희 Sawtooth Spa는 모든 분들의 예산을 충족해 드립니다.

더 자세한 정보가 필요하시거나 입장권을 구매하기 위해서는 sawtoothspa.com을 방문해 주세요. 질문은 '이용 문의' 항목을 통해 하실 수 있습니다. 134 모든 질문과 요청 물품들에 대해 즉시 답변해 드릴 것이며, 이는 휴가를 계획하는 일이 절대로 스트레스가 되지 않아야 한다고 생각하기 때문입니다!

어휘 hot spring 온천 nestled in ~에 자리 잡은 nearby 인근의, 가까운 곳의 accommodations 숙박 시설 abundantly 다량으로, 풍부하게 available 이용 가능한 price range 가격대 budget 비용 계획, 예산 detail 상세 정보 pass 입장권, 출입증 make an inquiry 문의하다 tab 항목, 색인(표) material 물품, 재료 respond to ~에 응답하다 plan ~을 계획하다

131 (A) await
(B) awaited
(C) was awaiting
(D) had been awaiting

─┤ 적절한 시제 찾기 ├─

보기가 모두 동사로 구성되어 있으므로 '수 일치 → 능동/수동 → 시제' 순으로 확인한다. 문장의 주어인 Natural hot springs, delicious food and a peaceful river가 복수이므로 동사 역시 복수동사가 되어야 한다. 따라서 보기 중 단수동사인 (C)는 답이 될 수 없다. 나머지는 모두 능동태이므로 마지막으로 시제를 따져 본다. 이 글은 광고문으로서 주어 자리에 쓰인 여러 좋은 점들과 관련해 변하지 않는 사실을 표현하는 것으로 생각할 수 있으므로 보기 중 현재 시제인 (A) await가 정답이다.

정답 (A)

 132 (A) We hope you enjoyed having time to relax at our site and that you'll come again.
(B) Thank you for inquiring about our massage services and beauty treatments.
(C) Located only 15 minutes off Exit 21B of Interstate 84, getting there is easy.
(D) Sawtooth Spa will go through renovations starting January 12.

(A) 귀하께서 저희 시설에서 마음 편히 즐기실 시간을 가지셨기를 바라며, 다시 찾아 주시기 바랍니다.
(B) 저희 마사지 서비스와 미용 관리 서비스에 관해 문의해 주셔서 감사드립니다.
(C) 84번 주간 고속도로의 21B 출구에서 불과 15분 거리에 위치해 있어 쉽게 찾아오실 수 있습니다.
(D) 저희 Sawtooth Spa에는 1월 12일부터 개조 공사가 시작될 것입니다.

─┤ 빈칸에 알맞은 문장 고르기 ├─

빈칸 앞뒤 문장 모두 Sawtooth Spa에 대해 광고하는 글이므로 빈칸에도 이 시설과 관련해 소개하는 문장이 나오면 의미가 자연스럽게 연결된다. 따라서 위치에 대해 설명하면서 쉽게 찾아올 수 있다는 내용인 (C)가 정답이다.

어휘 relax 느긋하게 쉬다 site 장소, 부지, 위치 inquire about ~에 관해 문의하다 beauty treatment 미용 관리 located A off B B에서 A만큼 걸리는 거리에 떨어진 interstate 주간 고속도로 go through (기간·과정 등) ~을 거치다, 겪다

정답 (C)

> **오답분석**
> (A) 앞서 Sawtooth Spa의 천연 온천과 음식, 자연 경관에 대해 소개하고 있는데 갑자기 방문해 주어 감사하다는 인사를 하는 내용은 흐름상 전혀 맞지 않는다.
> (B) 빈칸 바로 앞에서 마사지 서비스나 미용 관리 서비스에 대해 전혀 언급하지 않았으므로 빈칸에 올 수 없는 문장이다.
> (D) 지문 전체적으로 스파에 대해 소개하고 있고, 이 글의 마지막 부분에서도 더 자세한 정보가 필요하거나 입장권 구매를 원하는 사람은 웹사이트를 방문하라고 했으므로 개조 공사가 시작된다는 말은 전혀 관련 없는 내용이다.

133 (A) to
(B) among
(C) within
(D) by

(A) ~에
(B) ~ 사이에
(C) ~ 안에, 내에
(D) ~에 의해서

> **전치사 어휘**
> 보기가 의미가 다른 전치사로 구성되어 있으므로 문맥상 가장 적절한 것을 선택한다. 다양한 스타일과 가격대로 이용 가능한 많은 숙박 시설들이 근처에 있다고 했으므로 결국 Sawtooth Spa를 이용하는 모든 사람들의 예산 안에서 이용하는 것이 가능하다는 맥락이다. 따라서 '예산 안에(within budget)'라는 표현을 만드는 전치사 (C) within이 정답이다.
>
> 정답 (C)

134 (A) nearly
(B) promptly
(C) suddenly
(D) again

(A) 거의
(B) 즉시
(C) 갑자기
(D) 다시

> **부사 어휘**
> 보기가 의미가 다른 부사로 구성되어 있으므로 의미상 가장 자연스럽게 연결되는 것을 선택한다. 빈칸 뒤에 나온, 휴가를 계획하는 일이 절대로 스트레스가 되지 않아야 한다고 생각한다는 내용은 결국 고객들의 모든 질문과 요청 물품들에 대해 '즉시' 답변을 해 해결하겠다는 것을 의미하므로 (B) promptly가 정답이다.
>
> 정답 (B)

Questions 135-138 refer to the following information. 135-138은 다음 정보를 참조하시오.

Thank you for your ------- (135.) of the Belmore Evening Gown size 4 in blue. We value your business and wish you the highest satisfaction with our product. If you are not satisfied, you may request a refund of any unused item within 60 days of purchase. To return an eligible item, submit a request through your online account and we will send you a shipping label. Your item ------- (136.) with the original price tags. ------- (137.) Return shipping and handling costs may be deducted from the total. We appreciate your business and we hope you will ------- (138.) with us again.

135 청색 4사이즈의 Belmore Evening Gown을 구입해 주셔서 감사 드립니다. 저희는 귀하의 거래를 가치 있게 생각하고 있으며, 저희 제품에 대해 매우 만족하시기를 바랍니다. 만약 불만족스러우실 경우, 귀하께서는 구매 시점으로부터 60일 이내에 사용하지 않은 제품에 대해 환불을 요구하실 수 있습니다. 조건에 해당되는 상품을 반품하시기 위해서는, 온라인 계정을 통해 신청서를 제출하시면 저희가 물품 배송용 라벨을 보내드릴 것입니다. 136 상품은 원래의 가격표와 함께 보내 주셔야 합니다. 137 귀하의 요청이 처리되기까지 30일이 소요된다는 점을 감안해 주시기 바랍니다. 반송 요금과 처리 비용이 전체 가격에서 공제될 수 있습니다. 귀하의 거래에 감사 드리며, 138 다시 저희 제품을 구매하시기를 바랍니다.

어휘 value ~을 가치 있게 생각하다 satisfaction 만족 request ~을 요구하다, 요청하다 refund 환불 eligible 조건에 맞는, 자격이 있는 submit ~을 제출하다 account 계정 original 원래의 handling 처리 deduct ~을 공제하다, 빼다 appreciate ~에 대해 감사하다

135 (A) purchasing
(B) purchased
(C) purchase
(D) purchases

┤ 가산명사와 불가산명사의 구별 ├

소유격 뒤에는 명사가 와야 하므로 보기 중 명사인 (C) purchase가 정답이다. purchase는 명사와 동사로 모두 쓸 수 있는데, 참고로 (A) purchasing을 동명사로 보면 가능할 것 같지만 동명사는 동사의 성질을 가지고 있어서 타동사가 동명사로 쓰이면 뒤에 반드시 목적어가 있어야 한다. 또한, '구입'이라는 의미의 purchase는 불가산명사이므로 (D) purchases는 정답이 될 수 없다.

정답 (C)

136 (A) will send
(B) is sending
(C) must be sent
(D) has been sent

┤ 능동태와 수동태의 구별 및 적절한 시제 찾기 ├

보기가 모두 동사로 구성되어 있으므로 '수 일치 → 능동/수동 → 시제' 순서로 확인한다. 수 일치상 문제가 없으므로 능/수동을 따져 본다. 주어가 Your item으로 물건이 스스로 '구매하는' 것이 아닌 '구매된다'는 수동의 의미가 적절하므로 수동태인 (C) 또는 (D)가 가능하다. 제품 환불 규정에 대해 설명하고 있고 문맥상 가격표가 손상되지 않은 상태로 보내야 한다는 의미가 되어야 하므로 강한 의무의 뜻을 나타내는 (C) must be sent가 정답이다.

정답 (C)

137 (A) We can offer you the same item in two different shades.
(B) Please bring the receipt in person when returning your gown.
(C) We make sure our customers receive high-quality service.
(D) Allow 30 days for your request to be processed.

(A) 저희들은 귀하께 두 가지 다른 색상으로 된 동일한 제품을 제공해 드릴 수 있습니다.
(B) 드레스를 반품하실 때 직접 영수증을 가지고 오시기 바랍니다.
(C) 저희는 고객들께서 반드시 수준 높은 서비스를 받으실 수 있도록 해 드립니다.
(D) 귀하의 요청이 처리되기까지 30일이 소요된다는 점을 감안해 주시기 바랍니다.

┤ 빈칸에 알맞은 문장 고르기 ├

이 글은 제품의 반품 과정에 대해 설명하는 내용이다. 빈칸 앞 문장에서는 환불 과정을 설명하면서 제품 가격표가 그대로 있어야 한다고 했고, 빈칸 뒤 문장에서는 반송 요금과 처리 비용 공제에 대해 설명하고 있다. 따라서 빈칸에도 환불 과정에서 필요한 사항을 언급해야 자연스럽게 연결되므로 보기 중 환불 신청을 처리하는 데 30일 정도 소요된다고 한 (D)가 정답이다.

어휘 shade 색조 receipt 영수증 in person 직접 process ~을 처리하다

정답 (D)

오답분석

(A) 지문 앞부분에서 제품이 마음에 들지 않으면 반품 신청을 할 수 있고, 그에 따라 환불받을 수 있는 절차를 설명하고 있으므로 두 가지 다른 색상의 같은 물건을 제공한다는 이야기는 무관한 내용이다.
(B) 빈칸 앞부분에서 온라인 계정을 통해 신청을 하고, 운송장을 받아서 물건을 보내는 것이 반품 절차인 것을 알 수 있다. 따라서 환불을 받을 때 직접 영수증을 가지고 오라는 것은 적절하지 않다.
(C) 빈칸 앞 문장에서 반품을 위해 가격표가 그대로 있는 상태로 보내달라고 하고 뒤에도 반품 처리하는 데 드는 비용 문제에 대해 언급하고 있으므로 고객들이 수준 높은 서비스를 받고 있다는 내용은 글의 전개상 맞지 않는다.

138 (A) meet
(B) shop
(C) tour
(D) work

(A) 만나다
(B) (가게에서 물건을) 사다
(C) 여행하다
(D) 일하다

┤ 동사 어휘 ├

동사 어휘 문제이므로 해석을 통해 가장 자연스럽게 연결되는 것을 선택한다. 거래를 하게 되어 감사하게 생각한다고 했고, 앞으로 다시 구매를 부탁하는 것이 문맥상 적절하므로 '물건을 구매하다, 쇼핑하다'의 의미인 (B) shop이 정답이다. 또한, meet with는 '~을 논의하기 위해 만나다'라는 의미이므로, meet with us는 '저희와 회의를 하기 위해 만나다'라는 의미가 되어 문맥상 어색하다. 따라서 (A) meet은 오답이다.

정답 (B)

Questions 139-142 refer to the following letter. 139-142는 다음 편지를 참조하시오.

Manning's Groceries
945 East Front Street
Placerville, CA 95667
May 19

Jon Mauk or Current Resident
2700 Foothills Dr.
Placerville, CA 95667

Dear Valued Customer,

Manning's Groceries' participation in the state-wide effort to reduce plastic use will commence on June 1. We would like to inform you of the effects this ------- will have on our grocery store. We will begin
       139.
by eliminating plastic bags at our check-out lines, and replacing them with either purchased reusable bags or boxes left over from our merchandise shipments. To ------- either option, simply speak to
                                            140.
your cashier at the register.

As a result of this project, we actually expect to lower sales costs, ------- our customers about $10 per year.
 141.

Thank you for partnering with us to protect the planet. For more information you can visit manningsfood.com or ask a store manager. -------.
              142.

Sincerely,

Silvia Bundy, Store Manager
Manning's Groceries

Manning's Groceries
945 East Front Street
Placerville, CA 95667
5월 19일

Jon Mauk 또는 현 거주자
2700 Foothills Dr.
Placerville, CA 95667

소중한 고객님께,

저희 Manning's Groceries는 주 전역에서 시행되는 비닐 사용을 줄이기 위한 노력에 6월 1일부터 동참하기 시작할 것입니다. **139** 저희는 귀하께 이 계획이 저희 식료품점에 미칠 영향에 대해 알려 드리고자 합니다. 저희는 계산대에 비닐 봉투를 없애고, 그것들을 구매된 재사용 봉투나 제품 배송에서 남은 박스로 대체하는 것으로 시작할 것입니다. **140** 두 가지 선택 사항 중 하나를 요청하시려면, 계산대 직원에게 말씀해 주시기만 하면 됩니다.

141 이 프로젝트의 결과로, 저희는 판매 비용을 더 낮출 수 있을 것이라 예상하며, 이로 인해 고객들께서는 매년 약 10달러를 절약할 수 있게 됩니다.

지구를 지키는 일에 저희와 함께 해 주셔서 감사 드립니다. 더 많은 정보는 manningsfood.com에 접속하시거나 매장 매니저에게 문의하시기 바랍니다. **142** 귀하께서 이 프로젝트의 참여를 자랑스럽게 여기시기를 바랍니다.

안녕히 계십시오.

Silvia Bundy, 매장 매니저
Manning's Groceries

어휘 participation 참여 effort 노력 commence 시작하다 would like to do ~하고 싶다 inform A of B A에게 B를 알리다 effect 영향 eliminate ~을 제거하다 replace A with B A를 B로 대체하다, 바꾸다 reusable 재사용 가능한 merchandise 상품, 제품 shipment 운송, 배송 as a result of ~의 결과로 expect ~을 기대하다, 예상하다 lower ~을 낮추다 protect ~을 보호하다

139 (A) initiative
(B) research
(C) negotiation
(D) environment

(A) 계획, 진취성
(B) 조사, 연구
(C) 협상
(D) 환경

┤ 명사 어휘 ├

보기가 의미가 다른 명사로 구성되어 있으므로 해석을 통해 자연스럽게 연결되는 것을 선택한다. Manning's Groceries가 비닐 사용을 줄이기 위한 노력에 참여할 것이라고 했고, 이 비닐 사용을 줄이기 위한 노력은 일종의 '계획'을 의미하므로 '계획, 진취성'의 의미를 가지는 (A) initiative가 정답이다.

정답 (A)

140 (A) inquire
(B) agree
(C) explain
(D) request

(A) ~에 대해 물어보다
(B) 동의하다
(C) ~을 설명하다
(D) ~을 요청하다, 요구하다

┤ 동사 어휘 ├

보기가 모두 의미가 다른 동사로 구성되어 있으므로 의미상 가장 적절한 것을 정답으로 선택한다. 빈칸 뒤 목적어 either option은 재사용 봉투나 박스 둘 중 하나를 뜻하는 것으로 이 중 하나를 요청하려면 계산대 직원에게 말해 달라는 맥락이므로 '~을 요청하다'의 의미인 (D) request가 정답이다.

정답 (D)

141 (A) will save
(B) being saved
(C) saving
(D) savings

┤ 분사구문 | 완전한 문장, V-ing ├

동사와 동사가 아닌 보기들이 함께 제시되어 있으므로 먼저 빈칸이 어떤 자리인지 파악해야 한다. 주어(we)와 동사(expect)를 갖춘 완전한 문장이므로 빈칸은 동사 자리가 아니다. 따라서 보기 중 동사인 (A) will save는 오답이다. 완전한 문장 뒤에 콤마(,)와 V-ing의 형태가 이어지면 '~했다. 그래서 …하게 되었다'는 의미가 되므로 '완전한 문장, +-------' 형태가 출제되면 우선 빈칸에 V-ing 형태를 넣어 문맥상 적절한지 확인한다. '우리는 판매 비용을 낮출 수 있을 것으로 예상한다. 그 결과로 고객들이 매년 약 10달러 정도를 절약할 수 있게 된다'는 의미가 적절하므로 (C) saving이 정답이다.

정답 (C)

142 (A) The state has emphasized the importance of the project.
(B) Thus, the effort should benefit the customers as well as nature.
(C) We hope that you will take pride in the participation of this project.
(D) We will be giving out 200 free reusable bags on June 1.

(A) 주 정부는 프로젝트의 중요성을 강조했습니다.
(B) 따라서 이러한 노력은 자연뿐만 아니라 고객들께도 유익할 것입니다.
(C) 귀하께서 이 프로젝트의 참여를 자랑스럽게 여기시기를 바랍니다.
(D) 저희는 6월 1일에 200개의 재활용 가능한 가방을 무료로 제공할 것입니다.

┤ 빈칸에 알맞은 문장 고르기 ├

지문 맨 끝에 빈칸이 오면 보통 마무리하는 문장이 들어가는 것이 자연스럽다. 이 지문은 고객에게 보내는 편지로 Manning's Groceries가 앞으로 비닐 사용을 줄이는 일에 동참할 것이고 이로 인해 예상되는 결과를 설명하고 있다. 따라서 마지막 문장으로는 고객들에게 이 프로젝트와 관련한 당부의 말을 전하는 내용이 적절하므로 (C)가 정답이다.

어휘 emphasize ~을 강조하다   thus 따라서   benefit ~에게 유익하다, 유용하다   A as well as B B뿐만 아니라 A도   take pride in ~을 자랑스러워하다

정답 (C)

오답분석

(A) 주 정부가 프로젝트의 중요성을 강조했다는 내용은 편지의 마무리 문장으로 어색하다.
(B) thus(그러므로)는 이유와 결과를 연결하는 접속부사이다. 더 많은 정보를 얻기 위한 방법을 설명하는 앞 문장이 자연과 고객들에게 유익할 것이라는 내용의 이유가 아니므로 어색하다.
(D) 지문과 관련 없는 새로운 내용이 등장했으므로 결론 부분에 위치하기에는 자연스럽지 않다.

Questions 143-146 refer to the following letter. 143-146은 다음 편지를 참조하시오.

Dear Mr. Hanson,

We have received and processed your ------- **143.** for a loan which you submitted through our Web site on January 6. It is our desire to not only provide our customers with the funds they need, but also to ensure the contracts are viable. Your file has been carefully reviewed and the status of your request is -------. **144.** Please, contact ------- **145.** loan officer, Ms. Sienna Toledo at 253-5545, who will provide you with further information. -------. **146.**

Zenque Credit Union looks forward to finalizing this contract and partnering with you to strengthen your financial future.

Cordially,

Gwen Hughes
Chief Loan Officer
Zenque Credit Union

Hanson 씨께,

143 저희는 귀하께서 1월 6일에 저희 웹사이트를 통해 제출하신 대출 신청서를 접수해 처리했습니다. 저희는 고객 님들께서 필요로 하시는 자금을 제공해 드리는 것뿐만 아니라, 계약이 실행 가능하도록 보장해 드릴 수 있기를 바라고 있습니다. 144 귀하의 파일은 신중히 검토되었으며, 요청 사항은 승인되었습니다. 145 저희 대출 담당 직원인 Sienna Toledo 씨에게 253-5545로 연락 주시면, 귀하께 자세한 정보를 제공해 드릴 것입니다. 146 그녀가 귀하의 질문에 답변해 드릴 것입니다.

저희 Zenque Credit Union은 이 계약을 최종 완료해 앞으로 귀하의 금융 상황을 개선하기 위한 동반자가 될 수 있기를 고대합니다.

진심으로,

Gwen Hughes
대출 담당 책임
Zenque Credit Union

어휘 process ~을 처리하다 loan 대출금 submit ~을 제출하다 desire 바람, 소망 not only A but also B A뿐만 아니라 B도 fund 자금 ensure ~을 보장하다 viable 실행 가능한 status 상황, 자격 credit 신용 union 조합 look forward to -ing ~하기를 고대하다 contract 계약 partner with ~와 파트너가 되다, 짝이 되다 strengthen ~을 강화하다 financial 재정의

143
(A) invitation
(B) notation
(C) application
(D) suggestion

(A) 초대
(B) 표기법
(C) 신청서
(D) 제안

┤ 명사 어휘 ├

보기가 모두 의미가 다른 명사로 구성되어 있으므로 해석을 통해 문맥상 가장 적절한 것을 선택한다. 빈칸 뒤에 '대출을 위해 제출했다'는 말을 통해 대출을 위한 무언가를 기관에 냈다는 것으로 보아 이것을 '신청서'의 일종으로 유추할 수 있다. 따라서 보기 중 (C) application(신청서)이 정답이다. 이처럼 application은 구직에 필요한 지원서뿐만 아니라 일반적인 '신청서'의 의미로도 쓰일 수 있음을 기억해 두자.

정답 (C)

144
(A) approved
(B) postponed
(C) rejected
(D) addressed

(A) 승인된
(B) 연기된
(C) 거절된
(D) 다뤄진

┤ 동사 어휘 ├

빈칸은 보낸 파일을 검토한 후 신청 결과가 어떻게 되었는지를 나타내는 부분이다. 빈칸 바로 뒤 문장에서는 대출 담당자가 '추가 정보'를 제공할 것이라고 했으므로 신청이 승인되었는지 거절되었는지 알 수 없지만, 마지막 단락에서 계약을 최종 마무리 짓고 앞으로 동반자가 되기를 원한다는 긍정적인 표현을 통해 대출이 '승인'되었음을 알 수 있다. 따라서 정답은 (A) approved(승인된)이다.

정답 (A)

145 (A) their (A) 그들의
     (B) his   (B) 그의
     (C) our   (C) 우리의
     (D) your   (D) 당신의

┤ 소유격 인칭대명사 ├

추가 정보가 궁금하면 대출 담당자에게 연락을 달라는 내용인데, 이 담당자는 회사에 속한 담당자일 것이므로 '우리 담당자'가 적절하다. 따라서 (C) our(우리의)가 정답이다.

정답 (C)

146 (A) She will be available to answer your questions. (A) 그녀가 귀하의 질문에 답변해 드릴 것입니다.
    (B) We also provide cash insurance and retirement plans. (B) 저희는 또한 현금 보험과 은퇴 계획을 제공합니다.
    (C) This information includes your address and phone number. (C) 이 정보는 귀하의 주소와 전화번호를 포함하고 있습니다.
    (D) We appreciate your interest in a career with us. (D) 저희와 함께 경력을 쌓아 가는 것에 대한 귀하의 관심에 감사드립니다.

┤ 빈칸에 알맞은 문장 고르기 ├

빈칸 바로 앞 문장에서 대출에 대한 추가 정보를 위해 Sienna Toledo 씨에게 연락 달라는 말이 있으므로 뒤에는 이와 관련된 내용이 나와야 자연스럽다. 따라서 보기 중 대명사 'she(그녀)'가 바로 앞에 있는 Sienna Toledo를 뜻하면서 귀하의 질문에 답변을 해 줄 것이라고 한 (A)가 정답이다.

어휘 insurance 보험 retirement 은퇴

정답 (A)

오답분석

(B) 대출 신청의 승인 여부가 주요 내용이고 빈칸 앞에도 대출과 관련한 추가 정보는 직원을 통해 알 수 있다고 언급하였으므로 현금 보험과 은퇴 계획에 대한 언급은 글의 흐름상 부자연스럽다.
(C) 빈칸 앞에서 언급한 추가 정보는 대출과 관련한 정보이며, 대출 담당자가 상대에게 상대의 주소와 전화번호를 제공한다는 것은 어색하다.
(D) 대출 신청 승인 여부에 대해 안내하는 편지이므로 함께 일하는 것에 관심을 보여주어서 감사하다는 것은 전혀 무관한 내용이다.

PART 7

Questions 147-148 refer to the following e-mail.

To: Cedarstone Planning Team <planningmembers@cedarstone1.com>
From: Mario Schreiber <m.schreiber@cedarstone1.com>
Date: April 18
Subject: Monthly meeting

Hi Everyone,

As mentioned on the agenda I sent out yesterday, we will be discussing property locations at our next planning meeting. **147 Even though we've only been in our current building for three months, it is already too small for our needs.** To make the most of our discussion time, **148 I'd like each of you to investigate several properties that might be suitable for us.** We'll need to know the monthly rental costs, size, and amenities.

Thank you!

Mario Schreiber

Director, Cedarstone Planning Team

147 What does Mr. Schreiber suggest about Cedarstone?

(A) It has more than one branch.
(B) It is recruiting employees now.
(C) It has grown quickly.
(D) Its planning meeting has changed.

정답 (C)

148 What are the e-mail recipients asked to do?

(A) Perform some research
(B) Divide into discussion groups
(C) Take photos of properties
(D) E-mail a location preference

정답 (A)

Questions 149-150 refer to the following advertisement. 149-150은 다음 광고를 참조하시오.

The Wildview Youth Ranch has an opening for three student interns to assist **150** the research team with several projects related to the human psychological benefits of working with farm animals.

– **149-D** Successful applicants will have completed at least one year of postgraduate training in the areas of psychology or counseling by June 10.

– **149-B** A basic working knowledge of animal training is essential to the job function, as is a desire to work with children.

– **149-C** Candidates with a first aid certification are highly preferred.

Those interested should submit a portfolio detailing any previous fieldwork, written reports or statistical analysis.

Apply online by visiting wvyouthranch.org/summerinternship prior to November 10.

Wildview Youth Ranch에는 현재 세 명의 학생 인턴 자리가 비어 있으며, **150** 동물들과 함께 일하는 것의 인간의 심리적인 이점과 관련된 여러 프로젝트를 연구팀이 진행하는 일을 돕게 됩니다.

– **149-D** 합격자는 심리학 또는 상담 분야에서 6월 10일까지 최소 1년의 대학원 교육을 이수하시는 분이어야 합니다.

– **149-B** 동물 교육에 대한 기본적인 업무 지식은 해당 직무 수행에 필수이며, 어린이들과 어울리기 좋아하는 성향 또한 필수입니다.

– **149-C** 응급 처치 자격증이 있는 지원자는 적극 우대합니다.

관심 있으신 분들께서는 과거의 현장 경험, 서면 보고서, 또는 통계 분석 자료를 상세히 기술한 포트폴리오를 제출하셔야 합니다.

11월 10일 이전까지 wvyouthranch.org/summerinternship을 방문해 온라인으로 지원하시기 바랍니다.

어휘 opening 공석 | assist A with B A가 B하는 것을 돕다 | related to ~와 관련된 | psychological 심리의, 정신의 | benefit 이점, 혜택 | successful applicant 합격자 | complete ~을 완료하다 | at least 최소한 | postgraduate 대학원(학생)의; 대학원 학생 | psychology 심리학 | counseling 상담 | essential 필수인 | function 역할, 기능 | desire to do ~하고자 하는 소망, 욕구 | candidate 후보자, 지원자 | first aid 응급 처치 | certification 자격증 | highly 대단히, 매우 | preferred 선호하는, 우대하는 | submit ~을 제출하다 | portfolio 포트폴리오 | detail ~을 상세히 설명하다 | previous 이전의 | fieldwork 현장 업무 | written 서면으로 된 | statistical 통계의 | analysis 분석 (자료) | apply 지원하다 | prior to ~ 이전에

---

149 What is NOT a qualification for the interns?

(A) Knowledge in the area of animal habitat
(B) Familiarity with animal training
(C) Medical skills in case of emergency
(D) Postgraduate education in counseling

인턴의 자격 요건이 아닌 것은 무엇인가?

(A) 동물 서식지 분야에 관한 지식
(B) 동물 교육에 대한 익숙함
(C) 응급 상황에 대비한 의료 기술
(D) 상담 분야에 대한 대학원 교육

> **진위확인 | NOT true**
>
> 동물 교육에 대한 익숙함을 의미하는 (B)는 두 번째 항목에 제시된 'A basic working knowledge of animal training' 부분에서, 그리고 긴급 상황에 대비한 의료 기술을 뜻하는 (C)는 세 번째 항목의 'Candidates with a first aid certification'에서 단서를 찾을 수 있다. 또한 상담 분야에 대한 대학원 교육을 말하는 (D)는 첫 번째 항목의 'at least one year of postgraduate training in the areas of psychology or counseling'에 해당된다. 하지만 동물 서식지 분야에 관한 지식이 자격 요건으로 언급된 곳은 없으므로 (A)가 정답이다.
>
> **어휘** habitat 서식지 | familiarity 익숙함 | emergency 응급 상황
>
> 정답 (A)

---

150 What is stated about The Wildview Youth Ranch?

(A) It is a pharmaceutical company.
(B) It conducts research in psychology.
(C) It has an opening for a project supervisor.
(D) It manages several small farms.

Wildview Youth Ranch에 관해 명시된 것은 무엇인가?

(A) 제약회사다.
(B) 심리학에 대한 연구를 실시한다.
(C) 프로젝트 책임자 자리가 공석이다.
(D) 여러 개의 작은 농장을 관리하고 있다.

> **진위확인 | True**
>
> 첫 단락에서 해당 단체가 하는 일과 관련해 '동물들과 함께 일하는 데 따른 인간의 심리적인 이점과 관련된 프로젝트(the several projects related to the human psychological benefits of working with farm animals)'가 언급되어 있으므로 (B)가 정답임을 알 수 있다.
>
> **어휘** pharmaceutical 제약의 | psychology 심리학 | supervisor 감독관, 관리자
>
> 정답 (B)

Questions 151-152 refer to the following information. 151-152는 다음 정보를 참조하시오.

Providence Electronics

At Providence Electronics, we understand that our customers appreciate and depend on our commitment to quality and reliability. We guarantee you the best products, and your welfare is important to us. **151** That's why we have decided to voluntarily recall our Spirit-22 rechargeable battery packs. We have received reports that these devices can overheat, causing a risk of fire.

Customers who have purchased this product are eligible to receive a refund. Please note that we will not attempt to fix these devices at **152** the workshops in our retail locations. We will simply collect them and issue a refund. For further information, call our helpline at 1-800-555-7676 daily from 7 A.M. to 9 P.M. Eastern Standard Time, or visit www.providenceelectronics.com. Thank you for your business.

Providence Electronics

저희 Providence Electronics는 품질과 신뢰성을 위해 전념하고 있다는 사실을 고객 여러분께서 인식하고 신뢰하고 계신다는 점을 알고 있습니다. 저희는 여러분께 최고의 제품을 보장해 드리고 있으며, 여러분의 행복이 저희에게는 중요합니다. **151** 이것이 바로 저희가 Spirit-22 충전지 팩을 자발적으로 회수하기로 결정한 이유입니다. 저희는 이 장치가 과열되어 화재 위험을 초래할 수 있다는 보고를 받았습니다.

이 제품을 구입하신 고객님들은 환불을 받으실 자격이 있습니다. **152** 저희 소매점에 있는 작업실에서 이 장치를 수리해 드리지는 않을 것이라는 점에 유의하시기 바랍니다. 저희는 그저 이 장치를 수거하고 환불을 해 드릴 것입니다. 자세한 정보를 원하시면, 동부 표준시로 매일 오전 7시에서 오후 9시까지 저희 전화 상담 서비스 1-800-555-7676으로 전화 주시거나, www.providenceelectronics.com을 방문하시기 바랍니다. 거래해 주셔서 감사 드립니다.

어휘 understand that ~임을 알다 appreciate ~을 충분히 인식하다 depend on ~을 신뢰하다 commitment 전념, 헌신 quality 품질 reliability 신뢰성 guarantee ~을 보장하다 welfare 행복, 복지, 안녕 decide to do ~하기로 결정하다 voluntarily 자발적으로 recall ~을 회수하다 rechargeable 충전이 가능한 device 장치, 기기 overheat 과열되다 cause ~을 초래하다 risk 위험 be eligible to do ~할 자격이 있다 refund 환불 note that ~라는 점에 유의하다 attempt to do ~하려 시도하다 fix ~을 수리하다 retail location 소매 판매점 simply 그저, 단지 collect ~을 수거하다 issue ~을 발급하다 helpline 전화 상담 서비스 Eastern Standard Time 동부 표준시 business 거래

151 Why was the information written?

(A) To request opinions from regular customers
(B) To introduce a new method of ordering goods
(C) To inform customers about a safety issue
(D) To show appreciation for customer loyalty

정보는 왜 쓰였는가?

(A) 단골 고객들에게 의견을 요청하기 위해
(B) 새로운 제품 주문 방식을 소개하기 위해
(C) 고객들에게 안전 관련 문제를 알리기 위해
(D) 고객들의 충성도에 감사하기 위해

| 주제/목적 | 목적 |

첫 단락 마지막 부분에 Spirit-22 충전용 전지 팩을 자발적으로 회수하기로 결정했고 그 이유로 장치가 과열되어 화재 위험을 초래할 수 있다는 점(That's why we have decided to ~ can overheat, causing a risk of fire)을 언급하고 있다. 따라서 안전과 관련된 문제점을 알리는 것이 목적임을 알 수 있으므로 (C)가 정답이다.

어휘 regular customer 단골 고객 appreciation 감사

정답 (C)

152 What is true about Providence Electronics?

(A) Its devices come with a lifetime warranty.
(B) Its helpline is available twenty-four hours a day.
(C) It can only refund items if a receipt is presented.
(D) It offers a repair service at its retail stores.

Providence Electronics에 대해 사실인 것은 무엇인가?

(A) 당사의 기기는 평생 품질 보증 서비스가 딸려 있다.
(B) 당사의 전화 상담 서비스는 24시간 이용 가능하다.
(C) 영수증이 제시될 경우에만 제품에 대한 환불이 가능하다.
(D) 당사의 소매점에서 수리 서비스를 제공한다.

| 진위확인 | True |

두 번째 단락의 중간 부분에 모든 소매 판매점에 있는 작업실에서는 해당 장치를 수리해 주지 않는다(~ we will not attempt to fix these devices at the workshops in our retail locations)고 알리고 있다. 이와 함께 해당 장치를 수거해 환불만 해 준다고 언급하고 있으므로 평소에 제공되는 수리 서비스와 다른 조치를 취하는 상황임을 알 수 있다. 따라서 평소에는 소매점에서 수리 서비스를 제공하는 회사임을 알 수 있으므로 (D)가 정답이다.

어휘 lifetime warranty 평생 품질 보증

정답 (D)

Questions 153-154 refer to the following text message chain. 153-154는 다음 문자 메시지 대화를 참조하시오.

Natasha Mann [3:02 P.M.]
George, could I check something ¹⁵³ about the TV news clip you wanted me to shorten?

George Atkins [3:04 P.M.]
Of course.

Natasha Mann [3:05 P.M.]
I noticed that there weren't any captions at all. Do I need to add them, or will someone else do it?

George Atkins [3:07 P.M.]
That will be done at a later time. We're still waiting on some information.

Natasha Mann [3:08 P.M.]
All right. I'll send it over to the news team then.

George Atkins [3:09 P.M.]
I wouldn't do that yet.

Natasha Mann [3:10 P.M.]
Oh, really?

George Atkins [3:10 P.M.]
¹⁵⁴ You'd better have Marty look it over first to give his approval. Otherwise, you might have to make changes later.

Natasha Mann [3:11 P.M.]
That's true.

George Atkins [3:12 P.M.]
I just don't want it to be sent back to you.

Natasha Mann [오후 3:02]
George, ¹⁵³ 저에게 분량을 줄여 달라고 하셨던 TV 뉴스 영상에 관해 뭔가 확인을 좀 해도 될까요?

George Atkins [오후 3:04]
물론이죠.

Natasha Mann [오후 3:05]
제가 보니 자막이 전혀 없더라고요. 그것들을 제가 추가해야 하나요, 아니면 다른 누군가가 할 건가요?

George Atkins [오후 3:07]
그건 나중에 완료될 거예요. 아직 일부 정보를 기다리고 있어서요.

Natasha Mann [오후 3:08]
알겠어요. 그럼 그 영상을 뉴스 팀으로 보낼게요.

George Atkins [오후 3:09]
저라면 아직 그러지 않겠어요.

Natasha Mann [오후 3:10]
아, 그래요?

George Atkins [오후 3:10]
¹⁵⁴ Marty가 승인할 수 있도록 먼저 검토하시게 하는 게 나을 거예요. 그렇지 않으면, 나중에 수정해야 할 수도 있어요.

Natasha Mann [오후 3:11]
맞아요.

George Atkins [오후 3:12]
그저 그게 당신한테 다시 돌려보내지는 건 원치 않아서요.

어휘 clip 동영상 want A to do A가 ~하기를 원하다 shorten ~을 줄이다, 짧게 하다 notice that ~임을 알아차리다 not ~ at all 전혀 ~가 아니다 caption 자막 add ~을 추가하다 at a later time 나중에 wait on ~을 기다리다 send A over to B A를 B에게 보내다, 발송하다 then 그럼, 그렇다면 yet 아직 had better do ~하는 게 낫다 have A do A가 ~하게 하다 look over ~을 검토하다 approval 승인 otherwise 그렇지 않으면 might have to do ~해야 할 수도 있다 make a change 수정하다, 변경하다 send A back to B A를 B에게 되돌려 보내다

153 Who most likely is Ms. Mann?

(A) A TV repair person
(B) An advertising executive
(C) A newspaper reporter
(D) A video editor

Mann 씨는 누구일 것 같은가?

(A) TV 수리 작업자
(B) 광고 담당 임원
(C) 신문 기자
(D) 동영상 편집자

┤ 추론 │ 세부사항 ├

Mann 씨의 신분을 묻고 있으므로 지문에서 특정 업무나 전문 분야 등을 나타내는 표현을 찾아 봐야 한다. 지문의 첫 메시지에 Mann 씨는 자신이 한 일과 관련해 'TV 뉴스 동영상을 짧게 줄이는 일(~ about the TV news clip you wanted me to shorten)'이라고 언급하고 있으므로 '동영상 편집자'를 뜻하는 (D)가 정답임을 알 수 있다.

어휘 executive (기업이나 조직의) 경영[운영] 간부

정답 (D)

154 At 3:11 P.M., what does Ms. Mann most likely mean when she writes, "That's true"?

(A) She should talk to the team in person to avoid confusion.
(B) She thinks that Marty will be the best caption writer.
(C) She agrees that she should have a task reviewed.
(D) She will have more time to make changes later.

오후 3시 11분에, Mann 씨가 "That's true"라고 썼을 때 의미하는 것은 무엇인가?

(A) 그녀는 혼동을 피하기 위해 팀에 직접 이야기해야 한다.
(B) 그녀는 Marty가 최고의 자막 작업자일 것이라고 생각한다.
(C) 그녀는 업무가 검토되도록 해야 한다는 데 동의한다.
(D) 그녀는 나중에 수정할 수 있는 시간이 더 많이 있을 것이다.

의도파악

"That's true"는 긍정을 나타내거나 상대방의 말에 동의하는 의미로 잘 쓰인다. 여기서는 앞서 Atkins 씨가 언급한 'Marty 씨가 승인할 수 있도록 먼저 검토하게 하는 것(You'd better have Marty look it over first to give his approval)'에 대한 동의를 나타내는 의미로 쓰인 것으로 볼 수 있으므로 (C)가 정답이다.

어휘 in person 직접   confusion 혼란, 혼동

정답 (C)

Questions 155-157 refer to the following letter. 155-157은 다음 편지를 참조하시오.

To the editor of the *Easton Times*,

When the major storm moved through Easton last week, I was concerned about how the city would handle it. A natural disaster is always difficult for a community to deal with.

In the city center, trees that had fallen down were lying across Roosevelt Street, **156-B** so cars couldn't get through. **156-A** There was also a power outage that affected buildings in some neighborhoods. In addition, the Tyce River overflowed its banks, **156-D** leaving parts of Jackson Park underwater.

155 I have to say that I was impressed with how quickly these issues were addressed, and I commend all of the municipal workers. **157** I found the city's social media page, run by Daniel Roberts, to be particularly helpful. It allowed everyone in town to check the latest news easily. Thank you to everyone involved for a job well done.

Amelia Cho

〈Easton Times〉 편집자께,

지난주에 대규모 폭풍이 Easton을 통과해 지나갔을 때, 시에서 그것을 어떻게 처리할지 우려했습니다. 자연 재해는 늘 한 지역 사회가 대처하기 어려운 일입니다.

도심에서, 쓰러진 나무들이 Roosevelt Street를 가로질러 놓여 있어, **156-B** 차들이 지나갈 수 없었습니다. **156-A** 또한 정전도 발생해 몇몇 지역의 건물들에 영향을 미쳤습니다. 게다가, Tyce River는 둑을 넘쳐 흘러 **156-D** Jackson Park의 일부가 물에 잠기게 했습니다.

155 이 문제들이 매우 신속히 처리되었다는 것에 깊은 인상을 받았다고 말씀드리겠고 지자체 직원들 모두를 칭찬하고자 합니다. **157** Daniel Roberts가 운영하는 우리 시의 소셜 미디어 페이지가 특히 도움이 되었다는 것을 알았습니다. 그것이 시의 모든 사람들이 최신 소식을 쉽게 확인할 수 있게 해 주었습니다. 일이 잘 처리되도록 관여해 주신 모든 분들께 감사 드립니다.

Amelia Cho

> 어휘 move through ~을 통과해 지나가다 be concerned about ~에 대해 걱정하다 handle ~을 처리하다(= deal with) natural disaster 자연 재해 fall down 쓰러지다, 넘어지다 lie (사물이) 놓여 있다 across ~을 가로질러 get through 지나가다 power outage 정전 affect ~에 영향을 미치다 neighborhood 지역, 인근 in addition 게다가, 더욱이 overflow ~을 넘쳐 흐르다 bank 둑, 제방 leave A 형용사 A를 ~한 상태로 만들다 underwater 물에 잠긴 be impressed with ~에 깊은 인상을 받다 issue 문제, 사안 address ~을 처리하다, 다루다 commend ~을 칭찬하다 municipal 지방 자치 단체의 run ~을 운영하다 particularly 특히 helpful 도움이 되는 allow A to do A가 ~할 수 있게 하다 involved 관여된 well done 잘 처리된, 완료된

155 Why did Ms. Cho send the letter?

(A) To provide a storm warning
(B) To recommend a municipal policy
(C) To explain a maintenance procedure
(D) To praise an emergency response system

Cho 씨는 왜 편지를 보냈는가?

(A) 폭풍에 대한 경고를 하기 위해
(B) 지자체 정책을 추천하기 위해
(C) 관리 절차를 설명하기 위해
(D) 비상 사태 대응 시스템을 칭찬하기 위해

> **주제/목적 | 목적**
> 첫 단락과 두 번째 단락은 그 동안 폭풍에 의해 발생한 피해 상황을 설명하는 내용이며, 마지막 단락에 가서야 편지를 쓴 목적이 제시되고 있다. 문제들이 매우 신속히 처리되어 깊은 인상을 받았다는 말과 함께 모든 지자체 직원들을 칭찬하고 싶다(I have to say that I was impressed with how quickly these issues were addressed, ~)고 말하는 부분이 목적에 해당된다. 따라서 이를 '비상 사태 대응 시스템을 칭찬하기 위해'라는 말로 표현한 (D)가 정답이다.
>
> 어휘 procedure 절차 emergency 비상 (사태) response 반응, 대응
>
> 정답 (D)

156 What is NOT indicated as a problem in Easton?

(A) There was a loss of electricity.
(B) A roadway was obstructed.
(C) A river was polluted.
(D) A park was flooded.

Easton의 문제로 나타나지 않은 것은?

(A) 전기가 끊겼다.
(B) 도로가 차단되었다.
(C) 강이 오염되었다.
(D) 공원이 침수되었다.

진위확인 | NOT true

두 번째 단락의 'a power outage' 부분에서 전기가 끊겼다는 (A)에 대한 단서를, 그리고 'trees that had fallen down ~ so cars couldn't get through' 부분에서 도로가 차단되었다는 (B)에 대한 단서를 찾을 수 있다. 또한 공원 침수를 뜻하는 (D)에 대한 단서는 'the Tyce River overflowed its banks, ~ parts of Jackson Park underwater'에 제시되어 있다. 하지만 강이 오염되었다는 (C)와 관련된 정보는 지문에 제시되어 있지 않으므로 (C)가 정답이다.

어휘 electricity 전기   obstruct ~을 막다, 방해하다   pollute ~을 오염시키다   flood ~을 침수시키다

정답 (C)

---

157 What is suggested about Mr. Roberts?

(A) He predicted a natural disaster.
(B) He kept residents up to date.
(C) He managed some city workers.
(D) He made repairs to a facility.

Roberts 씨에 관해 알 수 있는 것은 무엇인가?

(A) 그는 자연 재해를 예측했다.
(B) 그는 주민들에게 계속 최신 소식을 전했다.
(C) 그는 시의 일부 직원들을 관리했다.
(D) 그는 시설물 수리를 담당했다.

추론 | **진위확인**

Roberts 씨의 이름은 마지막 단락에 언급되어 있다. 이 단락에서 'Daniel Roberts 씨가 운영하는 소셜 미디어 사이트가 도시 내의 모든 사람들이 최신 소식을 쉽게 확인할 수 있게 해 주었다(~ It allowed everyone in town to check the latest news easily)'라고 알리고 있으므로 (B)가 정답이다.

어휘 predict ~을 예측하다   keep up to date 최신 소식을 전하다   facility 시설

정답 (B)

Questions 158-160 refer to the following article.

Ian Danley Branching Into New Genres
159 By Shelly Haagenson

Los Angeles (9 December)—**158 Ian Danley is known for producing numerous musical hits of all genres,** often used in advertisements and movies. You may recognize his work from the popular jingle on the ads for *Zippy Cakes* desserts. Some of his pieces, such as *Twilight Breeze* and *Mint Leaves*, have made him famous across the United States and into parts of Europe. Now, in collaboration with composer Kate Evans who has worked with him on other occasions, Danley is creating the score for a production set to hit the big screen next summer. **160 The two have been contracted to write for the animated full-length film,** *Zoo Run*, **produced by Michael Straight.** Mr. Straight has won a Trendy Award for his work on *Mully's Day Out*.

While this is the first time Danley has written for an animation, he is optimistic about the effort. "I really enjoy how different and fun animation is. It's much more light-hearted than some of the other movies I have worked on. In a lot of ways it's the same—making the score fit the scene—but I get to experiment a bit more."

The film is ready to screen in Los Angeles on June 1 and hit theaters across the country on June 22. It will play in London and Sydney on June 24 and likely other parts of the world soon after.

159 As for Mr. Straight, he expects the film to be popular. **159 In an interview last week he said,** "I can't see why *Zoo Run* won't be number one at the box office, especially with such talented writers like Kate and Ian. The story line is also fascinating and will be enjoyed by all ages."

158 Who is Mr. Danley?

(A) An advertisement producer
(B) An animation movie director
(C) A screen writer
(D) A music composer

Danley 씨는 누구인가?
(A) 광고 제작자
(B) 애니메이션 영화 감독
(C) 시나리오 작가
(D) 작곡가

┤ 세부사항 | Who ├

지문 시작 부분에 'Ian Danley 씨는 모든 장르의 수많은 히트곡을 제작하는 것으로 알려져 있다(Ian Danley is known for producing numerous musical hits of all genres ~)'고 소개하고 있다. 이와 관련해 그가 만든 여러 음악들이 언급되고 있으므로 (D)가 정답임을 알 수 있다.

어휘 screen 영화 composer 작곡가

정답 (D)

159 What is suggested about Mr. Straight?

(A) He will be writing the score for the new film.
(B) He has worked in collaboration with Kate Evans before.
(C) He spoke to Ms. Haagenson recently.
(D) He interviewed Kate and Ian last week.

Straight 씨에 관해 알 수 있는 것은 무엇인가?
(A) 그는 새로운 영화에 필요한 음악을 작곡할 것이다.
(B) 그는 전에 Kate Evans와 공동 작업을 한 적이 있다.
(C) 그는 Haagenson 씨와 최근에 이야기를 나눴다.
(D) 그는 지난주에 Kate와 Ian 씨를 인터뷰했다.

┤ 추론 | 진위확인 ├

Straight 씨의 인터뷰 내용이 나타나 있는 마지막 단락에서, 'In an interview last week'이라고 언급한 것으로 보아 지난주에 인터뷰를 했음을 알 수 있다. 그런데 인터뷰를 한 당사자인 이 기사의 작성자가 지문 상단에 표기된 Shelly Haagenson 씨이므로 지난주에 두 사람이 서로 이야기를 나눴음을 알 수 있다. 따라서 이에 대해 언급한 (C)가 정답이다.

어휘 recently 최근에

정답 (C)

160 What is mentioned about the film *Zoo Run*?

(A) It is the first animation film Mr. Straight has written.
(B) It has become popular among all age groups.
(C) The film consists of animated scenes only.
(D) Its producer has worked on more light-hearted films.

영화 〈Zoo Run〉에 관해 언급된 것은 무엇인가?
(A) Straight 씨가 대본을 쓴 첫 애니메이션 영화이다.
(B) 모든 연령층 사이에서 인기를 얻었다.
(C) 애니메이션 장면들로만 구성되어 있다.
(D) 제작자가 더 마음 편히 즐길 영화들을 제작했었다.

┤ 진위확인 | True ├

첫 단락의 끝부분에 〈Zoo Run〉이라는 영화를 언급하면서 'Michael Straight 씨가 제작하는 애니메이션 장편 영화(~ the animated full-length film, *Zoo Run*, produced by Michael Straight)'라고 소개하고 있다. 따라서 애니메이션 장면들로만 구성되어 있다는 (C)가 정답이다.

어휘 consist of ~로 구성되다 scene 장면

정답 (C)

Questions 161-163 refer to the following Web page. 161-163은 다음 웹 페이지를 참조하시오.

| Home | **About** | Products | Customer Service | Careers |

Flintglass Eyewear is an online retailer of prescription and non-prescription corrective eyewear and sunglasses for all ages. Being in business since 1928, we specialize in meeting the vision and fashion needs of our clients. — [1] —.

With more than three thousand different styles, we offer the largest assortment of specialized eyewear available anywhere. And 161-A each style can be custom engraved and altered to meet the sizing needs of the customer. — [2] —.

The ordering process cannot be more straightforward. — [3] —. Simply make an account and upload a photo of yourself looking directly at the camera. Follow a few simple steps and then 162, 163 our software will allow you to preview how you look in different frames. — [4] —. Then enter the specifics of your lenses and click the order button. 161-B Our products usually ship in 2-3 business days and can be sent anywhere in the world.

161-C For any questions or concerns, our customer service specialists are able to help you by phone or online chat around the clock. See our customer service page for a list of phone numbers specific to your country.

어휘 retailer 소매점 prescription 처방전 corrective eyewear 교정용 안경 specialize in ~을 전문으로 하다 meet ~을 충족하다 vision 시력 assortment 종류 specialized 전문적인 available 구매 가능한, 이용 가능한 engrave ~을 조각하다, 새기다 alter ~을 변경하다, 조정하다 sizing 사이즈 조절 process 과정, 절차 cannot be more straightforward 더 간단할 수 없을 것이다, 매우 간단하다 account 계정 look directly at ~을 똑바로 쳐다 보다 follow ~을 따르다 allow A to do A가 ~할 수 있게 하다 preview ~을 미리 보다 frame 테, 프레임 specifics (제품) 사양 usually 보통, 일반적으로 ship 배송되다 concern 우려, 걱정 specialist 전문가 be able to do ~할 수 있다 around the clock 24시간 specific to ~에 특정한

161 What is NOT true about Flintglass Eyewear?

(A) It offers custom-made eyewear to meet the needs of the customers.
(B) It takes less than a week on average until shipment.
(C) Customers can inquire about their concerns at any time.
(D) Customers can try on various styles of eyewear at its retail shop.

Flintglass Eyewear에 관해 사실이 아닌 것은 무엇인가?

(A) 고객들의 요구를 충족하기 위해 주문 제작된 안경을 제공한다.
(B) 배송까지 평균 일주일이 채 걸리지 않는다.
(C) 고객들은 언제든지 우려 사항을 문의할 수 있다.
(D) 고객들은 소매점에서 다양한 스타일의 안경을 착용해 볼 수 있다.

진위확인 | NOT true

맞춤 제작 안경에 관한 내용인 (A)는 두 번째 단락 끝부분의 'can be custom engraved and altered to meet the sizing needs of the customer'에서, 배송 기간이 일주일 미만이라는 (B)의 내용은 세 번째 단락 끝부분의 'Our products usually ship in 2-3 business days'에서 찾아볼 수 있다. 또한 언제든지 우려 사항을 문의할 수 있다는 내용인 (C)에 대한 단서는 마지막 단락의 'For any questions or concerns, ~ by phone or online chat around the clock'에 쓰여 있다. 세 번째 단락에서 안경을 직접 착용해보는 것이 아니라 소프트웨어가 보여 주는 착용 모습을 확인하는 것이라고 했으므로 (D)가 정답이다.

어휘 custom-made 주문 제작한 shipment 배송, 배송품 inquire about ~에 관해 문의하다 retail shop 소매점   정답 (D)

162 According to the Web page, what is a part of the ordering process?

(A) Designing a frame for your selected photo
(B) Using the software Flintglass Eyewear provided for a preview
(C) Directly uploading your photo for recommendations on frames
(D) Sending a photo of yourself to customer service through e-mail

웹 페이지에 따르면, 주문 과정의 일부분은 무엇인가?
(A) 선택된 사진에 맞는 안경테를 디자인하기
(B) Flintglass Eyewear가 미리 보기를 위해 제공한 소프트웨어를 이용하기
(C) 안경테를 추천받기 위해 사진을 직접 업로드하기
(D) 이메일을 통해 고객 서비스로 사진을 보내기

---| 세부사항 | What |---

주문 과정을 설명한 세 번째 단락 중간 부분에 Flintglass Eyewear의 소프트웨어가 여러 안경테를 착용한 모습을 미리 볼 수 있게 해 준다(our software will allow you to preview ~)고 했으므로 (B)가 정답이다. 같은 단락의 시작 부분에 사진을 업로드하라는 언급이 있기는 하지만 안경테를 추천받기 위한 것이 아니라 안경테 착용 모습을 보여주는 소프트웨어를 이용하기 위한 것이므로 (C)는 오답이다.

정답 (B)

163 In which of the positions marked [1], [2], [3], and [4] does the following sentence belong?

"All you have to do is choose the frames you want!"

(A) [1]
(B) [2]
(C) [3]
(D) [4]

[1], [2], [3], [4]로 표기된 위치들 중에서 다음 문장이 가장 잘 어울리는 곳은 어디인가?

"여러분은 원하는 안경테를 고르기만 하면 됩니다!"

(A) [1]
(B) [2]
(C) [3]
(D) [4]

---| 주어진 문장 넣기 | 문장의 내용 단서 |---

제시된 문장은 안경테를 고르기만 하면 된다는 의미를 나타낸다. 따라서 주문 과정을 설명하는 세 번째 단락에서 안경테를 착용한 모습을 미리 볼 수 있다는 내용을 담은 문장 다음인 [4]에 위치해야 알맞으므로 (D)가 정답이다.

어휘 choose ~ 고르다, 선택하다

정답 (D)

Questions 164-167 refer to the following text message chain.   164-167은 다음 문자 메시지 대화를 참조하시오.

Mina Yoon [9:07 A.M.]
I hope you all had a nice weekend. Sorry we had to cut the 165 July 5th HR planning meeting short last week. 164 We didn't have a chance to brainstorm what to do about the poor survey results, so I'd like to get your thoughts.

Stan Berry [9:08 A.M.]
165 We were all surprised by the responses from last month's survey. I'm not sure what we should do.

Andrew Geneva [9:10 A.M.]
Yeah, normally when we give questionnaires to employees, they report being satisfied overall with the working environment. So, we need to find a way to get them motivated again.

Stan Berry [9:11 A.M.]
That's right. 166 How about having a special banquet to recognize employees' achievements?

Megan Dawson [9:12 A.M.]
Why not? 166 That would be a fun way to show our appreciation. It's the busy season for most conference centers these days, though. How about I call today to book a venue? We don't want to miss out.

Mina Yoon [9:14 A.M.]
167 You'd better get approval from the finance director first. We have to make sure there's room in the budget.

Megan Dawson [9:15 A.M.]
Good point. 167 I'll do that now and let you know later what happened.

Mina Yoon [오전 9:07]
여러분 모두 즐거운 주말 보내셨기를 바랍니다. 165 지난 주 7월 5일 인사부 기획 회의를 갑자기 끝내야 해서 죄송합니다. 164 좋지 않았던 설문 조사 결과와 관련해 무엇을 해야 할지 아이디어 회의를 할 기회가 없었기 때문에, 여러분의 생각을 듣고 싶습니다.

Stan Berry [오전 9:08]
165 우리 모두 지난달 설문 조사의 응답 내용에 놀랐어요. 우리가 뭘 해야 할지 모르겠어요.

Andrew Geneva [오전 9:10]
네, 보통 직원들에게 설문지를 배부하면, 그들은 업무 환경에 대해 전반적으로 만족하는 것으로 답합니다. 그러니, 그들에게 다시 한 번 동기를 부여할 방법을 찾아야 합니다.

Stan Berry [오전 9:11]
맞아요. 166 직원들의 성과를 인정해 주기 위한 특별 연회를 여는 것은 어떨까요?

Megan Dawson [오전 9:12]
못할 것 없죠? 166 우리의 감사를 표할 재밌는 방법이 될 거예요. 그런데 요즘은 대부분의 콘퍼런스 센터들이 바쁜 시기잖아요. 제가 오늘 전화해서 장소를 예약하는 건 어떨까요? 기회를 놓치고 싶지 않잖아요.

Mina Yoon [오전 9:14]
167 먼저 재무팀장님께 승인을 받는 것이 나을 거예요. 예산에 여유가 있는지 확실히 해 둬야 하니까요.

Megan Dawson [오전 9:15]
좋은 지적이에요. 167 제가 지금 그렇게 해 보고 나중에 어떻게 됐는지 알려 드릴게요.

어휘 cut A short A를 갑자기 끝내다   planning 기획   have a chance to do ~할 기회가 있다   brainstorm 아이디어 회의를 하다   poor 형편없는, 저조한   survey 설문 조사   result 결과   thought 생각, 의견   be surprised by ~에 대해 놀라다   response 응답, 반응   normally 보통, 일반적으로   questionnaire 설문지   be satisfied with ~에 대해 만족하다   overall 전반적으로   working environment 업무 환경   a way to do ~하는 방법   get A 형용사 A를 ~하게 만들다   motivated 동기 부여가 된, 자극받은   How about ~? ~하는 것은 어때요?   banquet 연회   recognize ~을 치하하다, 인정하다   achievement 성과, 업적   appreciation 감사(하는 마음)   though (문장 중간이나 끝에서) 하지만, 그러나   book ~을 예약하다   venue (행사) 장소   miss out (좋은 기회를) 놓치다   had better do ~하는 것이 좋다   get approval 승인을 받다   finance 재무, 재정   make sure (that) ~하는 것을 확실히 하다, 꼭 ~하다   room 여유   budget 예산

---

164 Why did Ms. Yoon start the text message chain?

(A) To report some results
(B) To request some solutions
(C) To announce a project
(D) To postpone a meeting

Yoon 씨는 왜 문자 메시지 대화를 시작했는가?

(A) 결과를 알려 주기 위해
(B) 해결책을 요청하기 위해
(C) 프로젝트를 발표하기 위해
(D) 회의를 연기하기 위해

주제/목적 | 목적

Yoon 씨는 메시지 대화를 시작하면서, 지난주에 갑자기 끝내야 했던 회의에 대해 사과하면서 '좋지 않았던 설문 조사 결과와 관련해 무엇을 해야 할지 아이디어 회의를 할 기회가 없었기 때문에 그에 대한 생각을 들어 보고 싶다(We didn't have a chance to brainstorm what to do about the poor survey results, so I'd like to get your thoughts)'고 말하고 있다. 즉, 해결 방법에 관해 논의하려는 것이 목적이므로 (B)가 정답이다.

어휘 solution 해결 방법   postpone ~을 연기하다

정답 (B)

165 When was a survey conducted?

(A) In May
(B) In June
(C) In July
(D) In August

설문 조사는 언제 실시되었는가?

(A) 5월에
(B) 6월에
(C) 7월에
(D) 8월에

> **세부사항 | When**
>
> 설문 조사가 실시된 시점은 9시 8분에 Berry 씨가 '지난달에 실시한 설문 조사(last month's survey)'라고 언급하는 부분에서 우선적으로 확인할 수 있다. 그런데 바로 앞서 Yoon 씨가 '지난주 7월 5일에 있었던 회의를 갑자기 끝낸 일'이라고 한 것으로 보아 지난달이 '6월'이었음을 알 수 있으므로 (B)가 정답이다.
>
> 정답 (B)

166 At 9:12 A.M., what does Ms. Dawson most likely mean when she writes, "Why not"?

(A) She doubts there will be a scheduling conflict.
(B) She thinks a banquet is a good idea.
(C) She is confused about a policy.
(D) She believes Mr. Berry deserves an award.

오전 9시 12분에, Dawson 씨가 "Why not"이라고 썼을 때 의미하는 것은 무엇인가?

(A) 그녀는 일정이 겹칠 것이 의심스럽다.
(B) 그녀는 연회가 좋은 아이디어라고 생각한다.
(C) 그녀는 정책에 관해 혼란스러워하고 있다.
(D) 그녀는 Berry 씨가 상을 받을 만하다고 생각한다.

> **의도파악**
>
> 해당 표현은 앞서 9시 11분에 Berry 씨가 '직원들의 성과를 치하할 특별 연회를 여는 것은 어떨지(How about having a special banquet to recognize employees' achievements?)' 묻는 질문에 대한 대답으로 쓰였다. 이 표현과 함께 '감사의 뜻을 전할 즐거운 방법(a fun way to show our appreciation)이 될 것'이라는 말을 덧붙인 것으로 보아 찬성의 의미로 사용한 표현임을 알 수 있다. 따라서 (B)가 정답이다.
>
> 어휘 scheduling conflict 일정 중복 be confused about ~에 대해 혼란스러워하다 deserve ~을 받을 만하다
>
> 정답 (B)

167 What will Ms. Dawson most likely do next?

(A) Speak to a department head
(B) Approve a budget proposal
(C) Contact a conference venue
(D) Send information to employees

Dawson 씨는 다음에 무엇을 할 것 같은가?

(A) 부서장에게 이야기하기
(B) 예산 제안서 승인하기
(C) 콘퍼런스 장소에 연락하기
(D) 직원들에게 정보 보내기

> **추론 | 세부사항**
>
> 지문 맨 마지막에 Dawson 씨가 '지금 그렇게 하겠다(I'll do that now)'고 말하는 부분이 있는데, 이는 앞서 Yoon 씨가 '재무팀장님에게서 승인을 먼저 받는 것이 좋겠다(You'd better get approval from the finance director first)'고 말한 것에 대한 답변에 해당된다. 따라서 '부서장에게 얘기한다'는 의미인 (A)가 정답이다.
>
> 어휘 approve ~을 승인하다 proposal 제안
>
> 정답 (A)

Questions 168-171 refer to the following e-mail. 168-171은 다음 이메일을 참조하시오.

To: Carla Earhart <earhartc@falcoind.com>
169 From: Benjamin Reeves <ben.reeves@ 169 ddcsecurity.com>
Date: July 19
Subject: Please read

Dear Ms. Earhart,

Thank you once again for making time for a visit from one of our technicians on July 3. 168 I sent you a list of our recommended security upgrades following the visit but have not yet heard whether you'd like to go forward with these. — [1] —. 171 We have devised an initial plan to cater to your exact specifications. — [2] —. We have recently opened in the area and already have many satisfied customers. — [3] —. These range from shopping centers and art galleries to construction firms, so 170 we are confident that we can provide a high level of service for Falco Industries, 169 one that meets or exceeds that of your current provider. So that you don't have to go back through your previous e-mails to find the original, 168, 170 I've attached the document for your accounting company to this e-mail again for your convenience. — [4] —.

I hope to hear from you soon,

Benjamin Reeves

수신: Carla Earhart <earhartc@falcoind.com>
169 발신: Benjamin Reeves <ben.reeves@ 169 ddcsecurity.com>
날짜: 7월 19일
제목: 읽어 보시기 바랍니다

Earhart 씨께,

7월 3일에 저희 기술자들 중 한 명의 방문에 시간을 내주셔서 다시 한 번 감사 드립니다. 168 방문을 마친 후에 저희가 추천을 하는 보안 업그레이드 목록을 보내 드렸지만 이 업그레이드 작업을 진행하고 싶으신지에 대해 아직 답변을 듣지 못했습니다. — [1] —. 171 저희가 귀하의 정확한 사양에 맞도록 초기 계획을 고안해 두었습니다. — [2] —. 저희는 최근 이 지역에 문을 열었으며, 이미 많은 고객들이 만족하셨습니다. — [3] —. 이들은 쇼핑 센터와 미술관에서부터 건설 회사에 이르기까지 다양하므로, 169 저희는 현재 이용 중이신 제공업체의 서비스만큼 만족시켜 드리거나 그것을 뛰어 넘는 170 높은 수준의 서비스를 Falco Industries에 제공해 드릴 수 있다고 확신합니다. 원본을 찾기 위해 이전 이메일들을 다시 확인할 필요가 없도록, 편의를 위해 168, 170 이 이메일에 귀하의 회계 법인 회사에 필요한 문서를 다시 첨부했습니다. — [4] —.

곧 소식 전해 주시기를 바랍니다,

Benjamin Reeves

어휘 make time for ~에 대한 시간을 내다 technician 기술자 recommended 추천된 security 보안 following ~ 후에 have not yet p.p. 아직 ~하지 못하다 whether ~인지 아닌지 go forward with ~을 진행시키다 devise ~을 고안해 내다 initial 초기의, 최초의 cater to ~을 충족하다 exact 정확한 specification 사양 recently 최근에 satisfied 만족하는 range from A to B A에서 B까지의 범위에 이르다 construction firm 건설 회사 be confident that ~임을 확신하다 meet ~을 충족하다 exceed ~을 뛰어 넘다, 초과하다 current 현재의 provider 제공업체 so that ~할 수 있도록 go back through ~을 되돌아 보다 previous 이전의 original 기존의 것, 최초의 것, 원본 attach ~을 첨부하다 document 문서, 서류 accounting 회계 convenience 편의

168 What is the purpose of the e-mail?

(A) To submit an updated price estimate
(B) To resend some recommendations
(C) To schedule a visit to a site
(D) To point out an error in a proposal

이메일의 목적은 무엇인가?

(A) 업데이트된 가격 견적서를 제출하기
(B) 추천 사항들을 다시 보내기
(C) 한 장소를 방문하는 일정을 잡기
(D) 제안서에 오류를 지적하기

| 주제/목적 | 목적 |

지문 시작 부분에 '추천하는 보안 업그레이드 목록을 보냈지만 그 업그레이드 작업과 관련해 아직 답변을 듣지 못했다(I sent you a list of our recommended security upgrades ~)'면서 해당 서비스를 설명한 후에 지문 마지막 부분에 가서 '상대방의 회사에 필요한 문서를 이 이메일에 다시 첨부했다(I've attached the document for your accounting company to this e-mail again ~)'고 알리고 있다. 따라서 추천하는 서비스 목록을 다시 보내 그 서비스를 이용하도록 권유하는 것이 목적임을 알 수 있으므로 (B)가 정답이 된다.

어휘 estimate 추정, 추산, 견적서 resend ~을 다시 보내다 point out ~을 지적하다

정답 (B)

169 What is suggested by Mr. Reeves?

(A) DDC Security has hired some new technicians.
(B) Mr. Reeves and Ms. Earhart have met in person.
(C) Ms. Earhart is using DDC Security's competitor now.
(D) Falco Industries has recently opened in the area.

Reeves 씨에 의해 암시된 것은 무엇인가?

(A) DDC Security가 몇몇 신입 기술자들을 채용했다.
(B) Reeves 씨와 Earhart 씨가 직접 만난 적이 있다.
(C) Earhart 씨는 현재 DDC Security의 경쟁사를 이용하고 있다.
(D) Falco Industries는 최근에 해당 지역에 문을 열었다.

| 추론 | 진위확인 |

Reeves 씨는 이메일의 발신인이며, 이메일 주소를 통해 DDC Security(ben.reeves@ddcsecurity.com)의 직원임을 알 수 있다. 또한 지문 후반부에 상대방이 현재 이용 중인 제공업체(your current provider)의 서비스만큼 또는 그 이상으로 서비스를 제공할 수 있다고 언급한다. 이 정보들로 보아 수신인인 Earhart 씨가 DDC Security의 경쟁업체에서 제공하는 서비스를 이용하고 있음을 알 수 있으므로 (C)가 정답이다.

어휘 competitor 경쟁자, 경쟁업체

정답 (C)

170 What kind of business most likely is Falco Industries?

(A) An accounting firm
(B) A shopping center
(C) A construction company
(D) An art gallery

Falco Industries는 어떤 유형의 업체일 것 같은가?

(A) 회계 회사
(B) 쇼핑 센터
(C) 건설 회사
(D) 미술관

| 추론 | 세부사항 |

지문 중반부에 수신인의 소속 회사가 Falco Industries라고(~ for Falco Industries, one that meets or exceeds that of your current provider) 나타나 있다. 또한 후반부에 가서 상대방의 회사를 '회계 회사(your accounting company)'라고 지칭하고 있으므로 (A)가 정답임을 알 수 있다.

어휘 firm 회사

정답 (A)

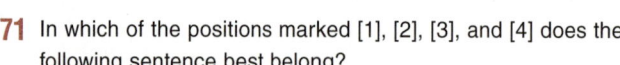

171 In which of the positions marked [1], [2], [3], and [4] does the following sentence best belong?

"Additionally, we can adjust our services as your needs change over time."

(A) [1]
(B) [2]
(C) [3]
(D) [4]

[1], [2], [3], [4]로 표기된 위치들 중에서 다음 문장이 가장 잘 어울리는 곳은 어디인가?

"추가적으로, 시간이 지나면서 귀하께 필요한 것이 달라짐에 따라 저희 서비스를 조정해 드릴 수 있습니다."

(A) [1]
(B) [2]
(C) [3]
(D) [4]

| 주어진 문장 넣기 | 연결어 단서 |

제시된 문장은 추가 정보임을 알리는 부사 Additionally로 시작되어 서비스를 조정해 줄 수 있다는 특징을 언급한다. 따라서 초기의 계획을 고안해 둔 상황(~ we have devised an initial plan ~)임을 알리는 문장 다음에 들어가 추가적으로 조치 가능한 특징을 덧붙이는 것이 글의 흐름상 자연스러우므로 (B) [2]가 정답이다.

어휘 additionally 추가적으로   adjust ~을 조정하다, 적응하다   over time 시간이 지나면서

정답 (B)

Questions 172-175 refer to the following article.

Labor Market Looking Bright in Stansbury

STANSBURY—Stansbury is showing strong job prospects with the announcement that Ziemer Software will open a branch in Stansbury, making it one of a growing number of tech companies centered in Stansbury. Although Belding City is still the area's largest provider of jobs in the field of technology, thanks in part to its generous tax breaks to attract companies to the city, Stansbury is starting to make a name for itself in its own right. 172 With top-class programs at Vanderhoof University's branch in Stansbury, there is a wealth of recent graduates who are locally based and highly qualified.

Robotics engineering company Emeral Inc. has been a major employer in the area for years, and it recently reconfirmed its plans to keep its operations in Stansbury. 173 A spokesperson for Emeral Inc. said that the company has been pleased with the workforce pool in Stansbury. "In some of our offices, like St. Petersburg, Russia, and Madrid, Spain, it takes a long time to recruit the right candidate because we only accept the top talent. In Stansbury, we always find recruitment easier because there are so many great candidates to choose from. We are fortunate to have had so much success. 174-C Financial support from investors and 174-A first-rate goods are only part of the equation. You need 174-B creative employees to drive the process."

Private businesses are not the only sector boosting employment opportunities in Stansbury. 175 Business Connect is a government-run program that helps job seekers to find work locally. The program began two years ago in an effort to draw more people and businesses to Stansbury. What began as a part-time operation with just two employees has grown to a staff of six full-time workers. 175 Marjorie Barnes, the director of Business Connect, said that the program is dedicated to providing support to local businesses. "When our local businesses succeed, our community is enriched," Barnes said. "We're here to make that happen."

172 According to the article, why do businesses find Stansbury attractive?

(A) It has a large transportation network.
(B) It is growing in population quickly.
(C) It is easy to find skilled workers there.
(D) It provides tax services to businesses.

기사에 따르면, 업체들은 왜 Stansbury가 매력적이라고 생각하는가?

(A) 대규모 교통 네트워크를 갖추고 있다.
(B) 인구가 빠르게 증가하고 있다.
(C) 능력 있는 직원들을 찾기가 쉽다.
(D) 업체들에게 세금 서비스를 제공한다.

> **세부사항 | Why**
>
> 첫 단락 마지막에 Stansbury 지역의 장점으로 이 지역 출신의 뛰어난 자격 요건을 갖춘 수많은 대학생들이 배출되고 있다는 점(a wealth of recent graduates who are locally based and highly qualified)을 언급하고 있다. 따라서 (C)가 정답이다.
>
> 어휘 transportation 수송, 운송   skilled 숙련된, 노련한   정답 (C)

173 What is true about Emeral Inc.?

(A) It tries to attract foreign investors.
(B) It moved its headquarters to Stansbury.
(C) It has overseas branches.
(D) It outsourced its recruitment efforts.

Emeral Inc.에 관해 사실인 것은 무엇인가?

(A) 해외 투자자들을 유치하기 위해 노력한다.
(B) 본사를 Stansbury로 옮겼다.
(C) 해외 지사들을 가지고 있다.
(D) 채용 업무를 외부에 위탁했다.

> **진위확인 | True**
>
> Emeral Inc.가 언급된 두 번째 단락에서, Emeral Inc.의 대변인이 지사의 위치를 설명하면서 러시아의 St. Petersburg와 스페인의 Madrid(In some of our offices, like St. Petersburg, Russia, and Madrid, Spain ~)를 언급하고 있다. 이는 해외의 여러 곳에 지사가 있음을 의미하는 것이므로 (C)가 정답이다.
>
> 어휘 headquarters 본사   overseas 해외의   outsource (작업·생산 등) ~을 외부에 위탁하다   정답 (C)

174 What is NOT indicated as a factor in Emeral Inc.'s success?

(A) High-quality products
(B) Innovative staff members
(C) Investment funds
(D) An efficient review process

Emeral Inc.의 성공 요인으로 나타나지 않은 것은 무엇인가?

(A) 고품질의 제품들
(B) 혁신적인 직원들
(C) 투자 자금
(D) 효율적인 검토 과정

> **진위확인 | NOT true**
>
> 두 번째 단락의 끝부분에서 Emeral Inc.의 성공과 관련해 투자자들의 재정적 지원(Financial support from investors), 최고의 상품(first-rate goods), 그리고 창의적인 직원들(creative employees)이 언급되어 있으므로 (A), (B), (C)는 모두 지문의 정보와 일치하는 보기들이다. 하지만 효율적인 검토(또는 확인) 과정을 의미하는 (D)와 관련된 정보는 제시되어 있지 않으므로 (D)가 정답이다.
>
> 어휘 innovative 혁신적인   efficient 효율적인   정답 (D)

175 What is implied about Ms. Barnes?

(A) She is a former employee of Emeral Inc.
(B) She started her own business in Stansbury.
(C) She has a degree in a technical field.
(D) She is employed by the government.

Barnes 씨에 관해 암시된 것은 무엇인가?

(A) 그녀는 Emeral Inc.의 이전 직원이다.
(B) 그녀는 Stansbury에서 개인 사업을 시작했다.
(C) 그녀는 기술 분야에 학위가 있다.
(D) 그녀는 정부에 의해 고용된 사람이다.

> **추론 | 진위확인**
>
> Barnes 씨의 이름은 마지막 단락 중간에 나오며 'Business Connect의 책임자(the director of Business Connect)'라고 되어 있다. 같은 단락의 시작 부분에 Business Connect는 정부가 운영하는 프로그램(Business Connect is a government-run program ~)이라고 되어 있으므로 Barnes 씨는 정부에 고용되어 일하는 사람임을 알 수 있다. 따라서 (D)가 정답이다.
>
> 어휘 degree 학위   technical 기술적인   employ ~을 고용하다, 쓰다   정답 (D)

Questions 176-180 refer to the following e-mail and schedule.

To: Gateway Accounting Staff <allstaff@gatewayaccounting.com>
From: Robert Garza <r.garza@gatewayaccounting.com>
Date: March 7
Subject: MTC Incorporated

Hello Everyone,

As we announced at yesterday's meeting, the negotiations for our merger with MTC Incorporated have been completed, and the agreement is finalized. I know that many of you were concerned about how this merger would affect the company and your role in it. 176 I want to reassure you that there are many clear advantages to this decision. The newly formed company (MTC Gateway) will have approximately 35% of the market share, giving us a competitive edge. Like Gateway Accounting, 177 MTC Incorporated has a reputation for working on complicated tax filings. In addition, MTC Incorporated has a department that provides legal advice, which will allow us to bring a new dimension to our business.

To help make the transition smoother, departmental meetings will be held next week with one meeting leader from each company. 179 The Gateway Accounting representative will evaluate everyone's job responsibilities to see how to best combine the two workforces. The MTC Incorporated representative will give a talk on the policies going forward under MTC Gateway.

Sincerely,

Robert Garza
Office Manager, Gateway Accounting

---

180 Departmental Meetings: Gateway Accounting Headquarters

180 Thursday, March 16, 1 P.M.–4 P.M.

Department	Room	Meeting Leaders
Sales	Conference Room A	Semhar Tewelde [Gateway Accounting] Carol Nicols [MTC Incorporated]

Marketing	Room 304	Rohini Sharaf [Gateway Accounting] Mitsuo Daijou [MTC Incorporated]
180 Human Resources	**180** Conference Room B	Terry Woodard [Gateway Accounting] Joseph Decker [MTC Incorporated]
Finance	Employee Lounge	**179** Gabriel Cardoso [Gateway Accounting] Yan Siu [MTC Incorporated]

마케팅	304호실	Rohini Sharaf [Gateway 회계 법인] Mitsuo Daijou [MTC 주식회사]
180 인사	180 회의실 B	Terry Woodard [Gateway 회계 법인] Joseph Decker [MTC 주식회사]
재무	직원 라운지	**179** Gabriel Cardoso [Gateway 회계 법인] Yan Siu [MTC 주식회사]

180 두 회사의 현 CEO들은 그 직원들이 이미 자신들과 개별 미팅을 가졌던 인사부를 제외한 모든 부서들을 방문할 것입니다.

180 The current CEOs of both firms will visit all departments except Human Resources, whose staff has already had a private meeting with them.

어휘 current 현재의   firm 회사   except ~을 제외하고   private 개별의

176 What is one reason that Mr. Garza sent the e-mail?

(A) To emphasize the benefits of a change
(B) To thank employees for their hard work
(C) To announce a corporate merger
(D) To describe a negotiation process

Garza 씨가 이메일을 보낸 한 가지 이유는 무엇인가?

(A) 변화에 따른 이점들을 강조하기 위해
(B) 직원들의 노고에 감사하기 위해
(C) 기업 합병을 발표하기 위해
(D) 협의 과정을 설명하기 위해

주제/목적 | 목적

이메일의 첫 단락에, 합병으로 인한 우려 사항과 관련해 '이 결정에 여러 가지 명확한 장점들이 있다는 말로 안심시켜 주려 한다 (I want to reassure you that there are many clear advantages to this decision)'고 알리고 있다. 즉, 좋은 점들이 분명히 있음을 상기시키는 것이므로 이에 해당하는 (A)가 정답이다. 첫 지문의 시작 부분에 어제 있었던 회의에서 이미 합병 사실을 말했다고 하므로 (C)는 오답이다.

어휘 emphasize ~을 강조하다   benefit 혜택, 이득   corporate 기업[회사]의

정답 (A)

177 What is indicated about MTC Incorporated?

(A) It held 35% of the market share.
(B) It is known for handling difficult tax cases.
(C) It caters to individuals and businesses.
(D) It has some offices overseas.

MTC 주식회사에 관해 암시된 것은 무엇인가?

(A) 35퍼센트의 시장 점유율을 보유하고 있었다.
(B) 어려운 세무를 처리하는 것으로 알려져 있다.
(C) 개인과 업체들의 요구를 충족시켜 준다.
(D) 몇몇 해외 지사들이 있다.

진위확인 | True

첫 지문의 첫 단락 끝부분에, 'MTC 주식회사는 복잡한 세무를 처리하는 것으로 명성을 얻은 회사(MTC Incorporated has a reputation for working on complicated tax filings)'라는 특성이 제시되어 있다. 따라서 이와 같은 업무상의 특성을 설명한 (B)가 정답이다.

어휘 handle ~을 처리하다   cater to ~의 구미에 맞추다

정답 (B)

178 In the e-mail, the word "dimension" in paragraph 1, line 8, is closest in meaning to

(A) obstruction
(B) characteristic
(C) commitment
(D) proportion

이메일에서, 첫 번째 단락, 여덟 번째 줄의 단어 "dimension"과 의미가 가장 가까운 것은 무엇인가?

(A) 장애물
(B) 특징
(C) 헌신
(D) 비율

동의어 | 명사

해당 문장은 MTC 주식회사가 지닌 특징을 설명하는 내용이며, 여기에서 발생하는 이점에 대해 설명하기 위해 dimension이라는 단어가 쓰였다. dimension은 '차원, 관점' 등의 의미로 쓰이며, 직역하면 '새로운 차원의 것이 회사에 도입된다'는 의미가 되는데, 이는 또 다른 특징을 갖게 되다는 뜻이므로 '특징, 특성'을 뜻하는 (B)가 정답이다.

정답 (B)

---

179 What is most likely true about Mr. Cardoso?

(A) He will assess some staff duties.
(B) He will meet with the office manager.
(C) He will take over for Ms. Siu.
(D) He will discuss new policies.

Cardoso 씨에 관해 사실일 법한 것은 무엇인가?

(A) 그는 일부 직원들의 직무를 평가할 것이다.
(B) 그는 사무장과 만날 것이다.
(C) 그는 Siu 씨의 자리를 이어받을 것이다.
(D) 그는 새로운 정책들을 논의할 것이다.

연계문제 | 추론

Cardoso 씨의 이름은 두 번째 지문에 제시된 도표의 하단에 'Gabriel Cardoso [Gateway Accounting]'과 같이 표기되어 있다. 이 회의 일정표와 관련해, 첫 지문의 두 번째 단락에 'Gateway 회계 법인의 직원이 인력을 가장 잘 통합할 수 있는 방법을 확인하기 위해 모든 사람들의 직무를 평가할 것(The Gateway Accounting representative will evaluate everyone's job responsibilities ~)'이라고 했으므로 (A)가 정답임을 알 수 있다.

어휘 assess ~을 평가[사정]하다 take over (일 따위를) 이어[인계]받다

정답 (A)

---

180 What is suggested about the March 16 meetings?

(A) The leaders were selected by the staff.
(B) The Human Resources meeting will be cut short.
(C) The departments will meet before lunch.
(D) The CEOs will not visit Conference Room B.

3월 16일 회의에 관해 알 수 있는 것은 무엇인가?

(A) 지도자들이 직원들에 의해 선정되었다.
(B) 인사부 회의는 갑자기 끝낼 것이다.
(C) 부서들이 점심 시간 전에 모일 것이다.
(D) CEO들이 회의실 B를 방문하지 않을 것이다.

추론 | 진위확인

3월 16일 회의 관련 정보가 포함된 두 번째 지문의 하단에, '두 회사의 현 CEO들은 인사부를 제외한 모든 부서를 방문할 것(The current CEOs of both firms will visit all departments except Human Resources ~)'이라고 되어 있고 도표에 인사부 직원들이 모이는 장소가 'Conference Room B'로 되어 있다. 두 정보를 종합하면 CEO들이 회의실 B를 방문하지 않을 것임을 알 수 있으므로 (D)가 정답이다.

정답 (D)

Questions 181-185 refer to the following flyer and e-mail.

Get a Free Rain Barrel for Your Home or Business!

181-D In an effort to reduce pressure on the Burwell City Water System, **182** which often lacks sufficient water to meet the city's needs, rain barrels will be distributed to Burwell residents on May 3 at Valencia Park. **184** Residents are eligible to receive one free rain barrel (per address), and business owners may buy one for just $40, which is far below the retail price. **181-C** This event is sponsored by the city of Burwell and the Association for Environmental Responsibility. The barrels must be picked up in person, and **181-A** they are only suitable for homes or commercial buildings with slanted roofs and a gutter system. Please note that a pickup truck may be required to transport the barrel, depending on the barrel size.

The water collected in these barrels can be used for gardening, washing vehicles, and more. The city is continuing to seeking creative solutions like these, which can dramatically reduce the impact we have on nature. For more information, visit www.cityofburwell.gov/water.

---

184 To: Tammy Damian <damiant@telebiz.com>
From: Hinako Okamura <h_okamura@cityofburwell.gov>
Date: May 18
Subject: Rain Barrel Program

Dear Ms. Damian,

I am writing to you regarding **184** the rain barrel that you bought at the May 3 event at Valencia Park. After getting some complaints from users, we realized that the spout at the bottom of the barrel was the wrong size. Therefore, even when assembled correctly, the barrel will leak. Please complete the attached form so that we can send you a new spout. It is not necessary to return the original one. **185** In fact, we will be using that size on our rain barrels next year, so you might want to hang onto it if you plan to participate in the program again. The form can be sent by mail or e-mail.

Thank you for your participation,

Hinako Okamura
Program Coordinator

귀하의 행사 참여에 감사 드립니다.

Hinako Okamura
프로그램 진행 책임자

어휘 regarding ~와 관련해 complaint 불만 realize that ~임을 알게 되다, 깨닫다 spout 배수 꼭지, 분수 구멍 bottom 아래, 바닥 therefore 그러므로 even when ~하는 경우라 하더라도 assemble ~을 조립하다 correctly 정확히, 올바르게 leak 물이 새다 complete ~을 작성 완료하다 attach ~을 첨부하다 form 양식 so that ~할 수 있도록 necessary 필요한 original 원래의 in fact 실제로, 사실은 hang onto ~을 갖고 있다 plan to do ~할 계획이다 participate in ~에 참여하다 participation 참여 coordinator (행사 등의) 진행 책임자

181 What kind of information is NOT provided in the flyer?

(A) The building requirements
(B) The available barrel sizes
(C) The event's supporters
(D) The reason for an event

전단에 제공되지 않은 것은 어떤 유형의 정보인가?

(A) 건물 요건들
(B) 이용 가능한 통의 크기
(C) 행사의 후원자들
(D) 행사의 목적

─┤ 진위확인 | NOT true ├─

첫 지문의 중반부와 후반부의 '비스듬한 형태의 지붕과 배수 시스템을 갖춘 주택과 상업용 건물에 적합하다(suitable for homes or commercial buildings with slanted roofs and a gutter system)'는 말과 'Burwell 시와 Association for Environmental Responsibility의 후원을 받는다(sponsored by the city of Burwell and the Association for Environmental Responsibility)'는 부분을 통해 (A)와 (C)가 맞는 내용임을 알 수 있다. 또한 지문 시작 부분에 '자주 물 부족에 시달리는 Burwell City Water System에 대한 부담을 줄이기 위해서(In an effort to reduce pressure on the Burwell City Water System ~)'라는 정보를 통해 (D)도 맞는 내용임을 알 수 있다. 하지만 사람들에게 나눠주는 통의 크기에 대한 정보는 나타나 있지 않으므로 (B)가 정답이다.

어휘 requirment 필요조건, 요건

정답 (B)

182 What is stated about Burwell?

(A) It suffers from low water supplies.
(B) Its rainiest month is in May.
(C) It has opened a new park.
(D) Its population is growing rapidly.

Burwell에 관해 언급된 것은 무엇인가?

(A) 물 공급량 부족을 겪고 있다.
(B) 비가 가장 많이 오는 달은 5월이다.
(C) 새로운 공원이 문을 열었다.
(D) 인구가 빠르게 증가하고 있다.

─┤ 진위확인 | True ├─

첫 지문의 시작 부분에 Burwell 시의 수도 공급 상황과 관련해 '필요한 물을 충분히 확보하지 못해 자주 물이 부족하다(~ often lacks sufficient water to meet the city's needs)'라고 언급한 내용을 통해 (A)가 정답임을 알 수 있다.

어휘 suffer from ~로 고통받다 rapidly 빠르게

정답 (A)

183 In the flyer, the word "dramatically" in paragraph 2, line 3, is closest in meaning to

(A) strictly
(B) artistically
(C) substantially
(D) environmentally

전단에서, 두 번째 단락, 세 번째 줄의 단어 "dramatically"와 의미가 가장 가까운 것은 무엇인가?

(A) 엄격하게
(B) 예술적으로
(C) 상당히
(D) 환경적으로

─┤ 동의어 | 부사 ├─

해당 문장에서 부사 dramatically는 바로 뒤에 위치한 동사 reduce를 수식한다. 따라서 부사 dramatically는 '감소의 정도'를 나타낸다는 것을 알 수 있으므로 '상당히'라는 뜻으로 쓰이는 (C)가 정답이다.

정답 (C)

184 What is suggested about Ms. Damian?

(A) She is using a barrel at her business.
(B) She volunteered to distribute goods.
(C) She is not a resident of Burwell.
(D) She made a complaint to Mr. Okamura.

Damian 씨에 관해 알 수 있는 것은 무엇인가?
(A) 그녀는 자신의 업체에서 통을 사용하고 있다.
(B) 그녀는 물품을 나눠 주는 일에 자원했다.
(C) 그녀는 Burwell의 주민이 아니다.
(D) 그녀는 Okamura 씨에게 불만을 제기했다.

┤ 연계문제 | 추론 ├

Damien 씨는 두 번째 지문인 이메일의 수신자이며, 이 이메일의 시작 부분에 Damian 씨가 행사장에서 통을 구입했다(~ the rain barrel that you bought)고 언급한다. 이와 관련해 첫 지문의 중간에 기업 소유주들은 40달러에 통을 구입할 수 있다(business owners may buy one for just $40)고 했으므로 Damian 씨가 자신의 회사에서 통을 사용하고 있음을 유추할 수 있다. 따라서 이에 대해 언급한 (A)가 정답이다.

어휘 volunteer 자원[자진]하다 make a complaint 불만을 제기하다

정답 (A)

185 What does Mr. Okamura suggest doing?

(A) Reviewing some assembly instructions
(B) Signing up for next year's event
(C) Checking some equipment for problems
(D) Keeping a component for future use

Okamura 씨가 하도록 제안하는 것은 무엇인가?
(A) 조립 설명서를 검토하는 것
(B) 내년 행사에 등록하는 것
(C) 장비에 문제가 있는지 확인하는 것
(D) 향후 사용을 위해 부품을 보관하는 것

┤ 세부사항 | What ├

Okamura 씨가 쓴 이메일인 두 번째 지문의 끝부분에, '내년 행사에 쓸 빗물받이 통에 현재 사이즈의 배수 꼭지를 사용할 예정이므로 그것을 가지고 있는 게 좋다(~ so you might want to hang onto it if you plan to participate in the program again)'고 권하는 내용이 있다. 즉, 불만의 대상이 된 기존의 배수 꼭지(spout)를 잘 보관하라고 권하는 것이므로 (D)가 정답이다.

어휘 assembly 조립, 의회 equipment 장비 component 부품, 요소

정답 (D)

Questions 186-190 refer to the following e-mails and meeting minutes.

To: EP Committee <ep@marietta-co.com>
From: Melissa Trevino <m_trevino@marietta-co.com>
Date: October 10
Subject: Mr. Kovar's retirement

Hello Everyone,

As you all know, Jack Kovar will be retiring next month after nearly thirty years of service to Marietta Co. The event planning committee is in charge of organizing a retirement banquet for him to celebrate his time at the company and to send him off in style. I'd like to set up a meeting for sometime this week. 186 Please let me know the best day and time for you, and I'll try to accommodate everyone's schedules.

I have already booked the venue—the ballroom of the Laredo Center—for November 21. However, the rest of the planning still needs to be done. Because our time is somewhat limited, I've asked Chelsea Ebert to do some preliminary research to find a caterer. She will assess a few places, 188-C including Fairfield Catering, which we have used in the past but is now under new ownership.

Please think about this party and bring your best ideas to the meeting. Mr. Kovar has performed his duties with the utmost integrity and determination. Therefore, it is important that he be honored properly.

Sincerely,

Melissa Trevino

To: EP Committee <ep@marietta-co.com>
From: Chelsea Ebert <c_ebert@marietta-co.com>
Date: October 11
Subject: Catering Options

Hi All,

Ms. Trevino asked me to look into the catering companies that might be available for Mr. Kovar's retirement dinner. I have it narrowed down to Bryant Creations and Fairfield Catering, either of which would be suitable for the event. I'll provide more details at the meeting, but a quick comparison is provided below.

Menu Options: Bryant Creations focuses on high-end food for those with sophisticated tastes. The high standard of food would reflect positively on the event as a whole. On the other hand, **188-A Fairfield Catering has a much larger menu**, and it can accommodate vegetarians, vegans, gluten-free diners, and more.

Price: **188-D Bryant Creations is about 50% more expensive than Fairfield Catering.** However, if we have some flexibility in the budgets for other categories, we could still afford it.

Availability: Both companies are available on the event day, but we should decide soon to secure the services. Additionally, **189 both companies recommended hiring one server for every ten guests**, since we want a sit-down meal rather than a buffet.

Meeting: Event Planning Committee
Date and Time: Thursday, October 13, 10 A.M.–11 A.M.
Location: Conference Room 2
Chairperson: Melissa Trevino
Present: William O'Connor, Deborah Hughes, Chelsea Ebert
Absent: Lewis Eastman

Meeting Notes:

1. Ms. Ebert presented a detailed comparison between Fairfield Catering and Bryant Creations. The committee selected Fairfield Catering by a unanimous vote. Ms. Ebert will contact Fairfield Catering to pay the deposit and will also inform Bryant Creations that we will not be using their services. **189 The estimated guest count is 150 people**, and Fairfield Catering can provide the necessary number of servers.

2. Budgets for each of the event categories were set, and a committee member was assigned to each one to help with the research, though the committee will still make major decisions as a group. The categories are Venue (Melissa), Food/Beverages (Chelsea), Entertainment (William), and Decorations (Deborah). Lewis will be asked to assist where needed.

3. **190 The next meeting will be held on Friday, October 21 at 1 P.M. We will select colors and a theme so we know how to decorate the venue.**

정되는 the necessary number of 필요한 숫자의 be assigned to ~에 배정되다 though 비록 ~이지만 make a decision 결정하다 be asked to do ~하도록 요청받다 where needed 필요한 곳에 be held on+날짜 ~에 열리다 how to do ~하는 법

186 What is the purpose of Ms. Trevino's e-mail?

(A) To report a change in a meeting time
(B) To recruit volunteers for a committee
(C) To determine a meeting time for a retirement party
(D) To announce the retirement of a coworker

Trevino 씨가 쓴 이메일의 목적은 무엇인가?

(A) 회의 시간의 변경을 알리기
(B) 위원회에 자원봉사자들을 모집하기
(C) 은퇴 파티 준비를 위한 회의 시간을 정하기
(D) 한 동료 직원의 은퇴를 알리기

| 주제/목적 | 목적 |

Trevino 씨가 쓴 이메일의 목적을 묻고 있으므로 첫 번째 지문의 시작 부분에 주목해야 한다. 이 이메일은 행사 기획 위원회에 보낸 것이며, 첫 단락의 끝부분에서 이 위원회 소속 직원들을 you로 가리켜 행사 개최와 관련된 회의를 여는 것에 대해 '여러분에게 가장 적절한 날짜와 시간을 제게 알려 달라(Please let me know the best day and time for you)'고 언급하고 있으므로 이를 다른 말로 바꿔 표현한 (C)가 정답이다.

어휘 determine ~을 결정하다

정답 (C)

187 In the first e-mail, the word "performed" in paragraph 3, line 2, is closest in meaning to

(A) presented
(B) entertained
(C) achieved
(D) carried out

첫 번째 이메일에서, 세 번째 단락, 두 번째 줄의 단어 "performed"와 의미가 가장 가까운 것은 무엇인가?

(A) ~을 제시했다
(B) ~을 즐겁게 했다
(C) ~을 달성했다
(D) ~을 수행했다

| 동의어 | 동사 |

해당 문장에서 performed는 동사로 쓰였으며, 바로 뒤에 '업무, 맡은 일'을 뜻하는 'duties'가 목적어로 왔으므로 '(일 등) ~을 수행하다'라는 의미로 쓰였음을 알 수 있다. 따라서 (D) carried out이 정답이다.

정답 (D)

188 What is NOT indicated about Fairfield Catering?

(A) It has a wider selection of food than Bryant Creations.
(B) It specializes in providing buffet dinners for events.
(C) It has provided food for Marietta Co. events in the past.
(D) It is a cheaper option compared to Bryant Creations.

Fairfield Catering에 관해 암시된 것이 아닌 것은?

(A) Bryant Creations보다 더 다양한 음식이 있다.
(B) 행사에 뷔페식 저녁 식사를 제공하는 것을 전문으로 한다.
(C) 과거에 Marietta Co.의 행사에 음식을 제공한 적이 있다.
(D) Bryant Creations에 비해 더 저렴한 옵션이다.

| 연계문제 | 진위확인 |

지문에서 Fairfield Catering이라는 업체가 지닌 특성을 파악해 각 보기와 비교해 풀어야 한다. 두 번째 지문의 두 번째 난락에서 '훨씬 더 많은 메뉴들이 있다(Fairfield Catering has a much larger menu)'고 했으므로 (A)는 옳은 내용이며, 첫 지문의 두 번째 단락에서 '과거에 우리가 이용해 본 적이 있다(Fairfield Catering, which we have used in the past)'고 언급하고 있으므로 (C)도 맞는 정보이다. 또한 두 번째 지문의 세 번째 단락에서 'Bryant Creations가 Fairfield Catering보다 약 50퍼센트 정도 더 비싸다(Bryant Creations is about 50% more expensive than Fairfield Catering.)'고 했으므로 (D)도 옳은 내용이다. 하지만 뷔페를 전문으로 하는 곳인지에 대한 언급은 없으므로 (B)가 정답이다.

어휘 specialize in ~을 전문으로 하다 compared to ~와 비교하여

정답 (B)

189 How many servers will the company most likely hire?

(A) 10
(B) 15
(C) 20
(D) 25

회사는 종업원을 몇 명 고용할 것 같은가?

(A) 10명
(B) 15명
(C) 20명
(D) 25명

연계문제 | 추론

행사의 종업원 고용과 관련된 정보는 두 번째 지문의 마지막 단락에 나온다. '두 곳 모두 10명의 손님당 1명의 종업원을 고용하는 것을 추천했다(both companies recommended hiring one server for every ten guests)'고 언급했고, 이와 관련해 세 번째 지문의 첫 단락에서 '예상 참석 손님 숫자는 150명(The estimated guest count is 150 people)'이라고 한 것으로 보아 두 정보를 종합하면 15명의 종업원을 고용할 것임을 알 수 있으므로 (B)가 정답이다.

정답 (B)

---

190 What is scheduled to happen at the next meeting?

(A) Sampling food items
(B) Preparing invitations
(C) Choosing a guest speaker
(D) Discussing decorations

다음 회의에서 무슨 일이 있을 예정인가?

(A) 음식 시식하기
(B) 초대장 준비하기
(C) 초대 연사 선정하기
(D) 장식물에 관해 논의하기

세부사항 | What

다음 회의에서 있을 일과 관련된 정보는 세 번째 지문의 마지막 단락에서 찾아볼 수 있다. 다음 회의에 '행사 장소 장식과 관련해 색상 및 주제를 선정할 것(We will select colors and a theme so we know how to decorate the venue)'이라고 언급되어 있으므로 (D)가 정답임을 알 수 있다.

어휘 sample ~을 시식[시음]하다, 표본 조사를 하다   prepare ~을 준비하다   invitation 초대장

정답 (D)

Questions 191-195 refer to the following e-mail, agenda, and article.

To: All Members <memberslist@sunnydalecommunity.org>
From: Sally Fordwich <s.fordwich@sunnydalecommunity.org>
Date: September 23
Subject: Update

Dear Members,

191 To begin, I'd like to thank you all for your hard work during last week's fundraising event. We exceeded our target by 12%! Our finances are now looking very strong for the next year, and we'll be announcing several exciting projects soon.

Also, as some of you may know, 192 Bob Harknett will not be able to attend the upcoming city council meeting due to a medical appointment. Karl Rogers has agreed to cover the presentation in his place. He will bring up the following three issues on our behalf:
– 194-B Using public funds to allow entry fees for older residents to be reduced
– 194-A Adding speed bumps outside the community center's main gates to improve safety
– 194-C Hiring two more security guards to allow for full-time coverage overnight

Yours sincerely,

Sally Fordwich
General Secretary, Sunnydale Community Center

Sunnydale City Council Meeting Proposed Agenda

September 28, 3:00 P.M. [Last updated September 18]

3:00 P.M.	Call to Order and Roll Call, Reading and approval of previous meeting's minutes
3:15 P.M.	Guest Speaker: Daniel Fashanu, State Deputy Governor Speech: "Building Community Connections"
3:45 P.M	Education Report: Elise LeBlanc, Sunnydale High School Principal
4:00 P.M.	Resident Presentation: Alice Rickards
192 4:15 P.M.	Resident Presentation: Bob Harknett
4:30 P.M.	Resident Presentation: Shannon Jackson
4:45 P.M.	Debate among council members on presented topics

5:15 P.M.	**193** Selection of a city council member to replace Millie Lentz as head of the Workforce Development Committee (Council members who expect to be absent may cast their ballots in advance.)
5:30 P.M.	End of proceedings

오후 5:15	**193** Millie Lentz를 대체해 노동 개발 위원회장 직을 맡을 시의회 의원 선출(불참이 예상되는 의원들은 미리 투표권을 행사할 수 있습니다.)
오후 5:30	회의 종료

어휘 proposed 제안된 agenda 의제 call to order 개회 선언 roll call 출석 확인 approval 승인 previous 이전의 minutes 회의록 deputy governor 부 주지사 connection 연계, 연결 principal 교장 debate 토론 presented 제시된 selection 선정, 선정 replace ~을 대체하다 expect to do ~할 것으로 예상하다 absent 불참한 cast one's ballot 투표하다 in advance 미리 proceedings 의사록, (회의) 공식 기록

Changes Ahead for Sunnydale Community Center

195 October 25—After many struggles with the city council, the Sunnydale Community Center (SCC) was able to celebrate a number of successes following last month's meeting. Speaking **194-A** outside the gates of the center, where new speed bumps have been installed, Sally Fordwich, General Secretary for the SCC, said that the traffic-slowing measures had already had positive results in the form of fewer "near-miss" accidents reported. In addition, she was pleased that **194-B** the council agreed to subsidize community center fees for the elderly. While Ms. Fordwich praised the city council members for their actions, **195** she also mentioned that she already has plans to request further financial support next month.

Sunnydale 지역 주민 센터에 있을 변화

195 10월 25일—시의회와 함께한 많은 노력 끝에, Sunnydale 지역 주민 센터(SCC)는 지난달 회의 이후에 많은 성공 사례들을 축하할 수 있었다. **194-A** 새로운 과속 방지턱이 설치된, 센터 출입구 외부에서 한 연설에서, SCC의 Sally Fordwich 센터장은 차량 저속 조치들이 "충돌할 뻔한" 사고들이 보고되는 횟수가 더 줄어든 형태로 이미 긍정적인 결과를 낳았다고 말했다. 게다가, 그녀는 **194-B** 시의회가 노인들을 위한 주민 센터 요금에 보조금을 지급하기로 합의한 것에 기뻐했다. Fordwich 씨는 그들의 조치에 대해 시의회 의원들을 칭찬했고, **195** 또한 다음 달 추가 재정 지원을 요청할 계획도 이미 가지고 있다고 언급했다.

어휘 ahead 앞으로 struggle 노력, 애씀 celebrate ~을 기념하다 a number of 많은 following ~ 이후에 install ~을 설치하다 traffic-slowing 차량 속도를 늦추는 measure 조치 positive 긍정적인 result 결과 in the form of ~의 형태로 in addition 추가로 subsidize ~에 보조금을 주다 the elderly 노인들 praise ~을 칭찬하다 mention that ~임을 언급하다 further 추가의 financial 재정의

---

191 Why does Ms. Fordwich thank the group members?

(A) They participated in a building renovation.
(B) They made useful project suggestions.
(C) They attended a city council meeting.
(D) They assisted in a successful donation drive.

Fordwich 씨는 왜 그룹 구성원들에게 감사하는가?

(A) 그들이 건물 개조 공사에 참여했다.
(B) 그들이 유용한 프로젝트 제안을 했다.
(C) 그들이 시의회 회의에 참석했다.
(D) 그들이 성공적인 기부 운동에 도움을 줬다.

> **세부사항 | Why**
>
> Fordwich 씨가 쓴 이메일인 첫 번째 지문의 시작 부분에서, '기금 마련 행사 중의 노고에 대해 여러분 모두에게 감사 드린다'는 말과 함께 '목표치를 12퍼센트나 초과했다(To begin, I'd like to thank you all for your hard work during last week's fundraising event. We exceeded our target by 12%!)'고 알리고 있다. 즉, 기금 모금 행사를 성공적으로 개최한 데 대해 감사의 인사를 전하는 것이므로 (D)가 정답이다.
>
> **어휘** participate in ~에 참가하다 assis in ~을 돕다 donation drive 기부 운동
>
> 정답 (D)

---

192 What time did Mr. Rogers most likely address the city council members?

(A) At 3:45 P.M.
(B) At 4:00 P.M.
(C) At 4:15 P.M.
(D) At 4:30 P.M.

Rogers 씨는 몇 시에 시의회 의원들에게 연설했을 것 같은가?

(A) 오후 3:45에
(B) 오후 4:00에
(C) 오후 4:15에
(D) 오후 4:30에

├ 연계문제 | 추론 ┤

Rogers 씨의 이름은 첫 지문의 두 번째 단락에 제시되어 있다. 이 부분에 'Rogers 씨가 회의에 참석할 수 없는 Bob Harknett 씨를 대신해 발표를 하는 데 동의했다(Karl Rogers has agreed to cover the presentation in his place)'는 내용이 쓰여 있다. 회의 의제인 두 번째 지문에서, Bob Harknett 씨의 발표 시간이 '오후 4시 15분(4:15 P.M. Resident Presentation: Bob Harknett)'으로 되어 있으므로 (C)가 정답임을 알 수 있다.

정답 (C)

193 What is true about the September 28 meeting?

(A) Its main speech took place at the end of the meeting.
(B) It featured a debate between council members and residents.
(C) It included a vote to elect an official.
(D) It was not open to members of the press.

9월 28일 회의에 관해 사실인 것은 무엇인가?
(A) 그 주요 연설이 회의 마지막에 진행되었다.
(B) 시의회 의원들과 주민들 사이의 토론을 특징으로 했다.
(C) 한 관리를 선출하기 위한 투표가 포함되었다.
(D) 언론 기자들에게 공개되지 않았다.

├ 진위확인 | True ┤

9월 28일 회의 의제에 해당하는 두 번째 지문의 하단에서, 'Millie Lentz 씨를 대체해 노동 개발 위원회장 직을 맡을 시의회 의원을 선출한다(Selection of a city council member to replace Millie Lentz as head of the Workforce Development Committee)'는 내용이 쓰여 있으므로 (C)가 정답이다.

어휘 elect ~을 선출하다　official 공무원, 관리, 임원

정답 (C)

194 What change requested by Mr. Rogers was NOT made by the city council?

(A) Putting in speed bumps outside the center
(B) Decreasing entry fees for senior citizens
(C) Increasing the number of security personnel
(D) Making improvements in disabled access

Rogers 씨에 의해 요청된 변화 중 시의회에 의해 이뤄지지 않은 것은?
(A) 센터 외부에 과속방지턱을 설치하는 것
(B) 고령자들을 위해 입장료를 내리는 것
(C) 보안 직원들의 수를 늘리는 것
(D) 장애인들의 출입을 개선하는 것

├ 연계문제 | 진위확인 ┤

Rogers 씨가 요청한 사항들은 첫 번째 지문 중간 부분에서 찾아볼 수 있다. 노인들을 위한 입장료를 내릴 수 있도록 공공 기금을 활용하는 일(Using public funds to allow entry fees for older residents to be reduced), 주민 문화 센터의 중앙 출입구 바깥에 과속방지턱을 추가하는 일(Adding speed bumps outside the community center's main gates), 야간에 상시 감시가 가능하도록 두 명의 추가 보안 요원들을 고용하는 일(Hiring two more security guards to allow for full-time coverage overnight)이 제시되어 있다. 그런데 세 번째 지문을 보면, 새로운 과속방지턱이 설치된 일(where new speed bumps have been installed)과 노인들을 위한 주민 센터 요금에 대해 보조금을 지급하기로 합의한 것(the council agreed to subsidize community center fees for the elderly)만 언급되어 있다. 따라서 추가 보안 직원들을 고용하는 일은 빠져 있음을 알 수 있으므로 (C)가 정답이다.

어휘 personnel 인원, 직원들　disabled 장애인

정답 (C)

195 What will Ms. Fordwich most likely do in November?

(A) Run for a city council position
(B) Ask for more funding
(C) Start some new projects
(D) Request a building expansion

Fordwich 씨는 11월에 무엇을 할 것 같은가?
(A) 시의회 의원 자리에 출마하기
(B) 더 많은 자금을 요청하기
(C) 몇몇 새 프로젝트를 시작하기
(D) 건물 확장을 요청하기

├ 추론 | 세부사항 ┤

Fordwich 씨가 하려는 일을 언급한 세 번째 지문의 마지막 부분을 보면, '다음 달에 추가 재정 지원을 요청할 계획을 가지고 있다(she already has plans to request further financial support next month)'고 쓰여 있는 것을 확인할 수 있다. 그런데 이 기사의 작성 시점이 지문 상단에 '10월 25일(October 25)'로 되어 있으므로 해당 요청은 11월에 이루어질 것임을 알 수 있다. 따라서 (B)가 정답이다.

어휘 run for ~에 출마하다　expansion 확대, 확장

정답 (B)

Questions1 96-200 refer to the following e-mail, information, and article.

To: Finn Holmberg
From: Graycliff Outfitters
Date: April 8
Subject: RE: Inquiry

Dear Mr. Holmberg,

Thank you for your interest in purchasing 20 backpacks [200] for your new nature guide business. You mentioned that [198] you are looking for a model that is lightweight, [200] as you cater solely to beginner hikers who may not be used to vigorous physical activity. In addition, because the hikes will take place regardless of the weather, [198] you need the backpacks to be made of waterproof or water-resistant materials. We have a wide range of backpacks in our inventory, so I'm sure you can find something that suits you. I have attached some product information about the items that are within your specified price range. Please let me know if you have any questions.

Sincerely,

Trina Sherman
Customer Service Agent, Graycliff Outfitters

Graycliff Outfitters

Backpacks: $150.00–$199.99
All backpacks come with a free 3-year warranty, except Trailz, whose warranty must be purchased separately.

Trailz–$154.99
Wide shoulder straps to distribute weight evenly. [197] Twelve compartments of various sizes. Made with waterproof fabric.
Colors: Blue, Red, Gray.
Capacity: 36 liters.

Camplife–$169.99
Padded waistband for all-day comfort. [198] Water-resistant canvas keeps interior dry in light rain. [197] Six outside pockets and three inside pockets for easy organization. [198] One of the lightest frames on the market.
Color: Black.
Capacity: 34 liters.

Sierra–$174.99
Lightweight design with **197 five interior sections and four outer pockets. 196 Sierra outsells its competitors by nearly two to one.** Retractable chain for keys.
Colors: Black, Dark Green.
Capacity: 60 liters.

Cougarex–$189.99
197 Two interior sections and five exterior pockets, including one mesh pocket for drying damp items. Made from heat-and water-resistant fabric. Mid-weight frame.
Colors: Black, Blue, Red.
Capacity: 80 liters.

Businesses Respond to Tourism Shift
By Rebecca Keiser

June 20—Summer is always a busy time for hotels, airlines, and other tourism-related businesses. However, this season has also seen a significant rise in visits to natural areas such as wildlife sanctuaries and national parks. On account of the growing need for experienced guides for hiking and camping excursions, businesses have sprung up to fill the gap. While visitors are allowed to tour the parks on their own, many of the sites include hazardous sections of the trails. People are willing to pay extra to have professional assistance, as safety counts. Two businesses that have been leading tours for years are Forrista, operating advanced and intermediate tours in the Hickman Mountains, and Ace Tours, operating beginning-level tours in Evergreen Park. Two newcomers to watch are **200 DC Excursions, providing hikes exclusively to beginners in Mesa Park**, and Sunshine Tours, providing hikes of all levels in the Marshall Nature Reserve.

196 What is suggested about Sierra?

(A) It is the largest backpack.
(B) It is the most popular item.
(C) It has a padded belt.
(D) It is recommended by professionals.

Sierra에 관해 알 수 있는 것은 무엇인가?

(A) 가장 큰 배낭이다.
(B) 가장 인기 있는 제품이다.
(C) 패드가 들어간 벨트가 있다.
(D) 전문가들에 의해 추천된다.

| 추론 | 진위확인 |

'Sierra'라는 이름은 두 번째 지문의 네 번째 단락에 쓰여 있다. 여기서 'Sierra'가 제품명임을 알 수 있으며, 경쟁 제품들보다 훨씬 더 많이 팔린다(Sierra outsells its competitors by nearly two to one)는 정보가 제시되어 있으므로 이를 다른 말로 바꿔 표현한 (B)가 정답이다.

어휘 professional 전문직 종사자; 전문적인

정답 (B)

197 Which feature is common to all four brands?

(A) They all come in more than one color.
(B) They are all designed to dry quickly.
(C) They all have numerous compartments.
(D) They are all covered by a free warranty.

네 브랜드 모두의 공통된 특징은 무엇인가?

(A) 그것들은 모두 한 가지가 넘는 색상으로 나온다.
(B) 그것들은 모두 빠르게 건조되도록 디자인되어 있다.
(C) 그것들은 모두 수납 공간이 많이 있다.
(D) 그것들은 모두 무료 품질 보증을 받는다.

| 세부사항 | Which |

각 제품의 특성이 쓰여 있는 두 번째 지문에서 공통된 특성을 찾아야 한다. 각각의 설명에서 이 제품들은 모두 내부 및 외부에 많은 수납 공간(compartments, pockets, sections)이 있다는 점이 제시되어 있으므로 (C)가 정답이다.

어휘 numerous 많은

정답 (C)

198 Which backpack would be most suitable for Mr. Holmberg's company?

(A) Trailz
(B) Camplife
(C) Sierra
(D) Cougarex

어떤 배낭이 Holmberg 씨의 회사에 가장 적합할 것인가?

(A) Trailz
(B) Camplife
(C) Sierra
(D) Cougarex

| 연계문제 | 세부사항 |

첫 지문에서 Holmberg 씨가 원하는 제품의 특성을 파악해 보면, 가볍(lightweight)고 방수 기능이나 내수성이 있는 제품(you need the backpacks to be made of waterproof or water-resistant materials)임을 알 수 있다. 두 번째 지문에서 이와 같은 특징을 지닌 제품을 찾아보면 'Camplife(Water-resistant canvas keeps interior dry ~)'이므로 (B)가 정답이다.

정답 (B)

199 In the article, the word "counts" in paragraph 1, line 7, is closest in meaning to

(A) considers
(B) includes
(C) calculates
(D) matters

― 동의어 | 동사 ―

counts가 포함된 문장 앞에 많은 위험 구역이 있다는 내용이 있고, 뒤이어 전문적으로 도움을 받기 위해 돈을 더 낸다는 정보가 제시되어 있다. 따라서 counts의 주어인 safety, 즉 안전이 중요하기 때문에 돈을 더 내고 전문적인 도움을 받는다는 맥락이므로 '중요하다'라는 의미로 쓰이는 (D) matters가 정답이다.

정답 (D)

200 Where most likely does Mr. Holmberg's company operate?

(A) Hickman Mountain
(B) Evergreen Park
(C) Mesa Park
(D) Marshall Nature Reserve

― 연계문제 | 추론 ―

Holmberg 씨의 회사와 관련된 정보가 가장 먼저 제시되는 첫 지문의 시작 부분에서, 오직 초보자들에게만 서비스가 제공되는 (you cater solely to beginner hikers) 회사임을 알 수 있는데, 마지막 지문의 끝부분에서 두 곳의 신생 업체를 소개하면서 초보자들에게만 서비스를 제공하는 업체로 Mesa Park에서 서비스를 제공하는 회사가(DC Excursions, providing hikes exclusively to beginners in Mesa Park) 언급되어 있으므로 (C)가 정답이다.

정답 (C)

TEST 04

PART 5
PART 6
PART 7

ANSWER KEYS

PART 5
101 (D) 102 (C) 103 (D) 104 (A) 105 (C) 106 (B) 107 (A) 108 (D) 109 (C) 110 (B)
111 (C) 112 (B) 113 (D) 114 (C) 115 (C) 116 (A) 117 (A) 118 (B) 119 (D) 120 (B)
121 (C) 122 (C) 123 (A) 124 (A) 125 (C) 126 (A) 127 (C) 128 (B) 129 (A) 130 (D)

PART 6
131 (C) 132 (D) 133 (B) 134 (B) 135 (B) 136 (C) 137 (B) 138 (A) 139 (B) 140 (D)
141 (A) 142 (A) 143 (C) 144 (B) 145 (C) 146 (D)

PART 7
147 (B) 148 (B) 149 (C) 150 (D) 151 (B) 152 (A) 153 (B) 154 (B) 155 (B) 156 (C)
157 (A) 158 (D) 159 (A) 160 (A) 161 (D) 162 (C) 163 (C) 164 (A) 165 (C) 166 (A)
167 (D) 168 (D) 169 (C) 170 (B) 171 (D) 172 (D) 173 (D) 174 (C) 175 (A) 176 (D)
177 (C) 178 (B) 179 (C) 180 (A) 181 (B) 182 (A) 183 (D) 184 (B) 185 (D) 186 (A)
187 (D) 188 (B) 189 (D) 190 (C) 191 (D) 192 (C) 193 (C) 194 (A) 195 (C) 196 (A)
197 (B) 198 (C) 199 (A) 200 (B)

PART 5

101. The display tables for the farmers market used to require partial setup by vendors every Saturday, but now they remain ------- assembled.

(A) fuller
(B) full
(C) fullest
(D) fully

농산물 직판 시장에서 사용되는 제품 진열용 탁자는 매주 토요일마다 판매자가 부분적으로 설치해야 했지만, 현재는 완전히 조립되어 있는 상태로 유지된다.

┤ 부사 자리 │ remain + 부사 + 형용사 ├

동사 remain은 형용사를 주격 보어로 취하는 2형식 동사이고, 빈칸 뒤에 형용사 역할을 하는 assembled(조립된)가 있으므로 빈칸은 형용사를 수식하는 부사가 와야 하는 자리이다. 또한, remain fully assembled는 '완전히 조립된 상태로 유지되다'라는 의미가 되어 의미상으로도 자연스럽다. 따라서 (D) fully(완전히)가 정답이다.

어휘 display 진열, 전시 farmers market 농산물 직판 시장 used to do (과거 한때) ~했었다 require ~을 필요로 하다 partial 부분적인 setup 설치 vendor 판매자, 판매업체 remain + 형용사 ~인 상태로 유지되다, 남아 있다 assembled 조립된

정답 (D)

102. Mr. Lambert's secretary called to ------- for Mr. Stewart to meet him on the fifth of June.

(A) specify
(B) connect
(C) arrange
(D) conduct

Lambert 씨의 비서는 Stewart 씨가 6월 5일에 그를 만나도록 조치하기 위해 전화했다.

(A) ~을 명시하다 (B) ~을 연결하다
(C) ~하도록 조치하다, 준비해놓다 (D) ~을 실시하다

┤ 동사 어휘 ├

보기가 모두 의미가 다른 동사로 구성되어 있으므로 해석을 통해 가장 자연스럽게 연결되는 보기를 선택한다. 문맥상 '비서는 Stewart 씨가 6월 5일에 그를 만나도록 조치하기 위해 전화했다'가 적절하므로 '~하도록 조치하다, 준비해놓다'라는 뜻을 가진 동사 (C) arrange가 정답이다. 또한, arrange는 'arrange for + 목적어 + to부정사(~가 …하도록 조치하다)'의 형태로 쓰이므로, 의미와 형태상으로도 모두 적절하다. 반면에 (A) specify, (B) connect, (D) conduct는 목적어를 바로 취하는 타동사로, 전치사 for와 결합할 수 없으므로 오답이다.

어휘 secretary 비서 arrange for A to do A가 ~하도록 조치하다, 마련하다

정답 (C)

103. Due to the unfortunate lack of funds, the first ever National Reader's Education Conference will be rescheduled ------- next year.

(A) in
(B) by
(C) at
(D) for

안타깝게도 자금 부족으로 인해, 사상 최초의 National Reader's Education Conference가 내년으로 일정이 재조정될 것이다.

(A) ~ 후에, ~ 만에 (B) ~에 의해
(C) ~에 (D) (정해진 날짜·시간을 나타내어) ~에

┤ 전치사 숙어 표현 │ be (re)scheduled for + 시점 표현(~로 예정[재조정]되다) ├

'~로 일정이 재조정되다'라는 의미를 나타내는 숙어 표현 be rescheduled for를 알고 있으면 쉽게 풀 수 있는 문제로 (D) for가 정답이다. 'be (re)scheduled for + 시점 표현(~로 예정[재조정]되다)', 'be (re)scheduled to + 동사원형(~하도록 예정[재조정]되다)' 모두 자주 출제되는 숙어 표현이므로 하나의 의미 단위로 묶어서 암기해 두자.

어휘 due to ~로 인해 unfortunate 안타까운, 불운한 lack of ~의 부족 fund 자금 first ever 사상 최초의 be rescheduled for 날짜/시간 ~로 일정이 재조정되다

정답 (D)

104 ------- the guests report any issues with their hotel rooms, please make an effort to resolve them as quickly as possible.

(A) If (B) Whether
(C) Though (D) So that

고객들이 자신의 호텔 객실과 관련해 어떤 문제라도 알릴 경우에는 가능한 한 빨리 그 문제를 해결하기 위해 노력해 주시기 바랍니다.

(A) ~일 경우에는, ~라면 (B) ~인지 아닌지
(C) 비록 ~이지만 (D) [결과] 그래서 ~하다,
  [목적] ~할 수 있도록

┤ 적절한 접속사 찾기 ├

빈칸 뒤에 주어와 동사가 있는 완전한 두 개의 절이 있으므로, 빈칸은 두 개의 절을 연결하는 부사절 접속사 자리이다. 따라서 or 없이는 부사절 접속사의 역할을 할 수 없고, 절을 명사로 만드는 명사절 접속사 (B) Whether(~인지 아닌지)는 오답이다. 나머지 보기 중 해석을 통해 적절한 것을 찾아야 한다. 빈칸 바로 뒤에 쓰인 문장은 고객이 호텔 객실과 관련해 어떤 문제라도 알리는 상황을 말하고 있고, 콤마 뒤의 문장은 그 문제들을 가능한 한 빨리 해결하라는 내용이다. 따라서 고객이 문제를 알리는 일이 '조건'을 의미하는 것이 문맥상 자연스러우므로 (A) If(~일 경우에는)가 정답이다.

어휘 report ~을 알리다, 보고하다 issue 문제, 사안 make an effort to do ~하기 위해 노력하다 resolve ~을 해결하다 as quickly as possible 가능한 한 빨리

정답 (A)

105 The hourly wages offered in rural areas are ------- lower than those paid by companies in urban centers.

(A) significance (B) most significant
(C) significantly (D) more significant

시골 지역에서 제공되는 시간당 급여는 도심 지역에 있는 회사들에 의해 지급되는 것보다 훨씬 더 낮다.

┤ 부사 자리 | 부사+형용사의 비교급 ├

빈칸 앞에는 be동사가, 빈칸 뒤에는 형용사의 비교급 lower가 있으므로 빈칸은 형용사를 수식하는 부사가 와야 하는 자리이다. 따라서 보기 중에서 부사인 (C) significantly(상당히)가 정답이다. 참고로, 부사 significantly는 much처럼 비교급 강조 부사로 쓰일 수 있다는 점도 함께 기억해 두자.

어휘 hourly wage 시급 offer ~을 제공하다 rural 시골의 urban center 도심지

정답 (C)

106 Since Mr. Taylor believed he had been contacted in -------, he did not make a return phone call.

(A) demand (B) error
(C) problem (D) mistake

Taylor 씨는 자신이 실수로 연락을 받았다고 생각했기 때문에, 다시 전화를 걸지 않았다.

(A) 수요, 요구 (B) 실수
(C) 문제 (D) 실수

┤ 명사 숙어 표현 | in error(실수로) ├

보기가 모두 의미가 다른 명사로 구성되어 있으므로 해석상 가장 적절한 보기를 정답으로 선택해야 하지만, 빈칸 앞 전치사 in과 함께 쓰이는 표현을 알고 있다면 좀 더 빠르게 풀 수 있는 문제이다. in error(실수로)와 in demand(수요가 있는)가 가능한데, 문맥상 실수로 연락을 받았기 때문에 다시 전화를 걸지 않았다는 의미가 자연스러우므로 (B) error(실수)가 정답이다. (C) problem(문제), (D) mistake(실수)도 의미상 (B) error와 비슷해 보이지만, 전치사 in과 함께 쓰이지 않으므로 오답이다.

어휘 believe (that) ~라고 생각하다 contact ~에게 연락하다 make a return call 확인 전화를 걸다, 답신 전화를 걸다

정답 (B)

107 Those who need some refreshments will ------- the employee lounge on the first floor of the building across from the elevators.

(A) find (B) sit
(C) relax (D) stay

다과가 필요한 사람들은 건물 1층의 엘리베이터 맞은편에 있는 직원 휴게실을 찾을 것이다.

(A) ~을 찾다 (B) 앉다
(C) 쉬다, 휴식하다 (D) 머무르다, 숙박하다

┤ 동사 어휘 ├

보기가 모두 의미가 다른 동사로 구성되어 있으므로 해석상 가장 적절한 보기를 정답으로 선택한다. 다과가 필요한 사람들이 직원 휴게실을 '찾을 것이다'가 의미상 적절한데다, find는 목적어를 바로 취하는 타동사이므로 (A) find가 정답이다. 하지만 (B) sit은 sit at(~에 앉다), (C) relax는 relax in(~에서 휴식하다), (D) stay는 stay in(~에 머무르다)의 형태로, 모두 전치사가 있어야 명사와 결합할 수 있는 자동사이므로 오답이다.

어휘 refreshments 다과 employee lounge 직원 휴게실 across from ~의 맞은편에 있는

정답 (A)

108 New employees are encouraged to direct any complaints to the manager rather than try to handle them -------.

(A) theirs (B) their own
(C) they (D) themselves

신입 직원들은 어떤 불만 사항이든지 직접 처리하려 하기보다는 부서장에게 전달하도록 권장된다.

---| 재귀대명사 강조용법 |---

빈칸이 없어도 하나의 완전한 문장을 이룰 수 있다. 따라서 주어를 강조해 부사처럼 쓰이는 재귀대명사 (D) themselves만이 빈칸에 올 수 있다. (A) theirs는 소유대명사로 '그들의 것'이란 의미이고 주어나 목적어 자리에 위치하며, (B) their own은 'on their own'의 형태로 쓰여야 '직접'이란 의미를 나타내는 부사로 쓰일 수 있으므로 오답이다. (C) they는 주어 자리에 위치하므로 오답이다.

어휘 be encouraged to do ~하도록 권장되다, 장려되다 direct A to B A를 B에게 전달하다 complaint 불만 rather than ~하기보다는, ~하는 대신 try to do ~하려 하다 handle ~을 처리하다
정답 (D)

---

109 The publishing company is requesting the edited ------- in its entirety no later than October 1.

(A) appliance (B) property
(C) volume (D) result

그 출판사는 늦어도 10월 1일까지 완전한 형태로 편집된 책을 요청하고 있다.

(A) 기기 (B) 건물, 부동산
(C) 책 (D) 결과

---| 명사 어휘 |---

보기가 모두 의미가 다른 명사로 구성되어 있으므로 해석을 통해 가장 자연스럽게 연결되는 것을 선택한다. 주어인 출판사가 편집된 '책'을 요구하는 것이 문맥상 적절하므로 '책'의 의미를 가진 (C) volume이 정답이다. 이처럼 volume이 '음량, 용량'의 의미 외에도 '책'의 의미를 가지고 있다는 것을 기억해 두자.

어휘 publishing company 출판사 request ~을 요청하다 edited 편집된 in its entirety 완전한 형태로 no later than 늦어도 ~까지는
정답 (C)

---

110 When you attend Friday's staff meeting, you should be ready to report your ------- of the proposed business model.

(A) to analyze (B) analysis
(C) analyzes (D) analyzed

금요일에 있을 직원회의에 참석하실 때, 당신은 제안된 사업 모델에 관한 분석 자료를 보고할 준비가 되어야 합니다.

---| 명사 자리 | 소유격+명사 |---

소유격 your 다음에는 소유격의 수식을 받는 명사가 와야 한다. 따라서 명사인 (B) analysis(분석)가 정답이다.

어휘 attend ~에 참석하다 staff meeting 직원회의 be ready to do ~할 준비가 되다 analyze ~을 분석하다 analysis 분석 정답 (B)

---

111 The amount of the loan that can be granted is ------- on the business' annual revenue as well as its credit history.

(A) dependable (B) depends
(C) dependent (D) depend

승인될 수 있는 대출 액수는 업체의 신용 기록뿐만 아니라 연간 수익에 따라 달라진다.

---| 비슷한 형용사의 구별 | dependable VS dependent |---

be동사 뒤에 주격 보어 역할을 하는 형용사 자리이다. 따라서 보기 중에서 형용사인 (A) dependable(믿을만한)과 (C) dependent(의존적인, 의지하는) 중 하나가 정답이 된다. 'be dependent on(~에 따라 다르다)'은 하나의 숙어 표현이며, 문맥상으로도 '승인될 수 있는 대출 액수는 수익에 따라 달라진다'가 자연스러우므로 (C) dependent가 정답이다.

어휘 amount 액수, 수량 loan 대출 grant ~을 승인하다 business 업체, 회사 annual 연간의, 해마다의 revenue 수익 B as well as A A뿐만 아니라 B도 credit history 신용 기록
정답 (C)

112 Yoon Financial Consultants work ------- with clients to establish plans that fit their personal goals and earning capabilities.

(A) nearly (B) closely
(C) lately (D) newly

Yoon Financial Consultants는 고객들의 개별 목표 및 소득 능력에 적합한 계획을 세우기 위해 고객들과 긴밀히 협력한다.

(A) 거의 (B) 긴밀히
(C) 최근에 (D) 새롭게

부사 어휘

보기가 모두 의미가 다른 부사로 구성되어 있으므로 해석을 통해 가장 자연스럽게 연결되는 것을 선택한다. 컨설팅 사가 고객들과 어떤 식으로 일하는지를 묘사해야 하는데, 문맥상 '긴밀히' 함께 일한다는 것이 적절하므로 (B) closely가 정답이다. work closely with(~와 긴밀히 일하다)를 하나의 숙어 표현으로 암기해 두자. 참고로, lately는 현재 완료 시제와 어울리는 부사라는 것도 정리해 두자.

어휘 establish ~을 확립하다, 세우다 plan 계획 fit ~에게 적합하다, 알맞다 earning 소득, 수입 capability 능력   정답 (B)

113 Because of the ------- nature of their work, medical professionals abide by a strict code of confidentiality in all matters related to their patients.

(A) appropriate (B) effective
(C) careful (D) sensitive

그들 일의 민감한 속성 때문에, 의료 전문가들은 환자들과 관련된 모든 사안에 있어 엄격한 비밀 유지 규정을 준수한다.

(A) 적절한 (B) 효과적인
(C) 신중한, 조심스러운 (D) 민감한

형용사 어휘

보기가 모두 의미가 다른 형용사로 구성되어 있으므로 해석상 가장 적절한 보기를 정답으로 선택한다. 빈칸은 명사 nature(특성)를 수식하기에 적절한 형용사가 필요한 자리이다. 콤마 뒤에 환자들과 관련된 일을 엄격하게 비밀로 유지한다는 내용이 있는데, 그 이유가 의료 전문가들의 일이 '민감한 특성'을 지니고 있기 때문이라는 맥락이므로 '민감한'의 의미를 가진 (D) sensitive가 정답이다.

어휘 nature (사물의) 특성, 특질 medical 의료의 professional 전문가 abide by ~을 준수하다, 따르다 strict 엄격한 code 규정, 법규 confidentiality 비밀 (유지) matter 일, 사안 related to ~와 관련된 patient 환자   정답 (D)

114 While the roof of the Harrisville branch is being repaired, the staff must move ------- of the site's inventory to an off-site warehouse.

(A) everything (B) each
(C) all (D) such

Harrisville 지점의 지붕이 수리되는 동안, 직원들은 반드시 부지 내의 모든 재고 물품을 부지 밖의 창고로 옮겨야 한다.

(A) 모든 것 (B) 각각
(C) 모든 것 (D) 그런 것

부분이나 전체를 나타내는 대명사

빈칸은 'of the+명사'와 연결되어 부분이나 전체를 나타낼 수 있는 대명사 자리이다. 따라서 (A) everything, (D) such는 오답이다. (B) each의 경우, 'each of the+복수명사'의 형태로 쓰이므로 역시 답이 될 수 없다. 따라서 (C) all이 정답이다. 부분이나 전체를 나타낼 수 있는 대명사를 정리해 두자.

어휘 while ~하는 동안 branch 지사, 지점 repair ~을 수리하다 move A to B A를 B로 옮기다 site 부지, 장소 inventory 재고 (물품) off-site 다른 곳에 (떨어져 있는), 부지 밖의 warehouse 창고   정답 (C)

115 The library's board members decided to release funding for a new computer lab after much -------.

(A) deliberated (B) deliberate
(C) deliberation (D) deliberates

도서관의 이사회 임원들은 심사숙고한 끝에 새로운 컴퓨터실에 필요한 자금을 풀기로 결정했다.

명사 자리 | 전치사+형용사+명사

전치사 after 뒤에 형용사 much가 있고, 빈칸은 much의 수식을 받는 명사 자리이다. after much deliberation은 '심사숙고 끝에'가 되어 의미상으로도 적절하다. 따라서 명사인 (C) deliberation(숙고)이 정답이다.

어휘 board member 이사회 임원 decide to do ~하기로 결정하다 release ~을 풀어 놓다, 출시하다 funding 자금, 기금 computer lab 컴퓨터실 deliberate 신중한; 신중히 생각하다 deliberation 숙고, 숙의   정답 (C)

TEST 04

116 Johno's Wool sells the finest wool products to individuals and businesses located all ------- Australia.

(A) across (B) along
(C) wide (D) from

Johno's Wool은 개인 및 호주 전역에 위치한 기업을 대상으로 최고급 양털 제품을 판매한다.

(A) ~ 전역에 (B) ~을 따라
(C) 넓은 (D) ~로부터

┤ 전치사 어휘 ├

보기가 모두 의미가 다른 전치사로 구성되어 있으며, 빈칸 앞뒤로 연결되는 전치사 숙어 표현이 없으므로 해석을 통해 적절한 것을 선택한다. 빈칸은 지역을 뜻하는 Australia와 연결되어 '호주 전역에'라는 의미가 되는 것이 자연스럽다. 따라서 '~을 건너'의 의미 외에도 '~ 전역에'라는 의미를 지닌 (A) across가 정답이다.

어휘 finest 최고급의, 최상의 wool 양털, 양모 individual 개인, 사람 business 회사, 업체

정답 (A)

117 At Roof Videos, all rentals should be returned within 7 days, and late rentals are ------- to additional charges.

(A) subject (B) entitled
(C) accountable (D) compared

Roof Videos에서는, 모든 대여물이 7일 이내에 반납되어야 하며, 연체된 대여물은 추가 요금 부과 대상이다.

(A) (~의) 대상이 되는 (B) 자격이 있는
(C) 책임이 있는 (D) (~와) 비교하여

┤ 형용사 숙어 표현 | be subject to + 명사 (~의 대상이 되다) ├

보기가 모두 의미가 다른 형용사로 구성되어 있으므로 해석을 통해 가장 자연스럽게 연결되는 것을 선택한다. 하지만 빈칸 앞에 be동사가, 빈칸 뒤에는 전치사 to가 있으므로 보기 중 이와 함께 숙어 표현으로 쓰이는 형용사가 있는지 찾아본다. 'be subject to(~의 대상이 되다)', 'be entitled to(~에 대한 자격이 있다)', 'be compared to(~와 비교가 되다)'가 가능한 형태인데, 의미상 '연체된 대여물은 추가 요금 부과의 대상이다'가 적절하므로 (A) subject가 정답이다.

어휘 rental 대여(물) return ~을 반납하다 within ~ 이내에 additional 추가의 charge (부과) 요금

정답 (A)

118 The committee in charge of the art contest will review the entries ------- all of the paintings have been collected and displayed.

(A) whether (B) now that
(C) by (D) how

모든 그림들이 접수되어 전시된 상태이므로 미술 경연대회를 책임지고 있는 위원회가 참가작들을 검토할 것이다.

(A) ~인지 아닌지 (B) ~이므로
(C) ~에 의해 (D) ~의 방법에 대하여, 어떻게 ~하는지

┤ 부사절 접속사 VS 명사절 접속사 VS 전치사 ├

해석을 하지 않고도 풀 수 있는 문제이다. 빈칸은 완전한 두 개의 절(주어+동사)을 연결하는 부사절 접속사 자리이다. (A) whether(~인지 아닌지)와 (D) how(~의 방법에 대하여)는 명사절 접속사이므로 오답이고, (C) by(~에 의해)는 전치사이므로 뒤에 주어와 동사가 올 수 없으므로 오답이다. 따라서 (B) now that(~이므로)이 정답이다.

어휘 committee 위원회 in charge of ~을 책임지고 있는 review ~을 검토하다 entry 참가작, 출품작 painting 그림 collect ~을 모으다, 수집하다 display ~을 전시하다

정답 (B)

119 According to the *Journal of Rock and Soil*, researchers estimate the ------- for minerals used in cosmetics will peak in the next 20 years.

(A) population (B) appearance
(C) correlation (D) demand

〈Journal of Rock and Soil〉에 따르면, 연구원들은 화장품에 사용되는 광물에 대한 수요가 앞으로 20년 동안 최고조에 달할 것으로 추정한다.

(A) 인구 (B) 외관, 모습
(C) 상관관계 (D) 수요

┤ 명사 어휘 ├

보기가 모두 의미가 다른 명사로 구성되어 있으므로 해석을 통해 가장 자연스럽게 연결되는 것을 선택한다. 문맥상 화장품에 사용되는 광물에 대한 '수요'가 높아졌다는 의미가 적절하므로 전치사 for와 함께 '~에 대한 수요'를 뜻하는 명사 (D) demand가 정답이다.

어휘 researcher 연구원 estimate (that) ~라고 추정하다 mineral 광물 cosmetics 화장품 peak 최고조에 달하다, 절정에 달하다

정답 (D)

120 A recent report ------- a need to lower prices in order to prevent more customers from purchasing goods elsewhere.

(A) commented (B) indicated
(C) allowed   (D) collected

최근의 한 보고서는 더 많은 고객들이 다른 곳에서 상품을 구입하는 일을 방지하기 위해 가격을 낮출 필요성이 있음을 보여 주었다.

(A) 언급하다   (B) ~을 보여 주다, 나타내다
(C) ~을 허락하다   (D) ~을 수집하다

┤ 동사 어휘 ├

보기가 모두 의미가 다른 동사로 구성되어 있으므로 해석을 통해 문맥상 적절한 것을 선택한다. 최근 보고서가 가격을 낮출 필요성이 있음을 '보여 준다'는 의미가 자연스러우므로 (B) indicated가 정답이다. (A) commented는 전치사 on과 결합하여 '~을 언급하다'의 의미로 쓰이는 자동사이므로 목적어를 바로 취할 수 없다는 것을 기억해 두자.

어휘 recent 최근의 need to do ~해야 할 필요성 lower ~을 낮추다, 내리다 in order to do ~하기 위해 prevent A from -ing A가 ~하는 것을 방지하다, 예방하다 purchase ~을 구입하다 goods 상품 elsewhere 다른 곳에서

정답 (B)

121 Ms. Maguire was asked to provide a list of ------- venues for the upcoming product launch of the company's new athletic shoes.

(A) prefers   (B) preferring
(C) preferred (D) preference

Maguire 씨는 곧 있을 회사의 신제품 운동화 출시 행사를 열기 위해 선호하는 장소 목록을 제공하도록 요청받았다.

┤ p.p.와 V-ing형 분사의 구별 ├

빈칸 앞에는 전치사가, 빈칸 뒤에는 명사가 있으므로 빈칸에는 다양한 형태가 가능하다. 우선, 전치사 뒤에 동사는 올 수 없으므로 (A) prefers는 오답이다. 명사 앞에 명사가 와서 복합명사를 이룰 수는 있지만 'preference venues(선호 장소)'는 의미상 어색하므로 (D) preference 역시 오답이다. 전치사 뒤에 동명사가 올 수 있지만, a list of preferring venues는 '장소를 선호하는 것의 목록'이라는 의미가 되어 어색하다. 그러나 a list of preferred venues는 '선호되는 장소의 목록'이 되어 의미상 적절하므로 (C) preferred가 정답이다.

어휘 be asked to do ~하도록 요청받다 provide ~을 제공하다 venue (행사) 장소 upcoming 곧 있을, 다가오는 launch 출시, 공개 athletic shoes 운동화

정답 (C)

122 ------- the paperwork for Mr. Herbert's home mortgage was incomplete, the bank was unable to process his request.

(A) Unless   (B) Until
(C) Because (D) Given

Herbert 씨의 주택 담보 대출을 위한 서류 작업이 불완전했기 때문에, 은행은 그의 요청을 처리할 수 없었다.

(A) ~이 아니라면   (B) ~까지
(C) ~ 때문에   (D) ~을 고려해 볼 때

┤ 부사절 접속사 VS 전치사 ├

빈칸 뒤에 완전한 두 개의 절이 있으므로 빈칸은 두 개의 절을 연결하는 부사절 접속사 자리이다. 따라서 (D) Given(~을 고려해 볼 때)은 전치사이므로 오답이다. 나머지 보기 중 해석을 통해 문맥상 적절한 것을 선택한다. 콤마를 기준으로 앞 문장에서는 주택 담보 대출에 대한 서류 작업이 완료되지 않았다고 했고, 뒤의 문장에는 은행이 그의 요청을 처리할 수 없다고 쓰여 있다. 따라서 앞 문장이 은행이 일을 진행할 수 없는 '이유'가 되므로 이유를 나타내는 접속사 (C) Because(~ 때문에)가 정답이다.

어휘 paperwork 서류 작업, 문서 업무 home mortgage 주택 담보 대출 incomplete 완료되지 않은, 불완전한 be unable to do ~ 할 수 없다 process ~을 처리하다 request 요청(서)

정답 (C)

123 Because Dr. Carter has a ------- of expertise, he is frequently contacted by local hospitals when they have patients with unknown illnesses.

(A) wealth   (B) height
(C) number   (D) fame

Carter 박사는 풍부한 전문 지식을 갖고 있기 때문에, 지역 병원에 알려지지 않은 질병을 지닌 환자가 올 경우에 병원 측으로부터 자주 연락을 받는다.

(A) 풍부   (B) 높이, 키
(C) 수   (D) 명성

명사 숙어 표현 | a wealth of(풍부한)

보기가 모두 의미가 다른 명사로 구성되어 있으므로 해석상 가장 적절한 것을 정답으로 선택해야 하지만, 보기 중 'a ------- of'의 형태로 된 숙어 표현을 이루는 것이 있는지 먼저 살펴본다. a wealth of(풍부한)와 a number of(많은)가 이에 해당하는데, a number of 뒤에는 복수명사가 와야 하므로 불가산명사인 expertise를 수식할 수 있는 'a wealth of(풍부한)'가 적절하다. 따라서 (A) wealth가 정답이다.

어휘 expertise 전문 지식 frequently 자주 contact ~에게 연락하다 local 지역의, 현지의 patient 환자 unknown 알려지지 않은 illness 질병

정답 (A)

---

124 The person who delivers the take-out food has a device to collect ------- by credit card if the customer prefers that to cash.

(A) payment   (B) pay
(C) payer   (D) paying

포장 음식을 배달하는 사람은 고객이 현금보다 신용카드를 선호할 경우에 신용카드로 지불하는 금액을 결제할 기기를 갖고 다닌다.

비슷한 명사의 구별 | payment VS pay VS payer

빈칸은 to collect의 목적어 자리이므로 명사 역할을 하는 단어가 와야 한다. 보기 중에서 명사는 (A) payment(지불 금액), (B) pay(급여), (C) payer(지급인)가 있는데, 의미상 '지불 금액을 수금한다'는 것이 자연스러우므로 (A) payment가 정답이다. 또한, (C) payer는 사람을 나타내는 가산명사이므로 앞에 한정사 없이는 단수로 쓸 수 없다는 것도 기억해 두자.

어휘 deliver ~을 배달하다 take-out food 포장 음식 device 기기 collect (돈 등) ~을 수금하다, 징수하다 prefer A to B B보다 A를 선호하다

정답 (A)

---

125 Be sure to save and back up all documents in ------- for the installation scheduled between 2 A.M. and 4 A.M. tomorrow.

(A) calculation   (B) operation
(C) preparation   (D) exception

내일 오전 2시에서 4시 사이로 예정된 설치 작업에 대비해 반드시 모든 문서를 저장하고 백업해 두십시오.

(A) 계산   (B) 운영, 경영, (기계) 조작, 운전
(C) 준비, 대비   (D) 예외(적인 일)

명사 숙어 표현 | in preparation for(~에 대비해)

보기가 의미가 다른 명사로 구성되어 있으므로 해석상 가장 자연스러운 보기를 정답으로 선택한다. 빈칸 앞부분에서 모든 문서를 저장하고 백업하라고 했고, 빈칸 뒤에서는 설치 작업이 있다고 했으므로 문맥상 '설치 작업에 대비해 모든 문서를 저장하고 백업하라'는 의미가 되는 것이 자연스럽다. 따라서 '준비, 대비'를 뜻하는 명사 (C) preparation이 정답이다. in preparation for(~에 대비해)를 하나의 숙어 표현으로 함께 정리해 두자.

어휘 be sure to do 반드시 ~하다, 꼭 ~하다 back up ~을 백업하다 document 문서, 서류 installation 설치 between A and B A와 B 사이에

정답 (C)

---

126 No one is supposed to leave the building ------- scanning his or her ID card at the security counter.

(A) without   (B) unless
(C) merely   (D) though

그 어느 누구도 보안 검색대에서 자신의 신분증을 스캔하지 않고는 건물 밖으로 나갈 수 없도록 되어 있다.

(A) ~하지 않고   (B) ~가 아니라면
(C) 그저, 단지   (D) 비록 ~라 하더라도

부사절 접속사 VS 전치사 VS 부사

빈칸 뒤에 동명사(scanning)가 있으므로 빈칸은 동명사를 목적어로 취하는 전치사가 와야 하는 자리이다. 따라서 보기 중에서 전치사인 (A) without(~하지 않고)이 정답이다. (B) unless(~가 아니라면)와 (D) though(비록 ~라 하더라도)는 부사절 접속사로 뒤에 완전한 절의 형태가 와야 하며, (C) merely는 부사이므로 오답이다.

어휘 be supposed to do ~하기로 되어 있다, ~할 예정이다 leave ~에서 나가다, 떠나다 security counter 보안 검색대

정답 (A)

127 Due to the high rate of failure in the industry, investors are ------- cautious about backing restaurants.

(A) financed
(B) financial
(C) financially
(D) finance

업계 내에서의 높은 실패율로 인해, 투자자들은 식당을 지원하는 일에 대해 재정적으로 신중하다.

┤ 부사 자리 │ be+부사+형용사 ├

빈칸 앞에는 be동사가, 빈칸 뒤에는 형용사인 cautious가 있으므로 빈칸은 형용사를 수식하는 부사가 와야 하는 자리이다. 또한, are financially cautious(재정적으로 신중하다)가 되어 의미적으로도 자연스럽다. 따라서 부사인 (C) financially가 정답이다.

어휘 due to ~로 인해 rate 비율 failure 실패 industry 업계 investor 투자자 be cautious about ~에 대해 신중하다, 조심스러워하다 financial 금융[재정]의 finance 재정; 자금을 대다

정답 (C)

128 Due to urgent and unexpected repairs at the Ragland Theater, the community play will hold its first showing on June 5 -------.

(A) alike
(B) instead
(C) already
(D) too

Ragland Theater에서의 긴급하고 예기치 못한 수리 작업으로 인해, 그 지역 연극은 대신 6월 5일에 첫 번째 공연을 개최할 것이다.

(A) 비슷하게, 똑같이 (B) 대신에
(C) 이미 (D) 또한, 너무

┤ 부사 어휘 ├

보기가 모두 의미가 다른 부사로 구성되어 있으므로 해석을 통해 적절한 것을 선택한다. 문맥상 극장의 예기치 못한 수리로 인해 6월 5일에 대신 첫 번째 공연을 한다는 의미가 자연스러우므로 '대신에'라는 의미를 가진 부사 (B) instead가 정답이다. 이처럼 instead는 문장의 끝에 위치할 수 있는 부사라는 것을 기억해 두자.

어휘 due to ~로 인해 urgent 긴급한 unexpected 예기치 못한 repair 수리 community 지역 사회 hold (행사 등)~을 개최하다, 열다 showing 상연, 상영

정답 (B)

129 If Ms. Symington had accepted the transfer to Beijing, she ------- a large pay raise from her firm.

(A) would have received
(B) has received
(C) is being received
(D) would have been received

Symington 씨가 베이징으로의 전근을 받아들였다면, 자신의 회사로부터 많은 액수의 급여 인상을 받았을 것이다.

┤ 가정법 ├

접속사 If가 쓰인 문장의 동사 자리에 빈칸이 비어 있다면, '시제'를 따져야 한다. If절의 시제가 과거 완료(had accepted)이므로 주절이 'would/could/might+have p.p.' 형태가 되는 가정법 과거 완료 구문이나 'would/could/might+동사원형' 형태가 되는 혼합 가정법 구문이 가능하다. 따라서 보기 중에서 would have p.p.의 형태인 (A) would have received와 (D) would have been received가 가능한데, 빈칸 뒤에 목적어가 있는데다 '많은 액수의 급여 인상을 받다'라는 의미가 적절하므로 능동태인 (A) would have received가 정답이다.

어휘 accept ~을 받아들이다, 수락하다 transfer 전근, 이전 pay raise 급여 인상

정답 (A)

130 Using company computers for non-work related activities is not considered ------- for employees except during designated break times.

(A) useful
(B) tentative
(C) significant
(D) appropriate

업무와 관련되지 않은 활동에 대해 회사의 컴퓨터를 사용하는 일은 지정된 휴식 시간 동안 외에는 직원들에게 적절한 것으로 간주되지 않는다.

(A) 유용한 (B) 잠정적인, 임시의
(C) 중요한, 상당한 (D) 적절한

┤ 형용사 어휘 ├

보기가 모두 의미가 다른 형용사로 구성되어 있으므로 해석을 통해 정답을 찾는다. 직원들이 회사 컴퓨터를 업무 외의 일로 사용하는 것에 대한 방침을 설명하는 내용의 문장이다. 따라서 문맥상 '적절한 것으로 간주되지 않는다'라는 의미가 되는 것이 자연스러우므로 '적절한'이라는 의미인 (D) appropriate가 정답이다.

어휘 non-work related 업무와 관련되지 않은 activity 활동 consider A B A를 B한 것으로 여기다, 간주하다 except ~을 제외하고 during ~ 중에, ~ 동안 designated 지정된 break time 휴식 시간

정답 (D)

PART 6

Questions 131-134 refer to the following article. 131-134는 다음 기사를 참조하시오.

After opening its first bakery three years ago, Hogan's Donuts has ------- grown throughout the northern United States and now seeks to expand abroad. -------. In a recent interview with *Timely Business*, its CEO Kirk Mason said that two other locations are expected to open within a year in the same country. -------, the company has yet to secure franchise owners able to open shops in the country itself. Prospective ------- should visit hogansdonuts.com for a list of requirements and steps. The company is prepared to assist franchisees with difficulties associated with international business laws.

131 3년 전 첫 제과점을 개장한 후에, Hogan's Donuts는 북미 전역에서 빠르게 성장해 왔으며, 현재 해외로 확장하려고 한다. 132 이 체인점은 이미 캐나다에 위치한 두 곳의 매장을 운영하고 있다. 최근에 있었던 〈Timely Business〉와의 인터뷰에서, 최고경영자인 Kirk Mason 씨는 올해 안에 같은 국가 내에서 두 곳의 추가 지점이 개장될 것으로 예상된다고 말했다. 133 하지만 회사는 이 국가에서 매장을 개장할 수 있는 가맹점 점주들을 아직 확보하지 못했다. 134 지원 희망자들은 hogansdonuts.com을 방문해 자격 요건과 절차를 담은 목록을 확인해 봐야 한다. 회사는 국제 상법과 관련해 문제점이 있는 가맹점들을 도울 준비가 되어 있다.

어휘 throughout 전역에 seek to do ~하려고 노력하다, 시도하다 expand 확장하다 abroad 해외로 have yet to do 아직 ~하지 않았다 secure ~을 확보하다 franchise 가맹점 영업권, 독점 판매권 prospective 장래의, 유망한 requirement 자격 요건 assist ~을 돕다 franchisee 독점 판매[사용]권 취득자 associated with ~와 연관된 international 국제적인

131 (A) quick
(B) quicken
(C) quickly
(D) quickness

┤ **부사 자리** │ 부사+과거분사 ├
뒤에 오는 과거분사(grown)를 수식하는 자리이다. 형용사 역할을 하는 과거분사를 수식하는 것은 부사이므로 (C) quickly가 정답이다.

정답 **(C)**

132 (A) Then the store will be able to accommodate up to 150 people.
(B) He will be visiting several countries in Asia this month.
(C) Hogan's Donuts will be selling beverages along with donuts.
(D) The chain already runs two stores located in Canada.

(A) 그 후에 매장은 최대 150명까지 수용할 수 있을 것이다.
(B) 그는 이번 달에 아시아의 여러 국가들을 방문할 예정이다.
(C) Hogan's Donuts는 음료수를 도넛과 함께 판매할 것이다.
(D) 이 체인점은 이미 캐나다에 위치한 두 곳의 매장을 운영하고 있다.

┤ **빈칸에 알맞은 문장 고르기** ├
빈칸 앞 문장에서 Hogan's Donuts는 북미 전역에서 빠르게 성장했고, 현재는 해외로 확장하려고 한다고 했으므로 이를 보충 설명하는 문장이 오는 것이 흐름상 자연스럽다. 따라서 보기 중 같은 북미 지역에 해당되는 '캐나다'에 이미 두 개의 가게를 운영한다는 내용인 (D)가 정답이다.

어휘 accommodate ~을 수용하다 up to ~까지 beverage 음료수 along with ~와 함께 run 운영하다

정답 **(D)**

오답분석
(A) 접속부사 then은 앞의 내용 다음에 순차적으로 이어질 내용을 덧붙일 때 사용하는 표현인데, 해외 확장 계획과 가게가 150명의 사람을 수용할 수 있다는 내용은 순서적으로 연관성이 없다.
(B) 그(He)가 아시아 몇 개국을 방문한다고 했으면 '그'가 누구인지 앞의 문장에서 언급되어야 하는데 여기선 누구를 의미하는지 알 수가 없다.
(C) 해외로 확장하는 부분에 대해서 이야기하고 있는 앞 문장과 음료수도 함께 판매할 것이라는 내용은 흐름상 연결되지 않는다.

133 (A) Therefore
(B) However
(C) Even so
(D) In particular

(A) 그러므로
(B) 하지만
(C) 그렇기는 하지만
(D) 특히

┤ 적절한 연결어 찾기 ├

보기가 모두 접속부사이므로 해석을 통해 정답을 찾아야 한다. 바로 앞 문장은 올해 안에 두 개의 다른 유사한 곳이 개장할 준비를 하고 있다고 했는데, 뒤의 문장에선 가게를 개장할 수 있는 가맹점 점주를 아직 확보하지 못했다고 반대되는 내용이 나왔으므로 서로 대조되는 내용 사이에 쓸 수 있는 접속부사 (B) However(하지만)가 정답이다.

정답 (B)

134 (A) chefs
(B) candidates
(C) clients
(D) technicians

(A) 요리사
(B) 희망자, 후보자
(C) 고객
(D) 기술자

┤ 명사 어휘 ├

명사 어휘 문제이므로 해석상 가장 자연스러운 것을 선택한다. 빈칸 앞에서 가게를 개장할 수 있는 가맹점 점주를 아직 확보하지 못했다고 했고, 뒤에서는 웹사이트에 접속해서 자격 요건이나 절차를 확인하라고 했으므로 가맹점 희망 후보자들을 위한 지시사항 임을 알 수 있다. 따라서 '희망자, 후보자'를 뜻하는 (B) candidates가 정답이다.

정답 (B)

Questions 135-138 refer to the following article. 135-138은 다음 기사를 참조하시오.

Emmet (May 28)—Lewiston Auto Dealer, the city's most popular seller of used and new vehicles, will change its notification system. The dealership ------- routine auto service to hundreds of its
                    135.
customers every month. Starting soon, the company will primarily use mobile ------- to send service date reminders. The current
              136.
system is time-consuming, relying on letters to be printed and sent through the mail.

"We expect the change to be much more -------," said Tanya Kay,
                                              137.
the site manager. -------. However, anyone can reply STOP to opt
                  138.
out of the new system and continue to receive physical notifications.

Emmet(5월 28일)—시에서 가장 인기 있는 중고차 및 신차 판매 업체인 Lewiston Auto Dealer는 자사의 알림 시스템을 변경할 예정이다. ¹³⁵ 이 대리점은 매달 수백 명의 고객들에게 정기적인 자동차 서비스를 제공한다. ¹³⁶ 이제 곧, 이 회사는 주로 모바일 알림 기능을 이용하여 서비스 알림 날짜를 전송할 것이다. 현재의 시스템은 시간이 많이 소요되고 있는데, 편지를 출력해 우편으로 발송하는 방식에 의존하고 있기 때문이다.

¹³⁷ "우리는 이 변화가 훨씬 더 효율적일 것이라고 예상합니다."라고 매장 책임자인 Tanya Kay 씨가 말했다. ¹³⁸ 문자 알림 서비스는 7월 1일부터 시작될 것이다. 하지만 누구나 STOP이라고 답장을 보내 새 시스템에서 탈퇴할 수 있으며 계속해서 편지로 알림을 받을 수 있다.

어휘 vehicle 차량 notification 알림, 통지 dealership 대리점 routine 정기적인 primarily 주로 reminder 상기시켜주는 것 time-consuming 시간 소모가 큰 rely on ~에 의존하다 expect ~을 예상하다 opt out of ~에서 탈퇴하다 physical 물질의, 물리적인

135 (A) provided
  (B) provides
  (C) had provided
  (D) will be providing

┤ 적절한 시제 찾기 ├
보기가 모두 동사로 구성되어 있으므로 '수 일치 → 능동/수동 → 시제' 순으로 확인한다. 모든 보기가 주어와 수 일치 되고 모두 능동태이므로 시제를 따져 답을 찾아야 한다. 'every month(매달)'가 단서 표현으로 매달 반복되는 상황을 나타내므로 현재 시제가 어울린다. 따라서 정답은 (B) provides이다.

정답 (B)

136 (A) alerted
  (B) alerting
  (C) alerts
  (D) to alert

┤ 명사 자리 | 형용사+명사 ├
빈칸 앞의 mobile은 형용사이므로 빈칸은 이 형용사의 수식을 받는 명사 자리이다. 따라서 명사인 (C) alerts(알림)가 정답이다. 참고로 동명사인 (B) alerting도 명사 자리에 올 수 있지만 동명사는 동사의 성질을 가지고 있어서 형용사가 아닌 부사의 수식을 받기 때문에 정답이 될 수 없다.

정답 (C)

137 (A) fair
(B) efficient
(C) profitable
(D) important

(A) 공정한
(B) 효율적인
(C) 이익이 되는
(D) 중요한

┤ 형용사 어휘 ├

보기가 모두 의미가 다른 형용사로 구성되어 있으므로 해석을 통해 가장 자연스럽게 연결되는 것을 선택한다. 앞 문장에서 회사가 앞으로 모바일 알림 기능을 사용할 것이라고 했고 현재 시스템은 시간이 많이 소요된다고 언급했으므로, 앞으로 이용할 모바일 알림이 시간이 많이 소요되지 않아 좋다는 긍정적 의미를 가진 형용사가 와야 한다. 따라서 (B) efficient(효율적인)가 정답이다.

정답 (B)

138 (A) The text notification service will begin on July 1.
(B) A message will be sent to the managers first as a trial.
(C) Customers may receive an e-mail notification as well as a letter.
(D) Inevitably, the cost of the new system is expected to rise.

(A) 문자 알림 서비스는 7월 1일부터 시작될 것이다.
(B) 메시지는 시험 삼아 책임자에게 먼저 보내질 것이다.
(C) 고객들은 편지뿐만 아니라 이메일 알림도 받을 것이다.
(D) 필연적으로, 새 시스템에 대한 비용이 오를 것으로 예상된다.

┤ 빈칸에 알맞은 문장 고르기 ├

빈칸 뒤의 문장에서 누구나 STOP이라고 답장을 보내 새 시스템에서 탈퇴할 수 있고 기존처럼 편지로 알림을 받을 수 있다고 했다. However(그러나)가 연결어이므로, 빈칸에는 이 문장과 대조적인 내용, 즉 새로운 시스템으로 알림을 보낼 것이라는 문장이 와야 자연스럽다. 따라서 보기 중 (A) '문자 알림 서비스는 7월 1일부터 시작될 것이다'가 정답이다.

어휘 trial 시험   A as well as B B뿐만 아니라 A도   inevitably 필연적으로   be expected to do ~할 것으로 예상되다

정답 (A)

오답분석

(B) 빈칸 뒤의 문장에서 어느 누구든 STOP이라고 답을 보내면 새 시스템에서 탈퇴할 수 있다고 했으므로 특정인에게만 보내는 메시지가 아니다. 따라서 시험 삼아 먼저 책임자에게 보낸다는 내용은 앞뒤 문장과 어울리지 않는다.
(C) 편지와 이메일 알림 서비스 모두 실시된다는 (C)와 STOP이라고 회신하면 계속해서 편지로 알림 서비스를 받을 수 있다는 빈칸 뒤의 문장은 논리적으로 연결되지 않는다.
(D) 새로운 시스템으로 알림을 받을 수 있으며, 이를 거부하면 기존 형태의 알림을 받을 수 있다는 것이 주요 내용이다. 비용 관련 사항은 전체 내용과 무관하다.

Questions 139-142 refer to the following press release. 139-142는 다음 보도자료를 참조하시오.

According to CEO Gretchen Hun of Billington Air Group, the Westmore Airport runway ------- to allow for additional incoming and outgoing flights. ------- the steady growth in the city's population over the last five years, the airport has experienced increasing air traffic. Ms. Hun stated that engineers now expect the venture to take about six months. -------. Ms. Hun noted that airfield security must remain a top priority. Additionally, "travelers should expect a reduction in flight availabilities, which is likely to result in a higher ticket price. -------, this is the only viable choice," said CEO Hun.
139.
140.
141.
142.

139 Billington Air Group의 최고경영자 Gretchen Hun 씨에 따르면, 추가 비행기들이 이착륙하는 것을 가능하도록 하기 위해 Westmore Airport 활주로가 확장될 것이다. 140 지난 5년간 도시의 인구가 꾸준히 증가해 왔기 때문에, 공항은 항공 교통량의 증가를 경험했다. Hun 씨는 이 확장 사업이 대략 6개월 정도 걸릴 것으로 기술자들이 현재 예상하고 있다고 말했다. 141 일일 보안 점검이 가능하도록 하기 위해 원래 4개월로 추산한 것이 변경되었다. Hun 씨는 비행장 보안이 반드시 최우선 사항으로 유지되어야 한다고 언급했다. 더불어, "여행자들은 이용 가능한 항공편이 줄어들어 비행기표 가격이 인상되는 결과가 생길 가능성이 있다고 예상할 수 있습니다. 142 유감스럽게도, 이것이 실행 가능한 유일한 선택입니다."라고 최고경영자 Hun 씨가 말했다.

어휘 according to ~에 따르면 additional 추가의 incoming 들어오는 outgoing 나가는 steady 꾸준한 population 인구 state ~을 말하다, 진술하다 venture (위험이 따르는) 신규 개발 사업 note ~을 언급하다 top priority 최우선 사항 additionally 더불어, 추가로 reduction 감소 availability 이용 가능성 be likely to do ~일 것 같다 result in ~을 야기하다 viable 실행 가능한

139 (A) was expanded
(B) will be expanded
(C) is expanding
(D) to expand

┤ 능동태와 수동태의 구별 및 적절한 시제 찾기 ├

빈칸 앞에 주어(the Westmore Airport Runway)가 있으므로 빈칸은 동사가 와야 하는 자리이다. 따라서 보기 중 동사가 아닌 (D) to expand는 오답이다. 동사는 '수 일치 → 능동/수동 → 시제' 순서로 따져 정답을 선택한다. 나머지 보기 모두가 주어와 수 일치되므로 태를 따져보면, 주어(the Westmore Airport Runway)가 스스로 확장하는 것이 아닌 '확장된다'는 수동의 의미가 적절하므로 능동태인 (C) is expanding 역시 오답이다. 마지막으로 시제를 따져보면, 빈칸 다음 문장에서 기술자들이 개발 사업이 6개월 정도 걸릴 것(engineers now expect the venture to take about six months)이라고 했으므로 공항 활주로는 아직 확장되지 않은 것을 알 수 있다. 따라서 미래 시제인 (B) will be expanded가 정답이다.

정답 (B)

140 (A) In case of
(B) Along
(C) Even if
(D) Owing to

(A) ~의 경우
(B) ~을 따라
(C) 비록 ~일지라도
(D) ~ 때문에

┤ 부사절 접속사 VS 전치사 ├

빈칸 뒤에 명사구가 있으므로 뒤에 완전한 문장이 와야 하는 접속사인 (C) Even if(비록 ~일지라도)는 정답이 될 수 없다. 나머지 보기는 모두 전치사이므로 해석을 통해 가장 자연스럽게 연결되는 것을 선택한다. 도시의 인구가 증가하고 있다고 했고, 뒤의 문장에선 공항이 점점 더 혼잡을 겪고 있다고 했으므로 도시의 인구 증가가 공항 혼잡의 '이유'가 된다. 따라서 이유를 나타내는 전치사 (D) Owing to(~ 때문에)가 정답이다.

정답 (D)

141 (A) The original estimate of four months was revised to allow for daily security checks.
(B) The Westmore Airport runway is renowned for its security system.
(C) The air traffic has inevitably caused delays for the flights.
(D) The airport has contacted experts in the field.

(A) 일일 보안 점검이 가능하도록 하기 위해 원래 4개월로 추산한 것이 변경되었다.
(B) Westmore Airport 활주로는 보안 시스템으로 유명하다.
(C) 항공 교통 상황이 불가피하게 항공편의 지연을 야기해 왔다.
(D) 공항은 그 분야의 전문가들에게 연락했다.

┤ 빈칸에 알맞은 문장 고르기 ├
빈칸 앞 문장은 공사에 6개월 정도 걸릴 것이라고 예상한다는 내용이며, 빈칸 뒤 문장은 보안이 가장 중요하다는 내용이므로 이 두 내용과 연관되면서 앞뒤 내용 모두와 자연스럽게 연결되는 (A)가 정답이다.

어휘 original 원래의, 본래의 estimate 추산, 추정 revise 변경하다, 수정하다 security 보안 be renowned for ~로 유명하다
inevitably 불가피하게 delay 지연 expert 전문가

정답 (A)

오답분석
(B) 이 보도자료는 활주로 공사에 관한 내용으로 빈칸 바로 앞 문장에서 개발 사업에 시간이 얼마나 걸리는지를 이야기하고 있으므로 보안 시스템 관련 내용이 이어지는 것은 어색하다.
(C) 바로 앞 문장에서 개발 사업에 소요되는 시간을 이야기하고 있으므로 항공 교통 상황에 대한 이야기는 글의 흐름상 적절하지 않다.
(D) 전문가들에게 연락했다는 내용이므로 이 단락에서 말하는 공사와 관계가 있다고 생각할 수 있으나, 이 문장이 나오려면 구체적으로 어떤 내용 및 요청 때문에 연락을 했는지에 대한 보충 설명이 필요하다.

142 (A) Regrettably
(B) Surprisingly
(C) Accordingly
(D) For example

(A) 유감스럽게도
(B) 놀랍게도
(C) 따라서
(D) 예를 들어

┤ 부사 어휘 ├
보기가 모두 의미가 다른 부사로 구성되어 있으므로 해석을 통해 가장 자연스럽게 연결되는 것을 선택한다. 빈칸 앞 문장에서 항공편 수가 줄어 비행기표 가격이 오를 것으로 예상된다고 했고, 빈칸 다음 문장에서 이것이 유일한 실행 가능한 선택이라고 했으므로 문맥상 어쩔 수 없다는 의미로 '유감스럽게도'라는 뜻을 가진 부사 (A) Regrettably가 가장 자연스럽게 연결된다.

정답 (A)

Questions 143-146 refer to the following memo. 143-146은 다음 회람을 참조하시오.

From: Alyssa Brundige
To: All Staff
Date: January 2
Subject: Director of Development Position Filled

I am excited to share that Alex Yoon ------- as the new Development
                                    143.
Director of Alumbaugh University.

Mr. Yoon has 10 years in fundraising and promotion, and has raised more than five million dollars for institutions of higher education. Such ------- has well equipped him to contribute to our university,
     144.
but it is not the only reason.

In addition to being an alumni of Alumbaugh University, he is a charismatic individual with many unique ideas which he will employ to make this institution ------- as our student population grows. -------.
                          145.   **146.**

You can look forward to meeting Alex on January 7 at our first staff meeting of the year.

Sincerely,

Alyssa Brundige

발신: Alyssa Brundige
수신: 전 직원
날짜: 1월 2일
제목: 개발 이사직 충원 완료

143 저는 Alex Yoon 씨가 Alumbaugh University의 신임 개발 이사로 임명되었음을 알리게 되어 기쁩니다.

Yoon 씨는 기금 모금 및 홍보 활동으로 10년간 일해 오신 분이며, 고등 교육 기관을 위해 5백만 달러가 넘은 금액을 모금해 오셨습니다. **144** 이와 같은 경험이 그가 우리 대학에 기여할 수 있을 만한 능력을 갖출 수 있게 해 주었지만, 이것이 유일한 이유는 아닙니다.

145 Yoon 씨는 우리 Alumbaugh University의 졸업생일 뿐만 아니라, 학생 수가 늘어남에 따라 우리 학교를 성공적으로 만드는 데 이용할 많은 독창적인 아이디어를 갖고 계신 카리스마 있는 분입니다. **146** 저는 Yoon 씨가 Alumbaugh의 가족으로서 매우 소중한 분이 될 것이라고 확신합니다.

올해 첫 직원회의가 열리는 1월 7일에 Alex를 만나는 것을 기대하셔도 좋습니다.

안녕히 계십시오.

Alyssa Brundige

어휘 fundraising 기금 모금 promotion 홍보 institution 기관 equip 준비를 갖춰 주다 contribute to ~에 기여하다 in addition to ~에 더하여 alumni 졸업생 charismatic 카리스마 있는 unique 독창적인 employ ~을 이용하다 population 사람 수, 인구 look forward to + 명사/동명사 ~하기를 고대하다

143 (A) will be appointing
(B) appointed
(C) has been appointed
(D) being appointed

┤ **능동태와 수동태의 구별** ├

주어(Alex Yoon) 다음에 동사가 없으므로 빈칸은 동사 자리이다. 따라서 보기 중 동사가 아닌 (D) being appointed는 오답이다. 나머지 보기는 모두 주어와 수 일치되므로 능동/수동을 따져 본다. 빈칸 뒤에 목적어도 없고, 주어인 Alex Yoon은 임명을 하는 주체가 아닌 '임명되는' 대상이므로 수동태가 쓰여야 한다. 따라서 보기 중 유일한 수동태인 (C) has been appointed가 정답이다.

정답 (C)

144 (A) experience
(B) analysis
(C) charity
(D) efficiency

(A) 경험
(B) 분석
(C) 자선 단체
(D) 효율성

┤ 명사 어휘 ├

보기가 모두 의미가 다른 명사로 구성되어 있으므로 의미를 따져 가장 자연스럽게 연결되는 것을 선택한다. 바로 앞 문장에서 기금 모금 및 홍보 활동을 10년간 했고 고등 교육 기관을 위해 5백만 달러 이상을 모으기도 했다는 것은 Yoon 씨의 '경험'에 해당하므로 보기 중 (A) experience가 정답이다.

정답 (A)

145 (A) remodeled
(B) successful
(C) decisive
(D) specialist

(A) 개조한
(B) 성공적인
(C) 결정적인
(D) 전문의; 전문적인

┤ 형용사 어휘 ├

보기가 의미가 다른 형용사로 구성되어 있으므로 해석을 통해 가장 자연스럽게 연결되는 것을 선택한다. 빈칸은 동사 make의 목적격 보어 자리로 목적격 보어는 앞의 목적어를 보충 설명하는 역할을 한다. 따라서 목적어인 institution(기관)에 대해 설명하는 말이 필요한데, Yoon 씨가 이용할 독창적인 아이디어가 기관을 '성공적'으로 만들어 줄 수 있다는 맥락이 적절하므로 (B) successful이 정답이다.

정답 (B)

146 (A) Mr. Yoon has organized numerous fundraising events for charity.
(B) The final interview will take place in this facility.
(C) The population in Alumbaugh has recently increased to 3 million.
(D) I am confident he will be an invaluable addition to the Alumbaugh family.

(A) Yoon 씨는 자선 활동에 필요한 수많은 기금 마련 행사를 조직했습니다.
(B) 최종 면접은 이 시설에서 있을 예정입니다.
(C) Alumbaugh 지역의 인구가 최근에 3백만 명으로 증가했습니다.
(D) 저는 Yoon 씨가 Alumbaugh의 가족으로서 매우 소중한 분이 될 것이라고 확신합니다.

┤ 빈칸에 알맞은 문장 고르기 ├

이 글은 개발팀 이사로 임명된 Alex Yoon 씨에 대한 회람으로 빈칸 앞에서 이 기관이 성공할 수 있게 만들 수 있는 독창적인 아이디어가 많은 카리스마 있는 사람이라고 Yoon 씨에 대해 설명하고 있다. 따라서 글의 흐름상 그가 이 대학의 매우 귀중한 사람이 될 것이라는 말로 해당 단락을 마무리짓는 것이 적절하므로 (D)가 정답이다. 참고로 Alumbaugh family는 해당 대학에서 함께 일하는 사람들을 가리킨다.

어휘 numerous 수많은 charity 자선 활동 take place 일어나다, 발생하다 facility 시설 confident 확신하는 invaluable 귀중한 addition 추가

정답 (D)

오답분석

(A) Yoon 씨의 업적이나 경력에 대해서는 이미 두 번째 단락에서 언급한 상태이다. 또한 빈칸 앞에 Yoon 씨가 이 기관을 성공할 수 있게 만들 수 있는 사람이라고 했고, 빈칸 뒤에서는 첫 회의에서 Yoon 씨를 만날 수 있을 것이라고 했으므로 그의 업적에 대해 또 다시 이야기하는 것은 흐름상 적절하지 않다.

(B) 이미 Yoon 씨가 이사로 임명되었다고 첫 번째 문장에서 언급했으므로 면접이 있을 예정이라는 내용은 논리적으로 맞지 않는다.

(C) 앞 문장의 population grows와 비슷한 내용으로 오해할 수 있지만, 앞 문장은 학생들의 숫자가 늘면서 대학의 규모가 커지는 상황에서 Yoon 씨가 대학에 미칠 좋은 영향을 언급하는 것이므로 Alumbaugh 지역의 인구 증가 상황이 그 뒤에 언급되는 것은 연결이 자연스럽지 못하다.

PART 7

Questions 147-148 refer to the following letter.

Skylark Air Rewards
2310 Kings Avenue
Auckland, NZ
0800-313-555

Jenny Smith
1600 First Street
Apt. 12B
Auckland, NZ

March 15

Dear Ms. Smith,

Welcome to Skylark Air Rewards program! **147** Our members benefit from the ability to view and use rewards points from any computer or mobile device. The application is free and you don't have to be tech savvy to navigate it. For more information or to sign up for free, visit skylarkair.com/rewards today.

148 On the back of this page is an easy one-point guide to take you through the process.

Happy flying,

Isaac Yoon

Skylark Air Rewards
Director

---

147 What is the purpose of the letter?

(A) To encourage a previous customer to return to a program
(B) To promote a service of the Skylark Air Rewards program
(C) To guide Ms. Smith about how to use an application
(D) To promote a new version of computer software

148 What is included with the letter?

(A) An advertising flyer
(B) Instructions
(C) Ms. Smith's points status
(D) A sign-up form for the program

편지에 무엇이 포함되어 있는가?

(A) 광고 전단
(B) 설명서
(C) Smith 씨의 포인트 적립 상태
(D) 프로그램 가입 양식

| 세부사항 | What |

지문의 마지막 문장에서 '이 페이지의 뒷면에 가입 과정을 안내해 주는 간단한 가이드가 있다(On the back of this page is an easy one-point guide ~)'고 했으므로 설명서를 의미하는 (B)가 정답이다.

어휘 flyer (광고·안내용) 전단   status (진행 과정상의) 상황

정답 (B)

Questions 149-150 refer to the following Web site. 149-150은 다음 웹사이트를 참조하시오.

Home >> Services >> E-Account >> fujisawa_yuiri

149 Welcome, Ms. Fujisawa! We have updated our Web site to make it easier for you to perform functions associated with your electricity account. Using the new site, you can do the following:

- **150-A** Settle your electricity bill by online money transfer
- **150-C** Set up text alerts regarding power outages and safety warnings
- **150-B** Contact our customer service team with any issues with your power line
- Read tips on how to conserve energy at your home or office

Click here to read our Terms and Conditions.

홈 >> 서비스 >> 온라인 계정 >> fujisawa_yuiri

149 환영합니다, Fujisawa 씨! 귀하의 전기 서비스 계정과 관련된 기능들을 더욱 편리하게 이용하실 수 있도록 저희 웹사이트를 업데이트했습니다. 새로운 사이트를 이용하시면서, 다음과 같은 일들을 하실 수 있습니다.

- 온라인 계좌 이체를 통해 **150-A** 전기 요금을 납부하실 수 있습니다.
- **150-C** 정전 사태와 안전 경고에 관련된 문자 알림 서비스를 설정하실 수 있습니다.
- **150-B** 전선과 관련해 어떤 문제가 있으시면 저희 고객 서비스팀에 연락하실 수 있습니다.
- 자택 또는 사무실에서 에너지를 절약하는 방법에 관한 팁을 읽어 보실 수 있습니다.

여기를 클릭하시면 저희 약관을 읽어 보실 수 있습니다.

> **어휘** account 계정, 계좌 make it easy for A to do A가 쉽게 ~하도록 만들다 perform ~을 수행하다 function 기능 associated with ~와 관련된 electricity 전기 following 다음, 아래 settle (비용 등) ~을 정산하다 bill 고지서, 계산서 money transfer 계좌 이체 set up ~을 설정하다 text alert 문자 알림 regarding ~와 관련해 power outage 정전 safety warning 안전 경고 power line 전선 how to do ~하는 법 conserve ~을 아껴 쓰다, 보존하다 terms and conditions 약관

149 Who most likely is Ms. Fujisawa?

(A) A customer service representative
(B) An online banking user
(C) A customer of a utility company
(D) A job applicant

Fujisawa 씨는 누구일 것 같은가?

(A) 고객 서비스 직원
(B) 온라인 금융 서비스 이용객
(C) 공공 서비스 회사의 고객
(D) 구직 지원자

> **추론 | 세부사항**
>
> 지문 시작 부분에 Fujisawa 씨를 환영하는 인사와 함께 전기 서비스 계정 이용과 관련해 웹사이트를 업데이트 했음을 알리고 있다 (Welcome, Ms. Fujisawa! We have updated our Web site ~ associated with your electricity account). 전기 관련 서비스는 공공 서비스에 해당하므로 (C)가 정답임을 알 수 있다.
>
> **어휘** utility (수도 · 전기 · 가스 등의) 공익사업
>
> 정답 (C)

150 What is NOT indicated as an activity done on the Web site?

(A) Making a payment on an account
(B) Reporting problems with a service
(C) Requesting to receive informational messages
(D) Scheduling a safety consultation

웹사이트에서 할 수 있는 일로 나타나 있지 않은 것은 무엇인가?

(A) 계정에 대한 요금을 납부하는 일
(B) 서비스에 대한 문제점을 알리는 일
(C) 안내 정보 메시지의 수신을 요청하는 일
(D) 안전 관련 상담 일정을 잡는 일

> **진위확인 | NOT true**
>
> 요금 납부를 언급한 (A)에 대한 단서는 지문 중간에 제시된 네 가지 항목 중의 첫 번째 항목(Settle your electricity bill ~)에서, 그리고 서비스 문제점을 알리는 일인 (B)에 대한 단서는 세 번째 항목(Contact our customer service team ~)에서 찾을 수 있다. 그리고 안내 정보 메시지를 언급한 (C)에 대한 단서는 두 번째 항목(Set up text alerts regarding ~)에 나타나 있다. 하지만 상담 일정을 잡는 일에 대한 정보는 없으므로 (D)가 정답이다.
>
> **어휘** consultation 상담
>
> 정답 (D)

Questions 151-152 refer to the following text message chain. 151-152는 다음 문자 메시지 대화를 참조하시오.

Marilyn Cooper [1:15 P.M.]
I'm at the bakery picking up the cake for tonight's banquet. I won't have time to stop back at the office. Can you help me? I can't get a hold of **152** Eric in the maintenance department.

Ettore Arcuri [1:18 P.M.]
What do you need?

Marilyn Cooper [1:19 P.M.]
151 There are three boxes of decorations in my office. Could you please bring them to the conference center?

Ettore Arcuri [1:20 P.M.]
For sure. **151** What time do you need them?

Marilyn Cooper [1:22 P.M.]
Around 2:30 would be good. My office is locked, though, **152** so you'll have to get Eric to help you.

Ettore Arcuri [1:23 P.M.]
Okay. **152** He's probably back from his lunch break by now. I'll go check.

Marilyn Cooper [1:24 P.M.]
Thanks! See you in about an hour.

Marilyn Cooper [오후 1:15]
저는 오늘 밤 연회에 사용할 케이크를 구입하려고 제과점에 와 있어요. 제가 사무실에 다시 들를 시간이 없을 것 같아요. 저 좀 도와주시겠어요? **152** 시설 관리부의 Eric 씨와 연락이 되지 않네요.

Ettore Arcuri [오후 1:18]
뭘 도와 드리면 될까요?

Marilyn Cooper [오후 1:19]
151 제 사무실에 장식 물품들이 담긴 상자가 세 개 있어요. 그 상자들을 컨퍼런스 센터로 가져와 주시겠어요?

Ettore Arcuri [오후 1:20]
물론입니다. **151** 몇 시에 필요하신가요?

Marilyn Cooper [오후 1:22]
2시 30분쯤이면 좋겠어요. 하지만 제 사무실이 잠겨 있으니 **152** Eric 씨에게 도와 달라고 하셔야 할 거예요.

Ettore Arcuri [오후 1:23]
알겠습니다. **152** 아마 지금쯤이면 점심 식사를 마치고 돌아오셨을 겁니다. 제가 확인해 보겠습니다.

Marilyn Cooper [오후 1:24]
감사합니다! 약 1시간 후에 뵙겠습니다.

어휘 | pick up ~을 구입하다, 가지러 가다   banquet 연회   stop back at ~에 다시 들르다   get a hold of ~와 연락이 되다   maintenance 시설 관리(부)   decoration 장식(품)   bring A to B A를 B로 가져오다, 가져가다   around (시간) 약, ~쯤   locked 잠겨 있는   though (문장 중간이나 끝에서) 하지만, 그러나   get A to do A에게 ~하도록 요청하다   probably 아마   be back from ~에서 돌아오다   by now 지금쯤   in an hour 1시간 후에

151 At 1:20 P.M., what does Mr. Arcuri most likely mean when he writes, "For sure"?

(A) He plans to attend a company banquet.
(B) He agrees to transport some containers.
(C) He is certain that some information is correct.
(D) He knows where to buy some decorations.

오후 1시 20분에, Arcuri 씨가 "For sure"라고 썼을 때 의미하는 것은 무엇인가?

(A) 회사 연회에 참석할 계획이다.
(B) 상자들을 옮기는 데 동의한다.
(C) 정보가 정확하다는 것을 확신한다.
(D) 장식품을 구입할 수 있는 장소를 안다.

의도파악

해당 표현은 앞서 1시 19분에 Cooper 씨가 '장식 물품이 담긴 상자들을 컨퍼런스 센터로 갖다 달라(Could you please bring them to the conference center?)'고 요청하는 데 대한 답변으로 사용되었다. 바로 뒤이어 몇 시에 그 상자들이 필요한지 묻는 것으로 볼 때 요청대로 하겠다는 의미를 나타내는 것이므로 (B)가 정답이다.

어휘 | transport ~을 이동시키다, 실어 나르다   container 상자

정답 (B)

152 Where will Mr. Arcuri probably go next?

(A) To the maintenance office
(B) To the convention center
(C) To Ms. Cooper's office
(D) To a bakery

Arcuri 씨는 곧이어 어디로 갈 것 같은가?

(A) 시설 관리부 사무실로
(B) 컨벤션 센터로
(C) Cooper 씨의 사무실로
(D) 제과점으로

추론 | 세부사항

1시 23분에 Arcuri 씨는 '그가 지금쯤 점심 식사를 끝내고 돌아왔을 테니 가서 확인해 보겠다(He's probably back from his lunch break by now. I'll go check)'라며 자신이 곧 할 일을 말하고 있다. 여기서 말하는 He는 앞서 Cooper 씨가 도움을 요청할 수 있는 사람으로 언급한 Eric 씨를 가리킨다. 지문 시작 부분에 Eric 씨는 '시설 관리부의 직원(Eric in the maintenance department)'이라고 했으므로 이 정보들을 종합하면 (A)가 정답임을 알 수 있다.

정답 (A)

Questions 153-155 refer to the following receipt. 153-155는 다음 영수증을 참조하시오.

Hannigan's   153 May 1

200 Bannock St.
Eagle, Montana
(435) 555 - 9293

Receipt of Purchase #2742953

#1040	155 Allen wrench(1/4 Inch)	$7.99
#2311	154-D, 155 2 gallon custom mixed interior paint (1 at $21.25)	$42.50
#0232	155 Fiberglass claw hammer	$8.35
#5499	155 Mini power tool combo set	$127.00

Invoice Total $185.84
Tax(7%) $13.00
Total $198.84
Payment method:
　Gift card 013945　　$100 (Balance $0)
　Cash　　$98.84
You just earned 68 Rewards Points!
Total rewards points: 325

154-C This period of Rewards Points accumulation is from April 1 through May 31.

153 Present this receipt on your next visit by the end of this month to use your rewards points for a reduced price.

154-A We have a no-questions-asked return and exchange policy on items purchased within 60 days.

If you do not have this receipt at time of return, you will be issued a store credit.

Thank you for shopping at Hannigan's!

어휘 receipt 영수증 purchase 구입(품) allen wrench 육각 렌치 custom mixed 주문에 따라 혼합한 fiberglass 섬유 유리 claw hammer 장도리 power tool 전동 공구 invoice total 소계 tax 세금 method 방법 gift card 상품권 balance 잔액, 잔고 earn ~을 얻다 reward 보상 accumulation 누적 present ~을 제시하다 reduced 할인된 no-questions-asked 아무런 이유도 묻지 않는 return 반품 exchange 교환 policy 정책 within ~ 이내에 at time of ~할 때 issue ~을 발급하다 store credit 매장 포인트

153 What should be done in order to receive a discount?

(A) Visit the store within 60 days starting from May 1
(B) Bring the receipt to the store before June begins
(C) Purchase items using a gift card within a month
(D) Earn more rewards points by buying more items

할인을 받기 위해서는 무엇을 해야 하는가?
(A) 5월 1일부터 60일 이내에 매장을 방문해야 한다.
(B) 6월이 시작되기 전에 매장으로 영수증을 가져가야 한다.
(C) 한 달 이내에 상품권을 사용해 제품을 구입해야 한다.
(D) 더 많은 제품을 구입해 더 많은 보상 포인트를 받아야 한다.

┤ 세부사항 | What ├

할인 관련 정보는 항목별 비용 정보 다음에 찾아볼 수 있다. 여기에 '이달 말까지 다음번 방문 시에 이 영수증을 제시하면 할인해 준다(Present this receipt on your next visit by the end of this month ~)'고 되어 있다. 그런데 지문 시작 부분에 영수증 발급 날짜가 '5월 1일(May 1)'로 되어 있으므로 6월이 되기 전에 영수증을 가져가야 함을 알 수 있으므로 (B)가 정답이다.

어휘 starting from ~부터

정답 (B)

154 What is NOT stated on the receipt?

(A) The refund policy of Hannigan's
(B) The delivery date for the purchased items
(C) The date when rewards points stop accumulating
(D) The price of custom mixed interior paint per gallon

영수증에 제시된 내용이 아닌 것은 무엇인가?
(A) Hannigan's의 환불 정책
(B) 구입한 제품에 대한 배송 날짜
(C) 보상 포인트의 누적이 끝나는 날짜
(D) 주문 제작 혼합 인테리어 페인트의 갤런당 가격

┤ 진위확인 | NOT true ├

(A)에서 말하는 환불 정책은 비용 정보 다음에 제시된 'We have a no-questions-asked return and exchange policy ~' 부분에서, (C)의 보상 포인트 누적이 끝나는 날짜는 비용 정보 바로 다음에 제시된 'This period of Rewards Points accumulation is from April 1 through May 31'에서 찾아볼 수 있다. 또한, (D)의 주문 제작 혼합 인테리어 페인트의 갤런당 가격은 구매품 목록 중 두 번째 항목인 '2 Gallon custom mixed interior paint (1 at $21.25)'에 나타나 있다. 하지만 배송 날짜는 제시된 바가 없으므로 (B)가 정답이다.

어휘 refund 환불 expiry date 만료 날짜 accumulated 축적된, 누적된

정답 (B)

155 What kind of business most likely issued this receipt?

(A) An art store
(B) A hardware store
(C) A gift shop
(D) An auto repair shop

무슨 종류의 업체가 이 영수증을 발급했을 것 같은가?
(A) 미술용품 매장
(B) 철물점
(C) 선물 가게
(D) 자동차 수리소

┤ 추론 | 세부사항 ├

구매 품목을 확인하면, 육각 렌치(Allen wrench), 페인트(paint), 장도리(claw hammer), 그리고 전동 공구 세트(power tool combo set)로 되어 있다. 이와 같은 물품들은 모두 철물점에서 구입 가능하므로 (B)가 정답이다.

정답 (B)

Questions 156-157 refer to the following article. 156-157은 다음 기사를 참조하시오.

March 17—City officials have announced the approval of the construction of a large-scale sports stadium in the neighborhood of Tyler Valley. In addition to the usual concession facilities, the building will also feature several restaurants, including a fine-dining establishment. **156** The stadium will incorporate a portion of the former VF Plastics plant, which was the driving force in the area for decades before closing down four years ago. The new facility will make use of sustainable technology such as solar panels and **157-B** a system that reuses water for irrigating the field. It will also have **157-C** a roof that can be taken off on sunny days. Boosters will be installed throughout the stadium **157-D** to ensure fans have Wi-Fi access at all times, and planners hope this will enable promotion on social media as fans share their experiences live. The on-site lot will hold 25,000 parking spots, a portion of which will be under a protective canopy. The stadium is expected to bring in tourists from the region and will be the perfect complement to the massive Alexia Convention Center, just ten miles away in the Evergreen neighborhood.

3월 17일—시 당국자들은 Tyler Valley 지역에 짓는 대규모 스포츠 경기장 건설 공사를 승인한다고 발표했다. 일반적인 매점 시설뿐만 아니라, 이 건물에는 고급 식당을 포함해 여러 식당들도 들어서게 될 것이다. **156** 이 경기장은 이전의 VF Plastics 공장 부지 일부를 포함할 예정인데, 이 공장은 4년 전에 폐업하기 까지 수십 년 동안 우리 지역에서 성장의 동력이 되었던 곳이다. 새로 지어질 경기장은 태양열 전지판, 그리고 경기장에 물을 대는 데 필요한 **157-B** 물을 재활용하는 시스템 등과 같이 지속 가능한 기술을 활용할 것이다. 또한, 화창한 날에 **157-C** 개방할 수 있는 지붕도 설치될 예정이다. 경기장 전역에는 증폭기가 설치되어 **157-D** 팬들이 항상 와이파이를 이용할 수 있도록 할 예정이며, 설계자들은 이 장치가 실시간으로 팬들이 자신의 경험을 공유함으로써 자연스레 소셜 미디어를 이용한 홍보가 가능해질 수 있기를 바라고 있다. 부지 내의 주차장은 25,000개의 주차 공간을 보유하게 될 것이며, 일부 공간에는 보호용 지붕이 설치될 것이다. 이 경기장은 지역의 관광객들을 끌어들일 것으로 예상되며, 불과 10마일 떨어진 Evergreen 지역에 위치한 초대형 건물인 Alexia Convention Center를 완벽히 보완해 주는 장소가 될 것이다.

어휘 official 당국자, 공무원 announce ~을 발표하다 approval 승인 construction 건설 공사 large-scale 대규모의 neighborhood 지역 in addition to ~ 외에도 usual 일반적인, 흔한 concession 매점 facility 시설(물) feature ~을 특징으로 하다 several 여러 개의 including ~을 포함해 fine-dining establishment 고급 식당 incorporate ~을 포함하다, 통합하다 portion 부분, 일부 former 이전의 plant 공장 driving force (성장의) 동력 decade 10년 close down 폐쇄되다 make use of ~을 활용하다 sustainable 지속 가능한 solar panel 태양열 전지판 reuse ~을 재활용하다 irrigate ~에 물을 대다 take off ~을 벗기다 booster 증폭기 install ~을 설치하다 throughout ~의 전역에 ensure 꼭 ~하게 하다, ~을 보장하다 access 이용, 접근 at all times 항상 planner 설계자 enable ~을 할 수 있게 하다 share ~을 공유하다 live 실시간으로 on-site 부지 내의, 현장의 lot 주차장 spot 자리, 지점 protective 보호용의 canopy (덮개로 된) 지붕 be expected to do ~할 것으로 예상되다 bring in ~을 끌어들이다 region 지역 complement 보완(해 주는 것) massive 거대한, 엄청 큰 away 떨어져 있는

156 What is suggested about the Tyler Valley neighborhood?

(A) Its main business is a convention center.
(B) It is the site of several restaurants.
(C) It used to be the home of a manufacturing business.
(D) Its sports stadium will be expanded.

Tyler Valley 지역에 관해 알 수 있는 것은 무엇인가?

(A) 그곳의 주요 사업은 컨벤션 센터이다.
(B) 여러 식당들이 있는 곳이다.
(C) 한때 제조 사업의 본거지였다.
(D) 그곳의 스포츠 경기장이 확장될 것이다.

| 추론 | 진위확인 |

Tyler Valley 지역에 짓는 경기장과 관련된 설명 중에서, '이 경기장은 이전에 VF Plastics의 공장 부지였던 곳을 포함할 것이고, 이 공장은 4년 전에 폐업하기 전까지 수십 년 동안 지역 성장의 동력이었다(~ the former VF Plastics plant, which was the driving force in the area for decades ~)'고 알리는 부분이 있다. 따라서 Tyler Valley 지역은 공장을 이용한 산업이 활발했던 곳임을 알 수 있으므로 이를 통해 유추 가능한 (C)가 정답이다.

어휘 manufacturing 제조업 stadium 경기장

정답 (C)

157 What is NOT mentioned as a feature of the stadium?

(A) An underground parking area
(B) A water-recycling system
(C) A removable roof
(D) A reliable Internet connection

경기장의 특징으로 언급되지 않은 것은 무엇인가?

(A) 지하 주차장
(B) 재활용수 시스템
(C) 개폐 가능한 지붕
(D) 신뢰할 만한 인터넷 연결

> **진위확인** | NOT true
>
> 지문 중간 부분에 경기장에 물을 대는 데 필요한 물을 재활용하는 시스템(a system that reuses water), 개방할 수 있는 지붕(a roof that can be taken off), 그리고 팬들이 와이파이를 이용할 수 있게 하려는 계획(~ to ensure fans have Wi-Fi access at all times) 등이 특징으로 언급되어 있으므로 (B), (C), (D)는 맞는 내용이다. 하지만 주차장 시설과 관련해서는 그 규모와 함께 일부 공간에 보호용 지붕(a protective canopy)이 설치되는 것만 언급되었을 뿐, 지하 주차장이 있는지는 알 수 없으므로 (A)가 정답이다.
>
> **어휘** underground 지하의 removable 떼어낼 수 있는 reliable 신뢰할 만한, 믿을 수 있는
>
> 정답 (A)

Questions 158-160 refer to the following letter.

November 8

Dr. Lanae Harding
5498 Newport Beach Road
Newport Beach, OR 97352
United States

Dear Dr. Harding,

158, 160 Thank you for choosing to attend the first ever Conference on Neuro Genetics at the Evergreen Convention Center. — [1] —. **160** The remaining $100 is due to be paid in full by November 30. Included with your attendance to the conference are breakfast and lunch on Friday, Saturday, and Sunday as well as all necessary session materials. There are multiple restaurants open in the evening within walking distance of the convention center. A complete list along with reviews is available on the conference Web site. — [2] —.

There are several options for lodging near the convention center, but please be aware that accommodations are not included in your registration payment. — [3] —.

Enclosed in this packet are the convention program along with a detailed list of hotel amenities and their prices. **159** It is our recommendation that you review the program in advance to choose from the many seminars and workshops that will be taking place. — [4] —.

Once again, thank you for registering for the Conference on Neuro Genetics.

Best regards,

Jon Simmons
Jon Simmons
Chairperson of the Association for Neuro Genetics

158 Why did Mr. Simmons write the letter?

(A) To announce an annual conference in November
(B) To ask about the coverage of the payment
(C) To provide information on the exact location
(D) To confirm the completion of the registration

Simmons 씨는 왜 편지를 썼는가?

(A) 11월에 있을 연례 학회를 알리기 위해
(B) 비용에 포함되는 범위에 관해 문의하기 위해
(C) 정확한 위치에 관한 정보를 제공하기 위해
(D) 등록이 완료되었음을 확인해주기 위해

주제/목적 | 목적

지문 시작 부분에 특정 컨퍼런스 참가 결정에 대해 감사하는 인사와 함께, 나머지 비용의 납입 기한과 행사 참가 시 이용 가능한 서비스 등을 알려 주고 있다(Included with your attendance to the conference ~ as well as all necessary session materials). 따라서 행사 참가 등록이 완료된 시점에 보내는 편지임을 알 수 있으므로 (D)가 정답이다.

어휘 clarify ~을 명확히 하다 coverage 적용[보장] 범위 completion 완료 registration 등록

정답 (D)

---

159 What information is Dr. Harding invited to check ahead of time?

(A) Which sessions are planned to take place
(B) The facilities and services available at each hotel
(C) Materials included in the registration fee
(D) The locations of the restaurants for dinner

Harding 박사는 무슨 정보를 미리 확인하도록 권고받는가?

(A) 개최될 것으로 계획된 행사들
(B) 각 호텔에서 이용 가능한 시설과 서비스들
(C) 등록비에 포함되어 있는 자료들
(D) 저녁 식사를 할 수 있는 식당들의 위치

세부사항 | What

지문 후반부에 '행사 기간 중에 열리는 많은 세미나와 워크숍들 중에서 선택할 수 있도록 미리 일정표를 확인해 보라(~ you review the program in advance to choose from the many seminars and workshops)'고 요청하는 내용이 있다. 즉, 개최 예정인 행사들을 미리 확인해 보도록 요청하고 있음을 알 수 있으므로 (A)가 정답이다.

어휘 facility 시설 available 이용 가능한 registration fee 등록비

정답 (A)

---

160 In which of the positions marked [1], [2], [3], and [4] does the following sentence best belong?

"Your payment of $100 has been processed and a place has been reserved for you."

(A) [1]
(B) [2]
(C) [3]
(D) [4]

[1], [2], [3], [4]로 표기된 위치들 중에서 다음 문장이 가장 잘 어울리는 곳은 어디인가?

"귀하께서 지불하신 100달러의 비용은 처리되었으며, 귀하의 자리도 예약되었습니다."

(A) [1]
(B) [2]
(C) [3]
(D) [4]

주어진 문장 넣기 | 문장의 내용 단서

주어진 문장은 100달러의 비용이 처리되었다는 사실과 자리가 예약되었음을 확인해주는 내용이다. 따라서 참가에 대한 감사 인사를 전하는 문장과 남은 비용의 지불 기한을 알려 주는 문장 사이에 위치한 [1]에 어울리는 문장이므로 (A)가 정답이다.

어휘 process ~을 처리하다 reserve for ~을 위해 예약하다

정답 (A)

Questions 161-164 refer to the following e-mail.

163 To: Neil Bergeron <neilb@thismail.com>
From: Caroline Wells <cwells@mercuryfinancial.com>
Date: April 3
Subject: Mercury Financial

Dear Mr. Bergeron,

161 After careful consideration, I have found that you are the most qualified of all the applicants for the position of senior financial analyst at Mercury Financial, so I would like to offer you the position. 162-D As a senior financial analyst, you will be expected to personally handle the accounts of some of our top clients. 162-A You will also oversee some of our junior analysts, provide advice to them and mentor them. 162-B Finally, we require all of our senior financial analysts to produce weekly reports on different sectors of the economy. Yours would be on the foreign and domestic automobile industry.

You will be paid a salary of $120,000 each year and also receive a quarterly performance bonus as well as company stock. You should start your employment with us no later than May 1, so you have to find a place to stay in Dallas before that date 163 while you are getting ready to move from St. Louis. The company will pay for your moving expenses and will also cover your housing costs until you can find a permanent residence.

If you accept this offer, then you will be contacted by Melissa Patterson, who works in the HR Department. She will send you a number of employment forms, 164 including your contract, which you need to fill out in full, sign, and return to her no later than April 20.

I am looking forward to working with you in the near future.

Sincerely,

Caroline Wells

161 What is the purpose of the e-mail?
(A) To propose working on a joint project
(B) To extend an invitation to a seminar
(C) To request advice on an employment matter
(D) To discuss a hiring decision

| 주제/목적 | 목적 |

지문 시작 부분에 특정 직책에 지원한 상대방에게 해당 직책에서의 근무를 제안한다는 내용이 있으므로 이를 다른 말로 바꿔 표현한 (D)가 정답이다.

어휘 extend ~을 보내다

정답 (D)

162 What is NOT listed as one of the responsibilities of a senior financial analyst?

(A) Providing assistance to other employees
(B) Writing reports on a weekly basis
(C) Leading meetings with other analysts
(D) Working closely with certain clients

선임 재정 분석가의 책무 중 하나로 언급되지 않은 것은 무엇인가?

(A) 다른 직원들에게 도움을 주는 것
(B) 매주 보고서를 작성하는 것
(C) 다른 분석가들과의 회의를 진행하는 것
(D) 특정 고객들과 밀접하게 근무하는 것

| 진위확인 | NOT true |

첫 번째 단락의 중반부에 선임 재정 분석가의 업무가 상세히 제시되어 있다. (A), (B), (D)는 모두 이에 해당하는 내용이지만 다른 분석가들과 회의를 진행하는 업무에 대한 언급은 없으므로 (C)가 정답이다.

어휘 assistance 도움

정답 (C)

163 What is mentioned about Mr. Bergeron?

(A) He has never met Ms. Wells in person.
(B) He has a decade of experience in the field.
(C) He lives in St. Louis at the moment.
(D) He reports directly to the HR Director.

Bergeron 씨에 관해 언급된 것은 무엇인가?

(A) Wells 씨를 한 번도 직접 만난 적이 없다.
(B) 업계에서 10년의 경력을 지니고 있다.
(C) 현재 St. Louis에 살고 있다.
(D) 인사부장 직속으로 근무하고 있다.

| 진위확인 | True |

Bergeron 씨는 이메일을 받는 사람이다. 따라서 지문 내용 중에 상대방(you)을 지칭하며 언급한 정보를 찾아보면, 두 번째 단락 중반부에 'St. Louis를 떠날 준비를 하는 동안'이라고 언급한 것으로 보아 현재 Bergeron 씨가 St. Louis에 거주하고 있음을 알 수 있으므로 (C)가 정답이다.

어휘 at the moment 현재   report to ~에 직속이다

정답 (C)

164 What does Ms. Wells ask Mr. Bergeron to do?

(A) Complete some paperwork
(B) Make a payment for his order
(C) Visit the St. Louis office
(D) Contact Ms. Patterson

Wells 씨는 Bergeron 씨에게 무엇을 하도록 요청하는가?

(A) 문서를 작성할 것
(B) 주문에 대한 비용을 지불할 것
(C) St. Louis 사무실을 방문할 것
(D) Patterson 씨에게 연락할 것

| 세부사항 | What |

이메일을 쓴 Wells 씨가 요구하는 내용은 마지막 단락에 나온다. 계약서를 작성해서 돌려 보내달라고 요청하라고 했으므로 이를 'Complete some paperwork(문서를 작성할 것)'로 바꿔 표현한 (A)가 정답이다.

정답 (A)

Questions 165-168 refer to the following online chat discussion.

Brian Roebuck [5:31 P.M.]
Hello, everyone. I've just had a request from Danielle Roy. 165 She wants our team to complete the interior design work for her business one month early. I'm wondering if that's possible.

Rick Lloyd [5:32 P.M.]
165 I think we have enough time. 166 The locker rooms and workout rooms are planned, but the lobby area needs to make a good impression on 166 gym members.

Chang Tung [5:34 P.M.]
I've finished the preliminary drawings for the lobby, but I can't present anything until the budget estimates for materials are done. Where are you on that, Amanda?

Amanda Vicini [5:35 P.M.]
I hadn't started that yet because I thought I had more time.

Brian Roebuck [5:37 P.M.]
How soon could you get it done? I don't want to book the work crew until we know exactly when to start.

Amanda Vicini [5:39 P.M.]
167 I don't mind putting in some extra hours. I'll have it on your desk first thing tomorrow morning.

Brian Roebuck [5:40 P.M.]
Great! Thank you! Then I think we can meet her new deadline of March 15th.

Chang Tung [5:43 P.M.]
168 Does Ms. Roy know that we recently raised our fees?

Rick Lloyd [5:44 P.M.]
168 Yes. I gave her a brochure with the updated figures when we arranged the contract.

165 At 5:31 P.M., what does Mr. Roebuck most likely mean when he writes, "I'm wondering if that's possible"?

(A) He is making sure a budget is sufficient.
(B) He is unfamiliar with a policy.
(C) He wants to alter a schedule.
(D) He doubts that a service is offered.

> **의도파악**
>
> "I'm wondering if that's possible"에서 that은 바로 앞선 문장에 언급된 Danielle Roy 씨의 요청 사항인 '한 달 일찍 인테리어 디자인을 완료하는 일'을 가리킨다. 이는 작업 일정의 변경을 의미하므로 Roebuck 씨가 'if that's possible'이라는 말로 궁금해하는 것은 일정 변경이 가능한지를 묻는 것과 같다. 따라서 이에 대한 내용을 담은 (C)가 정답이다.
>
> 어휘 sufficient 충분한 unfamiliar with ~에 대해 잘 모르는 alter ~을 바꾸다
>
> 정답 (C)

166 What type of business is Ms. Roy opening?

(A) A fitness facility
(B) A hotel
(C) An apartment complex
(D) An institute

Roy 씨는 무슨 종류의 업체를 개장하는가?

(A) 피트니스 시설
(B) 호텔
(C) 아파트 단지
(D) 연구 기관

> **세부사항 | What**
>
> 업체의 종류를 묻고 있으므로 서비스나 주요 업무 등을 나타내는 표현이 있는지 확인한다. Lloyd 씨가 5시 32분에 쓴 메시지에서 인테리어 공사를 하는 장소에 물품 보관실(locker rooms)과 운동 공간(workout rooms)이 있고, 체육관 회원(gym members)들이 고객임을 언급하고 있으므로 (A)가 정답이다.
>
> 정답 (A)

167 Who most likely will work late today?

(A) Mr. Roebuck
(B) Mr. Lloyd
(C) Ms. Tung
(D) Ms. Vicini

오늘 누가 늦게까지 일할 것 같은가?

(A) Roebuck 씨
(B) Lloyd 씨
(C) Tung 씨
(D) Vicini 씨

> **추론 | 세부사항**
>
> 늦게까지 일하는 사람을 묻는 문제이므로 야근이나 추가 근무 등을 언급하는 사람을 찾아야 한다. 5시 39분에 Vicini 씨가 '추가로 시간을 더 들여서 일해도 상관없다(I don't mind putting in some extra hours)'라는 말과 함께 결과물을 내일 아침에 바로 주겠다고 덧붙이고 있으므로 야근할 의사가 있음을 알 수 있다. 따라서 (D)가 정답이다.
>
> 정답 (D)

168 What is indicated about Ms. Roy?

(A) She has recommended a business.
(B) She needs service at multiple locations.
(C) She wants to negotiate the contract.
(D) She is informed about the new rates.

Roy 씨에 관해 알 수 있는 것은 무엇인가?

(A) 한 사업체를 추천했다.
(B) 여러 지점에서 서비스를 필요로 한다.
(C) 계약 협상을 하고 싶어 한다.
(D) 새로운 비용에 관해 통보받았다.

> **진위확인 | True**
>
> 지문 마지막 부분에 Tung 씨가 Roy 씨의 이름을 언급하면서 비용이 오른 것을 알고 있는지 묻자(Does Ms. Roy know that we recently raised our fees?) Lloyd 씨가 '그렇다(Yes)'고 대답한다. 바로 뒤이어 안내 책자(brochure)를 보내 줬다고 덧붙이는 데에서 Roy 씨는 이미 비용 변동에 대해 알고 있음을 확인할 수 있다. 따라서 (D)가 정답이다.
>
> 어휘 negotiate ~을 협상하다 inform ~을 알리다, 통지하다
>
> 정답 (D)

Questions 169-172 refer to the following e-mail. 169-172는 다음 이메일을 참조하시오.

To: All Staff
From: Oliver Sondreal
Date: October 23
Subject: For your immediate attention

Dear Staff,

Due to time constraints, we weren't able to discuss everything on the agenda at this morning's staff meeting. Therefore, 169 I'd like to take a moment to tell you about the upcoming Toronto Design Contest (TDC). — [1] —. 170 This competition is held annually and is open to all companies within Canada that have been in operation for less than twelve months. 169, 170 The management team of Media Max would like you all to make TDC a top priority. — [2] —.

171 This competition is an excellent opportunity because it will introduce our talents to the wider market. Last year's winner received a great deal of attention because of the contest, and this fueled growth that would otherwise be very difficult to accomplish without heavy investment in advertising. — [3] —.

172 Please see Marcus Ness in the administrative office if you are willing and able to put together an entry with others. — [4] —. Updates about the guidelines will follow next week, but we would like a general idea of who is interested by Friday, if possible. We hope you will all consider it.

Sincerely,

Oliver Sondreal

수신: 전 직원
발신: Oliver Sondreal
날짜: 10월 23일
제목: 즉각적인 확인이 필요한 메시지입니다.

직원 여러분,

시간 제약으로 인해, 오늘 아침 직원회의에서 안건의 모든 사항들을 논의할 수 없었습니다. 따라서 169 저는 다가오는 Toronto Design Contest (TDC)에 관해 잠시 여러분께 말씀드리고자 합니다. — [1] —. 170 이 경연대회는 해마다 열리는 행사이며, 캐나다 내에서 12개월 미만의 기간 동안 운영되어 온 모든 회사들을 대상으로 합니다. 169, 170 우리 Media Max의 경영 관리팀은 여러분 모두가 TDC 행사를 최우선 사항으로 여겨 주시기를 바랍니다. — [2] —.

171 이 경연대회는 재능 있는 우리 직원들을 더 넓은 시장에 소개할 수 있는 아주 좋은 기회입니다. 작년 행사의 우승자는 이 대회로 인해 대단히 큰 주목을 받았으며, 이것은 광고에 엄청난 투자를 하지 않고는 다른 방법으로 달성해 내기 매우 어려운 성장을 이뤄내는 데 동력이 되었습니다. — [3] —.

172 다른 분들과 함께 참가 작품을 준비할 의향이 있고 그것이 가능한 분이라면 총무부의 Marcus Ness 씨를 만나 보십시오. — [4] —. 가이드라인에 관한 최신 정보는 다음 주에 다시 전해 드리겠지만, 가능하다면 금요일까지 어느 분께서 관심이 있으신지 대략적으로 파악하고자 합니다. 여러분 모두가 이 행사 참여를 고려해 보시기 바랍니다.

안녕히 계십시오.

Oliver Sondreal

어휘 immediate 즉각적인 attention 관심, 주목, 대처 due to ~로 인해 constraint 제약 be able to do ~할 수 있다 discuss ~을 논의하다 agenda 안건, 의제 therefore 따라서, 그러므로 take a moment to do 잠시 ~할 시간을 내다 upcoming 다가오는, 곧 있을 competition 경연대회 be held (행사 등이) 열리다, 개최되다 annually 해마다, 연례적으로 in operation 운영 중인 less than ~ 미만의 make A a top priority A를 최우선 사항으로 여기다 opportunity 기회 introduce A to B A를 B에게 소개하다 receive ~을 받다 a great deal of 아주 많은 fuel ~에 일조하다, ~을 부채질하다 growth 성장 otherwise 다른 방법으로, 달리 accomplish ~을 달성하다, 성취하다 without ~ 없이, ~하지 않고 investment 투자 advertising 광고(활동) be willing to do ~할 의향이 있다, 기꺼이 ~하다 put together ~을 준비하다 entry 참가(작), 출품(작) follow 뒤따르다 general idea 대략적인 파악 if possible 가능할 경우 consider ~을 고려하다

169 Why did Mr. Sondreal write the e-mail?

(A) To explain the guidelines of a contest
(B) To remind recipients about a staff meeting
(C) To encourage participation in an event
(D) To request opinions from employees

Sondreal 씨는 왜 이메일을 썼는가?

(A) 대회의 가이드라인을 설명하기 위해
(B) 수신자들에게 직원회의에 관해 상기시켜 주기 위해
(C) 행사 참가를 장려하기 위해
(D) 직원들에게 의견을 요청하기 위해

┤ 주제/목적 | 목적 ├

지문 시작 부분에 '다가오는 Toronto Design Contest(TDC)'를 언급하고 이후에 '이 행사를 최우선 사항으로 여겨 주시기를 바란다(~ would like you all to make TDC a top priority)'고 알리고 있다. 이와 함께 행사 참가와 관련된 정보가 나머지 단락들의 주요 내용이므로 '행사 참가 장려'가 이 이메일의 목적임을 알 수 있다. 따라서 (C)가 정답이다.

어휘 recipient 받는 사람, 수령인 participation 참가, 참여

정답 (C)

170 What is stated about Media Max?

(A) It was founded by Mr. Sondreal.
(B) It is less than a year old.
(C) It is based in Toronto.
(D) It won a competition last year.

Media Max에 관해 언급된 것은 무엇인가?

(A) Sondreal 씨에 의해 설립되었다.
(B) 1년이 채 되지 않은 회사이다.
(C) Toronto에 본사가 있다.
(D) 작년에 경연대회에서 우승했다.

진위확인 | True

첫 단락에서 TDC 행사에 관해, 캐나다 지역 내에서 12개월 미만의 기간 동안 운영되어 온 모든 회사들을 대상으로 한다고 되어 있다(~ all companies within Canada that have been in operation for less than twelve months). 그런데 바로 다음에 Media Max에 속한 직원들에게 이 행사에 참가할 것을 장려하는 내용이 있으므로 Media Max는 1년이 채 되지 않은 회사라는 것을 알 수 있다. 따라서 (B)가 정답이다.

어휘 found ~을 설립하다 be based in ~에 본사를 두다

정답 (B)

---

171 What benefit of TDC does Mr. Sondreal mention?

(A) Networking with colleagues in the industry
(B) Applying for funding from the government
(C) Introducing a new product to the market
(D) Receiving an increase in publicity

Sondreal 씨는 TDC의 어떤 혜택을 언급하는가?

(A) 업계 종사자들과 인적 관계를 형성하는 일
(B) 정부가 제공하는 기금을 신청하는 일
(C) 신제품을 시장에 소개하는 일
(D) 증대된 홍보 효과를 얻는 일

세부사항 | What

두 번째 단락에서 TDC 참가의 이점을 소개하며 재능 있는 직원들을 더 넓은 시장에 소개할 수 있고 작년의 우승자가 대단히 큰 주목을 받았다고 언급하고 있다(~ it will introduce our talents to the wider market. Last year's winner received a great deal of attention ~). 따라서 외부에 회사를 알릴 수 있는 장점이 있음을 알 수 있으므로 홍보 효과를 언급한 (D)가 정답이다.

어휘 network 인적 네트워크를 형성하다 publicity 언론의 관심, 홍보

정답 (D)

---

172 In which of the positions marked [1], [2], [3], and [4] does the following sentence best belong?

"This will assist us in assembling the best possible team."

(A) [1]
(B) [2]
(C) [3]
(D) [4]

[1], [2], [3], [4]로 표기된 위치들 중에서 다음 문장이 가장 잘 어울리는 곳은 어디인가?

"이는 우리가 최상의 가능한 팀을 조직하는 데 도움이 될 것입니다."

(A) [1]
(B) [2]
(C) [3]
(D) [4]

주어진 문장 넣기 | 지시어 단서

주어진 문장의 This가 무엇을 가리키는지 파악하는 것이 중요하다. 우리가 가능한 최상의 팀을 조직하는 데 '이것(this)'이 도움이 된다고 했으므로 협업과 관련된 내용, 즉 마지막 단락 첫 부분의 다른 사람과 함께 참가 작품을 준비할 수 있다면 총무부의 Marcus Ness 씨를 만나 보라는 문장 다음에 위치하는 것이 적절하므로 (D) [4]가 정답이다.

어휘 assist in ~를 돕다 assemble ~을 모으다, 소집하다

정답 (D)

Questions 173-175 refer to the following article.

Chicago (175-D 17 May)—In a move that has many speculators surprised, 173 long-standing president and founder of Tilliman Beverages, Norman Chapin announced he will step down from his leadership role. Mr. Chapin is renowned for successfully aiding the company in the transition from marketing its beverage line to commercial distributors, such as restaurants, to selling its products directly to consumers. 174 By changing its focus from corporate to individual clients, the company widened its base of customers and became one of the most popular beverage makers.

Due to the company's success, Milton Snacks made a bid to the owners of Tilliman Beverages last November in hopes of acquiring the market leader. 173, 175-B After several months of negotiations and meetings, 175-C a deal was reached to merge the two industry giants. 175-D The merger is scheduled to occur next month.

CEO Heather Moore of Milton Snacks said in a press conference yesterday afternoon that the two companies will continue to retain the same great flavors that made them popular, but will also join forces to research the creation of new products. Although no details were given, Ms. Moore did say that Mr. Chapin would play an important role in this process.

173 What is the purpose of the article?

(A) To propose a merger between two snack industries
(B) To announce the resignation of the founder of Milton Snacks
(C) To notify customers about the changes in a product line
(D) To announce some changes at Tilliman Beverages

174 In what way did Tilliman Beverages change in recent years?

(A) They created new lines of beverages.
(B) They began selling their beverage line to restaurants.
(C) They expanded the range of customers.
(D) They intended to acquire another corporate giant.

Tilliman Beverages는 최근 몇 년간 어떤 방법으로 변화했는가?

(A) 새로운 라인의 음료 제품을 만들었다.
(B) 자사의 음료 제품 라인을 레스토랑에 판매하기 시작했다.
(C) 고객 범위를 확장했다.
(D) 다른 거대 업체를 인수하려고 했다.

─┤ 세부사항 | What ├─

Tilliman Beverages의 변화와 관련된 정보가 담긴 첫 단락의 끝부분에, '기업 고객에서 개인 고객으로 초점을 바꾸는 방법으로 고객 기반을 확대했다(By changing its focus from corporate to individual clients, the company widened its base of customers ~)'고 알리고 있다. 따라서 '고객층의 확대'라는 변화를 언급한 (C)가 정답이다.

어휘 beverage 음료　range 범위

정답 (C)

175 What is NOT true about the merger?

(A) It will eventually alter the type of beverages of Tilliman Beverages.
(B) It has been discussed for several months.
(C) It is between two of the most prosperous companies.
(D) It will take place in June.

합병에 관해 사실이 아닌 것은 무엇인가?

(A) 결과적으로 Tilliman Beverages 음료 유형을 바꾸게 될 것이다.
(B) 여러 달 동안 논의되었다.
(C) 가장 성공한 회사 중 두 곳 사이에서 일어나는 일이다.
(D) 6월에 있을 예정이다.

─┤ 진위확인 | NOT true ├─

여러 달 동안 논의되었다는 (B)에 대한 단서는 두 번째 단락 중간의 'After several months of negotiations and meetings'를 통해 확인 가능하며, 가장 성공한 두 회사 간의 일이라는 (C)에 대한 단서도 같은 단락의 '~ to merge the two industry giants'에서 찾을 수 있다. 또한, 같은 단락 끝부분에 합병 시기가 다음 달(~ occur next month)이라고 되어 있는데, 지문 상단에 기사 작성일이 5월로 되어 있으므로 (D)도 맞는 내용이다. 하지만 마지막 단락에서 기존의 음료들이 지닌 맛을 그대로 유지한다고 했으므로 (~ continue to retain the same great flavors ~) (A)가 지문 내용과 다른 보기임을 알 수 있다.

어휘 eventually 결과적으로　prosperous 번영한, 성공한

정답 (A)

Questions 176-180 refer to the following letter and e-mail.

Arya Sehgal, Head of Human Resources
NWT Sports Corporate Office
4355 Drummond Street
Dallas, TX 75207

April 10

Dear Ms. Sehgal,

I am currently working as the store manager at the NWT Sports store in Austin. **176, 180** I heard that the store manager at the Laredo branch, Patrick Soto, will retire soon, and I would like to be considered for the store manager position there. I have had a great deal of success at the Austin store. When I turned up on my first day, the store was a mess. Employees were unmotivated and undertrained and sales were the lowest in the region. Also, customer satisfaction ratings were terrible. Within just a few months, I was able to correct these issues and make Austin the second-most-profitable store in the region. I am looking for a new challenge, and I believe that Laredo is the best place to implement my skills.

I would be more than happy to set up an interview—by phone or in person—to discuss this matter further. Please contact me at your earliest convenience.

Sincerely,

180 Susan Quinn
Austin Branch Manager, NWT Sports

---

180 To: All Laredo Branch Employees
180 From: Susan Quinn
Date: January 8
Subject: To all employees

Hello Everyone,

I've reviewed the figures for the quarter that just finished, and **178** I'm pleased to let you know that we reached our sales goal. Great job, everyone! The goal was ambitious, even for the holiday season, but you all worked together to accomplish what we set out to do. By keeping the store well organized and providing excellent customer service, we were able to significantly improve sales compared to last year.

I was also impressed with the teamwork you showed. **179 As you know, the demand for our products has grown, so we hired about twenty additional people.** The way you all assisted these newcomers in getting adjusted to our work environment was amazing. This kind of behavior helps to make NWT Sports a pleasant working environment. **180 It is a pleasure to be managing this store**, and I look forward to the upcoming year. Keep up the fantastic work!

Susan

뛰어난 고객 서비스를 제공함으로써, 우리는 작년과 비교해 매출액을 상당히 향상시킬 수 있었습니다.

저는 또한 여러분께서 보여 주신 협동 정신에 깊은 인상을 받았습니다. **179 아시다시피, 우리 제품에 대한 수요가 증가해 왔기 때문에, 우리는 약 20명의 추가 직원들을 고용했습니다.** 여러분 모두가 이 신입 사원들이 우리 근무 환경에 적응할 수 있도록 도움을 준 방식은 대단했습니다. 이와 같은 행동은 우리 NWT Sports를 근무하기 좋은 곳으로 만드는 데 도움이 됩니다. **180 저는 이 매장을 책임지고 있다는 것을 기쁘게 생각하며**, 앞으로의 한 해가 매우 기대됩니다. 여러분 모두 지금처럼 잘 해주시기 바랍니다!

Susan

어휘 review ~을 검토하다, 확인하다 figure 수치, 숫자 quarter 분기 reach ~에 도달하다 ambitious 야심적인 accomplish ~을 달성하다 set out 착수하다 keep A 형용사 A를 ~하게 유지하다 well organized 잘 정리된 provide ~을 제공하다 significantly 상당히 improve ~을 향상시키다, 개선하다 compared to ~와 비교해 be impressed with ~에 깊은 인상을 받다 demand for ~에 대한 수요 about 약, 대략 additional 추가적인 way 방식, 방법 assist A in -ing A가 ~하는 것을 돕다 newcomer 신입 get adjusted to ~에 적응하다 work environment 근무 환경 amazing 대단한, 놀라운 behavior 행위, 행동 pleasant 기쁜 look forward to ~을 고대하다 upcoming 다가오는, 곧 있을

---

176 Why did Ms. Quinn write the letter?

(A) To provide requested job figures
(B) To inquire about a company's mission
(C) To recommend a colleague for a position
(D) To show interest in a job opening

Quinn 씨는 왜 편지를 썼는가?

(A) 요청받은 일자리 수를 제공하기 위해
(B) 회사의 사명에 관해 문의하기 위해
(C) 한 직책에 동료 직원을 추천하기 위해
(D) 공석에 관심을 표현하기 위해

> **주제/목적 | 목적**
>
> 첫 지문의 시작 부분에, '은퇴하는 Laredo 지점장 대신 자신이 그 자리에서 일할 수 있도록 고려되기를 바란다(~ I would like to be considered for the store manager position there)'고 말하는 내용을 통해 (D)가 편지의 목적임을 알 수 있다.
>
> **어휘** inquire about ~에 관해 문의하다 mission 사명
>
> 정답 (D)

---

177 In the letter, the phrase "turned up" in paragraph 1, line 4, is closest in meaning to

(A) moved
(B) discovered
(C) arrived
(D) increased

편지에서, 첫 번째 단락, 네 번째 줄의 어구 "turned up"과 의미가 가장 가까운 것은 무엇인가?

(A) 이동했다
(B) 발견했다
(C) 도착했다
(D) 증가했다

> **동의어 | 동사**
>
> 해당 문장은 Austin 지점에서 근무한 첫날(on my first day)에 겪은 일을 말하는 내용이므로 turn up이 '나타나다, 모습을 드러내다, 가다' 등의 의미를 나타낸다는 것을 알 수 있다. 따라서 '도착했다'라는 의미로 쓰이는 (C)가 정답이다.
>
> 정답 (C)

178 What is one purpose of the e-mail?

(A) To explain the reason for a change
(B) To congratulate the staff on an achievement
(C) To thank the staff for their suggestions
(D) To outline the next year's goals

이메일을 쓴 한 가지 목적은 무엇인가?

(A) 변화의 이유를 설명하기
(B) 성과에 대해 직원들을 축하하기
(C) 직원들의 제안에 대해 감사하기
(D) 내년의 목표를 간략히 말하기

⊢┤ 주제/목적 | 목적 ├⊣

이메일 시작 부분에 매출 목표에 도달한 사실을 알리면서 수고했다는 말로(~ we reached our sales goal. Great job, everyone!) 격려하고 있다. 따라서 직원들이 거둔 성과를 축하하는 것이 목적임을 알 수 있으므로 (B)가 정답이다.

어휘 achievement 성과   outline ~의 개요를 서술하다

정답 (B)

179 What is indicated about the Laredo branch?

(A) It is the most popular branch.
(B) It holds training sessions regularly.
(C) Its staff has grown in size.
(D) It had to undergo an inspection.

Laredo 지점에 관해 알 수 있는 것은 무엇인가?

(A) 가장 인기 많은 지점이다.
(B) 주기적으로 교육 프로그램을 개최한다.
(C) 직원 규모가 늘어났다.
(D) 점검을 받아야 했다.

⊢┤ 진위확인 | True ├⊣

두 번째 지문의 두 번째 단락에 제품에 대한 수요 증가와 함께 약 20명의 추가 직원을 고용한 사실(we hired about twenty additional people)을 언급하고 있다. 즉, 직원 규모가 늘어난 것을 말하는 내용이므로 (C)가 정답이다.

어휘 regularly 정기적으로   undergo ~을 받다, 겪다   inspection 점검

정답 (C)

180 What is probably true about Ms. Quinn?

(A) Her request for a transfer was approved.
(B) She was eligible to receive a bonus.
(C) Her suggestion for a holiday sale was followed.
(D) She used to work in Ms. Sehgal's office.

Quinn 씨에 관해 사실일 것 같은 것은 무엇인가?

(A) 전근 요청이 승인되었다.
(B) 보너스를 받을 자격이 있었다.
(C) 연휴 세일 행사에 대한 제안이 시행되었다.
(D) 한때 Sehgal 씨의 사무실에서 근무한 적이 있었다.

⊢┤ 연계문제 | 추론 ├⊣

Quinn 씨는 두 지문인 편지와 이메일을 모두 쓴 사람이다. 편지의 시작 부분에 Laredo 지점장으로 일하고 싶다는 의사를 표명했으며, 이메일에서는 Laredo 직원들의 성과를 축하하는 내용과 함께 후반부에 자신이 책임자임을 알리고 있다(It is a pleasure to be managing this store). 따라서 Quinn 씨의 바람대로 지점을 옮기게 된 것이므로 이에 해당하는 내용인 (A)가 정답이다.

어휘 approve ~을 승인하다   be eligible to do ~할 자격이 있다

정답 (A)

Questions 181-185 refer to the following flyer and Web page.

Towry Center
Goldcliff Building, 1488 34th Street, Indianapolis, IN 46203

The Towry Center is a privately funded organization dedicated to the community. 181 We provide free classes and online resources to help individuals and families take control of their debt and spending through learning the best ways to manage their finances. 183 Group classes are taught every month by Reynalda Palermo. There is no enrollment fee for classes. We also offer one-on-one counseling, provided by Scott Brenner, for a nominal fee.

In addition to getting helpful articles, 182 those who subscribe to the monthly newsletter will receive a free e-book on budgeting by Jeremy Caruso. This step-by-step guide has helped thousands of people.

For more information, visit our Web site at www.towrycenter.org or stop in during our business hours, which are Monday through Friday from 10 A.M. to 5 P.M.

---

www.towrycenter.org/upcomingevents

| HOME | UPCOMING EVENTS | CONTACT US | FAQs |

183 Tuesday, August 3
183 Monthly Group Class (Free Admission)
This month's topic: Planning for Taxes
7:30 P.M. – 9:00 P.M., Logan Hotel (Conference Room 106)

Saturday, August 28
184 Visit our booth at the Annual Indianapolis Fair, at the Hickory Convention Center, for a free 10-minute consultation to assess your finances. You can also talk to our staff to learn more about the programs we offer.

Wednesday, September 1
185 The Affordable Housing Commission (AHC) has announced that it will offer grants for first-time home buyers starting from September 1. There are only twenty-five grants to be issued in our region, and they are given on a first-come, first-served basis.

Applications are accepted from September 1 and ¹⁸⁵ the grants are expected to run out within the first few days. Visit the AHC office in person in the Rex Building (475 Searcy Street) or call Margaret Garza at 555-4856 for more information.

지원서는 9월 1일부터 접수되며 ¹⁸⁵ 접수 개시일 후 며칠 안에 보조금 혜택자가 모두 정해질 것으로 예상됩니다. Rex Building(475 Searcy Street)에 위치한 AHC 사무실로 직접 방문하거나, Margaret Garza 씨에게 555-4856으로 전화해 더 많은 정보를 얻으실 수 있습니다.

어휘 upcoming 다가오는, 곧 있을 FAQ 자주 하는 질문 admission 입장 (허가) booth 부스, 칸막이 공간 consultation 상담 assess ~을 평가하다 announce that ~라고 발표하다 grant 보조금 first-time 처음의, 처음 하는 issue ~을 지급하다, 발급하다 region 지역 on a first-come, first-served basis 선착순으로 application 신청(서) accept ~을 받다, 받아들이다 be expected to do ~할 것으로 예상되다 run out 다 떨어지다, 다 쓰다 in person 직접 (가서)

181 What is the purpose of the Towry Center?

(A) To give support to small businesses
(B) To advise people on handling money
(C) To provide private loans to people
(D) To raise money for community projects

Towry Center의 목적은 무엇인가?

(A) 소기업들을 지원하기
(B) 사람들에게 돈을 관리하는 법을 조언해 주기
(C) 사람들에게 가계자금 대출금을 제공하기
(D) 지역 사회의 프로젝트에 필요한 기금을 마련하기

┤ 세부사항 | What ├

첫 지문의 시작 부분에서, '무료 강좌와 온라인 자료들을 제공해 개인과 가족이 금융 자산을 운용하는 가장 좋은 방법을 배우도록 함으로써 부채와 소비를 관리하는 데 도움을 준다(~ to help individuals and families take control of their debt and spending ~)'는 말로 Towry Center의 목적을 나타내고 있다. 간단히 말해, 돈을 잘 관리하는 방법을 가르쳐 주는 것이므로 (B)가 정답이다.

어휘 handle ~을 처리하다 private loan 가계자금 대출금

정답 (B)

182 According to the flyer, how can people get a complimentary book?

(A) By joining a mailing list
(B) By making a purchase
(C) By sharing their feedback
(D) By attending a class

전단에 따르면, 사람들은 어떻게 무료 책자를 받을 수 있는가?

(A) 우편물 수신 대상자 목록에 추가됨으로써
(B) 상품을 구매함으로써
(C) 각자의 의견을 공유함으로써
(D) 강좌에 출석함으로써

┤ 세부사항 | How ├

무료 책자에 대한 내용은 첫 지문의 두 번째 단락에 쓰여 있다. '월간 소식지를 구독하는 사람들이 Jeremy Caruso 씨가 펴낸 무료 전자책을 받는다(~ those who subscribe to the monthly newsletter will receive a free e-book)'고 되어 있다. 월간 소식지 구독 신청이 조건으로 제시되어 있는데, 이는 해당 소식지를 배송받는 사람들의 명단에 추가되는 것과 같으므로 (A)가 정답이다.

어휘 complimentary 무료의

정답 (A)

183 Who will most likely lead the event in the first week of August?

(A) Scott Brenner
(B) Jeremy Caruso
(C) Margaret Garza
(D) Reynalda Palermo

누가 8월 첫째 주에 있을 행사를 진행할 것 같은가?

(A) Scott Brenner
(B) Jeremy Caruso
(C) Margaret Garza
(D) Reynalda Palermo

┤ 연계문제 | 추론 ├

'8월 첫째 주'에 열리는 행사는 두 번째 지문의 시작 부분에 언급된 '8월 3일 화요일에 열리는 월간 그룹 강좌'를 가리킨다. 이 그룹 강좌와 관련해 첫 지문의 첫 단락에 'Reynalda Palermo 씨가 그룹 강좌를 진행한다(Group classes are taught every month by Reynalda Palermo.)'고 되어 있으므로 (D)가 정답이다.

정답 (D)

184 Where will the Towry Center representatives be giving free consultations?

(A) At the Goldcliff Building
(B) At the Hickory Convention Center
(C) At the Logan Hotel
(D) At the Rex Building

Towry Center의 직원들은 어디에서 무료 상담 서비스를 제공할 것인가?

(A) Goldcliff Building에서
(B) Hickory Convention Center에서
(C) Logan Hotel에서
(D) Rex Building에서

> **세부사항 | Where**
>
> 무료 상담 서비스는 두 번째 지문의 두 번째 단락에 언급되어 있다. 이 단락에 'Hickory Convention Center에서 열리는 Annual Indianapolis Fair에 설치된 부스에서 무료로 진행되는 10분 상담 서비스를 제공한다(Visit our booth at the Annual Indianapolis Fair, at the Hickory Convention Center, for a free 10-minute consultation ~)'고 쓰여 있으므로 (B)가 정답이다.
>
> 정답 (B)

185 What is implied about the AHC?

(A) It plans to provide a tour of homes.
(B) It will relocate in September.
(C) It holds events at the Towry Center.
(D) Its offer is in high demand.

AHC에 관해 암시된 내용은 무엇인가?

(A) 주택 견학을 제공할 계획이다.
(B) 9월에 이전할 것이다.
(C) Towry Center에서 행사를 개최한다.
(D) 제공하는 서비스에 대한 수요가 높다.

> **추론 | 진위확인**
>
> AHC는 두 번째 지문의 마지막 단락에 언급되어 있다. AHC가 제공하는 주택 구매 보조금과 관련해, 단락 중반부에 '접수를 시작하고 며칠 만에 보조금 대상자들이 모두 정해질 것(~ and the grants are expected to run out within the first few days)'이라고 알리는 내용이 있다. 즉, 해당 서비스를 찾는 사람들이 많을 것이라는 의미이므로 이를 '제공하는 서비스에 대한 수요가 높다'는 말로 바꿔 표현한 (D)가 정답이다.
>
> **어휘** relocate 이전하다 be in high demand 수요가 높다
>
> 정답 (D)

Questions 186-190 refer to the following schedule and e-mails.

3rd Annual Woodridge Environmental Festival
Saturday, October 15, 9 A.M.–8 P.M. at Fleming Park

Eco-Warriors, Meet at the outdoor stage, 9 A.M.–noon
Turn your attention to the environment by volunteering for this cleanup project. We will collect trash from the shores of the James River and leave the area in pristine condition. Please bring your own gloves.

Trash to Treasure, Hosted by the Loredo Gallery, 1 P.M.–3 P.M.
Show your creativity by 187 making unique crafts from recyclable products. 187 Contest entries will be judged by festival visitors throughout the day, and the winner will be announced at the closing ceremony. 187 One entry per person.

190 Zany Zoo, Hosted by the Woodridge Health Association, 4 P.M.
190 Dress up as your favorite animal for a fun and memorable 5K run. Prizes will be awarded for both the fastest runners and the best costumes!

Super Stalls, Hosted by the Environmental Alliance, All Day
The area's largest outdoor market, with a wide variety of stalls selling health foods, natural beauty products, upcycled clothing, and more. Support the sale of sustainable goods in our region.

Closing ceremony at 7:30 P.M. at the outdoor stage

189 To: Addison Evans <addisonevans@communityconnex.org>
From: Jackson Lewis <j.lewis@woodbridgecity.gov>
Date: October 12
Subject: Woodridge Environmental Festival

Dear Ms. Evans,

I've checked the weather forecast for this weekend, and it looks like it's going to be quite cold on the morning of the festival. I'm worried that the cold temperatures will discourage participants from coming to the river cleanup event. I know that Community Connex has already committed to bringing twenty people to the activity, but **188 I'm wondering if you could find five to ten additional helpers.** Sorry for the short notice, and please rest assured that **189 the emcee will recognize your group's hard work in his comments at the closing ceremony.**

Thank you!

Jackson Lewis

---

190 To: Cai Tan <tancai@gt1post.com>
189 From: Paul Watson <p.watson@stauntonco.com>
Date: October 16
Subject: Thank you!

Hi Cai,

Thanks for taking pictures **189 while I hosted the closing ceremony** yesterday. You got some great shots that I'm going to add to the Web site. Also, **190 I've already heard a lot of positive comments about the race you organized. People had a lot of fun dressing up in costumes,** and I think we should definitely include this event next year.

Keep in touch!

Paul

186 In the schedule, the word "Turn" in paragraph 1, line 1, is closest in meaning to

(A) Direct
(B) Adapt
(C) Convert
(D) Spin

일정표에서, 첫 번째 단락, 첫 번째 줄의 단어 "Turn"과 의미가 가장 가까운 것은 무엇인가?

(A) 향하게 하다
(B) 조정하다
(C) 전환하다
(D) 회전시키다

| 동의어 | 동사 |

해당 문장에서 동사 Turn의 목적어로 '관심, 주의' 등을 의미하는 attention이 쓰여 있다. 뒤이어 관심의 대상이 되는 것을 나타내기 위해 to로 이어지는 전치사구가 있으므로 '관심을 ~로 돌리다'라는 의미라는 것을 알 수 있다. 따라서 '(방향을) 향하게 하다'라는 의미로 쓰이는 동사 (A) Direct가 가장 유사한 의미를 지니므로 정답은 (A)이다.

정답 (A)

187 What is indicated about the craft competition?

(A) Its winner will be announced at 3 P.M.
(B) Its competitors cannot be professional artists.
(C) It will be judged by a gallery owner.
(D) It limits a person's number of entries.

공예품 대회에 관해 알 수 있는 것은 무엇인가?

(A) 오후 3시에 우승자가 발표될 것이다.
(B) 대회 참가자들은 전문 미술가가 아니어야 한다.
(C) 갤러리 소유주에 의해 심사될 것이다.
(D) 한 사람의 참가작의 수를 제한하고 있다.

| 진위확인 | True |

공예품 경연대회와 관련된 정보는 첫 지문의 두 번째 단락에 제시되어 있다. 마지막 부분에, '1인당 1개의 참가작만(One entry per person)' 출품할 수 있다는 규정이 언급되어 있으므로 (D)가 정답이다.

어휘 competitor 참가자, 경쟁자   limit ~을 제한하다

정답 (D)

188 Why did Mr. Lewis send the first e-mail?

(A) To announce a location change
(B) To recruit more volunteers
(C) To adjust a schedule
(D) To check a weather forecast

Lewis 씨는 왜 첫 번째 이메일을 보냈는가?

(A) 장소 변경을 알리기 위해
(B) 더 많은 자원봉사자들을 모집하기 위해
(C) 일정을 조정하기 위해
(D) 일기 예보를 확인하기 위해

| 주제/목적 | 목적 |

Lewis 씨가 쓴 이메일인 두 번째 지문을 보면, 날씨와 관련된 상황을 알린 후에 '도움을 줄 사람을 5명에서 10명 추가로 찾아줄 수 있는지 궁금하다(I'm wondering if you could find five to ten additional helpers)'고 말하는데, 이것이 이메일을 쓴 이유이다. 따라서 이를 '더 많은 자원봉사자를 모집하기 위해서'라는 말로 표현한 (B)가 정답이다.

어휘 recruit ~을 모집하다   weather forecast 일기 예보

정답 (B)

189 What is implied about Mr. Watson?

(A) He wants to get together with Mr. Tan in person.
(B) He is a member of the Woodridge Health Association.
(C) He attended last year's Woodridge Environmental Festival.
(D) He mentioned Community Connex at an event.

Watson 씨에 관해 유추할 수 있는 것은 무엇인가?

(A) Tan 씨와 직접 만나고 싶어 한다.
(B) Woodridge Health Association의 회원이다.
(C) 작년에 열린 Woodridge 환경 축제에 참여했다.
(D) 행사에서 Community Connex를 언급했다.

| 연계문제 | 추론 |

Watson 씨의 이름은 세 번째 지문의 발신인 정보에 제시되어 있고, 그 아랫부분에서 자신이 폐회식을 진행했다고(~ while I hosted the closing ceremony) 알리고 있다. 그리고 행사 폐회식 진행자와 관련된 또 다른 정보가 제시된 두 번째 지문의 끝부분을 보면, 폐회식에서 사회자가 당신이 속한 그룹의 노고에 감사의 인사를 전한다고(the emcee will recognize your group's hard work in his comments at the closing ceremony) 언급했다. 그런데 이메일 주소에서 수신인이 속한 단체 이름이 'Community Connex'라고 되어 있으므로 폐회식에서 사회자가 Community Connex를 언급했음을 유추할 수 있다. 따라서 (D)가 정답이다.

어휘 get together (~와) 만나다

정답 (D)

190 Which event did Mr. Tan lead?

(A) Eco-Warriors
(B) Trash to Treasure
(C) Zany Zoo
(D) Super Stalls

Tan 씨는 어느 행사를 이끌었는가?

(A) 환경을 지키는 전사들
(B) 쓰레기에서 보물로
(C) 엉뚱한 동물원
(D) 특가 판매

| 연계문제 | 세부사항 |

Tan 씨의 이름은 세 번째 지문의 수신인 정보에서 확인할 수 있다. 이 지문의 중간 부분에 Tan 씨가 조직한 행사와 관련해 '사람들이 의상을 차려입고 즐거운 시간을 보냈다(People had a lot of fun dressing up in costumes)'고 되어 있는데, 첫 번째 지문에서 이와 같은 행사 진행 방식으로 언급된 것이 세 번째 단락에 제시된 'Zany Zoo'이다. 따라서 (C)가 정답이다.

정답 (C)

Questions 191-195 refer to the following letter, e-mail, and advertisement. 191-195는 다음 편지와 이메일, 그리고 광고를 참조하시오.

To Whom It May Concern:

The Sapphire Theater Association is holding a talent show to raise funds for a restoration project at Sapphire Theater. Budget shortfalls resulted in numerous delays in essential repairs and restoration work, but we simply cannot stand this any longer. Now is the time to act, and you can help.

191 Become a sponsor and support this worthwhile project while also gaining publicity for your company.

Donation Tier	Donation Amount	Complimentary Advertising Placement	Other Benefits
Bronze Level	$250	Theater Web site	—
Silver Level	$500	Theater Web site & printed program	—
Gold Level	193 $1,000	193 Printed program & stage banner	VIP seating in the center section (6 people)
Platinum Level	$2,500	Stage banner & newspaper advertisement	VIP seating in a private box (8 people)

194 Gold- and Platinum-level donors should select a representative to pose for a picture at the talent show with Mayor Ryan Campbell and 194, 195 the theater's general manager, Nino Shaw; 194 this will appear in the Sunday edition of *the Stone Valley Times*.

We hope you will join us in preserving this beautiful historic building and prominent downtown landmark.

Sincerely,

Elise Hart
President, Sapphire Theater Association

관계자께:

Sapphire Theater Association은 Sapphire Theater의 복원 프로젝트에 필요한 기금 마련을 위해 장기자랑 대회를 개최합니다. 예산 부족 문제가 필수 수리 작업과 복구 공사에 있어 여러 번의 지연 사태를 야기했지만, 저희는 단순히 이를 더 이상 참을 수 없습니다. 지금이 바로 조치를 취해야 할 때이며, 여러분의 도움이 필요합니다.

191 여러분의 회사를 알림과 동시에 후원자가 되어 이 가치 있는 프로젝트를 지원해 주십시오.

기부 단계	기부 금액	무료 광고 게재	기타 혜택
브론즈 레벨	250달러	극장 웹사이트	—
실버 레벨	500달러	극장 웹사이트와 인쇄된 공연 안내 책자	—
골드 레벨	193 1,000달러	193 인쇄된 공연 안내 책자와 무대 현수막	중앙 구역의 VIP 좌석 (6명)
플래티넘 레벨	2,500달러	무대 현수막과 신문 광고	전용 고급 관람 구역 내의 VIP 좌석(8명)

194 골드 레벨과 플래티넘 레벨의 기부자들은 Ryan Campbell 시장님, 194, 195 Nino Shaw 극장 총괄 매니저님과 함께 장기자랑 대회에서 사진 촬영을 할 수 있도록 직원 한 명을 선택해야 하며, 194 이 사진은 〈Stone Valley Times〉의 일요일 호에 실릴 것입니다.

저희는 여러분께서 이 아름답고 역사적인 건물과 시내의 중요 명소를 보존하는 데 함께해 주시기를 바랍니다.

안녕히 계십시오.

Elise Hart
협회장, Sapphire Theater Association

어휘 raise funds 기금을 마련하다　restoration 복원, 복구　budget 예산　shortfall 부족(액)　result in ~의 결과를 낳다　numerous 수많은　delay 지연, 지체　essential 필수의　not ~ any longer 더 이상 ~ 않다　stand ~을 참다, 견디다　worthwhile 가치 있는　while ~하는 동안　gain publicity 유명해지다, 이름을 떨치다　tier 단계　complimentary 무료의　advertising placement 광고 게재　benefit 혜택　program (공연 등의) 안내 책자　banner 현수막　private box 전용 고급 관람 구역　donor 기부자　select ~을 선택하다　representative 직원　pose for ~을 위해 포즈를 취하다　preserve ~을 보존하다　prominent 중요한　landmark 명소

To: Elise Hart <e.hart@sapphiretheater.com>
From: Neerav Chambal <chambaln@bramptonltd.com>
Date: May 14
Subject: RE: Sapphire Theater Fundraiser

Dear Ms. Hart,

193 I'm pleased that you received Brampton Ltd.'s check for one thousand dollars. We are happy to make a financial contribution to this important cause. 194 The person we have chosen to represent our company is Ms. Shannon Gardner. She will report to the stage at 6:45 P.M. on the event day as you requested. We wish your organization all the best in its fundraising efforts, and we hope that you meet or even exceed your goals.

Warmest regards,

Neerav Chambal

Sapphire Theater Talent Show
Brought to you by the Sapphire Theater Association
Saturday, June 2, 7:30 P.M.

We're looking for singers, comedians, magicians, and more for the first-ever Sapphire Theater Talent Show. Share your talents with the community and help raise money for renovation projects at Sapphire Theater. No auditions needed! 195 Prizes will be awarded by the theater's general manager at the end of the show.

Not a performer? You can still support the event by being a part of the audience. Tickets are only $15 per person and include a free soft drink at intermission.

---

191 To whom most likely was the letter sent?

(A) Theater critics
(B) Professional musicians
(C) Club members
(D) Local businesses

| 추론 | 대상 |

첫 번째 지문인 편지의 상단을 보면, 배경 설명을 담은 첫 단락 다음에 '여러분의 회사를 알림과 동시에 후원자가 되어 이 가치 있는 프로젝트를 지원해 달라(Become a sponsor and support this worthwhile project while also gaining publicity for your company)'고 요청하는 부분이 있다. 이를 통해 회사에 속해 있는 사람들에게 보내는 편지임을 알 수 있으므로 (D)가 정답이다.

어휘 critic 비평가

정답 (D)

192 In the letter, the word "stand" in paragraph 1, line 3, is closest in meaning to

(A) locate
(B) rise
(C) tolerate
(D) remain

편지에서, 첫 번째 단락, 세 번째 줄의 단어 "stand"와 의미가 가장 가까운 것은 무엇인가?

(A) 위치를 찾다
(B) 올리다
(C) 참다
(D) 남아 있다

| 동의어 | 동사 |

동사 stand 다음에 쓰인 this는 앞서 언급한 '예산 문제로 공사가 지연된 일'을 가리킨다. 이를 해결하기 위해 행사를 개최하는 상황이며, 다음 문장에서 '지금이 바로 조치를 취해야 할 때'라고 강조하고 있다. 따라서 this가 가리키는 일과 관련해 '가만히 있지 않겠다, 참고 있지 않겠다'라는 의미로 cannot stand가 쓰였음을 알 수 있다. 그러므로 '참다, 견디다' 등의 뜻으로 쓰이는 (C)가 정답이다.

정답 (C)

193 Where will Brampton Ltd. receive free advertising?

(A) On a Web site only
(B) On a Web site and in a program
(C) In a program and on a banner
(D) On a banner and in a newspaper

Brampton Ltd.는 어디에 무료 광고를 할당받을 것인가?

(A) 웹사이트에만
(B) 웹사이트와 공연 안내 책자에
(C) 공연 안내 책자와 현수막에
(D) 현수막과 신문에

| 연계문제 | 세부사항 |

첫 지문의 도표를 보면 기부 금액에 따라 무료 광고를 게재할 수 있는 매체가 다르다는 것을 알 수 있고, Brampton Ltd.는 두 번째 지문인 이메일의 발신자가 소속된 업체로서 지문 초반에 '1천 달러에 해당하는 저희 Brampton Ltd.의 수표를 받으셔서 기쁘다(I'm pleased that you received Brampton Ltd.'s check for one thousand dollars)'라는 내용이 나온다. 이를 토대로 다시 첫 번째 지문의 도표를 살펴보면 기부액이 1천 달러일 경우 인쇄된 공연 안내 책자와 무대 현수막에 무료 광고가 실리므로 (C)가 정답이다.

정답 (C)

194 What is indicated about Ms. Gardner?

(A) Her photo will appear in a newspaper.
(B) She is the owner of Brampton Ltd.
(C) Her seat will be in a private box.
(D) She plans to sing in a talent show.

Gardner 씨에 관해 알 수 있는 것은 무엇인가?

(A) 사진이 신문에 실릴 것이다.
(B) Brampton Ltd.의 소유주다.
(C) 좌석이 전용 고급 관람 구역에 있을 것이다.
(D) 장기자랑 대회에서 노래를 부를 계획이다.

| 연계문제 | 진위확인 |

Gardner 씨의 이름은 두 번째 지문의 중간에서 회사를 대표할 사람으로 언급되어 있다(The person we have chosen to represent our company is Ms. Shannon Gardner). 그런데 이렇게 회사를 대표하는 사람과 관련된 또 다른 정보로 첫 지문 중간에 제시된 내용을 보면, 사진 촬영을 할 예정이고 신문에 실릴 것(~ select a representative to pose for a picture at the talent show ~ this will appear in the Sunday edition of *the Stone Valley Times*)이라고 알리고 있으므로 (A)가 정답이다.

어휘 appear (신문 등에) 나다

정답 (A)

195 What is true about the June 2 event?

(A) Mr. Campbell will give a speech.
(B) Performers should arrive one hour in advance.
(C) Prizes will be distributed by Mr. Shaw.
(D) Tickets include a prize drawing entry.

6월 2일 행사에 관해 사실인 것은 무엇인가?

(A) Campbell 씨가 연설을 할 것이다.
(B) 공연자들은 한 시간 전에 미리 도착해야 한다.
(C) 시상은 Shaw 씨가 할 것이다.
(D) 입장권에는 경품 추첨 참가권이 포함되어 있다.

연계문제 | 진위확인

6월 2일에 있을 행사와 관련된 정보를 찾을 수 있는 세 번째 지문에서, '시상은 대회가 끝나고 극장의 총괄 매니저가 할 것(Prizes will be awarded by the theater's general manager at the end of the show)'이라고 언급되어 있다. 그런데 첫 지문의 도표 밑에서 극장의 총괄 매니저가 'Nino Shaw'라고 되어 있으므로(the theater's general manager, Nino Shaw) 이 정보들을 종합하면 Shaw 씨가 시상을 할 것임을 알 수 있으므로 (C)가 정답이다.

어휘 in advance 미리   distribute ~을 나누어주다, 배부하다   prize drawing entry 경품 추첨 참가권

정답 (C)

Questions1 96-200 refer to the following Web page, schedule, and e-mail. 196-200은 다음 웹 페이지와 일정표, 그리고 이메일을 참조하시오.

---

www.musicshop99.com

| HOME | GENRES | TODAY'S DEALS | CONTACT |

Search: Janice Brown

4 Results Found:
On the Edge
This upbeat album showcases Brown's lyrical talent as [196] she and hip-hop star Ferrari G join forces for a unique blend of music styles focusing on inner-city life. The single "Wouldn't You" spent 18 weeks at the top of the charts.

[197] *For Always*
[196] Brown teamed up with a number of legends in the music world for this fast-paced rock album. [197] All proceeds from the album go toward the Hurricane Relief Fund, which serves communities that have suffered from natural disasters around the world.

Simple Things
A departure from Brown's usual fast beats and electric sound, *Simple Things* features slow love ballads. [196] Each song is a duet with another artist with only acoustic guitars serving as accompaniment.

Footsteps
[200] A live recording from a tour performance in Dallas, Texas. [196] Brown performed with her tour band and with singer Rhonda Cook to a crowd of thousands of enthusiastic fans. The album includes Brown's hits as well as new material.

어휘 · upbeat 밝은 느낌의, 낙관적인 · showcase ~을 보여주다 · lyrical 가사의 · unique blend of ~의 독특한 조합 · focus on ~에 초점을 맞추다 · team up with ~와 협력하다 · fast-paced 빠른 속도의 · proceeds 수익금 · go toward (비용 등이) ~에 쓰이다 · suffer from ~로 고통받다 · natural disaster 자연재해 · departure from ~에서 벗어난 것 · usual 평소의 · feature ~을 특징으로 하다 · serve as ~로서 역할을 하다 · accompaniment 반주 · enthusiastic 열성적인 · include ~을 포함하다 · A as well as B B뿐만 아니라 A도 · material (공연 등의) 내용(물)

103.5 FM Radio Afternoon Schedule: Monday, June 4

1:00 P.M. Politics and Promises / Episode 2 of this 6-part series that explores corruption at the state and national level. Narrated by Joe Rayburn.

2:00 P.M. Jazz Hour / Hosted by Tara Watkins, this program features a variety of jazz hits for your enjoyment. Call the station at 205-555-2940 to make a request.

3:00 P.M. On the Pulse / A look into the entertainment industry, with the latest news on musicians, actors, directors, and more. This week, 197 host Gregory King interviews singer Janice Brown about her fundraising album to help hurricane victims.

4:00 P.M. News Corner / A collection of stories from around the world to keep you informed on current events and the up-to-the-minute news on issues you care about most.

Weather and traffic reports at the top of each hour.

예계의 상세 뉴스를 전하는 프로그램. 이번 주에는, 197 진행자 Gregory King이 허리케인 피해자들을 돕기 위한 자선기금 마련 앨범을 낸 가수 Janice Brown과 이 앨범에 관한 인터뷰를 진행합니다.

오후 4시 News Corner / 시사에 관해 알려 드리기 위해 전하는 전 세계의 다양한 이야기와 청취자들이 가장 관심 있어 하는 사안들에 관한 최신 뉴스

일기 예보와 교통 관련 보도는 각 방송 시간이 시작될 때 전해 드립니다.

어휘 explore ~을 파헤치다, 탐구하다 corruption 부패 state (행정구역) 주 hosted by ~가 진행하는 a variety of 다양한 enjoyment 즐거움 make a request 요청하다 look into ~에 관한 상세 정보 industry 업계 fundraising 기금 마련 victim 피해자 a collection of 다양한 keep A informed A에게 알리다 current event 시사 up-to-the-minute 가장 최신의 care about ~에 관심을 갖다

To: <feedback@103-5radio.com>
From: Ashley Lemon <lemona@scopemail.net>
Date: June 6
Subject: Program comment

To Whom It May Concern:

I wanted to express my appreciation for your fine afternoon programming, particularly On the Pulse. I got hooked on this show several years ago when Lee Parker was the host, as I'm a huge fan of pop culture. 198 I think that Gregory King is doing an excellent job, and he seems very natural on air even after only a few weeks on the show. It's easy to see that he has a great deal of talent for communicating with others and bringing out the most fascinating aspects of their lives. I also enjoy the selection of guests, and I was delighted to hear the interview with Janice Brown. 200 I attended the show where she made her live recording, and I was thoroughly impressed. It was interesting hearing about her creative process and the inspiration behind the music. I will continue to be a loyal listener of this show. Keep up the good work!

Sincerely,

Ashley Lemon

수신: ⟨feedback@103-5radio.com⟩
발신: Ashley Lemon ⟨lemona@scopemail.net⟩
날짜: 6월 6일
제목: 프로그램 의견

관계자께:

저는 귀사의 훌륭한 오후 프로그램들, 특히 On the Pulse에 대해 감사의 뜻을 전하고자 합니다. 저는 팝 문화의 대단한 팬이기 때문에 Lee Parker 씨가 진행자였던 몇 년 전에 이 프로그램에 빠져들었습니다. 198 제 생각에 Gregory King 씨는 맡은 바를 훌륭히 해내고 계시며, 이 프로그램을 맡으신 지 불과 몇 주밖에 되지 않았음에도 방송 중에 매우 자연스럽게 느껴집니다. 다른 사람들과 의사소통을 하고 그들 삶의 가장 매력적인 측면들을 끌어내는 데 대단한 능력을 지니고 계신 분이라는 점을 쉽게 알 수 있습니다. 또한, 초대 손님 선정도 마음에 들고, Janice Brown 씨와의 인터뷰를 들을 수 있어 기뻤습니다. 200 저는 Janice Brown 씨가 라이브 녹음을 했던 공연에 참석했었는데, 대단히 깊은 감명을 받았습니다. Janice Brown 씨의 창의적인 작업 과정과 음악 이면에 숨어 있는 영감에 관한 이야기를 듣는 것이 흥미로웠습니다. 저는 계속해서 이 프로그램의 단골 청취자가 될 것입니다. 계속 좋은 프로그램 만들어 주세요!

안녕히 계세요.

Ashley Lemon

어휘 express ~을 표현하다 appreciation 감사(의 뜻) particularly 특히 get hooked on ~에 빠져들다 do an excellent job 훌륭히 해내다 on air 방송 중에 It's easy to see that ~라는 것을 쉽게 알 수 있다 a great deal of 아주 많은 bring out ~을 끌어내다 fascinating 매력적인 aspect 측면, 양상 selection 선정 be delighted to do ~해서 기쁘다 attend ~에 참석하다 thoroughly 대단히, 매우 impressed 깊은 인상을 받은 process 과정 inspiration 영감(을 주는 것) behind ~의 이면에 continue to do 계속 ~하다 loyal 단골의, 충성도 높은 Keep up the good work. 계속 수고해 주세요.

196 What do all of Janice Brown's albums have in common?

(A) They involve collaboration with other musicians.
(B) They are accompanied only by acoustic guitars.
(C) They have love as their main theme.
(D) They contain songs with a fast rhythm.

Janice Brown의 모든 앨범이 지닌 공통점은 무엇인가?
(A) 다른 음악가들과의 공동 작업을 포함하고 있다.
(B) 오직 어쿠스틱 기타만이 반주로 사용되었다.
(C) 사랑을 주제로 담고 있다.
(D) 빠른 리듬의 곡들을 포함하고 있다.

> **세부사항 | What**
>
> Janice Brown의 모든 앨범이 지닌 공통점은 첫 지문에서 찾아야 한다. '힙합 스타인 페라리 G와 합작했다(she and hip-hop star Ferrari G join forces)', '음악계의 여러 전설들과 함께 협력했다(Brown teamed up with a number of legends in the music world)', '각 노래는 다른 아티스트와의 듀엣곡이다(Each song is a duet with another artist)', 'Janice Brown은 자신의 투어 밴드 및 가수 Rhonda Cook과 함께 공연했다(Brown performed with her tour band and with singer Rhonda Cook)'는 내용에서 보듯이 모든 앨범에서 다른 음악가들과 함께했음을 확인할 수 있으므로 (A)가 정답이다.
>
> 어휘 collaboration 공동 작업   accompany ~의 반주를 하다   theme 주제
>
> 정답 (A)

197 Which album was the focus of Mr. King's show?

(A) *On the Edge*
(B) *For Always*
(C) *Simple Things*
(D) *Footsteps*

어느 앨범이 King 씨 프로그램의 중심이었는가?
(A) 〈On the Edge〉
(B) 〈For Always〉
(C) 〈Simple Things〉
(D) 〈Footsteps〉

> **연계문제 | 세부사항**
>
> King 씨의 프로그램은 두 번째 지문의 세 번째 단락에 제시되어 있다. 여기서 '진행자 Gregory King이 허리케인 피해자들을 돕기 위한 자선기금 마련 앨범을 낸 Janice Brown과 이 앨범에 관한 인터뷰를 진행한다(Gregory King interviews singer Janice Brown about her fundraising album to help hurricane victims)'고 했는데, 첫 번째 지문에서 '앨범의 모든 수익금이 허리케인 구조 성금으로 쓰이고 있다(All proceeds from the album go toward the Hurricane Relief Fund)'는 설명이 포함된 〈For Always〉가 방송에서 주목하는 앨범임을 알 수 있으므로 (B)가 정답이다.
>
> 정답 (B)

198 What is suggested about Mr. King?

(A) He used to be a professional singer.
(B) He changed his show's time slot.
(C) He is new to his position.
(D) He is a well-known radio host.

King 씨에 관해 알 수 있는 것은 무엇인가?
(A) 한때 전문 가수였다.
(B) 자신의 프로그램 시간대를 변경했다.
(C) 자신의 자리를 새롭게 맡았다.
(D) 잘 알려진 라디오 진행자이다.

> **추론 | 진위확인**
>
> King 씨의 프로그램에 관한 의견이 제시되어 있는 세 번째 지문의 중간 부분에서 'Gregory King 씨는 훌륭히 맡은 바를 해내고 계시며, 이 프로그램을 맡으신 지 불과 몇 주밖에 되지 않았음에도 방송 중에 매우 자연스럽게 느껴진다(he seems very natural on air even after only a few weeks on the show)'고 언급되어 있는 부분을 통해 프로그램을 새로 맡은 진행자임을 알 수 있으므로 (C)가 정답이다.
>
> 어휘 time slot 시간대
>
> 정답 (C)

199 In the e-mail, the word "see" in paragraph 1, line 4, is closest in meaning to

(A) recognize
(B) ensure
(C) consult
(D) predict

이메일에서, 첫 번째 단락, 네 번째 줄의 단어 "see"와 의미가 가장 가까운 것은 무엇인가?

(A) 알아차리다
(B) 보장하다
(C) 상담하다
(D) 예상하다

동의어 | 동사

이메일의 첫 번째 단락 네 번째 줄에 see가 포함된 문장을 보면, 'It's easy to see that ~'과 같이 가주어로 시작해 that 이하에 발신인의 의견이 제시되어 있다. 이는 발신인 자신이 알게 된 점을 밝히는 것이므로 동사 see가 '~을 알다'라는 의미로 쓰인 것이다. 따라서 보기의 동사들 중에서 '~을 알아차리다'라는 뜻으로 쓰이는 (A)가 정답이다.

정답 (A)

---

200 What is implied about Ms. Lemon?

(A) She called the station to request a song.
(B) She went to a concert in Dallas.
(C) She owns all of Janice Brown's albums.
(D) She listens to 103.5 FM every afternoon.

Lemon 씨에 관해 유추할 수 있는 것은 무엇인가?

(A) 노래를 신청하기 위해 방송국에 전화했다.
(B) Dallas에서 열린 콘서트에 갔다.
(C) Janice Brown의 모든 앨범을 소장하고 있다.
(D) 매일 오후에 103.5 FM을 청취한다.

연계문제 | 추론

Lemon 씨가 쓴 이메일인 세 번째 지문의 후반부에서 'Janice Brown 씨가 라이브 녹음을 했던 공연에 참석했었다(I attended the show where she made her live recording)'고 밝히고 있는데, 이와 관련해 첫 지문의 네 번째 단락에서 'Texas 주의 Dallas에서 열린 순회공연의 라이브 녹음(A live recording from a tour performance in Dallas, Texas)'이라는 정보를 확인할 수 있으므로 이를 종합하면 Lemon 씨가 Dallas에서 열린 콘서트에 갔었다는 것을 알 수 있다. 따라서 (B)가 정답이다.

정답 (B)

TEST 05

PART 5
PART 6
PART 7

ANSWER KEYS

PART 5
101 (D) 102 (B) 103 (A) 104 (C) 105 (B) 106 (D) 107 (C) 108 (B) 109 (C) 110 (B)
111 (A) 112 (C) 113 (B) 114 (D) 115 (D) 116 (B) 117 (B) 118 (A) 119 (D) 120 (A)
121 (B) 122 (A) 123 (D) 124 (D) 125 (D) 126 (B) 127 (C) 128 (A) 129 (C) 130 (D)

PART 6
131 (A) 132 (D) 133 (C) 134 (B) 135 (B) 136 (B) 137 (D) 138 (C) 139 (C) 140 (B)
141 (A) 142 (A) 143 (B) 144 (C) 145 (D) 146 (D)

PART 7
147 (D) 148 (B) 149 (B) 150 (D) 151 (B) 152 (D) 153 (A) 154 (D) 155 (B) 156 (B)
157 (A) 158 (B) 159 (A) 160 (D) 161 (C) 162 (C) 163 (C) 164 (B) 165 (C) 166 (A)
167 (D) 168 (C) 169 (D) 170 (A) 171 (A) 172 (B) 173 (A) 174 (C) 175 (D) 176 (D)
177 (B) 178 (C) 179 (D) 180 (A) 181 (C) 182 (A) 183 (A) 184 (C) 185 (C) 186 (C)
187 (B) 188 (B) 189 (C) 190 (B) 191 (B) 192 (D) 193 (B) 194 (C) 195 (B) 196 (A)
197 (C) 198 (A) 199 (C) 200 (C)

PART 5

101 The responsibilities of the floor manager include ------- the performances of employees.

(A) advertising
(B) purchasing
(C) establishing
(D) reviewing

매장 관리자의 책무는 직원들의 성과를 검토하는 것이 포함된다.

(A) 광고하는 것
(B) 구입하는 것
(C) 확립하는 것
(D) 검토하는 것

┤ 동사 어휘 ├

의미가 다른 어휘로 보기가 구성되어 있으므로 해석을 통해 자연스럽게 연결되는 것을 선택한다. 주어가 'responsibilities(직무)'이고 목적어가 'the performances of employees(직원들의 성과)'이므로 '책임자의 직무는 직원들의 성과를 검토하는 것을 포함한다'가 가장 자연스럽다. 따라서 '검토하는 것'의 의미인 (D) reviewing이 정답이다.

어휘 responsibility 직무, 책임 | floor manager 매장 관리자 | include ~을 포함하다 | performance 성과, 실적

정답 (D)

102 The staff cafeteria on the ground floor of the building is required to comply with all ------- health guidelines.

(A) localize
(B) local
(C) locals
(D) localizing

건물 1층에 있는 직원 식당은 모든 지역 보건 지침들을 준수하도록 요구된다.

┤ 형용사 자리 | 형용사+복합명사 ├

빈칸 다음에 명사구(health guidelines)가 있으므로 빈칸은 명사를 수식하는 형용사가 와야 하는 자리이다. 또한 all local health guidelines는 '모든 지역내의 보건 지침들'이라는 의미가 되어 의미상으로도 자연스럽다. 따라서 보기 중 형용사인 (B) local(지역의, 현지의)이 정답이다. (D) localizing(현지화하는)도 현재 분사로 형용사 역할이 가능하지만, 일반형용사와 V-ing형 형용사가 함께 보기로 제시되면 일반형용사를 정답으로 선택해야 하는데다, 의미상으로도 어울리지 않으므로 오답이다.

어휘 cafeteria 구내식당 | ground floor 1층 | be required to do ~해야 하다, ~할 필요가 있다 | comply with ~을 준수하다, 따르다 | health 보건, 건강 | guideline 지침, 가이드라인 | localize ~을 현지화하다, ~을 한 지역에 제한하다 | local 지역의, 현지의; 지역 사람, 현지인

정답 (B)

103 ------- needs to report that there is extensive water damage in the lab due to last night's storm.

(A) Someone
(B) Them
(C) We
(D) Any

누군가는 지난밤 폭풍우로 인해 실험실에 대규모의 침수 피해가 있다는 것을 보고해야 한다.

┤ 적절한 대명사 찾기 ├

빈칸은 주어 자리이므로 주어 자리에 올 수 없는 목적격 대명사 (B) Them은 오답이다. 동사 needs가 단수 동사여서 주어도 단수 주어가 되어야 하므로 복수 주어인 (C) We 역시 정답이 될 수 없다. (D) Any는 보통 부정문이나 의문문에 쓰이며 '아무, 그 어떤 것'이라고 해석되므로 적절하지 않다. 따라서 단수 주어이며, 의미상으로도 문장과 잘 어울리는 (A) Someone이 정답이다.

어휘 need to do ~해야 하다, ~할 필요가 있다 | report that ~임을 알리다 | extensive 대규모의, 광범위한 | water damage 침수 피해 | lab 실험실, 연구실 | due to ~로 인해 | storm 폭풍우

정답 (A)

104 According to the film festival's Web site, the entrance fee ------- admittance to all screenings and workshops.

(A) is included
(B) have included
(C) includes
(D) including

영화제의 웹사이트에 따르면, 입장료는 모든 영화 상영과 워크숍에 입장할 허가가 포함되어 있다.

┤ 주어와 동사의 수 일치 및 능동태와 수동태의 구별 ├

빈칸 앞/뒤에 동사가 없으므로, 빈칸은 문장의 동사 자리이다. 따라서 동사가 아닌 (D)는 오답이다. 나머지 보기를 '수 일치 → 능동/수동 → 시제' 순서로 따져 정답을 선택한다. 주어가 단수(the entrance fee)이므로 복수 동사인 (B) have included는 오답이다. 또한 빈칸 다음에 목적어가 있어 '입장료가 ~를 포함하다'라는 해석이 자연스러우므로 수동태인 (A) is included 역시 오답이며, 능동태인 (C) includes가 정답이다.

어휘 according to ~에 따르면 | entrance fee 입장료 | include ~을 포함하다 | admittance 입장, 입장 허가 | screening 상영(회)

정답 (C)

105 The rental prices of apartments differ ------- by neighborhood, with high-end properties nearly triple those at the low end.

(A) substantiality
(B) substantially
(C) most substantial
(D) substantial

아파트 임대료는 지역에 따라 상당히 다른데, 고급 건물들은 저가인 곳의 거의 세 배이다.

┤ 부사 자리 | 자동사+부사+전치사 ├

「자동사+-------」의 형태로, 자동사인 differ는 목적어를 취할 수 없다. 따라서 빈칸은 자동사를 수식하는 부사가 오는 자리이다. 또한 differ substantially는 '상당히 다르다'의 의미가 되어 의미상으로도 자연스러우므로 (B) substantially(상당히)가 정답이다.

어휘 rental price 임대료 differ 다르다, 차이가 나다 neighborhood 지역, 인근 high-end 고급의 property 건물, 부동산 nearly 거의 triple 세 배의 at the low end 저렴한 곳에 있는, 낮은 순위에 있는 substantiality 실질성, 실재성 substantially 상당히 substantial (가치나 수량 등이) 상당한, 실재하는, 본질적인

정답 (B)

106 In order to be reimbursed for travel expenses, all receipts for business trips must be turned in ------- the end of the year.

(A) within
(B) until
(C) for
(D) by

여행 비용에 대해 환급 받기 위해서는, 출장에 대한 모든 영수증들이 연말까지 제출되어야 한다.

(A) (기한 표현과 함께) ~이내에 (B) (지속) ~까지
(C) ~까지 (D) (기한) ~까지

┤ 혼동되는 전치사의 구별 | by VS until ├

the end of(~의 끝)와 함께 쓰이는 전치사로는 by(~까지), at(~에) 그리고 until(~까지) 등이 있다. by는 주로 완료의 의미를 가진 동사와 함께 쓰이며, until은 지속의 의미를 가진 동사와 함께 쓰인다. turn in(제출하다)은 한 번 하면 완료되는 동작이므로 '완료 기한'을 나타낼 때 사용하는 (D) by가 정답이다.

어휘 in order to do ~하기 위해 reimburse A for B B에 대해 A를 환급해 주다 travel expenses 여행 비용 receipt 영수증 business trip 출장 turn in ~을 제출하다

정답 (D)

107 Haritas Express plans to ------- for qualified applicants for its open positions by advertising extensively.

(A) apply
(B) complete
(C) search
(D) send

Haritas Express는 널리 광고함으로써 그 공석에 자격이 있는 지원자들을 찾을 계획이다.

(A) 지원하다, 신청하다 (B) ~을 완료하다
(C) ~을 찾다 (D) 보내다

┤ 동사 어휘 ├

보기가 모두 의미가 다른 동사로 구성되어 있으므로 해석을 통해 문맥상 적절한 것을 찾는다. 회사가 광고를 통해 지원자를 '찾는다'는 의미가 가장 적절하므로 (C) search가 정답이다. 동사 search는 자/타동사로 모두 쓰여, search+명사(~을 뒤지다), search for(~을 찾다)의 형태로 쓰이므로 기억해 두자. apply도 for와 함께 잘 쓰이지만 이 문장의 의미에 어울리지 않으므로 오답이다.

어휘 plan to do ~할 계획이다 search for ~을 찾다 qualified 적격인, 자격 있는 applicant 지원자 open position 공석 by (방법) ~함으로써, ~을 통해 advertise 광고하다 extensively 광범위하게

정답 (C)

108 Changes cannot be made to buildings in the historical district until the ------- permit applications are submitted and approved.

(A) relevancies
(B) relevant
(C) relevance
(D) relevantly

역사 지구 내에 있는 건물들에 대한 변경은 관련 허가 신청서가 제출되고 승인이 될 때까지 이루어질 수 없다.

┤ 형용사 자리 | 형용사+복합명사 ├

빈칸은 뒤에 나온 복합명사(permit applications)를 수식하는 형용사 자리이다. 또한 relevant permit applications는 '관련된 허가 신청서'의 의미가 되어 문맥상으로도 자연스럽다. 따라서 형용사인 (B) relevant가 정답이 된다. 참고로, permit은 동사와 명사로 모두 쓰인다는 것을 정리해 두자.

어휘 not A until B B나 되어야 A하다 historical 역사적인 district 구역, 지구 permit 허가서, 허가증; 허락하다 application 신청(서), 지원(서) submit ~을 제출하다 approve ~을 승인하다 relevancy 적합성, 관련성 relevant 관련 있는 relevance 관련(성), 타당성, 적절함 relevantly 관련성 있게

정답 (B)

109 ------- an increase in concern over ingesting harmful chemicals, the demand for organically grown produce has risen sharply.

(A) In addition to
(B) Rather than
(C) Because of
(D) Instead of

해로운 화학 물질을 섭취하는 것에 대한 우려의 증가 때문에, 유기농으로 재배한 농산물에 대한 수요가 급격히 증가했다.

(A) ~외에도, ~에 더해
(B) ~라기보다는 오히려, ~대신에
(C) ~때문에
(D) ~대신에, ~하지 않고

전치사 어휘

빈칸 뒤에는 명사구가 있고, 모든 보기가 전치사의 역할을 할 수 있으므로 해석을 통해 가장 자연스러운 것을 선택한다. 빈칸 뒤의 명사구는 '해로운 화학 물질 섭취에 대한 우려의 증가'라는 의미이고, 콤마 다음은 '유기농 농산물에 대한 수요가 증가했다'는 의미이다. 따라서 '해로운 화학 물질 섭취에 대한 우려의 증가'가 콤마 뒤의 문장에 대한 '이유'임을 알 수 있으므로 이유를 나타내는 전치사 (C) Because of(~ 때문에)가 정답이 된다.

어휘 increase in ~의 증가   concern 우려, 걱정   ingest ~을 섭취하다, 먹다   harmful 해로운   chemical 화학 물질   demand for ~에 대한 수요   organically 유기농으로   grow ~을 재배하다, 기르다   produce 농산물   rise 증가하다, 늘어나다   sharply 급격히

정답 (C)

110 At your -------, we have canceled your recent purchase of 24-pack Vanilla Scented Soy Candles.

(A) idea
(B) request
(C) position
(D) claim

귀하의 요청에 따라, 저희는 귀하의 최근 24팩 바닐라 향 소이 캔들 구매를 취소했습니다.

(A) 생각, 아이디어
(B) 요청, 요구
(C) 위치, 지위
(D) 주장, 청구, 요청

명사 숙어 표현 | at one's request(~의 요청에 따라)

보기가 모두 의미가 다른 명사로 구성되어 있으므로, 해석을 통해 가장 자연스럽게 연결되는 것을 찾는다. 주문을 취소했다는 것은 상대방의 '요청'이 있었기 때문에 가능한 것이므로 '요청, 요구'의 뜻을 가진 명사 (B) request가 정답이다. at one's request(~의 요청에 따라)를 하나의 숙어 표현으로 기억해 두자. 참고로, (D) claim도 '청구, 요청' 등의 의미로 쓰이기는 하지만 전치사 at과 함께 사용되지는 않으므로 오답이다.

어휘 cancel ~을 취소하다   recent 최근의   purchase 구입(품)   scented 향이 들어간

정답 (B)

111 Because Ms. Lee will arrive ------- to the weekly budget meeting starting 9 A.M., the meeting cannot start as scheduled.

(A) late
(B) soon
(C) nearly
(D) once

Lee 씨가 아침 9시에 시작하는 주간 예산 회의에 늦게 도착할 것이기 때문에, 회의를 예정대로 시작할 수 없다.

(A) 늦게
(B) 곧, 머지않아
(C) 거의
(D) 일단 ~하면

부사 어휘

보기가 모두 의미가 다른 부사로 구성되어 있으므로 문맥상 가장 적절한 보기를 정답으로 선택한다. 빈칸은 바로 앞의 동사 will arrive를 수식하는 자리이다. 해석하면 '늦게 도착하기 때문에 예정대로 시작될 수 없다'가 가장 자연스러우므로 '늦게, 늦게까지'의 의미로 쓰이는 (A) late가 정답이다. (B) soon(곧)도 미래시제(will arrive)와 어울리지만 의미가 자연스럽게 연결되지 않으므로 오답이다.

어휘 arrive 도착하다   weekly 매주 일어나는   budget 예산   as scheduled 예정대로

정답 (A)

112 As their schedules for the upcoming week are various, the delegates from Collins Inc. will go to the conference ------- by car.

(A) separated
(B) separations
(C) separately
(D) separate

대표단의 다음 주 일정이 다양하기 때문에, Collins Inc.의 대표단은 따로따로 자동차로 학회에 갈 것이다.

부사 자리 | 동사구+부사

빈칸은 앞의 동사구(will go to the conference)를 수식하는 자리이므로 부사 자리이다. 또한 will go to the conference separately는 '따로 회의 장소에 갈 것이다'라는 의미가 되어 문맥상으로도 자연스럽다. 따라서 (C) separately가 정답이다.

어휘 as ~이므로   upcoming 다가오는, 곧 있을   various 다양한, 여러 가지의   delegate 대표자, 대리인   separate 별도의, 분리된; 분리하다, 나누다   separation 분리, 구분   separately 따로, 별도로

정답 (C)

113 The Graphics Center at CDV Apparel allows customers to ------- the design that appears on the front of their T-shirts.

(A) customizing (B) customize
(C) customized (D) customizes

CDV Apparel의 Graphic Center는 고객들이 각자의 티셔츠 앞면에 보이는 디자인을 맞춤 제작하는 것을 가능하게 한다.

┤ 목적격 보어로 쓰이는 to부정사 ├

「allow+목적어+to부정사」의 형태를 알고 있다면 쉽게 풀 수 있는 문제이다. 따라서 to 다음에는 to부정사를 만들어 주는 동사원형이 와야 하므로 (B) customize(~을 맞춤 제작하다)가 정답이다.

어휘 allow A to do A가 ~할 수 있게 하다 appear 보이다, 나타나다 front 앞, 앞면 customize ~을 맞춤 제작하다, 주문 제작하다

정답 (B)

114 System updates from last month ------- need to be completed on one quarter of the computers used by employees.

(A) recently (B) precisely
(C) ever (D) still

지난달부터 시작된 시스템 업데이트는 직원들이 사용하는 컴퓨터의 4분의 1에 대해 여전히 완료될 필요가 있다.

(A) 최근에 (B) 정확히
(C) 한 번이라도 (D) 여전히

┤ 부사 어휘 ├

보기가 모두 의미가 다른 부사로 구성되어 있으므로 해석을 통해 가장 자연스럽게 연결되는 것을 선택한다. 지난달부터 시작된 시스템 업데이트 작업이 완료되어야 한다는 맥락의 문장인데, 아직 완료되지 않아 '여전히' 작업이 진행되어야 한다는 의미가 되어야 자연스러우므로 '여전히'의 의미인 (D) still이 정답이 된다. (A) recently는 현재완료나 과거시제의 동사와만 함께 쓰이며, (C) ever은 긍정문에는 쓰이지 않는 부사이므로 오답이다.

어휘 need to do ~해야 하다, ~할 필요가 있다 complete ~을 완료하다 quarter 4분의 1 still 여전히

정답 (D)

115 The director of the Indianapolis Homeless Shelter is ------- the budget needs of the site for the upcoming year.

(A) consider (B) considerable
(C) considered (D) considering

Indianapolis Homeless Shelter의 책임자는 다가오는 해의 그곳의 예산 필요에 대해 숙고하고 있다.

┤ 능동태와 수동태의 구별 ├

빈칸 앞에 동사 is가 있으므로, 동사인 (A) consider는 오답이다. 관사(the) 앞에 형용사가 올 수 없으므로 (B) considerable도 답이 될 수 없다. is considered는 수동태, is considering은 능동태를 나타내는데, 빈칸 뒤에 목적어가 있는데다 의미상으로도 책임자가 예산에 대해 필요한 부분을 '숙고하는 중이다'가 적절하므로 앞의 is와 함께 능동태를 만드는 (D) considering이 정답이다.

어휘 director 책임자, 관리자 budget 예산 need 필요(한 것) site 부지, 장소 upcoming 다가오는, 곧 있을 consider ~을 생각하다, 고려하다 considerable 상당한, 많은

정답 (D)

116 Mr. Thompson became incredibly wealthy by ------- advice on how to enter foreign markets to large corporations.

(A) provide (B) provided
(C) provides (D) providing

Thompson 씨는 대기업들에게 해외 시장으로 진입하는 방법에 관한 조언을 제공해 엄청나게 부유해졌다.

┤ 전치사+동명사 ├

전치사 by와 명사 advice 사이에 빈칸이 있으므로 전치사 뒤에 동명사가 온 by providing advice(조언을 제공함으로써)의 형태나 과거분사가 명사 advice를 수식하는 by provided advice(제공된 조언에 의해)의 형태가 가능하다. 하지만 '조언을 제공함으로써'가 문장의 의미와 잘 어울리므로 (D) providing이 정답이다. 참고로 by -ing(~함으로써)는 자주 쓰이는 숙어 표현이므로 알아두자.

어휘 incredibly 엄청나게, 믿을 수 없을 정도로 wealthy 부자인, 부유한 by (방법) ~에 의해 advice 조언 how to do ~하는 방법 enter ~에 진입하다, 들어가다 foreign market 해외 시장 large corporation 대기업 provide ~을 제공하다

정답 (D)

117 The stories that are contained in the collection are ------- on folk tales that are told by people in the countryside.

(A) depended
(B) based
(C) heard
(D) read

그 작품집에 포함되어 있는 이야기들은 시골 지역 사람들에 의해 전해지는 민간 설화들을 바탕으로 하고 있다.

(A) 의지하다
(B) 기초하다
(C) 듣다
(D) 읽다

동사 숙어 표현 | be based on (~을 바탕으로 하다)

문장의 주어로 쓰인 stories(이야기)가 빈칸 뒤에 위치한 전치사 on과 함께 '이야기가 민간 설화를 바탕으로 했다'라는 의미를 만들어야 가장 자연스러우므로 (B) based가 빈칸에 와야 한다. be based on(~을 바탕으로 하다)은 토익에 자주 등장하는 숙어 표현이므로 정리해 두자. 또한, depend on(~에 따라 달라지다)의 형태는 적절하나 be depended on의 형태로는 쓰이지 않으므로 (A) depended는 오답이다.

어휘 contain ~을 포함하다 collection 작품 선집, 모음집 folk tale 민간 설화, 민담 countryside 시골 지역 be based on ~을 바탕으로 하다, 기반으로 하다

정답 (B)

118 Complimentary lunch will be provided for all the conference participants, ------- donations are welcome.

(A) but
(B) if
(C) as long as
(D) rather than

학회 참가자들 모두에게 무료 점심 식사가 제공될 것이지만, 기부금은 환영합니다.

(A) 그러나
(B) 만약 ~라면
(C) ~하는 한
(D) ~보다는

적절한 접속사 찾기

빈칸 앞/뒤에는 완전한 두 개의 절이 있으므로 빈칸은 두 개의 절을 연결하는 접속사 자리이다. 보기가 모두 뜻이 다른 접속사로 구성되어 있으므로 해석을 통해 가장 자연스럽게 연결되는 것을 골라야 한다. 빈칸 앞에는 참가들에게 점심을 무료로 제공한다고 했는데, 빈칸 뒤의 문장에는 기부금을 환영한다고 쓰여 있어 두 내용이 대조를 이루므로 (A) but이 정답이 된다.

어휘 complimentary 무료의 be provided for ~에게 제공되다 participant 참가자 donation 기부(금)

정답 (A)

119 The chief computer programmer, ------- extensive expertise enabled the team to finish the software, will give a talk at the upcoming convention.

(A) that
(B) who
(C) which
(D) whose

폭넓은 전문 지식으로 팀이 소프트웨어 작업을 끝내는 것을 가능하게 했던, 수석 컴퓨터 프로그래머가 다가오는 대회에서 강연을 할 것이다.

소유격 관계대명사 whose

문장의 주어는 chief computer programmer이고, 문장의 동사는 will give로 콤마와 콤마 사이에 있는 부분은 앞의 주어를 수식해야 하는데, 동사가 들어 있는 절의 형태이므로 빈칸은 관계대명사가 들어갈 자리이다. 선행사가 사람이고, 빈칸 뒤는 주어도 목적어도 있는 완전한 절의 형태이므로 완전한 절과 결합하는 소유격 관계대명사 (D) whose가 정답이다. (A) that은 콤마 뒤에 쓰이지 않으며, (B) who는 주어가 없는 불완전한 형태의 절이 와야 하며, (C) which는 사람이 선행사인 경우에는 사용하지 않으므로 모두 오답이다.

어휘 chief 수석의, 최고위의, 주된 extensive 폭넓은, 광범위한 expertise 전문 지식 enable A to do A가 ~할 수 있게 하다 give a talk 연설하다 upcoming 다가오는, 곧 있을

정답 (D)

120 Mayor Stephenson will attend a ceremony to ------- those who contributed financially to the city stadium's renovation fund.

(A) acknowledge
(B) accomplish
(C) indicate
(D) extend

Stephenson 시장은 시립 경기장의 개조 공사 자금에 재정적으로 기여했던 이들에게 감사를 표하기 위한 행사에 참석할 것이다.

(A) ~에 대해 감사를 표하다
(B) ~을 완수하다, 성취하다
(C) ~을 나타내다, 가리키다
(D) ~을 확장하다, 확대하다

│ 동사 어휘 │

보기가 모두 의미가 다른 동사로 구성되어 있으므로 해석상 적절한 보기를 정답으로 선택한다. to부정사 이하는 '~을 하기 위해서'의 의미로, 재정적으로 기부를 한 사람들에게 '감사의 뜻을 표하기 위해서' 시장이 행사에 참석한다가 의미상 가장 자연스럽다. 따라서 '~에게 감사의 뜻을 표하다, 인정하다, ~을 받은 사실을 확인해주다'의 의미로 쓰이는 (A) acknowledge가 정답이다. 여러 가지 의미로 시험에 출제되므로 세 가지 뜻을 모두 기억해 두자.

어휘 attend ~에 참석하다   ceremony 행사, 의식   contribute to ~에 기부하다   financially 재정적으로   renovation 개조 (공사), 보수 (공사)   fund 자금, 기금

정답 (A)

121 Organizational practices are ------- revisited to ensure that they reflect the company vision in a reasonable and meaningful way.

(A) formerly   (B) periodically
(C) extremely   (D) mutually

조직의 관행들은 그것들이 합리적이고 의미 있는 방식으로 회사의 비전을 반영하고 있는지 확실히 하기 위해 정기적으로 다시 논의된다.

(A) 이전에, 예전에   (B) 주기적으로
(C) 대단히, 극도로, 매우   (D) 상호간에, 서로

│ 부사 어휘 │

보기가 모두 의미가 다른 부사로 구성되어 있으므로 해석상 적절한 보기를 정답으로 선택한다. 의미상 '주기적으로 다시 논의된다'가 적절한데, (B) periodically(주기적으로)는 반복적인 상황을 나타내므로 동사의 현재 시제(are revisited)와도 잘 어울린다. 따라서 (B)가 정답이다. 이처럼 현재 시제와 잘 어울리는 부사를 알고 있으면 좀 더 빠르게 문제를 풀 수 있으므로 정리해 두자.

어휘 organizational 조직상의, 구조상의   practice 관행, 관습   revisit ~을 다시 논의하다   ensure that ~하는 것을 확실히 하다, 반드시 ~하다   reflect ~을 반영하다   reasonable 합리적인   meaningful 의미 있는

정답 (B)

122 ------- of interest in the topic resulted in the academy canceling its plans to offer classes in biology.

(A) Lack   (B) To lack
(C) Lacking   (D) Having lacked

그 주제에 대한 관심 부족이 학교에서 생물학 수업을 제공하려던 계획을 취소하는 결과를 초래했다.

│ 명사 자리 | 주어 자리 │

빈칸은 문장의 주어 자리로, 주어 자리에 오려면 명사의 역할을 할 수 있어야 한다. (B) To lack은 to부정사, (C) Lacking과 (D) Having lacked는 동명사로 모두 명사의 역할을 할 수 있지만 동명사와 부정사는 동사의 성질을 유지하므로 타동사인 lack이 동명사나 부정사로 쓰이려면 뒤에 반드시 목적어가 있어야 한다. 빈칸 뒤에 목적어가 없으므로 일반 명사인 (A) Lack(부족)이 정답이다. 이처럼 lack은 동사와 명사로 쓰인다는 것을 알아두자.

어휘 interest in ~에 대한 관심   result in ~의 결과를 낳다   cancel ~을 취소하다   plan to do ~하려는 계획   offer ~을 제공하다   biology 생물학   lack 부족; ~이 부족하다

정답 (A)

123 A group of government lawyers is determining ------- any laws were violated during the merger between the two firms.

(A) rather   (B) given
(C) since   (D) whether

정부 법률가들 집단이 두 회사의 합병 중에 어떠한 법률이 위반되었는지에 관해 밝혀내고 있다.

(A) 약간, 다소, 좀   (B) ~을 고려해 볼 때
(C) ~이므로, ~이래로   (D) ~인지 아닌지

│ 명사절 접속사 │

빈칸 이하는 동사 is determining의 목적어 자리로, 목적어 자리에 주어와 동사가 포함된 '절'이 왔다. 따라서 빈칸은 절을 명사로 만드는 '명사절 접속사'의 자리이다. 보기 중에서 명사절 접속사로 쓸 수 있는 것은 (D) whether(~인지 아닌지)가 유일하다. (A) rather는 부사, (B) given은 전치사, (C) since는 부사절 접속사나 전치사로 쓰이므로 오답이다.

어휘 government lawyer 정부 법률가   determine ~을 밝혀내다, 알아내다   law 법, 법률   violate ~을 위반하다   during ~ 중에, ~ 동안   merger 합병   between ~ 사이에   firm 회사

정답 (D)

124. Mr. Oh will send the agenda ------- Wednesday's monthly business meeting no later than 5 P.M. on Friday.
(A) by
(B) to
(C) near
(D) for

Oh 씨는 수요일 월간 업무 회의 안건을 늦어도 금요일 오후 5시까지는 보낼 것이다.
(A) ~까지
(B) ~로
(C) ~에서 가까이
(D) ~을 위한

전치사 어휘

빈칸 앞의 명사 agenda(안건)와 함께 쓸 수 있는 전치사를 고르는 문제이다. 빈칸 뒤에 '수요일에 있을 월간 업무 회의'라는 명사구가 있는데, 이 회의를 '위한' 안건을 보낸다는 내용이 되어야 자연스러우므로 '~을 위한'이라는 의미의 전치사 (D) for가 정답이다.

어휘 agenda 안건(목록), 의제 monthly 월간의, 달마다의 no later than 늦어도 ~까지는

정답 (D)

125. ------- are doctors at Grand View Hospital permitted to spend more than four days in a row away from the office.
(A) Even
(B) Yet
(C) None
(D) Seldom

Grand View Hospital의 의사들은 진료실을 떠나 연속으로 4일이 넘게 보내는 것이 좀처럼 허용되지 않는다.

주어와 동사의 도치

빈칸 뒤에 쓰인 are doctors at Grand View Hospital permitted는 주어와 동사의 순서가 바뀐(도치) 형태로 원래는 'Doctors at Grand View Hospital are permitted ~'의 구조이다. 부정어가 문두에 오면 주어와 동사가 도치되므로 보기 중에서 '거의 ~하지 않다'라는 의미를 지닌 부정어 부사인 (D) Seldom이 정답이 된다.

어휘 be permitted to do ~하도록 허용되다 more than (숫자 표현 앞에서) ~가 넘는 in a row 연속으로 away from ~에서 떠나 even 심지어, ~조차도 yet (부정문) 아직, (의문문) 이미, 벌써 none 아무도 (~ 않다), 하나도 (없다) seldom 좀처럼 ~않다

정답 (D)

126. While Mr. Morrow has never studied marketing, he is the most ------- employee at the company when it comes to nanotechnology.
(A) authorized
(B) knowledgeable
(C) comprehensive
(D) confirmed

Morrow 씨는 마케팅을 공부한 적이 없지만, 나노 기술에 관한 한 회사에서 가장 박식한 직원이다.
(A) 공인된, 승인된
(B) 박식한, 아는 것이 많은
(C) 종합적인, 포괄적인
(D) 확인된, 확고부동한

형용사 어휘

보기가 모두 의미가 다른 형용사로 구성되어 있으므로 의미상 가장 자연스러운 보기를 정답으로 선택한다. 접속사 While은 '~동안에, ~반면에'의 두 가지 의미를 가지고 있지만, 이 문장에서는 '반면에'의 의미가 어울린다. 따라서 '마케팅은 공부한 적이 없지만 나노 기술에 관해서는 가장 많이 알고 있는 직원이다'라고 대조되는 의미가 되어야 자연스러우므로, '박식한, 아는 것이 많은'이란 뜻을 가진 (B) knowledgeable이 정답이다.

어휘 while ~인 반면에, ~하는 동안 knowledgeable 박식한, 아는 것이 많은 when it comes to ~에 관해서는, ~에 관한 한

정답 (B)

127. After receiving favorable reviews, Karen Smith has agreed to write another ------- for the opinion column of *the Shaw Mountain Daily Newspaper*.
(A) sense
(B) article
(C) news
(D) print

호의적인 평가를 받은 후에, Karen Smith는 〈Show Mountain Daily Newspaper〉의 의견 칼럼에 또 다른 기사를 쓰는 것에 동의했다.
(A) 감각, 느낌, 의미
(B) (신문 등의) 기사
(C) 뉴스
(D) 활자, 출판

명사 어휘

보기가 모두 의미가 다른 명사로 구성되어 있으므로 의미상 가장 적절한 보기를 정답으로 선택한다. 빈칸은 to write의 목적어 자리이다. 따라서 보기 중에서 '쓰다'라는 동사와 잘 어울리는 명사는 '기사'라는 뜻으로 another의 수식을 받을 수 있는 셀 수 있는 명사인 (B) article이다. (C) news 역시 해석상 자연스럽게 느껴지지만, 셀 수 있는 명사가 아니므로 another의 수식을 받을 수 없으므로 오답이다.

어휘 receive ~을 받다, 얻다 favorable 긍정적인, 우호적인 review 평가, 의견, 후기 agree to do ~하는 데 동의하다 opinion 의견 column 칼럼

정답 (B)

128 By subscribing to a year-long membership with *Warren Global News Magazine*, you will receive a ------- issue of *Modern Travel Weekly*.

(A) complimentary (B) variable
(C) presumable (D) subsequent

〈Warren Global News Magazine〉을 1년 구독 신청해서, 당신은 〈Modern Travel Weekly〉 한 부를 무료로 받을 것입니다.

(A) 무료의 (B) 가변적인
(C) 가정할 수 있는 (D) 그 뒤의, 그 다음의

형용사 어휘

보기가 모두 의미가 다른 형용사로 구성되어 있으므로 해석상 가장 적절한 보기를 정답으로 선택한다. 빈칸의 형용사는 명사 issue(잡지 한 부)를 수식하므로, 1년 구독 회원 신청을 하면 '무료로' 한 부를 받을 수 있다는 의미가 되어야 자연스럽다. 따라서 '무료의'의 의미인 (A) complimentary가 정답이다.

어휘 by (방법) ~함으로써 subscribe to ~에 가입 신청하다, ~을 정기 구독하다 receive ~을 받다 issue (책 등의) 호, 부

정답 (A)

---

129 The relocation of Genome Software Inc. to London is expected to generate a(n) ------- demand for computer engineers in the city.

(A) accomplished (B) plenty
(C) sizable (D) careful

Genome Software Inc.의 London으로의 이전은 그 도시 내에 컴퓨터 엔지니어들에 대한 상당한 수요를 만들어 낼 것으로 예상된다.

(A) 기량이 뛰어난, 재주가 많은 (B) 풍부함
(C) 상당한, 꽤 많은, 꽤 큰 (D) 조심하는

형용사 어휘

보기가 모두 의미가 다른 형용사로 구성되어 있으므로 의미상 가장 적절한 보기를 정답으로 선택한다. 빈칸의 형용사는 명사 demand(수요)를 수식하므로, 회사를 이전하면서 도시 내 컴퓨터 엔지니어들에 대한 수요가 '많아질 것이다'라는 의미가 자연스럽다. 따라서 '많은'이라는 의미를 가진 형용사 (C) sizable이 정답이다. 참고로, (B) plenty 자체는 명사이며, plenty of로 쓰여야 '많은'이란 의미로 명사를 수식할 수 있으므로 오답이다.

어휘 relocation (위치) 이전 be expected to do ~할 것으로 예상되다 generate ~을 발생시키다, 만들어 내다 demand for ~에 대한 수요

정답 (C)

---

130 For the past ten years, Ms. Rosewood has ------- a number of art books from her own personal collection to the university's library.

(A) written (B) published
(C) drawn (D) donated

지난 10년 동안, Rosewood 씨는 자신의 개인 소장품의 많은 미술 서적들을 그 대학의 도서관에 기부해 왔다.

(A) ~을 썼다 (B) ~을 출판했다
(C) ~을 그렸다 (D) ~을 기부했다

동사 어휘

보기가 모두 의미가 다른 동사로 구성되어 있으므로 의미상 가장 적절한 보기를 정답으로 선택한다. 목적어 books(책들)와의 관계만 따지면 (A) wrote(~을 썼다), (B) published(~을 출판했다), (D) donated(~을 기부했다) 모두 동사 자리에 오기에 의미상 문제가 없다. 하지만 문장 뒷부분의 to ~ library와 연결하여 해석하면 '도서관에 기부했다'가 자연스러우므로 (D) donated가 정답이다.

어휘 a number of 많은 personal 개인의 collection 소장품, 수집품 donate A to B A를 B에 기부하다

정답 (D)

PART 6

Questions 131-134 refer to the following article. 131-134는 다음 기사를 참조하시오.

Annual Sentinel Springs Marathon

Early bird registration has opened for the 23rd annual Sentinel Springs Marathon. -------(131). This year the race will fall on April 30 and will start at 7 A.M. -------(132) in Hide Park, the 26.2 mile course follows the scenic Coastal Boulevard with participants ending in Meyer Stadium.

Based on the turnout from last year, the number of -------(133) is expected to exceed 10,000. All runners must complete registration no later than April 15.

-------(134) fee before February 1 is $70. Those registering after the early bird deadline will need to pay $90.

연례 Sentinel Springs Marathon

제 23회 연례 Sentinel Springs Marathon의 사전 등록이 시작되었다. 131 장거리 도보 경주는 늘 그렇듯이 4월의 마지막 일요일에 개최될 것이다. 올해 경주 날짜는 4월 30일이고 오전 7시에 시작될 것이다. 132 Hide Park에서 시작되는 이 26.2마일 코스는 참가자들과 경치 좋은 Coastal Boulevard를 따라가다 Meyer Stadium에서 끝이 난다.

133 작년 참가자 수를 바탕으로, 올해 참가자 수는 10,000명이 넘을 것으로 예상된다. 모든 주자들은 늦어도 4월 15일까지 등록을 완료해야 한다.

134 2월 1일 이전 입장료는 70달러이다. 사전 등록 마감 기한 후에 등록하는 이들은 90달러를 지불해야 할 것이다.

어휘 early bird registration 사전 등록 annual 연례의, 해마다의 fall on (날짜가) ~에 해당되다 follow ~을 따라가다 participant 참가자 based on ~을 바탕으로 turnout 참가자 수 the number of ~의 수 be expected to do ~할 것으로 예상되다 exceed ~을 초과하다 complete ~을 완료하다 no later than 늦어도 ~까지 fee 요금 register 등록하다 deadline 마감기한

131 (A) The long-distance footrace will take place as usual on the last Sunday of April.
(B) The weather was the perfect combination for runners, dry and cool.
(C) City officials are pleased to offer this activity to the community for the first time.
(D) You can find the directions to the event place on the Web site.

(A) 장거리 도보 경주는 늘 그렇듯이 4월의 마지막 일요일에 개최될 것이다.
(B) 날씨가 경주 참가자들에게 완벽히 어울리는 건조하고 시원한 상태였다.
(C) 시 당국자들은 처음으로 지역 사회를 위해 이 활동을 제공하는 것에 대해 기뻐하고 있다.
(D) 웹 사이트에서 행사 장소로 가는 방법을 찾아 볼 수 있다.

빈칸에 알맞은 문장 고르기

빈칸 앞에서 마라톤 대회 사전 등록 신청이 시작되었다고 했고, 빈칸 다음 문장에서는 올해 개최 날짜에 대해 언급하고 있으므로 빈칸에도 대회 신청이나 날짜와 관련된 내용이 나오면 자연스럽게 연결된다. 따라서 보기 중 대회 날짜에 대해 설명하는 문장으로 '늘 그렇듯이 4월의 마지막 일요일에 개최될 것이다'라고 한 (A)가 정답이다.

어휘 long-distance 장거리의 footrace 도보 경주 take place (행사 등이) 개최되다, 열리다 as usual 늘 그렇듯이, 평소와 마찬가지로 combination 조합, 결합 official 당국자, 공무원 community 지역 사회 for the first time 처음으로 directions to ~로 가는 방법, 길

정답 (A)

오답분석

(B) 빈칸 앞에 대회 사전 등록 신청이 시작되었다고 했는데 벌써 경주가 열리는 날의 날씨에 대해 언급하는 것은 흐름상 적절하지 않다.
(C) 앞서 '제23회 연례 Sentinel Springs 마라톤 대회'라는 표현을 통해 이제까지 22번의 대회가 열렸다는 것을 알 수 있으므로 처음으로 지역 사회를 위해 이 활동을 제공한다는 내용은 전혀 맞지 않는다.
(D) 빈칸 앞의 문장에서 사전 등록에 대해 이야기했고 장소와 관련된 것은 전혀 언급되지 않았으므로 빈칸에 들어갈 내용이 될 수 없다.

132 (A) Leading
(B) Walking
(C) Training
(D) Beginning

(A) 이끄는
(B) 걷는
(C) 훈련시키는
(D) 시작하는

┤ 형용사 어휘 ├

의미가 다른 현재분사들이 보기에 나와 있으므로 해석을 통해 가장 자연스럽게 연결되는 것을 선택한다. 주절의 주어인 the 26.2 mile course를 수식하는 말이 들어가야 하는데, 문맥상 'Hide 공원에서 시작하는 26.2마일 길이의 코스'가 적절하므로 (D) Beginning이 정답이다.

정답 (D)

133 (A) trainers
(B) spectators
(C) participants
(D) visitors

(A) 트레이너
(B) 관중
(C) 참가자
(D) 방문객

┤ 명사 어휘 ├

명사 어휘 문제이므로 문맥상 가장 적절한 것을 선택한다. 작년 참가자 수(turnout)와 비교하여 올해는 10,000명을 초과할 것 같다고 하는 것으로 보아, 결국 올해의 참가자 수를 가리키는 내용임을 알 수 있으므로 보기 중 '참가자'를 의미하는 명사 (C) participants가 정답이 된다.

정답 (C)

134 (A) Entered
(B) Entrance
(C) Entrant
(D) Entering

┤ 비슷한 명사의 구별 | Entrance VS Entrant ├

명사 앞은 명사를 수식하는 형용사나 복합명사를 이룰 수 있는 또 다른 명사가 올 수 있는 자리이다. 문맥상 70달러라는 비용은 '참가 비용'을 의미하는 것이므로 보기 중 fee와 함께 쓰여 '참가비'라는 복합명사로 사용 가능한 (B) Entrance가 정답이 된다.

어휘 entrance 입장, 입구, 입회 entrant 갓 들어온[합류한] 사람

정답 (B)

Questions 135-138 refer to the following notice. 135-138은 다음 공지를 참조하시오.

Hanauma Children's Community Center is sponsoring a concert to be held on November 3 at 4 P.M. at Diamond Head Park Amphitheater. The center announced that the ------- (135.) of the gathering is to generate funding for the creation of an interactive natural science children's museum.

Oahu Youth Jazz Ensemble will perform, along with Kailua Children's Choir. Soloist Ailani Kane ------- (136.) as a vocalist. The event will be family friendly and free to all children under the age of 12. Seats can be reserved on hanaumaccc.org and grass space will be available on the day of the ------- (137.) on a first come, first served basis. Ticket prices will vary based on location and availability. ------- (138.)

Hanauma Children's Community Center가 Diamond Head Park Amphitheater에서 11월 3일 오후 4시에 열릴 콘서트를 후원합니다. 135 센터는 그 모임의 목표는 상호적인 자연 과학 아동 박물관 건립을 위한 기금을 조성하는 것이라고 발표했습니다.

Oahu Youth Jazz Ensemble이 Kailua Children's Choir 와 함께 공연할 것입니다. 136 솔로 연주자인 Ailani Kane 이 가수로 특별 출연할 것입니다. 이 행사는 가족 친화적이고 12세 미만의 어린이들 모두에게는 무료일 것입니다. 137 좌석은 hanaumaccc.org에서 예약할 수 있으며, 잔디 공간은 공연 당일에 선착순으로 이용 가능할 것입니다. 티켓 가격은 위치와 이용 가능 여부에 따라 달라질 것입니다. 138 모든 수익금은 지역 아동 박물관 프로젝트에 보탬이 될 것입니다.

어휘 sponsor 후원하다 amphitheater 원형 극장 announce 발표하다 gathering 모임 generate 만들어내다 funding 자금 creation 창조, 창출 interactive 상호작용하는 natural science 자연과학 perform 공연하다 along with ~와 함께 reserve 예약하다 first come first served 선착순 vary 다양하다 based on ~를 기반으로 한

135
(A) action
(B) goal
(C) mark
(D) view

(A) 행동
(B) 목표
(C) 표시
(D) 관점

┤ 명사 어휘 ├

명사 어휘 문제이므로 해석을 통해 가장 자연스럽게 연결되는 것을 찾는다. 행사는 어린이 박물관 건립을 위한 자금 조성을 위해 개최되는 것이므로 이는 행사의 '목표'로 볼 수 있다. 따라서 정답은 (B) goal(목표, 목적)이다.

정답 (B)

136
(A) featuring
(B) will be featured
(C) has been featured
(D) used to feature

┤ 적절한 시제 찾기 ├

두 번째 문단 첫 번째 문장에서 Oahu 청소년 재즈 앙상블이 Kailua 어린이 합창단과 함께 연주할 예정이라고 했으므로 이는 아직 일어나지 않은 미래의 일임을 알 수 있다. 따라서 성악가인 Ailani Kane 씨도 출연 예정이라는 뜻이 되어야 하므로 미래 시제인 (B) will be featured가 정답이다.

어휘 feature 특별히 포함하다, (배우를) 주연시키다

정답 (B)

137 (A) contract
(B) preservation
(C) contest
(D) performance

(A) 계약(서)
(B) 보존
(C) 대회
(D) 공연

---| 명사 어휘 |---

명사 어휘 문제이므로 해석을 통해 정답을 찾는다. 좌석은 예약을 해야 하고 잔디밭은 그날 선착순으로 이용 가능하다는 맥락인데, 그날은 바로 콘서트가 있는 날을 뜻하므로 보기 중 콘서트와 관련된 단어인 (D) performance(공연)가 정답이다.

정답 (D)

138 (A) These include educational programs for local children.
(B) We appreciate your volunteering for the coming concert.
(C) All proceeds will benefit the local children's museum project.
(D) As a result, the ticket prices are the same for all age groups.

(A) 이것들은 지역 아동들을 위한 교육 프로그램을 포함합니다.
(B) 저희는 곧 있을 콘서트에서 자원 봉사하시는 귀하께 감사 드립니다.
(C) 모든 수익금은 지역 아동 박물관 프로젝트에 보탬이 될 것입니다.
(D) 그 결과, 티켓 가격은 모든 연령층에 대해 동일합니다.

---| 빈칸에 알맞은 문장 고르기 |---

빈칸 바로 앞 문장에서 티켓 가격이 경우에 따라 다르다고 했으므로 이와 관련한 금전적인 내용이 이어지는 것이 흐름상 자연스럽다. 따라서 보기 중 티켓에서 생긴 수익금(proceeds)에 대해 언급한 (C) '모든 수익금은 지역 어린이 박물관 프로젝트에 보탬이 될 것입니다.'가 정답이다.

어휘 proceeds 수익금 benefit ~의 이익이 되다

정답 (C)

오답분석

(A) 빈칸 앞에서 예약 및 티켓 가격에 대한 이야기를 하고 있으므로 these(이것들)가 가리키는 대상 역시 '예약 및 티켓 가격'이 되는데, 이 경우 문장 자체의 의미가 어색해지므로 오답이다.

(B) 빈칸 앞에서 언급한 예약 및 티켓 가격 안내와 자원봉사에 대한 감사 내용은 흐름상 연결이 되지 않으며, 앞 내용에서도 자원봉사에 대한 언급이 없었다.

(D) 보기에 쓰인 연결어의 의미에 주의해야 한다. As a result(그 결과로)는 인과관계를 나타낸다. 빈칸 앞 문장의 내용은 위치와 이용 가능 여부에 따라 티켓 가격이 다르다고 했을 뿐, 이것이 모든 연령대의 티켓 가격이 같다는 뒷문장 내용의 원인이 아니므로 오답이다.

Questions 139-142 refer to the following e-mail. 139-142는 다음 이메일을 참조하시오.

From: m.hassel@d&bequipment.com
To: D&B Equipment employees
Subject: Discounted Ski Park Passes
Date: October 31

As many of you know, Hatons Resorts, the company which operates the Millet Basin Ski Park, is one of our most long-standing -------. We have supplied and installed ski lift equipment for them
　　139.
at nearly all of their 17 locations across the country. -------. These
　　　　　　　　　　　　　　　　　　　　　　　　　　140.
will be available to any employee for only 20 percent of the regular price. ------- you plan to take advantage of this unique offer, write
　　　　　141.
me back to confirm. The regular season pass price is $300, so each employee would only pay $60. We expect there will be a lot of -------
　　　　　　　　　　　　　　　　　　　　　　　　　　　　　　　　142.
in these passes.

Thanks for your hard work.

Marge Hassel
D&B Equipment, Director

발신: m.hassel@d&bequipment.com
수신: D&B Equipment 직원들
제목: 스키장 입장권 할인
날짜: 10월 31일

¹³⁹ 많은 분들이 아시다시피, Millet Basin Ski Park를 운영하는 회사인 Hatons Resorts는 우리의 가장 오래된 고객들 중 하나입니다. 우리는 그들을 위해 전국적으로 17개의 거의 전 지점에 스키 리프트 장비를 공급하고 설치해 왔습니다. ¹⁴⁰ 감사의 뜻으로, 그들이 우리에게 저렴한 시즌 입장권을 제공할 것입니다. 이는 어느 직원이든 정가의 20퍼센트로 이용이 가능할 것입니다. ¹⁴¹ 이 특별 할인을 이용할 계획이시라면, 확인을 하기 위해 저에게 답장을 보내주시기 바랍니다. 정규 시즌 입장권의 가격은 300달러이니, 각 직원은 60달러만 내면 됩니다. ¹⁴² 이 입장권에 많은 관심이 있을 것으로 기대합니다.

여러분의 노고에 감사 드립니다.

Marge Hassel
D&B Equipment, 관리자

어휘 operate 운영하다 long-standing 오래된 supply ~을 제공하다 install ~을 설치하다 equipment 장비 nearly 거의 take advantage of ~을 이용하다 unique 특별한 confirm 확인하다 regular 정규의 expect ~을 기대하다

139 (A) performances
　　　(B) guests
　　　(C) clients
　　　(D) patterns

(A) 공연, 수행
(B) 손님
(C) 고객
(D) 양식, 패턴

명사 어휘

보기가 모두 의미가 다른 명사로 구성되어 있으므로 문맥상 가장 자연스러운 것을 선택한다. 이 글을 보낸 Marge Hassel 씨는 D&B equipment의 직원으로, 바로 다음 문장에서 이 회사는 Hatons Resorts가 운영하는 Millet Basin 스키장에 스키 리프트 장치를 공급하고 설치하는 곳임을 알 수 있다. 따라서 Hatons Resorts는 D&B Equipment의 '고객'이 되는 것이므로 정답은 (C) clients이다.

정답 (C)

140 (A) They are looking to open more ski parks in Switzerland.
(B) In appreciation, they are offering us low-cost season passes.
(C) Moreover, Hatons Resorts is famous for its exquisite activities.
(D) We have organized a trip to one of the ski parks as an incentive.

(A) 그들은 스위스에 더 많은 스키장을 개장하는 것에 대해 고려하고 있습니다.
(B) 감사의 뜻으로, 그들이 우리에게 저렴한 시즌 입장권을 제공할 것입니다.
(C) 게다가, Hatons Resorts는 훌륭한 활동 프로그램들로 유명합니다.
(D) 저희는 보상책의 하나로 스키장 한 곳으로 떠나는 여행을 마련해 두었습니다.

───┤ 빈칸에 알맞은 문장 고르기 ├───

빈칸 뒤 문장의 지시어 These를 단서로 이용하면 좀 더 빠르게 문제를 풀 수 있다. 지시어가 가리키는 것은 앞 문장에 언급되는 내용이어야 하므로, '정가의 20%만 주고 이용할 수 있을 만한 것'이 언급되어 있는 보기가 정답이 된다. 따라서 '저렴한 시즌 입장권(low-cost passes)'을 언급한 (B) '감사의 뜻으로, 그들이 우리에게 저렴한 시즌 입장권을 제공할 것입니다.'가 정답이 된다.

어휘 appreciation 감사 be famous for ~로 유명하다 exquisite 훌륭한, 정교한 incentive 장려금, 보상물

정답 (B)

오답분석

(A) 빈칸 뒤의 문장에서 직원들은 정가의 20퍼센트만 내고 이용 가능하다는 내용이 이어지는데, 앞 문장에 스위스에 스키장 개장을 고려하고 있다는 내용이 오는 것은 흐름상 맞지 않는다.
(C) 접속부사 moreover는 앞의 내용에 대한 '부연/추가' 설명을 할 때 쓴다. 빈칸 앞에 스키 리프트 장치를 공급하고 설치한다고 했는데 Hatons Resorts는 훌륭한 활동 프로그램들로 유명하다는 내용은 앞 문장에 대한 부연 설명이 될 수 없다. 또한 빈칸 뒤 문장의 these에 해당할 만한 내용이 보이지 않으므로 오답이다.
(D) '보상책'이라면 앞에 직원들이 보상을 받을 만한 어떤 일을 훌륭하게 했다는 내용이 제시되어야 하는데 빈칸 앞에는 그런 내용이 나와 있지 않다. 또한 역시 빈칸 뒤 문장의 these가 가리킬 만한 내용이 언급되어 있지 않으므로 오답이다.

141 (A) If
(B) Whether
(C) Unless
(D) Whereas

(A) 만약 ~라면
(B) ~인지 아닌지
(C) 만약 ~하지 않는다면
(D) 반면에

───┤ 적절한 접속사 찾기 ├───

빈칸은 'you ~ offer'라는 문장과 'write ~ confirm'이라는 완전한 두 문장을 연결하는 부사절 접속사가 필요한 자리이다. 따라서 보기 중 or 없이는 명사절 접속사의 역할만 하는 (D) whether(~인지 아닌지)는 오답이다. 나머지 보기는 모두 부사절 접속사이므로 해석상 적절한 것을 정답으로 선택한다. 특별한 제안을 이용할 계획일 경우 확인 차 답장을 달라는 이야기이므로 '조건'의 의미를 나타내는 (A) If(만약 ~라면)가 정답이다.

정답 (A)

142 (A) interest
(B) interested
(C) interesting
(D) interests

───┤ 가산명사와 불가산명사의 구별 ├───

빈칸 앞에 수량 형용사 a lot of(많은)가 있으므로 빈칸은 형용사의 수식을 받는 '명사'가 오는 자리이다. a lot of 뒤에는 가산복수 명사/불가산단수명사가 올 수 있다. 보기 중 명사는 (A) interest와 (D) interests이다. interest는 불가산명사로 쓰이면 '관심', 가산명사의 복수형인 interests로 쓰이면 '이익, 이해관계'라는 의미인데, 문맥상 이 입장권에 많은 '관심'을 기대한다는 것이 적절하므로 정답은 (A) interest이다.

어휘 interest 관심, 흥미 interests 이익, 이해관계

정답 (A)

Questions 143-146 refer to the following memo. 143-146은 다음 회람을 참조하시오.

From: olivestone@advantagedental.org
To: All Staff
Subject: Dental Excellence Award
Date: April 7
Attachment: Meal options

Dear Advantage Dental Professionals,

I am so proud of our dental professionals who ------- significantly
                                               143.
to the oral health and wellbeing of this community. Our patients have been giving our services the highest ratings. -------, we have
                                                                                                                 144.
been presented for the third consecutive year with the Dental Excellence Award. -------. The Advantage Dental administrators are
                                145.
therefore pleased to host a congratulatory catered dinner on April 23 at the Running Y Resort. Please view the ------- list for your meal
                                                                                                              146.
selection.

With greatest appreciation,

Olive Stone
Advantage Dental Director

발신: olivestone@advantagedental.org
수신: 전 직원
제목: 최우수 치과상
날짜: 4월 7일
첨부 파일: 식사 선택

Advantage Dental 전문의들께,

143 저는 이 지역 주민의 구강 건강과 행복에 크게 기여를 하고 있는 우리 치과 전문의들이 매우 자랑스럽습니다. 우리 환자들은 우리 서비스에 대해 높이 평가해 오고 있습니다. 144 실제로, 우리는 3년 연속으로 Dental Excellence Award를 받게 됩니다. 145 이것이 우리 환자들의 수가 계속 증가하는 이유 중 하나입니다. 그래서 Advantage Dental의 운영진은 4월 23일에 Running Y Resort에서 축하 만찬 행사를 열게 되어 기쁩니다. 146 식사 선택을 위해 첨부된 목록을 봐 주시기 바랍니다.

감사합니다.

Olive Stone
Advantage Dental 관리자

어휘 dental 치과의 excellence 우수함 meal 식사 professional 전문가 be proud of ~에 대해 자랑스러워 하다 significantly 크게, 상당히 oral 구강의 community 지역사회 patient 환자 rating 평가 present 수여하다, 증정하다 consecutive 연속적인 administrator 관리자 therefore 따라서 congratulatory 축하의 selection 선택 appreciation 감사

143 (A) contributing
(B) contribute
(C) were contributing
(D) are contributed

┤ 능동태와 수동태의 구별 및 적절한 시제 찾기 ├

빈칸은 주격 관계대명사 who 뒤에 위치하는 동사 자리이다. 따라서 동사가 아닌 (A) contributing은 오답이다. 또한, '우리 치과 전문의'들이 '기여를 한다'는 의미이므로 수동태인 (D) are contributed는 답이 될 수 없다. 나머지 보기 중 적절한 시제를 선택해야 하는데, (C) were contributing은 '기여를 하고 있었다'는 뜻으로 과거의 순간을 강조하는 의미이므로 적절하지 않다. 따라서 (B) contribute가 정답이다.

어휘 contribute 기여하다   정답 (B)

144 (A) On the contrary
(B) By comparison
(C) In fact
(D) However

(A) 대조적으로
(B) 그에 비해
(C) 사실
(D) 그러나

┤ 적절한 연결어 찾기 ├

보기가 의미가 다른 접속부사로 구성되어 있으므로 해석을 통해 가장 자연스럽게 연결되는 것을 선택한다. 빈칸 바로 앞의 문장에서 우리 환자들은 우리 서비스에 대해 높은 평가를 주고 있다고 했고, 빈칸 뒤의 문장에서는 3년 연속으로 최우수 치과상(Dental Excellence Award)을 받았다고 했다. 따라서 앞의 높은 평가를 받아 결국 3년 연속 상까지 받은 것이므로 앞의 내용에 대해 자세한 내용을 덧붙일 때 쓰는 (C) In fact(사실)가 문맥상 가장 적절하다.

정답 (C)

145 (A) This award is offered to the dentists who excelled in their research.
(B) Also, Advantage Dental is equipped with professional appliances.
(C) We are honored to receive such a prestigious award for the first time.
(D) This is one of the reasons our patient numbers continue to grow.

(A) 이 상은 뛰어난 연구 성과를 거둔 치과 의사들에게 수여됩니다.
(B) 또한, Advantage Dental은 전문적인 기기를 갖추고 있습니다.
(C) 우리는 처음으로 이렇게 권위 있는 상을 받게 되어 영광스럽게 생각합니다.
(D) 이것이 우리 환자들의 수가 계속 증가하는 이유 중 하나입니다.

┤ 빈칸에 알맞은 문장 고르기 ├

빈칸 바로 앞 문장에서 우리가 3년 연속으로 최우수 치과상을 받았다고 했으므로 이에 대한 내용과 연결되는 보기를 찾는다. (D)의 this가 바로 앞에서 이야기한 '최우수 치과상을 3년 연속 받은 것'을 가리켜 '상을 받은 것(this)이 우리 환자들이 계속 증가하는 하나의 이유이다'로 자연스럽게 연결되며, 뒷문장에서 언급된 축하 만찬을 여는 이유가 될 수 있으므로 정답은 (D)가 된다.

어휘 excel 뛰어나다 be equipped with ~을 갖추고 있다 appliance 기기 honored 영광스러운 prestigious 일류의, 명망 높은

정답 (D)

오답분석
(A) 앞/뒤 문장 어디에도 연구에 관한 내용은 언급되어 있지 않으므로 연구와 관련하여 상을 받았다는 것은 어색하다.
(B) 'Also(또한)'는 앞의 내용에 대해 추가할 때 쓰는 접속부사이다. 바로 앞의 문장에선 환자들이 증가하고 있다고 했는데 이에 대한 추가 내용으로 치과가 전문적인 기기를 갖추고 있다는 내용은 연결이 되지 않는다.
(C) 3년 연속 최우수상을 받았다고 했으므로 '처음으로 상을 받게 되었다'는 것은 내용의 흐름상 적절하지 않다.

146 (A) attach
(B) attaching
(C) attaches
(D) attached

┤ p.p.와 V-ing형 분사의 구별 ├

빈칸은 뒤의 명사 list를 수식하는 자리이다. 따라서 명사를 수식할 수 있는 형용사가 와야 한다. 보기 중 형용사 역할이 가능한 것은 현재분사인 (B) attaching과 과거분사인 (D) attached이다. 해석상 '첨부하는 목록'이 아닌 '첨부된 목록'이 적절하므로 (D) attached가 정답이 된다.

어휘 attach 붙이다, 첨부하다

정답 (D)

PART 7

Questions 147-148 refer to the following form. 147-148은 다음 서식을 참조하시오.

Angwin Gardens Vineyard: Wedding Facilities

Congratulations and welcome to the Angwin Gardens Family! We are excited that you have chosen Angwin Gardens Vineyard to celebrate this important moment in your life. Please take a moment to tell us more about your plans for this special day.

147 One of our event organizers will contact you with plan and pricing details needed to meet the needs of your wedding.
- Name of principal parties: _____ and _____.
- E-mail: _____ Contact number: _____ Date: _____
- **148** Site Selection: St. Helena: { } 1200 Blue Vintage
  Calistoga: { } 9530 Hot Springs Dr.
  Angiwn: { } 913 Clark Road
  { } 25 Angwin Way
- Facilities needed: { } Chapel { } Dressing rooms
  { } Reception hall { } Other: _____
- Estimated number of guests: { } 15-29 { } 30-69 { } 70-99
  { } 100-149 { } 150+
- Equipment needed: { } Tables { } Chairs { } Sound system

Angwin Gardens Vineyard: 결혼식장

축하 드리며 Angwin Gardens Family가 되신 것을 환영합니다! 귀하의 인생에서 이런 중요한 순간을 축하하기 위해 Angwin Gardens Vineyard를 선택해 주셔서 대단히 기쁩니다. 잠시 시간을 내어 이 특별한 날을 위한 귀하의 계획에 관해 말씀해 주시기 바랍니다.

147 저희 행사 기획자들 중 한 명이 귀하의 결혼식의 요구를 충족시키는 데 필요한 계획과 가격 상세 정보를 가지고 연락을 드릴 것입니다.
- 결혼 당사자 성함: _____ 와(과) _____.
- 이메일: _____ 연락처: _____ 날짜: _____
- **148** 장소 선택: St. Helena: { } 1200 Blue Vintage
  Calistoga: { } 9530 Hot Springs Dr.
  Angiwn: { } 913 Clark Road
  { } 25 Angwin Way
- 필요 시설물: { } 예배당 { } 탈의실 { } 연회장
  { } 기타: _____
- 예상 하객 수: { } 15-29 { } 30-69 { } 70-99
  { } 100-149 { } 150 이상
- 필요 장비: { } 탁자 { } 의자 { } 음향 시스템

어휘 facility 시설(물) choose ~을 선택하다 celebrate ~을 기념하다, 축하하다 moment 순간 take a moment to do 잠시 ~할 시간을 내다 event organizer 행사 기획자 contact ~에게 연락하다 pricing 가격 책정 details 상세 정보 meet ~을 충족하다 principal 주요한 party 당사자 site 장소, 위치 selection 선정, 선택 estimated 예상된, 추정된 equipment 장비

---

147 What is an event organizer likely to do next?

(A) Prepare the facilities and equipment for the special day
(B) Post a notice online for the wedding participants
(C) Provide information on hotel accommodation costs
(D) Give an estimate based on the details provided on this form

행사 기획자는 다음에 무엇을 할 것 같은가?

(A) 특별한 날을 위한 시설물과 장비를 준비하기
(B) 결혼식 참석자들을 위한 온라인 공지 게시하기
(C) 호텔 숙박 비용에 관한 정보를 제공하기
(D) 이 양식에 제공된 상세 정보를 기반으로한 견적서 전달하기

> **추론 | 세부사항**
> 기재해야 하는 항목들이 제시된 부분 바로 위에 '행사 기획 담당자들 중의 한 명이 결혼식에 필요한 계획과 상세 가격 정보를 갖고 연락할 것(One of our event organizers will contact you with plan and pricing details ~)'이라고 알리고 있다. 즉, 이 양식의 항목에 필요한 사항을 기재해 제출하면 이 정보를 바탕으로 견적서를 준비해 연락을 한다는 뜻이므로 (D)가 정답이다.
>
> **어휘** participant 참가자 accommodation 숙박 estimate 견적(서)
>
> 정답 (D)

148 What is suggested about Angwin Gardens Vineyard?

(A) It offers meals for guests when requested.
(B) It has four different locations to choose from.
(C) It is equipped with various utensils.
(D) It has guest rooms available for use.

Angwin Gardens Vineyard에 관해 알 수 있는 것은 무엇인가?

(A) 요청 시에 손님들을 위해 식사를 제공한다.
(B) 선택할 수 있는 네 개의 다른 지점이 있다.
(C) 다양한 도구들을 갖추고 있다.
(D) 이용 가능한 고객용 객실이 있다.

> **추론 | 진위확인**
> 기재해야 하는 항목들 중에서, 장소 선택(Site selection) 부분에 네 곳이 제시되어 있으므로 이에 대해 언급한 (B)가 정답이다.
>
> **어휘** location 장소 utensil 도구
>
> 정답 (B)

Questions 149-150 refer to the following notice. 149-150은 다음 공지를 참조하시오.

NOTICE TO 8TH STREET HARDWARE CUSTOMERS

The management team of 8th Street Hardware would like to inform you of an important change. After thirteen years being operated by the Jackson family, 149 the business has been sold to a local entrepreneur, Carl Lugo. We wish him the best of luck in his endeavors, and we are confident that he will maintain the high-quality customer service that you have come to expect from 8th Street Hardware. For the first three months under the new management, there will be no changes to the exchange policy. 150 The prices on goods will also stay at their current level. We hope you will continue to make 8th Street Hardware your first stop for all of your building and home repair needs.

8TH STREET HARDWARE 고객들께 공지

8th Street Hardware의 경영 팀이 여러분께 중요한 변동 사항을 알려 드리고자 합니다. Jackson가에 의해 13년 동안 운영되어 온 뒤에, 149 저희 업체는 지역의 기업가인 Carl Lugo에게 매각되었습니다. 그분의 노력에 행운을 빌며, 그가 여러분께서 8th Street Hardware에 기대해 오셨던 최고의 고객 서비스를 유지해 주실 것이라고 확신합니다. 새로운 경영진 하에 있는 첫 3개월 동안, 교환 정책에 변경은 없을 것입니다. 150 제품 가격 또한 현재의 수준으로 유지될 것입니다. 여러분의 건물과 자택 수리에 필요한 모든 것을 위해 앞으로도 8th Street Hardware가 여러분이 가장 먼저 방문할 곳이 되기를 바랍니다.

어휘 hardware 철물(점) inform A of B A에게 B를 알리다 operate ~을 운영하다 business 업체, 회사 entrepreneur 기업가 wish A the best of luck A에게 행운을 빌어 주다 endeavor 노력, 시도 be confident that ~임을 확신하다 maintain ~을 유지하다 high-quality 고품질의 come to do ~하게 되다 expect ~을 기대하다 under ~ 하에서 management 경영, 운영, 관리 exchange 교환 policy 정책 goods 상품 stay 유지되다, ~한 상태로 있다 current 현재의 continue to do 계속 ~하다 repair 수리 needs 요구사항, 필요한 것

149 Why was the notice written?

(A) To introduce the winner of an award
(B) To announce a change in ownership
(C) To promote an anniversary event
(D) To explain an exchange policy

공지는 왜 쓰여졌는가?

(A) 수상자를 소개하기 위해
(B) 소유주의 변경을 알리기 위해
(C) 기념 행사를 홍보하기 위해
(D) 교환 정책을 설명하기 위해

주제/목적 | 목적

지문 시작 부분에 해당 매장이 '지역의 기업가인 Carl Lugo 씨에게 매각되었다(~ the business has been sold to a local entrepreneur, Carl Lugo)'고 알리고 있다. 즉, 소유주가 Carl Lugo 씨로 바뀌었다는 사실을 공지하고 이에 따라 앞으로 알아 두어야 할 사항들을 간략히 설명하는 지문이므로 (B)가 정답임을 알 수 있다.

어휘 ownership 소유주, 소유(권)

정답 (B)

150 What is mentioned about the store's merchandise?

(A) It is considered to be of high quality.
(B) Its repairs will be done for free.
(C) It can be returned within three months.
(D) Its prices will remain the same.

매장의 상품에 관해 언급된 것은 무엇인가?

(A) 고품질일 것으로 여겨진다.
(B) 수리 작업을 무료로 해 줄 것이다.
(C) 3개월 이내에 반품할 수 있다.
(D) 가격이 동일하게 유지될 것이다.

진위확인 | True

매장의 제품과 관련해, 지문 중반부에 '교환 정책은 바뀌지 않을 것이며 제품 가격 또한 현재의 수준으로 유지된다(The prices on goods will also stay at their current level)'고 알리고 있다. 이 중에서 가격이 동일하게 유지되는 것을 언급한 (D)가 정답이다.

어휘 consider ~을 …로 여기다, 생각하다 for free 무료로

정답 (D)

Questions 151-152 refer to the following letter. 151-152는 다음 편지를 참조하시오.

Smithson Educational Conference

December 4
Andrew McCoy
726 McKinley Street
Westborough, MA 17344

Dear Mr. McCoy,

¹⁵¹ This letter is to confirm your attendance at the Smithson Educational Conference from December 20 to December 22 in Princeton, New Jersey. ¹⁵² Your presentation will be delivered on December 22.

On the last day of the conference, there will be a dinner for all the participants of the seminar. ¹⁵² It will take place at the Triple Crown Hotel, just downstairs of where the seminar will be conducted. It will start at 9 p.m. You are welcome to join the dinner if possible.

My assistant, Jordan Genovia, has arranged a reservation for your stay at the Grand Tree Hotel. The hotel is conveniently located in the downtown area of the city, and the conference is only a five minute walking distance away from the hotel. For any question about your stay, please contact my assistant at jgenovia@smithsonec.com.

I would like to remind you that you need to send in the copies of your presentation and the materials related to it in order for us to examine its quality and appropriateness before you give your speech. We ask you to do this as soon as possible.

We heard great things about your career at the Johnson Education Center from your colleagues. We are more than delighted to hear your speech at the seminar.

Sincerely,

Grace Page
Event Operator, Smithson Educational Conference

151 Why was the letter sent?

(A) To recruit a seminar leader
(B) To give details about the conference
(C) To advertise an educational event
(D) To inquire about a room reservation

편지는 왜 보내졌는가?

(A) 세미나 대표를 모집하기 위해
(B) 학회에 관한 세부 사항을 전달하기 위해
(C) 교육 행사를 광고하기 위해
(D) 객실 예약에 관한 문의를 하기 위해

┤ 주제/목적 | 목적 ├

지문 시작 부분에 특정 컨퍼런스 행사 참석을 확인하는 편지라고 알리면서(This letter is to confirm your attendance at the Smithson Educational Conference ~) 관련 일정과 숙박 시설 이용 등에 관한 정보를 전달하고 있다. 따라서 (B)가 정답이다.

어휘 recruit ~을 모집하다   details 세부사항   inquire about ~에 관해 문의하다

정답 (B)

152 Where will Mr. McCoy be giving a presentation?

(A) At Grand Tree Hotel
(B) At a dinner reception
(C) At Johnson Education Center
(D) At Triple Crown Hotel

McCoy 씨는 어디서 발표를 할 것인가?

(A) Grand Tree Hotel에서
(B) 저녁 만찬회장에서
(C) Johnson Education Center에서
(D) Triple Crown Hotel에서

┤ 세부사항 | Where ├

첫 단락에서 McCoy 씨가 컨퍼런스에서 발표하는 사람임을 언급하고 있고, 두 번째 단락에서 만찬 행사가 Triple Crown Hotel에서 열린다며, 만찬 장소가 세미나 장소 바로 아래 층이라고(It will take place at the Triple Crown Hotel, just downstairs of where the seminar will be conducted) 설명하고 있다. 따라서 McCoy 씨는 세미나 장소인 Triple Crown Hotel에서 발표할 것임을 알 수 있으므로 (D)가 정답이다.

정답 (D)

Questions 153-155 refer to the following advertisement.

Join an interactive Italian art history tour!

153 Do you love art, history and culture? Combine all three next summer and take a two-week tour through Italy, led by an art history expert.

Included on the itinerary:
- Visits to Italy's most famous museums
- Walkthrough lectures on the Renaissance
- Hands-on classes on the techniques of sketching, painting and sculpting
- Delicious meals at authentic Italian restaurants

Guests will stay at luxury hotels in cities such as Florence, Venice and Rome. All museum entry passes, meals and accommodations will be included. However, participants should be capable of several hours of light to moderate walking each day. **154** Tours will begin in Rome and each guest should secure his or her own plane ticket.

Three tours are currently still available. These begin May 30, June 18 and July 5. Register before January 1 to save up to 15 percent.

155 For pricing specifics and detailed itineraries, please visit www.italianarthistoryculture.org.

---

153 What is being advertised?

(A) A vacation package
(B) Tickets to art museums
(C) A special event held in Italy
(D) Three lectures in art and history

| 주제/목적 | 주제 |

지문 시작 부분에 미술과 역사, 그리고 문화를 정말 좋아하는지 물은 후에 이 세 가지가 통합된 2주 기간의 이탈리아 투어를 떠나 보도록(take a two-week tour through Italy, led by an art history expert) 권하고 있다. 뒤이어 여행 일정과 활동들을 소개하는 내용으로 지문이 전개되고 있는 것으로 보아 휴가 여행 패키지가 광고되고 있음을 알 수 있으므로 (A)가 정답이다.

정답 (A)

154 What are guests asked to do?

(A) Write an online review
(B) Sign up for an art history class
(C) Check the vacancy of rooms at hotels
(D) Book a flight to Rome

고객들은 무엇을 하도록 요청받는가?

(A) 온라인 후기를 작성하도록
(B) 미술사 강좌에 등록하도록
(C) 호텔에 빈 객실이 있는지 확인하도록
(D) Rome행 항공편을 예약하도록

―| 세부사항 | What |―

지문 세 번째 단락의 끝부분에서 해당 투어가 Rome에서 시작되며 각자 항공권을 확보해 두라고(each guest should secure his or her own plane ticket) 요청한다. 즉, Rome으로 가는 항공권을 미리 예약하라고 요청하고 있으므로 (D)가 정답이다.

어휘 sign up for ~을 신청하다   vacancy (호텔 등의) 빈 방   정답 (D)

155 According to the advertisement, what is available on the Web site?

(A) Directions to local attractions
(B) The schedule of activities
(C) A list of luxurious hotels
(D) The cost of entry to museums

광고에 따르면, 웹사이트에서 무엇이 이용 가능한가?

(A) 지역 명소들까지의 길 안내
(B) 활동 일정표
(C) 고급 호텔 목록
(D) 박물관 입장료

―| 세부사항 | What |―

웹사이트 주소가 언급된 마지막 문장에서, '세부 가격 정보와 상세 여행 일정표를 확인할 수 있다(For pricing specifics and detailed itineraries ~)'고 되어 있으므로 이 둘 중 하나에 해당되는 '활동 일정표'를 언급한 (B)가 정답이다. 여기서 말하는 세부 가격 정보(pricing specifics)는 투어 참가 비용의 액수를 의미하므로 (D)는 오답이다.

어휘 attraction 명소, 명물   luxurious 호화로운   정답 (B)

Questions 156-157 refer to the following text message chain. 156-157은 다음 문자 메시지 대화를 참조하시오.

MARY SCHMIDT	12:40 P.M.

156 I sent you a text message this morning about the Comic Book Expo to be held on Friday. Did you receive it?

MARSHALL GRIMES	12:55 P.M.

I just checked my messages a moment ago. It said that there aren't many tickets remaining, right? I hope we can still get in. 157 I really want to have my *Cloaked Rider* series signed by their author.

MARY SCHMIDT	1:00 P.M.

You mean you didn't buy the tickets yet?

MARSHALL GRIMES	1:03 P.M.

No, but it shouldn't be too big of a problem. The box office is on my way home. I'll go buy two of them right now.

MARY SCHMIDT	1:04 P.M.

157 It's too late. They sold out an hour ago.

MARSHALL GRIMES	1:07 P.M.

It will work out. 157 We'll just have to buy them from someone else online. They'll be twice as expensive, though.

MARY SCHMIDT	1:13 P.M.

Not necessarily. A friend of mine works at the event, and he might be able to get me tickets.

MARSHALL GRIMES	1:15 P.M.

Okay. I'll keep my hopes up.

MARY SCHMIDT	오후 12:40

156 오늘 아침에 금요일에 열릴 Comic Book Expo에 관하여 문자 메시지를 보냈어요. 받았나요?

MARSHALL GRIMES	오후 12:55

방금 전에 메시지들을 막 확인했어요. 티켓이 많이 남아있지 않다고 되어 있는데, 그렇죠? 우리가 참가할 수 있으면 좋겠는데. 156 제 〈Cloaked Rider〉 시리즈에 그 작가 사인을 꼭 받고 싶거든요.

MARY SCHMIDT	오후 1:00

아직 티켓을 안 샀다는 뜻인가요?

MARSHALL GRIMES	오후 1:03

네, 하지만 큰 문제가 되지는 않을 거예요. 집에 가는 길에 매표소가 있어요. 지금 바로 가서 2장 살게요.

MARY SCHMIDT	오후 1:04

157 너무 늦었어요. 1시간 전에 매진됐어요.

MARSHALL GRIMES	오후 1:07

다 잘될 거예요. 157 온라인에서 다른 누군가에게 사면 될 거예요. 값이 2배나 비싸지기는 하겠지만.

MARY SCHMIDT	오후 1:13

그럴 필요 없어요. 제 친구 중 한 명이 그 행사에서 일하는데, 티켓을 구해줄 수도 있을 거예요.

MARSHALL GRIMES	오후 1:15

알겠어요. 계속 희망을 가지고 있을게요.

어휘 text message 문자 메시지 be held (행사 등이) 열리다, 개최되다 receive ~을 받다 a moment ago 조금 전에 remaining 남아있는, 남은 get in 들어가다, 입장하다 have A p.p. A가 ~되게 하다 author 작가 too big of a problem 너무 큰 문제 box office 매표소 sell out(= be sold out) 매진되다, 품절되다 work out 해결되다, 방법이 생기다 online 온라인으로 twice as+형용사 2배나 ~한 though (문장 중간이나 끝에서) 하지만, 그러나 Not necessarily 꼭 그럴 필요는 없다 be able to do ~할 수 있다 get A B A에게 B를 갖다 주다, 구해 주다 keep one's hopes up 희망의 끈을 놓지 않다

156 What type of event do the writers plan to attend?

(A) A sports competition
(B) A book convention
(C) A street parade
(D) A fashion show

글쓴이들은 어떤 유형의 행사에 참석할 계획인가?

(A) 스포츠 경기 대회
(B) 도서 컨벤션
(C) 거리 퍼레이드
(D) 패션쇼

> **세부사항 | What**
>
> 우선, 지문 시작 부분에 Schmidt가 '만화책 엑스포(the Comic Book Expo)' 행사 참석과 관련된 메시지를 보냈다고 언급한다. 바로 뒤이어 Grimes가 행사에서 할 수 있는 일과 관련해, 자신이 갖고 있는 '〈Cloaked Rider〉 시리즈에 작가의 사인을 받고 싶다(I really want to have my Cloaked Rider series signed by their author)'고 말하고 있으므로 두 사람이 참석할 행사는 (B) 임을 알 수 있다.
>
> 정답 (B)

157 At 1:07 P.M., what does Mr. Grimes mean when he writes, "It will work out"?

(A) He is confident that plans will not change.
(B) He does not believe what Ms. Schmidt told him.
(C) He is happy that many people will be at the event.
(D) He is not willing to change his schedule.

오후 1시 07분에, Grimes 씨가 "It will work out"이라고 썼을 때 의미하는 것은 무엇인가?

(A) 계획이 변경되지 않을 것이라고 확신한다.
(B) Schmidt 씨가 자신에게 한 말을 믿지 않는다.
(C) 많은 사람들이 행사에 올 것이라 기쁘다.
(D) 자신의 일정을 변경할 의향이 없다.

의도파악

해당 표현은 바로 앞서 Mary Schmidt가 '이미 티켓이 매진되었다'고 말하는 것에 대한 답변으로 사용된 말이다. 이 말과 함께 Grimes가 '온라인에서 사면 된다(We'll just have to buy them from someone else online)'라는 말로 해결 방법을 제시하고 있다. 따라서 Grimes는 원래 두 사람이 계획한 대로 행사에 참석할 수 있을 것으로 생각하고 있음을 알 수 있으므로 이와 같은 의미에 해당하는 (A)가 정답이다.

어휘 confident 확신하는   be willing to do 기꺼이 ~하다

정답 **(A)**

Questions 158-160 refer to the following article. 158-160은 다음 기사를 참조하시오.

Regional News
By Andrea Vaughn

[159] August 19—[158] Local businesses are winding down from their busy season as summer visitors head back to their homes, reports Chad Nelson, CEO of Stats Watch, a company that monitors consumer behavior. — [1] —. [158] While most hotels and airlines serving the region experienced similar figures to last year, there has been a rise in revenues for businesses offering nature-related adventures. Companies such as Cliff Inc. and Campex guide visitors through national parks on overnight excursions that are bringing in top dollar. — [2] —. [159] Campex opened with just five guides, but has plans to hire two more next month to keep up with demand, which is expected to hold steady until the late fall, when the weather starts to get colder. — [3] —.

[160] "The draw of these types of businesses is that they promise a unique experience for participants. — [4] —. [160] It's no wonder people are lining up to take in the area's nature at its best," said Nelson.

Area officials suspect the trend will continue next year and beyond. Matters of increased regulation to ensure visitor safety will be discussed over the coming months.

지역 뉴스
Andrea Vaughn 작성

[159] 8월 19일—여름 방문객들이 집으로 돌아감에 따라 [158] 지역 업체들이 성수기로 인한 긴장을 풀고 있다고 소비자 행동 조사 회사인 Stats Watch의 CEO인 Chad Nelson이 발표한다. — [1] —. [158] 지역 내 서비스를 제공하는 대부분의 호텔과 항공사들이 작년과 비슷한 수치를 경험하기는 했지만, 자연과 관련된 모험 활동을 제공하는 업체들은 수익의 증가가 있었다. Cliff Inc.와 Campex 같은 회사들은 방문객들을 이끌고 국립 공원을 둘러 보는 야간 여행을 통해 많은 수익을 거두들이고 있다. — [2] —. [159] Campex는 불과 가이드 다섯 명으로 개업했지만, 수요를 맞추기 위해 다음 달에 두 명을 더 고용할 계획이고, 이 수요는 날씨가 더 추워지기 시작하는 늦가을까지 지속될 것으로 예상된다. — [3] —.

[160] "이런 종류의 업체들이 지닌 매력은 그들이 참가자들에게 독특한 경험을 약속한다는 것입니다. — [4] —. [160] 사람들이 지역의 자연이 최상인 상태일 때 그것을 보기 위해 줄 서는 것은 놀라운 일이 아니죠,"라고 Nelson은 말했다.

지역 공무원들은 그 추세가 내년 그리고 이후에도 지속될지 의문스러워 한다. 방문객들의 안전을 보장하기 위한 규제 확대 관련 사안들이 앞으로 몇 달에 걸쳐 논의될 것이다.

어휘 regional 지역의 business 업체, 회사 wind down 긴장을 풀다 head back to ~로 돌아가다 monitor ~을 점검하다 consumer 소비자 behavior 행동, 행위 while ~인 반면 region 지역 experience ~을 경험하다 similar 유사한 figure 수치, 숫자 rise in ~의 증가 revenue 수익 offer ~을 제공하다 nature-related 자연과 관련된 adventure 모험 such as ~와 같은 guide ~을 이끌다, 안내하다 through ~을 통과해, ~을 지나 overnight 야간의 excursion (짧은) 여행 bring in ~을 가져다 주다 top dollar 많은 돈 plan to do ~할 계획이다 keep up with ~을 따라잡다, ~에 발맞추다 demand 수요 be expected to do ~할 계획이다 hold steady 지속되다 get colder 추워지다 draw 매력 promise ~을 보장하다 unique 독특한 participant 참가자 It's no wonder (that) ~라는 점이 전혀 놀랍지 않다 line up 줄을 서다 take in ~을 보러 가다 at one's best 최상인 officials 당국자 suspect (that) ~라는 점에 의문을 품다 continue 지속되다 beyond 그 이후에 matter 사안, 일, 문제 increased 증가된, 늘어난 regulation 규제, 규정 ensure ~을 보장하다 discuss ~을 논의하다 over ~ 동안에 걸쳐

158 Why was the article written?

(A) To announce plans for a business merger
(B) To give an update on the tourism sector
(C) To introduce a new corporate CEO
(D) To explain a proposal to support businesses

기사는 왜 쓰여졌는가?

(A) 기업 합병에 대한 계획을 발표하기 위해
(B) 관광 분야에 관한 새로운 소식을 제공하기 위해
(C) 한 회사의 신임 CEO를 소개하기 위해
(D) 업체들을 후원할 제안 사항을 설명하기 위해

주제/목적 | 목적

첫 단락 시작 부분에 성수기가 끝난 후의 지역 업체들의 상황을 말하면서 호텔과 항공사 등의 업체들의 수익과 관련된 정보를 제공하고 있다(While most hotels and airlines serving the region experienced ~ a rise in revenues for businesses offering nature-related adventures). 따라서 관광 분야의 소식을 전하는 기사임을 알 수 있으므로 (B)가 정답이다.

어휘 merger 합병 tourism 관광업 corporate 기업[회사]의

정답 **(B)**

252 정재현 新토익 실전 1000제 RC 해설집

159 What will Campex do in September?

(A) Expand its workforce
(B) Form a partnership with Cliff Inc.
(C) Donate to a national park
(D) Begin offering indoor services

Campex는 9월에 무엇을 할 것인가?

(A) 직원을 늘리는 것
(B) Cliff Inc.와 제휴 관계를 맺는 것
(C) 국립 공원에 기부금을 내는 것
(D) 실내 서비스를 제공하기 시작하는 것

> **세부사항** | What
>
> Campex 사가 언급된 첫 단락 끝부분에서 Campex는 다음 달에 두 명을 추가로 고용할 계획이라고(Campex opened ~, but has plans to hire two more next month) 언급한다. 그런데 지문 시작 부분에 기사 작성 시점이 8월(August)로 되어 있어 새로운 직원을 채용하는 시점이 9월임을 알 수 있으므로 (A)가 정답이다.
>
> 어휘 expand ~을 확대[확장]하다 partnership 협력, 제휴 donate 기부[기증]하다   정답 (A)

160 In which of the positions marked [1], [2], [3], and [4] does the following sentence best belong?

"A walk to beautiful Winona Falls is just one example of the trips being offered."

(A) [1]
(B) [2]
(C) [3]
(D) [4]

[1], [2], [3], [4]로 표기된 위치들 중에서 다음 문장이 가장 잘 어울리는 곳은 어디인가?

"아름다운 Winona Falls로의 도보 여행은 현재 제공 중인 여행 서비스의 하나의 사례에 불과합니다."

(A) [1]
(B) [2]
(C) [3]
(D) [4]

> **주어진 문장 넣기** | 문장의 내용 단서
>
> 제시된 문장은 현재 제공 중인 특정 도보 여행 프로그램을 예시로 언급하는 내용이다. 따라서 '참가자들에게 독특한 경험을 제공한다'는 특징을 말한 문장과 '자연 경관을 직접 즐기고 싶어 하는 사람들이 많다'는 의미를 담은 문장 사이에 위치한 [4]에 어울리므로 (D)가 정답이다.
>
> 정답 (D)

Questions 161-164 refer to the following letter. 161-164는 다음 편지를 참조하시오.

Sunshine Home and Garden Customer
1149 Lindale Avenue
Berkeley, CA 94707
May 15

Dear Customer,

At Sunshine Home and Garden, we've been working hard to implement changes to improve our store and shopping options. We hope you will come check out the improvements next month. — [1] —.

If you've visited Sunshine Home and Garden recently, **161, 164 you've probably noticed construction on the north end of the building.** — [2] —. From June 1, **161, 163-B, 164 our gardening tools section will be double the size of the original.** The added space also **163-D makes it possible for us to add outdoor chairs and tables to our inventory** for the first time ever.

162 We plan to celebrate these exciting improvements on Sunday, June 7. — [3] —. Throughout the day, we will be offering free gardening demonstrations as well as complimentary refreshments. **163-A Also, our store will stay open until 9 P.M. every day instead of 8 P.M.** — [4] —. To show our appreciation for your loyalty, please find enclosed several store coupons, which are valid until June 30. You will also find a sample pack of Venetar brand flower seeds.

Warmest regards,

Jessica Cerrone
Store Manager, Sunshine Home and Garde

Sunshine Home and Garden 고객
1149 Lindale Avenue
Berkeley, CA 94707
5월 15일

고객님께,

Home and Garden에서, 저희는 매장과 쇼핑 선택 폭을 개선하기 위한 변화를 시행하기 위해 노력하고 있습니다. 다음 달에 개선된 것을 확인하러 오시기 바랍니다. — [1] —.

최근에 Sunshine Home and Garden을 방문하셨다면, **161, 164 아마도 건물의 북쪽 끝에서 진행되는 공사를 알아차리셨을 것입니다.** — [2] —. **161, 163-B, 164 6월 1일부터, 저희 정원용 기구 코너가 원래 크기의 두 배가 될 것입니다.** 추가된 공간은 또한 처음으로 판매 목록에 **163-D 실외 의자들과 테이블을 추가하는 것을 가능하게 합니다.**

162 저희는 6월 7일 일요일에 이 흥미로운 개선 사항을 기념할 계획입니다. — [3] —. 하루 종일 무료 다과뿐만 아니라 무료 정원 가꾸기 시연을 제공할 것입니다. 또한, **163-A 저희 매장은 매일 저녁 8시 대신 저녁 9시까지 문을 열 것입니다.** — [4] —. 꾸준한 이용에 감사를 표현하기 위해, 6월 30일까지 유효한 매장 쿠폰을 동봉했습니다. 더불어 Venetar 브랜드 꽃씨 샘플 한 팩을 보내드립니다.

고맙습니다.

Jessica Cerrone
Sunshine Home and Garden, 매장 관리자

어휘 implement 시행하다 improvement 변경 사항, 개선 construction 건설 double 두 배가 되다 inventory 제품 목록 celebrate 기념하다, 축하하다 throughout 내내, 종일 demonstration 시연, 설명 complimentary 무료의 refreshments 다과 instead of ~ 대신에 appreciation 감사 loyalty 충성도 enclosed 동봉된 valid 유효한

161 What is the purpose of the letter?
(A) To invite the reader to a store relocation party
(B) To promote a brand of power tools
(C) To announce the expansion of a store
(D) To clarify the terms of a seasonal sale

편지의 목적은 무엇인가?
(A) 독자를 매장 이전 파티에 초대하기
(B) 전동 공구 브랜드를 홍보하기
(C) 매장의 확장을 알리기
(D) 계절 세일의 조건을 명확히 하기

| 주제/목적 | 목적 |

두 번째 단락 처음 부분에 공사가 진행 중임을 밝히고 있으며, 뒤이어 세부적으로는 정원용 기구 코너가 두 배로 커질 것이라고 언급한 것으로 보아 매장의 확장을 알리기 위해 쓴 편지임을 알 수 있으므로 정답은 (C)이다.

어휘 relocation 재배치, 배치 전환 expansion 확대, 확장 clarify ~을 명확히 하다

정답 **(C)**

162 When will a special event be held at Sunshine Home and Garden?

(A) May 15
(B) June 1
(C) June 7
(D) June 30

세부사항 | When

세 번째 단락에서 매장 확장을 기념하는 행사를 계획 중이라고 했고, 날짜는 'June 7'으로 정확히 명시되어 있으므로 정답은 (C)다.

정답 (C)

---

163 What is NOT indicated in the letter?

(A) The store's business hours will be extended.
(B) The gardening tools area will be larger.
(C) A customer loyalty card will be introduced.
(D) Outdoor furniture will be for sale.

진위확인 | NOT true

보기를 보면서 하나씩 관련 정보를 찾아 본다. 두 번째 단락에서 먼저 원예용 도구 코너가 두 배로 확장될 것이라고 했고, 마지막에 실외용 가구가 판매 목록에 추가될 것이라고 했으므로 (B)와 (D)는 오답이다. 세 번째 단락에서 기존의 저녁 8시까지에서 9시까지로 매장 운영시간을 변경한다고 했으므로 (A)도 오답이다. 보기 중 관련 정보가 언급되지 않은 (C)가 정답이다.

어휘 extend ~을 연장하다 for sale 팔려고 내놓은

정답 (C)

---

164 In which of the positions marked [1], [2], [3], and [4] does the following sentence best belong?

"This was part of a project to increase the store's display area by 7,500 square feet."

(A) [1]
(B) [2]
(C) [3]
(D) [4]

주어진 문장 넣기 | 지시어 단서

주어진 문장은 특정 대상을 가리키는 지시어 This를 써서 이것(this)이 '매장의 진열 구역을 확장하기 위한 프로젝트의 일부였다'는 의미를 나타낸다. 따라서 This에 해당하는 '건물 북쪽에 진행 중인 공사'를 언급한 문장과 그로 인한 공간 확장이 적용되는 시점을 언급한 문장 사이에 위치한 (B)가 정답이다.

어휘 display 진열, 전시 square feet 제곱 피트

정답 (B)

Questions 165-167 refer to the following Web site. 165-167은 다음 웹사이트를 참조하시오.

http://www.hotelencounter.com/info

Get the best deals on hotels with the Hotel Encounter smartphone app!

Hotel Encounter helps you to find the best prices on hotels at the touch of a button. Whether you're making a last-minute booking or planning ahead, you're sure to find a hotel that suits your needs. **165 You can search by location, price, or rating. 166 Premium members can also get special offers on airport transportation, fine dining, travel insurance, and more.**

Once you've made your selection, you will be taken to the hotel's Web site to finalize the booking. We can provide information about the hotel, but please note that refunds and cancellations must be processed through the hotel itself. However, **167 if you discover that our listed prices do not match those of the hotel, you may call us at 1-800-555-6879 to tell us about the problem.** We will correct the error online and ensure that you get the advertised price.

http://www.hotelencounter.com/info

Hotel Encounter 스마트폰 앱으로 최저가 호텔을 찾아 보세요!

Hotel Encounter는 한 번의 버튼을 터치하는 것만으로 가장 저렴한 호텔을 찾도록 도와 드립니다. 막판 예약을 하든 미리 계획을 하든, 필요에 맞는 호텔을 찾으실 수 있습니다. 165 위치, 가격, 또는 등급으로 검색할 수 있습니다. 166 프리미엄 회원들은 또한 공항 교통편, 고급 식사, 여행자 보험 등에 대한 특별 제공 할인 서비스도 받으실 수 있습니다.

일단 선택을 하시면, 예약을 마무리하기 위해 해당 호텔의 웹사이트로 이동될 것입니다. 저희가 그 호텔에 관한 정보를 제공해 드릴 수 있지만, 환불과 취소는 해당 호텔을 통해서만 처리된다는 점을 유념해 주시기 바랍니다. 하지만 167 저희 표시 가격이 호텔의 가격과 일치하지 않는 것을 발견하시면, 1-800-555-6879로 저희에게 전화하셔서 그 문제에 관해 알려 주실 수 있습니다. 저희가 온라인상의 오류를 바로잡아 여러분께서 반드시 광고된 가격을 이용하실 수 있도록 할 것입니다.

어휘 deal 거래, 서비스 at the touch of ~을 한 번 터치해 whether A or B A든 B든 상관 없이 last-minute 마지막 순간의 booking 예약 ahead 미리 be sure to do 분명히 ~하다 suit ~을 충족하다, ~에 적합하다 rating 등급, 순위 평가 transportation 교통편 fine dining 고급 식사 insurance 보험 once 일단 ~하면, ~하자마자 make one's selection 선택하다 be taken to ~로 이동되다, 옮겨지다 finalize ~을 최종 확정하다, 마무리하다 note that ~라는 점에 유의하다 refund 환불 cancellation 취소 process ~을 처리하다 through ~을 통해 however 하지만 discover that ~임을 발견하다 listed 기재된 match ~와 일치하다 correct ~을 바로잡다 ensure that 반드시 ~하다, ~하는 것을 확실히 하다 advertised 광고된

165 What is suggested about Hotel Encounter?

(A) Its customers can rate their hotel experiences.
(B) It matches the prices of its competitors.
(C) Its results can be based on different criteria.
(D) Its last-minute bookings are the cheapest.

Hotel Encounter에 관해 알 수 있는 것은 무엇인가?

(A) 고객들이 각자의 호텔 체험을 평가할 수 있다.
(B) 경쟁사의 가격과 동일하게 제공한다.
(C) 다양한 기준을 바탕으로 검색 결과를 얻을 수 있다.
(D) 막판 예약이 가장 저렴하다.

| 추론 | 진위확인 |

Hotel Encounter라는 앱의 특징이 설명된 첫 단락에서, '위치, 가격, 또는 등급을 기준으로 호텔을 검색할 수 있다(You can search by location, price, or rating)'고 되어 있다. 따라서 다양한 기준을 바탕으로 검색 결과를 얻을 수 있다는 의미인 (C)가 정답이다.

어휘 match ~와 일치하다, 아주 비슷하다 competitor 경쟁사 criteria 기준

정답 (C)

166 What will be provided to premium members?

(A) Discounts on related services
(B) Free travel insurance
(C) Advance notice of sales
(D) Express airport check-in

프리미엄 회원들에게 무엇이 제공될 것인가?

(A) 관련 서비스들에 대한 할인
(B) 무료 여행자 보험
(C) 상품 판매에 대한 사전 공지
(D) 빠른 공항 탑승 수속

| 세부사항 | What |

프리미엄 회원과 관련된 내용은 첫 단락 끝부분에 쓰여 있다. 공항 교통편, 고급 식사, 여행자 보험, 그리고 그 외의 여러 사항에 대해 특별 할인 서비스를 이용할 수 있다고(Premium members can also get special offers on ~) 했으므로 (A)가 정답이다.

어휘 related 관련된

정답 (A)

167 According to the Web site, why should customers contact Hotel Encounter?

(A) To make a complaint about a hotel
(B) To request a refund for a cancellation
(C) To provide payment details
(D) To report price inconsistencies

웹사이트에 따르면, 고객들은 왜 Hotel Encounter에 연락해야 하는가?

(A) 호텔에 관해 불만을 제기하기 위해
(B) 취소에 따른 환불을 요청하기 위해
(C) 지불 상세 정보를 제공하기 위해
(D) 가격 불일치를 알리기 위해

세부사항 | Why

Hotel Encounter에 연락하는 일과 관련해, 두 번째 단락 중반부에 앱에 기재된 가격이 호텔의 실제 가격과 일치하지 않는다는 사실을 발견할 경우에(if you discover that our listed prices do not match those of the hotel, ~) 연락하라고 되어 있다. 따라서 가격이 서로 일치하지 않는 경우를 언급한 (D)가 정답이다.

어휘 inconsistency 불일치, 모순

정답 (D)

Questions 168-171 refer to the following online chat discussion.

Fang Qin [4:20 P.M.]
Thanks for attending today's meeting, everyone. 168 I know we have a lot of work ahead of us trying to make up for the loss of Sharber Enterprises.

Raktim Maraj [4:21 P.M.]
It was such a disappointment that they decided to move to our competitor.

Ashley Cohen [4:22 P.M.]
Yeah, 168 it's going to take a handful of new companies just to compensate for the loss.

Fang Qin [4:24 P.M.]
That's why I've made a plan to restructure the sales territory so our team is more efficient. 169 I'm sorry the handout with the map wasn't ready at the time of the meeting. There was a problem with the printer.

Victor Rocha [4:25 P.M.]
Can you send it by e-mail?

Fang Qin [4:29 P.M.]
I just did. Take a look to see how I have things divided.

Ashley Cohen [4:32 P.M.]
It looks like senior and junior salespeople have their own areas rather than working together. 170 But pitching an idea to a new client is difficult without a lot of practice first.

Victor Rocha [4:33 P.M.]
170 Right. Ms. Waleck started here in March.

Fang Qin [4:34 P.M.]
171 I want to stick with the original plan, but maybe a workshop with some role-playing activities would be useful for the newer employees. Does anyone have time to be in charge of that?

Raktim Maraj [4:35 P.M.]
171 I could put something together.

168 What is implied about Sharber Enterprises?

(A) Its representatives recently met with Ms. Qin.
(B) It plans to move its business overseas.
(C) It was a major client of the writers' company.
(D) Its contract was lost during a relocation.

> **추론 | 진위확인**
>
> Sharber Enterprises와 관련해 첫 번째 메시지에 'Sharber Enterprises 사와 거래가 끊기게 되어 할 일이 많을 것(~ to make up for the loss of Sharber Enterprises)'이라고 알리고 있다. 4시 22분에 Cohen 씨가 그것을 보완하기 위해 신규 회사를 찾아야 할 것(it's going to take a handful of new companies ~)이라고 했으므로 Sharber Enterprises는 이들의 회사의 주요 고객이었다는 것을 알 수 있다. 따라서 이에 대해 언급한 (C)가 정답이다.
>
> 어휘 representative 직원, 대리인   relocation 재배치
>
> 정답 (C)

169 Why does Ms. Qin apologize?

(A) She made a client upset.
(B) She forgot to order a new printer.
(C) She used an incorrect e-mail address.
(D) She did not have a document prepared.

Qin 씨는 왜 사과를 하는가?

(A) 고객을 화나게 만들었다.
(B) 새로운 프린터를 주문하는 일을 잊었다.
(C) 부정확한 이메일 주소를 사용했다.
(D) 문서를 준비해 두지 못했다.

> **세부사항 | Why**
>
> Qin 씨가 쓴 메시지들 중에서, 4시 24분에 '회의 시간에 맞춰 지도가 포함된 유인물을 준비하지 못해 죄송하다(I'm sorry the handout with the map wasn't ready at the time of the meeting)'고 사과하는 부분이 있다. 즉, 필요한 문서를 준비하지 못한 점에 대해 사과하는 것이므로 (D)가 정답이다.
>
> 어휘 incorrect 부정확한   prepare ~을 준비하다
>
> 정답 (D)

170 At 4:33 P.M., what does Mr. Rocha mean when he writes, "Ms. Waleck started here in March"?

(A) He thinks a coworker cannot handle a task.
(B) He has identified the reason for a change.
(C) He wants to clarify a colleague's error.
(D) He requests some help from a team member.

오후 4시 33분에, Rocha 씨가 "Ms. Waleck started here in March"라고 썼을 때 의미하는 것은 무엇인가?

(A) 동료 직원이 일을 처리하지 못할 것이라고 생각한다.
(B) 변동 사항에 대한 이유를 발견했다.
(C) 동료의 실수를 명확히 밝혀 내고 싶어 한다.
(D) 팀원에게 도움을 요청하고 있다.

> **의도파악**
>
> 질문에 제시된 문장은 바로 앞서 Cohen 씨가 '신규 고객에게 아이디어를 홍보하는 일은 많은 연습을 먼저 하지 않고는 하기 어려운 일이다(~ pitching an idea to a new client is difficult ~)'라고 말한 것에 대한 반응으로 쓰였다. 즉, Waleck이라는 사람은 3월에 입사해 근무한 기간이 짧아 그와 같은 일을 할 수 없을 것이라는 의미로 사용된 문장이므로 (A)가 정답이다.
>
> 어휘 handle ~을 다루다, 처리하다   identify ~을 확인하다, 알아보다   clarify ~을 명확히 하다
>
> 정답 (A)

171 What does Mr. Maraj volunteer to do?

(A) Lead a training session
(B) Recruit new staff members
(C) Assemble some furniture
(D) Proofread some reports

Maraj 씨는 무엇을 하는 것에 자원하는가?

(A) 교육을 이끄는 것
(B) 신입 사원들을 모집하는 것
(C) 몇몇 가구들을 조립하는 것
(D) 일부 보고서들을 교정보는 것

> **세부사항 | What**
>
> 지문의 맨 끝에 Maraj 씨가 '자신이 준비해 보겠다'고 말하는 문장이 있다. 이는 앞서 Qin 씨가 역할극 활동이 포함된 워크숍을 맡아줄 사람이 있는지(~ a workshop with some role-playing activities would be useful for the newer employees) 묻는 질문에 대한 답변에 해당된다. 따라서 이것은 Maraj 씨 자신이 해당 워크숍을 준비할 수 있다는 의미이며, 이 워크숍은 직원을 교육하는 것이 목적이므로 (A)가 정답이다.
>
> 어휘 recruit ~을 모집하다   assemble ~을 조립하다   proofread ~을 교정을 보다
>
> 정답 (A)

Questions 172-175 refer to the following article.

Peter Tulip Appointed Nutriglow Director
Finance Monthly

Los Angeles (July 6)—Nutritional supplement manufacturer Nutriglow 172 announced this week that it will bolster its roster of industry experts in its boardroom with the addition of Peter Tulip. Mr. Tulip is widely regarded within his field as being one of the leading authorities on marketing, overseeing the successful development of rival company WellEat, Inc. Nutriglow hopes that his presence in the boardroom will see a similar increase in profits. The company has been struggling since January of this year, with reduced income thought to be related to a change in pricing strategy made at that time.

173 The choice to hire Mr. Tulip was made following a conference in May, in which senior directors expressed their concern over the direction in which the company was heading. According to chairman Sean Masters, Mr. Tulip was one of the few people qualified for the role. "We are under no illusions over the size of the job at hand to turn Nutriglow around", Mr. Masters told a press conference. "We're confident that Mr. Tulip will bring a fresh perspective that we've been sorely lacking in recent months." Mr. Tulip, also present at the press conference, added that he was delighted with his new role. "There's no doubting the potential of Nutriglow", he told gathered reporters. "It's my job to make sure I nurture the potential of everybody here."

174 Peter Tulip went on to tell journalists covering the story that his first move will be to relaunch the popular supplement Strawberry Supreme, the price of which is presently undetermined. This was a popular flavor amongst young customers, but was previously discontinued to allow for the development of new flavors.

To close the press conference, Tulip also took the time to thank his old employers, and expressed his satisfaction of the job achieved under his stewardship. "During my time, 175 I saw WellEat, Inc. develop from a small, family business into the number one nutrition company in the country," he said. "I leave with nothing but fond memories."

172 What is the article about?

(A) The merging of two companies
(B) The recruiting of a specialist
(C) The opening of a new factory
(D) The closing of a business

무엇에 관한 기사인가?

(A) 두 회사의 합병
(B) 전문가의 고용
(C) 새로운 공장의 개업
(D) 업체의 폐업

> **주제/목적 | 주제**
> 첫 번째 단락에서 Tulip 씨를 합류시켜 전문가 집단을 강화할 것이라고 했으므로 '전문가의 고용'이라고 한 (B)가 정답이다.
> **어휘** merge 합병하다
> 정답 (B)

173 According to the article, what took place in May?

(A) An executive meeting was held.
(B) A new manager was hired.
(C) A change in pricing strategy was made.
(D) A promotional offer began.

기사에 따르면, 5월에 무슨 일이 일어났는가?

(A) 간부회의가 열렸다.
(B) 새 관리자가 고용되었다.
(C) 가격 전략에 변화가 이루어졌다.
(D) 판촉 행사가 시작되었다.

> **세부사항 | What**
> 두 번째 단락에 5월에 회의(conference)를 가졌고 그 회의에서 중역들(senior directors)이 회사에 대한 우려를 표명했다는 내용이 나온다. 따라서 이를 간부회의로 표현한 (A)가 정답이다.
> **어휘** executive 경영 간부, 중역   promotional 홍보[판촉]의
> 정답 (A)

174 What is still to be determined regarding the relaunched supplement?

(A) The packaging color
(B) The list of ingredients
(C) How much it will cost
(D) Where it will be sold

다시 출시되는 영양제에 관하여 여전히 결정되어야 하는 것은 무엇인가?

(A) 포장 색상
(B) 성분 목록
(C) 가격을 얼마로 할지
(D) 어디에서 판매할지

> **세부사항 | What**
> 세 번째 단락에서 현재 가격이 미결정(undetermined) 상태라고 했으므로 이를 통해 앞으로 가격 부분에 대한 결정이 있어야 한다는 것을 유추할 수 있다. 따라서 (C)가 정답이다.
> **어휘** ingredient 재료, 성분, 구성 요소
> 정답 (C)

175 What is mentioned about WellEat, Inc.?

(A) Its products are available for purchase by mail order.
(B) It offers over one hundred products.
(C) It was founded in Los Angeles.
(D) It is a market leader.

WellEat, Inc.에 관해 언급된 것은 무엇인가?

(A) 당사의 제품들은 우편 주문으로 구매가 가능하다.
(B) 100개가 넘는 제품을 제공한다.
(C) Los Angeles에서 설립되었다.
(D) 시장의 선두 주자이다.

> **진위확인 | True**
> 네 번째 단락에서 WellEat, Inc.가 국내 최고의 영양제 회사가 되었다고 언급한 것으로 보아 이 업체가 현재 시장 선두 주자임을 알 수 있다. 따라서 (D)가 정답이다.
> **어휘** available 구할 수 있는
> 정답 (D)

Questions 176-180 refer to the following notice and calendar.

Bloomfield Community Center Notice

176 Thanks to a generous donation from one of our community members, the Bloomfield Community Center is able to expand its programs. The first activity that will be added to our schedule is Tai Chi. **178** The class will be taught by martial arts expert Sheng Hou two mornings a week. It is recommended that participants wear loose-fitting clothing and sturdy athletic shoes. The first class will begin as soon as fifteen people have signed up. However, after the class starts running regularly, signing up in advance will not be necessary. If you would like to suggest new activities for the Bloomfield Community Center, please fill out a comment card at the Information Desk. The aim of our facility is to provide a wide variety of healthful activities for the community, so your opinions matter to us.

Bloomfield Community Center Activities Schedule:
180 February Main Court Activities

Sundays
 12:30 P.M. Family Aerobics, Heart-healthy exercises for all ages
 3:00 P.M. Ballet for Beginners (1st and 2nd week only), Shoes available for rent

Mondays (Closed)

Tuesdays
 11:00 A.M. Indoor Tennis, Singles or Doubles
 178 2:00 P.M. Tai Chi, All levels welcome

Wednesdays
 179 10:00 A.M. Beginner Yoga (1st, 2nd, and 4th week)
 3:00 P.M. Indoor Tennis, Singles or Doubles

Thursdays
 10:00 A.M. Indoor Tennis, Singles or Doubles
 5:00 P.M. Young Adult Basketball

Fridays
 178 2:00 P.M. Tai Chi, All levels welcome
 6:00 P.M. Kickboxing, Pre-registration requires

Saturdays
 1:00 P.M. Young Adult Basketball (**180** canceled last Saturday of the month so the court can be used for the regional tournament)

A printed schedule of activities is available from the front desk, or you may download it from www.bloomfieldcc.org.

활동들을 인쇄한 일정표는 안내 데스크에서 받거나, www.bloomfieldcc.org에서 다운로드할 수 있습니다.

어휘 heart-healthy 심장 건강에 좋은 exercise 운동 available 이용 가능한 for rent 대여가 가능한 pre-registration 사전 등록 require 필요하다 cancel ~을 취소하다 regional 지역의

176 Why was the notice written?

(A) To request donations for a community center
(B) To introduce a fitness instructor
(C) To recruit members for the park staff
(D) To invite participants to a new activity

공지는 왜 쓰여졌는가?

(A) 지역 문화 센터에 필요한 기부금을 요청하기 위해
(B) 피트니스 강사를 소개하기 위해
(C) 공원 직원으로 일할 사람들을 모집하기 위해
(D) 새로운 활동에 참여자들을 초대하기 위해

┤ 주제/목적 | 목적 ├

첫 지문의 시작 부분에, 기부금을 통해 프로그램을 확대할 수 있게 되었고 그로 인해 가장 먼저 추가되는 프로그램이 태극권이라고 (The first activity that will be added to our schedule is tai chi) 알리고 있다. 뒤이어 해당 프로그램 참여와 관련된 세부 정보가 이어지고 있으므로 프로그램 참여를 권하는 것이 목적임을 알 수 있다. 따라서 (D)가 정답이다.

어휘 instructor 강사, 교사

정답 (D)

177 In the notice, the word "aim" in paragraph 1, line 8, is closest in meaning to

(A) direction
(B) intention
(C) perception
(D) indication

공지에서, 첫 번째 단락, 여덟 번째 줄의 단어 "aim"과 의미가 가장 가까운 것은 무엇인가?

(A) 방향
(B) 목적
(C) 인식
(D) 표시

┤ 동의어 | 명사 ├

명사 aim은 'The aim is to do'의 구조로 쓰여 '~하는 것이 목적이다'라는 의미를 나타낸다. 해당 문장에서도 Bloomfield 지역 문화 센터의 목적을 설명하는 내용이 to부정사로 제시되어 있으므로 '목적, 의도' 등의 의미로 쓰이는 (B)가 정답이다.

정답 (B)

178 What is most likely true about the Tai Chi class?

(A) It requires a special uniform.
(B) It is one of the most popular activities.
(C) It meets at a later time than originally planned.
(D) Its instructor was changed for February.

태극권 강좌에 관해 사실일 법한 것은?

(A) 특별한 도복이 필요하다.
(B) 가장 인기 있는 활동 중 하나다.
(C) 애초에 계획된 것보다 늦은 시간에 모인다.
(D) 2월 강좌를 맡은 강사가 변경되었다.

┤ 연계문제 | 추론 ├

태극권 강좌의 일정과 관련해, 첫 지문의 초반부에 '무술 전문가인 Sheng Hou 씨가 일주일에 두 번 오전 시간에 가르친다(The class will be taught by martial arts expert Sheng Hou two mornings a week)'고 되어 있다. 그런데 두 번째 지문에는 태극권 강좌 시작 시간이 화요일과 금요일 오후 2시로 적혀 있으므로 계획된 것보다 늦은 시간에 강좌가 열리므로 (C)가 정답임을 알 수 있다.

어휘 require ~을 요구하다 originally 원래, 본래

정답 (C)

179 Which activity is scheduled to happen exactly three times in February?

(A) Family Aerobics
(B) Indoor Tennis
(C) Young Adult Basketball
(D) Beginner Yoga

2월에 어떤 활동이 정확히 세 번 열릴 예정인가?
(A) 가족 에어로빅
(B) 실내 테니스
(C) 청장년 농구
(D) 초보자 요가

세부사항 | Which

두 번째 지문에서, 매주 수요일 오전 10시에 열리는 '초보자를 위한 요가' 강좌가 '첫째, 둘째, 넷째 주'에 있음을 알 수 있으므로 (Beginner Yoga (1st, 2nd, and 4th week)) (D)가 정답이다.

정답 (D)

---

180 What is suggested about the Bloomfield Community Center?

(A) It will host a competition in February.
(B) Its tournament schedule is subject to change.
(C) It was founded by Sheng Hou.
(D) It has more than one basketball court.

Bloomfield Community Center에 관해 알 수 있는 것은 무엇인가?
(A) 2월에 경기 대회를 주최할 것이다.
(B) 토너먼트 일정이 변경될 수 있다.
(C) Sheng Hou에 의해 설립되었다.
(D) 한 개가 넘는 농구 코트가 있다.

추론 | 진위확인

두 번째 지문의 마지막 부분에, '이달 마지막 주는 지역 토너먼트 경기로 인해 농구 강좌가 취소된다(canceled last Saturday of the month ~)'고 되어 있는데, 지문 상단에 2월 일정표라고 되어 있으므로 두 정보를 종합하면 (A)가 정답임을 알 수 있다.

어휘 competition 경쟁, 대회 be subject to ~될 수 있다

정답 (A)

Questions 181-185 refer to the following e-mails.

To: Elaine Andell <andell.e@ibsconsulting.net>
From: Chen Li <li.chen@ibsconsulting.net>
Date: March 28
Subject: Inquiry

Dear Ms. Andell,

I'm wondering if you are able to help me with something. The company sent me abroad, along with a few of my team members, to the International Leadership Conference in Taipei last month. We learned a great deal of information there, and I was particularly impressed with a talk by Dr. Arnav Gera of Chennai University, who led a session on group dynamics. I wanted to read the research paper that he wrote on this topic so that I could use that data in my upcoming talk at the orientation session.

Unfortunately, when I searched our electronic reference library, I discovered that we do not have a subscription to the journal in which the paper appeared, *The Journal of Strategic Management*. I was wondering if it would be possible for IBS Consulting to purchase a subscription to this journal. If we go with this option, we'll have access to not only Dr. Gera's work but also other articles that I think would be valuable resources for our company.

Please let me know whether or not you'll be able to get this subscription before April 8, as that is the orientation day.

Thank you,

Chen Li

To: Chen Li <li.chen@ibsconsulting.net>
From: Elaine Andell <andell.e@ibsconsulting.net>
Date: March 29
Subject: RE: Inquiry

Dear Mr. Li,

185-A I'm sorry to inform you that the company's budget for this year has already been set, and items cannot be added to it. Therefore, I won't be able to purchase the subscription you requested at this time. However, there might be another way. I browsed Chennai University's Web site to try to get the e-mail address of Dr. Gera. He was not listed, as it appears he recently left the university, 183, 184 but there were details for Professor Leya Sahota, who was Dr. Gera's co-author. I've attached a copy of the directory so that you may reach out to her directly. She may be able to supply you with what you need. Please feel free to e-mail me inquiries or 185-D talk to me at the weekly staff meeting tomorrow.

Sincerely,

Elaine Andell

수신: Chen Li <li.chen@ibsconsulting.net>
발신: Elaine Andell <andell.e@ibsconsulting.net>
날짜: 3월 29일
제목: 회신: 문의

Li 씨께,

185-A 회사의 올해 예산이 이미 정해져 있어 항목들이 추가될 수 없음을 알려 드리게 되어 유감입니다. 따라서 이번에는 요청하신 구독 서비스를 구매할 수 없을 것입니다. 하지만 다른 방법이 있을 수도 있습니다. 제가 Gera 박사의 이메일 주소를 얻기 위해 Chennai University의 웹사이트를 둘러봤습니다. 그가 목록에 기재되어 있지 않아, 최근에 대학을 그만두신 것으로 보이는데, 183, 184 Gera 박사와 공동 저자였던 Leya Sahota 교수에 대한 상세 정보가 있었습니다. 제가 그 명부의 사본을 첨부했으니 직접 연락해 보실 수 있을 것입니다. 필요한 것을 그분께서 제공해 주실 수도 있을 것입니다. 문의 사항은 저에게 자유롭게 이메일을 보내시거나, 185-D 내일 주간 직원 회의에서 말씀해 주시기 바랍니다.

안녕히 계십시오.

Elaine Andell

어휘 inform A that A에게 ~라고 알리다   budget 예산   set 정해진, 확정된   item 항목   add A to B A를 B에 추가하다   therefore 그러므로, 따라서   request ~을 요청하다   at this time 이번에   way 방법   browse ~을 둘러 보다, 훑어 보다   try to do ~하려 하다   listed 기재된, 목록에 있는   it appears (that) ~처럼 보이다, ~인 것 같다   recently 최근에   leave ~을 그만두다, 떠나다   details 상세 정보   co-author 공동 저자   attach ~을 첨부하다   directory 연락처 목록, 주소록   reach out to ~에게 연락하다   directly 직접   supply A with B A에게 B를 제공하다   feel free to do 언제든지 ~하세요

181 What did Mr. Li have trouble doing?

(A) Logging into a reference library
(B) Scheduling an orientation session
(C) Finding information about a study
(D) Hiring speakers for a conference

Li 씨는 무엇을 하는 데 어려움이 있었나?

(A) 자료실에 접속하는 것
(B) 오리엔테이션 일정을 정하는 것
(C) 연구 자료에 관한 정보를 찾는 것
(D) 학회를 위해 연사들을 고용하는 것

> **세부사항 | What**
>
> 첫 지문의 첫 단락 끝부분에, Li 씨는 Gera 박사가 쓴 연구 논문을 읽어 보고 싶었다고 알리고 있다. 그런데 바로 다음 단락에서 해당 논문을 볼 수 있는 저널의 구독 서비스에 자신의 회사가 가입하지 않은(we do not have a subscription to the journal in which the paper appeared) 사실을 언급하고 있다. 즉, 자신이 원하는 자료를 구하지 못하는 어려움을 겪은 것이므로 (C)가 정답이다.
>
> **어휘** log into ~에 접속하다   정답 (C)

182 In the first e-mail, the phrase "go with" in paragraph 2, line 4, is closest in meaning to

(A) select
(B) discuss
(C) accompany
(D) count

첫 번째 이메일에서, 두 번째 단락, 네 번째 줄의 어구 "go with"와 의미가 가장 가까운 것은 무엇인가?

(A) 선택하다
(B) 논의하다
(C) 동반하다
(D) 세다

┤ 동의어 | 동사 ├

go with를 바로 뒤에 위치한 this option과 함께 그대로 해석해 보면, '이 선택 항목과 함께 가다'라는 뜻이 된다. 여기서 this option은 바로 앞에서 언급한 '구독 서비스 구입'을 가리키므로 go with가 쓰인 if절은 '구독 서비스를 구입하기로 정한다면'과 같은 의미로 확장해 생각할 수 있다. 따라서 go with가 '정하다, 선택하다' 등의 뜻으로 쓰였음을 알 수 있으므로 이와 같은 의미로 쓰이는 (A)가 정답이다.

정답 (A)

183 What did Ms. Andell do to provide assistance?

(A) Sent some contact information
(B) Recommended a different speaker
(C) Checked a report for errors
(D) Changed the date of an event

Andell 씨는 도움을 제공하기 위해 무엇을 했나?

(A) 몇몇 연락처를 보냈음
(B) 다른 연사를 추천했음
(C) 보고서의 오류들을 확인했음
(D) 행사 날짜를 변경했음

┤ 세부사항 | What ├

두 번째 지문의 중간 부분에 Gera 박사님과 공동 저자였던 Leya Sahota 교수에 대한 상세 정보를 알게 되었고 '연락처 목록을 한 부 첨부해 두었다(I've attached a copy of the directory)'고 알리고 있다. 즉 Li 씨에게 Sahota 교수의 연락처를 알려 주는 방법으로 도움을 주려 한다는 것을 알 수 있으므로 (A)가 정답이다.

정답 (A)

184 What is suggested about Ms. Sahota?

(A) She plans to get in touch with Mr. Li directly.
(B) She recently left Chennai University.
(C) She had her work printed in a journal.
(D) She has agreed to participate in Mr. Li's event.

Sahota 씨에 관해 알 수 있는 것은 무엇인가?

(A) Li 씨와 직접 연락할 계획이다.
(B) 최근에 Chennai University를 그만두었다.
(C) 자신의 연구가 저널에 실리도록 했다.
(D) Li 씨의 행사에 참가하는 데 동의했다.

┤ 연계문제 | 추론 ├

Sahota 씨의 이름은 두 번째 지문의 중간 부분에 언급되며 'Gera 박사와 공동 저자(Dr. Gera's coauthor)'였다고 되어 있다. 이와 관련해, 첫 지문의 첫 단락과 두 번째 단락에서 Gera 박사의 이름과 함께 그가 쓴 연구 논문을 볼 수 있는 저널(~ the journal in which the paper appeared, *The Journal of Strategic Management*.)이 언급되어 있다. 따라서 Sahota 교수가 Gera 박사와 함께 발표한 논문이 저널에 실린 것으로 판단할 수 있으므로 (C)가 정답이다.

어휘 get in touch with ~와 연락하다 participate in ~에 참가하다

정답 (C)

185 What is NOT indicated about IBS Consulting?

(A) It does not permit budget changes.
(B) It sends employees to events overseas.
(C) It is seeking a partnership with a university.
(D) It holds a staff meeting once a week.

IBS Consulting에 관해 나타난 것이 아닌 것은?

(A) 예산 변경을 허용하지 않는다.
(B) 해외 행사들에 직원들을 보낸다.
(C) 한 대학교와의 제휴 관계를 추구하고 있다.
(D) 일주일에 한 번 직원회의를 연다.

연계문제 | 진위확인

'예산상의 변경을 허용하지 않는다'는 의미인 (A)에 대한 내용은 두 번째 지문의 시작 부분에 쓰인 '~ the company's budget for this year has already been set, and items cannot be added to it'에서 확인 가능하다. 그리고 '해외 행사에 직원들을 보낸다'는 의미로 쓰인 (B)에 대한 단서는 첫 지문의 시작 부분에 제시된 'The company sent me abroad ~' 부분에 나타나 있다. 또한 '일주일에 한 번 회의를 연다'는 의미로 쓰인 (D)에 대한 단서는 두 번째 지문의 맨 끝에 제시된 'the weekly staff meeting' 부분을 통해 확인 가능하다. 하지만 '대학교와의 제휴 관계'를 언급한 (C)에 대한 내용은 두 지문 어디에도 나타나 있지 않으므로 (C)가 정답이다.

어휘 permit ~을 허용하다

정답 (C)

Questions 186-190 refer to the following Web pages.

http://roxburyinstitute.com/classes

| HOME | CLASSES | REGISTER | REVIEWS | CONTACT US |

Art Classes at the Roxbury Institute: June

186-B The Roxbury Institute is the new addition to Maryville's art community and has already gained popularity in just a few weeks. **186-D** Our instructors teach just one class per week. **186-A** We offer different classes every month so participants can learn a variety of skills.

189 Watercolor Landscapes: Mondays 7:00–9:00 P.M. / Instructor: **189** Donald Bernier
Students will recreate landscape scenes using photographs as a guide. Donald Bernier will walk you through practical techniques that can be applied no matter what your level is.

Oil Portraits: Tuesdays 6:30–8:30 P.M. / Instructor: Geneva Winters
Capturing an individual's personality in a portrait is a fun challenge, and Geneva Winters will use her expertise to help you get there. **187** Please note that you must have taken Oil Basics or an equivalent class in order to enroll.

Shading and Color Mixing: Wednesdays 6:30–8:30 P.M. / Instructor: Chantel Hernandez
This class is especially helpful for beginners, but artists of all levels can improve their results by practicing these essential techniques.

Nature Painting: Thursdays 7:00–9:00 P.M. / Instructor: James Roble
From animals and flowers to mountains and streams, nature has endless possibilities to inspire participants. **188** Final projects will be included in a community exhibition at the Hadley Gallery.

Members of the National Arts Association will receive a 25% discount.

Click here to enroll!

http://roxburyinstitute.com/classes

| HOME | CLASSES | **REGISTER** | REVIEWS | CONTACT US |

Enrollment Date: May 19　　　Session: June
Student: **188 Cynthia Morton**　　E-mail: c.morton@crmpost.net
Are you a National Arts Association Member? No

Class Description	Class Dates	Enrollment Fee
Watercolor Landscapes	June 5, 12, 19, 26	$89
188 Nature Painting	June 8, 15, 22, 29	$112

Upon receipt of payment, you will be e-mailed a confirmation code. Please present this code to the instructor on the first day of class.

---

http://roxburyinstitute.com/classes

| 홈 | 강좌 | **등록** | 후기 | 연락처 |

등록일: 5월 19일　　수강기간: 6월
학생: **188 Cynthia Morton**　이메일: c.morton@crmpost.net
National Arts Association의 회원이신가요? 아니오

강좌 설명	수강 날짜	등록비
풍경 수채화	6월 5일, 12일, 19일, 26일	89달러
188 사생화	6월 8일, 15일, 22일, 29일	112달러

비용이 수납되는 대로, 이메일로 확인 코드를 받을 것입니다. 이 코드를 강좌 첫날 강사에게 제시해 주시기 바랍니다.

어휘 enrollment 등록　session (특정 활동을 위한) 기간, 프로그램　description 설명　fee 요금　upon ~하자마자, ~하는 대로　receipt 수납, 수령, 받음　payment 지불 (비용)　confirmation 확인　present ~을 제시하다

---

http://roxburyinstitute.com/classes

| HOME | CLASSES | REGISTER | **REVIEWS** | CONTACT US |

Review by Cynthia Morton / Posted, **190 July 5**

I was extremely satisfied with the painting classes I received from Roxbury Institute. I am somewhat new to this hobby, and I found both of my instructors to be knowledgeable and patient. **189 Donald Bernier was especially enthusiastic about the class. He clearly has a deep love of art, as well as a talent for sharing it with others.**

When I found out that there would be around fifty people in Mr. Roble's class, I thought that I wouldn't get much individual attention. However, to me, the balance between working independently and getting feedback from the instructor was perfect. **190 Next month, I plan to sign up for another class and even try to recruit my friends to come along.**

---

http://roxburyinstitute.com/classes

| 홈 | 강좌 | 등록 | **후기** | 연락처 |

후기 작성자 Cynthia Morton / 게시일, **190 7월 5일**

저는 Roxbury Institute에서 들었던 그림 강좌에 대해 대단히 만족했습니다. 이 취미를 시작한 지 얼마 되지 않았는데, 제 강사님들 둘 다 박식하시고 인내심이 많다는 것을 알았습니다. **189 Donald Bernier**는 특히 강좌에 열정적이셨습니다. 그는 확실히 미술에 깊은 애정이 있고, 더불어 그것을 다른 이들과 공유하는 재능도 있습니다.

Roble 씨의 강좌에 약 50명의 사람들이 있을 것이라는 사실을 알았을 때, 개별적인 관심을 많이 받지 못할 것으로 생각했습니다. 하지만 저에게는 개별적인 그림 작업과 강사의 피드백을 받는 것 사이의 균형이 완벽했습니다. **190 다음 달, 저는 다른 강좌에 등록할 계획이며, 함께 다닐 제 친구들을 모으려고도 합니다.**

어휘 extremely 대단히, 매우　be satisfied with ~에 만족하다　somewhat 약간, 다소　find A to be B A가 B하다고 생각하다　knowledgeable 박식한, 아는 것이 많은　patient 인내심이 있는　enthusiastic 열정적인　clearly 분명히, 명백히　have a deep love of ~을 진심으로 사랑하다　as well as ~뿐만 아니라　share A with B A를 B와 공유하다　find out that ~라는 점을 알다　around 대략, 약　individual 개별적인　attention 관심, 주목　however 하지만　between A and B A와 B 사이의　independently 독립적으로　feedback 의견　plan to do ~할 계획이다　sign up for ~에 등록하다　recruit ~을 모으다, 모집하다　come along 함께 오다

186 What is NOT indicated about the Roxbury Institute?

(A) It changes classes monthly.
(B) It has opened recently.
(C) It offers bulk discounts.
(D) Its instructors work part-time.

Roxbury Institute에 관해 알 수 있는 것이 아닌 것은?
(A) 매달 강좌를 변경한다.
(B) 최근에 문을 열었다.
(C) 대량 할인을 제공한다.
(D) 강사들이 시간제로 근무한다.

진위확인 | NOT true

첫 지문의 첫 단락에서 '매달 다른 강좌를 제공한다(We offer different classes every month)'고 했으므로 (A)는 옳은 내용이며, 같은 단락에서 '새로 문을 열어 몇 주 만에 인기를 끌고 있다(has already gained popularity in just a few weeks)'고 알리는 부분을 통해 (B)도 옳은 내용임을 알 수 있다. 또한 같은 단락에서 주당 1개의 강좌만을 가르친다는(teach just one class per week) 말을 통해 (D)도 옳은 정보임을 확인할 수 있다. 하지만 (C)에 제시된 '대량 주문 할인(bulk discounts)'의 경우 여러 강좌에 대한 할인으로 생각할 수 있는데 이에 대한 정보는 나타나 있지 않으며, 할인과 관련해 특정 단체의 회원에게만 제공된다는 말이 첫 지문 하단에 있을 뿐이므로 (C)가 정답이다.

어휘 bulk 큰 규모[양]

정답 (C)

187 Which class requires previous experience?

(A) Watercolor Landscapes
(B) Oil Portraits
(C) Shading and Color Mixing
(D) Nature Painting

어떤 강좌가 이전의 경험이 필요한가?
(A) 풍경 수채화
(B) 유화 초상화
(C) 명암과 색채 혼합
(D) 사생화

세부사항 | Which

이전의 경험과 관련된 내용은 첫 지문의 세 번째 단락에서 미리 들어야 하는 수업을 언급하는 부분(you must have taken Oil Basics or an equivalent class in order to enroll)에서 찾을 수 있는데, 이 강좌가 유성 물감을 이용한 초상화 강좌이므로 (B)가 정답이다.

정답 (B)

188 What is probably true about Ms. Morton?

(A) She is interested in learning more about portraits.
(B) She had an opportunity to display her work publicly.
(C) She was eligible for a twenty-five percent discount.
(D) She signed up for a class taught by Ms. Hernandez.

Morton 씨에 관해 사실일 것 같은 것은 무엇인가?
(A) 초상화에 관해 더 배우는 것에 관심이 있다.
(B) 자신의 작품을 공개적으로 전시할 기회가 있었다.
(C) 25퍼센트의 할인을 받을 자격이 있었다.
(D) Hernandez 씨가 가르치는 강좌에 등록했다.

연계문제 | 추론

Morton 씨가 수강한 강좌를 확인할 수 있는 두 번째 지문에서 그녀가 풍경 수채화 강좌와 사생화 강좌를 들었음을 알 수 있는데, 첫 지문 다섯 번째 단락에서 이 사생화 강좌의 최종 프로젝트가 미술관에서 전시된다고 했으므로(Final projects will be included in a community exhibition at the Hadley Gallery) 이를 다른 말로 바꿔 표현한 (B)가 정답이다.

어휘 publicly 공개적으로   be eligible for ~에 대한 자격이 있다

정답 (B)

189 What did Ms. Morton suggest in her review?

(A) Watercolor Landscapes was too crowded.
(B) Nature Painting was more difficult than expected.
(C) Watercolor Landscapes had a passionate instructor.
(D) Nature Painting was taught by an expert.

┤ 연계문제 | 추론 ├

Morton 씨가 쓴 후기인 세 번째 지문의 첫 단락을 보면, Donald Bernier 강사가 특히 열정적이었다고(Donald Bernier was especially enthusiastic) 밝히고 있는데, 첫 지문 두 번째 단락에서 해당 강사의 강좌가 풍경 수채화 강좌임을 알 수 있으므로 (C)가 정답이다.

어휘 passionate 열정적인   expert 전문가

정답 (C)

190 What does Ms. Morton say she will do in August?

(A) Work with the same instructors again
(B) Encourage friends to take a class
(C) Sign up for two painting classes
(D) Post another review about the institute

┤ 세부사항 | What ├

Morton 씨가 쓴 후기인 세 번째 지문 시작 부분을 보면, 게시 날짜가 7월(Posted, July 5)로 되어 있는데 이 지문 끝부분을 보면 친구들에게 다음 달에 함께 강좌를 듣자고 할 생각이라고 말하고 있으므로(Next month, I plan to sign up for another class and even try to recruit my friends to come along) 8월에는 친구들에게 강좌 수강을 권할 것임을 알 수 있다. 따라서 (B)가 정답이다.

어휘 encourage A to do A에게 ~할 것을 권장[장려]하다

정답 (B)

Questions 191-195 refer to the following e-mails and attachment.

To: Jia Bansal, Timothy Reeves, Genji Taihei
From: Lara Strehlow
Date: November 4
Subject: Banquet
Attachment: venue_details.dox

Hello Everyone,

193 It was great to make progress on the anniversary party plans for our company during our meeting at the Spirit Café on November 2. 191 I'm looking forward to the event because we'll be able to meet some of the authors whose novels our company has launched. I'm glad we decided not to use a party planning service, since we can make the arrangements ourselves at a fraction of the cost. As promised, I have spoken to several venue owners throughout the city and have summarized the top options in the attached document. Please look it over so we can decide which one would be best for our purposes. Since all of us are busy these days, we won't meet in person again until November 19. However, in the meantime, we can share our ideas by e-mail.

Cheers,

Lara Strehlow, Doyle Incorporated

Hatton Hall / A modern building near the airport, Hatton Hall has plenty of free underground parking for guests. The main hall has recently been equipped with a state-of-the-art sound system, and it has received top ratings for its service. Main hall rental fee: $1,950

The Lexington / The Lexington has fantastic views of the city center from its rooftop terrace, which is available for rent. It is a very short drive from the airport. Portable heaters can be set up outside if the weather is cold. Rooftop terrace rental fee: $1,600

Morgan Plaza / 194 Morgan Plaza has spacious rooms for overnight guests and is just a few minutes away from the airport. The Grand Hall features beautiful woodwork as well as a large stage, which can be decorated for free by the venue. Grant Hall rental fee: $1,800

Wakefield Center / Located downtown, 192 Wakefield Center offers a complimentary shuttle service to and from the Riley Street Mall. It has rooms for overnight guests upstairs and offers discounted rates for guests attending on-site events. Main ballroom rental fee: $1,750

들이 있고 건물 내에서 열리는 행사에 참석하는 고객들을 위해 할인된 요금을 제공합니다. 중앙 연회장 대여 비용: 1,750달러

어휘 plenty of 많은 be equipped with ~가 갖춰져 있다 state-of-the-art 최신식의 receive ~을 받다 rating 평가, 점수 rental fee 대여 비용 view 경관 rooftop 옥상의 terrace 테라스 available 이용 가능한 portable 이동 가능한 set up ~을 설치하다 spacious 넓은 overnight 야간의 feature ~을 특징으로 하다 woodwork 목공예(품) A as well as B B뿐만 아니라 A도 decorate ~을 장식하다 for free 무료로 complimentary 무료의 upstairs 위층에 rate 요금 on-site 구내에, 현장에

To: Jia Bansal, 195 Timothy Reeves, Lara Strehlow
From: Genji Taihei
Date: November 5
Subject: RE: Banquet

Dear fellow committee members,

193 Sorry I couldn't be at the recent Spirit Café meeting. I planned to be there, but I was in San Francisco discussing contracts with a very promising client, and my flight home was delayed by a few hours. Thanks, Lara, for putting together this helpful list. I've finally had some time to review it. I'm not sure what the rest of you are thinking regarding the venue, but to me, 194 I think we'd better choose a place near the airport. A lot of our attendees will be flying in from out of town, and they won't want to travel far after they arrive. In addition, the majority of them will need to stay overnight, so 194 it would be best to have a venue that also offers guest accommodations. I'd love to hear your thoughts.

195 Thank you all for sending me the pricing estimates for your various categories (venue, food, and decorations). Also, Timothy, I still need the phone number of the graphic designer you recommended to do the invitations. I'd like to have a sample done by the November 19 meeting.

Thanks!

Genji

수신: Jia Bansal, 195 Timothy Reeves, Lara Strehlow
발신: Genji Taihei
날짜: 11월 5일
제목: 회신: 연회

위원회 동료 위원 여러분,

193 최근 Spirit Café에서의 회의에 참석하지 못해 죄송합니다. 그곳에 갈 계획이었지만, 매우 유망한 고객과의 계약을 논의하느라 San Francisco에 있었고, 집으로 돌아오는 항공편이 몇 시간 지연되었습니다. Lara, 이 유용한 목록을 준비해 줘서 고마워요. 마침내 그것을 살펴볼 시간이 좀 있었습니다. 다른 분들은 장소에 관하여 어떻게 생각하시는지 모르겠지만, 194 저는 공항 근처에 있는 장소를 선택하는 것이 좋을 것 같습니다. 많은 참석자들이 다른 지역에서 비행기를 타고 오실 것이며, 도착해서 멀리 이동하는 것을 원치 않으실 것입니다. 추가로, 그들 대부분은 야간 숙박을 하셔야 하니 194 숙박 시설도 제공하는 장소로 하는 것이 최선이라고 생각합니다. 여러분들의 생각을 듣고 싶습니다.

195 다양한 항목들(장소, 음식, 그리고 장식물)에 대한 가격 견적을 보내 주셔서 여러분 모두에게 감사드립니다. 또한, Timothy, 초대장 작업을 위해 당신이 추천해 줬던 그래픽 디자이너의 전화번호가 아직 필요합니다. 11월 19일 회의 때까지 샘플 작업이 완료되었으면 합니다.

감사합니다!

Genji

어휘 fellow 동료의, 같은 처지의 plan to do ~할 계획이다 contract 계약(서) promising 유망한, 가능성이 큰 delayed 지연된 put together ~을 준비하다 rest 나머지 regarding ~에 관해 had better+동사원형 ~하는 편이 낫다 attendee 참석자 fly in 비행기를 타고 오다 in addition 추가로 the majority of 대부분의 accommodations 숙박시설 thought 생각, 의견 pricing estimate 가격 견적(서) category 항목 invitation 초대장 have A p.p. A가 ~되게 하다

191 Where does Ms. Strehlow most likely work?

(A) At a financial institution
(B) At a publishing company
(C) At a coffee shop
(D) At a party planning service

Strehlow 씨는 어디에서 일할 것 같은가?

(A) 금융 기관에서
(B) 출판사에서
(C) 커피숍에서
(D) 파티 기획 서비스 업체에서

┤ 추론 | 세부사항 ├

Strehlow 씨가 쓴 이메일인 첫 번째 지문의 시작 부분에서, 이번 행사를 고대한다는 말과 함께 자신이 속한 회사가 출판했던 소설들을 쓴 몇몇 작가들을 만날 수 있을 것 (~ because we'll be able to meet some of the authors whose novels our company has launched)이라고 알리고 있다. 따라서 Strehlow 씨는 출판사에 다니는 것임을 알 수 있으므로 (B)가 정답이다.

정답 (B)

192 What is mentioned as an amenity offered by one of the venues?

(A) A built-in seating area
(B) An on-site dining facility
(C) A modern security system
(D) A free transportation service

장소들 중 한 곳에서 제공되는 편의시설로 언급된 것은 무엇인가?

(A) 붙박이 좌석 공간
(B) 건물 내 식당 시설
(C) 현대식 보안 시스템
(D) 무료 교통 서비스

┤ 진위확인 | True ├

행사 장소별 특징을 파악할 수 있는 두 번째 지문에서 단서를 찾아야 한다. 마지막으로 제시된 장소에 관한 설명에서, 'Wakefield Center가 Riley Street Mall을 오가는 무료 셔틀 버스 서비스를 제공한다(Wakefield Center offers a complimentary shuttle service to and from the Riley Street Mall)'고 언급한 것으로 보아 (D)가 정답이다. 나머지 보기의 내용은 제시되어 있지 않다.

어휘 amenity 편의시설 security 보안

정답 (D)

193 What did Mr. Taihei do on November 2?

(A) Appointed a committee
(B) Returned from a trip
(C) Toured a venue
(D) Misplaced some contracts

Taihei 씨는 11월 2일에 무엇을 했는가?

(A) 위원회를 임명했음
(B) 출장에서 돌아왔음
(C) 장소를 견학했음
(D) 일부 계약서들을 제자리에 두지 않았음

┤ 연계문제 | 세부사항 ├

우선 '11월 2일'이라는 날짜는 첫 지문의 시작 부분에서 찾아볼 수 있는데, 여기에 '11월 2일에 Spirit Café에서 회의를 했다(It was great to make progress ~ our meeting at the Spirit Café on November 2)'고 되어 있고, Taihei 씨가 쓴 이메일인 마지막 지문의 시작 부분에서는 최근 Spirit Café에서 있었던 회의에 참석하지 못했다고 밝히면서 고객과 계약을 논의하기 위해 San Francisco에 갔다가 돌아왔다(I was in San Francisco discussing contracts with a very promising client, and my flight home was delayed by a few hours)고 알리고 있다. 두 정보를 종합하면 Taihei 씨는 11월 2일에 출장을 다녀왔음을 알 수 있으므로 (B)가 정답이다.

어휘 appoint ~을 임명하다 misplace ~을 제자리에 두지 않다

정답 (B)

194 Which site would Mr. Taihei most likely select?

(A) Hatton Hall
(B) The Lexington
(C) Morgan Plaza
(D) Wakefield Center

Taihei 씨는 어느 장소를 선택할 것 같은가?

(A) Hatton Hall
(B) The Lexington
(C) Morgan Plaza
(D) Wakefield Center

┤ 연계문제 │ 추론 ├

Taihei 씨의 의견을 찾아볼 수 있는 세 번째 지문의 첫 단락 중간 부분을 보면, '공항에서 가까운 곳(I think we'd better choose a place near the airport)'과 '숙박시설을 제공하는 곳(~ it would be best to have a venue that also offers guest accommodations)'을 언급하고 있다. 두 번째 지문에서 이 두 가지 조건을 모두 충족하는 곳으로 '야간 숙박 손님들을 위한 넓은 객실들을 보유하고 있으며, 공항에서 불과 몇 분 떨어지지 않은 곳에 있다(~ has spacious rooms for overnight guests and is just a few minutes away from the airport)'는 특징이 언급되어 있는 'Morgan Plaza'를 선호함을 알 수 있다. 따라서 (C)가 정답이다.

정답 (C)

195 What is suggested about Mr. Reeves?

(A) He will be absent from the next meeting.
(B) He sent Mr. Taihei some figures.
(C) He works as a graphic designer.
(D) He visited some venues with Ms. Strehlow.

Reeves 씨에 관해 알 수 있는 것은 무엇인가?

(A) 다음 회의에 참석하지 않을 것이다.
(B) Taihei 씨에게 몇 가지 수치를 보냈다.
(C) 그래픽 디자이너로 일하고 있다.
(D) Strehlow 씨와 함께 몇몇 장소를 방문했다.

┤ 추론 │ 진위확인 ├

Reeves 씨의 이름은 이메일인 첫 번째 지문과 세 번째 지문의 수신인 목록에서 찾아볼 수 있다. 이 중, 세 번째 지문 두 번째 단락에서 수신인들에게 전하는 메시지로 '다양한 항목들(장소, 음식, 그리고 장식물)에 대한 가격 견적을 보내 줘서 여러분 모두에게 감사 드린다(Thank you all for sending me the pricing estimates for your various categories ~)'고 언급한 것으로 보아 Reeves 씨가 수치 자료를 보내준 사람들 중 한 사람임을 알 수 있으므로 (B)가 정답이다.

어휘 be absent from ~에 결석하다 figure 수치

정답 (B)

Questions 96-200 refer to the following Web page, e-mail, and notice.

Cerda National Park: Cross-Country Skiing Trails

Arrowhead Trail / Difficulty: Beginner / Length: 9.3 miles
A flat terrain makes this trail excellent for beginners. The trail takes you through beautiful forest scenery as well as past Fort Robinson, a former military outpost.

197 Prairie Trail / Difficulty: Intermediate / Length: 18.1 miles
This trail includes some steep inclines, but the view of White Lake from the trail is well worth the effort.

197 Bell Valley Trail / Difficulty: Intermediate / Length: 15.8 miles
Thanks to its proximity to active wildlife areas, this has become our most popular trail. A picnic shelter is located on the east side of the trail, and visitors are reminded to take all trash with them.

Harmony Trail / Difficulty: Advanced / 196 Length: 19.4 miles
This trail requires advanced pole use and turning skill, so it is only recommended for experienced skiers. If trouble arises, 196 a ranger station is located along the trail at Mile 7.

To: Club Members <members@ccskiclub.org>
From: Lawrence Agan <lawrencea@ccskiclub.org>
Date: December 3
Subject: Skiing Activity

Dear Cross-Country Ski Club Members,

We have selected Cerda National Park as the site for our next skiing activity, 200 which will take place on Saturday, December 8. 197 Many of you commented that last month's trail was too easy, so this time, we will take an intermediate level trail. There are two available at Cerda National Park, and we can decide on the activity day which one is better for us. 200 We will meet at 9 A.M. at the Visitor Center. Be sure to bring your own packed lunch and snacks, as we expect to stay at the park until about 3 or 4 P.M.

I'm looking forward to seeing you all!

Lawrence

어휘 select A as B A를 B로 선정하다 site 장소, 부지 take place (행사 등이) 열리다, 개최되다 comment that ~라고 의견을 말하다 available 이용 가능한 decide 결정하다 be sure to do 꼭 ~하다, 반드시 ~하다 packed lunch 점심 도시락 expect to do ~할 것으로 예상하다

NOTICE

Due to safety hazards caused by falling rocks, 197, 198 Prairie Trail is closed for the remainder of the winter season. It will reopen again in the spring after the rocks have been cleared and the area is considered safe, after which time it is expected to remain open for the rest of the year. A red sign marks the head of the trail. No access is allowed beyond that point. For more information, 200 stop by the Visitor Center, located near the western entrance of the park.

197 Effective from December 6

공지

낙석으로 초래된 안전 위험 문제로 인해, 197, 198 Prairie 코스는 남은 겨울 시즌 동안 폐쇄됩니다. 암석들이 치워지고 그 구역이 안전하다고 여겨지면 봄에 다시 개장될 것인데, 그 후에는 일 년 중 남은 기간 동안 개장된 상태를 유지할 것으로 예상됩니다. 적색 표지판이 코스의 시작점을 나타냅니다. 이 지점 너머는 출입이 허용되지 않습니다. 더 많은 정보를 위해, 200 공원의 서쪽 출입구 근처에 위치한 방문객 센터에 들르시기 바랍니다.

197 12월 6일부터 시행됨

어휘 due to ~로 인해 hazard 위험 caused by ~에 의해 초래된 falling rocks 낙석 remainder 나머지(= rest) clear ~을 치우다 be considered + 형용사 ~한 것으로 여겨지다 remain ~한 상태로 유지되다, 남아 있다 mark (위치 등) ~을 나타내다, 표시하다 access 출입, 접근 beyond ~ 너머에 stop by ~에 들르다 near ~의 근처에 effective from ~부터 유효한, ~부터 시행되는

196 What can skiers visit along the longest trail?

(A) A ranger station
(B) A lake
(C) A picnic shelter
(D) A military site

스키어들이 가장 긴 코스를 따라가다 방문할 수 있는 곳은 무엇인가?

(A) 공원 관리소
(B) 호수
(C) 피크닉 쉼터
(D) 군사 지역

┤ 세부사항 | What ├

가장 긴 코스와 관련해, 첫 지문의 하단에 길이가 'Length: 19.4 miles'로 표기된 코스가 가장 긴 곳임을 알 수 있다. 이 코스에 관한 설명 중에서 '공원 관리소가 코스를 따라 가다보면 나오는 Mile 7에 위치해 있다(the ranger station is located along the trail at Mile 7)'는 정보가 제시되어 있으므로 (A)가 정답이다.

정답 (A)

197 Which trail will the group most likely take?

(A) Arrowhead Trail
(B) Prairie Trail
(C) Bell Valley Trail
(D) Harmony Trail

동호회는 어느 코스를 이용할 것 같은가?

(A) Arrowhead 코스
(B) Prairie 코스
(C) Bell Valley 코스
(D) Harmony 코스

┤ 연계문제 | 추론 ├

동호회 회원 대상 안내사항이 담긴 두 번째 지문의 중간 부분에 중급 코스를 이용할 것이라고(~ so this time, we will take an intermediate-level trail) 되어 있다. 첫 지문에서 중급 코스는 Prairie 코스(Prairie Trail / Difficulty: Intermediate)와 Bell Valley 코스(Bell Valley Trail / Difficulty: Intermediate)로 제시되어 있는데, 세 번째 지문인 공지에서 Prairie 코스는 남은 겨울 시즌 동안 폐쇄될 것(Prairie Trail is closed for the remainder of the winter season)이라고 알리고 있으므로 나머지 중급 코스인 Bell Valley 코스를 이용할 것임을 알 수 있다. 따라서 (C)가 정답이다.

정답 (C)

198 What is suggested about Cerda National Park?

(A) It is open year-round.
(B) It will construct a new trail.
(C) It provides skiing lessons.
(D) It charges an entrance fee.

Cerda National Park에 관해 알 수 있는 것은 무엇인가?

(A) 일 년 내내 문을 연다.
(B) 새로운 코스를 지을 것이다.
(C) 스키 강습을 제공한다.
(D) 입장료를 부과한다.

┤ 추론 | 진위확인 ├

Cerda National Park에 관한 안내사항인 세 번째 지문을 보면, Prairie 코스가 겨울 시즌 동안 폐쇄된다는 말과 함께 '다시 이 코스가 봄에 개장되면 일 년 중 남은 기간 동안 개장된 상태를 유지할 것으로 예상된다(~ after which time it is expected to remain open for the rest of the year)'고 알리고 있으므로 이를 통해 이 공원이 일 년 내내 개방되는 곳임을 알 수 있다. 따라서 (A)가 정답이다.

어휘 year-round 연중 계속되는   charge (요금 등) ~을 부과하다

정답 (A)

199 In the notice, the word "point" in paragraph 1, line 5, is closest in meaning to

(A) feature
(B) purpose
(C) location
(D) idea

공지에서, 첫 번째 단락, 다섯 번째 줄의 단어 "point"와 의미가 가장 가까운 것은 무엇인가?

(A) 특징
(B) 목적
(C) 위치
(D) 아이디어

┤ 동의어 | 명사 ├

point가 포함된 문장을 보면, 폐쇄되는 코스와 관련해 출입이 금지되는 특정 지점을 알리는 내용임을 알 수 있다. 따라서 여기서 point는 '지점, 위치' 등의 의미로 쓰였으므로 이와 같은 의미로 쓰이는 (C)가 정답이다.

정답 (C)

200 Where will the group meet on December 8?

(A) Near the trail head
(B) At the main gate
(C) Near the western entrance
(D) In a parking lot

동호회는 12월 8일에 어디에서 만날 것인가?

(A) 코스 시작 지점 근처
(B) 중앙 출입구에서
(C) 서쪽 출입구 근처
(D) 주차장에서

┤ 연계문제 | 세부사항 ├

우선, '12월 8일'이라는 날짜는 두 번째 지문의 시작 부분에서 확인 가능하다. 여기서 동호회가 모임을 갖는 날짜로 제시되어 있고, 같은 지문의 중간 부분에 '방문객 센터에서 오전 9시에 만날 것(We will meet at 9 A.M. at the Visitor Center)'이라고 언급하고 있다. 이 장소와 관련해 세 번째 지문의 끝부분에서 '공원의 서쪽 출입구 근처에 방문객 센터가 있다(stop by the Visitor Center, located near the western entrance of the park)'고 제시하고 있으므로 (C)가 정답이다

어휘 head 맨 윗부분, 맨 앞쪽

정답 (C)

PART 5
PART 6
PART 7

ANSWER KEYS

PART 5 101 (A) 102 (B) 103 (D) 104 (C) 105 (A) 106 (D) 107 (D) 108 (A) 109 (B) 110 (A)
111 (C) 112 (B) 113 (B) 114 (C) 115 (C) 116 (C) 117 (B) 118 (C) 119 (D) 120 (A)
121 (B) 122 (A) 123 (C) 124 (D) 125 (A) 126 (B) 127 (C) 128 (A) 129 (C) 130 (C)

PART 6 131 (A) 132 (D) 133 (C) 134 (C) 135 (B) 136 (D) 137 (C) 138 (B) 139 (B) 140 (A)
141 (B) 142 (A) 143 (D) 144 (A) 145 (B) 146 (C)

PART 7 147 (B) 148 (C) 149 (D) 150 (C) 151 (B) 152 (C) 153 (B) 154 (D) 155 (C) 156 (C)
157 (B) 158 (B) 159 (C) 160 (A) 161 (A) 162 (D) 163 (C) 164 (A) 165 (C) 166 (B)
167 (A) 168 (C) 169 (A) 170 (A) 171 (C) 172 (D) 173 (C) 174 (B) 175 (C) 176 (D)
177 (C) 178 (B) 179 (B) 180 (D) 181 (D) 182 (C) 183 (C) 184 (A) 185 (D) 186 (C)
187 (B) 188 (D) 189 (B) 190 (C) 191 (C) 192 (D) 193 (B) 194 (A) 195 (A) 196 (A)
197 (A) 198 (D) 199 (C) 200 (B)

PART 5

101 Mr. Yang developed a Web site to rate local business establishments since consumers like ------- were being treated unfairly at some places.

(A) himself (B) someone
(C) they   (D) any

┤ 전치사의 목적어로 쓰이는 재귀대명사 ├

빈칸은 since절에 속해 있고, 이 절의 주어인 consumers와 동사 were being treated 사이에 like와 함께 삽입되어 있다. 여기서 like는 '~와 같은'이라는 의미로 쓰이는 전치사이므로 뒤에는 명사나 목적격 대명사, 재귀대명사, 소유대명사가 올 수 있다. 따라서 주격인 (C) they는 오답이다. 나머지 보기는 모두 전치사 뒤에 올 수 있으나, 해석상 그 대상이 되는 것이 시작 부분에 제시된 Mr. Yang이므로 재귀대명사인 (A) himself(그 자신)가 정답이다.

어휘 develop ~을 개발하다 rate ~의 등급을 매기다 business establishment 사업체 consumer 소비자 treat ~을 대하다 unfairly 불공평하게

정답 (A)

102 Professional basketball player Bryan Jones recently signed a contract agreeing to ------- Bevelia Athletic Shoes for five years.

(A) dispose (B) endorse
(C) relate   (D) inquire

프로 농구 선수인 Bryan Jones는 최근 Bevelia Athletic Shoes를 5년 동안 홍보하는 데 합의하는 계약서에 서명했다.

(A) 버리다   (B) ~을 홍보하다, 광고하다
(C) ~을 관련짓다   (D) 문의하다

┤ 동사 어휘 ├

Bevelia Athletic Shoes는 특정 회사 또는 제품을 가리킨다. 따라서 이와 관련해 프로 운동선수가 할 수 있는 일을 나타낼 동사로 '(유명인이) ~을 홍보하다, 광고하다'라는 의미로 쓰이는 (B) endorse가 빈칸에 와야 의미가 자연스럽다. (A) dispose는 dispose of(~을 버리다), (D) inquire는 inquire about(~에 대해 문의하다)으로, 전치사와 함께 쓰여야 목적어를 취할 수 있는 자동사이므로 오답이다.

어휘 recently 최근에 sign a contract 계약서에 서명하다 agree to do ~하기로 합의하다

정답 (B)

103 Due to careful planning, Hiltz-Steen Inc.'s finances surprisingly remained ------- throughout the significant economic downturn.

(A) authorized (B) resigned
(C) mutual   (D) stable

신중한 계획 덕분에, 상당한 경기 침체가 지속된 기간 동안 Hiltz-Steen Inc.의 재정은 놀랍게도 안정적인 상태로 유지되었다.

(A) 승인된   (B) 받아들이는, 감수하는
(C) 상호간의   (D) 안정적인

┤ 형용사 어휘 ├

동사 remain은 형용사와 함께 쓰여 '~한 상태로 있다'라는 의미를 나타낸다. 이 문장에서 상당한 경제 침체 기간 동안에 있었던 놀라운(surprisingly) 일을 나타내려면 '경기 침체'와 대조적인 의미를 나타낼 수 있는 (D) stable(안정적인)이 빈칸에 와야 알맞다.

어휘 due to ~ 때문에 careful 신중한 finance 재정 surprisingly 놀랍게도 throughout ~ 동안 내내, ~에 걸쳐 significant 상당한 economic downturn 경제 침체

정답 (D)

104 Bain Capital has earned a good reputation by ------- addressing its customers' complaints.

(A) prompt   (B) prompts
(C) promptly (D) prompting

Bain Capital은 자사 고객들의 불만 사항들을 신속히 처리함으로써 좋은 평판을 얻어 왔다.

> **부사 자리 | 전치사 + 부사 + 동명사**
>
> 전치사 by와 by의 목적어인 동명사 addressing 사이에 빈칸이 있으므로 빈칸에는 동명사를 수식할 수 있는 부사 (C) promptly (신속히)가 와야 알맞다.
>
> **어휘** earn a good reputation 좋은 평판을 얻다　address ~을 처리하다, 해결하다　complaint 불만　prompt 신속한, 즉각적인; ~을 촉발시키다　promptly 신속히
>
> 정답 (C)

105 The customer service desk ------- the front entrance handles all returns and exchanges.

(A) near　　　　(B) between
(C) from　　　　(D) next

정문 근처에 있는 고객 서비스 데스크가 모든 반품 및 교환 업무를 처리한다.

(A) ~ 근처의　　(B) ~ 사이에
(C) ~에서　　　(D) 다음의

> **전치사 어휘**
>
> 빈칸 앞뒤로 장소를 나타내는 명사구가 있으므로 이 두 장소의 위치 관계를 나타낼 전치사를 찾아야 한다. 보기의 전치사들 중에서 (A) near(~ 근처의, 가까이에)가 빈칸에 가장 적절한 전치사이다. between 다음에는 'A and B' 형태 또는 복수 명사가 와야 하며, (C) from은 의미가 자연스럽지 않다. (D) next는 'next to'의 형태가 되어야 전치사로 쓰일 수 있으므로 오답이다.
>
> **어휘** handle ~을 처리하다, 다루다　return 반품　exchange 교환
>
> 정답 (A)

106 ------- three months, Ralph Electronics Corporation requires each supervisor to conduct an employee performance evaluation and submit a report.

(A) During　　　(B) About
(C) All　　　　　(D) Every

3개월마다, Ralph Electronics Corporation은 각 부서장에게 직원 업무 능력 평가를 실시하고 보고서를 제출하도록 요구한다.

(A) ~ 동안　　　(B) 약
(C) 모든　　　　(D) ~마다

> **every + 숫자 + 명사(~마다)**
>
> 문장의 동사로 쓰인 requires는 현재 시제이다. 현재 시제는 주기적으로 반복되거나 변할 가능성이 없는 일을 나타낼 때 사용한다. 따라서 (D) Every(~마다)가 빈칸에 들어가 three months와 함께 '3개월마다'라는 주기성을 나타내는 의미가 되어야 한다. three months라는 표현 때문에 기간을 나타내는 전치사를 고르지 않도록 유의해야 한다. (A) During은 소유격이나 한정사가 있어야 숫자 기간과 함께 쓰일 수 있다.
>
> **어휘** require A to do A가 ~하도록 요구하다　supervisor 부서장, 책임자　conduct ~을 실시하다, 시행하다　evaluation 평가　submit ~을 제출하다
>
> 정답 (D)

107 Most consumers were surprised to hear that the prices for HG Electronics' new flat screen TVs are ------- low.

(A) gradually　　(B) rapidly
(C) mainly　　　(D) relatively

대부분의 소비자들은 HG Electronics의 새로운 평면 TV의 가격이 비교적 낮다는 말을 듣고 놀랐다.

(A) 점차　　　　(B) 신속히
(C) 주로　　　　(D) 상대적으로

> **부사 어휘**
>
> 형용사 low를 수식할 부사로 알맞은 것을 고르는 문제이다. 따라서 low와 의미가 어울려야 하는데, 여기서 low는 가격이 낮음을 나타내기 때문에 낮은 정도와 관련해 '비교적, 상대적으로'라는 의미로 쓰이는 (D) relatively가 빈칸에 와야 한다.
>
> **어휘** be surprised to do ~해서 놀라다
>
> 정답 (D)

108 As soon as the new proposal for the online marketing initiative receives ------, the supervisor will hire an outside design agency.

(A) approval
(B) approved
(C) approvingly
(D) approves

온라인 마케팅 계획에 대한 새로운 제안서가 승인을 받는 대로, 부서장이 외부 디자인 업체를 고용할 것이다.

┤ 명사 자리 │ 동사+명사 ├

빈칸 앞에 쓰인 receives는 As soon as절의 동사이다. 따라서 빈칸에는 receives의 목적어 역할을 하는 명사가 와야 하므로 (A) approval(승인)이 정답이다.

어휘 as soon as ~하는 대로, ~하자마자 proposal 제안(서) initiative 계획 receive ~을 받다 outside 외부의 approval 승인 approve 승인하다 approvingly 찬성하여

정답 (A)

109 The decline in the number of staff members at HT Corporation was ------ the result of its failure to provide better benefits.

(A) large
(B) largely
(C) largest
(D) largeness

HT Corporation 직원 수의 감소는 주로 회사가 더 나은 혜택을 제공하지 못한 것의 결과였다.

┤ 부사 자리 │ be+부사+the+명사 ├

빈칸 다음에 쓰인 the result는 보어 역할을 하는 명사이다. (A) large(큰)는 형용사이고, 최상급인 (C) largest(가장 큰) 역시 형용사이기 때문에 관사 the 앞에 위치할 수 없다. 형용사는 관사 뒤에 위치한다는 것을 기억해 두자. 명사인 (D) largeness(큼) 역시 관사 앞에 위치할 수 없으므로 오답이다. 하지만 부사는 명사구를 수식할 수 있으므로, (B) largely(주로, 대체로)가 빈칸에 쓰이면, the result 이하를 수식하여 '주로 ~의 결과였다'가 되어 의미상으로도 자연스럽다. 따라서 정답은 (B)이다.

어휘 decline in ~의 감소 the number of ~의 수 result 결과 failure to do ~하지 못함 benefit 혜택 largely 주로, 대체로 largeness 많음, 넓음

정답 (B)

110 Merchandise with any minor product ------ should be offered at a reduced price and placed in the clearance section.

(A) defects
(B) launches
(C) quotas
(D) rebates

어떤 사소한 제품 결함이라도 있는 상품은 할인된 가격에 제공되어야 하며 재고 정리 코너에 있어야 한다.

(A) 결함
(B) 출시
(C) 할당량
(D) 환불

┤ 명사 어휘 ├

빈칸은 문장의 주어 Merchandise를 수식하는 with 구에 속해 있다. 빈칸 뒤에 이어지는 내용을 보면, 할인된 가격에 제공되어야 하고 재고 정리 코너에 있어야 한다고 되어 있는데, 이러한 상품이 지니는 성격을 나타내려면 '결함이 있는 상품'이라는 의미가 되어야 자연스러우므로 (A) defects(결함)가 빈칸에 와야 알맞다.

어휘 merchandise 상품 minor 사소한 at a reduced price 할인된 가격에 place 놓다, 두다 clearance section 재고 정리 코너 rebate 환불

정답 (A)

111 Once a store establishes a ------ inventory of items, it will be fairly easy to update it on a regular basis.

(A) completes
(B) completion
(C) complete
(D) completely

일단 매장에서 제품들의 완전한 재고 조사를 확고히 해 두면, 주기적으로 재고를 업데이트하는 것이 꽤 쉬울 것이다.

┤ 형용사 자리 │ a+형용사+명사 ├

빈칸은 부정관사 a와 명사 inventory 사이에 위치해 있으므로 형용사 자리이다. 보기에서 형용사는 (C) complete(완전한, 완료된)뿐이므로 (C)가 정답이다. complete은 동사와 형용사의 형태가 같다는 점에 주의해야 한다.

어휘 once 일단 ~하면 establish ~을 확고히 하다, 설립하다 inventory 재고, 물품 목록 fairly 꽤, 상당히 on a regular basis 주기적으로 complete 완전한, 완료된; ~을 완료하다, 끝마치다 completion 완료 completely 완전히

정답 (C)

112 The team of consultants ultimately found the mistake after the ------- review of corporation accounting records.

(A) depleted (B) exhaustive
(C) numerous (D) reluctant

컨설턴트로 구성된 팀이 회사의 회계 기록을 철저히 검토한 끝에 결국 실수를 발견했다.

(A) 고갈된 (B) 철저한
(C) 수많은 (D) 꺼리는

형용사 어휘

빈칸 뒤에 쓰인 명사 review를 수식할 형용사로 알맞은 것을 고르는 문제이다. review는 '검토, 점검' 등을 의미하므로 그 방식과 관련해 '철저한'이라는 뜻으로 쓰이는 (B) exhaustive가 빈칸에 오는 것이 자연스럽다. (C) numerous(수많은)는 반드시 복수 명사와 결합하므로 오답이다.

어휘 ultimately 결국 exhaustive 철저한 review 검토, 점검 corporation 회사 accounting records 회계 기록

정답 (B)

---

113 The owner of the recently opened Italian restaurant La Ciccia said that the second location will ------- be in operation in the Durham area, on the opposite side of the state.

(A) yet (B) soon
(C) ever (D) previously

최근 개업한 이탈리안 레스토랑인 La Ciccia의 사장은 주 반대편에 위치한 Durham 지역에 두 번째 지점이 곧 영업을 시작할 것이라고 말했다.

(A) 아직 (B) 곧
(C) 한 번이라도 (D) 이전에

부사 어휘

조동사 will과 be 동사 사이에 쓰여 미래의 일을 나타낼 때 사용 할 수 있는 부사는 (B) soon(곧, 머지 않아)이다.

어휘 owner 사장, 업주 recently 최근에 location 지점, 위치 in operation 운영 중인 opposite 반대의

정답 (B)

---

114 The checklist that the team leader has sent can help the final ------- make sure all the details are included in the document.

(A) reviews (B) reviewed
(C) reviewer (D) to review

팀장이 보낸 체크리스트는 최종 검토자가 문서에 모든 상세 정보가 포함되어 있는지를 확인하는 데 도움이 될 수 있다.

비슷한 명사의 구별 | review VS reviewer

형용사 final의 수식을 받으면서 동사 help의 목적어 역할을 하는 명사를 찾아야 한다. 보기에서 (A) reviews(검토)와 (C) reviewer(검토자)가 명사인데, 빈칸에 쓰일 명사는 바로 뒤에 위치한 동사 make sure의 주체가 되어야 하므로 사람을 나타내는 (C)가 정답이다.

어휘 help A do A가 ~하는 데 도움을 주다 make sure (that) ~임을 확실히 하다, 분명히 하다 details 상세 정보 include ~을 포함하다 document 문서, 서류 reviewer 검토자

정답 (C)

---

115 ------- located in the neighborhood of Sunset Beach, Heaven Resort is widely known as one of the best tour destinations.

(A) Convenient (B) Convenience
(C) Conveniently (D) Conveniences

Sunset Beach 인근에 편리하게 위치한 Heaven Resort는 최고의 여행지 중 하나로 널리 알려져 있다.

부사 자리 | 부사+p.p.

빈칸부터 콤마까지는 문장의 주어인 Heaven Resort의 위치를 나타내는 분사구이다. 따라서 분사 located를 수식할 수 있는 부사인 (C) Conveniently(편리하게)가 정답이다.

어휘 located in the neighborhood of ~의 인근에 위치한 widely 널리 be known as ~로 알려지다 tour destination 여행지 convenient 편리한 conveniently 편리하게 convenience 편리, 편의

정답 (C)

116 Filomena Books is offering a 50% discount off prices listed ------- the pamphlet while items are in stock.

(A) over
(B) about
(C) in
(D) among

Filomena Books는 제품이 재고로 남아 있는 동안 팸플릿에 기재되어 있는 가격에서 50퍼센트 할인을 제공하고 있다.

(A) ~ 위에
(B) ~에 대한
(C) ~에
(D) ~ 사이에

전치사 어휘

빈칸 다음에 쓰인 the pamphlet은 가격이 쓰여 있는 곳을 가리킨다. pamphlet은 '소책자'를 의미하며, 소책자에 '기재된'의 뜻으로 함께 쓰일 수 있는 전치사로는 (C) in(~에)이 알맞다.

어휘 listed in ~에 기록된, 게시된   pamphlet 팸플릿   while ~하는 동안   item 제품, 물품   in stock 재고가 있는

정답 (C)

---

117 The marketing team attending the technology conference will prepare a(n) ------- presentation to promote the newest line of computer security software.

(A) industrious
(B) comprehensive
(C) conclusive
(D) presumable

기술 콘퍼런스에 참가하는 마케팅 팀이 컴퓨터 보안 소프트웨어의 가장 최신 라인을 홍보하기 위해 종합적인 발표를 준비할 것이다.

(A) 근면한
(B) 종합적인
(C) 결정적인
(D) 추정할 수 있는

형용사 어휘

명사 presentation을 수식할 형용사로 알맞은 것을 고르는 문제이다. 따라서 '발표'라는 의미의 presentation의 특성을 나타내기에 적절한 것은 '종합적인'이라는 의미의 (B) comprehensive이다. (A) industrious는 '산업의'라는 뜻이 아니라 '근면한'이라는 뜻임에 주의해야 한다.

어휘 attend ~에 참석하다   prepare ~을 준비하다   promote ~을 홍보하다   security 보안

정답 (B)

---

118 After months of construction, the remodeling project is in the final ------- and set to be completed next week.

(A) degree
(B) basis
(C) phase
(D) impact

몇 달의 공사 끝에, 리모델링 프로젝트가 마지막 단계에 있으며 다음 주에 완료될 예정이다.

(A) 정도
(B) 기초
(C) 단계
(D) 영향

명사 어휘

빈칸 앞에 쓰인 형용사 final은 일의 순서상 마지막을 가리키는데, 보기 중 이렇게 순서를 나타내는 형용사의 수식을 받을 수 있는 것은 (C) phase(단계) 뿐이다.

어휘 be set to do ~할 예정이다   complete ~을 완료하다

정답 (C)

---

119 Payments submitted after 10 P.M. may not appear on billing statements ------- we open for business the following day.

(A) while
(B) on
(C) whether
(D) until

밤 10시 이후에 지불된 비용은 저희가 다음 날 영업을 위해 문을 열 때까지 대금 청구서에 나타나지 않을 수 있습니다.

(A) ~하는 동안
(B) ~에
(C) ~인지
(D) ~할 때까지

부사절 접속사 VS 전치사

빈칸 앞뒤로 각각 주어와 동사를 갖춘 완전한 두 개의 절이 있으므로 빈칸은 부사절 접속사 자리이다. (C) whether는 or 없이 부사절 접속사로 쓰이지 못하고 명사절 접속사로만 쓰이므로 오답이다. 따라서 부사절 접속사인 (A) while(~하는 동안)과 (D) until(~할 때까지) 중 의미상 적절한 것을 골라야 한다. 문맥상 '문을 열 때까지' 대금 청구서에 나타나지 않을 수 있다는 의미가 되어야 가장 자연스러우므로 (D)가 정답이다.

어휘 payment 지불(금액)   submit ~을 제출하다   appear 나타나다   billing statement 대금 청구서   following 다음의

정답 (D)

120 Last month, the local company Birdwell Inc. ------- for its exceptional contributions to the advancement of communication technology.

(A) was honored (B) honors
(C) honored (D) is honoring

지난달에, 지역 회사인 Birdwell Inc.는 통신 기술 발전에 대한 뛰어난 기여로 인해 상을 받았다.

─┤ 능동태와 수동태의 구별 및 적절한 시제 찾기 ├─

보기로 제시된 동사 honor는 'A honor for B'의 형태로 쓰여 'B에 대해 A에게 상을 주다, 영예를 주다'라는 의미로 쓰인다. 이 문장에서는 회사 이름이 빈칸 앞에 있고 빈칸 바로 뒤에 for가 있으므로 회사가 상을 받는 대상이 되어 'A is honored for B(A가 B에 대해 상을 받다)'의 수동태로 쓰여야 한다는 것을 알 수 있다. 따라서 (A) was honored가 정답이다.

어휘 exceptional 뛰어난 contribution 기여 advancement 발전 communication technology 통신 기술 be honored for ~에 대해 상을 받다, 영예를 받다

정답 (A)

121 J&T Enterprises' goal for its yearly sales figures has ------- been exceeded due to its employees' commitment to service quality.

(A) early (B) already
(C) soon (D) yet

J&T Enterprises의 연간 영업 수치 목표는 서비스 품질에 대한 직원들의 헌신으로 인해 이미 초과되었다.

(A) 이른 (B) 이미
(C) 곧 (D) 아직

─┤ 부사 어휘 ├─

현재 완료 시제를 구성하는 has와 been exceeded 사이에 빈칸이 있으므로 현재 완료 시제와 잘 쓰이는 (B) already(이미, 벌써)가 정답이다. 참고로 (D) yet은 긍정문에는 잘 쓰이지 않으며, have 다음에 yet이 오는 경우는 'have yet to do(아직 ~하지 않았다)'의 형태로 쓰인다.

어휘 yearly 연간의, 한 해의 sales figures 영업 수치 exceed ~을 초과하다 due to ~로 인해, ~때문에 commitment to ~에 대한 헌신 quality 품질

정답 (B)

122 The employees from ACN Co. have found most of the activities and programs led by industry experts each day very -------.

(A) attractive (B) attraction
(C) attracted (D) attracts

ACN Co. 소속의 직원들은 업계 전문가들이 매일 진행한 대부분의 활동들과 프로그램들이 매우 매력적이라고 생각했다.

─┤ 형용사 자리 | find+목적어+형용사 ├─

이 문장은 동사 have found 다음 부분을 신중하게 확인해 봐야 한다. 동사 find는 5형식 동사로, '목적어+목적 보어'의 형태와 함께 잘 쓰여 '목적어가 ~의 상태라고 생각하다'의 의미를 나타낸다. 이 문장에서는 목적어가 특히나 길어 구조를 파악하기 까다로운데, found와 very 사이의 모든 내용이 목적어에 해당하고, 이 목적어를 설명하기에 알맞은 목적 보어가 빈칸에 와야 한다. 따라서 형용사인 (A) attractive(매력적인)가 정답이다.

어휘 activity 활동 led by ~가 진행한, ~가 이끈 industry 업계, 산업 expert 전문가 attractive 매력적인 attraction 매력, 인기 있는 것 attract ~을 끌어들이다

정답 (A)

123 For ------- reasons, Human Resources will not release any individual's personal information to a third party without a signed release form from the individual.

(A) secure (B) secured
(C) security (D) securely

보안상의 이유로, 인사부는 개인으로부터 서명을 받은 공개 동의서 없이는 제 3자에게 어떠한 개인의 신상 정보도 유출하지 않을 것이다.

─┤ 복합명사 ├─

빈칸 뒤의 명사 reasons만 보고 바로 형용사 (A) secure를 고르지 않도록 주의해야 한다. (A) secure가 쓰이면 '안전한 이유'라는 의미가 되어 어색하다. 따라서 (C) security(보안, 안전)가 빈칸에 들어가 '보안상의 이유'라는 의미로 복합명사를 구성해야 알맞은 의미를 나타낼 수 있다.

어휘 release ~을 유출하다, 공개하다; 유출, 공개 third party 제 3자 form 양식 individual 사람, 개인 secure 안전한; ~을 확보하다 security 안전, 보안 securely 안전하게, 튼튼하게

정답 (C)

124 Regular exercise is highly recommended, ------- for office workers who spend most of their time working at their desks.

(A) particular
(B) particulars
(C) particularity
(D) particularly

규칙적인 운동은 매우 추천되는데, 특히 대부분의 시간을 책상에 앉아 일하는 데 보내는 사무직 종사자들에게 그렇다.

부사 자리 | 부사 + 전치사구

빈칸 뒤에 쓰인 for는 추천을 받는 사람들을 나타내는 전치사이다. '전치사 + 명사'는 형용사나 부사의 역할을 하므로, '부사 + 전치사 + 명사'의 형태로 부사가 전치사구를 수식한다. 따라서 강조의 의미를 나타내는 부사 (D) particularly(특히)가 정답이다.

어휘 regular 규칙적인 spend time -ing ~하는 데 시간을 보내다 particular 특별한 particularity 독특함 particularly 특히

정답 (D)

---

125 Franz Daily Deli will hire three additional waiters in order to ------- increased demand during the summer tourist season.

(A) accommodate
(B) succeed
(C) propose
(D) remain

Franz Daily Deli는 여름 휴가 시즌 동안에 높아진 수요를 감당하기 위해 추가로 3명의 웨이터를 고용할 것이다.

(A) ~을 수용하다
(B) 성공하다, 이어받다
(C) ~을 제안하다
(D) 남아있다

동사 어휘

빈칸에 쓰일 동사는 추가 웨이터를 고용하려는 목적을 나타내야 한다. 빈칸 뒤에 목적어로 쓰인 명사 increased demand는 '높아진 수요'를 뜻하는데, '수요를 감당하기 위해 추가 웨이터를 고용한다'라는 의미가 되어야 알맞으므로 '~을 수용하다'라는 뜻으로 쓰이는 (A) accommodate가 정답이다.

어휘 additional 추가의 in order to do ~하기 위해 increase 증가하다 demand 수요

정답 (A)

---

126 ------- the Keller Institute received a large grant from the Jackson Foundation, it intends to hire more researchers within the next couple of months.

(A) Unless
(B) Since
(C) Even
(D) Therefore

Keller Institute는 Jackson Foundation으로부터 많은 보조금을 받았기 때문에, 앞으로 몇 달 안에 더 많은 연구원들을 채용할 계획이다.

(A) ~가 아닌 한
(B) ~ 때문에
(C) 심지어
(D) 그러므로

부사절 접속사 VS 부사

빈칸 뒤로 두 개의 주어 the Keller Institute와 it, 두 개의 동사 received와 intends가 쓰여 있으므로 빈칸은 접속사 자리이다. 따라서 부사인 (C) Even과 (D) Therefore를 제외하고 (A) Unless와 (B) Since 중에서 알맞은 접속사를 골라야 한다. 이 문장은 콤마를 기준으로 이유와 결과를 나타내는 내용이므로 '~ 때문에'라는 의미로 쓰이는 (B) Since가 정답이다.

어휘 receive ~을 받다 grant 보조금 intend to do ~할 계획이다, ~할 작정이다

정답 (B)

---

127 Several attempts were made to convince local residents to agree to a tax increase, ------- of which met with any success.

(A) neither
(B) nothing
(C) none
(D) no

세금 인상에 합의하도록 지역 주민들을 설득하기 위한 여러 번의 시도가 있었지만, 한 번도 성공하지 못했다.

관계대명사 및 부분을 나타내는 대명사

'~ of which'의 형태가 낯설 수 있지만, which는 앞의 명사를 나타내고, of는 '중에서'의 의미이므로 빈칸에는 전체 중 일부를 나타내는 대명사가 들어가야 한다. 보기의 단어들 중에서 이러한 역할이 가능한 것은 (A) neither(둘 중 아무것도 아니다)와 (C) none(아무도 ~않다, 하나도 ~않다)이다. 하지만 which가 앞의 several attempts(여러 번의 시도)를 나타내므로, 두 가지, 즉 양면 부정을 나타내는 (A) neither는 오답이다.

어휘 several 여럿의 make attempts 시도하다 convince A to do A를 설득해 ~하게 하다 agree to ~에 합의하다 tax 세금 meet with success 성공하게 되다

정답 (C)

128 Froth Beverages Inc. is currently working with international market specialists to expand its ------- into parts of Asia and Europe.

(A) presence
(B) vicinity
(C) incentive
(D) estimate

Froth Beverages Inc.는 아시아와 유럽 지역으로 자사의 존재를 확장하기 위해 현재 국제 시장 전문가들과 협업하고 있다.

(A) 존재(감)
(B) 인근
(C) 인센티브, 장려(책)
(D) 견적(서)

┤ 명사 어휘 ├

빈칸에 쓰일 명사는 to부정사로 쓰인 동사 expand의 목적어이다. 따라서 expand(확대하다, 확장하다)의 대상이 될 수 있는 것을 찾아야 하는데, 특정 지역으로 확대되는 것이 가능한 명사는 '존재(감)'을 뜻하는 (A) presence이다.

어휘 currently 현재   work with ~와 협업하다, 협동하다   specialist 전문가   expand A into B A를 B로 확대하다, 확장하다

정답 (A)

---

129 Please inform Ms. Kennedy of any intentions to take time off this summer ------- work schedules can be amended accordingly.

(A) in spite of
(B) due to
(C) so that
(D) while

근무 일정이 알맞게 조정될 수 있도록 Kennedy 씨에게 이번 여름에 떠나는 휴가 계획을 알려 주시기 바랍니다.

(A) ~에도 불구하고
(B) ~로 인해
(C) ~할 수 있도록
(D) ~하는 동안

┤ 부사절 접속사 VS 전치사 ├

빈칸 앞뒤로 완전한 두 개의 절이 위치해 있으므로 이 둘을 연결하는 부사절 접속사가 빈칸에 필요하다. 따라서 전치사인 (A) in spite of(~에도 불구하고)와 (B) due to(~덕분에)는 오답이다. 빈칸 뒤에 이어지는 내용은 목적을 나타내어 '근무 일정을 조정할 수 있도록'이라는 뜻이 되어야 자연스러우므로, 나머지 두 개의 보기 중 (C) so that(~할 수 있도록)이 정답이다.

어휘 inform A of B A에게 B를 알리다   intention to do ~하려는 계획, 의도   amend ~을 수정하다, 조정하다   accordingly 그에 따라

정답 (C)

---

130 A series of new online games developed by Newmont Tech are ------- to a variety of age groups.

(A) market
(B) marketing
(C) being marketed
(D) to market

Newmont Tech가 개발한 새로운 온라인 게임 시리즈는 다양한 연령대의 사람들에게 홍보되고 있다.

┤ 능동태와 수동태의 구별 ├

일반동사 또는 가산명사인 (A) market을 제외하고 모두 be 동사 다음에 위치하는 것이 가능하다. 하지만 market(~을 홍보하다)의 대상이 되는 것이 문장의 주어에 해당하는 A series of new online games이므로 be 동사인 are와 함께 수동태를 구성하는 (C) being marketed가 정답이다. 참고로 be being p.p. 형태는 '~되고 있는 중이다'의 의미로 수동태 진행형이다.

어휘 a series of 일련의, 시리즈의   develop ~을 개발하다   a variety of 다양한   market ~을 홍보하다, 광고하다; 시장

정답 (C)

PART 6

Questions 131-134 refer to the following brochure. 131-134는 다음 소책자를 참조하시오.

Galington-Ling Partners is a world renowned name in the luxury housing market. Our professional ------- are experts at combining
                                                              131.
size and style into a single blueprint.

------- your needs are large or small, elaborate or simple, our
132.
specialists can ensure your satisfaction. -------. A consultant -------
                                                133.   **134.**
you with all of the necessary information and estimates and guide you through every step of the process.

Galington-Ling Partners는 고급 주택 시장에서 세계적으로 유명한 회사입니다. 131 저희 회사의 전문 건축 설계사들은 규모와 스타일을 하나의 도면 안에 통합하는 데 전문가들입니다.

132 여러분들께서 필요로 하시는 것이 크든 작든, 정교한 것이든 단순한 것이든 상관없이, 저희 전문가들은 여러분의 만족을 보장해 드릴 수 있습니다. 133 919-736-4291로 전화하셔서 예약 일정을 잡으시기 바랍니다. 134 저희 컨설턴트가 필요한 모든 정보와 견적을 제공해 드릴 것이며, 절차의 모든 단계를 안내해 드릴 것입니다.

어휘 renowned 유명한 professional 전문적인 expert 전문가 combine A and B into C A와 B를 C로 결합시키다 blueprint 도면, 청사진 needs 필요로 하는 것 elaborate 정교한 specialist 전문가 ensure ~을 보장하다 satisfaction 만족 necessary 필요한, 필수 estimate 견적(서) guide A through B A가 B를 거쳐 나아가도록 이끌다 process 절차, 과정

131 (A) architects   (A) 건축 설계사
     (B) constructors   (B) 건축가
     (C) decorators   (C) 장식업자
     (D) realtors   (D) 부동산업자

┤ **명사 어휘** ├

빈칸에 들어갈 명사는 Our의 수식을 받으므로 앞 문장에서 언급한 회사에 소속된 직원들을 나타낸다. 이 회사는 고급 주택 시장에서 유명한 회사라고 했고, 뒤에 이어지는 내용들을 보면, 도면(blueprint)에 집의 규모와 스타일을 함께 넣는 일을 잘한다고 했으므로 '건축 설계사'를 뜻하는 (A) architects가 정답이다. 참고로 (B) constructors(건축가)는 건물의 디자인을 설계하는 것이 아니라, 건축 자재로 건물을 짓는 사람을 나타내므로 오답이다.

정답 (A)

132 (A) Either   (A) 둘 중의 하나
     (B) Despite   (B) ~에도 불구하고
     (C) As it were   (C) 말하자면
     (D) Whether   (D) ~이든

┤ **부사절 접속사 VS 전치사** ├

빈칸 이하 부분을 보면 주어와 동사가 각각 두 개씩 있으므로 빈칸에는 접속사가 와야 한다. 보기의 단어들 중에서 접속사는 (D) Whether(~이든)가 유일하다.

정답 (D)

133 (A) There are many reasons for changing the style of your home.
(B) Garlington-Ling Partners is involved in a consulting business.
(C) Schedule an appointment with us by calling 919-736-4291.
(D) Please send us any feedback that you might have by e-mail.

(A) 귀하의 집의 스타일을 바꾸는 이유는 여러 가지가 있습니다.
(B) Garlington-Ling Partners는 컨설팅 사업에 관여하고 있습니다.
(C) 919-736-4291로 전화하셔서 예약 일정을 잡으시기 바랍니다.
(D) 귀하께서 가지고 계신 어떤 피드백이든지 이메일로 보내주십시오.

┤ 빈칸에 알맞은 문장 고르기 ├

빈칸 뒤의 문장에서 '저희 컨설턴트가 필요한 모든 정보와 견적을 제공해 드릴 것이다'라고 했으므로 빈칸에는 회사에 연락을 달라는 내용이 오면 뒤의 문장과 자연스럽게 연결된다. 따라서 (C)가 정답이다.

어휘 be involved in ~에 관여하다   appointment 예약

정답 (C)

오답분석

(A) 빈칸에 이 문장이 오면 뒤에는 바꾸는 이유가 구체적으로 제시되어야 하는데, 뒤의 문장은 이와 다른 내용이므로 오답이다.
(B) 빈칸 뒤의 consultant와 보기의 consulting을 관련짓기 쉽지만, 첫 문장에서 Garlington-Ling Partners가 건축가들이 있는 건축 회사라고 밝힌 것으로 보아 일반적인 컨설팅 회사가 아님을 알 수 있으므로 오답이다.
(D) 빈칸 뒤의 문장인 자사의 컨설턴트가 필요한 모든 정보와 견적을 제공한다는 내용은 고객에게 피드백을 요청하는 내용 뒤에 이어지기에는 흐름상 어색하다.

134 (A) to provide
(B) provided
(C) will provide
(D) would have provided

┤ 적절한 시제 찾기 ├

빈칸은 and 뒤에 쓰인 동사 guide와 함께 문장의 동사 역할을 할 단어가 들어가야 한다. 그런데 이 문장에서 설명하는 내용은 예약을 할 경우에 제공하는 것이므로 미래의 일을 나타내야 한다. 따라서 미래 시제인 (C) will provide가 정답이다.

정답 (C)

Questions 135-138 refer to the following e-mail. 135-138은 다음 이메일을 참조하시오.

To: Cody Black, Plant Supervisor
From: Darrel Reagan, Safety and Repairs Department
Date: March 12
Subject: Re: Equipment inspection

Mr. Black,

Thank you for contacting the safety and repairs department with your concerns regarding the ------- gauge in warehouse C2. -------.
　　　　　　　　　　　　　　　　　　　　135.　　　　　　　　　　　　　　　**136.**

The gauge was registering notably warmer than the settings necessary for proper storage of fresh produce. However, although there appeared to be a problem, the gauge proved to be -------. It
　　　　　　　　　　　　　　　　　　　　　　　　　　　　　　　　　　　　　137.
is correctly detecting what may be a problem with the refrigeration system.

Despite this, our technicians are testing the cooling system to find out why it is not cooling properly. In the meantime, please ------- all
　　　　　　　　　　　　　　　　　　　　　　　　　　　　　　　　　　138.
perishable items out of warehouse C2.

Thank you for your cooperation.

Sincerely,
Darrel Reagan

수신: Cody Black, 현장 감독
발신: Darrel Reagan, 안전 관리부
날짜: 3월 12일
제목: 회신: 장비 점검

Black 씨께,

135 C2 창고 내에 있는 온도 측정기에 관한 귀하의 우려 사항에 대해 안전 관리부에 연락 주셔서 감사합니다. 136 저희 팀이 그 문제를 조사해 보았습니다.

이 측정기는 신선한 농산물을 적절하게 보관하는 데 필요한 설정보다 훨씬 더 높은 온도를 나타내고 있었습니다. 137 문제는 있어 보였지만, 측정기는 작동하고 있는 것으로 판명되었습니다. 측정기는 냉장 시스템에 문제가 될 수 있는 것을 제대로 감지하고 있습니다.

그럼에도 불구하고, 기술자들은 왜 냉각 시스템이 제대로 작동하지 않는지를 파악하기 위해 테스트하고 있습니다. 138 그러는 동안, 모든 부패성 품목들을 C2 창고 밖으로 옮겨 주시기 바랍니다.

협조해 주셔서 감사합니다.

안녕히 계십시오.
Darrel Reagan

어휘　contact ~에게 연락하다　concern 우려, 걱정　regarding ~에 관해　gauge 게이지, 측정기　register (기계가 특정 양을) 나타내다, 기록하다　notably 특히, 현저하게　setting 설정　necessary 필요한　proper 적절한, 알맞은　storage 저장　produce 농산물　although 비록 ~이지만　appear to be ~인 것처럼 보이다　prove to be ~인 것으로 드러나다, 판명되다　correctly 정확하게　detect ~을 감지하다　refrigeration 냉장　despite ~에도 불구하고　find out ~을 알아내다, 찾아내다　in the meantime 그동안에, 그 사이에　perishable 부패성의　cooperation 협조

135 (A) distance
　　　(B) temperature
　　　(C) sound
　　　(D) pressure

　　　(A) 거리
　　　(B) 온도
　　　(C) 음향
　　　(D) 압력

┤ 명사 어휘 ├

빈칸 바로 뒤에 쓰인 명사 gauge(측정기)와 함께 복합명사를 이루기에 적절한 명사를 골라야 한다. 여기서 말하는 측정기는 뒤에 이어지는 내용을 보면 warmer라는 말로 그 특성을 나타내고 있는데 이는 온도와 관련된 것이므로 (B) temperature(온도)가 정답이다.

정답 (B)

136 (A) We will soon begin searching for the exact cause.
(B) Your feedback about our service is always appreciated.
(C) Our department is situated close to the warehouse.
(D) My team has been looking into the matter.

(A) 저희들은 곧 정확한 원인을 찾아보기 시작할 것입니다.
(B) 저희 서비스에 대한 귀하의 피드백에 항상 감사합니다.
(C) 우리 부서는 창고 가까이에 위치해 있습니다.
(D) 저희 팀이 그 문제를 조사해 보았습니다.

│ 빈칸에 알맞은 문장 고르기 │

빈칸 앞의 문장에서 C2 창고 내에 있는 온도 측정기에 관한 우려 사항에 대해 연락 주셔서 감사하다고 했고, 빈칸 뒤에서는 측정기가 문제가 있는 것처럼 보이지만 사실 작동되고 있다는 조사 결과를 밝히고 있다. 따라서 빈칸에는 문의한 문제에 대해 조사했다는 내용이 나와야 빈칸 앞뒤의 문장과 자연스럽게 연결되므로 정답은 (D)이다.

어휘 search for ~을 찾다 cause 원인 appreciate ~을 고마워하다 be situated 위치해 있다 look into ~을 조사하다   **정답 (D)**

오답분석
(A) 원인을 찾기 시작할 것이라고 말하는 것은 미래의 일인데 이미 빈칸 뒤의 문장에서 조사 결과를 보여주고 있으므로 시제가 맞지 않는다.
(B) 측정기에 문제가 있어서 안전 관리부에 연락한 것이므로, 서비스에 대한 피드백과는 관련이 없다.
(C) 부서 위치에 관한 내용은 글의 요지와 전혀 관계없는 내용이다.

137 (A) dangerous
(B) concerning
(C) functional
(D) adaptable

(A) 위험한
(B) 걱정스러운
(C) 작동하는
(D) 적응할 수 있는

│ 형용사 어휘 │

빈칸에 들어갈 형용사는 앞서 언급한 gauge(측정기)의 특성을 나타낼 수 있는 것이어야 한다. 뒤에 이어지는 문장을 보면, 문제는 있어 보였지만 정확히 감지하고 있다고 했다. 이 의미에 어울리는 것은 (C) functional(작동하는)이다.

정답 (C)

138 (A) are transferring
(B) transfer
(C) to transfer
(D) transferred

│ 명령문 │

빈칸 바로 앞에 please가 쓰여 있고 뒤에는 명사가 있으므로 명령문 형태의 문장이 될 수 있도록 동사원형인 (B) transfer(~을 옮기다)가 빈칸에 와야 한다.

어휘 transfer ~을 옮기다   **정답 (B)**

Questions 139-142 refer to the following letter. 139-142는 다음 편지를 참조하시오.

June 3

Dear Mr. Peralta,

Thank you for your purchase on May 28. Steel and Stone Hardware values all of your questions ------- criticisms specific to your business with us.
                                    139.

We always hold the client's perspective in the highest regard.

For this reason, we request that you complete a brief survey to express your opinion regarding our products, services, pricing and various other ------- related to the quality of your experience with us.
                    140.

The survey has been designed to help us improve our strengths and discover our weaknesses. Most importantly, your reply to the questionnaire ------- our customers to receive the quality they desire. -------.
                            141.
             142.

Sincerely,
Steel and Stone Hardware

6월 3일

Peralta 씨께,

5월 28일에 제품을 구매해 주셔서 감사합니다. **139** Steel and Stone Hardware는 귀하의 거래와 관련된 비판들뿐만 아니라, 여러분의 모든 문의 사항을 소중히 여깁니다.

저희는 언제나 고객들의 관점을 최우선으로 생각합니다.

140 이러한 이유로, 간략한 설문 조사를 작성하시어 저희 제품이나 서비스, 가격, 그리고 그 외의 귀하께서 경험하신 질에 관련된 여러 가지 요소에 대해 귀하의 의견을 말씀해 주시기를 요청 드립니다.

이 설문 조사는 저희 회사의 장점은 향상시키고 단점을 파악하는 것을 돕기 위해 고안되었습니다. **141** 가장 중요한 점은, 이 조사에 대한 귀하의 답변이 고객들께서 원하시는 수준의 서비스를 받을 수 있게 해줄 것입니다. **142** 귀하의 의견에 미리 감사의 말씀 드립니다.

안녕히 계십시오.
Steel and Stone Hardware

어휘 purchase 구매(품) value ~를 소중히 여기다 criticism 평가, 비평 specific to ~ 특유의 hold A in the highest regard A를 최우선으로 여기다 complete ~을 완료하다 brief 간략한 survey 설문 조사 express ~을 표현하다 regarding ~에 관한 pricing 가격 책정 related to ~와 관련된 quality (서비스, 상품 등의) 질, 우수함 be designed to do ~하도록 고안되다 help A do A가 ~하는 것을 돕다 improve ~을 향상시키다 strength 장점 discover ~을 파악하다, 찾아내다 weakness 단점, 약점 questionnaire 설문지, 질문지 desire ~을 바라다

139 (A) except for
(B) as well as
(C) far from
(D) despite the fact

(A) ~을 제외하고
(B) ~뿐만 아니라
(C) 전혀 ~이 아닌
(D) ~라는 사실에도 불구하고

┤ **전치사 어휘** ├

빈칸 앞뒤에 위치한 명사들은 모두 이 회사가 중요하게 여기는 대상, 즉 동사 values의 목적어에 해당한다. 따라서 이 두 명사들을 연결할 수 있는 표현은 '~뿐만 아니라 …도'라는 의미로 쓰이는 (B) as well as이다.

정답 (B)

140 (A) elements
(B) departments
(C) payments
(D) installments

(A) 요소들
(B) 부서들
(C) 지불금
(D) 할부금

┤ 명사 어휘 ├

보기의 단어들이 모두 명사들인데, 빈칸에 어울리는 것은 앞서 언급한 몇 가지 항목들과 유사한 성격을 지닌 다른 항목들을 대신 가리킬 수 있는 것이어야 한다. 따라서 '요소들'이라는 의미로 쓰이는 (A) elements가 빈칸에 쓰이는 것이 가장 자연스럽다.

정답 (A)

141 (A) could have enabled
(B) will enable
(C) has been enabling
(D) is enabled

┤ 적절한 시제 찾기 ├

각 보기가 동사 enable의 여러 형태로, 모두 한 문장에서 동사의 역할이 가능하며, 각각 시제가 다르다. 그런데 이 문장은 편지를 받는 고객이 미래 시점에 작성하게 될 답변들이 고객들에게 미칠 영향을 설명하는 내용이므로 그 시점 또한 미래가 되어야 한다. 따라서 미래 시제인 (B) will enable이 정답이다.

어휘 enable A to do A가 ~할 수 있게 하다

정답 (B)

142 (A) We thank you in advance for your input.
(B) We are looking forward to being fully operational soon.
(C) Customers are welcome to organize a survey on their own.
(D) Please visit my office to receive our high-quality product samples.

(A) 귀하의 의견에 미리 감사의 말씀 드립니다.
(B) 우리는 곧 운영이 완전히 정상화되기를 고대합니다.
(C) 고객들이 설문지를 스스로 구성하는 것을 환영합니다.
(D) 제 사무실에 방문하셔서 품질 좋은 상품 샘플을 받아 가세요.

┤ 빈칸에 알맞은 문장 고르기 ├

이 편지의 목적은 회사의 제품을 구매한 고객에게 설문 조사를 부탁하는 것으로 빈칸 앞 문장에서는 설문 조사를 통해 차후 고객도 더 높은 수준의 서비스를 받을 수 있다는 점을 이야기하고 있다. 마지막 빈칸은 편지의 마무리 부분으로 설문 조사에 응해 주실 고객에게 감사의 의미를 전달하는 것이 문맥상 자연스러우므로 (A)가 정답이다.

어휘 in advance 미리 input (시간, 지식 등의) 제공, 투입 look forward to -ing ~을 고대하다

정답 (A)

오답분석

(B) 이 문장은 부분적으로 운영이 중단되었을 때 할 수 있는 표현이다. 첫 문장에서 고객이 상품을 구매했음을 알 수 있고, 바로 앞 문장에서도 고객의 피드백을 원하고 있음을 알 수 있으므로 회사가 부분적으로 운영이 중단된 것이 아니므로 부적절하다.

(C) 'organize a survey'는 '설문지를 작성하다'의 의미가 아니라, '설문지를 구성하다, 만들다'의 의미이다. 빈칸 앞 문장에서 설문지가 벌써 만들어져 있다는 사실을 알 수 있으므로, 고객들이 직접 설문지를 구성하라는 것은 모순되는 내용이다.

(D) 바로 앞 문장의 요지는 구입한 상품에 대한 설문지를 작성해 달라는 요청이므로, 상품 샘플을 받아 가라는 내용은 자연스럽게 연결되지 않는다.

Questions 143-146 refer to the following letter. 143-146은 다음 편지를 참조하시오.

Internal Applicants

One benefit of working for a large company like St. Luke's National Real Estate is that after one year, employees are ------- to request
                                                                                                        143.
international transfers or company-wide promotions. -------. Internal
                                                           144.
applicants may not necessarily be chosen over external applicants.
-------, if qualified for the position, internal applicants will always be
145.
given -------.
       146.

내부 지원자

143 St. Luke's National Real Estate와 같은 대기업에서 일하는 것의 한 가지 장점은 1년 후 해외 전근이나 승진을 요청할 수 있는 자격이 주어진다는 것입니다. 144 관심 있는 사람들은 회사의 내부 전산망에서 공석을 찾을 수 있습니다. 내부 지원자들은 외부 지원자보다 꼭 우선 선발되는 것은 아닙니다. 145, 146 그러나 만약 그 직책에 자격을 갖추셨다면, 내부 지원자들은 항상 특혜를 받을 것입니다.

어휘 applicant 지원자 benefit 이점 transfer 이동 promotion 승진 necessarily 필연적으로, 마땅히 external 외부의 qualified 자격을 갖춘 position 직책

143 (A) exclusive
(B) prompt
(C) selective
(D) eligible

(A) 독점적인
(B) 신속한
(C) 선택적인
(D) 자격이 있는

┤ 형용사 어휘 ├

보기가 모두 다른 의미의 형용사로 구성되어 있으므로 해석을 통해 가장 자연스럽게 연결되는 형용사를 찾아야 한다. 회사에서 1년 근무 후 직원들이 해외 전근이나 승진을 요구할 수 있는 '자격이 있다'는 의미이므로 정답은 (D) eligible(자격이 있는)이다.

정답 (D)

 144 (A) Those interested can find openings on the company's intranet site.
(B) Employees are still required to report their duties to their managers.
(C) For example, financial incentives will be given to all employees.
(D) This change indicates the transfer of the business ownership.

(A) 관심 있는 사람들은 회사의 내부 전산망에서 공석을 찾을 수 있습니다.
(B) 직원들은 여전히 그들의 의무를 상사에게 보고해야 합니다.
(C) 예를 들어, 재정적인 인센티브가 모든 직원들에게 주어질 것입니다.
(D) 이 변화는 업체의 소유권이 옮겨졌다는 것을 의미합니다.

┤ 빈칸에 알맞은 문장 고르기 ├

빈칸 앞 문장에서 근무한지 1년이 지나면 해외 전근이나 승진 신청이 가능하다고 했다. 따라서 뒤에 이와 관련된 내용이 나오면 자연스럽게 연결이 가능하다. 보기 중 관심 있는 사람들은 회사 내부 전산망에서 공석을 확인할 수 있다는 의미로 those가 바로 앞 문장에 나온 'employees'를 가리키는 (A)가 정답이다.

어휘 opening 공석 intranet 내부 전산망, 인트라넷 duty 의무 financial 재정적인 ownership 소유권

정답 (A)

┌ 오답분석 ┐
(B) '여전히(still)'라는 것은 과거에도 그랬고 현재도 계속 이어지고 있다는 의미이므로 앞에 상사에게 보고한다는 내용이 나와야 하는데 전혀 언급되지 않았으므로 빈칸 뒤에 들어갈 문장으로 적절하지 않다.
(C) 'For example'은 앞의 문장에 대한 구체적인 예시를 나타낼 때 쓰는 접속부사이다. 해외 전근이나 승진에 대한 예시로 재정적인 인센티브는 적절하지 않다.
(D) 앞 문장과 동일한 단어 transfer가 사용되어 연관성이 있는 것처럼 느껴지지만, 앞 문장의 요지는 1년 근무 후에 직원들이 해외 전근이나 승진을 요청할 수 있다는 것이므로 소유권의 변화와는 아무런 관계가 없다.

145 (A) In addition
(B) However
(C) Consequently
(D) Then

(A) 게다가
(B) 그러나
(C) 결과적으로
(D) 그 다음에

| 적절한 연결어 찾기 |

문장 맨 앞에 위치할 부사를 찾는 문제이므로 빈칸 앞뒤에 위치한 문장의 의미들을 먼저 확인해 봐야 한다. 앞 문장에서는 내부 지원자들이 외부 지원자보다 꼭 우선 선발되는 것은 아니라고 했고, 뒤에 나온 문장에서는 그 직책에 대한 자격을 갖추었다면 내부 지원자들은 항상 특혜를 받을 것이라며 대조되는 내용을 이야기하고 있으므로 (B) However(그러나)가 정답이다.

정답 (B)

146 (A) prefer
(B) preferred
(C) preference
(D) preferential

| 명사 자리 | be given + 명사 |

수동태 뒤에 빈칸이 있어서 목적어가 올 수 없다고 생각하여 보기 중 명사 역할을 하는 것들을 모두 오답으로 생각하지 않도록 주의해야 한다. give는 4형식 동사로 쓸 수 있으므로 수동태로 바꾸어도 뒤에 '목적어'가 그대로 남을 수 있다. 따라서 해석상으로도 '사내 지원자들에게 항상 특혜가 주어질 것이다'가 자연스러우므로 정답은 (C) preference(특혜, 선호)이다.

어휘 prefer ~을 선호하다   preference 특혜, 선호   preferential 특혜를 주는

정답 (C)

PART 7

Questions 147-148 refer to the following certificate. 147-148은 다음 수료증을 참조하시오.

This certificate confirms that 147, 148 Rachel Torsten was present at a series of workshops at the Stansfield Professional Institute entitled "Ethics in the Financial Sector: The Principles of Fair Practice in Trading" on April 26. She scored 86 points on the post-session exam, earning the classification of 'extremely competent' in accordance with the Institute's ranking system.

Daniel Payet
Daniel Payet, Workshop Leader
Stansfield Professional Institute

이 수료증은 147, 148 4월 26일에 "재정 분야의 윤리: 거래의 공정한 관행에 대한 원칙"이라는 제목으로 Stansfield Professional Institute에서 진행된 일련의 워크숍에 Rachel Torsten 씨가 참가했음을 증명합니다. 강좌 후 실시된 테스트에서 86점을 기록해, 기관의 등급 시스템에 따라 '매우 우수함' 등급을 획득하였습니다.

Daniel Payet
Daniel Payet, 워크숍 지도자
Stansfield Professional Institute

어휘 certificate 수료증, 자격증 confirm that ~라는 것을 확인하다 present 참석한 professional 직업의 entitled ~라는 제목의 ethics 윤리 financial 재정의 sector 분야 principle 원리 fair 공정한 practice (업무) 관행 post-session 강좌 후의 earn ~을 얻다, 받다 classification 등급, 분류 extremely 매우, 극도로 competent 유능한 in accordance with ~에 따라 ranking system 등급 시스템

---

147 What did Ms. Torsten do on April 26?

(A) She conducted workshops.
(B) She attended some sessions.
(C) She applied for a teaching position.
(D) She checked out of a hotel.

Torsten 씨는 4월 26일에 무엇을 했는가?

(A) 그녀는 워크숍을 진행했다.
(B) 그녀는 강좌에 참석했다.
(C) 그녀는 교사 직책에 지원했다.
(D) 그녀는 호텔에서 체크아웃했다.

> **세부사항 | What**
> 4월 26일이라는 날짜가 제시된 문장을 보면, '일련의 워크숍에 참가했다(~ was present at a series of workshops)'고 나타나 있으므로 이를 간단히 바꿔 말한 (B)가 정답이다.
> **어휘** conduct ~을 지휘하다, 진행하다 apply for ~에 지원하다
> 정답 (B)

148 Who most likely is Ms. Torsten?

(A) An athlete
(B) A computer professor
(C) A stockbroker
(D) A property developer

Torsten 씨는 누구일 것 같은가?

(A) 운동선수
(B) 컴퓨터 교수
(C) 증권 중개인
(D) 부동산 개발자

> **추론 | 세부사항**
> Torsten 씨가 참가한 워크숍의 제목을 보면 재정과 관련된 거래의 공정한 관행(The Principles of Fair Practice in Trading)에 대한 것이라고 되어 있으므로 이와 가장 관련이 깊은 것은 (C)이다.
> 정답 (C)

Questions 149-150 refer to the following notice. 149-150은 다음 공지를 참조하시오.

Once a month, The *Bartlett Journal* features the submissions of vintage photographs for its three-page "Bartlett Looks Back" column. **149 This monthly feature celebrates moments in the city's history as documented by members of our community.**

Photographs taken more than forty years ago of notable places and events in the city's history are of particular interest.

Photos can be submitted to Jennifer Cook via e-mail at jencook@bartlettjournal.com. Provide as much information about the photo as possible, including names of people, the location, and the approximate date. **150 Submissions must be received no later than the second Friday of the month of publication.** Note that all photos in our paper edition will be printed in black and white.

한 달에 한 번, 〈The Bartlett Journal〉은 세 페이지 분량의 "Bartlett Looks Back" 칼럼에 사용하기 위해 제출된 오래된 사진들을 특집으로 싣습니다. **149 이 월간 특집 코너는 우리 지역 주민들에 의해 기록된 우리 시의 역사 속 순간들을 기념합니다.**

시의 역사 속에서 주목할 만한 장소나 행사를 담은 40년보다 더 오래 전에 찍힌 사진들이 특히 관심의 대상입니다.

사진은 이메일 주소 jencook@bartlettjournal.com을 통해 Jennifer Cook 씨에게 제출하시면 됩니다. 사람들의 이름과 장소, 그리고 대략적인 날짜 등을 포함해 가능한 한 사진에 관한 많은 정보를 제공해 주시기 바랍니다. **150 사진은 늦어도 출간되는 달의 두 번째 금요일까지는 반드시 제출되어야 합니다.** 우리 신문에 실리는 모든 사진들은 흑백으로 인쇄된다는 점에 유의하시기 바랍니다.

어휘 feature ~을 특집으로 싣다; 특징(적인 것) submission 제출 vintage 오래된 celebrate ~을 기념하다 document ~을 기록하다 notable 주목할 만한 of particular interest 특히 관심을 끄는 submit ~을 제출하다 via ~을 통해 approximate 대략적인 no later than 늦어도 ~까지는 publication 출간, 출판 note that ~임에 주목하다 in black and white 흑백으로

149 For whom is the notice intended?

(A) Magazine editors
(B) Historical writers
(C) Local celebrities
(D) Residents of Bartlett

이 공지는 누구를 대상으로 하는 것인가?

(A) 잡지 편집자들
(B) 역사학 저자들
(C) 지역 유명 인사들
(D) Bartlett 지역 주민들

┤ 추론 | 대상 ├

지문 시작 부분에서 오래된 사진들을 특집으로 싣는 코너에 대해 언급한 후에 지역 주민들에 의해(by members of our community) 기록된 사진들을 받는다고 알리고 있으므로 members of our community를 Residents로 바꿔 표현한 (D)가 정답이다.

어휘 celebrity 유명 인사
정답 (D)

150 When would *The Bartlett Journal* most likely refuse a submission?

(A) When the sender submits a color photograph
(B) When the submission is less than three pages
(C) When the submission deadline has passed
(D) When the sender shares private information

〈The Bartlett Journal〉이 제출된 것을 언제 거절할 것인가?

(A) 발신인이 컬러 사진을 제출할 때
(B) 제출되는 것이 세 페이지보다 적을 때
(C) 제출 마감일이 지났을 때
(D) 발신인이 개인 정보를 공유할 때

┤ 추론 | 세부사항 ├

제출되는 것을 거절하는 것과 관련된 조건은 세 번째 단락에서 찾을 수 있다. 제출 마감일과 관련해 '늦어도 출간되는 달의 두 번째 금요일까지는 반드시 제출되어야 한다(~ no later than the second Friday of the month of publication)'라는 말로 조건을 알리고 있으므로 이에 대해 언급한 (C)가 정답이다.

어휘 submit ~을 제출하다 share ~을 공유하다
정답 (C)

Questions 151-152 refer to the following text message chain. 151-152는 다음 문자 메시지 대화를 참조하시오.

Tariq Jha	2:07 P.M.
Have you arrived at the airport yet? 151 I know you left the office later than expected and had to take a cab.	
Valarie Cortez	2:09 P.M.
151 I'd say I'm about ten minutes away, so I should easily catch my flight.	
Tariq Jha	2:10 P.M.
I'm glad to hear that.	
Valarie Cortez	2:11 P.M.
152 Has the courier delivered the contract from Parsons Co. yet?	
Tariq Jha	2:13 P.M.
152 Yes, it just came in. I'm not sure what to do with it, though.	
Valarie Cortez	2:15 P.M.
152 Please give it to Cynthia. She was handling it.	

Tariq Jha	오후 2:07
이제 공항에 도착했나요? 151 예정보다 늦게 사무실에서 나가는 바람에 택시를 타셔야 했던 것으로 알고 있어요.	
Valarie Cortez	오후 2:09
151 약 10분 정도면 도착할 수 있을 것 같아서 어렵지 않게 비행기를 탈 수 있을 거예요.	
Tariq Jha	오후 2:10
그 말씀을 들으니 다행이네요.	
Valarie Cortez	오후 2:11
152 Parsons Co.에서 보내 온 계약서는 택배 회사가 배송해 주었나요?	
Tariq Jha	오후 2:13
152 네, 막 도착했습니다. 그런데, 이 서류를 어떻게 해야 할지 모르겠어요.	
Valarie Cortez	오후 2:15
152 Cynthia 씨에게 주세요. 그분이 그 일을 처리하고 있었거든요.	

어휘 arrive 도착하다 yet (의문문에서) 이제, 벌써 leave ~에서 나가다, 떠나다 than expected 예정보다 take (교통편) ~을 타다(= catch) cab 택시 about 약, 대략 away 떨어져 있는 easily 쉽게 courier 택배 회사 deliver ~을 배송하다 contract 계약(서) come in (사물이) 도착하다 handle ~을 처리하다

151 Where most likely is Ms. Cortez now?

(A) At the office
(B) In a taxi
(C) At the airport
(D) On a bus

Cortez 씨는 현재 어디에 있을 것 같은가?

(A) 사무실에
(B) 택시에
(C) 공항에
(D) 버스에

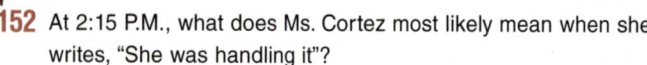

지문 시작 부분에 Tariq Jha 씨가 쓴 첫 메시지에서 '예정보다 늦어서 택시를 탄 것으로 알고 있다(I know you left the office later than expected and had to take a cab.)'고 말한 것에 대해 Cortez 씨가 '약 10분이면 도착할 것 같다(I'd say I'm about ten minutes away)'고 대답하고 있다. 따라서 Cortez 씨는 여전히 택시를 타고 이동 중인 것으로 생각할 수 있으므로 (B)가 정답이다.

정답 (B)

152 At 2:15 P.M., what does Ms. Cortez most likely mean when she writes, "She was handling it"?

(A) Cynthia made the travel plans for Ms. Cortez.
(B) Cynthia might have made an error with the paperwork.
(C) Cynthia is familiar with the Parsons Co. arrangements.
(D) Cynthia will follow up with paying for a delivery.

오후 2시 15분에, Cortez 씨가 "She was handling it"이라고 썼을 때 의미하는 것은 무엇인가?

(A) Cynthia 씨가 Cortez 씨를 위해 출장 계획을 짰다.
(B) Cynthia 씨가 서류에 실수를 했을 수도 있다.
(C) Cynthia 씨가 Parsons Co.와 관련된 일처리에 익숙하다.
(D) Cynthia 씨가 배송 비용 지불에 대해 후속 조치를 할 것이다.

┤ 의도파악 ├

해당 표현에서 it이 가리키는 것은 앞서 2시 11분에 Cortez 씨가 묻는 Parsons Co.에서 보내 온 계약서를 가리킨다. 이에 대해 Tariq Jha 씨가 어떻게 해야 할지 모르겠다고 말하자, Cortez 씨의 답변에서 Cynthia 씨에게 주라는 말과 함께 해당 표현이 사용되고 있다. 따라서 Cynthia 씨가 그 계약서를 가지고 무슨 일을 해야 하는지 알고 있다는 의미이므로 'Parsons Co.와 관련된 일처리에 익숙하다'라고 한 (C)가 정답이다.

어휘 error 오류, 실수 be familiar with ~에 익숙하다 follow up with ~의 후속 조치를 하다

정답 (C)

Questions 153-154 refer to the following e-mail.

To: b.cooper@bcauto.net
From: terrypritchard@quickmail.com
Date: October 2
Subject: Repair work

Dear Bradley,

We brought back one of our company cars from you last week and it has been working fine since then. However, when I tried to drive it to a workshop this afternoon, it wouldn't turn on and some error lights flashed on the dashboard. According to the manual, these indicate that the oil needs changing and that part of the engine requires replacement. I really need these issues resolved as quickly as possible, as we would incur substantial financial losses if one of our vehicles was off the road for a long time. Would you be able to carry out the repair work today? I would be willing to pay extra if you can guarantee a prompt service.

Sincerely,

Terry Pritchard

153 What is the purpose of the e-mail?

(A) To negotiate a car price
(B) To request a service
(C) To order a manual
(D) To schedule a workshop

154 What is suggested about Mr. Cooper?

(A) He was late for work.
(B) He supplies light fittings.
(C) He made a mistake on the last invoice.
(D) He is a mechanic.

Questions 155-157 refer to the following notice. 155-157은 다음 공지를 참조하시오.

Attention Passengers

Thank you for purchasing a ticket with Atlantic Airlines. ¹⁵⁵ Before you check in, please take note of the following points.

— Passengers are permitted to check in one bag that weighs no more than 20 kilograms. ¹⁵⁶ Those checking in any extra bags or exceeding the weight allowance will be subject to a fee that will be determined at the time of check-in. — [1] —.

— ¹⁵⁷ Passengers may take one carry-on bag onto the flight. — [2] —. No flammable items or weapons are allowed in any carry-on bags. — [3] —. Carry-on bags will be checked by an Atlantic Airlines employee prior to boarding, and illegal or unpermitted items will be confiscated. — [4] —.

If you have any questions, please feel free to call 1-888-555-4094 to use our new automated system. Simply press 5 at the beep, and you will be connected.

Thank you for flying with Atlantic Airlines.

승객 여러분께 알립니다.

Atlantic Airlines의 항공권을 구매해 주셔서 감사합니다. ¹⁵⁵ 체크인하시기 전에, 다음 사항들에 유의해 주십시오.

— 승객들은 20킬로그램을 넘지 않는 가방 하나만 체크인 하는 것이 허용됩니다. ¹⁵⁶ 추가로 가방을 체크인하시거나 허용 무게를 초과하는 분들은 체크인 시 정해질 요금의 부과 대상이 됩니다. — [1] —.

— ¹⁵⁷ 승객들은 기내에 하나의 휴대용 가방을 들고 탑승 하실 수 있습니다. — [2] —. 인화성 물질이나 무기류는 어떤 휴대용 가방 안에도 넣고 탑승하실 수 없습니다. — [3] —. 휴대용 가방은 Atlantic Airlines의 직원에 의해 탑승 전에 확인될 것이며, 불법이거나 허용되지 않은 물품 은 압수될 것입니다. — [4] —.

문의 사항이 있으신 분은 1-888-555-4094로 전화하시 어 새로운 자동 응답 시스템을 이용하시기 바랍니다. 삐 소리 후에 5번을 누르시면, 연결됩니다.

Atlantic Airlines를 이용해 주셔서 감사합니다.

어휘 take note of ~에 유의하다 following 다음의, 아래의 be permitted to do ~하도록 허용되다 weigh ~의 무게가 나가다 no more than ~을 넘지 않는 exceed ~을 초과하다 be subject to ~의 대상이 되다 determine ~을 결정하다 at the time of ~할 때 carry-on (기내에) 들고 들어갈 수 있는; 기내 휴대 수하물 flammable 인화성의 prior to ~에 앞서 boarding 탑승 illegal 불법의 unpermitted 허용되지 않는 confiscate ~을 압수하다 beep 삐 소리

155 What is the purpose of the notice?

(A) To explain how to cancel a reservation
(B) To publicize some new weight restrictions
(C) To outline a company's policy
(D) To promote the airline's newest routes

공지의 목적은 무엇인가?

(A) 예약 취소 방법을 설명하기
(B) 몇몇 새로운 무게 규제를 공표하기
(C) 회사의 정책을 개괄적으로 설명하기
(D) 항공사의 최신 노선을 홍보하기

주제/목적 | 목적

유의해야 할 사항들이 있다는 것을 시작 부분에 언급한 후에, 수하물 체크인 및 휴대용 물품과 관련된 전반적인 방침을 설명하는 내용을 제시하고 있으므로 (C)가 정답이다.

어휘 reservation 예약 publicize ~을 공표하다 restriction 제한, 규제 policy 정책

정답 (C)

156 Why might passengers have to pay more money?

(A) Because they failed to check in two hours before boarding
(B) Because they are carrying illegal items in their carry-ons
(C) Because they are checking in two items of luggage
(D) Because they have exceeded the weight limit for carry-ons

승객들은 왜 돈을 더 지불할 수도 있는가?

(A) 탑승 두 시간 전에 체크인하지 못했기 때문에
(B) 휴대용 가방에 불법 물품들을 가지고 있기 때문에
(C) 두 가지 수하물을 체크인하기 때문에
(D) 휴대용 가방에 대한 무게 제한을 초과했기 때문에

세부사항 | Why

추가 비용 지불과 관련된 사항은 두 번째 단락에 나타나 있다. 여기서 추가로 가방을 체크인하거나 지정된 무게를 초과하는 경우에 요금을 지불해야 한다고 했으므로 (C)가 정답이다.

어휘 illegal 불법의

정답 (C)

157 In which of the positions marked [1], [2], [3], and [4] does the following sentence best belong?

"This includes laptop bags and backpacks, but each passenger may also carry a purse or handbag."

(A) [1]
(B) [2]
(C) [3]
(D) [4]

[1], [2], [3], [4]로 표기된 위치들 중에서 다음 문장이 가장 잘 어울리는 곳은 어디인가?

"이것은 노트북 가방과 배낭을 포함하지만 각 승객들은 지갑이나 핸드백도 가지고 탑승하실 수 있습니다."

(A) [1]
(B) [2]
(C) [3]
(D) [4]

주어진 문장 넣기 | 지시어 단서

질문과 함께 제시된 문장은 특정 물품이나 상황 등을 가리키는 This로 시작되고 있으며, 노트북과 배낭뿐만 아니라 지갑이나 핸드백도 소지하고 탑승 가능하다는 의미를 나타낸다. 따라서 하나의 휴대용 가방을 갖고 탑승할 수 있다는 문장 다음인 (B)에 들어가 This가 '하나의 휴대용 가방'을 가리키게 하는 것이 내용 전개상 가장 자연스럽다.

어휘 laptop 노트북 purse 지갑

정답 (B)

Questions 158-161 refer to the following online chat discussion.

Renee Alocer 2:24 P.M.
158 Do any of you want coffee? Café Reno has two-for-one lattes. I'm going to place an order.

Fiona Brown 2:25 P.M.
Yes, please!

Kenneth Graham 2:26 P.M.
I'll take one.

Oliver Whitworth 2:26 P.M.
None for me, thanks.

Fiona Brown 2:28 P.M.
Kenneth, it's not a problem to bring drinks 159 into the afternoon meeting, is it?

Kenneth Graham 2:31 P.M.
You'd better finish them beforehand. I'll be demonstrating the new security equipment, and we can't afford to have it spilled on.

Fiona Brown 2:32 P.M.
Okay. 159 You'll all be there, right?

Renee Alocer 2:33 P.M.
159 Of course. We don't have a choice.

Oliver Whitworth 2:35 P.M.
Kenneth, you're presenting? 160 I thought Larry was doing it.

Kenneth Graham 2:37 P.M.
I was asked to cover for him at the last minute 160 since he can't make it.

Fiona Brown 2:38 P.M.
160 Oh, right. I heard he went home early yesterday because he was sick. Do you need help with anything?

Kenneth Graham 2:39 P.M.
Larry had already prepared a slideshow presentation. 161 But I need to borrow someone's ID card to demonstrate the system because I can't use mine. It behaves differently since I'm on the security team.

161 **Renee Alocer** 2:41 P.M.
I don't mind if you use mine. Do you need it in advance?

Kenneth Graham 2:42 P.M.
No, just bring it to the meeting. Thanks!

158 At 2:25 P.M., what does Ms. Brown most likely mean when she writes, "Yes, please"?

(A) She will use a coupon.
(B) She would like a beverage.
(C) She will go with Ms. Alocer.
(D) She needs some office supplies.

오후 2시 25분에, Brown 씨가 "Yes, please"라고 썼을 때 의미하는 것은 무엇인가?

(A) 쿠폰을 사용할 것이다.
(B) 음료를 한 잔 마시고 싶어 한다.
(C) Alocer 씨와 함께 갈 것이다.
(D) 몇몇 사무용품이 필요하다.

┤ 의도파악 ├

'Yes, please'라는 말은 기본적으로 제안 사항에 대한 긍정을 나타내는 말이다. 이 지문에서도 시작 부분에 Alocer 씨가 커피를 마실 사람이 있는지(Do any of you want coffee?) 묻는 것에 대해 마시고 싶다는 의미를 나타내기 위해 사용된 말이므로 coffee를 beverage로 바꿔 이와 같은 바람을 나타내는 (B)가 정답이다.

어휘 beverage 음료

정답 (B)

159 What is implied about the afternoon meeting?

(A) It will introduce a new employee.
(B) It was scheduled at the last minute.
(C) It is mandatory for staff members.
(D) It will be led by Mr. Whitworth.

오후 회의에 관해 암시된 것은 무엇인가?

(A) 신입 사원을 소개할 것이다.
(B) 마지막 순간에 일정이 잡혔다.
(C) 직원들에게 의무적인 일이다.
(D) Whitworth 씨에 의해 진행될 것이다.

┤ 추론 | 진위확인 ├

오후에 있을 회의는 2시 28분에 Brown 씨가 처음 언급하고 있다. 뒤이어 회의장에서 음료를 마실 수 없다는 말을 들은 Brown 씨가 2시 32분에 모두 회의에 가는지(You'll all be there, right?) 묻고 있다. 이에 대해 Alocer 씨가 '선택의 여지가 없다(We don't have a choice.)'라고 답하는 것으로 보아 모든 사람들이 반드시 참여해야 하는 회의라는 것을 알 수 있다. 따라서 이와 같은 상황에 대해 '의무적이다(mandatory)'라는 말로 표현한 (C)가 정답이다.

어휘 mandatory 의무적인

정답 (C)

160 What is indicated about Larry?

(A) He is absent today.
(B) He is setting up a system.
(C) He arrived at the office early.
(D) He lost a presentation file.

Larry 씨에 관해 알 수 있는 것은 무엇인가?

(A) 오늘 결근했다.
(B) 시스템을 설치하고 있다.
(C) 사무실에 일찍 도착했다.
(D) 발표 파일을 분실했다.

┤ 진위확인 | True ├

Larry 씨의 이름은 2시 35분에 Whitworth 씨가 처음 언급하고 있다. Larry 씨가 오늘 오후 회의의 발표자인 것으로 알고 있다고 말하자 Graham 씨가 Larry 씨가 올 수 없어서(he can't make it) 자신이 대신 발표하도록 요청 받았다고 말한다. 그에 이어 Brown 씨가 어제 Larry 씨가 아파서 일찍 퇴근했다고 하므로 오늘 결근했다는 의미인 (A)가 정답이다.

어휘 absent 결석한, 결근한 set up ~을 설치하다 arrive 도착하다

정답 (A)

161 Whose ID card will be used in the presentation?

(A) Ms. Alocer's
(B) Ms. Brown's
(C) Mr. Graham's
(D) Mr. Whitworth's

누구의 사원증이 발표에서 사용될 것인가?

(A) Alocer 씨의 것
(B) Brown 씨의 것
(C) Graham 씨의 것
(D) Whitworth 씨의 것

┤ 세부사항 | Whose ├

사원증과 관련된 내용은 지문 후반부에 쓰여 있다. 2시 39분에 Graham 씨가 누군가로부터 사원증을 빌려서 발표 장소에 들어 가야 하는 상황을 알리고 있다. 이에 대해 Alocer 씨가 자신의 사원증을 빌려 줄 수 있다고 대답하고 있으므로 (A)가 정답이다.

정답 (A)

Questions 162-164 refer to the following advertisement. 162-164는 다음 광고를 참조하시오.

Connect Media: Your link to the world

Are you searching for experienced professionals to deliver a professional Web site for your business? **162** Then why not hire the services of Connect Media, a design company that specializes in making quality Web sites for the food industry, including information such as your menus, ingredients, opening times and reservation details.

We at Connect Media have produced high-end interfaces for over 40 businesses in the local area, and have received many positive testimonials from our previous customers. **163** Those who enlist our services before the end of the month or use our services for more than a year will receive a 20% discount.

164 Visit www.connectmedia.net to get started. Here, **164-D** you can choose your color scheme, **164-B** read the customer reviews, and **164-C** pay your subscription costs.

Please note: You will need to provide us with the written content for the site. If you feel unwilling to produce this yourself, you can enlist the help of our in-house writer, contactable at 555-3920-4225, who charges a rate of $30 per hour.

Connect Media: 세상과의 연결

여러분의 회사를 위해 전문적인 웹사이트를 제공하는 데 숙련된 전문가를 찾고 계십니까? **162** 그렇다면, 외식 업계를 대상으로 메뉴와 재료, 영업 시간 및 예약 상세 사항 등과 같은 정보들을 포함한 고급 웹사이트를 제작하는 것을 전문으로 하는 디자인 회사, Connect Media의 서비스를 받아 보시는 것은 어떠십니까?

저희 Connect Media는 지역 내에 있는 40곳 이상의 업체에 고급 인터페이스를 제작했으며, 이전의 고객들로부터 많은 호의적인 사용 후기를 받아 왔습니다. **163** 이달 말까지 저희 서비스를 요청하거나 1년 넘게 저희 서비스를 이용하시는 고객들은 20퍼센트의 할인을 받으실 수 있습니다.

164 www.connectmedia.net을 방문하셔서 시작해 보세요. 이곳에서, **164-D** 귀하께서는 색상 배치를 선택하고 **164-B** 고객 후기를 읽어보실 수 있으며, **164-C** 서비스 신청 비용을 지불하실 수 있습니다.

다음 사항에 유의하세요. 사이트에 넣으실 서면으로 된 내용을 저희에게 제공해 주셔야 합니다. 이를 직접 제공해 주실 수 없다고 생각되시는 분들은 저희 회사의 내부 필자의 도움을 요청하실 수 있고, 555-3920-4225로 연락이 가능하며, 시간당 30달러의 비용이 청구됩니다.

어휘 search for ~을 찾다 experienced 숙련된, 경험 있는 specialize in ~을 전문으로 하다 quality 품질이 좋은 industry 업계 including ~을 포함해 ingredient 재료 high-end 고급의 positive 호의적인 testimonial 이용 후기, 의견 previous 이전의 enlist ~을 요청하다 color scheme 색상 배치 subscription (서비스 등의) 이용 신청 provide A with B A에게 B를 제공하다 content 내용(물) unwilling to do ~하는 것을 꺼리는 in-house 내부의 contactable 연락 가능한 charge ~을 부과하다, 청구하다 rate 요금

162 Who is the advertisement most likely intended for?

(A) Professional writers
(B) Internet bloggers
(C) Financial advisors
(D) Restaurant managers

이 광고는 누구를 대상으로 할 가능성이 큰가?

(A) 전문 작가들
(B) 인터넷 블로거들
(C) 재정 고문들
(D) 레스토랑 매니저들

| 추론 | 대상 |

지문 시작 부분에 언급된 서비스의 특성을 읽어보면, 외식 업체를 대상으로 한 웹사이트 서비스를 제공한다고 되어 있으므로 광고의 대상으로 (D)가 적절하다.

어휘 professional 직업의, 전문적인 financial 재정적인

정답 (D)

163 What is indicated about Connect Media?

(A) It is a renowned culinary school.
(B) It requires a 1-year commitment.
(C) It is running a promotion.
(D) It employs 40 staff members.

Connect Media에 관해 알 수 있는 것은 무엇인가?

(A) 잘 알려진 요리 학교이다.
(B) 1년 약정을 필요로 한다.
(C) 판촉 행사를 진행하고 있다.
(D) 40명의 직원을 고용하고 있다.

> **진위확인 | True**
>
> 두 번째 단락을 보면, 특정 조건에 해당할 경우에 20퍼센트 할인을 받을 수 있다고 한 것으로 보아 현재 판촉 행사를 진행 중임을 알 수 있으므로 (C)가 정답이다.
>
> **어휘** renowned 유명한 culinary 요리의 commitment 약속, 전념   정답 (C)

164 What is NOT mentioned as an action that may be performed on the Connect Media Web site?

(A) Making a reservation
(B) Reading customer testimonials
(C) Paying a fee
(D) Selecting preferred colors

Connect Media의 웹사이트에서 할 수 있는 일로 언급되지 않은 것은 무엇인가?

(A) 예약하는 것
(B) 고객 이용 후기를 읽어보는 것
(C) 비용을 지불하는 것
(D) 선호하는 색상을 선택하는 것

> **진위확인 | NOT true**
>
> Connect Media 웹사이트에서 할 수 있는 일은 세 번째 단락에 언급되어 있다. (B), (C), (D)에 대한 내용들은 있지만 예약에 대한 내용은 제시되지 않았으므로 (A)가 정답이다.
>
> **어휘** reservation 예약   정답 (A)

Questions 165-167 refer to the following invitation. 165-167은 다음 초청장을 참조하시오.

The management team request your presence at an event toasting

Mr. Dean Lewis

165, 167 As we celebrate his record-breaking sales figures As Director at Capital Automotive

Friday, 19 September
Pinetree Hotel Ballroom
Pine Valley
Massachusetts 84932

7 P.M. Banquet
8 P.M. Speeches and toasts
8:30 P.M. Disco by DJ Turquoise

166 Instead of gifts, Mr. Lewis has stated that contributions to the Bexley fund for deprived children would be well-received.

167 Please R.S.V.P as soon as possible to sales assistant Yvonne Setts at 555-3455- 2214 or ysetts@capital.com.

운영팀에서 다음 직원을 기리는 행사에 여러분의 참석을 바랍니다.

Dean Lewis 씨

165, 167 Capital Automotive의 부장으로서 그의 기록적인 영업 수치를 축하합니다.

9월 19일, 금요일
Pinetree Hotel Ballroom
Pine Valley
Massachusetts 84932

오후 7시 연회
오후 8시 연설 및 축배
오후 8시 30분 DJ Turquoise와 함께 하는 디스코

166 선물 대신에, Lewis 씨는 불우한 아이들을 위한 Bexley 기금에 대한 기부금이 더 의미 있을 것이라고 말씀하셨습니다.

555-3455-2214나 ysetts@capital.com으로 가능한 한 빨리 167 영업 보조 직원인 Yvonne Setts 씨에게 회신 바랍니다.

어휘 presence 참석 toast ~을 위해 축배를 들다, 기리다 celebrate ~을 축하하다, 기념하다 record-breaking 기록적인 figure 수치, 숫자 banquet 연회 instead of ~ 대신에 contribution 기부(금) deprived 불우한 R.S.V.P 회신 바랍니다

165 What is the purpose of the event?

(A) To discipline some staff members
(B) To celebrate the opening of a hotel
(C) To recognize an employee's achievement
(D) To toast a job promotion

행사의 목적은 무엇인가?

(A) 일부 직원들을 교육하기
(B) 호텔의 개장을 축하하기
(C) 한 직원의 업적을 치하하기
(D) 승진을 기념하기

┤ 주제/목적 │ 목적 ├

지문 시작 부분의 이름 밑에 쓰인 문장을 보면, 영업과 관련된 성과를 축하하기 위해 행사를 연다는 것을 알 수 있으므로 이에 대해 언급한 (C)가 정답이다.

어휘 discipline ~을 교육하다 recognize (공로·업적 등) ~을 인정하다 promotion 승진   정답 (C)

166 What are guests being advised to do?

(A) Bring a present
(B) Donate to a charity
(C) Dress in smart clothing
(D) Pay a deposit

손님들은 무엇을 하도록 권고받는가?

(A) 선물을 가져올 것
(B) 자선 단체에 기부할 것
(C) 깔끔하게 차려 입을 것
(D) 선금을 지불할 것

┤ 세부사항 │ What ├

지문에서 손님들에게 권하는 내용은 지문 하단부에서 확인할 수 있다. 행사에 참석할 때 선물 대신에 불우한 아이들을 돕는 단체에 기부할 것을 권하고 있으므로(contributions to the Bexley fund for deprived children) 이를 다른 말로 바꿔 표현한 (B)가 정답이다.

어휘 charity 자선 단체 smart (옷 등이) 깔끔한, 맵시 있는 deposit 선금, 예치금   정답 (B)

167 What is suggested about Ms. Setts?

(A) She is employed by Capital Automotive.
(B) She is a part-time DJ.
(C) She is Mr. Lewis' assistant.
(D) She has a new e-mail address.

Setts 씨에 관해 알 수 있는 것은 무엇인가?

(A) Capital Automotive에 고용된 직원이다.
(B) 파트 타임 DJ이다.
(C) Lewis 씨의 보조이다.
(D) 새로운 이메일 주소를 가지고 있다.

추론 | 진위확인

Setts 씨의 이름은 지문 맨 마지막 줄에 언급되어 있다. 이 문장에서 Setts 씨를 sales assistant라고 소개하고 있는데, 이 행사의 목적을 설명하는 지문 시작 부분에서 회사의 이름을 'Capital Automotive'라고 제시하고 있으므로 (A)가 정답임을 알 수 있다.

어휘 employ 고용하다　assistant 조수, 보조원　　　　　　　　　　　　　　　　　　　　　　　정답 (A)

Questions 168-171 refer to the following e-mail. 168-171은 다음 이메일을 참조하시오.

To: John Heyward
From: Wilma Caraway
Re: Your Order
170 Date: March 27

Dear Mr. Heyward,

Thank you for the e-mail that you just sent us. We at Simpson's Sporting Goods are always pleased to hear from our customers and do our best to assist them in every way possible. — [1] —.

168 According to your e-mail, there was a problem with your most recent order. You wrote that you ordered item 495-RRE3 (right-handed baseball glove) and **170** item 302-WAW2 (32-ounce baseball bat). However, instead of receiving a 32-ounce baseball bat, you received one that weighs 30 ounces. — [2] —. Unfortunately, while you were charged for both of the items ordered, you were additionally billed for a bat that you did not desire.

168, 170 We sent you the bat you ordered early this morning by using a special courier service, so you will receive the item sometime this evening. — [3] —. **171** You can return it to us at no cost to yourself, or you can purchase it at a discount of fifty percent. Please tell us which of these two options you like better. **169** If you indicate your intention to return the bat, we will send you a postage-paid box in which you can mail it to us. — [4] —. If you prefer to keep the bat, we will make the necessary adjustments to your account.

We are terribly sorry about the inconvenience and hope that this unfortunate event does not discourage you from continuing to shop with Simpson's Sporting Goods.

Sincerely,

Wilma Caraway
Customer Service Representative

168 What is the purpose of the e-mail?

(A) To thank a customer for returning a product
(B) To explain why an item is no longer available
(C) To address a problem reported by Mr. Heyward
(D) To describe a special deal available to Mr. Heyward

이메일의 목적은 무엇인가?

(A) 제품을 반송한 것에 대해 고객에게 감사하기
(B) 한 물품을 왜 더 이상 구매할 수 없는지를 설명하기
(C) Heyward 씨에 의해 알려진 문제를 해결하기
(D) Heyward 씨가 이용 가능한 특가 상품 설명하기

┤ 주제/목적 │ 목적 ├

두 번째 단락을 보면, 주문한 제품과 관련해 문제가 있다는 얘기를 들은 것에 대해 언급하고 있고, 그 다음 단락에 이 문제점과 관련해 해결 가능한 방법을 제시하고 있다. 따라서 고객이 제기한 문제의 해결이 목적임을 알 수 있으므로 (C)가 정답이다.

어휘 no longer 더 이상 ~ 않다 available 이용 가능한 address ~에 대처하다

정답 (C)

---

169 What will Mr. Heyward receive upon request?

(A) A shipping box
(B) A baseball glove
(C) A company catalogue
(D) A new invoice

Heyward 씨는 요청 시에 무엇을 받을 것인가?

(A) 배송 상자
(B) 야구 글러브
(C) 회사 카탈로그
(D) 새로운 거래 내역서

┤ 세부사항 │ What ├

질문에 쓰인 upon request가 핵심이다. '요청하는 상황'과 관련된 내용은 세 번째 단락 아래 부분에 나타나 있는데, 반송을 원하는 경우에 postage-paid box를 보내 주겠다고 했으므로 '요청 시에' 받을 수 있는 것은 (A)이다.

어휘 invoce 송장, 청구서

정답 (A)

---

170 What is mentioned about item 302-WAW2?

(A) It will arrive on March 27.
(B) It is being offered at half the regular price.
(C) It was sent to Mr. Heyward together with item 495-RRE3.
(D) It is no longer sold by Simpson's Sporting Goods.

제품 번호 302-WAW2에 관해 언급된 것은 무엇인가?

(A) 3월 27일에 도착할 것이다.
(B) 정가의 반값에 제공되고 있다.
(C) Heyward 씨에게 제품 번호 495-RRE3과 함께 보내졌다.
(D) 더 이상 Simpson's Sporting Goods에서 판매되지 않는다.

┤ 진위확인 │ True ├

302-WAW2 제품은 두 번째 단락에서 설명하는 바와 같이, 고객이 주문했지만 받지 못한 물품에 해당한다. 그런데 세 번째 단락에서 이 물품을 아침에 배송했기 때문에 당일 저녁에 받아볼 수 있다고 했고, 이메일을 쓴 날짜가 3월 27일이므로 (A)의 내용을 유추할 수 있다.

어휘 half 절반 regular price 정가

정답 (A)

---

171 In which of the positions marked [1], [2], [3], and [4] does the following sentence best belong?

"Regarding the bat which you received, you have two choices."

(A) [1]
(B) [2]
(C) [3]
(D) [4]

[1], [2], [3], [4]로 표기된 위치들 중에서 다음 문장이 가장 잘 어울리는 곳은 어디인가?

"귀하께서 이미 받으신 배트와 관련해, 두 가지 선택 가능한 방법이 있습니다."

(A) [1]
(B) [2]
(C) [3]
(D) [4]

┤ 주어진 문장 넣기 │ 문장의 내용 단서 ├

질문과 함께 제시된 문장은 이미 배송 받은 배트 제품에 대해 할 수 있는 일로 두 가지 선택 방법이 있다는 의미이다. 따라서 '무료로 돌려보내는 것'과 '50퍼센트 할인된 가격에 구입해 그대로 사용하는 것'이라는 두 가지 선택권이 제시된 문장 앞에 위치한 (C)가 정답이다.

어휘 regarding ~에 관하여

정답 (C)

Questions 172-175 refer to the following article. 172-175는 다음 기사를 참조하시오.

Come to Eccleston Theme Park

Eccleston, CA **172** (June 9)—Are you searching for a fun day out for all your family during the summer holidays? Then why not visit Eccleston Theme Park? Although the park is open to visit all year round, **172** next month is the best time to experience the live dolphin show, as the animals are generally happier in the warmer waters of summer. In addition to this, the brand new water ride 'The Drencher' will be unveiled soon.

173 As Eccleston is an eco-friendly park, it is only accessible by shuttle bus from the city center, with customers unable to arrive via private transportation. This is to minimize the effects of traffic and pollution on the local community. Spaces on a bus can be reserved in advance on the bus company's Web site. Discounted family rates are available for those travelling with children younger than 12.

Tickets to visit the park can be purchased either directly from the park itself, or from one of many independent retailers in the local area. **174** It is advised that customers use only approved venders, as there have been reports of counterfeit tickets being sold by dishonest businessmen, which will not gain you access to the park. **175** Tickets are currently being sold at a discounted rate by Adventurex, with customers qualifying for this promotion when purchasing any of its computers or TVs.

For more information on ticket prices, opening times and show scheduled, please visit www.ecclestonpark.net.

어휘 all year round 일 년 내내, 연중으로 generally 일반적으로 in addition to ~와 더불어, ~ 외에도 unveil ~을 공개하다 eco-friendly 친환경적인 accessible 이용 가능한, 접근 가능한 unable to do ~할 수 없는 via ~을 통해, ~을 거쳐 minimize ~을 최소화하다 pollution 오염, 공해 in advance 미리 discounted 할인된 rate 요금 available 이용 가능한 either A or B A 또는 B 둘 중의 하나 directly 직접, 곧바로 independent 독립적인 retailer 소매업체 approved 공인된 vender 판매업체, 판매업자 counterfeit 위조된 qualify for ~에 대한 자격이 있다

172 According to the article, which month is recommended for visiting Eccleston Theme Park?

(A) April
(B) May
(C) June
(D) July

┤ 세부사항 | Which ├

첫 단락을 보면, 다음 달이 방문하기에 좋은 시기라고 언급하고 있는데, 기사를 작성한 날짜를 보면, 현재 6월로 표기되어 있으므로 다음 달인 (D) July가 정답임을 알 수 있다.

정답 (D)

173 What is implied about Eccleston Theme Park?

(A) It is closed in the wintertime.
(B) It was featured on a TV documentary.
(C) It has no car parking spaces.
(D) It is hiring new staff members.

Eccleston Theme Park에 관해 유추할 수 있는 것은 무엇인가?

(A) 겨울 기간에는 문을 닫는다.
(B) TV 다큐멘터리에 특집 방송되었다.
(C) 자동차 주차 공간이 없다.
(D) 새로운 직원들을 고용하고 있다.

| 추론 | 진위확인 |

두 번째 단락 시작 부분을 보면, 교통 및 공해 문제로 개인 교통 수단으로 갈 수 없고 셔틀 버스를 이용하는 방법밖에 없다고 제시되어 있으므로 (C)의 내용을 유추할 수 있다.

어휘 wintertime 겨울철

정답 (C)

174 What are visitors encouraged to do?

(A) Sign up to receive the company's newsletter
(B) Purchase tickets from verified businesses
(C) Wear special clothing when using water rides
(D) Reserve seats to view animal performances

방문객들에게 권고되는 일은 무엇인가?

(A) 회사의 소식지를 받을 수 있도록 신청하는 것
(B) 인증된 업체로부터 입장권을 구입할 것
(C) 물을 이용한 기구를 탈 때 특수 의류를 착용할 것
(D) 동물 공연을 관람하기 위해 자리를 예약할 것

| 세부사항 | What |

세 번째 지문에서 'It is advised that ~'이라는 표현과 함께 권고 사항을 알리고 있다. 여기서 '공인된 업체만 이용하라(use only approved venders)'고 알리고 있으므로 이를 다른 말로 바꿔 표현한 (B)가 정답이다.

어휘 verify 확인하다

정답 (B)

175 What type of business most likely is Adventurex?

(A) A childcare facility
(B) An advertising agency
(C) An electronics retailer
(D) A regulatory body

Adventurex는 무슨 종류의 업체일 가능성이 큰가?

(A) 아동 보육 시설
(B) 광고 대행사
(C) 전자 제품 판매업체
(D) 규제 기관

| 추론 | 세부사항 |

Adventurex에 관해 설명한 세 번째 단락 마지막 부분을 보면, 컴퓨터나 TV를 구입할 경우에 할인된 공원 입장권을 구매할 수 있다고 나와 있다. 따라서 Adventurex는 전자 제품을 판매하는 업체일 것이므로 (C)가 정답이다.

어휘 childcare 보육 regulatory 규제력을 지닌

정답 (C)

Questions 176-180 refer to the following brochure and e-mail.

Latest Seminar Schedule
Provided by Pumisville College

177 We at Pumisville College have finalized our latest sequence of seminars for lawyers and associated professionals. The seminars will take place at the college's Darkford Road campus, and will be led by respected figures from the sector who are eager to pass on the knowledge gained through their years of experience. Each seminar costs $20 to attend. Participants are required to arrive ten minutes before scheduled start times.

Monday, 24 March, 8 P.M., Lecture Theater B
Speaker: Robin Terrance, Thompson Solicitors
Document preparation: Learn how to prepare your files in accordance with industry standards.

179 **Wednesday, 26 March, 6 P.M., Lecture Theater A**
Speaker: Brian Pinkman, retired judge
Courtroom delivery: Find out the most persuasive language to best represent your client.

178 **Friday, 28 March, 4 P.M., Room 72**
Speaker: Sue Perm, Acorn Advertising
Promoting your business: Learn techniques to attract new customers to your firm.

Sunday, 30 March, 12 P.M., Room 8c
Speaker: Freddie Campbell, partner at Campbell & Frazer Ltd
Climbing the ladder: Discover how to impress your boss and quickly rise through the ranks of your company to a more senior position.

All enquiries should be directed to Lucy Wilcox at l.wilcox@pumisville.net or 555-2929-5036.

To: Lucy Wilcox <l.wilcox@pumisville.net>
179, 180 From: Joseph Whitel <josephwhitel@hmail.com>
Subject: Seminar Series
Date: 29 March

Dear Ms. Wilcox,

I attended the latest seminar series. 179 I was quite excited to attend the session conducted by a retired judge, as I felt I could learn a lot from his experience. However, when I went to the room, I found that he was replaced at short notice by a different speaker. As such, I was no longer interested in attending and left immediately. 180 I would be grateful if you would return the seminar fee that I paid in advance.

Sincerely,
Joseph Whitel

갔을 때, 저는 갑작스런 통보와 함께 그분이 다른 연설자로 대체되었음을 알게 되었습니다. 그로 인해, 저는 그 자리에 참석하는 것에 더 이상 흥미를 느끼지 못했고, 즉시 자리를 떠났습니다. 180 제가 미리 지불한 세미나 참가 비용을 환불해 주시면 대단히 감사하겠습니다.

안녕히 계십시오.
Joseph Whitel

어휘 conduct ~을 진행하다 replace ~을 대체하다 at short notice 갑작스런 공지로 no longer 더 이상 ~가 아니다 immediately 즉시 grateful 감사하는 in advance 미리

176 In the brochure, the word "figures" in paragraph 1, line 3, is closest in meaning to

(A) statistics
(B) diagrams
(C) textbooks
(D) people

소책자에서, 첫 번째 단락, 세 번째 줄의 단어 "figures"와 의미가 가장 가까운 것은 무엇인가?

(A) 통계
(B) 도표
(C) 교과서
(D) 사람들

┤ 동의어 │ 명사 ├

해당 단어가 쓰인 문장을 보면, 전치사 by의 목적어로 figures가 쓰여 있는데, 여기서 figures는 세미나를 진행하는 사람들을 가리키므로 (D) people이 정답이다.

정답 (D)

177 What is mentioned about the seminars?

(A) They are free to attend.
(B) They may run ten minutes behind schedule.
(C) They are designed for workers in the legal sector.
(D) They all take place in the same room.

세미나에 관해 언급된 것은 무엇인가?

(A) 무료로 참석할 수 있다.
(B) 일정보다 10분 늦게 진행될 수 있다.
(C) 법률과 관련된 분야에서 일하는 사람들을 위해 고안된 것이다.
(D) 모두 같은 장소에서 열린다.

┤ 진위확인 │ True ├

첫 지문의 첫 문장을 보면, lawyers and associated professionals라는 말로 세미나 참가 대상자를 분명히 밝히고 있다. 따라서 (C)가 정답임을 알 수 있다.

정답 (C)

178 What is the main topic of the seminar on March 28?

(A) How to be persuasive in a courtroom setting
(B) How to attract prospective clients
(C) How to prepare documentation
(D) How to earn a job promotion

3월 28일에 열리는 세미나의 주제는 무엇인가?

(A) 법정에서 설득력 있게 말하는 방법
(B) 잠재 고객을 유치하는 방법
(C) 문서를 준비하는 방법
(D) 승진하는 방법

┤ 세부사항 │ What ├

3월 28일에 열리는 세미나의 주된 내용은 신규 고객을 끌어 들이는 방법에 대해 배우는 것(Learn techniques to attract new customers)이다. 따라서 이를 '잠재 고객 유치'로 바꿔 말한 (B)가 정답이다.

어휘 prospective 장래의, 유망한 documentation 서류, 기록문서

정답 (B)

179 Whose seminar was Mr. Whitel interested in attending?

(A) Mr. Terrance's
(B) Mr. Pinkman's
(C) Ms. Perm's
(D) Mr. Campbell's

Whitel 씨는 누구의 세미나에 참석하는 것에 관심이 있었는가?

(A) Terrance 씨의 세미나
(B) Pinkman 씨의 세미나
(C) Perm 씨의 세미나
(D) Campbell 씨의 세미나

연계문제 | 세부사항

Whitel 씨는 이메일을 쓴 사람이다. 여기서 그는 퇴직한 판사(retired judge)가 진행하는 세미나에 참석하게 되어 기뻤다고 말하고 있다. 첫 번째 지문에서 퇴직한 판사가 진행하는 행사의 연설자는 Brian Pinkman으로 되어 있으므로 (B)가 정답이다.

정답 (B)

---

180 Why did Mr. Whitel write the e-mail?

(A) To apply for a teaching position
(B) To obtain a brochure
(C) To ask for directions
(D) To request a refund

Whitel 씨는 왜 이메일을 썼는가?

(A) 교직에 지원하기 위해
(B) 소책자를 받기 위해
(C) 찾아가는 길을 묻기 위해
(D) 환불을 요청하기 위해

주제/목적 | 목적

Whitel 씨가 이메일을 쓴 이유는 이메일 마지막 부분에서 확인이 가능하다. 여기서 Whitel 씨는 자신이 원했던 연설자가 나오지 않아서 즉시 자리를 떠났다는 말과 함께 환불을 요청하고 있으므로 (D)가 정답이다.

어휘 obtain 얻다, 구하다　refund 환불

정답 (D)

Questions 181-185 refer to the following notice and form.

PACKAGE CHANGES

Dear customers,

As part of our effort to provide the best possible service for our customers, we at Teleview Cable have been renegotiating the terms of our partnership with Viewpoint Media, **181, 184** and are delighted to announce that all premium customers will receive access to 3 new movie channels from next month. **182** To celebrate this deal, existing base-rate customers are now able to save $5 off their monthly bill when they upgrade to our premium service. Furthermore, customers will not be penalized with the $50 charge normally incurred for altering an existing contract with us. Customers must upgrade before the end of the month for these terms to apply.

Customers desiring to upgrade to the premium service should call our hotline on 555-923-5894. Customers are also able to do so online by visiting www.teleview.net/upgrade. In order to complete the upgrade procedure, **183-D** you will need to give your account number **183-A** and password. **183-B** In addition, please ensure that you quote promotional code SWITCHME in order to receive the benefits mentioned above. Customers must be over 18 and be resident in the United States for this offer.

Teleview Cable Feedback Sheet

Customer Details
Name: Helen Webbings
Account Number: 939238
Date: August 18
E-mail address: hwebbings@quickmail.net
Details of Complaint: My subscription

I upgraded my cable package last week and the changes came into effect yesterday. I have been delighted with most of the service so far, and **184** I was particularly excited about watching the three movie channels provided by Viewpoint Media. However, I tried to access these channels last night and was greeted with the error message 'Channels Unavailable'. I have read over your terms and conditions carefully, and it is clear that there has been a mistake, as these channels are a feature of the package that I have subscribed to. **185** I would be grateful if this could be amended as soon as possible. This is not the standard of service that I expect from a well-known company such as yours.

어휘 come into effect 효력이 발생되다   so far 지금까지   particularly 특히   be greeted with (문구 등) ~이 나타나다   feature 특징   terms and conditions (계약이나 지불 등의) 조건   subscribe to ~을 신청하다, 구독하다   grateful 감사하는   amend ~을 수정하다   standard 기준   expect A from B B로부터 A를 기대하다   well-known 잘 알려진

181 What is the main purpose of the notice?

공지의 주된 목적은 무엇인가?

(A) To announce discontinued partnership with Viewpoint Media
(B) To alert customers that an upgrade is mandatory
(C) To inform customers of a change of company ownership
(D) To advertise the addition of some cable channels

(A) Viewpoint Media와의 협력 관계가 중단되었음을 알리기
(B) 고객들에게 업그레이드가 의무임을 알리기
(C) 고객들에게 회사 소유권 변경에 대해 알리기
(D) 몇몇 케이블 채널의 추가를 알리기

주제/목적 | 목적

첫 지문의 첫 단락을 보면, 3가지 새로운 영화 채널을 추가할 계획임을 알리고 이를 이용하는 것과 관련된 정보들을 말해 주고 있다. 따라서 (D)가 정답이다.

어휘 discontinue 중단하다   partnership 협력 관계   alert ~을 알리다, 경보를 발하다   mandatory 의무적인   ownership 소유(권)

정답 (D)

182 What is indicated about the $50 charge?

50달러의 청구 금액에 관해 알 수 있는 것은 무엇인가?

(A) It will gather interest if not paid immediately.
(B) It will not be applied when existing customers upgrade.
(C) It is not applied to new customers.
(D) It will be donated to local charities.

(A) 즉시 납입되지 않으면 이자가 붙을 것이다.
(B) 기존의 고객들이 등급을 올릴 때 적용되지 않을 것이다.
(C) 신규 고객들에게 적용되지 않을 것이다.
(D) 지역 자선 단체에 기부될 것이다.

진위확인 | True

50달러라는 금액이 언급된 첫 지문 첫 단락의 끝부분을 보면, 기존의 계약을 변경하는 것에 대해(altering an existing contract with us) 청구되던 금액임을 알 수 있으며, 이번에는 적용되지 않는다는 내용이므로 이 정보와 같은 내용인 (B)가 정답이다.

어휘 immediately 즉시   charity 자선 단체

정답 (B)

183 What is NOT required to take advantage of the special offer?

특별 혜택을 이용하기 위해 요구되는 사항이 아닌 것은 무엇인가?

(A) A password
(B) A discount code
(C) An Internet connection
(D) An account number

(A) 비밀번호
(B) 할인 코드
(C) 인터넷 연결
(D) 계정 번호

진위확인 | NOT true

첫 지문의 두 번째 단락을 보면, 서비스 신청과 관련해 필요한 것으로 (A)와 (B), 그리고 (D)의 정보가 필요하다고 언급하고 있다. 하지만 (C)에서 말하는 인터넷 연결에 대해서는 나타나 있지 않으므로(C)가 정답이다.

정답 (C)

184 What is most likely true about Ms. Webbings?

(A) She has signed up for the premium package.
(B) She has applied for a job at Viewpoint Media.
(C) She needs to pay $5 for the new service.
(D) She requested more than 3 channels.

┤ 연계문제 | 추론 ├

Webbings 씨가 쓴 양식의 초반부를 보면, Viewpoint Media에서 제공하는 3가지 영화 채널을 보는 것이 즐겁다고 했는데, 이는 첫 번째 지문의 첫 단락에 언급된 바와 같이 프리미엄 등급 고객들에게 제공되는 것이므로 (A)가 정답임을 알 수 있다.

어휘 sign up for ~을 신청하다

정답 (A)

Webbings 씨에 관해 사실일 가능성이 큰 것은 무엇인가?
(A) 프리미엄 패키지를 신청했다.
(B) Viewpoint Media에 입사 지원을 했다.
(C) 신규 서비스를 위해 5달러를 지불해야 한다.
(D) 3가지가 넘는 채널을 요청했다.

185 What does Ms. Webbings expect Teleview Cable to do?

(A) Remove her from a mailing list
(B) Send her a remote control
(C) Issue her a new password
(D) Correct a service error

┤ 세부사항 | What ├

두 번째 지문의 끝부분에 Webbings 씨는 가능한 한 빨리 문제점이 바로잡히기를(amended as soon as possible) 바란다고 알리고 있으므로 이를 다른 말로 바꿔 말한 (D)가 정답이다.

어휘 issue 발행하다, 발부하다

정답 (D)

Webbings 씨는 Teleview Cable이 무엇을 하기를 기대하는가?
(A) 우편물 전달 목록에서 자신의 이름을 삭제하는 것
(B) 리모컨을 자신에게 보내주는 것
(C) 자신에게 새 비밀번호를 발급해 주는 것
(D) 서비스 오류를 바로잡는 것

Questions 186-190 refer to the following article, e-mail, and map.

Community Beat
Vol. 438, April 28

187 The 5th Annual Summer Music Festival is scheduled to be held once again at Redding Park from July 6 to 8. The festival features a wide variety of musicians over the three-day span, and this year the program will include Annie Jarvis, the Gray Foxes, and the Dallas Quartet. In addition to the musical performances, 186 local businesses can rent outdoor booths to sell their goods. The booths do not have to be music-related. Figures from past events suggest that food, clothing, and craft booths had the most success.

Registration has already begun for the booth rental, and slots are starting to fill up, 187 especially those near the main stage and the baseball fields. Interested businesses are encouraged to secure a booth as soon as possible so as to avoid disappointment. To do so, visit www.mysummerfest.com and follow the instructions on the Retail page. All booths are the same size and are offered for a fee of $350 for all three days. 189 Please note that business owners who participated in last year's event will be given 15% off the fee if they sign up again this year.

More information about the musical acts for the festival will be uploaded as they are confirmed. Questions can be directed to the event coordinator, Melody Adkinson, at m.adkinson@mysummerfest.com.

To: Melody Adkinson <m.adkinson@mysummerfest.com>
From: Raymond Colby <raymondcolby@colbyprints.com>
Date: June 2
Subject: Summer Music Festival

Dear Ms. Adkinson,

I am interested in renting a booth at the 5th Annual Summer Music Festival at Redding Park. 189 One of my friends, Sabrina Ta, said she had great success with her booth there last year. She is renting one again this year, and she highly recommended that I do the same. I tried signing up on the Web site, but the system wouldn't process my request for some reason. Therefore, I hope I can reserve a booth by e-mail instead.

I looked at the map of available booths on the Web site. I'd like to be located in the west section of the park. 190 I prefer to be as close to the main entrance as possible, but most importantly, please assign me a booth that is not right next to one selling clothing, since I run a T-shirt business. Please e-mail me back at your earliest convenience.

Thank you,

Raymond Colby
Owner, Colby Prints

어휘 be interested in ~에 관심이 있다 highly recommend that ~할 것을 적극 추천하다 process ~을 처리하다 therefore 따라서, 그러므로 reserve ~을 예약하다 instead 그 대신에 available 이용 가능한 be located in ~에 자리잡고 있다 prefer to do ~하는 것을 선호하다 close to ~에 가까운 assign ~을 배정하다, 할당하다 next to ~ 옆에 run ~을 운영하다 at your earliest convenience 가능한 한 빨리

Parking Lot	Main Entrance	(Available) W1	190 Jill's Dresses W2	Games Plus W3	Wonder Crafts W4	(Available) W5
		(Available) W6	Ace Florists W7	Candy Creations W8	Scoops Ice Cream W9	(Available) W10

주차장	중앙 출입구	(이용 가능) W1	190 Jill's Dresses W2	Games Plus W3	Wonder Crafts W4	(이용 가능) W5
		(이용 가능) W6	Ace Florists W7	Candy Creations W8	Scoops Ice Cream W9	(이용 가능) W10

186 Why was the article written?

(A) To assess a community organization
(B) To recruit musicians to perform
(C) To attract businesses to a festival
(D) To announce a park renovation project

기사는 왜 쓰여졌는가?

(A) 지역의 한 기관을 평가하기 위해
(B) 공연할 음악가들을 모집하기 위해
(C) 축제에 업체들을 유치하기 위해
(D) 공원 개조 공사 프로젝트를 발표하기 위해

주제/목적 | 목적

기사인 첫 지문의 첫 단락을 보면, 음악 축제 행사를 언급하면서 '기업들이 제품 판매를 위해 야외 부스를 대여할 수 있다(local businesses can rent outdoor booths to sell their goods)'고 언급하고 있다. 뒤이어 지문 전체적으로 이 부스 대여와 관련된 상세 정보들이 제시되어 있으므로 이를 '축제에 업체들을 유치하기 위해'라는 말로 기사가 작성된 이유를 표현한 (C)가 정답이다.

어휘 assess ~을 평가하다 recruit ~을 모집하다, 뽑다 attract ~을 유치하다 renovation 개조

정답 (C)

187 What is indicated about Redding Park?

(A) It is near a body of water.
(B) It has on-site sports facilities.
(C) It has more than one parking lot.
(D) It is located in the city center.

Redding Park에 관해 알 수 있는 것은 무엇인가?

(A) 물가에 있다.
(B) 공원 내에 스포츠 시설을 갖추고 있다.
(C) 한 곳이 넘는 주차장을 갖추고 있다.
(D) 도심 구역에 자리잡고 있다.

TEST 06 321

> **진위확인 | True**
>
> Redding Park는 첫 지문의 시작 부분에서 음악 축제가 열리는 장소로 언급되어 있다. 이 공원의 특징과 관련해서, 부스가 설치되는 위치를 설명하는 두 번째 단락에서 중앙의 무대 및 야구 경기장 근처에 있는(near the main stage and the baseball fields) 부스들이 인기가 많다고 언급하고 있다. 따라서 공원에 야구 경기장, 즉 스포츠 시설이 있음을 알 수 있으므로 (B)가 정답이다.
>
> 어휘 on-site 현장의, 현지의 facility 시설
>
> 정답 (B)

188 In the article, the word "follow" in paragraph 2, line 4, is closest in meaning to

(A) pursue
(B) monitor
(C) grasp
(D) obey

기사에서, 두 번째 단락, 네 번째 줄의 단어 "follow"와 의미가 가장 가까운 것은 무엇인가?

(A) 추구하다
(B) 관찰하다
(C) 붙잡다
(D) 따르다

> **동의어 | 동사**
>
> 해당 문장에서 동사 follow 다음에 쓰여 있는 목적어 instructions는 앞서 언급된 웹 사이트에서 찾아볼 수 있는 안내 또는 설명을 의미한다. 따라서 해당 안내를 따르라는 의미로 동사 follow가 쓰였다는 것을 알 수 있으므로 '~을 따르다, 준수하다'라는 뜻으로 쓰이는 (D) obey가 정답이다.
>
> 정답 (D)

189 What is suggested about Ms. Ta?

(A) Her goods are similar to Mr. Colby's.
(B) She is eligible for a discount.
(C) She will have a booth in the west section.
(D) She will rent two booths this year.

Ta 씨에 관해 알 수 있는 것은 무엇인가?

(A) 판매 상품이 Colby 씨의 것과 비슷하다.
(B) 할인을 받을 자격이 있다.
(C) 서쪽 구역에 부스를 얻을 것이다.
(D) 올해는 두 개의 부스를 대여할 것이다.

> **연계문제 | 추론**
>
> Ta 씨의 이름은 두 번째 지문의 시작 부분에서 발신인인 Colby 씨의 친구들 중 한 명으로 언급되어 있다. 여기서 Sabrina Ta 씨가 작년에 이 행사에서 부스를 대여했다는(Sabrina Ta, said she had great success with her booth there last year) 정보와 올해에도 부스를 대여할 것이라는(She is renting one again this year) 정보를 얻을 수 있다. 첫 번째 지문의 두 번째 단락 끝부분에서 작년에 참가한 업체의 소유주들이 다시 참가하면 비용에서 15퍼센트를 할인해 준다고(~ business owners who participated in last year's event will be given 15% off the fee) 되어 있으므로 Sabrina Ta 씨는 할인 대상에 해당된다. 따라서 (B)가 정답이다.
>
> 어휘 be eligible for ~에 대한 자격이 있다
>
> 정답 (B)

190 Which space would be most suitable for Mr. Colby?

(A) W1
(B) W5
(C) W6
(D) W10

어느 공간이 Colby 씨에게 가장 적합할 것인가?

(A) W1
(B) W5
(C) W6
(D) W10

> **연계문제 | 세부사항**
>
> Colby 씨가 쓴 이메일인 두 번째 지문의 두 번째 단락을 보면, 중앙 출입구와 가까운 곳을 선호하며(I prefer to be as close to the main entrance as possible), 의류를 판매하는 부스 바로 옆에 있지 않은 자리를 배정해 달라고(~ please assign me a booth that is not right next to one selling clothing) 요청하고 있다. 그러므로 배치도의 중앙 출입구 쪽에 있는 두 곳의 이용 가능한 위치들 중에서, Ace Florists 옆에 위치한 W6가 Colby 씨에게 적합할 것이므로 (C)가 정답이다.
>
> 정답 (C)

Questions 191-195 refer to the following notice and e-mails.

**Upcoming Exhibit at the Seattle Science Museum:
Robot Revolution: July 10–August 1**

"Robot Revolution" is a hands-on exhibit that highlights the latest in the field of artificial intelligence. Created by Todd Vega, the exhibit features one-of-a-kind robots that respond to human commands and actions. From using verbal skills to performing physical tasks, the robots "learn" by interacting with humans. 191 Because the robots will show more and more skills as the exhibition progresses, we strongly recommend visiting the exhibit at least twice.

In addition to working with the interactive robots, visitors can read about the history of robotics and discover the future possibilities of this field. With the perfect combination of facts and fun, 192 "Robot Revolution" will delight children and adults alike.

To learn more about this field, don't miss the academic lectures presented by Todd Vega at Hillside Hall (July 12) and 193 Bartlett Hotel (July 20). 195 You can also read more about his work in *Robo-World*, which was co-written by Jacqueline Stanfill.

Tickets for the exhibit are $18 each and can be purchased on site. The Seattle Science Museum is open Tuesday through Sunday from 9 A.M. to 8 P.M.

To: Todd Vega <t.vega@lexingtonmail.com>
193 From: Georgina Mizrahi <mizrahi_g@techtracking.com>
193 Date: July 21
Subject: Interview Proposal

Dear Mr. Vega,

After seeing your amazing exhibit at the Seattle Science Museum, 193 I signed up for one of your lectures. I attended the one held yesterday, and I was intrigued by your ideas. I run a technology blog called Tech Tracking, and I think my readers would enjoy reading about your knowledge of robots and artificial intelligence. This would also be excellent exposure for your research, as the blog gets over 200,000 unique visitors per month, and it has received a Web Excellence Award from the Doyle Center.

I am currently living in Seattle. We could conduct the interview by phone, or 194 I would be happy to visit your office in Los Angeles anytime between August 1 and 4, as I'll be there for the Hendrix Innovation Expo. Thank you for your consideration. I look forward to hearing from you.

Sincerely,

Georgina Mizrahi
www.techtracking.com

있으며, Doyle Center로부터 최고의 웹 상을 받은 블로그입니다.

저는 현재 Seattle에 살고 있습니다. 귀하와 전화로 인터뷰를 실시할 수 있으며, 또는 194 제가 8월 1일과 4일 사이에 언제든지 Los Angeles에 있는 귀하의 사무실로 기꺼이 방문할 수 있는데, Hendrix Innovation Expo 행사로 인해 제가 그곳으로 갈 예정이기 때문입니다. 귀하의 고려에 대해 감사 드립니다. 귀하로부터 답변을 들을 수 있기를 바랍니다.

안녕히 계십시오.

Georgina Mizrahi
www.techtracking.com

어휘 proposal 제안 sign up for ~을 신청하다, ~에 등록하다 be intrigued by ~에 강한 호기심을 느끼다 run ~을 운영하다 knowledge 지식 exposure 노출 unique 독특한, 특별한 currently 현재 conduct ~을 실시하다 consideration 고려

To: Georgina Mizrahi <mizrahi_g@techtracking.com>
From: Todd Vega <t.vega@lexingtonmail.com>
Date: July 22
Subject: RE: Interview Proposal

Dear Ms. Mizrahi,

Thank you for the interview invitation. 194 I think it would be best to meet in person at my office. That way, you could take some photos of some of our models and prototypes. Please call my assistant, Jamie Lucas, at 555-5934 to set up a time that doesn't interfere with your expo activities. 195 I'll also have my writing partner join us as well, as I'm sure she'll have some unique insights to share.

Warmest regards,

Todd Vega

수신: Georgina Mizrahi <mizrahi_g@techtracking.com>
발신: Todd Vega <t.vega@lexingtonmail.com>
날짜: 7월 22일
제목: 회신: 인터뷰 제안

Mizrahi 씨께,

귀하의 인터뷰 초청에 감사 드립니다. 194 저는 제 사무실에서 직접 만나 뵙는 것이 가장 좋을 것 같습니다. 이렇게 해야 귀하께서 저희 제품 모델들과 시제품들 일부를 사진 촬영하실 수 있을 것입니다. 제 비서인 Jamie Lucas에게 555-5934로 전화하셔서 귀하의 엑스포 활동에 방해되지 않는 시간으로 정하시기 바랍니다. 195 또한 저와 함께 저술 작업을 하는 파트너도 함께 자리하도록 할 텐데, 함께 공유할 만한 특별한 통찰력을 보여 드릴 것이라 확신합니다.

안녕히 계십시오.

Todd Vega

어휘 it would be best to do ~하는 것이 가장 좋을 것이다 in person 직접 만나서 That way 그렇게 하면, 그런 방식으로 prototype 시제품 assistant 비서, 보조 set up ~을 정하다, 준비하다 interfere with ~을 방해하다 as well ~도, 마찬가지로 insight 통찰력

191 Why are people encouraged to visit the museum more than once?

(A) Visitors can get a discount on tickets.
(B) Different experts will give lectures.
(C) The exhibit will change over time.
(D) It will be the museum's last exhibit.

사람들은 왜 한 번보다 많이 박물관을 방문하도록 권고받는가?

(A) 방문객들이 입장권 할인을 받을 수 있다.
(B) 다른 전문가들이 강연을 할 것이다.
(C) 전시회가 시간이 지날수록 달라질 것이다.
(D) 박물관의 마지막 전시회가 될 것이다.

| 세부사항 | Why |

한 번 이상의 횟수로 박물관을 방문하도록 권하는 내용은 첫 지문의 첫 단락 끝부분에서 찾아볼 수 있다. 여기서 '전시회가 진행될수록 이 로봇들은 점점 더 많은 능력들을 보여줄 것(Because the robots will show more and more skills as the exhibition progresses, ~)'이라는 말로 그 이유를 밝히고 있으므로 시간에 따른 전시회의 변화를 언급한 (C)가 정답이다.

어휘 get a discount 할인을 받다 expert 전문가 lecture 강연

정답 (C)

192 What is stated about the exhibit?

(A) It will run for one month.
(B) It admits children at no cost.
(C) It is closed all weekend.
(D) It is aimed at visitors of all ages.

전시회에 관해 언급된 내용은 무엇인가?

(A) 한 달 동안 진행될 것이다.
(B) 아이들은 무료로 입장할 수 있게 해준다.
(C) 주말 내내 문을 닫는다.
(D) 모든 연령층의 방문객들을 대상으로 한다.

진위확인 | True

전시회와 관련된 전반적인 정보가 제시되어 있는 첫 지문을 보면, 두 번째 단락에서 해당 전시회 행사가 '아이들과 어른들 모두에게 즐거움을 줄 것이다("Robot Revolution" will delight children and adults alike)'라고 알리는 부분을 통해 (D)가 정답임을 알 수 있다.

어휘 at no cost 무료로   aim ~을 대상으로 하다

정답 (D)

---

193 Where did Ms. Mizrahi attend a lecture?

(A) Hillside Hall
(B) Bartlett Hotel
(C) Seattle Science Museum
(D) Doyle Center

Mizrahi 씨는 어디에서 강연에 참석했는가?

(A) Hillside Hall
(B) Bartlett Hotel
(C) Seattle Science Museum
(D) Doyle Center

연계문제 | 세부사항

Mizurahi 씨의 이름은 두 번째 지문의 발신인 정보에서 찾아볼 수 있다. 이 지문의 첫 단락에서 자신이 참석한 강연과 관련해, Vega 씨에게 '귀하의 강연 중 하나를 신청했고, 어제 열린 강연에 참석했다(I signed up for one of your lectures. I attended the one held yesterday)'고 알리고 있다. 이메일 발신 날짜가 7월 21일로 되어 있으므로 어제 날짜가 7월 20일임을 알 수 있는데, 첫 지문의 세 번째 단락에서 7월 20일에 강연 행사가 열리는 장소가 Bartlett Hotel이라고 쓰여 있으므로 (B)가 정답이다.

정답 (B)

---

194 What is most likely true about Mr. Vega?

(A) He wants to meet in Los Angeles.
(B) He will add more lectures to his tour.
(C) He has been nominated for an award.
(D) He will send a prototype to Ms. Mizrahi.

Vega 씨에 관해 무엇이 사실일 것 같은가?

(A) Los Angeles에서 만나고 싶어 한다.
(B) 자신의 투어에 더 많은 강연을 추가할 것이다.
(C) 수상 후보자로 지명되었다.
(D) Mizrahi 씨에게 시제품을 보낼 것이다.

연계문제 | 추론

Vega 씨에게 보내는 이메일인 두 번째 지문을 보면, 두 번째 단락에서 특정 기간에 Vega 씨의 사무실이 있는 Los Angeles로 갈 수 있다고(I would be happy to visit your office in Los Angeles ~) 밝히고 있다. 그런데 이에 대해 Vega 씨가 쓴 이메일인 세 번째 지문의 시작 부분을 보면, 자신의 사무실에서 직접 만나는 것이 좋겠다는 생각을 알리고 있으므로(I think it would be best to meet in person at my office) (A)가 정답이다.

어휘 nominate A for B A를 B에 (수상자로) 추천하다

정답 (A)

---

195 What does Mr. Vega say he will do?

(A) Invite Ms. Stanfill to a meeting
(B) Have his assistant print some forms
(C) Give a lecture at the Hendrix Innovation Expo
(D) Promote the interview on his Web site

Vega 씨는 무엇을 할 것이라고 말하는가?

(A) Stanfill 씨를 만남에 초대할 것이다.
(B) 자신의 비서에게 양식을 출력하도록 시킬 것이다.
(C) Hendrix Innovation Expo에서 강연을 할 것이다.
(D) 자신의 웹사이트에 인터뷰를 홍보할 것이다.

연계문제 | 세부사항

Vega 씨가 자신의 생각을 전달하는 내용을 담은 세 번째 지문을 보면, 끝부분에서 '공동 저술 작업을 하는 파트너도 함께 자리하도록 하겠다(I'll also have my writing partner join us as well)'고 알리는 내용이 있다. 이를 통해 첫 지문의 세 번째 단락에 언급되어 있는 베가 씨의 저술 작업 파트너인 Jacqueline Stanfill 씨가 함께 만남을 가질 예정임을 알 수 있다. 따라서 (A)가 정답이 된다.

어휘 assistant 조수, 보조원   promote 홍보하다

정답 (A)

Questions 96-200 refer to the following e-mail, Web page, and text message.

To: Steve Irving <steve.i@hmtllc.com>
196 From: Colin Mountebank <colin.m@hmtllc.com>
Date: February 2
Subject: Contracts – Urgent!

Hi Steve,

196 In addition to the other tasks I assigned you today, could you please call TransState Couriers to arrange a collection? I'm not going to be back in the office today (my meeting is running a lot longer than originally expected) and the contracts I've prepared for Adam Harrison and his partner need to go out this afternoon. We don't need any special services, but 199 I'd like the documents to arrive by tomorrow. They are in the two envelopes in the top left drawer of my desk. 199 You should use our account number, #563886A, at their online booking screen so that the charges will be billed directly to our company's account.

Thanks!

Colin Mountebank
Senior Partner, Hope, Mountebank & Tweed

TransState Couriers

| Home | About | Services | Package Tracking | Contact |

Services >> Under 0.7 kg >> Documents

At TransState Couriers, we understand the importance of getting your documents sent on time. With our competitive rates and reputation for reliability, you can get the peace of mind you need at a price you can afford.

	Basic Account	199 Corporate Account
Standard (delivered within 3 business days)	$16.95	$12.95
199 Express (delivered by 5 P.M. the next day)	$23.95	199 $19.95

Click here for rates on 198 additional services such as contents insurance, proof of delivery (by signature), and refrigerated transport.

200 We will make two delivery attempts. In the event that we are unable to deliver the package, it will be returned to the nearest warehouse (click here for addresses and maps), where it can be collected in person up until 11:00 P.M. **200** A text message will inform the recipient.

200 저희는 두 번에 걸쳐 배송이 완료되도록 시도할 것입니다. 저희가 배송물품을 전해 드릴 수 없을 경우에는, 가장 가까운 곳에 있는 창고로 돌려 보내질 것이며(주소와 지도를 보시려면 여기를 클릭하세요), 오후 11시까지 이곳에 직접 오셔서 찾아가실 수 있습니다. **200** 문자 메시지를 통해 수취인께 알려 드립니다.

어휘 importance 중요성 get A p.p. A가 ~되게 하다 on time 제때 competitive 경쟁력 있는 rate 요금 reputation 명성 reliability 신뢰성 afford ~할 여유가 되다 within ~ 이내에 additional 추가의 contents 내용물 insurance 보험 proof 증명(서) refrigerated 냉장된 transport 운송 make an attempt 시도하다 in the event that ~할 경우에 be unable to do ~할 수 없다 warehouse 창고 collect ~을 수거해 가다 in person 직접 찾아가서 up until ~까지 계속 inform ~에게 알리다 recipient 수취인

To: (312) 555-8922
From: (312) 555-1001

200 To recipient Adam Harrison: TransState Couriers tried to deliver a package (Ref# 822744532) but you were out. The package has been taken to our warehouse at 283 Doyle Lane and can be picked up anytime before 11 P.M. Alternatively, you may visit our Web site to reschedule the delivery.

수신: (312) 555-8922
발신: (312) 555-1001

200 수취인 Adam Harrison 씨께: 저희 TransState Couriers에서 배송 물품(참조 번호822744532)을 전달해 드리려고 했으나, 귀하께서 계시지 않았습니다. 이 배송 물품은 Doyle Lane 283번지에 있는 저희 창고로 보내졌으며, 오후 11시 이전에는 언제든지 찾아가실 수 있습니다. 그렇지 않을 경우, 배송 일정을 재조정하실 수 있도록 저희 웹사이트를 방문해 주세요.

어휘 try to do ~하려 하다 be taken to ~로 보내지다 pick up ~을 가져가다, 가져오다 anytime 언제든지 alternatively 그렇지 않으면, 그 대신에 reschedule ~의 일정을 재조정하다

196 Who most likely is Mr. Mountebank?

(A) Mr. Irving's supervisor
(B) Mr. Irving's assistant
(C) Mr. Harrison's manager
(D) Mr. Harrison's partner

Mountebank 씨는 누구일 것 같은가?

(A) Irving 씨의 상사
(B) Irving 씨의 비서
(C) Harrison 씨의 부서장
(D) Harrison 씨의 파트너

추론 | 세부사항

Mountebank 씨의 이름은 이메일인 첫 번째 지문의 발신인 정보에서 찾아볼 수 있다. 여기서 수신인인 Irving 씨와의 관계를 유추할 수 있는 부분이 시작 부분에 쓰여 있는 'In addition to the other tasks I assigned you today'이다. 즉 Mountebank 씨가 Irving 씨에게 일을 할당해 주는 입장에 있는 사람임을 나타내므로 Irving 씨의 상사라는 것을 알 수 있다. 따라서 (A)가 정답이다.

정답 (A)

197 In the e-mail, the word "originally" in paragraph 1, line 3, is closest in meaning to

(A) initially
(B) formally
(C) creatively
(D) generally

이메일에서, 첫 번째 단락, 세 번째 줄의 단어 "originally"와 의미가 가장 가까운 것은 무엇인가?

(A) 처음에
(B) 정식으로
(C) 창의적으로
(D) 일반적으로

┤ 동의어 | 부사 ├

'originally'라는 부사 없이 앞뒤 부분의 의미를 확인해 보면, '예상보다 훨씬 더 오래 진행되었다'라는 의미로 해석할 수 있다. 예상을 하는 행위는 어떤 일이 발생되기 전에 하는 것이므로 '애초에, 처음에, 사전에' 등의 의미로 'originally'가 쓰였음을 알 수 있다. 따라서 이와 유사한 의미로 쓰이는 (A)가 정답이다.

정답 (A)

198 What is NOT mentioned as a service offered by TransState Couriers?

(A) Insuring what is inside the package
(B) Providing evidence that the package was delivered
(C) Using temperature-controlled transportation
(D) Transporting hazardous materials

TransState Couriers에 의해 제공되는 서비스로 언급되지 않은 것은 무엇인가?

(A) 배송 물품 안에 들어 있는 것에 대해 보험에 가입하는 일
(B) 배송 물품이 전달되었다는 증명서를 제공하는 일
(C) 온도를 조절한 운송 서비스를 이용하는 일
(D) 위험한 물품들을 운송하는 일

┤ 진위확인 | NOT true ├

TransState Couriers에서 제공하는 서비스의 특징을 찾아볼 수 있는 두 번째 지문을 보면, 아래 부분에 '내용물 보험, 배송 증명서(서명 포함), 그리고 냉장물품 운송 등과 같은 추가 서비스(~ additional services such as contents insurance, proof of delivery (by signature), and refrigerated transport)'가 언급되어 있다. 보기 중 (A)와 (B), (C)의 내용이 이 세 가지 서비스에 각각 해당하지만, '위험한 물품 운송'에 대해서는 지문에 언급된 바가 없으므로 (D)가 정답이다.

어휘 insure 보험에 가입하다　evidence 증거　transport ~을 운송하다　hazardous 위험한

정답 (D)

199 How much did Mr. Irving most likely spend on the delivery?

(A) $12.95
(B) $16.95
(C) $19.95
(D) $23.95

Irving 씨는 물품 배송에 얼마의 비용을 소비했을 것 같은가?

(A) 12.95달러
(B) 16.95달러
(C) 19.95달러
(D) 23.95달러

┤ 연계문제 | 추론 ├

배송 비용과 관련해 첫 지문의 끝부분에서 Mountebank 씨가 서류가 '내일까지 도착해야 한다(I'd like the documents to arrive by tomorrow)'는 말과 함께 '배송 비용이 회사의 계좌로 곧바로 청구될 수 있도록 회사의 계정 번호인 #563886A를 사용하라(You should use our account number, #563886A, ~ the charges will be billed directly to our company's account)'고 했다. 두 번째 지문의 요금 관련 항목에서, 이 두 가지 조건인 '기업 계정(Corporate Account)'과 익일 오후 5시까지 전달되는(delivered by 5 P.M. the next day) '특급' 서비스에 해당하는 요금은 19.95달러이므로 (C)가 정답이다.

정답 (C)

200 What is suggested about Mr. Harrison's package?

(A) The delivery address was incorrect.
(B) The courier tried delivering it twice.
(C) It will be returned to the sender.
(D) It was damaged while in transit.

Harrison 씨의 배송 물품에 관해 알 수 있는 것은 무엇인가?

(A) 배송 주소가 잘못 되었다.
(B) 배송 회사가 두 번 배송을 시도했다.
(C) 발신인에게 되돌려 보내질 것이다.
(D) 운송 중에 손상되었다.

연계문제 | 추론

마지막 지문을 보면, Harrison 씨에게 배송 물품을 전달하지 못해 창고로 보내졌다(TransState Couriers tried to deliver a package (Ref# 822744532) ~ The package has been taken to our warehouse)는 내용을 담은 메시지임을 알 수 있다. 이에 대한 조치 방법과 관련된 정보가 두 번째 지문의 마지막 단락에 언급되어 있는데, 두 번에 걸쳐 배송을 시도할 것이며(We will make two delivery attempts) 문자 메시지를 통해 수취인에게 알려 준다고(A text message will inform the recipient) 쓰여 있다. 따라서 배송회사가 Harrison 씨의 배송 물품을 두 번에 걸쳐 전달하려 했다는 것을 알 수 있으므로 (B)가 정답이다.

어휘 address 주소   courier 택배 회사   transit 수송

정답 (B)

PART 5
PART 6
PART 7

ANSWER KEYS

PART 5
101 (D) 102 (C) 103 (A) 104 (A) 105 (B) 106 (C) 107 (C) 108 (D) 109 (A) 110 (C)
111 (B) 112 (C) 113 (A) 114 (D) 115 (A) 116 (C) 117 (A) 118 (D) 119 (D) 120 (B)
121 (A) 122 (C) 123 (A) 124 (A) 125 (C) 126 (A) 127 (A) 128 (C) 129 (B) 130 (D)

PART 6
131 (C) 132 (C) 133 (B) 134 (D) 135 (A) 136 (C) 137 (B) 138 (A) 139 (C) 140 (D)
141 (C) 142 (B) 143 (D) 144 (B) 145 (C) 146 (A)

PART 7
147 (D) 148 (B) 149 (D) 150 (C) 151 (C) 152 (A) 153 (B) 154 (D) 155 (B) 156 (B)
157 (B) 158 (C) 159 (A) 160 (C) 161 (B) 162 (C) 163 (D) 164 (C) 165 (C) 166 (B)
167 (A) 168 (C) 169 (C) 170 (C) 171 (B) 172 (A) 173 (A) 174 (C) 175 (B) 176 (D)
177 (B) 178 (C) 179 (A) 180 (B) 181 (D) 182 (A) 183 (B) 184 (B) 185 (D) 186 (B)
187 (C) 188 (D) 189 (B) 190 (A) 191 (C) 192 (B) 193 (C) 194 (A) 195 (D) 196 (C)
197 (C) 198 (C) 199 (C) 200 (D)

PART 5

101 Ms. Dickinson's ------- for boosting employee morale has had a significant impact on both the productivity and sales increase.

(A) enthuse
(B) enthusiast
(C) enthusiastically
(D) enthusiasm

직원의 사기를 높이려는 Dickinson 씨의 열정은 생산성과 매출 증대 모두에 상당한 영향을 끼쳐 왔다.

┤ 비슷한 명사의 구별 | enthusiast VS enthusiasm ├

소유격 Mr. Dickinson's 다음에는 소유격의 수식을 받는 명사가 와야 한다. 보기 중 명사는 (B) enthusiast(지지자)와 (D) enthusiasm(열정)이 있는데, 해석상 Dickinson 씨가 지니고 있는 것을 나타내야 하므로 (D)가 정답이다.

어휘 boost ~을 높이다, 북돋우다   morale 사기, 의욕   significant 상당한   impact on ~에 대한 영향   productivity 생산성   enthuse 열변을 토하다   enthusiast 열렬한 지지자   enthusiastically 열광적으로   enthusiasm 열광, 열정

정답 (D)

102 Quarterly sales reports are published for investors in the company journal, but monthly reports are ------- only to employees.

(A) necessary
(B) active
(C) accessible
(D) impossible

분기별 매출 보고서는 투자자들을 위해 회사 저널에 실리지만, 월례 보고서는 오직 직원들만 이용 가능하다.

(A) 필요한
(B) 활동적인
(C) 이용 가능한
(D) 불가능한

┤ 형용사 숙어 표현 | be accessible to(~에게 이용 가능하다) ├

문장 중간에 but이 쓰여 있으므로 but 앞과 뒤는 상반된 내용이 되어야 한다. only가 사용된 것으로 보아, '오직 직원들만 볼 수 있다'와 같은 의미가 되어야 자연스러우므로 (C) accessible(이용 가능한)이 정답이다.

어휘 quarterly 분기의   investor 투자자   monthly 매달의, 월간의

정답 (C)

103 In the morning, Patricia Cooper let everyone know that the documents that would be faxed soon were -------.

(A) hers
(B) her
(C) she
(D) herself

아침에, Patricia Cooper는 곧 팩스로 전송될 서류들이 자신의 것이라고 사람들에게 알렸다.

┤ 소유대명사 ├

be 동사 뒤에 위치한 빈칸은 보어 자리이므로 주어(documents)를 설명해주는 내용이 와야 한다. 따라서 '문서들은 그녀의 것이었다'가 적절하므로, '그녀의 것'을 뜻하는 소유대명사 (A) hers가 정답이다.

어휘 document 서류   fax ~을 팩스로 보내다

정답 (A)

104 During a press conference last night, GLM Biomedical CEO Godfrey Miranda made known his ------- not to retire despite reports stating otherwise.

(A) decision
(B) recognition
(C) progress
(D) result

지난밤에 있었던 기자 회견에서, GLM Biomedical의 최고경영자인 Godfrey Miranda는 정반대로 진술된 보도에도 불구하고 은퇴하지 않겠다는 결정을 알렸다.

(A) 결정
(B) 인식
(C) 발전, 진전
(D) 결과

┤ 명사 어휘 ├

알리는 행위를 나타내는 동사(make known)의 목적어로 어울리는 것을 찾아야 한다. '은퇴하지 않기로 한 자신의 결정'이라는 의미가 가장 자연스러우므로 정답은 (A) decision(결정)이다.

어휘 press conference 기자 회견   make known ~을 알리다, 발표하다   retire 은퇴하다   despite ~에도 불구하고   otherwise 다르게

정답 (A)

105 Cranton-Taft Mechanics will open a new manufacturing plant and hire 150 technicians specifically to ------- the brand's extensive line of bicycles.

(A) cooperate (B) assemble
(C) proceed   (D) specialize

Cranton-Taft Mechanics는 특별히 자사 브랜드의 다양한 자전거 제품들을 조립하기 위해 새 제조 공장을 열고 150명의 기술자들을 고용할 것이다.

(A) 협력하다 (B) ~을 조립하다
(C) 진행하다 (D) 전문으로 하다

| 동사 어휘 |

빈칸 다음에 쓰인 명사구는 회사의 제품이다. 따라서 공장을 짓고 직원을 고용하는 목적은 '다양한 자전거 제품들을 조립하기 위해서'라는 의미가 가장 자연스러우므로 정답은 (B) assemble(조립하다)이다. (A) cooperate는 cooperate with(~와 협력하다), (C) proceed는 proceed with(~을 진행하다), (D) specialize는 specialize in(~을 전문으로 하다)처럼 전치사와 함께 쓰여야 목적어를 취할 수 있는 자동사이므로 오답이다.

어휘 manufacturing plant 제조 공장 technician 기술자 specifically 특별히 extensive 다양한, 폭넓은

정답 (B)

106 Happy Beauty plastic surgery center offers a zero interest payment plan if paid ------- 30 days.

(A) on   (B) off
(C) within (D) until

Happy Beauty 성형외과는 30일 이내에 납부할 경우 무이자 결제 방식을 제공한다.

(A) ~에   (B) ~에서 떨어져
(C) ~ 이내에 (D) ~까지

| 전치사 어휘 |

빈칸 뒤의 30 days는 기간을 나타내는 표현이다. 보기 중 기간을 나타내는 표현과 함께 쓸 수 있는 전치사는 (C) within이 유일하다. 의미상으로도 비용이 '30일 이내에 지불된다면'이 되어 자연스러우므로 (C) within(~이내에)이 정답이다. (D) until은 시점을 나타내는 표현과 함께 쓸 수 있으므로 오답이다.

어휘 plastic surgery 성형수술 interest 이자 payment plan 결제 방식, 지불 방식

정답 (C)

107 A good team leader should know how to define each team member's task so that they can work -------.

(A) productive   (B) productivity
(C) productively (D) productiveness

훌륭한 팀 리더는 팀원들이 생산적으로 일할 수 있도록 각각의 업무를 명확히 규정하는 방법을 알아야 한다.

| 부사 자리 | 자동사+부사 |

work는 자동사이므로 목적어가 필요 없고 부사의 수식을 받는다. 따라서 정답은 (C) productively(생산적으로)이다.

어휘 define ~을 규정하다, 정의하다 task 업무 so that ~할 수 있도록 productive 생산적인 productivity 생산성 productiveness 다산, 다작

정답 (C)

108 Many experts noted that the engineering industry is now growing much ------- than any other part of the country's economy.

(A) fastest   (B) more faster
(C) fastness (D) faster

많은 전문가들은 기기 공업이 국가 경제의 다른 어떤 분야보다 훨씬 더 빠르게 성장하고 있다는 점에 주목했다.

| 비교급 |

빈칸 뒤에 위치한 than은 비교급과 함께 쓰이는 표현이고, 빈칸 앞에는 비교급을 강조하는 부사 much가 있으므로 빈칸은 비교급 자리임을 알 수 있다. 따라서 정답은 (D) faster(더 빠르게)이다. (B) more faster는 비교급을 만드는 'more'와 '-er'를 둘 다 사용하였으므로 적절한 표현이 아니다.

어휘 expert 전문가 note that ~을 주목하다 industry 산업 economy 경제

정답 (D)

109 Mr. Jansen, the chief executive officer of First Tech, called an emergency meeting, but the meeting itself did not ------- of the company's financial problems immediately.

(A) dispose
(B) disposal
(C) disposes
(D) disposing

First Tech의 최고 경영자인 Jansen 씨는 비상 회의를 소집했지만, 그 회의 자체는 회사의 재정적 문제를 즉각 처리하지 못했다.

─┤ 조동사 + 동사원형 ├─

조동사 did not 다음에는 동사원형이 와야 한다. 보기의 단어들 중에 동사원형은 (A) dispose(처리하다)이다.

어휘 chief executive officer 최고 경영자 call ~을 소집하다 emergency meeting 비상 회의 financial 재정의 immediately 즉각, 즉시 dispose of ~을 처리하다 disposal 처리

정답 (A)

110 ------- age, anyone who has a valid ticket will be granted admission to the museum's newest exhibit.

(A) In so far as
(B) Nevertheless
(C) Regardless of
(D) Namely

나이와 상관없이, 유효한 입장권이 있는 사람은 누구든지 박물관의 최신 전시회에 입장하는 것이 허용될 것이다.

(A) ~하는 한에 있어서는 (B) 그럼에도 불구하고
(C) ~와 상관없이 (D) 즉, 다시 말해

─┤ 부사절 접속사 VS 전치사 VS 부사 ├─

빈칸 다음에 나이를 뜻하는 명사 age가 있으므로 빈칸에 전치사가 필요하다는 것을 알 수 있다. 보기의 표현들 중에서 전치사는 (C) Regardless of(~와 상관없이)이다. (A) In so far as는 접속사, (B) Nevertheless와 (D) Namely는 부사이므로 오답이다.

어휘 valid 유효한 grant ~을 허락하다, 승인하다 admission 입장 exhibit 전시회

정답 (C)

111 The training workshop scheduled to be held throughout next week ------- to increase office efficiency.

(A) has expected
(B) is expected
(C) will be expecting
(D) expected

다음 주 내내 개최될 예정인 교육 워크숍은 업무 효율성을 향상시킬 것으로 기대된다.

─┤ 능동태와 수동태의 구별 ├─

주어는 training workshop이고 scheduled ~ week까지는 앞의 workshop을 수식한다. 따라서 빈칸은 동사 자리이고, 동사 expect가 다양한 형태로 보기에 나와 있기 때문에 수 일치와 능동태/수동태를 확인해 본다. 문장의 주어인 워크숍이 무언가를 예상하는 것이 아니라 사람에 의해 '기대되는' 대상이기 때문에 수동의 의미를 나타내야 한다. 따라서 보기 중 유일한 수동태인 (B) is expected가 정답이다.

어휘 scheduled to do ~하기로 예정된 be held 개최되다, 열리다 throughout ~ 내내, ~ 동안 계속 efficiency 효율성 expect to do ~하기를 기대하다

정답 (B)

112 One of the best Greek restaurants is located across from the historic museum in the city, and a famous bronze statue of spiders is ------- as well.

(A) nearly
(B) nearness
(C) nearby
(D) nears

최고의 그리스 식당 중 하나가 시내에 있는 역사 박물관 맞은편에 있고, 유명한 거미 동상도 근처에 있다.

─┤ 형용사 자리 | be + 형용사 ├─

빈칸 다음에 쓰인 as well은 '역시'라는 의미의 부사이므로 be 동사인 is 다음에 위치한 빈칸에 보어가 와야 한다. 따라서 보기의 단어들 중에서 보어 역할이 가능한 형용사 (C) nearby(가까운, 인근의)가 정답이다.

어휘 be located across ~의 맞은편에 위치하다 historic 역사적인 bronze statue 동상

정답 (C)

113 Morning Star Clothing emphasized that it uses the best fabrics for its items, but the survey findings suggest -------.

(A) otherwise
(B) in contrast
(C) on the way
(D) instead

Morning Star Clothing은 자사 제품에 최고의 직물을 사용하고 있다고 강조했지만 설문 조사 결과는 이와 다른 내용을 보여준다.

(A) 달리, 다르게
(B) 대조적으로
(C) 도중에
(D) 대신에

| 부사 어휘 |

동사 suggest를 수식하기에 적절한 부사를 찾는 문제이다. suggest가 but이 이끄는 절에 포함되어 있으므로 빈칸은 앞의 절과 대조적인 내용을 나타내야 한다. 따라서 '달리, 다르게'라는 의미의 (A) otherwise가 정답이다. (B) in contrast는 동사를 수식하지 않으며, 주로 문장 앞에 잘 쓰인다.

어휘 emphasize that ~을 강조하다 fabric 직물 survey 설문 조사 finding (조사·연구 등의) 결과

정답 (A)

114 Ms. Brown volunteered to write a ------- explanation of the new electronic database to include in the employee manual.

(A) spacious
(B) projected
(C) skilled
(D) detailed

Brown 씨는 직원용 소책자에 넣을 새 전자 데이터베이스에 관한 상세한 설명을 작성하겠다고 자원했다.

(A) 넓은
(B) 예상된
(C) 숙련된
(D) 상세한

| 형용사 어휘 |

'설명'을 뜻하는 명사 explanation을 수식할 형용사가 필요하므로 설명 내용의 특성을 나타내기에 적절한 형용사가 필요하다. 따라서 (D) detailed(상세한)가 정답이다.

어휘 volunteer to do 자원해서 ~하다 explanation 설명 employee manual 직원용 소책자

정답 (D)

115 AME Industries has launched a ------- redesigned Web site featuring user-friendly functions and a new layout.

(A) completely
(B) completion
(C) competing
(D) completed

AME Industries는 사용자 친화적인 기능들과 새로운 배치를 특징으로 하는 완전히 새로 디자인된 웹사이트를 공개했다.

| 부사 자리 | a+부사+분사+명사 |

빈칸 앞에 관사가 있고 뒤에는 과거 분사와 명사가 있다. 이와 같은 구조에서 빈칸에는 뒤에 나온 과거 분사를 수식하는 부사가 와야 하므로 (A) completely(완전히)가 정답이다.

어휘 launch ~을 출시하다, 내놓다 feature ~을 특징으로 하다 user-friendly 사용자 친화적인 layout 배치 completely 완전히, 전적으로 completion 완료, 완성 complete 완전한; ~을 완료하다

정답 (A)

116 Customers returned ------- of the merchandise that they deemed unsatisfactory and received rebates from the store.

(A) this
(B) anything
(C) all
(D) everything

고객들은 만족스럽지 못하다고 여겨지는 제품들을 모두 반품했고 매장으로부터 환불을 받았다.

(A) 이것
(B) 아무것도
(C) 모두
(D) 모든 것

| 부분이나 전체를 나타내는 대명사 |

보기 중 'of the+명사'의 수식을 받아 부분 또는 전체를 나타낼 수 있는 대명사는 (C) all(모두)이 유일하다.

어휘 merchandise 제품 deem ~라고 여기다, 생각하다 unsatisfactory 불만족스러운 rebate 환불

정답 (C)

117 During summer months, Little Critters Apparel will expand its hours and offer weekly promotions in an effort to ------- additional customers.

(A) attract
(B) reimburse
(C) subscribe
(D) contribute

여름 시즌 동안, Little Critters Apparel은 추가 고객들을 유치하려는 노력의 일환으로 영업시간을 연장하고 매주 판촉 행사를 제공할 것이다.

(A) ~을 끌어들이다
(B) ~을 배상하다
(C) 구독하다
(D) ~을 기부하다

┤ 동사 어휘 ├

영업시간을 연장하고 판촉 행사를 제공하는 목적을 나타낼 동사가 빈칸에 와야 한다. 따라서 고객들을 '더 모으다'라는 의미가 되는 것이 자연스러우므로 (A) attract(~을 끌어들이다, ~을 유치하다)가 정답이다.

어휘 expand ~을 연장하다 promotion 판촉, 홍보 in an effort to ~하려는 노력의 일환으로 additional 추가의

정답 (A)

118 Mr. Thomson, one of the most ------- negotiators in the industry, was instrumental in helping our company obtain an affordable contract for the renovations of the Falaman Hotel.

(A) skill
(B) skills
(C) skilling
(D) skilled

업계에서 가장 숙련된 협상가 중 한 명인 Thomson 씨는 우리 회사가 Falaman Hotel 보수 공사에 대한 적절한 계약을 따내도록 돕는 데 중요한 역할을 했다.

┤ 형용사 자리 | 형용사의 최상급 + 명사 ├

빈칸은 명사(negotiators) 앞에 위치하고 있으므로 빈칸은 명사를 수식하는 형용사 자리이다. 의미상으로도 '숙련된 협상가들'이 적절하므로 (D) skilled(숙련된)가 정답이다.

어휘 negotiator 협상가 instrumental 중요한 affordable (가격이) 적당한 contract 계약

정답 (D)

119 With his broad experience in sales, Mr. Poe is a welcome ------- to our department.

(A) treatment
(B) outcome
(C) response
(D) addition

영업 분야에 경험이 풍부한 Poe 씨는 우리 부서에 환영할 만한 추가 인원이다.

(A) 치료
(B) 결과
(C) 응답
(D) 추가 인원

┤ 명사 어휘 ├

빈칸이 be 동사 뒤에 있으므로 빈칸은 주어를 설명해주는 주격 보어의 자리이다. 따라서 주어(Mr. Poe)에 어울리는 단어를 찾아야 한다. 전치사 to와 어울리면서 사람에 대한 보어로 쓰이기에 알맞은 명사는 (D) addition(추가 인원)이다.

어휘 broad 폭넓은 welcome 환영받는

정답 (D)

120 The report that was sent to the board of directors yesterday ------- Quantum Enterprises' new business strategies regarding reorganization guidelines.

(A) to highlight
(B) highlights
(C) have highlighted
(D) highlighting

어제 이사회에 보내진 보고서는 조직 개편 가이드라인에 관한 Quantum Enterprises의 새로운 비즈니스 전략을 강조한다.

┤ 동사 자리 및 주어와 동사의 수 일치 ├

문장의 주어는 The report이고 그 뒤로 빈칸 앞까지는 report를 수식하는 that절이다. 그리고 빈칸 이후 부분에도 동사가 없으므로 빈칸에는 문장의 동사가 와야 한다. 보기 중에서 동사의 형태는 (B) highlights와 (C) have highlighted인데, 단수 주어인 The report와 수가 일치하는 형태는 (B) highlights(~을 강조하다)이다.

어휘 board of directors 이사회 strategy 전략 regarding ~에 관한 reorganization 조직 개편 highlight ~을 강조하다

정답 (B)

121 Among the ------- accomplishments listed in Ms. Hill's résumé is her award-winning career as a journalist.

(A) many
(B) little
(C) most
(D) more

Hill 씨의 이력서에 기록된 많은 성과들 중에 언론인으로서 상을 받았던 경력이 있다.

(A) 많은
(B) 작은
(C) 대부분의
(D) 더 많은

― 수량 형용사 ―

빈칸 뒤에 쓰인 복수명사를 수식하는 단어가 필요하다. (B) little(작은)은 셀 수 없는 명사만 수식하므로 오답이다. 나머지 보기 (A) many(많은), (C) most(대부분의), (D) more(더 많은)가 모두 복수명사를 수식할 수 있지만 '많은 성과들 중 하나'라는 의미가 되는 것이 가장 자연스러우므로 정답은 (A) many(많은)이다.

어휘 among ~ 중에서 accomplishment 성과, 업적 résumé 이력서 award-winning 상을 받은

정답 (A)

122 Rewster Pharma's education officers select articles ------- academic sources for the monthly *Pharmacist's Reading List*.

(A) instead of
(B) besides
(C) from
(D) past

Rewster Pharma의 교육 담당자는 월간 〈Pharmacist's Reading List〉를 위해 학술 자료에서 기사를 선택한다.

(A) ~ 대신에
(B) ~ 외에
(C) ~로부터
(D) ~을 지나서

― 전치사 어휘 ―

빈칸 앞뒤에 위치한 명사들의 관계로 볼 때 '학술 자료로부터 기사를 선택하다'라는 의미가 가장 자연스러우므로 출처를 나타내는 (C) from(~로부터)이 정답이다.

어휘 select ~을 선택하다 article (신문 등의) 기사 academic 학문의 source 자료 monthly 월간의, 매달의 pharmacist 약사

정답 (C)

123 Thanks to Terragin Beverage Company's innovative marketing team, their revenues continue to surpass the ------- year's profits.

(A) previous
(B) forward
(C) ahead
(D) immediate

Terragin Beverage Company의 혁신적인 마케팅 팀 덕분에, 회사의 수익이 지난해의 이윤을 계속 뛰어넘고 있다.

(A) 이전의
(B) 앞쪽의
(C) 앞에
(D) 즉시의

― 형용사 어휘 ―

회사의 수익을 비교하는 내용이므로 비교 대상이 되는 연도를 수식할 형용사로 '이전의, 과거의'라는 의미로 쓰이는 (A) previous(이전의)가 정답이다. 참고로 (C) ahead(앞에)는 부사로서 명사를 수식할 수 없다.

어휘 thanks to ~ 덕분에 innovative 혁신적인 revenue 수익 surpass ~을 뛰어넘다, 능가하다 profit 이윤, 수익

정답 (A)

124 According to the practices of the university, any unattended items that are not ------- by the end of each semester will be sent to local charities.

(A) claimed
(B) claim
(C) claims
(D) claiming

대학의 관행에 따라, 매 학기 말까지 찾아가지 않는 주인 없는 물건들은 지역 자선 단체로 보내질 것이다.

― 능동태와 수동태의 구별 ―

빈칸은 items를 수식하는 관계대명사 that절에 속해 있다. 그런데 that절의 동사인 are와 함께 쓰일 수 있는 단어가 빈칸에 와야 하므로 수동태를 만드는 (A) claimed와 능동태를 만드는 (D) claiming 중에서 정답을 골라야 한다. claim은 사물을 목적어로 취해 '~을 자신의 것이라고 요구하다'라는 의미로 쓰이는데, 여기서는 선행사인 items가 주어와 같은 역할을 하므로 수동태의 형태가 되어야 한다. 따라서 are not 다음은 (A) claimed(요구되지 않은)가 정답이다.

어휘 according to ~에 따르면 practice 관행 unattended 주인 없는, 방치된 semester 학기 charity 자선 단체 claim ~을 자신의 것이라고 요구하다; 주장, 권리, 청구

정답 (A)

125 Mr. Henderson had to conduct an ------- four-month study to come up with an idea for the design of the new office building.

(A) extensively (B) extension
(C) extensive (D) extend

Henderson 씨는 새 사무실 건물의 디자인에 대한 아이디어를 구상하기 위해 4개월간 광범위한 조사를 시행해야 했다.

┤ 형용사 자리 │ a(n)＋형용사＋형용사＋명사 ├

관사 다음에 빈칸이 있고 그 뒤로 형용사(four-month)와 명사(study)가 이어지는 형태이다. 빈칸 뒤의 숫자 four를 보고 부사를 정답으로 선택하기 쉽지만, extensively four-month는 '광범위하게 4개월'이라는 의미가 되어 어색하다. 따라서 형용사인 (C) extensive(광범위한)가 빈칸에 와서 뒤의 명사 study를 수식하여 '광범위한 4개월의 연구'가 되는 것이 의미상 적절하므로 (C) extensive가 정답이다.

어휘 conduct ~을 시행하다 come up with ~을 생각해내다 extensively 광범위하게 extension 연장 extend ~을 연장하다   정답 (C)

126 Should online sales continue to outpace competitors', the plan to open a retail store in New York will be -------.

(A) accelerated (B) overtaken
(C) conformed (D) extended

만약 온라인 판매가 계속해서 경쟁업체의 판매를 앞선다면, New York에 대리점을 여는 계획이 가속화될 것이다.

(A) 가속화된 (B) 추월된
(C) 준수된 (D) 연장된

┤ 동사 어휘 ├

지속적으로 온라인 판매가 성공할 경우에 나타날 결과를 의미하는 단어가 빈칸에 와야 한다. 따라서 매장을 여는 계획이 '가속화될 것이다'라는 의미가 되는 것이 자연스러우므로 정답은 (A) accelerated(가속화된)이다.

어휘 continue to do 계속 ~하다 outpace ~을 앞서다 competitor 경쟁사 retail 소매의   정답 (A)

127 There will be a series of meetings with project team members to decide ------- marketing strategies to implement.

(A) which (B) who
(C) how (D) why

어느 마케팅 전략을 시행할지 결정하기 위해 프로젝트 팀원들과의 일련의 회의가 있을 것이다.

┤ which＋명사＋to부정사 ├

동사 decide는 목적어를 필요로 하는 동사인데, 빈칸 다음에 '명사＋to부정사'가 이어지고 있다. 보기가 모두 의문사인데, 이 중에서 명사를 앞에서 수식하는 것이 가능한 (A) which가 빈칸에 와야 알맞다. 'which＋명사＋to부정사'는 '어떤 명사를 to부정사해야 할지'의 의미가 된다.

어휘 a series of 일련의, 연속된 strategy 전략 implement ~을 시행하다   정답 (A)

128 Our data shows that the clients who have used our Internet services for three years or more are less ------- to switch providers than newer customers.

(A) probable (B) usual
(C) likely (D) frequent

우리 데이터는 3년 이상 우리 인터넷 서비스를 이용해 온 고객들이 신규 고객보다 서비스 업체를 바꿀 가능성이 더 적다는 것을 보여준다.

(A) 가능성이 있는 (B) 흔한
(C) 할 것 같은 (D) 빈번한

┤ 형용사 숙어 표현 │ be likely to do(~할 가능성이 있다) ├

빈칸에 들어갈 단어는 주격 보어 자리이므로 주어 clients(고객들)를 설명하는 단어가 들어가야 한다. 또한, less의 수식을 받으면서 be 동사인 are 및 to부정사와 결합할 수 있는 것이어야 한다. 보기의 형용사들 중 이와 같은 형태로 사용 가능한 것은 '~할 것 같은, ~할 가능성이 있는'이라는 의미의 (C) likely이다. (A) probable(가능성이 있는)도 의미상 정답이 될 것 같지만, 사람에게는 어울리지 않는 형용사이므로 오답이다.

어휘 switch ~을 바꾸다 provider 제공자, 제공 기관   정답 (C)

129 Inspectors are scheduled to arrive at the Merriweather factory ------- confirm that all of the equipment complies with safety standards.

(A) in addition to (B) in order to
(C) leading to (D) owing to

조사관들은 모든 장비가 안전 기준을 준수하고 있는지 확인하기 위하여 Merriweather 공장에 도착할 예정이다.
(A) ~ 외에도 (B) ~하기 위해
(C) ~로 이어지는 (D) ~ 때문에

┤ in order to + 동사원형 ├

보기의 표현들이 모두 to로 끝나는데, 빈칸 다음을 보면 동사원형인 confirm이 쓰여 있다. 따라서 to부정사로 쓰이는 to가 들어간 표현이 빈칸에 와야 하므로 (B) in order to(~하기 위해)가 정답이다.

어휘 inspector 조사관 be scheduled to do ~할 예정이다 confirm that ~임을 확인하다 equipment 장비 comply with ~을 준수하다, 따르다 safety standards 안전 기준

정답 (B)

130 Mr. Peterson failed to pay attention to ------- and clarity in his analysis report on the findings about the market trends.

(A) organize (B) organizer
(C) organized (D) organization

Peterson 씨는 시장 트렌드에 관한 그의 연구 결과 분석 보고서에서 구성과 명확성에 주의를 기울이지 않았다.

┤ 비슷한 명사의 구별 | organizer VS organization ├

빈칸은 and로 연결된 명사 clarity와 함께 전치사 to의 목적어에 해당하는 명사 자리이다. 보기 중에서 명사는 (B) organizer(조직자)와 (D) organization(조직, 구성)인데, 보고서의 특징과 관련된 내용이 되어야 하므로 의미상 (D)가 정답이다. 또한, 동사 뒤에 -er이 붙어 만들어지는 명사는 보통 셀 수 있는 명사이므로 앞에 관사나 소유격 표현이 없으면 단수의 형태로 쓸 수 없기 때문에 (B)는 정답이 될 수 없다.

어휘 pay attention to ~에 주의를 기울이다 clarity 명확성 analysis 분석 organize ~을 조직하다 organization 조직, 단체, 준비, 구성

정답 (D)

PART 6

Questions 131-134 refer to the following notice. 131-134는 다음 공지를 참조하시오.

Thank you for choosing Pocatello Medical Equipment. We always work to ship orders within 24 hours of payment confirmation. If at any time you have questions about the whereabouts of your order, please ------- these important details. -------. The length of time for
131. **132.**
delivery to occur ranges from 2 to 15 days, depending on the mode of transport. While it is our goal to always deliver on time, some delays are not avoidable. This can result in items taking ------- to
133.
arrive. If you have questions or concerns, call 800-245-1000 to inquire further about your ------- status.
134.

Pocatello Medical Equipment를 선택해 주셔서 감사합니다. 저희들은 항상 결제 확인 후 24시간 내에 주문하신 제품을 배송하고 있습니다. 131 만약 언제라도 주문한 제품의 소재에 대한 문의 사항이 있으시면, 이 중요한 세부 사항을 주목해 주십시오. 132 모든 고객들은 계산 시 배송 방법을 선택하도록 요청받습니다. 배송 시간은 운송 방법에 따라 2일에서 15일이 소요됩니다. 항상 정시에 제품을 배송하는 것이 우리의 목표지만, 몇몇 지연은 피할 수 없는 경우도 있습니다. 133 이는 물건이 도착하는 데 더 오랜 시간이 걸리게 됩니다. 134 문의 사항이나 우려되는 부분이 있으시다면, 800-245-1000으로 전화하셔서 배송 상황에 대한 세부 사항을 문의해 주세요.

어휘 ship ~을 배송하다 within ~ 이내에 payment 지불 confirmation 확인 at any time 언제라도 whereabouts 소재, 행방 range from A to B 범위가 A에서 B에 이르다 depending on ~에 따라 mode 방식, 방법 transport 운송 on time 정시에 delay 지연, 연기 avoidable 피할 수 있는 result in ~을 야기하다, 초래하다 concern 우려, 걱정 inquire 문의하다

131 (A) refer
(B) indicate
(C) note
(D) prepare

(A) ~에게 참조하게 하다
(B) ~을 가리키다
(C) ~을 주목하다
(D) ~을 준비하다

┤ 동사 어휘 ├

동사 어휘 문제이므로 해석을 통해 자연스럽게 연결되는 것을 찾는다. '주문한 제품 소재에 관한 문의 사항이 있으면 이 중요한 세부 사항을 주목하라'는 의미이므로 이러한 뜻을 가진 동사 (C) note(주목하다)가 정답이다. 참고로 (A) refer는 'refer to' 혹은 'refer+목적어+to' 형태로 쓰인다.

정답 (C)

132 (A) However, the items you purchased are not eligible for refund.
(B) We are highly recognized for the quality customer service.
(C) All customers are required to select a shipping method at checkout.
(D) A new set of products are updated on our Web site on a weekly basis.

(A) 그러나 귀하께서 구매하신 제품은 환불이 불가능합니다.
(B) 저희는 질 좋은 고객 서비스로 매우 인정받고 있습니다.
(C) 모든 고객들은 계산 시 배송 방법을 선택하도록 요청받습니다.
(D) 신제품 세트는 매주 저희 웹사이트에 업데이트되고 있습니다.

┤ 빈칸에 알맞은 문장 고르기 ├

앞 문장의 내용으로 보아 빈칸에 들어갈 문장의 내용이 제품의 소재에 관련된 것임을 알 수 있고, 뒤 문장에서 배송 방법에 따라 달라지는 배송 시간을 언급하고 있으므로 배송 방법에 관해 언급된 내용을 보기에서 찾는다. 보기 중 배송 방법에 관련된 내용인 '모든 고객들은 계산 시 배송 방법을 선택하도록 요청받습니다.'가 흐름상 앞뒤의 문장과 자연스럽게 연결되므로 (C)가 정답이다.

어휘 purchase ~을 구입하다 eligible for ~에 대한 자격이 있는 refund 환불 recognize ~을 인정하다 method 방법, 방식 on a weekly basis 매주

정답 (C)

┤ 오답분석 ├

(A) 빈칸 앞뒤 문장이 주문 제품의 소재와 배송 기간에 관련된 내용이므로 환불과 관련된 내용은 적절하지 않다.
(B) 우수한 고객 서비스에 대한 내용도 제품의 소재 파악과 배송 기간과는 어울리지 않는다.
(D) 신제품 업데이트의 내용 역시 제품의 소재 파악과 배송 기간과는 무관한 내용이다.

133 (A) length
(B) longer
(C) longest
(D) lengthy

┤ 비교급 ├

지연 상황이 생기면 물건이 도착하는 데 시간이 '더 오래 걸린다'는 의미이므로 (B) longer가 정답이다. (C) longest는 최상급 형태로 최상급은 앞에 정관사 the와 함께 써야 한다.

어휘 length 길이 lengthy 장황한

정답 (B)

---

134 (A) employment   (A) 고용
(B) subscription   (B) 구독
(C) learning   (C) 배움
(D) shipment   (D) 배송

┤ 명사 어휘 ├

명사 어휘 문제로 해석을 통해 가장 자연스러운 것을 선택한다. 제품 배송에 대해 설명하는 글로 흐름상 '배송 상황에 대해 물어보고 싶으면 문의하라'는 의미이므로 (D) shipment(배송)가 정답이다.

정답 (D)

Questions 135-138 refer to the following e-mail. 135-138은 다음 이메일을 참조하시오.

To: Melissa Ryan <mryan@mail.com>
From: Benjamin Raja <braja@ejconsultants.org>
Subject: Final step
Date: February 29

Dear Ms. Ryan,

Congratulations! -------. Your experience and certifications appear
         135.
more than ------- for this position.
          136.

Please send me a list of three ------- as per required for applicants
                                137.
in the final stage of review. It is highly preferable that these include one previous work supervisor, one coworker and one professor or instructor.

Be sure to e-mail me the requested information as soon as possible. Assuming all goes smoothly, the selected applicant -------
                                                          138.
promptly on May 10. Until you receive our reply, please continue to closely monitor this e-mail account.

Best regards,

Benjamin Raja
Director of Human Resources
EJ Consulting Firm

수신: Melissa Ryan <mryan@mail.com>
발신: Benjamin Raja <braja@ejconsultants.org>
제목: 최종 단계
날짜: 2월 29일

Ryan 씨께,

축하합니다! 135 귀하께서 지원하신 직책의 최종 선발 단계에 도달하셨습니다. 136 귀하의 경력과 자격 증명 사항들이 이 자리에 적합하고도 남는 것으로 보입니다.

137 마지막 검토 단계에 필요한 지원자 필수 요건에 따라 3명의 추천인 목록을 저에게 보내 주시기 바랍니다. 이 추천인들은 이전 직장의 상사 1명, 동료 직원 1명, 그리고 1명의 교수나 강사를 포함시키는 것이 가장 좋습니다.

이 요청된 정보들을 가능한 한 빨리 제게 이메일로 보내 주십시오. 138 모든 일이 순조롭게 진행된다는 가정하에, 선발된 지원자는 5월 10일에 곧바로 근무를 시작할 수 있을 것입니다. 저희의 답변을 들으실 때까지, 이 이메일 계정을 계속해서 주의 깊게 살펴보시기 바랍니다.

안부를 전하며,

Benjamin Raja
인사부장
EJ Consulting Firm

어휘 certification 자격 증명(서) more than + 형용사 ~하고도 남는 as per ~에 따라 applicant 지원자 highly 매우, 대단히 preferable 선호되는, 더 좋은 include ~을 포함하다 supervisor 상사, 책임자 coworker 동료 직원 assuming ~을 가정하면 smoothly 순조롭게 promptly 지체 없이, 정확히 제시간에 continue to do 계속 ~하다 closely 주의 깊게 monitor ~을 살펴보다, 관찰하다 account 계정

135 (A) You have reached the final step for the job you applied for.
(B) Sufficient amount of educational background is necessary.
(C) We are receiving résumés for the opening of consultant.
(D) Your proposal for the project has been thoroughly reviewed.

(A) 귀하께서 지원하신 직책의 최종 선발 단계에 도달하셨습니다.
(B) 충분한 교육적 배경을 갖추어야 합니다.
(C) 저희들은 컨설턴트 자리에 이력서를 받고 있습니다.
(D) 프로젝트에 대한 귀하의 제안서가 철저히 검토되었습니다.

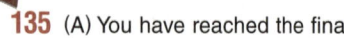

빈칸 앞 문장에서 축하 인사를 했고, 빈칸 뒤 문장에서 수신자의 경력과 자격 증명 사항들이 이 자리에 적합하다고 했으므로 수신자는 어떤 자리에 지원하여 좋은 결과가 있었음을 추측할 수 있다. 따라서 보기 중 '귀하께서 지원하신 직책의 최종 선발 단계에 도달하셨습니다.'가 흐름상 가장 자연스러우므로 (A)가 정답이다.

어휘 reach ~에 도달하다 apply for ~에 지원하다 sufficient 충분한 educational 교육의 résumé 이력서 proposal 제안서 thoroughly 철저히

정답 (A)

> **오답분석**
> (B) 앞 문장에서 축하한다고 했는데, 갑자기 필요한 자격 요건에 대해 언급하는 것은 흐름상 어울리지 않는다.
> (C) 빈칸 뒤의 문장에서 '귀하의 경력과 자격 증명 사항들이 이 자리에 적합하고도 남는다'고 했고, 마지막 요청 사항인 추천인 목록을 보내 달라는 내용이므로 이력서를 받는 것은 이미 끝난 일임을 알 수 있다.
> (D) 마지막 단계로 추천인 목록을 요청하고 있으므로 제안서와는 내용이 무관하다.

136 (A) abrupt (A) 돌연한, 갑작스러운
   (B) accessible (B) 접근 가능한
   (C) adequate (C) 적합한
   (D) acquainted (D) 알고 있는

┤ 형용사 어휘 ├
직원 선발 과정의 최종 단계에 도달한 사람에게 보내는 이메일이므로 지원자의 자격 사항을 나타내기에 적절한 형용사인 (C) adequate(적합한)가 빈칸에 와야 알맞다.

정답 (C)

137 (A) identifications (A) 신분증
   (B) references (B) 추천인
   (C) records (C) 기록
   (D) choices (D) 선택

┤ 명사 어휘 ├
뒤에 이어지는 내용을 보면 3명의 사람을 언급하고 있으므로 (B) references(추천인들)가 정답이다.

정답 (B)

138 (A) could commence
   (B) would have commenced
   (C) are commencing
   (D) commenced

┤ 적절한 시제 찾기 ├
미래 시점에 일을 시작하는 의미가 되어야 하므로 가능성을 의미하는 could가 포함된 (A) could commence가 정답이다.

어휘 commence 시작하다

정답 (A)

Questions 139-142 refer to the following letter. 139-142는 다음 편지를 참조하시오.

Mr. Kenneth Grey
5100 Front Street
Cincinnati, OH 45205
April 15

Dear Mr. Grey,

We appreciate the time you took to apply for the graphic design internship at Reba Sheer Clothing Co. However, after careful consideration, we are sorry to notify you that you were not chosen to ------- this year's internship program.
　　　139.

-------. However, due to recent budget cuts, our department is
140.
restricted to contracting only two full-time design interns this year.

Despite not being chosen, the advertisements in your portfolio, like ------- for Tippy Electronics and Young's Jewelry, are promising.
141.

Your talents would be ------- valued at our company. Upon your
　　　　　　　　　　142.
graduation, please consider applying for our new graduates training internship.

Best regards,

Naomi Lang
Manager, Graphic Design and Marketing
Reba Sheer Clothing Co.

Kenneth Grey 씨
5100 Front Street
Cincinnati, OH 45205
4월 15일

Grey 씨께,

저희 Reba Sheer Clothing Co.의 그래픽 디자인 인턴직에 시간 내어 지원해 주셔서 감사합니다. **139** 하지만 신중히 고려한 끝에, 귀하께서는 올해의 인턴 프로그램에 참여하도록 선발되지 않았다는 점을 알려 드리게 되어 유감스럽게 생각합니다.

140 저희는 이전에는 5명의 인턴을 선발할 수 있었습니다. 하지만 최근의 예산 감축으로 인해, 저희 부서는 올해 단 2명의 상근 디자인 인턴과 계약하도록 제한되었습니다.

141 선발되지 않았음에도 불구하고, 귀하의 포트폴리오에 들어 있는 광고들, Tippy Electronics와 Young's Jewelry를 위한 광고들은 전망이 좋습니다.

142 귀하의 재능은 저희 회사에서 높이 평가받을 수 있습니다. 학교를 졸업하시는 대로, 저희 신규 졸업자 교육 인턴직에 지원하는 것을 고려해 보시기 바랍니다.

안부를 전하며,

Naomi Lang
부장, 그래픽 디자인 마케팅부
Reba Sheer Clothing Co.

어휘 apply for ~에 지원하다　careful 신중한　consideration 고려　notify A that A에게 ~임을 알리다　budget cut 예산 감축　be restricted to ~로 제한되다　contract ~와 계약을 맺다　despite ~에도 불구하고　talent 재능　valued (높이) 평가받는　upon ~하자마자　graduation 졸업　graduate 졸업생

139 (A) substitute for
　　 (B) commit to
　　 (C) participate in
　　 (D) advertise about

　　 (A) ~을 대신하다, 대체하다
　　 (B) ~에 전념하다
　　 (C) ~에 참여하다
　　 (D) ~에 대해 광고하다

┤ 동사 어휘 ├
편지를 받는 사람이 인턴직에 지원했는데 선발되지 않은 상황이므로 인턴직 프로그램에 참여할 수 없게 되었다는 맥락이 되어야 한다. 따라서 (C) participate in(~에 참여하다)이 정답이다.

정답 (C)

140 (A) Last year, the number of key contracts with textile companies rose.
(B) A free lunch buffet will be provided on the first day of the program.
(C) No other candidate was able to exceed my expectations.
(D) We were previously able to select five individuals as interns.

(A) 작년에, 섬유 회사와의 주요 계약 건수가 늘었습니다.
(B) 무료 점심 뷔페가 프로그램 첫날에 제공될 것입니다.
(C) 어떤 다른 후보자도 저의 기대치를 넘어서지 못했습니다.
(D) 저희는 이전에는 5명의 인턴을 선발할 수 있었습니다.

┤ 빈칸에 알맞은 문장 고르기 ├

빈칸 뒤 문장이 However(그러나)로 시작되므로, 정답 문장의 내용은 however에 연결되는 문장과 대조적인 내용을 이루어야 한다. 이처럼 연결어를 단서로 사용하면 문제를 쉽게 풀 수 있다. 빈칸 뒤 문장의 내용은 '올해 단 2명의 상근 디자인 인턴과 계약하도록 제한되어 있다'이므로, 이와 대조를 이루려면 좀 더 많은 인원과 계약할 수 있다는 내용이 되어야 한다. 따라서 (D)가 정답이다.

어휘 the number of ~의 수 contract 계약 textile 섬유 candidate 후보 exceed ~을 넘다, 초과하다 expectation 기대
previously 이전에 be able to do ~할 수 있다 select ~을 선발하다 individual 사람, 개인

정답 (D)

오답분석
(A) 빈칸 뒤 문장과 대조적인 내용을 이루지 않는다. 또한, 빈칸 앞뒤 모두 인턴 선발과 관련된 내용이므로 계약 건수는 전혀 관련이 없는 주제이다.
(B) 빈칸 앞 문장은 올해 인턴 프로그램에 선발되지 못한 것을 알리는 내용이므로 프로그램 첫날에 무료 점심을 제공한다는 내용은 흐름상 맞지 않는다.
(C) 이 문장은 '~를 제외하고는 다른 후보자는 기대치를 넘어서지 못했다'는 내용으로 보통 상대방만이 조건에 부합했다는 내용을 알릴 때 쓰는 표현이다. 따라서 불합격을 알리는 앞 문장의 내용과 어울리지 않는다.

141 (A) this
(B) you
(C) those
(D) every

(A) 이것
(B) 너, 당신
(C) 그것들
(D) 모든

┤ 지시대명사 those ├

빈칸 앞의 like(~처럼)는 전치사로, 빈칸에는 명사의 형태만 올 수 있다. 따라서 형용사인 (D) every는 오답이다. 빈칸의 명사는 앞의 advertisements를 나타내는 대명사로, 의미상 'Tippy Electronics와 Young's Jewelry를 위한 광고'이 적절하다. 따라서 복수명사를 가리키며 전치사의 수식을 받는 대명사 (C) those(그것들)가 정답이다.

정답 (C)

142 (A) high
(B) highly
(C) higher
(D) highest

┤ 부사 자리 | 부사+형용사 ├

빈칸 앞에는 be 동사가 있고 빈칸 뒤에는 형용사(valued)가 있으므로, 빈칸은 뒤의 형용사를 수식하는 부사 자리이다. (A) high 역시 '높게'의 의미로 부사의 역할을 할 수 있으나 물리적인 높이를 나타내며, '높이 평가받다'의 '높이'는 highly를 써야 알맞다. 따라서 (B) highly가 정답이다.

어휘 highly 높이

정답 (B)

Questions 143-146 refer to the following notice. 143-146은 다음 공지를 참조하시오.

Attention Employees,

Our office has recently received several reports of computer viruses gaining access to company computers. Unfortunately, we have not yet determined the source of the problem. ------- you discover your
143.
work computer to be infected with a software virus, immediately turn it off and contact an IT specialist.

-------. Moreover, if you receive any unwanted e-mails, especially
144.
from unknown addresses, try not to open them.

If you do open a ------- message by mistake, be sure to take
145.
precautions such as not clicking on any links or replying to the sender. If ------- are followed, you will greatly reduce your risk of
146.
contracting a computer virus.

IT Services
ext. 3203

직원 여러분께 알립니다.

저희 사무실에서 최근에 회사 컴퓨터에 접근하려는 컴퓨터 바이러스에 관한 여러 보고서를 받았습니다. 안타깝게도, 저희는 아직 그 문제의 원인을 알아내지 못했습니다. 143 귀하의 업무용 컴퓨터가 소프트웨어 바이러스에 감염된 것을 발견하시는 경우에는, 즉시 컴퓨터를 끄고 IT 전문가에게 연락하십시오.

144 인터넷에서 프로그램을 다운로드하실 때 예방 조치를 취하시기 바랍니다. 더욱이, 원하지 않는 어떤 이메일이라도 받으시는 경우에, 특히 알 수 없는 주소로부터 오면 이메일을 열지 않으시길 바랍니다.

145 실수로 의심스러운 메시지를 열게 되시면, 어떠한 링크도 클릭하지 않거나 발신자에게 답변하지 않는 등의 예방 조치를 꼭 취하십시오. 146 이러한 사항들이 지켜지면, 컴퓨터 바이러스에 감염되는 위험을 크게 줄일 수 있을 것입니다.

IT 서비스부
내선. 3203

어휘 recently 최근에   several 여럿의   gain access to ~에 접근하다   determine ~을 알아내다, 결정하다   discover ~을 발견하다   be infected with ~에 감염되다   immediately 즉시   turn off ~을 끄다   moreover 더욱이   unwanted 원하지 않는   by mistake 실수로   be sure to do 꼭 ~하다   take precautions 예방조치를 취하다, 조심하다   such as ~와 같은   follow ~을 따르다   reduce ~을 줄이다   contract ~에 감염되다

143 (A) Pending
(B) Even if
(C) Consequently
(D) In the event that

(A) ~가 있을 때까지
(B) 비록 ~라 하더라도
(C) 결과적으로
(D) ~하는 경우에

┤ 부사절 접속사 VS 전치사 VS 부사 ├

빈칸은 완전한 두 개의 절을 연결할 수 있는 부사절 접속사가 들어갈 자리이다. 따라서 전치사나 형용사로 쓰이는 (A) Pending (~가 있을 때까지)과 부사인 (C) Consequently(결과적으로)는 오답이다. '컴퓨터가 바이러스에 감염된 경우에, 전문가에게 연락하라'가 의미상 적절하므로 접속사인 (B)와 (D) 중, (D) In the event that(~하는 경우에)이 정답이다.

정답 (D)

144 (A) We will be focusing on clarifying maintenance procedures.
(B) Please take precautions when downloading programs from the Internet.
(C) All employees are reminded to check their e-mail accounts regularly.
(D) Our anti-virus software is sold at a reasonable price.

(A) 저희들은 관리 절차를 명확히 하는 데 집중할 것입니다.
(B) 인터넷에서 프로그램을 다운로드하실 때 예방 조치를 취하시기 바랍니다.
(C) 모든 직원들은 정기적으로 그들의 이메일 계정을 확인해야 합니다.
(D) 저희 안티 바이러스 소프트웨어는 합리적인 가격으로 판매되고 있습니다.

┤ 빈칸에 알맞은 문장 고르기 ├

빈칸 뒤 문장의 Moreover(더욱이)는 In addition(게다가)과 비슷한 의미의 연결어로 추가 사항을 언급할 때 사용된다. 빈칸 뒤 문장은 이메일을 함부로 열지 않도록 권장하는 내용으로, 컴퓨터 바이러스에 감염되지 않기 위해 취하는 조치이다. 따라서 빈칸에 들어갈 문장 역시 이러한 조치 중 하나가 되어야 하므로 (B) '인터넷에서 프로그램을 다운로드하실 때 예방 조치를 취하시기 바랍니다.'가 정답이다.

어휘 focus on ~에 집중하다 clarify ~을 명확히 하다 maintenance 관리, 유지 procedure 절차 reasonable (값 등이) 합리적인

정답 (B)

오답분석

(A) 빈칸 뒤 연결어인 Moreover와 자연스럽게 연결되지 않는다. 관리 절차를 명확히 하는 데 집중하겠다는 것은 컴퓨터 바이러스에 감염되지 않기 위해 취하는 조치 중 하나로 보기 어렵다.
(C) 정기적으로 이메일 계정을 확인하라는 것은 이메일을 통해 받은 정보를 놓치지 말라는 의미이므로, 컴퓨터 바이러스에 감염되지 않기 위해 취하는 조치와는 관련이 없다.
(D) 소프트웨어에 대한 광고 내용은 컴퓨터 바이러스에 감염되지 않기 위해 취하는 조치가 될 수 없다.

145 (A) defective
(B) lengthy
(C) suspicious
(D) double

(A) 결함이 있는
(B) 장황한
(C) 의심스러운
(D) 두 배의

┤ 형용사 어휘 ├

실수로 이메일을 열었을 때 후속 조치에 대한 내용으로 명사 message를 수식하기에 적절한 형용사를 골라야 한다. '실수로 의심스러운 메시지를 열었을 경우'라는 의미가 되어야 자연스러우므로 (C) suspicious(의심스러운)가 정답이다.

정답 (C)

146 (A) these
(B) few
(C) either
(D) many

(A) 이것들
(B) 소수
(C) 어느 한쪽
(D) 다수

┤ 지시대명사 these ├

앞서 언급된 지켜져야 하는 일들을 가리켜야 하므로 복수명사를 가리키는 지시대명사인 (A) these(이것들)가 빈칸에 와야 알맞다.

정답 (A)

PART 7

Questions 147-148 refer to the following online chat discussion. 147-148은 다음 온라인 채팅을 참조하시오.

Veronica Stroud [3:22 P.M.]
Hi, Gustavo. 147 You set up the coffee machine in the break room, right?

Gustavo Baretto [3:24 P.M.]
Yes, this morning. Why? Did we run out of coffee already?

Veronica Stroud [3:24 P.M.]
No, but 147 it's flashing an "Error" message.

Gustavo Baretto [3:25 P.M.]
Did you check that the lid is closed tightly?

Veronica Stroud [3:26 P.M.]
Yes. And it is fully stocked with fresh grounds.

Gustavo Baretto [3:27 P.M.]
It probably has to be reset.

Veronica Stroud [3:27 P.M.]
I've never done that before. Do I need to get out the manual?

Gustavo Baretto [3:28 P.M.]
No. 148 Just hold down the button on the right-hand side for five seconds.

Veronica Stroud [3:29 P.M.]
Is that it? 148 If I had known that, I wouldn't have bothered you. Thanks!

Veronica Stroud [오후 3:22]
안녕하세요, Gustavo. 147 당신이 휴게실에 커피 기계를 설치했죠, 맞나요?

Gustavo Baretto [오후 3:24]
네, 오늘 아침에요. 왜요? 커피가 벌써 다 떨어졌나요?

Veronica Stroud [오후 3:24]
그런 건 아닌데, 147 "에러" 메시지가 계속 깜빡이고 있어요.

Gustavo Baretto [오후 3:25]
뚜껑이 꽉 닫혀 있는지 확인해 보셨어요?

Veronica Stroud [오후 3:26]
네. 그리고 신선한 분말로 가득 채워져 있어요.

Gustavo Baretto [오후 3:27]
아마 기계를 재설정해야 할 겁니다.

Veronica Stroud [오후 3:27]
저는 한 번도 그렇게 해 본 적이 없어요. 설명서를 가져 와야 하나요?

Gustavo Baretto [오후 3:28]
아뇨. 148 오른편에 있는 버튼을 5초 동안 누르고 있기만 하면 됩니다.

Veronica Stroud [오후 3:29]
그게 전부예요? 148 그런 줄 알았더라면, 당신을 귀찮게 하지 않았을 거예요. 감사합니다!

어휘 set up ~을 설치하다   break room 휴게실   run out of ~가 다 떨어지다, ~을 다 쓰다   flash ~을 번쩍이게 하다   lid 뚜껑   tightly 꽉, 단단히   fully 가득, 잔뜩   be stocked with ~가 채워져 있다, ~가 갖춰져 있다   ground 분말, 가루   reset ~을 재설정하다   get out ~을 꺼내오다   manual 설명서   hold down ~을 누른 상태로 있다   on the right-hand side 오른편에   bother ~을 귀찮게 하다, 방해하다

---

147 What is Ms. Stroud's problem?

(A) She missed an important message.
(B) A break schedule had an error.
(C) Some supplies have run out.
(D) A device is not working properly.

Stroud 씨가 겪는 문제점은 무엇인가?

(A) 중요한 메시지를 받지 못했다.
(B) 휴식 일정표에 오류가 있었다.
(C) 일부 물품이 다 떨어졌다.
(D) 기기 하나가 제대로 작동되지 않고 있다.

세부사항 | What

Stroud 씨가 커피 기계를 설치했는지 묻는 것으로 지문이 시작되고 있다. 바로 다음에 Baretto 씨가 묻는 이유를 되묻자 '에러 메시지가 깜빡이고 있다(it's flashing an "Error" message)'는 문제점을 알려 주고 있다. 즉, 기계에 오류가 발생된 것이므로 이에 대해 '제대로 작동되지 않고 있다'는 말로 바꿔 표현한 (D)가 정답이다.

어휘 miss ~을 놓치다   device 기기, 장치

정답 (D)

148 At 3:29 P.M., what does Ms. Stroud most likely mean when she writes, "Is that it"?

(A) She does not think Mr. Baretto can arrive very quickly.
(B) Some directions are easier than she expected.
(C) She is surprised that the office only has one manual.
(D) A button can be reattached without difficulty.

오후 3시 29분에, Stroud 씨가 "Is that it"이라고 썼을 때 의미하는 것은 무엇인가?

(A) 그녀는 Baretto 씨가 아주 빨리 도착할 수 없다고 생각한다.
(B) 일부 지시 사항이 그녀가 예상한 것보다 더 쉽다.
(C) 그녀는 사무실에 설명서가 하나밖에 없어서 놀라워하고 있다.
(D) 버튼이 쉽게 다시 부착될 수 있다.

┤ 의도파악 ├

해당 표현은 바로 앞서 3시 28분에 Baretto 씨가 '오른편에 있는 버튼을 5초 동안 누르고 있기만 하면 됩니다.'라는 말로 문제 해결 방법을 알려준 것에 대한 반응이다. 이 표현과 함께 '그런 줄 알았다면 귀찮게 하지 않았을 것(If I had known that, I wouldn't have bothered you)'이라는 말을 덧붙이는 것으로 볼 때 그 방법이 너무 쉽다는 뜻으로 사용된 표현임을 알 수 있다. 따라서 이와 같은 의미에 해당되는 (B)가 정답이다.

어휘 directions 지시 사항 reattach ~을 다시 부착하다 without difficulty 쉽게, 수월하게

정답 **(B)**

Questions 149-150 refer to the following advertisement. 149-150은 다음 광고를 참조하시오.

Premier Getaways

Nobody can beat our prices to the best places in Europe.

Rome $349
London $265
Paris $299
Barcelona $388
Athens $321

149 Visit our Web site at www.premiergetaways.com in order to book your dream trip. Don't forget to stay on our Web site to check out some of the tours and special hotel deals that we offer as well.

Terms & Conditions:
150 Prices are for individual round-trip tickets on flights departing from Boston.
150 Those making reservations on our Web site will receive complimentary shuttle bus service from the airport to their hotel.

Individuals using us to reserve a hotel will receive a daily voucher for a free buffet dinner.

Premier Getaways

어느 회사도 유럽 최고의 여행지로 가는 가격 면에서 저희를 앞서갈 수 없습니다.

Rome 349달러
London 265달러
Paris 299달러
Barcelona 388달러
Athens 321달러

149 여러분이 꿈꾸는 여행을 예약하기 위해 저희 웹사이트 www.premiergetaways.com을 방문해 보세요. 또한 저희가 제공하는 투어 및 특별 호텔 이용 서비스를 웹사이트에서 확인하는 것도 잊지 마세요.

거래 조건:
150 가격은 Boston에서 출발하는 개별 왕복 항공권에 대한 것입니다.
150 웹사이트를 통해 예약하시는 분께서는 공항에서 호텔로 가는 무료 셔틀버스 서비스를 이용하실 수 있습니다.

저희를 통해 호텔을 예약하시는 분께서는 일일 무료 뷔페 저녁 식사 쿠폰을 받으실 것입니다.

어휘 beat ~을 능가하다, 이기다   book ~을 예약하다   deal 거래, 서비스 이용   as well 또한, 마찬가지로   terms & conditions 거래 조건   individual 각각의, 개인의; 사람, 개인   depart from ~에서 출발하다   complimentary 무료의   daily 매일의   voucher 쿠폰, 상품권

---

149 What most likely is Premier Getaways?

(A) A public transit office
(B) A car dealer shop
(C) A vacation resort
(D) A travel agency

Premier Getaways는 무엇일 것 같은가?

(A) 대중교통 사무소
(B) 차량 판매 대리점
(C) 여행 리조트
(D) 여행사

| 추론 | 세부사항 |

지문 중간 부분에 '여행 예약을 위해 웹사이트를 방문하라(Visit our Web site ~ in order to book your dream trip)'는 말로 자사의 웹사이트를 통해 여행을 예약하라고 하고 있으므로 (D)가 정답이다.

어휘 public transit 대중교통   정답 (D)

---

150 What will people who purchase plane tickets receive?

(A) Special discounts on hotels
(B) Complimentary dinner
(C) A ride on a shuttle bus
(D) A guided tour of the city

항공권을 구매하는 사람들은 무엇을 받을 것인가?

(A) 호텔에 대한 특별 가격 할인
(B) 무료 저녁 식사
(C) 셔틀버스 이용 서비스
(D) 가이드를 동반한 도심 투어

| 세부사항 | What |

항공권 구매와 관련된 정보는 지문 하단부에 있는 거래 조건 내용에서 확인할 수 있다. 여기서 항공권 구매를 하면 무료 셔틀버스 서비스를 받을 수 있다고(will receive complimentary shuttle bus service) 되어 있으므로 (C)가 정답이다.

어휘 ride (탈것 등을) 타기, 탐   guided 가이드를 동반한, 가이드가 안내하는   정답 (C)

Questions 151-152 refer to the following information. 151-152는 다음 정보를 참조하시오.

SPACE FOR SALE

Restaurant facility in the food court on the second floor of the Cloverdale Shopping Mall. It is perfect for a fast-food establishment. There are a kitchen, counter space, and a shared eating area, and ¹⁵¹ it is available for a below-market rate as the owner wants to sell quickly. ¹⁵² The refrigerator and cash registers are yours for the taking at no additional charge. Call 1-800-409-4334 for more information or to set up an appointment to see the facility.

구입 가능한 공간

Cloverdale Shopping Mall의 2층에 있는 푸드코트 내 레스토랑 시설. 패스트푸드 업체에 가장 적합합니다. 주방, 카운터 공간, 그리고 함께 식사를 하는 공간이 있으며, 소유주가 신속히 매각하기를 원하기 때문에 ¹⁵¹ 시세보다 낮은 가격에 구입할 수 있습니다. ¹⁵² 냉장고와 현금 등록기는 추가 비용 없이 이용하실 수 있습니다. 더 많은 정보를 원하시거나 시설을 둘러보실 수 있도록 예약을 하기 위해서는 1-800-409-4334로 전화 주세요.

어휘 facility 시설물 establishment 시설, 건물 shared 공유된, 함께 사용하는 below-market rate 시세보다 낮은 가격 owner 소유주 refrigerator 냉장고 cash register 현금 등록기 at no additional charge 추가 비용 없이 set up an appointment 약속을 정하다, 예약하다

151 What is indicated about the facility?

(A) It is located on the ground floor of the shopping center.
(B) The owner is willing to lease it.
(C) It costs less to buy than the other restaurants beside it.
(D) It comes with a private seating area.

시설물에 관해 알 수 있는 것은 무엇인가?

(A) 쇼핑 센터의 1층에 위치해 있다.
(B) 소유주가 임대하고자 한다.
(C) 주변의 다른 레스토랑들보다 구매 비용이 저렴하다.
(D) 개별 좌석 공간이 딸려 있다.

진위확인 | True

각 보기와 관련해 언급된 정보들 중에서 매입 비용에 관해 시세보다 저렴하다는(available for a below-market rate) 표현을 다른 말로 바꿔 표현한 (C)가 정답이다.

어휘 ground floor 1층 lease ~을 임대하다 come with ~이 딸려 있다 private 개인적인

정답 (C)

---

152 What is included in the price of the sale?

(A) Some equipment
(B) A storage area
(C) Electricity and gas payments
(D) Parking spaces

판매 가격에 무엇이 포함되어 있는가?

(A) 몇몇 장비
(B) 저장 공간
(C) 전기세 및 가스비
(D) 주차 공간

세부사항 | What

지문 중간 부분에 냉장고와 현금 등록기는 추가 비용 없이 이용할 수 있다는 말로 해당 건물 매입 시 무료로 이용 가능한 물품들에 대해 말하고 있으므로 (A)가 정답이다.

어휘 storage 저장

정답 (A)

Questions 153-154 refer to the following information. 153-154는 다음 정보를 참조하시오.

---

¹⁵³ **The City Arts Committee is hosting an exhibition.**

^{153, 154} On Display: Paintings and Sculptures by the Winners of Mountainville's Student Art Contest

Tuesday, June 23 from 6:00 p.m. to 9:00 p.m.
Ed Klein Community Center
94 Southeast Front Street
¹⁵⁴ Mountainville, TX 77028

Admission is $5 per person and includes a selection of drinks and light snacks. Tickets can be purchased at the Mountainville Municipal Center during regular office hours.

---

¹⁵³ The City Arts Committee가 전시회를 개최합니다.

^{153, 154} 전시품: Mountainville의 학생 미술 콘테스트 수상자들의 그림과 조각품들

6월 23일 화요일, 오후 6시부터 오후 9시까지
Ed Klein Community Center
94 Southeast Front Street
¹⁵⁴ Mountainville, TX 77028

입장료는 1인당 5달러이며, 다양한 음료와 간단한 간식이 포함됩니다. 입장권은 Mountainville Municipal Center에서 정규 업무 시간 동안 구입 가능합니다.

어휘 host ~을 개최하다 exhibition 전시회 on display 전시 중인 sculpture 조각품 admission 입장료 per person 1인당 include ~을 포함하다 a selection of 다양한 municipal 시의 regular office hour 정규 업무 시간

---

153 What type of event is being held?

(A) A play
(B) An art show
(C) A concert
(D) A contest

무슨 종류의 행사가 열리는가?

(A) 연극
(B) 미술 전시회
(C) 콘서트
(D) 콘테스트

| 주제/목적 | 주제 |

행사의 특징에 대해 설명하는 지문 상단부의 내용을 보면, The City Arts Committee가 전시회를 개최한다는 말과 함께 그림과 조각품을 전시한다고 되어 있으므로 (B)가 정답이다.

정답 (B)

---

154 What is indicated about the event?

(A) It is free for students.
(B) It will be hosted by Ed Klein.
(C) It is a weekend event.
(D) It will feature local artists.

행사에 관해 알 수 있는 것은 무엇인가?

(A) 학생들은 무료이다.
(B) Ed Klein에 의해 개최될 것이다.
(C) 주말 행사이다.
(D) 지역 예술가들을 특징으로 한다.

| 진위확인 | True |

행사와 관련해 언급된 내용들 중에서, 행사가 열리는 주소에 쓰인 도시명과 전시품을 만든 학생들을 언급하는 부분에 제시된 도시명이 같은 것으로 보아 지역 예술가들의 작품이 전시됨을 유추할 수 있으므로 (D)가 정답이다.

어휘 feature ~을 특징으로 하다 local 지역의, 현지의

정답 (D)

Questions 155-157 refers to the following business profile.

Wimberley, Inc.

155 Wimberley, Inc. is a small-sized medicine manufacturer that has its headquarters in Panama City, Panama. The company produces medicines that are derived from natural products found in the country's rainforests. Most of the company's products are sold in Panama and adjacent Central American countries, but it has begun exporting small amounts of the products to both Europe and the United States. The company has seen its rise in sales by more than 35% in the past two years, and its profits have risen by nearly the same amount. 157 As a result, it has hired more than 65 new employees this year and will spend several million dollars on research and development soon. The company has two manufacturing facilities, both of which are located in Panama. 156 Vice president Ernesto Carrera joined the company last December, and he is expected to expand the company's research to develop products that are more likely to appeal to environmentally conscious individuals.

Wimberley, Inc. has a promising future ahead of it, and it should become one of the leading companies in Panama within the next decade.

---

155 Who will most likely purchase the products of Wimberley, Inc.?

(A) A mechanic
(B) A patient
(C) An event organizer
(D) A caterer

---

156 What did Wimberley, Inc. do last year?

(A) It opened several new locations.
(B) It employed a new executive.
(C) It advertised its products worldwide.
(D) It trained its employees on a regular basis.

157 What is suggested about Wimberley, Inc.?

(A) It is one of the largest companies in Panama.
(B) It will enhance its research capability.
(C) The value of its stock has risen for the past two years.
(D) It increased its profits by 35% in the past quarter.

Wimberley, Inc.에 관해 알 수 있는 것은 무엇인가?

(A) 파나마에 있는 가장 큰 회사들 중 하나이다.
(B) 자사의 연구 능력을 향상시킬 것이다.
(C) 지난 2년 동안 회사의 주가가 올랐다.
(D) 지난 분기에 35%만큼 수익이 증가했다.

추론 | 진위확인

보기의 내용을 먼저 읽고 관련 정보를 지문에서 찾아 비교해 풀어야 한다. 지문 중간 부분에 연구 개발에 많은 돈을 쓸 것이라는 (will spend several million dollars on research and development) 내용을 '연구 능력 향상'으로 표현한 (B)가 정답이다.

어휘 enhance ~을 향상시키다 capability 능력 value 가격, 값 stock 주식 quarter 분기

정답 (B)

Questions 158-160 refer to the following article. 158-160은 다음 기사를 참조하시오.

Micon Event

158 Micon has announced that it is hosting a recruitment drive to cover shortfalls in its workforce for an upcoming building project to convert the former Wexley Fabrics factory into apartments. Electricians, plumbers, and construction workers are needed urgently. **159** The conversion of the Wexley Fabrics building is a reaction to the recently enacted policy targeted at increasing the number of homes in the city for low-income families. The event is scheduled for February 17 at the Fairway Center from 8 A.M. to 3 P.M.

Interviews will be conducted on the day of the event, so applicants are asked to bring a completed application form with them. The form can be downloaded at www.micon-inc.net/forms. There you can also sign up for the event. **160** Those who do so before February 17 will be sent an application packet with a company brochure containing details about Micon's mission, working conditions, and hiring process.

Micon 행사

158 Micon은 이전에 Wexley Fabrics 공장이었던 건물을 아파트로 개조하는 다가올 건설 프로젝트를 위해 자사의 인원 부족을 충당하기 위한 채용 행사를 개최할 예정이라고 발표했다. 전기 기사와 배관 담당자, 그리고 건설 현장 인부들이 급히 필요하다. **159** Wexley Fabrics 건물의 개조는 저소득층 가정을 위해 도시 내 주택 숫자를 늘리는 것을 목표로 최근에 제정된 정책에 따른 대응이다. 이번 행사는 2월 17일 Fairway Center에서 오전 8시부터 오후 3시까지 예정되어 있다.

면접은 행사 당일에 실시될 예정이므로 지원자들은 작성을 완료한 지원서를 가져올 것이 요구된다. 양식은 www.micon-inc.net/forms에서 다운로드 받을 수 있다. 그곳에서 행사 참가 신청도 할 수 있다. **160** 2월 17일 전에 신청을 하는 사람들에게는 Micon의 사명과 근무 조건, 그리고 채용 절차에 관한 상세 정보를 담은 회사 소책자와 함께 지원 관련 자료집이 보내질 것이다.

어휘 announce ~을 발표하다 host ~을 개최하다 recruitment 채용 drive (조직적인) 행사, 운동 cover ~을 충당하다 shortfall 부족함, 부족분 upcoming 곧 있을, 다가오는 convert A into B A를 B로 전환하다, 변경하다 electrician 전기 기사 plumber 배관공 urgently 긴급히 conversion 개조, 변경, 전환 reaction to ~에 따른 대응, 대처 enact ~을 제정하다 policy 정책 targeted at ~을 목표로 한 the number of ~의 수 low-income 저소득층의 conduct ~을 시행하다 completed 완료된 application form 지원서 sign up for ~에 신청하다 packet 자료집, 서류 묶음 brochure 소책자 contain ~을 포함하다 details 상세 정보 mission 사명 process 절차, 과정

158 Why most likely would people want to attend the event?

(A) To tour an apartment complex
(B) To apply for financial assistance
(C) To seek a job opportunity
(D) To join a community club

사람들은 왜 이 행사에 참여하기를 원하겠는가?

(A) 아파트 단지를 견학하기 위해
(B) 재정 지원을 신청하기 위해
(C) 구직 기회를 찾기 위해
(D) 지역 사회 단체에 가입하기 위해

추론 | 세부사항

행사를 여는 목적을 설명한 첫 단락의 시작 부분을 보면, 특정 프로젝트에 필요한 인원을 충당하기 위한 채용 행사를 연다는 내용이 나오므로 이러한 목표를 간략히 언급한 (C)가 정답이다.

어휘 apartment complex 아파트 단지 financial 재정의 assistance 도움, 지원 opportunity 기회

정답 (C)

159 What is the purpose of the policy mentioned in the article?

(A) To provide housing for some citizens
(B) To attract tourists to the city
(C) To reduce urban pollution
(D) To protect historic buildings

기사에 언급된 정책의 목적은 무엇인가?

(A) 일부 시민들에게 주택을 공급하기
(B) 도시로 관광객들을 끌어들이기
(C) 도시 지역의 공해를 줄이기
(D) 역사적인 건물들을 보호하기

세부사항 | What

기사에서 정책(policy)에 관해 언급하는 부분은 첫 번째 단락이다. 여기서 언급하는 정책은 '저소득층 가정을 위한 주택의 숫자를 늘리는 것(targeted at increasing the number of homes in the city for low-income families)'이 목표라고 했으므로 정답은 (A)이다.

어휘 housing 주택 urban 도시의 pollution 오염, 공해

정답 (A)

160 What will happen to people with advance registration?

(A) They will be allowed into a facility early.
(B) They will be given premium tickets.
(C) They will receive company information.
(D) They will have a fee reduced.

사전에 등록하는 사람들에게 무슨 일이 있을 것인가?

(A) 그들은 시설 안으로 일찍 들어가도록 허용될 것이다.
(B) 그들은 경품권을 받을 것이다.
(C) 그들은 회사 관련 정보를 받을 것이다.
(D) 그들은 요금을 할인받을 것이다.

> **세부사항 | What**
>
> 질문에 쓰인 advance registration(사전 등록)이 핵심어이다. 이에 대한 내용이 언급된 두 번째 단락의 마지막 부분을 보면, '회사의 사명과 근무 조건, 채용 절차에 관한 소책자 및 지원 관련 자료들을 보내준다(Those who do so before February 17 will be sent an application packet ~)'고 했으므로 (C)가 정답이다.
>
> 어휘 advance registration 사전 등록   premium ticket 경품권
>
> 정답 (C)

Questions 161-164 refer to the following text message chain.

Prabha Shah [2:33 P.M.]
161, 164 I'm setting up the buffet at the Nero Hotel. It looks like we'll need one more warming tray, though.

Funato Ozaki [2:37 P.M.]
I'm wrapping up the luncheon at Olivia Gardens, but 164 I can bring one when I'm done.

Prabha Shah [2:38 P.M.]
That'll be perfect.

Funato Ozaki [2:39 P.M.]
We're one server short for tonight's event because Carly's sick. Can we get by with just 8?

Prabha Shah [2:40 P.M.]
I don't think so. 161 We cater for Bridge Enterprises regularly, and I don't want the service to be slow.

Funato Ozaki [2:40 P.M.]
Let me add Jason to this conversation.

Prabha Shah [2:41 P.M.]
162 Jason, we need someone to cover Carly's 6–10 shift. Are you free?

Jason Irving [2:45 P.M.]
Sign me up.

Prabha Shah [2:46 P.M.]
Thanks! I'll text you the details. 163 Please come dressed in the same uniform you wore to the Glendale Hall event.

Jason Irving [2:47 P.M.]
Okay. Fortunately, I've just had it cleaned.

Funato Ozaki [2:48 P.M.]
164 See you soon, Prabha. And thanks, Jason.

161 What type of business does Ms. Shah most likely work for?

(A) A restaurant supplier
(B) A catering company
(C) A transportation service
(D) A hotel chain

162 At 2:45 P.M., what does Mr. Irving most likely mean when he writes, "Sign me up"?

(A) He can give a talk to the Bridge Enterprises staff.
(B) He wants to register for a training event.
(C) He is able to fill in for a coworker.
(D) He thinks a business arrangement is a good idea.

오후 2시 45분에, Irving 씨가 "Sign me up"이라고 썼을 때 의미하는 것은 무엇인가?

(A) 그는 Bridge Enterprises 직원들에게 연설을 할 수 있다.
(B) 그는 교육 행사에 등록하고 싶어 한다.
(C) 그는 동료 직원의 자리를 대신할 수 있다.
(D) 그는 사업 협정이 좋은 아이디어라고 생각한다.

┤ 의도파악 ├

'sign A up'은 'A를 등록하다'라는 의미로 쓰이는 표현이며, 이 지문에서는 바로 앞서 2시 41분에 Shah 씨가 Carly 씨가 일하던 6~10시 교대 근무를 대신 맡아 줄 사람이 필요한데, 시간이 되는지(we need someone to cover Carly's 6–10 shift. Are you free?) 묻는 질문에 대한 답변으로 쓰였다. 따라서 자신을 등록해 달라고 말하는 것은 해당 업무를 맡겠다는 뜻이므로 이와 같은 의미에 해당하는 (C)가 정답이다.

어휘 give a talk 연설하다 register for ~에 등록하다 fill in for ~을 대신하다 arrangement 협의

정답 (C)

163 What is Mr. Irving asked to do?

(A) Perform a cleaning task
(B) Get some instructions from Carly
(C) Bring some equipment to Ms. Shah
(D) Wear certain clothing items

Irving 씨는 무엇을 하도록 요청받는가?

(A) 청소 업무 수행하기
(B) Carly 씨로부터 지시받기
(C) Shah 씨에게 장비 가져다 주기
(D) 특정 의류 착용하기

┤ 세부사항 | What ├

Irving 씨가 요청을 수락한 2시 45분 메시지 바로 다음에 Shah 씨가 'Glendale Hall 행사에 입고 왔던 것과 같은 유니폼으로 입고 오라(Please come dressed in the same uniform you wore to the Glendale Hall event)'고 요청한다. 이는 두 사람이 서로 알고 있는 특정한 옷을 입도록 요청하는 것이므로 (D)가 정답임을 알 수 있다.

어휘 instruction 지시, 설명 equipment 장비

정답 (D)

164 Where does Mr. Ozaki plan to go next?

(A) Bridge Enterprises' Office
(B) Glendale Hall
(C) Nero Hotel
(D) Olivia Gardens

Ozaki 씨는 다음에 어디로 갈 계획인가?

(A) Bridge Enterprises 사무실
(B) Glendale Hall
(C) Nero Hotel
(D) Olivia Gardens

┤ 세부사항 | Where ├

지문의 맨 마지막에 Ozaki 씨는 Shah 씨에게 '곧 뵙겠습니다'라고 인사하고 있다. 이는 지문 시작 부분에 Shah 씨가 Nero Hotel에서의 뷔페 행사 준비에 보온용 받침대가 하나 더 필요하다고 알린 것에 대해 Ozaki 씨가 자기가 하나 갖다 주겠다고(I can bring one when I'm done) 말한 것에 이어지는 내용이다. 따라서 Ozaki 씨는 Nero Hotel로 갈 것이므로 (C)가 정답이다.

정답 (C)

Questions 165-167 refer to the following announcement. 165-167은 다음 공지를 참조하시오.

Silvertown Transportation Department
Service Advisory

167 There is going to be road maintenance between Liberty Stadium and Broadwell Boulevard this weekend from 6:00 A.M. on Saturday until 10:00 P.M. on Sunday. — [1] —. **167** The bus is going to run in two sections. It will run from Liberty Stadium up to Madison Street, and from Riverside Park to Broadwell Boulevard. **165** Apple Avenue will not be accessible for road repairs. — [2] —. **166** For those individuals wishing to go from the Madison Street stop to the Broadwell Boulevard stop, there will be shuttle buses connecting the two streets. — [3] —. The shuttle buses will run every 20 minutes and will be available at no cost for bus passengers. The shuttle buses will cease running as soon as the road work is complete. — [4] —. No other buses are going to be affected by the construction.

We apologize for any inconvenience that this may cause passengers.

Silvertown Transportation Department
서비스 이용 주의

167 이번 주 토요일 오전 6시부터 일요일 오후 10시까지 Liberty Stadium과 Broadwell Boulevard 사이에 도로 보수 공사가 있을 예정입니다. — [1] —. **167** 이 버스는 두 구간에서 운행될 예정입니다. Liberty Stadium에서 Madison Street까지, 그리고 Riverside Park에서 Broadwell Boulevard까지 운행됩니다. **165** Apple Avenue는 도로 보수 공사로 인해 이용이 불가할 것입니다. — [2] —. **166** Madison Street 정류장에서 Broadwell Boulevard 정류장까지 이동하길 원하시는 분들은, 이 두 거리를 잇는 셔틀버스가 있을 것입니다. — [3] —. 이 셔틀버스는 20분마다 운행될 것이며, 버스 승객들은 무료로 이용 가능합니다. 이 셔틀버스는 도로 보수 공사가 완료되는 대로 운행이 중단됩니다. — [4] —. 다른 버스 노선들은 이 공사의 영향을 받지 않습니다.

승객 여러분께 불편함을 드려 사과드립니다.

어휘 maintenance 보수, 유지 관리 run 운행되다 accessible 이용 가능한, 접근 가능한 repair 수리 작업 connect ~을 연결하다 available 이용 가능한 at no cost 무료로 passenger 승객 cease ~을 중단하다 as soon as ~하자마자, ~하는 대로 be affected by ~의 영향을 받다 apologize for ~에 대해 사과하다 inconvenience 불편함 cause ~을 초래하다

165 Where is work scheduled to happen?

(A) At Liberty Stadium
(B) At Riverside Park
(C) On Apple Avenue
(D) On Broadwell Boulevard

작업은 어디에서 있을 예정인가?

(A) Liberty Stadium에서
(B) Riverside Park에서
(C) Apple Avenue에서
(D) Broadwell Boulevard에서

세부사항 | Where

지문 중간 부분에 Apple Avenue는 도로 보수 공사로 인해 이용이 불가하다고(Apple Avenue will not be accessible for road repairs) 알리고 있으므로 (C)가 정답이다.

정답 (C)

166 According to the announcement, what are the shuttle buses for?

(A) To move passengers affected by repairs to a subway station
(B) To connect two bus stops
(C) To take people to Liberty Stadium
(D) To make up for overcrowding on a bus

공지에 따르면, 셔틀버스의 목적은 무엇인가?

(A) 공사의 영향을 받는 승객들을 지하철역으로 이동시키기 위해
(B) 두 버스 정류장을 연결하기 위해
(C) 사람들을 Liberty Stadium으로 데려다 주기 위해
(D) 버스에서 발생하는 승객 과잉을 보완하기 위해

세부사항 | What

셔틀버스에 대해 언급되는 지문 중반부를 보면 두 거리에 있는 버스 정류장을 이용하는 승객들을 태워 이동할 수 있게 하는 것이 목적임을 알 수 있으므로 정답은 (B)이다.

어휘 make up for ~을 보완하다 overcrowding 초만원, 과잉 수용

정답 (B)

167 In which of the positions marked [1], [2], [3], and [4] does the following sentence best belong?

"During that time, there will be some changes in the bus 10 service."

(A) [1]
(B) [2]
(C) [3]
(D) [4]

[1], [2], [3], [4]로 표기된 위치들 중에서 다음 문장이 가장 잘 어울리는 곳은 어디인가?

"이 기간 동안, 10번 버스 서비스에 일부 변동이 있을 것입니다."

(A) [1]
(B) [2]
(C) [3]
(D) [4]

주어진 문장 넣기 | 문장의 내용 단서

주어진 문장은 10번 버스 노선의 변동 사항에 대한 내용이므로 공사 기간을 알리는 문장과 특정 버스의 운행 구간을 안내하는 문장 사이에 위치하는 것이 가장 자연스럽다. 따라서 (A)가 정답이다.

정답 (A)

Questions 168-171 refer to the following e-mail.

From: Ted Sanders, CEO
To: All Staff
Date: September 10
Subject: Greg Henderson Named Regional Manager

168 Ever since Ernest Mathieu announced his intentions to retire at the end of September, we at JPR Corporation have been searching to find his replacement. I would like to let you all know that Greg Henderson, **171** who currently works at our headquarters in Chicago, **168** is going to take over as the regional manager for South America at the beginning of October. Mr. Henderson is going to oversee all of our operations in South America, in which we have seen extensive growth in the past several months.

Many of you know Mr. Henderson well since he has been an employee at JPR for the past seven years. Prior to working here, he was employed at Krieg International and worked at that firm's Brazilian offices in both Rio de Janeiro and Brasilia for five years. Mr. Henderson is familiar with the working environment in South America, and **169** he has a number of valuable contacts at companies there that will surely be helpful in his new position. He is going to be based in Buenos Aires, Argentina, but we expect him to visit our facilities throughout South America at various times of the year.

170 To honor Mr. Mathieu, who has served JPR for more than thirty-two years, we are going to have a farewell event for him on Friday, September 29. **171** It will be held at Marino's, an Italian restaurant located near company headquarters, from 6:00 P.M. until 9:00 P.M. To learn more about the event, please get in touch with my secretary, Corrine Wise, at extension 5830. If you have any questions about the staffing changes, please speak with Stephanie Bush, the director of Human Resources, at extension 9043.

168 From what position will Mr. Mathieu retire?

(A) Chief executive officer
(B) Director of Human Resources
(C) South American regional manager
(D) Secretary

Mathieu 씨는 무슨 직책에서 퇴직하는가?

(A) 대표이사
(B) 인사부장
(C) 남미 지부장
(D) 비서

┤ 세부사항 | What ├

Mathieu 씨의 이름은 첫 단락 시작 부분에 언급되는데, 이 부분에서 'Mathieu 씨가 근무하던 남미 지역 지부장 자리를 Henderson 씨가 이어받는다(take over as the regional manager for South America)'고 했으므로 (C)가 정답이다.

정답 (C)

169 What is mentioned about Mr. Henderson?

(A) He is a native of South America.
(B) He worked at Krieg International last year.
(C) He knows many people in the industry.
(D) He is going to be based at JPR's headquarters.

Henderson 씨에 관해 언급된 것은 무엇인가?

(A) 그는 남미 출신이다.
(B) 그는 작년에 Krieg International에서 근무했다.
(C) 그는 업계에 있는 많은 사람들을 안다.
(D) 그는 JPR의 본사를 기반으로 근무할 것이다.

┤ 진위확인 | True ├

Henderson 씨에 대해 주로 설명하는 두 번째 단락에 제시된 정보들 중에서 '남미 지역에 있는 회사에 근무하는 많은 중요한 연락책이 있다(he has a number of valuable contacts at companies there)'고 했으므로 (C)가 정답이다.

어휘 native ~ 출신인 사람 in the industry 업계에서

정답 (C)

170 Why will the event be held on September 29?

(A) To celebrate the promotion of Mr. Henderson
(B) To announce the retirement of Mr. Sanders
(C) To acknowledge the accomplishments of Mr. Mathieu
(D) To discuss JPR's plans for the South American market

행사는 왜 9월 29일에 열리는가?

(A) Henderson 씨의 승진을 축하하기 위해
(B) Sanders 씨의 퇴직을 알리기 위해
(C) Mathieu 씨의 업적을 인정하기 위해
(D) 남미 시장을 대상으로 한 JPR의 계획을 논의하기 위해

┤ 세부사항 | Why ├

9월 29일이라는 날짜와 함께 예정된 행사에 대해 언급하는 내용은 마지막 단락에서 찾아볼 수 있다. 여기서 'Mathieu 씨의 업적을 기리기 위해(To honor Mr. Mathieu ~)'라는 말로 행사의 목적을 알리고 있으므로 정답은 (C)이다.

어휘 celebrate ~을 축하하다 acknowledge ~을 인정하다 accomplishment 업적

정답 (C)

171 Where will the event take place?

(A) In Buenos Aires
(B) In Chicago
(C) In Rio de Janeiro
(D) In Brasilia

행사는 어디에서 열릴 것인가?

(A) Buenos Aires에서
(B) Chicago에서
(C) Rio de Janeiro에서
(D) Brasilia에서

┤ 세부사항 | Where ├

행사에 관해 설명하는 마지막 단락에서 행사 장소와 관련해 회사의 본사 근처에 있는(near company headquarters) 한 식당에서 열린다고 했고, 본사의 위치는 첫 단락에서 Chicago에 있다고(our headquarters in Chicago) 말했으므로 (B)가 정답이다.

정답 (B)

Questions 172-175 refer to the following memo.

From: Julie Hamilton <jhamilton@skydreamsairlines.com>
To: undisclosed recipients
Subject: Annual meeting
Date: November 5

This is a reminder that Sky Dreams Airlines' annual meeting is going to be held on Friday, November 6. — [1] —. Please be aware that more people than expected have indicated their desire to attend the meeting. On account of that, we have changed the location of the meeting. — [2] —. Instead, it has been moved to the East Rutherford Convention Center. The rest of the event including the schedule remains the same as indicated in my e-mail dated October 25.

All Sky Dreams Airlines employees are welcome to attend the event. Our CEO, the board of directors, and most members of upper management are going to be present. In addition, all of our major shareholders and some potential investors will be in attendance. — [3] —. There will be a question and answer session at the meeting, and everyone, no matter what your position, is welcome to contribute during that time. Following the meeting, CEO Travis Carter is going to host a reception at which refreshments will be served. — [4] —. Employees must register in order to attend, so your name will be checked before you are permitted to enter the meeting. Feel free to contact me if you have any questions.

172 Why was the memo written?

(A) To publicize a new venue for a meeting
(B) To mention that Mr. Carter will resign as CEO
(C) To state that some new investors have been found
(D) To encourage employees to register for an event

173 What is mentioned about Ms. Hamilton?

(A) She sent an e-mail about the event last month.
(B) She works in the office of the CEO.
(C) She is going to attend the meeting tomorrow.
(D) She reserved the convention center for the meeting.

Hamilton 씨에 관해 언급된 것은 무엇인가?

(A) 그녀는 지난달에 행사에 관한 이메일을 보냈다.
(B) 그녀는 대표이사 사무실에서 근무한다.
(C) 그녀는 내일 회의에 참석할 예정이다.
(D) 그녀는 회의를 위해 컨벤션 센터를 예약했다.

> 진위확인 | True
>
> Hamilton 씨는 첫 단락 마지막 부분에 10월 25일 날짜로 된 자신의 이메일(my e-mail dated October 25)을 언급하고 있는데, 메모가 작성된 날짜가 11월 5일이므로 지난달에 행사와 관련된 이메일을 보냈음을 알 수 있으므로 (A)가 정답이다.
>
> 어휘 reserve ~을 예약하다
>
> 정답 (A)

174 What does Ms. Hamilton ask the attendees to do?

(A) Make reservations for the reception
(B) Have their questions prepared in advance
(C) Sign up to attend the meeting
(D) Contact Ms. Hamilton to receive instructions

Hamilton 씨가 참가자들에게 무엇을 하라고 요청하는가?

(A) 연회를 위해 미리 예약하기
(B) 미리 질문을 준비하기
(C) 회의 참가 신청하기
(D) 안내를 받기 위해 Hamilton 씨에게 연락하기

> 세부사항 | What
>
> 두 번째 단락 마지막 부분에 '참석을 위해서는 반드시 등록을 해야 한다(Employees must register in order to attend)'고 알리고 있으므로 (C)가 정답이다.
>
> 어휘 in advance 사전에, 미리   instruction 안내
>
> 정답 (C)

175 In which of the positions marked [1], [2], [3], and [4] does the following sentence best belong?

"It is no longer going to be held in the auditorium at Sky Dreams Airlines headquarters."

(A) [1]
(B) [2]
(C) [3]
(D) [4]

[1], [2], [3], [4]로 표기된 위치 중에서 다음 문장이 가장 잘 어울리는 곳은 어디인가?

"이는 더 이상 Sky Dreams Airlines의 본사에 있는 강당에서 열리지 않을 것입니다."

(A) [1]
(B) [2]
(C) [3]
(D) [4]

> 주어진 문장 넣기 | 지시어 단서
>
> 주어진 문장은 특정 대상을 지칭하는 It이 주어로 쓰여 더 이상 Sky Dreams Airlines의 본사에 있는 강당에서 열리지 않는다는 의미이다. 따라서 장소가 변경되었다는 사실과 이유가 제시된 문장들 다음에 위치해야 의미 연결이 가장 자연스러우므로 (B)가 정답이다.
>
> 어휘 no longer 더 이상 ~가 아니다   auditorium 강당
>
> 정답 (B)

Questions 176-180 refer to the following announcement and e-mail.

Historical Preservation Society (HPS)

The HPS invites you to participate in our upcoming Internet seminar entitled "How to Preserve Historical Documents." 176 The seminar is going to focus on the best methods to ensure that aging documents of a historical nature can be preserved and not be allowed to suffer any kind of damage.

The event will be led by Steven Rohm, who has a PhD in history and currently works as a professor at Parker University. 177, 178 The seminar is set to take place on July 30 from 1:00 P.M. to 4:00 P.M. Those who wish to attend it must register no later than July 1. Information about the cost of the seminar and other details may be obtained by visiting www.hps.org/seminar.

When you register, you will be given the chance to submit a question for Mr. Rohm. He will do his best to respond to as many of them as possible during the seminar. Those questions which he cannot answer live will receive written responses to be posted on our Web site no later than August 10.

From: srohm@inthistfound.org
To: sarahhallstead@hps.org
Cc: guybouchrad@parker.edu
Subject: Regrets
Date: June 12

Dear Ms. Hallstead,

I regret to inform you that I cannot fulfill my role at the upcoming seminar being sponsored by your organization. 178 On the day of the seminar, I have to fly to Paris to participate in the restoration of a manuscript from the fourteenth century. 179 I spoke with one of my former classmates, current Parker University professor of history Guy Bouchard, to take over my role at the seminar, and he agreed. He will be contacting you to make the necessary arrangements soon.

180 Mr. Bouchard has specialized in the restoration and preservation of historical documents for more than fifteen years. He works with both the American Smithsonian Institute and the Vatican, so he is extremely competent. I hope you find him a suitable replacement for me.

Again, I sincerely apologize for my inability to be present on the day of the seminar.

Best,
178 Steven Rohm

다시 한 번, 세미나 당일에 참석할 수 없다는 점에 대해 진심으로 사과드립니다.

안녕히 계십시오.
178 Steven Rohm

어휘 regret to do ~해서 유감이다 inform A that A에게 ~임을 알리다 fulfill ~을 수행하다 sponsored by ~의 후원을 받는 organization 단체, 기관 restoration 복원, 복구 manuscript 필사본 former 이전의, 과거의 current 현재의 take over ~을 이어받다 arrangement 준비 specialize in ~을 전문으로 하다 extremely 매우, 극히 competent 능력 있는 suitable 적합한 replacement 대체자 sincerely 진심으로 apologize for ~에 대해 사과하다 inability 할 수 없음

176 What is suggested about the event?

(A) It is intended for professors at universities.
(B) It is going to take place over the course of two days.
(C) It will be held at the headquarters of the HPS.
(D) It will provide information on how to take care of documents.

행사에 관해 알 수 있는 것은 무엇인가?

(A) 대학 교수들을 대상으로 한다.
(B) 이틀의 기간에 걸쳐 열릴 예정이다.
(C) HPS의 본사에서 열릴 것이다.
(D) 문서를 관리하는 법에 대한 정보가 제공될 것이다.

| 추론 | 진위확인 |

첫 지문의 시작 부분에 행사에서 주로 다룰 내용에 대해 언급하고 있다. 오래된 문서를 보존하고 손상되지 않도록 하는 방법에 초점을 맞출 것이라고 알리고 있으므로 이를 간략히 줄여 말한 (D)가 정답이다.

어휘 over the course of ~의 기간에 걸쳐, ~ 동안 take care of ~을 관리하다   정답 (D)

177 What is mentioned about people who want to participate in the event?

(A) They can ask Ms. Hallstead questions.
(B) They have to sign up for it in advance.
(C) They are all students at universities.
(D) They should have a membership in the HPS.

행사에 참여하고자 하는 사람들에 관해 언급된 것은 무엇인가?

(A) Hallstead 씨에게 질문을 할 수 있다.
(B) 미리 등록해야 한다.
(C) 모두 대학에 재학 중인 학생들이다.
(D) HPS 회원 자격이 있어야 한다.

| 진위확인 | True |

행사 참석과 관련된 내용은 첫 지문의 두 번째 단락에서 확인할 수 있다. 행사는 7월 30일인데 늦어도 7월 1일까지 등록해야 한다고 했으므로 (B)가 정답이다.

어휘 sign up for ~을 신청하다 in advance 미리   정답 (B)

178 When will Mr. Rohm fly to Paris?

(A) On June 12
(B) On July 1
(C) On July 30
(D) On August 10

Rohm 씨는 언제 비행기로 Paris에 갈 것인가?

(A) 6월 12일에
(B) 7월 1일에
(C) 7월 30일에
(D) 8월 10일에

| 연계문제 | 세부사항 |

Rohm 씨는 이메일을 쓴 사람이며, 이 이메일에서 Paris로 가는 것에 대한 내용은 첫 단락의 시작 부분에 언급되어 있다. 세미나 당일에(On the day of the seminar) 간다고 했는데, 첫 번째 지문에서 행사가 열리는 날이 7월 30일(July 30)이라고 했으므로 (C)가 정답이다.

정답 (C)

179 What does Mr. Rohm indicate that he has done?
(A) Asked a colleague to fill in for him at the event
(B) Done some restoration work for the Vatican
(C) Acquired a fifteenth-century document for the seminar
(D) Recorded the seminar to show to those who cannot attend it

Rohm 씨는 무엇을 했다고 알리는가?
(A) 행사에서 자신을 대신하도록 동료에게 요청했다.
(B) Vatican을 위해 복원 작업을 했다.
(C) 세미나에 필요한 15세기 문서를 확보했다.
(D) 참석할 수 없는 사람들에게 보여주기 위해 세미나를 녹화했다.

> **세부사항 | What**
>
> Rohm 씨는 이메일에서 자신이 행사에 참석할 수 없기 때문에, 자신과 같은 대학에서 함께 일하는 다른 교수에게 자신의 역할을 대신 하도록 요청했다고(I spoke with one of my former classmates, ~ to take over my role at the seminar) 밝히고 있다. 따라서 이에 대한 내용을 간단히 바꿔 말한 (A)가 정답이다.
>
> **어휘** fill in for ~를 대신[대리]하다 acquire ~을 얻다, 획득하다 record ~을 녹화하다
>
> 정답 (A)

180 What is suggested about Mr. Bouchard?
(A) He was recently appointed to his current position.
(B) He has extensive experience in his field.
(C) He hopes to work full time at the Smithsonian Institute.
(D) He spends most of his time working in Europe.

Bouchard 씨에 관해 알 수 있는 것은 무엇인가?
(A) 그는 최근에 현재 맡고 있는 자리에 임명되었다.
(B) 그는 자신의 분야에서 폭넓은 경험을 지니고 있다.
(C) 그는 Smithsonian Institute에서 정규직으로 근무하기를 희망하고 있다.
(D) 그는 유럽에서 일하는 데 대부분의 시간을 쓴다.

> **추론 | 진위확인**
>
> Bouchard 씨는 이메일을 통해 Rohm 씨가 소개하는 사람이다. 이 이메일의 두 번째 단락에서 15년이 넘는 기간 동안 해당 분야에서 일해 온 사람이라고(Mr. Bouchard has specialized in ~ for more than fifteen years) 알리고 있으므로 관련 경험이 풍부함을 알 수 있다. 따라서 정답은 (B)이다.
>
> **어휘** appoint ~을 임명하다, 지명하다 extensive 폭넓은, 광범위한
>
> 정답 (B)

Questions 181-185 refer to the following flyer and web page.

For Sale: Ninkovich NK100 Industrial Stapler

Two weeks ago, I purchased the NK100 in order to staple some of the large reports that are produced by my company. However, **181 I was unaware that the NK100 is only capable of stapling a small number of pages together. 185 (I intend to purchase a machine capable of stapling 130 pages.)**

The NK100 is ideal for those who wish to staple reports of 50 pages or fewer. The stapler which I purchased has never been used and is still in its packaging. According to its Web site, Ninkovich Inc. will service the stapler anytime that it fails to work properly. **182 It will also provide spare parts should any part of it need to be replaced even though this particular machine is no longer being made by Ninkovich as of this Monday. On account of this announcement, which I just read, I am only requesting $15 instead of $25 for it.**

Please contact me at the number listed below if you would like to purchase this item. **183 I can send you some pictures of it to your cell phone if you would like to see what it looks like.**

Jeremy Summers (617) 905-1743

Model #	Maximum Number of Pages Stapled	Price
NK50	50	$25
NK100	100	$35
NK150	120	$45
185 NK200	**150**	**$60**

Ninkovich Inc.

Ninkovich Inc. provides industrial staplers that can meet the demands of every office. They will put staples through the thickest reports and will not suffer problems such as becoming loose. **184 The staples used in all Ninkovich Inc. industrial staplers are the same size, so the staples you purchase from us are interchangeable.** The above chart should give you an idea of which industrial stapler is right for your office. For a demonstration, call (405) 444-3854 to set up a personal appointment.

181 Why is Mr. Summers offering to sell his machine?

(A) He does not need a stapler anymore.
(B) He has a similar model.
(C) It breaks down on occasion.
(D) It cannot handle large reports.

Summers 씨는 왜 자신의 기기를 판매하려 하는가?
(A) 그는 더 이상 스테이플러가 필요하지 않다.
(B) 그는 비슷한 모델이 있다.
(C) 그것은 종종 고장이 난다.
(D) 그것은 많은 양의 보고서를 처리할 수 없다.

세부사항 | Why

첫 지문의 첫 단락에서 'NK100 제품이 적은 수의 페이지밖에 철할 수 없다는 것을 몰랐다(I was unaware that the NK100 is only capable of stapling a small number of pages together.)'며 자신의 원하는 만큼 많은 분량의 문서를 철할 수 없다는 문제점과 함께 해당 기기를 판매한다고 알리고 있으므로 (D)가 정답이다.

어휘 similar 비슷한 break down 고장 나다 on occasion 종종, 때로 handle ~을 처리하다

정답 (D)

182 According to the flyer, why is the machine being sold at a low price?

(A) It is no longer being manufactured.
(B) It has been used for a longtime.
(C) It is not in new condition.
(D) It requires spare parts.

전단에 따르면, 기기는 왜 낮은 가격에 판매되는가?
(A) 그것은 더 이상 생산되지 않는다.
(B) 그것은 오랫동안 사용되어 왔다.
(C) 그것은 새로운 상태가 아니다.
(D) 그것은 여분의 부품을 필요로 한다.

세부사항 | Why

낮은 가격에 판매한다는 내용은 첫 지문의 두 번째 단락 끝에 나타나 있다. 여기서 글쓴이는 '더 이상 해당 제품이 제조되지 않는다(no longer being made by Ninkovich as of this Monday)'는 회사의 공지를 막 읽었다고 밝히면서 이러한 이유로 낮은 가격에 판매되길 원한다고 말하고 있으므로 (A)가 정답이다.

어휘 manufacture ~을 생산하다 condition 상태

정답 (A)

183 How can those interested in Mr. Summers' machine see it?

(A) By visiting his homepage
(B) By requesting he send them pictures
(C) By going to his office
(D) By going to a local store

Summers 씨의 기기에 관심이 있는 사람들은 어떻게 제품을 볼 수 있는가?
(A) 그의 홈페이지를 방문함으로써
(B) 그에게 사진을 보내줄 것을 요청함으로써
(C) 그의 사무실을 방문함으로써
(D) 지역 상점에 찾아감으로써

세부사항 | How

해당 제품을 확인하는 방법은 첫 지문의 마지막 단락에서 확인할 수 있다. 글쓴이가 '제품의 외관을 보기를 원한다면 휴대전화로 제품의 이미지를 보내 주겠다(I can send you some pictures of it to your cell phone if you would like to see what it looks like.)'고 했으므로 (B)가 정답이다.

어휘 request ~을 요청하다 local 지역의

정답 (B)

184 According to the Web site, what is a common feature of all Ninkovich Inc. industrial staplers?

(A) They staple the same number of pages.
(B) They accommodate identical staples.
(C) They come in the same colors.
(D) They do not weigh too much.

웹사이트에 따르면, 모든 Ninkovich Inc.의 공업용 스테이플러의 공통된 특징은 무엇인가?
(A) 동일한 페이지 수의 문서를 철한다.
(B) 동일한 철심을 사용한다.
(C) 같은 색상으로 나온다.
(D) 무게가 아주 많이 나가지 않는다.

세부사항 | What

이 회사의 공업용 스테이플러가 지닌 공통점에 대해 '각 제품에 쓰이는 철심은 동일한 사이즈이므로 서로 바꿔 쓸 수 있다(The staples used in all Ninkovich Inc. industrial staplers are the same size, ~)'고 했으므로 (B)가 정답이다.

어휘 accommodate ~을 수용하다 identical 동일한, 똑같은 weigh 무게가 나가다

정답 (B)

185 Which model will Mr. Summers most likely purchase to replace the one he previously bought?

(A) NK50
(B) NK100
(C) NK150
(D) NK200

Summers 씨는 이전에 구입했던 것을 대체하기 위해 어느 모델을 구입할 가능성이 큰가?

(A) NK50
(B) NK100
(C) NK150
(D) NK200

| 연계문제 | 추론 |

Summers 씨가 원하는 제품은 첫 지문의 첫 단락에 나타난 바와 같이 '130페이지를 철할 수 있는 것(~ a machine capable of stapling 130 pages.)'이다. 두 번째 지문의 표에서 이에 해당하는 제품을 찾아보면, NK200임을 알 수 있으므로 (D)가 정답이다.

어휘 previously 이전에

정답 (D)

Questions 186-190 refer to the following advertisement, report, and text message.

Internship Recruitment Drive at Delarosa Co.
Spend your summer at the headquarters of one of the top retailers in the country!

Delarosa Co. is looking for summer interns in New York City. By working as an intern, you'll gain valuable experience, learn about how your department operates, and build useful industry contacts. 186-A We're holding a one-time recruitment event on April 28 at our headquarters in the Mendoza Building (348 127th Street). 186-D All applicants will attend a group interview, and the strongest candidates will be passed on to individual interviews. 186-C Applicants will also complete a test to assess their writing skills. Applicants should apply to only one department, and they may do so by sending a résumé and cover letter to Glenn Powell at powellg@delarosaco.com. Please note that while refreshments will be served, interviewees should make their own lunch plans.

Department	Group Interviews	Individual Interviews	Location
Accounting	8:00 A.M.–10:00 A.M.	10:00 A.M.–Noon	Conference Room A
Finance	8:00 A.M.–10:00 A.M.	10:00 A.M.–Noon	Conference Room B
187 Public Relations	1:00 P.M.–3:00 P.M.	3:00 P.M.–5:00 P.M.	Room 205
Marketing	1:00 P.M.–3:00 P.M.	3:00 P.M.–5:00 P.M.	Room 206

Hiring Committee Summary Report
Written by Glenn Powell, Submitted April 30

Following the April 28 recruitment event, the Delarosa Co. Hiring Committee met to discuss job candidates. A number of factors were considered, including experience, education, exam scores, and personality. The committee makes the following recommendations for internship positions:
  Accounting: Colleen Mack
  189 Finance: Kyle Atherton
  187 Public Relations: Patricia Silas
  Marketing: Benjamin Avila

If the top-selected candidates are not available, we recommend as backups Harvey Elliot (Accounting), **189** William Duffy (Finance), Joelle Hudson (Public Relations), and Yolanda Greer (Marketing).

위와 같이 선정된 최종 후보자들이 여의치 않을 경우, 대체 후보자로 Harvey Elliot (회계), **189** William Duffy (재무), Joelle Hudson (홍보), 그리고 Yolanda Greer (마케팅)를 추천합니다.

어휘 summary 요약(본) following ~후에 discuss ~을 논의하다 a number of 많은 factor 요소 consider ~을 고려하다 including ~을 포함해 personality 인성, 성격 top-selected 최종적으로 선발된 available (사람이) 시간이 되는, 일이 가능한 backup 예비, 대체(자)

---

188 From: Glenn Powell
Received: May 4, 2:48 P.M.
190 To: Samuel Walburn

Hi, Sam. **189** Kyle Atherton, the first-choice candidate for your department, has declined the internship position. **188** Unfortunately, he has decided to take a job at Benson, Inc., instead. **189** I'll contact the backup candidate and let you know if we need to search any further. If that's the case, I'll send you some résumés to look over. In the meantime, **190** I've e-mailed you the form you need to request supplies for training. Those will be ordered next Wednesday.

188 발신: Glenn Powell
수신 시간: 5월 4일, 오후 2:48
190 수신: Samuel Walbaun

안녕하세요, Sam. **189** 당신의 부서를 위해 첫 번째로 선택한 후보자인 Kyle Atherton 씨가 인턴직을 거절했습니다. **188** 안타깝게도, 이분은 Benson Inc.의 일자리를 대신 수락하기로 결정했습니다. **189** 제가 대체 후보자에게 연락해 보고 더 찾아야 하는지 알려 드리겠습니다. 만일 그렇게 해야 한다면, 검토하실 수 있도록 이력서들을 보내 드리겠습니다. 그동안에, **190** 교육에 필요한 물품들을 신청하시는 데 필요하신 양식을 이메일로 보내 드렸습니다. 이 물품들은 다음 주 수요일에 주문될 것입니다.

어휘 decline ~을 거절하다 unfortunately 안타깝게도 decide to do ~하기로 결정하다 instead 그 대신 any further 추가로 더 if that's the case 만일 그렇다면 look over ~을 검토하다 in the meantime 동시에, 그 사이에 form 양식 supplies 물품, 용품

---

186 What is NOT true about the April 28 event?

(A) It was held at the company's head office.
(B) Its attendees were served a meal.
(C) It included a written exam.
(D) Its applicants could attend more than one interview.

4월 28일의 행사에 관해 사실이 아닌 것은 무엇인가?

(A) 회사의 본사에서 열렸다.
(B) 참가자들에게 식사가 제공되었다.
(C) 필기 시험이 포함되었다.
(D) 지원자들은 한 개가 넘는 면접에 참석할 수도 있다.

> **진위확인 | NOT true**
>
> 4월 28일이라는 날짜와 함께 행사 정보가 언급된 첫 지문을 보면, 행사 장소로 본사(headquarters)가 언급되어 있으므로 (A)는 맞는 내용이다. 그리고 작문 능력(writing skills)을 평가하기 위한 테스트가 있을 것이라고 되어 있으므로 (C)도 맞는 내용이며, 그룹 면접(group interview) 통과자들은 개별 면접(individual interview) 단계로 넘어간다고 되어 있으므로 (D)도 맞는 내용이다. 식사와 관련해서는 '각자 점심 계획을 마련해야 한다(make their own lunch plans)'고 되어 있으므로 (B)가 정답이다.
>
> **어휘** head office 본사 attendee 참석자 serve ~을 제공하다 include ~을 포함하다
>
> 정답 (B)

187 Where most likely did Ms. Silas have an interview?

(A) In Conference Room A
(B) In Conference Room B
(C) In Room 205
(D) In Room 206

Silas 씨는 어디에서 면접을 봤을 것 같은가?

(A) 회의실 A에서
(B) 회의실 B에서
(C) 205호실에서
(D) 206호실에서

> **연계문제 | 추론**
>
> Silas 씨의 이름은 두 번째 지문인 보고서의 중간 부분에서 '홍보: Patricia Silas'로 표기된 곳에서 찾아볼 수 있다. 첫 번째 지문의 도표에서, 홍보 부서에 지원하는 사람들이 면접을 치르는 장소는 205호실이므로 (C)가 정답이다.
>
> 정답 (C)

372 정재현 新토익 실전 1000제 RC 해설집

188 What problem does Mr. Powell mention?

(A) He is having difficulty choosing among candidates.
(B) An applicant didn't have the right qualifications.
(C) Some interviews lasted longer than expected.
(D) A candidate accepted a job somewhere else.

Powell 씨는 무슨 문제점을 언급하는가?

(A) 그는 후보자들 사이에서 선택하는 데 어려움이 있다.
(B) 한 지원자가 적합한 자격을 지니고 있지 않았다.
(C) 일부 면접이 예상보다 더 오래 진행되었다.
(D) 한 후보자가 다른 곳의 일자리를 수락했다.

| 세부사항 | What |

Powell 씨가 작성한 메시지인 세 번째 지문에서, Kyle Atherton이라는 사람을 언급하면서 '다른 회사의 일자리를 수락했다(he has decided to take a job at Benson, Inc., instead)'고 알리고 있다. 따라서 이와 같은 문제점을 언급한 (D)가 정답이다.

어휘 have difficulty -ing ~하는 데 어려움을 겪다   among ~중에   qualification 자격   last 지속되다   accept ~을 수락하다, 받아들이다

정답 (D)

189 Who does Mr. Powell plan to contact?

(A) Harvey Elliot
(B) William Duffy
(C) Joelle Hudson
(D) Yolanda Greer

Powell 씨는 누구에게 연락할 계획인가?

(A) Harvey Elliot
(B) William Duffy
(C) Joelle Hudson
(D) Yolanda Greer

| 연계문제 | 세부사항 |

Powell 씨는, 세 번째 지문에서 인턴 직책을 사양한 Kyle Atherton을 대신할 '대체 후보자에게 연락해 보겠다(I'll contact the backup candidate)'고 알리고 있다. 두 번째 지문에서 Kyle Atherton은 재무 부서에 뽑힌 사람(Finance: Kyle Atherton)임을 알 수 있고, 이 지문의 하단에 대체자로 William Duffy의 이름이 쓰여 있으므로 (B)가 정답이다.

정답 (B)

190 What has been sent to Mr. Walburn?

(A) An order form
(B) A training schedule
(C) Interview questions
(D) Some résumés

Walburn 씨에게 무엇이 보내졌는가?

(A) 주문 양식
(B) 교육 일정표
(C) 면접용 질문들
(D) 몇몇 이력서들

| 세부사항 | What |

Walburn 씨에게 보내는 메시지인 세 번째 지문의 하단에서, '교육에 필요한 물품들을 신청하는 데 사용할 양식을 이메일로 보냈다(I've e-mailed you the form you need to request supplies for training)'고 알리고 있으므로 (A)가 정답이다.

정답 (A)

Questions 1 91-195 refer to the following information, e-mail, and online review. 191-195는 다음 안내와 이메일, 그리고 온라인 후기를 참조하시오.

Product Information/Curtains

Brand: Orem

Orem curtains are made from 100% polyester and have a thick lining to block sunlight. They are sold in sets of two panels, and they have a concealed tab top.

Panel width(inches): 54
Panel length(inches): 63, 84, 95, 108, and 120
191 Fabric options: Gray-Black Diamonds, Solid Forest Green, Black-White Stripes, Navy Floral, and Solid Navy
Price: $25-$50 per set, dependent on length

193 For all Orem curtains, customers can receive a free pair of rope tie backs when purchasing two or more sets.

To: Sales Associates
From: Jessie Austin
Date: August 29
Subject: Orem Curtains

Dear Sales Associates,

I have been informed by our supplier, Rick Brody, that the information sheet for Orem brand curtains prepared by Sophia Mills is out of date. 191 One of the patterns—Navy Floral—is no longer available for this line. In addition, the 120 inch length has been discontinued. New information sheets will be available in the break room sometime next week. In the meantime, 192 please tear out the other one from the product information manual and discard it. This will prevent confusion when the new sheet is added.

I will be away on vacation from September 1 to 9, but you may address any urgent questions 195 to the assistant manager, Michelle Rowe. Otherwise, you can bring them up with me when I return.

Sincerely,

Jessie Austin
Store Manager, Perrine Home Supplies

https://www.perrinehome.com/reviews					
HOME	CATALOG	FIND A STORE	**REVIEWS**		CONTACT US

Product Category: Home Furnishings, Curtains
Brand: Orem
193 Reviewer: Walter Kuhl Posted: September 8

On my most recent visit to Perrine Home Supplies, **193** I purchased some curtains for my master bedroom and my guest room. Although the selection for the blackout curtains was somewhat limited, I found two styles that matched my current decorations. I was confused by the dimensions offered, only knowing that I wanted to make sure that the curtains would reach the floor. The salesperson who helped me was new and didn't have much experience. **195** However, I did get some excellent advice from the assistant manager. Overall, I'm very pleased with my purchase. I sleep a lot better now that the light from the street is completely blocked out. I would definitely buy this brand again.

---

https://www.perrinehome.com/reviews				
홈	목록	매장 찾기	**후기**	연락처

제품 카테고리: 실내 장식용품, 커튼 브랜드: Orem
193 후기 작성자: Walter Kuhl 게시일: 9월 8일

제가 최근에 Perrine Home Supplies를 방문했을 때, **193** 제 안방과 손님방에 쓸 커튼을 구입했습니다. 차광막 커튼에 대한 종류가 다소 제한되어 있기는 하지만, 현재 제 집의 실내 장식과 어울리는 스타일 두 개를 발견했습니다. 저는 제공된 치수가 혼란스러웠으며, 아는 것이라곤 이 커튼들이 바닥에 닿는 것들인지 확실히 하고 싶다는 것뿐이었습니다. 저를 도와준 영업사원은 신입이어서 그리 경험이 많지 않았습니다. **195** 하지만 저는 부지점장으로부터 아주 좋은 조언을 얻었습니다. 전반적으로, 제 구매에 매우 만족합니다. 거리에서 들어오는 빛이 완벽히 차단되기 때문에 훨씬 숙면합니다. 저는 분명 이 브랜드의 제품을 다시 구매할 것입니다.

어휘 recent 최근의 master bedroom 안방 selection 선택 blackout curtain 차광막 커튼 somewhat 다소, 약간 limited 제한된 match ~에 어울리다 current 현재의 decoration 장식(품) be confused by ~에 대해 혼란스러워하다 dimension 치수, 규격 make sure that ~라는 것을 확실히 하다 reach ~에 닿다 overall 전반적으로 be pleased with ~에 만족하다 now that ~이므로 completely 완전히 definitely 분명히

---

191 How many fabric patterns can customers choose from?

(A) Two
(B) Three
(C) Four
(D) Five

고객들은 몇 개의 문양에서 선택할 수 있는가?

(A) 두 가지
(B) 세 가지
(C) 네 가지
(D) 다섯 가지

연계문제 | 세부사항

우선 선택 가능한 직물은 첫 번째 지문의 중간 부분에 Gray-Black Diamonds, Solid Forest Green, Black-White Stripes, Navy Floral, and Solid Navy와 같이 다섯 가지가 제시되어 있다. 그런데 두 번째 지문의 시작 부분에서 '문양 중의 하나인 Navy Floral은 더 이상 구매할 수 없다(One of the patterns—Navy Floral—is no longer available for this line.)'고 되어 있으므로 총 네 가지 선택 사항이 있음을 알 수 있다. 따라서 (C)가 정답이다.

정답 (C)

---

192 What are the e-mail recipients asked to do?

(A) Check a storage area for supplies
(B) Remove a page from a handbook
(C) Inform customers about a change
(D) E-mail their sales figures

이메일 수신자들은 무엇을 하도록 요청받는가?

(A) 공급물품이 있는지 보관 구역 확인하기
(B) 설명서에서 한 페이지 없애기
(C) 고객들에게 변동 사항 알리기
(D) 매출액을 이메일로 보내기

세부사항 | What

이메일 수신자들이 요청받는 일을 찾아야 하므로 두 번째 지문에 제시된 정보를 확인해야 한다. 이 지문의 중간 부분에 '제품 정보 설명서에 있는 기존의 것을 뜯어 내서 폐기하라(please tear out the other one from the product information manual and discard it)'고 요청하는 내용이 있으므로 이를 간단히 바꿔 표현한 (B)가 정답이다.

어휘 storage area 보관 구역 sales figures 매출액

정답 (B)

193 What is suggested about Mr. Kuhl?

(A) He shops at Perrine Home Supplies regularly.
(B) He special-ordered a certain pattern.
(C) He was eligible for a free gift.
(D) He purchased his curtains at a discount.

Kuhl 씨에 관해 알 수 있는 것은 무엇인가?

(A) 그는 Perrine Home Supplies에서 주기적으로 쇼핑한다.
(B) 그는 특정 문양의 제품을 특별 주문했다.
(C) 그는 무료 선물을 받을 자격이 있었다.
(D) 그는 자신의 커튼 제품을 할인가에 구매했다.

> **연계문제 | 추론**
>
> Kuhl 씨가 작성한 이용 후기인 세 번째 지문을 보면, 안방과 손님방에 쓸 커튼을 구입했으며(I purchased some curtains for my master bedroom and my guest room.), 실내 장식과 어울리는 스타일 두 개를 발견했다고(I found two styles that matched my current decorations.) 되어 있다. 이와 관련해 첫 번째 지문의 맨 아래 부분에서 '모든 Orem 커튼 제품에 대해 두 개 이상의 세트를 구매하시면 커튼 고정용 장식 끈 한 쌍을 무료로 받을 수 있다(For all Orem curtains, customers can receive a free ~)'고 되어 있으므로 Kuhl 씨는 무료 선물을 받을 자격이 있다는 것을 알 수 있다. 따라서 (C)가 정답이다.
>
> **어휘** regularly 주기적으로   be eligible for ~할 자격이 있다
>
> 정답 (C)

194 In the review, the word "reach" in paragraph 1, line 4, is closest in meaning to

(A) touch
(B) attain
(C) cover
(D) develop

후기에서, 첫 번째 단락, 네 번째 줄의 단어 "reach"와 의미가 가장 가까운 것은 무엇인가?

(A) ~에 닿다
(B) ~을 이루다, 획득하다; (특정 수준에) 달하다
(C) ~을 덮다
(D) ~을 개발하다

> **동의어 | 동사**
>
> reach 앞뒤 부분을 보면 해당 커튼이 지닌 특성을 나타내는 문장임을 알 수 있으며, 바로 뒤에 목적어로 floor가 쓰여 있으므로 바닥에 '닿는' 길이인지를 나타내기 위해 동사 reach가 사용되었음을 알 수 있다. 따라서 '~에 닿다, 접촉하다'라는 뜻으로 쓰이는 (A)가 정답이다.
>
> 정답 (A)

195 Who did Mr. Kuhl talk to during his visit?

(A) Jessie Austin
(B) Rick Brody
(C) Sophia Mills
(D) Michelle Rowe

Kuhl 씨는 방문 중에 누구와 이야기했는가?

(A) Jessie Austin
(B) Rick Brody
(C) Sophia Mills
(D) Michelle Rowe

> **연계문제 | 세부사항**
>
> Kuhl 씨가 매장에서 만난 사람은 세 번째 지문의 중반부에 언급되어 있다. '부지점장으로부터 아주 좋은 조언을 얻었다(I did get some excellent advice from the assistant manager)'고 했는데, 두 번째 지문의 두 번째 단락에서 부지점장의 이름이 Michelle Rowe(the assistant manager, Michelle Rowe)라고 제시되어 있으므로 (D)가 정답임을 알 수 있다.
>
> 정답 (D)

Questions 196-200 refer to the following e-mails and work report.

To: Alliance Property Management <info@alliancepm.net>
197 From: Dawn Koffler <d_koffler@citytimemail.com>
Date: January 14
Subject: Please respond

To Whom It May Concern:

198 I live on the 4th floor of Raymond Tower, and 196 I asked for a repair for the air conditioner in my living room three days ago (Request #4950). I haven't heard anything back yet, and I'm wondering how soon you can schedule a maintenance visit. Whenever I run the air conditioner, it starts dripping water from the right-hand side. 197 I think there's a problem with the drainage pan, so it might be a good idea to bring a spare one along when checking the appliance. I will leave the key with my next door neighbor, Charles Wade in 405, so you can let yourself in. Mr. Wade will be in the building all day while working from home. Thank you for your prompt attention to this matter.

Sincerely,

Dawn Koffler

Alliance Property Management
Maintenance Report, January 15 / Technician: Edward Hinton

Property	Unit	Working Time	Status
Jewel Apartments	406	9:00–9:25 A.M.	Need to order parts
Jewel Apartments	315	9:30–11:45 A.M.	Completed
198 Raymond Tower	404	1:30–1:50 P.M.	Completed
Raymond Tower	218	1:55–2:35 P.M.	Need to order parts

---

197 To: Dawn Koffler <d_koffler@citytimemail.com>
199 From: Jonah Rodriguez <rodriguezj@alliancepm.net>
Date: January 15
Subject: RE: Please respond

Dear Ms. Koffler,

We are sorry you had to wait a few days for your repair request to be completed. 199 Two of our technicians have recently left our team, so we are having trouble keeping up with requests. This issue will be resolved soon. Anyway, Edward Hinton completed the work at your home today. 197 He brought a drainage pan with him, so he was able to make the repair without delay. For the next few days, please take note of whether or not there is any water dripping from the air conditioner when you run it. If so, please notify us immediately.

Sincerely,

Jonah Rodriguez
Maintenance Supervisor, Alliance Property Management

귀하께서 요청하신 수리 작업이 완료되는 데 며칠 동안 기다리게 해 드려 죄송합니다. 199 기술자 두 명이 최근에 저희 팀에서 그만두는 바람에 요청 사항들을 맞춰 드리는 데 어려움이 있습니다. 이 문제는 곧 해결될 것입니다. 어쨌든, Edward Hinton이 오늘 귀하의 자택에서 작업을 완료했습니다. 197 그가 배수 장치를 직접 가져갔기 때문에 지체 없이 수리를 할 수 있었습니다. 앞으로 며칠 동안, 에어컨을 가동하실 때 물이 떨어지는지 주의 깊게 확인해 보시기 바랍니다. 만일 물이 떨어진다면, 저희에게 즉시 알려 주십시오.

안녕히 계세요.

Jonah Rodriguez
관리 책임자, Alliance Property Management

어휘 recently 최근에 have trouble -ing ~하는 데 어려움이 있다 keep up with ~을 따라잡다, ~에 발맞추다 issue 문제, 사안 resolve ~을 해결하다 anyway 어쨌든 make a repair 수리하다 delay 지체, 지연 take note of ~에 주의하다 whether or not ~인지 아닌지 notify ~에게 알리다 immediately 즉시

196 What is the purpose of the first e-mail?

(A) To inquire about a policy
(B) To reschedule a repair
(C) To follow up on a request
(D) To report water damage

첫 번째 이메일의 목적은 무엇인가?

(A) 정책에 관해 문의하기
(B) 수리 일정을 재조정하기
(C) 요청 사항에 대해 후속 조치를 하기
(D) 물에 의한 손상을 알리기

→ 주제/목적 | 목적 ├

첫 지문의 시작 부분에서, 자신이 신청한 에어컨 수리 작업과 관련해 아직 아무런 답변도 듣지 못했고 관리 작업을 위한 방문 일정에 대해 궁금하다고(I haven't heard anything back yet, and I'm wondering how soon you can schedule a maintenance visit) 알리고 있다. 따라서 이와 같은 요청 사항에 대해 '후속 조치를 하는 것'이라는 말로 표현한 (C)가 정답이다.

어휘 inquire 문의하다 follow up on ~에 대한 후속 조치를 하다

정답 (C)

197 What is implied about Ms. Koffler?

(A) Her apartment key is not working.
(B) She normally works from home.
(C) Her recommendation saved some time.
(D) She is a new tenant in the apartment building.

Koffler 씨에 관해 유추할 수 있는 것은 무엇인가?

(A) 그녀의 아파트 열쇠가 되지 않는다.
(B) 그녀는 보통 집에서 일을 한다.
(C) 그녀의 권고 사항이 시간을 절약해 주었다.
(D) 그녀는 해당 아파트 건물에 새로 온 세입자이다.

→ 연계문제 | 추론 ├

Koffler 씨가 쓴 이메일인 첫 지문의 중간 부분에서 '배수 장치에 문제가 있는 것 같으니 점검하러 올 때 여분의 것을 하나 가져오는 것이 좋겠다(it might be a good idea to bring a spare one along when checking the appliance)'고 알리는 내용이 제시되어 있다. 이와 관련해, 세 번째 지문에서 '수리를 하러 간 기술자가 배수 장치를 직접 가져갔기 때문에 지체 없이 수리를 할 수 있었다(He brought a drainage pan with him, so he was able to make the repair without delay)'고 했으므로 Koffler 씨의 의견에 따라 조치했고 시간이 절약되었음을 알 수 있다. 따라서 정답은 (C)이다.

어휘 normally 보통 tenant 세입자

정답 (C)

198 When was Ms. Koffler's apartment most likely visited?

(A) At 9:00 A.M.
(B) At 9:30 A.M.
(C) At 1:30 P.M.
(D) At 1:55 P.M.

Koffler 씨의 아파트는 언제 방문되었을 것 같은가?

(A) 오전 9시에
(B) 오전 9시 30분에
(C) 오후 1시 30분에
(D) 오후 1시 55분에

⊢ 연계문제 | 추론 ⊣

두 번째 지문의 도표에서, 방문 시간과 함께 건물 이름과 집 호수가 적혀 있으므로 Koffler 씨가 사는 곳이 언급된 정보를 다른 지문에서 찾아야 한다. 첫 지문의 시작 부분에서 'Raymond Tower의 4층에 거주하고 있다(I live on the 4th floor of Raymond Tower)'고 알리고 있으며, 두 번째 지문의 도표에서 Raymond Tower 4층에 있는 집에서 작업한 시간이 오후 1:30 – 1:50으로 되어 있으므로 (C)가 정답이다.

정답 (C)

199 What does Mr. Rodriguez say about Alliance Property Management?

(A) It charges a fee for on-site repairs.
(B) It lost some of the work orders.
(C) Its maintenance team is short staffed.
(D) Its technician will visit Ms. Koffler again.

Rodriguez 씨는 Alliance Property Management에 관해 뭐라고 말하는가?

(A) 그곳은 출장 수리에 대해 요금을 부과한다.
(B) 그곳은 작업 주문서 일부를 분실했다.
(C) 그곳의 관리 팀에 인원이 부족하다.
(D) 그곳의 소속 기술자가 Koffler 씨를 다시 방문할 것이다.

⊢ 진위확인 | True ⊣

Rodriguez 씨가 쓴 이메일인 세 번째 지문의 시작 부분에서, '2명의 기술자들이 최근에 그만두는 바람에 요청 사항들을 맞춰 주는 데 어려움이 있다(Two of our technicians have recently left our team, so we are having trouble keeping up with requests)'는 말로 회사의 상황을 알리고 있다. 따라서 이와 같은 인원 부족 문제를 언급한 (C)가 정답이다.

어휘 on-site 현장의 short staffed 직원[인원]이 부족한

정답 (C)

200 In the second e-mail, the word "run" in paragraph 1, line 6, is closest in meaning to

(A) show
(B) manage
(C) flow
(D) operate

두 번째 이메일에서, 첫 번째 단락, 여섯 번째 줄의 단어 "run"과 의미가 가장 가까운 것은 무엇인가?

(A) 보여주다
(B) 관리하다
(C) 흐르다
(D) 작동하다

⊢ 동의어 | 동사 ⊣

run 다음에 목적어로 쓰인 it은 바로 앞에서 언급한 에어컨(air conditioner)을 가리킨다. 따라서 이 문장에서 run은 기계를 작동하는 일을 나타내기 위해 사용되었음을 알 수 있으므로 이와 유사한 의미로 쓰이는 (D)가 정답이다.

정답 (D)

TEST 08

PART 5
PART 6
PART 7

ANSWER KEYS

PART 5	101 (C)	102 (A)	103 (D)	104 (B)	105 (C)	106 (C)	107 (A)	108 (D)	109 (C)	110 (B)
	111 (C)	112 (C)	113 (B)	114 (C)	115 (D)	116 (B)	117 (B)	118 (A)	119 (B)	120 (C)
	121 (D)	122 (C)	123 (B)	124 (B)	125 (B)	126 (C)	127 (A)	128 (D)	129 (C)	130 (B)
PART 6	131 (C)	132 (D)	133 (B)	134 (B)	135 (D)	136 (B)	137 (C)	138 (D)	139 (A)	140 (C)
	141 (A)	142 (A)	143 (C)	144 (C)	145 (A)	146 (C)				
PART 7	147 (B)	148 (C)	149 (A)	150 (B)	151 (B)	152 (C)	153 (C)	154 (B)	155 (C)	156 (A)
	157 (D)	158 (A)	159 (D)	160 (C)	161 (C)	162 (B)	163 (A)	164 (C)	165 (A)	166 (D)
	167 (B)	168 (D)	169 (A)	170 (C)	171 (A)	172 (C)	173 (D)	174 (C)	175 (A)	176 (B)
	177 (B)	178 (C)	179 (C)	180 (D)	181 (C)	182 (D)	183 (C)	184 (C)	185 (C)	186 (B)
	187 (C)	188 (B)	189 (A)	190 (D)	191 (C)	192 (C)	193 (D)	194 (B)	195 (A)	196 (B)
	197 (B)	198 (C)	199 (C)	200 (D)						

PART 5

101 Ledge Sporting Goods Store ------- numerous outdoor activities as part of its summer recreation program for children.

(A) inquires
(B) focuses
(C) offers
(D) remains

Ledge Sporting Goods Store는 어린이들을 위한 여름 레크리에이션 프로그램의 일환으로 많은 야외 활동들을 제공합니다.

(A) 문의하다
(B) 집중하다
(C) ~을 제공하다
(D) ~한 상태로 있다

> **동사 어휘**
>
> 빈칸 앞뒤에 있는 주어와 목적어를 자연스럽게 연결하는 동사를 찾아야 한다. Ledge Sporting Goods Store가 사람들에게 야외 활동을 제공한다는 의미가 되어야 자연스러우므로 (C) offers(~을 제공하다)가 정답이다. (B) focuses도 '다양한 야외 활동에 집중하다'가 되어 의미상 자연스러워 보이지만, focuses on의 형태로 전치사가 있어야 '~에 집중하다'의 의미를 나타낼 수 있으므로 오답이다.
>
> **어휘** numerous 많은 activity 활동 as part of ~의 일환으로
>
> 정답 (C)

102 According to reports in the press, ------- by local entrepreneurs to charities in the area have exceeded three million dollars this year alone.

(A) contributions
(B) contributed
(C) contribution
(D) to contribute

언론 보도에 따르면, 지역 기업가들이 지역 내 자선 단체들에 기부한 금액이 올 한 해에만 3백만 달러를 넘어섰다.

> **주어와 동사의 수 일치**
>
> 빈칸 뒤에 by가 이끄는 전치사구가 있고 그 뒤로 문장의 동사 have exceeded가 있으므로 빈칸에는 문장의 주어가 될 명사가 와야 한다. 보기에 명사는 (A) contributions와 (C) contribution이 있는데, 동사가 복수형(have)이므로 복수형인 (A)가 정답이다.
>
> **어휘** according to ~에 따르면 local 지역의 entrepreneur 기업가 charity 자선 단체 exceed ~을 넘어서다, 초과하다 this year alone 올 한 해에만 contribution 기부금, 기여, 이바지 contribute ~을 기부하다
>
> 정답 (A)

103 The company party tentatively scheduled for December 19 can't proceed ------- management's consent.

(A) regarding
(B) under
(C) along
(D) without

잠정적으로 12월 19일로 예정된 회사 파티는 경영진의 승인 없이 진행될 수 없다.

(A) ~에 관하여
(B) ~ 아래에
(C) ~을 따라
(D) ~ 없이

> **전치사 어휘**
>
> 보기가 모두 전치사로 구성되어 있으므로 해석상 가장 적절한 전치사를 정답으로 선택한다. 빈칸 앞뒤의 내용으로 보아 '경영진의 승인 없이 진행될 수 없다'라는 의미가 되는 것이 가장 자연스러우므로 정답은 (D) without(~ 없이)이다.
>
> **어휘** tentatively 잠정적으로 scheduled for ~로 예정된 proceed 진행하다 consent 동의
>
> 정답 (D)

104 It doesn't seem that H&J Corporation can achieve the ------- 5% increase in its yearly profits because the firm has failed to create an attractive advertisement.

(A) desire
(B) desired
(C) desiring
(D) desires

H&J Corporation은 매력적인 광고를 만들어 내지 못했기 때문에 회사에서 바랐던 연간 수익의 5퍼센트 증가를 달성할 수 있을 것으로 보이지 않는다.

> **p.p.와 V-ing형 분사의 구별**
>
> 정관사 the와 명사 5% increase 사이에 빈칸이 있으므로 빈칸에는 명사를 수식하는 단어가 와야 한다. 보기에서 명사를 수식할 수 있는 것은 (B) desired와 (C) desiring이므로, 둘 중 수식을 받는 명사인 increase(증가)와 어울리는 보기를 선택한다. 증가가 무엇인가를 바라는 것이 아니라, 바람의 대상이 되어 적합하므로 정답은 (B)이다.
>
> **어휘** it doesn't seem that ~한 것으로 보이지 않는다 achieve ~을 달성하다 yearly 연간의 profit 수익 firm 회사 fail to do ~하지 못하다 attractive 매력적인 advertisement 광고 desire ~을 바라다 desired 바랐던, 희망했던
>
> 정답 (B)

105 All participants in the annual job fair should report to the reception booth ------- upon arrival at the venue.

(A) closely (B) timely
(C) immediately (D) nearly

연례 취업 박람회의 모든 참가자들은 행사 장소에 도착하는 즉시 접수 부스에 보고해야 합니다.

(A) 면밀하게 (B) 시기적절한
(C) 즉시 (D) 거의

┤ 부사 어휘 ├

빈칸 뒤에 쓰인 upon arrival은 '도착할 때'라는 의미로, 시점을 나타낸다. 따라서 빈칸에는 시점 표현을 강조할 수 있는 부사가 와야 하므로 (C) immediately(즉시)가 정답이다. immediately upon은 '~할 때 즉시'라는 의미이다. (A) closely는 '거의'가 아니라, '면밀하게'라는 뜻이다.

어휘 participant 참가자 annual 연례의 report to ~에 알리다 reception booth 접수 부스 upon arrival 도착할 때 venue (행사) 장소

정답 (C)

106 ABX International has confirmed that it will cut down on recruitment after ------- debate.

(A) lengthily (B) lengthen
(C) lengthy (D) length

ABX International은 긴 논의 끝에 채용을 줄일 것을 확정했다.

┤ 형용사 자리 | 전치사+형용사+명사 ├

빈칸 앞에 전치사 after가 있고, 빈칸 뒤에 명사 debate가 있다. 따라서 빈칸에는 명사를 수식하는 형용사 (C) lengthy(긴)가 와야 한다. 이처럼 -th로 끝나는 명사에 y를 붙이면 형용사가 된다는 것을 알아 두자. 다른 예로 healthy(건강한)가 있다.

어휘 confirm that ~임을 확정하다, 확인하다 cut down on ~을 줄이다 recruitment 채용 debate 논의 lengthily 길게, 장황하게 lengthen 길게 하다, 늘이다 lengthy 긴 length 길이

정답 (C)

107 During its 30 years in business, Aerocom Inc. has established a ------- for designing high quality interiors for luxury aircraft.

(A) reputation (B) caption
(C) confirmation (D) recognition

사업을 해 온 30년 동안, Aerocom Inc.는 고급 항공기를 위한 고품질의 인테리어를 디자인하는 것으로 명성을 쌓아 왔다.

(A) 명성, 평판 (B) 자막
(C) 확인 (D) 인식, 인정

┤ 명사 어휘 ├

빈칸에 필요한 명사는 동사 has established의 목적어이다. establish는 '~을 확고히 하다, 확립하다'라는 의미이므로 이러한 의미에 어울리는 명사는 (A) reputation(명성, 평판)이다. establish a reputation for(~에 대한 명성을 쌓다)를 하나의 숙어처럼 암기해 두자.

어휘 establish ~을 확고히 하다, 확립하다 quality 품질 luxury 고급의 aircraft 항공기

정답 (A)

108 Mr. Mason intends to remain as the vice president of marketing ------- his replacement has been hired.

(A) over (B) as for
(C) except (D) until

Mason 씨는 그의 후임자가 고용될 때까지 마케팅 부사장으로 남아 있으려고 한다.

(A) ~ 위에 (B) ~에 관해서라면
(C) ~을 제외하고 (D) ~할 때까지

┤ 부사절 접속사 VS 전치사 ├

빈칸 앞뒤로 각각 주어와 동사가 포함된 완전한 절이 있다. 따라서 빈칸에는 이 절들을 연결해 줄 부사절 접속사가 필요한데, 보기에서 부사절 접속사로 쓰일 수 있는 것은 (D) until(~할 때까지)이다. until은 접속사로 쓰일 수도 있고, 전치사로 쓰일 수도 있다. (A) over, (B) as for, (C) except는 모두 전치사이므로 오답이다.

어휘 intend to do ~할 계획이다 remain as ~로 남아 있다 vice president 부사장 replacement 후임자, 대체자 hire ~을 고용하다

정답 (D)

109 Due to ------- manufacturing problems, all orders placed during the first week of the month are likely to be delayed 7-10 days.

(A) whole   (B) late
(C) recent   (D) last

최근에 있었던 제조상의 문제들로 인해, 이달의 첫 주에 주문되었던 모든 주문품이 7~10일 지연될 것 같다.

(A) 전체의, 모든   (B) 늦은
(C) 최근의   (D) 마지막의

┤ 형용사 어휘 ├

주문 지연의 원인에 해당하는 manufacturing problems를 수식할 형용사를 찾아야 한다. (A) whole(전체의)은 주로 단수 명사와 결합한다. (B) late(늦은)는 의미가 어울리지 않고, the latest(최근의)가 되면 정답으로 가능하다. (D) last는 항상 the와 결합하여 the last(마지막의)로 쓰여야 하므로 오답이다. (C) recent(최근의)가 정답으로, manufacturing problems(제조상의 문제)를 가장 자연스럽게 수식한다.

어휘 manufacturing 제조의   place orders 주문하다   be likely to do ~할 것 같다   delay ~을 지연시키다

정답 (C)

110 By adopting a few simple steps into the daily work process, Devon Energy ------- reduced the production defects.

(A) considerable   (B) considerably
(C) considerate   (D) consideration

일일 업무 과정에 몇몇 간단한 단계를 도입함으로써, Devon Energy는 제품 하자를 상당히 줄였다.

┤ 부사 자리 | 주어+부사+동사 ├

문장의 주어 Devon Energy와 동사 reduced 사이에 빈칸이 있으므로 빈칸은 동사를 수식할 수 있는 부사가 와야 한다. 따라서 부사인 (B) considerably(상당히)가 정답이다.

어휘 adopt A into B A를 B에 도입하다   process 과정, 절차   reduce ~을 줄이다   defect 하자, 결함   considerable 상당한   considerably 상당히   considerate 사려 깊은, 배려하는   consideration 고려, 숙고

정답 (B)

111 CRP Bank and North Broad Bank have announced they will merge in an effort to expand the ------- of their services in the Piedmont area.

(A) available   (B) avails
(C) availability   (D) availably

CRP Bank와 North Broad Bank는 Piedment 지역에서의 서비스 이용 가능성을 높이기 위한 노력으로 합병할 것이라고 발표했다.

┤ 명사 자리 | the+명사+of ├

정관사 the와 전치사 of 사이에 빈칸이 있으므로 빈칸에는 the의 수식을 받을 수 있는 명사가 와야 한다. 따라서 (C) availability(이용 가능함)가 정답이다.

어휘 announce (that) (~라고) 발표하다   merge 합병하다   in an effort to do ~하기 위한 노력으로   expand ~을 넓히다, 확장하다   available 이용 가능한   avail ~에 도움이 되다, 소용이 있다   availability 이용 가능함   availably 쓸모 있게

정답 (C)

112 The second edition of *Financial Strategems* ------- Herman Olerud will be released online next summer.

(A) towards   (B) on
(C) by   (D) alongside

Herman Olerud가 쓴 〈Financial Strategems〉의 두 번째 판이 내년 여름에 온라인으로 공개될 것이다.

(A) ~을 향해   (B) ~ 위에
(C) ~에 의해 쓰인   (D) ~ 옆에 나란히

┤ 전치사 어휘 ├

빈칸 앞에는 책 제목이 있고 뒤에는 사람 이름이 있다. 출판물과 사람의 관계를 나타내기에 가장 알맞은 전치사는 주체를 표현할 때 사용하는 (C) by(~에 의해 쓰인)이다.

어휘 edition (출판물의) 판   release ~을 공개하다

정답 (C)

113 In order to provide better customer service, Eureka Family Insurance's homepage has ------- been upgraded to include new features such as real-time consulting.

(A) usually (B) recently
(C) commonly (D) fairly

더 나은 고객 서비스를 제공하기 위해서, Eureka Family Insurance의 홈페이지는 실시간 상담과 같은 새로운 특징들을 포함하도록 최근에 업그레이드되었다.

(A) 보통, 일반적으로 (B) 최근에
(C) 흔히, 보통 (D) 꽤, 상당히

───┤ 부사 어휘 ├───

수동태로 쓰인 현재 완료 시제 동사 사이에 빈칸이 있으므로 현재 완료 시제와 어울리는 부사를 찾아야 한다. 보기 중 현재 완료 시제와 어울리는 부사는 (B) recently(최근에)이다.

어휘 in order to do ~하기 위해 provide ~을 제공하다 include ~을 포함하다 feature 특징 such as ~와 같은 real-time 실시간의

정답 (B)

114 Salamanca Cuisine has become one of the most visited restaurants in the city since it ------- Best Restaurant of the Year.

(A) named (B) will be naming
(C) was named (D) is named

Salamanca Cuisine은 '올해의 최고 레스토랑'으로 지정된 이후 그 도시에서 사람들이 가장 많이 방문하는 식당들 중 하나가 되었다.

───┤ 능동태와 수동태의 구별 ├───

빈칸은 since절의 동사 자리인데, 현재 완료 시제가 앞에 쓰여 있으므로 '~이래로'라는 의미를 나타내는 since절에는 과거 시제 동사가 필요하다. 보기에서 (A) named와 (C) was named가 과거 시제인데, 빈칸 앞의 it은 앞서 언급한 식당을 가리키므로 '~로 지정되다'라는 수동의 의미를 나타내는 (C) was named가 정답이다. 참고로, 동사 name은 5형식 동사로 '목적어+목적 보어'를 동반하기 때문에 수동태로 바뀌어도 동사 다음에 목적 보어가 그대로 남게 된다.

어휘 name A B A를 B로 지정하다

정답 (C)

115 All travel expense ------- requests must be submitted no later than five business days after returning to the office.

(A) reimburse (B) reimbursed
(C) reimbursing (D) reimbursement

모든 출장 비용 환급 신청서는 사무실로 돌아온 후 늦어도 5영업일 전에 제출되어야 한다.

───┤ 복합명사 ├───

All ~ requests가 주어이고, must be submitted가 동사이다. 따라서 빈칸에 자연스럽게 어울리며 주어를 만들 수 있는 표현을 찾아야 하는데, 의미상 '모든 출장 비용 환급 신청서'가 적절하므로 (D) reimbursement(환급)가 정답이다. 이처럼 복합명사는 2개의 명사가 아니라 더 많은 개수의 명사로 이루어질 수 있다.

어휘 expense 지출, 비용 request 신청(서) submit ~을 제출하다 no later than 늦어도 ~까지는 reimburse ~을 상환하다 reimbursement 환급, 상환

정답 (D)

116 Outback Trails is ------- the highest rated adventure tour companies in all of Australia.

(A) until (B) among
(C) throughout (D) around

Outback Trails는 호주 전역에서 가장 높은 등급을 받은 어드벤처 여행사들 중 하나이다.

(A) ~까지 (B) ~ 중에 있는
(C) ~의 전반에 걸쳐 (D) ~ 주위에

───┤ 전치사 숙어 표현 | be+among+복수명사(~ 중 하나이다) ├───

빈칸 다음에 온 복수 명사구가 단서이다. (B) among(~ 중에 있는)은 세 개 이상의 복수 명사와 결합하는 전치사이고, 'be+among+복수 명사'는 '~ 중 하나이다'의 의미로 쓰이는 관용 표현이므로 'Outback Trails는 ~한 회사들 중 하나이다'가 되게 하는 (B) among이 정답이다.

어휘 highest rated 최고의 등급을 받은, 최고로 평가된

정답 (B)

117 To best prevent work-related accidents, ------- safety inspections are carried out on a weekly basis.

(A) confident
(B) routine
(C) aware
(D) durable

작업 관련 사고를 가장 잘 예방하기 위해서, 일상적인 안전 점검이 주 단위로 실시된다.

(A) 자신 있는
(B) 일상적인, 통상의
(C) 인식하고 있는
(D) 내구성이 있는

형용사 어휘

빈칸 바로 뒤에 쓰인 명사구 safety inspections(안전 점검)를 적절하게 수식하는 형용사를 찾아야 한다. 따라서 '안전 점검'을 하는 방식이나 그 특징을 나타낼 형용사가 필요하므로 (B) routine(일상적인)이 정답이다. (C) aware는 명사를 앞에서 수식하지 못하고, be aware of(~을 알고 있다)처럼 동사 뒤에 쓰이는 형용사이다.

어휘 prevent ~을 예방하다 work-related 근무와 관련된 accident 사고 safety inspection 안전 점검 carry out ~을 실시하다 on a weekly basis 주 단위로

정답 (B)

---

118 ------- who would prefer to have a vegetarian meal at the end of the year party should contact Teresa Masters at extension 504.

(A) Those
(B) Others
(C) Whoever
(D) Whichever

연말 파티에서 채식주의자용 식사를 하기를 원하는 사람들은 내선 번호 504로 Teresa Masters에게 연락해야 한다.

(A) 사람들
(B) 다른 사람들, 다른 것들
(C) ~하는 사람은 누구든지
(D) ~하는 것은 무엇이든

those who(~하는 사람들)

관계대명사 who는 사람 명사를 수식한다. 따라서 보기의 단어들 중에서 who가 이끄는 관계대명사절의 수식을 받을 수 있는 것은 (A) Those(사람들)뿐이다. (B) Others(다른 사람들, 다른 것들) 역시 사람을 나타낼 수 있지만 관계대명사의 수식을 받을 수 없으므로 오답이다.

어휘 prefer to do ~하는 것을 선호하다 vegetarian 채식주의의; 채식주의자 the end of the year 연말 contact ~에게 연락하다 extension 내선 전화(번호)

정답 (A)

---

119 ------- Ducky's restaurant, all the restaurants located in the Springfield area reported increased profits during the third quarter of the year.

(A) Considering
(B) Except for
(C) Rather than
(D) Whereas

Ducky's 식당을 제외하고, Springfield 지역에 위치한 모든 식당들은 올해 3분기 동안에 증가된 수익을 신고했다.

(A) ~을 고려하면
(B) ~을 제외하고
(C) ~보다는
(D) 반면에

부사절 접속사 VS 전치사

빈칸 다음에 명사가 있고, 콤마(,) 이후에 완전한 절이 이어지고 있으므로 빈칸은 전치사 자리이다. (D) Whereas(반면에)는 부사절 접속사이므로 오답이고, 나머지 보기는 모두 전치사로 사용될 수 있는데, 해석상 'Ducky's 식당을 제외하고, Springfield 지역에 위치한 모든 식당들은 올해 3분기 동안에 증가된 수익을 신고했다'라는 의미가 되어야 가장 자연스러우므로 (B) Except for(~을 제외하고)가 정답이다.

어휘 located in ~에 위치한 increased 증가된 profit 수익 quarter 분기

정답 (B)

---

120 In ------- to overwhelming demand from consumers, Cooper's Sporting Goods has decided to develop more options for children's sportswear.

(A) responds
(B) responded
(C) response
(D) respondent

소비자들의 엄청난 수요에 대한 대응으로, Cooper's Sporting Goods는 아동 스포츠 의류의 더 많은 선택 사항들을 개발하기로 결정했다.

명사 자리 | 전치사+명사+전치사

빈칸 앞뒤에 위치한 전치사 In과 to 사이에 올 수 있는 것은 명사이다. 보기 중 명사는 (C) response와 (D) respondent인데, 빈칸 앞에 관사가 없으므로 가산명사인 (D)는 오답이다. 따라서 불가산명사인 (C) response(대응)가 정답이다. in response to(~에 대응하여, 응답하여)를 하나의 숙어 표현으로 기억해 두면 더 쉽게 문제를 풀 수 있다.

어휘 overwhelming 엄청난, 압도하는 demand 수요 consumer 소비자 decide to do ~하기로 결정하다 develop ~을 개발하다 option 선택(할 수 있는 것) respond 응답하다 response 응답, 대응 respondent 응답자

정답 (C)

121 In order to switch to the computerized medical record system, Dr. Kolpacoff's office staff first ------- all patient records.

(A) contributed (B) proceeded
(C) inclined   (D) compiled

전산화된 의료 기록 시스템으로 전환하기 위해 Kolpacoff 박사의 사무실 직원들은 먼저 모든 환자들의 기록을 수집했다.

(A) ~을 기부했다 (B) 진행했다
(C) 기울였다   (D) ~을 수집했다

| 동사 어휘 |

전산화된 시스템으로 바꾸기 위해 해야 하는 일을 나타내는 동사가 빈칸에 와야 한다. 빈칸 뒤에 쓰인 명사는 '환자들의 기록'을 의미하는데, 기록들을 먼저 모아야 전환하는 일을 할 수 있기 때문에 (D) compiled(~을 수집했다, 편집했다)가 빈칸에 와야 문장의 의미가 자연스럽다. 또한 (B) proceeded는 proceed with(~을 진행하다)의 형태, 즉 전치사가 있어야 목적어를 가질 수 있는 자동사임을 기억해 두자.

어휘 in order to do ~하기 위해 switch to ~로 전환하다 medical 의료의 patient 환자

정답 (D)

122 Tammy Butler of Aqua, Inc. has expressed interest in ------- the manufacturing division of her firm's primary rival.

(A) acquire   (B) acquired
(C) acquiring (D) to acquire

Aqua, Inc.의 Tammy Butler는 그녀 회사의 주요 경쟁사의 제조 부서를 인수하는 데 관심을 표했다.

| 전치사 + 동명사 |

전치사 in 다음에 빈칸이 있는데, 전치사의 목적어로 올 수 있는 것은 명사이므로 동명사 형태인 (C) acquiring(~을 인수하는 것)이 정답이다. 전치사 뒤에 동사나 to부정사는 올 수 없으므로 (A) acquire와 (D) to acquire는 오답이다. (B) acquired는 형용사로 쓰일 수 있지만 관사 the 앞에 올 수 없으므로 오답이다.

어휘 express interest in ~하는 데 관심을 표현하다 manufacturing 제조 division 부서 firm 회사 primary 주요한 acquire ~을 인수하다

정답 (C)

123 Aropagus Water Purification Center offers a tour ------- the award-winning facility to anyone interested.

(A) after (B) of
(C) so   (D) next

Aropagus Water Purification Center는 관심이 있는 사람이라면 누구에게든 상을 받은 시설물에 대한 견학을 제공한다.

(A) ~ 뒤에 (B) ~의
(C) 따라서 (D) 다음에

| 전치사 어휘 |

빈칸 앞뒤에 각각 위치한 두 개의 명사를 연결하려면 전치사가 필요하다. 따라서 부사나 접속사로 사용되는 (C) so와 형용사나 부사로 사용되는 (D) next는 오답이다. 전치사인 (A) after와 (B) of 중 해석상 적절한 전치사를 정답으로 선택한다. '시설물의 견학'이라는 의미가 되어야 자연스러우므로 (B)가 정답이다.

어휘 offer ~을 제공하다 tour 견학 award-winning 상을 받은 facility 시설 interested 관심이 있는

정답 (B)

124 You are strongly advised to take an intensive class led by a personal trainer in order to make your workout more -------.

(A) effect   (B) effective
(C) effects   (D) effectively

당신의 운동을 더욱 효과적으로 만들기 위해서 개인 트레이너가 이끄는 집중 강좌 수강이 강력히 권고된다.

| 형용사 자리 | make + 목적어 + 형용사 |

보기가 모두 다른 품사로 구성되어 있으므로 빈칸에 들어갈 적절한 품사를 묻는 문제이다. 빈칸은 동사 make의 목적어(your workout)에 대해 설명하는 목적격 보어 자리이므로 형용사인 (B) effective(효과적인)가 정답이다. make는 5형식 동사로 형용사 목적격 보어를 취해 'make + 목적어(명사) + 형용사(~를 …한 상태로 만들다)'의 형태로 쓰인다.

어휘 be advised to do ~하도록 권고되다 strongly 강력히 take a class 강좌를 듣다 intensive 집중적인 led by ~가 이끄는 in order to do ~하기 위해 workout 운동 effect 효과 effective 효과적인 effectively 효과적으로

정답 (B)

125 It is recommended to review each page of the information booklet ------- before filling out the registration form.

(A) relatively (B) thoroughly
(C) seldom (D) incidentally

등록 양식을 작성하기 전에 안내 책자의 각 페이지를 꼼꼼히 검토할 것이 권장된다.

(A) 비교적 (B) 꼼꼼히, 철저히
(C) 좀처럼 ~않은 (D) 부수적으로, 우연히

┤ 부사 어휘 ├

보기가 모두 부사로 구성되어 있다. 여기서 빈칸에 필요한 부사는 안내 책자의 각 페이지를 검토할 방법을 나타내야 하므로 (B) thoroughly(꼼꼼히, 철저히)가 빈칸에 쓰여야 문장의 의미가 자연스럽다.

어휘 it is recommended to do ~하는 것이 권장되다 review ~을 검토하다 booklet 소책자 fill out ~을 작성하다 registration form 등록 양식

정답 (B)

---

126 The health professional ------- wins the International Healthcare Awards will be scheduled to lead a series of educational classes next month.

(A) what (B) each
(C) who (D) which

International Healthcare Awards를 수상하는 건강 전문가가 다음 달에 교육 강좌 시리즈를 이끌 예정이다.

┤ 주격 관계대명사 who ├

주어는 The health professional, 동사는 will be scheduled이며, 빈칸부터 Awards까지가 절의 형태로 앞의 professional을 수식하므로 빈칸은 관계대명사 자리이다. 따라서 동사 wins의 주어 역할을 하면서 사람 선행사를 수식할 수 있는 관계대명사인 (C) who가 정답이다. professional은 형용사로 쓰일 뿐만 아니라 사람을 나타내는 명사로도 쓰인다.

어휘 professional 전문가; 직업의, 전문적인 win (상 등) ~을 받다 be scheduled to do ~할 예정이다 lead ~을 이끌다 educational 교육의

정답 (C)

---

127 It is ------- that starting next year TR Motors will expand its product line and begin opening assembly plants in Asia.

(A) probable (B) constant
(C) careful (D) strong

내년부터 TR Motors가 생산 라인을 확대하고 아시아에 조립 공장들을 열기 시작할 것 같다.

(A) 가능한, 할 것 같은 (B) 끊임없는
(C) 조심하는 (D) 강한

┤ 형용사 어휘 ├

빈칸 앞에 가주어 It이 있고 바로 뒤에는 that절이 있다. 보기 중 가주어 It과 진주어 that절 사이의 보어 자리에 해당하는 빈칸에 쓰일 수 있는 형용사는 (A) probable(가능한, 할 것 같은)이다. 'it is probable that+주어+동사(~가 …할 것 같다)'의 표현으로 정리해 두자.

어휘 starting ~부터, ~부로 expand ~을 확대하다, 확장하다 product line 생산 라인 assembly plant 조립 공장

정답 (A)

---

128 Mr. Jackson retired from the company a few months ago, but the ------- has yet to be filled.

(A) open (B) openness
(C) opens (D) opening

Jackson 씨는 몇 달 전에 회사에서 은퇴했지만 그 공석은 아직 채워지지 않았다.

┤ V-ing형 명사 | opening(공석, 빈자리) ├

정관사 the와 동사 사이에 빈칸이 있으므로 빈칸은 명사 자리이다. 보기 중 명사는 (B) openness(열림)와 (D) opening(공석, 빈자리)인데, Jackson 씨가 은퇴 후 채워져야 하는 것을 나타낼 명사가 필요하므로 (D) opening이 정답이다. -ing 형태의 명사 어휘에 주의한다.

어휘 retire from ~에서 은퇴하다 have yet to do 아직 ~하지 않다 fill ~을 채우다 opening 공석, 빈 자리

정답 (D)

129 If ------- requires an extension on the deadline, please inform Ms. Hampton at once.

(A) other (B) every
(C) anyone (D) each other

누구든지 마감 연장이 필요하면, Hampton 씨에게 즉시 알리시기 바랍니다.

(A) 다른 (B) 모든
(C) 누구든지 (D) 서로

┤ 적절한 대명사 찾기 ├

접속사 If와 동사 requires 사이에 위치한 빈칸은 If절의 주어 자리이다. 따라서 주어 자리에 올 수 있는 대명사 (C) anyone(누구든지)이 정답이다. (D) each other는 동사나 전치사의 목적어로만 쓰이며, (A) other와 (B) every는 형용사로만 쓰이므로 주어 자리에 쓰일 수 없다.

어휘 require ~을 필요로 하다 extension 연장 deadline 마감 inform ~에게 알리다 at once 즉시

정답 (C)

130 ------- her experience working with the Cartwright Group, Mary Landers was the ideal choice for the new project based in San Antonio.

(A) To give (B) Given
(C) Giving (D) Gives

Cartwright Group과 함께 일한 그녀의 경험을 고려해 볼 때, Mary Landers는 San Antonio에 기반을 둔 새로운 프로젝트를 위한 이상적인 선택이었다.

┤ p.p.형 전치사 | given(~을 고려해 볼 때) ├

빈칸 다음을 보면, 분사구인 working with the Cartwright Group이 명사 her experience를 수식하는 형태이다. 따라서 '명사+수식어구'의 구조이므로 빈칸에 전치사가 와야 한다. 보기의 단어들 중에서 전치사는 (B) Given(~을 고려해 볼 때)뿐이다. given이 전치사로 사용된다는 것을 기억해 두자.

어휘 ideal 이상적인 choice 선택(된 사람) based in ~에 기반을 둔 given ~을 고려해 볼 때

정답 (B)

PART 6

Questions 131-134 refer to the following announcement. 131-134는 다음 공지를 참조하시오.

Starbuilt Construction Co. is dedicated to the promotion of an occupational hazard-free work zone. -------.
                                                                    131.

In order to continue our record of maintaining worker safety in construction areas, a company ------- has been prepared.
                                                       132.

All regular and contracted workers are required ------- an eight-
                                                    133.
hour construction zone traffic safety instructional session on May 17. -------, all employees will be provided with an updated manual
       134.
highlighting the newest recommendations for work zone safety which will be explained during the class.

Starbuilt Construction Co.는 산업 재해가 없는 근무지를 조성하는 데 전념하고 있습니다. **131** 실제로, 저희들은 지난 3년 동안 안전한 업무 환경을 유지해 왔습니다.

132 공사 현장에서 직원들의 안전을 유지하는 기록을 이어 가기 위해서, 사내 세미나가 마련되었습니다.

133 모든 정규직 및 계약직 직원들은 5월 17일에 있을 8시간짜리 공사 현장 교통 안전 안내 교육에 참석해야 합니다. **134** 추가로, 모든 직원들은 교육 시간 동안 설명될 근무지 안전에 대한 최신 권고 사항들을 강조하는 업데이트된 설명서를 제공받을 것입니다.

어휘 be dedicated to ~에 전념하다   promotion 조장, 홍보, 판촉   occupational 직업의   hazard-free 위험 요소가 없는   work zone 근무지   in order to do ~하기 위해   continue ~을 지속하다   prepare ~을 준비하다   contracted worker 계약직 직원   be required to do ~해야 하다, ~하는 것이 요구되다   instructional 교육용의   be provided with ~을 제공받다   highlight ~을 강조하다   explain ~을 설명하다

131 (A) Our records show that we are in need of more equipment.
(B) Starbuilt Construction boasts its cutting-edge manufacturing technology.
(C) In fact, we have kept a safe environment for the last three years.
(D) Moreover, the safety process will protect you from potential hazards.

(A) 저희 기록은 저희에게 장비가 더 필요하다는 것을 나타내고 있습니다.
(B) Starbuilt Construction은 최첨단 제조 기술을 자랑합니다.
(C) 실제로, 저희들은 지난 3년 동안 안전한 업무 환경을 유지해 왔습니다.
(D) 게다가, 안전 절차는 귀하를 잠재적인 위험으로부터 지켜줄 것입니다.

┤ 빈칸에 알맞은 문장 고르기 ├

빈칸 앞 문장에서 회사가 산업 재해가 없는 근무지가 되도록 전념하고 있다고 했으므로, 이에 대한 추가 설명이 이어지는 것이 자연스럽다. 보기 중 앞서 이야기한 것에 대해 상세한 내용을 덧붙일 때 쓰는 접속부사 in fact를 사용하여 근무지 안전에 대해 설명한 (C) '실제로, 저희들은 지난 3년 동안 안전한 업무 환경을 유지해 왔습니다'가 문맥상 가장 자연스럽다.

어휘 equipment 장비   boast ~을 자랑하다   cutting-edge 최첨단   in fact 실제로, 사실   process 과정, 절차   potential 잠재적인

정답 (C)

오답분석

(A) 산업 재해가 없는 근무지를 조장하는 데 전념하고 있다는 앞의 내용과 기록상 장비가 더 필요하다는 내용은 전혀 관련이 없다.
(B) 이 글은 산업 재해가 없는 안전한 업무 환경을 위해 노력한다는 내용으로 제조 기술과는 아무런 관련이 없다.
(D) 앞 문장에 안전 절차에 관한 내용이 전혀 언급되어 있지 않으므로 글의 흐름상 이어지기에 어색하다.

132 (A) site
(B) location
(C) procedure
(D) seminar

(A) 위치, 현장
(B) 장소
(C) 절차
(D) 세미나

┤ 명사 어휘 ├

보기의 단어들이 모두 명사이므로 빈칸 바로 앞의 company와 함께 쓰일 수 있는 것을 골라야 한다. 뒤에 이어지는 내용을 보면, 모든 직원들이 참가해 교육을 받는 행사(instructional session)에 대해 얘기하고 있으므로 이를 가리킬 수 있는 명사는 (D) seminar(세미나)이다.

정답 (D)

133 (A) attendance
(B) to attend
(C) attending
(D) to be attended

┤ to부정사의 능동태와 수동태의 구별 ├

'~하도록 요구된다'는 'be required to do'로 표현한다. 따라서 to부정사 형태인 (B) to attend, (D) to be attended 중 하나를 정답으로 선택해야 하는데, 빈칸 뒤에 목적어(session)가 있으며 해석상으로도 '교육에 참석하도록 요구된다'가 적절하므로 능동형인 (B)가 정답이다.

정답 (B)

134 (A) However
(B) In addition
(C) Actually
(D) For example

(A) 하지만, 그러나
(B) 추가로
(C) 실제로, 사실은
(D) 예를 들어

┤ 적절한 연결어 찾기 ├

문장 맨 앞에 위치할 부사를 찾는 문제이므로 빈칸 앞뒤에 위치한 문장의 의미들을 먼저 확인해야 한다. 앞선 문장에서는 행사 날짜와 참가 대상에 대해 언급하고 있고, 뒤에 나온 문장에서는 참석하는 직원들에게 제공하는 것을 알리고 있으므로 행사와 관련된 정보를 추가로 공지하는 것임을 알 수 있다. 따라서 (B) In addition(추가로)이 정답이다.

정답 (B)

Questions 135-138 refer to the following letter. 135-138은 다음 편지를 참조하시오.

June 13

Dear Ms. Pacheco,

The broadcasting space that you purchased for Greenwall Bakery was scheduled to begin running on June 12. ------- . This problem
                                                                                   135.
interfered with the ------- of your commercial.
                        136.

Our technicians are looking into the problem to ensure it does not reoccur. It seems that it may ------- to the extreme weather
                                                                        137.
conditions.

To apologize for the inconvenience, we will extend your advertisement time by three days.

If ------- additional problem arises, we will contact you immediately.
   138.
Feel free to call me at 332-878-5645 if you have questions. Thank you for your patience.

Sincerely,

Jason Fromme
KGRM Station Manager

6월 13일

Pacheco 씨께,

귀하께서 Greenwall Bakery를 위해 구매하신 방송 시간이 6월 12일에 방영을 시작하기로 예정되어 있었습니다. **135** 안타깝게도, 저희 방송국의 방송이 잠시 동안 중단되었습니다. **136** 이 문제가 귀하의 광고 방송 송신에 지장을 주었습니다.

저희 기술자들이 그런 일이 재발되지 않도록 하기 위해 문제를 조사하고 있습니다. **137** 이는 극심한 기상 상황과 관련되어 있었던 것으로 보입니다.

이와 같은 불편함에 대해 사과 드리기 위해, 저희는 귀하의 광고를 3일 연장해 드릴 것입니다.

138 만일 어떠한 추가적인 문제가 발생한다면, 귀하께 즉시 연락 드리겠습니다. 문의 사항이 있으시면 언제든지 332-878-5645로 제게 전화 주시기 바랍니다. 귀하의 양해에 감사 드립니다.

안녕히 계십시오.

Jason Fromme
KGRM 방송국 매니저

어휘 broadcasting space 방송 시간 be scheduled to do ~할 예정이다 run 진행되다, 계속되다 interfere with ~에 지장을 주다, 간섭하다 commercial 광고 (방송) look into ~을 조사하다 ensure (that) ~을 확실히 하다 reoccur 재발하다 extreme weather conditions 극심한 기상 상황 apologize for ~에 대해 사과하다 inconvenience 불편함 extend ~을 연장하다 arise (문제 등이) 발생되다 immediately 즉시 patience 인내(심)

135 (A) Thank you again for signing a contract with KGRM Station.
(B) We would like to offer our best wishes to Greenwall Bakery.
(C) Customer perception changes due to their exposure to TV commercials.
(D) Unfortunately, our broadcasting system went off the air for a while.

(A) KGRM Station과 계약을 체결해 주셔서 다시 한 번 감사 드립니다.
(B) 저희들은 Greenwall Bakery에 행운을 빌어 드리고자 합니다.
(C) 고객 인식이 TV 광고 노출 때문에 바뀌고 있습니다.
(D) 안타깝게도, 저희 방송국의 방송이 잠시 동안 중단되었습니다.

─┤ 빈칸에 알맞은 문장 고르기 ├─

빈칸 다음 문장에서 '이 문제(this problem)가 귀하의 광고 방송 전송에 지장을 주었습니다'라고 했으므로 빈칸에 이 문제가 무엇인지 구체적으로 설명되어야 한다. 따라서 광고 방송 송신에 지장을 줄 수 있는 문제로 볼 수 있는 보기 (D) '안타깝게도, 저희 방송국의 방송이 잠시 동안 중단되었습니다'가 정답이다.

어휘 sign a contract with ~와 계약서에 서명하다 perception 인식 due to ~ 때문에 exposure 노출, 폭로 unfortunately 안타깝게도 go off the air 방송을 중단하다

정답 **(D)**

오답분석
(A) 바로 앞 문장과는 자연스럽게 연결되므로 매력도 높은 오답 보기이다. 하지만 빈칸 뒤의 문장에 '이 문제(this problem)'라는 표현이 등장하는데, 빈칸에는 특정 문제에 대한 언급이 없으므로 오답이다.
(B) 빈칸 다음 문장에서 언급한 '이 문제(This problem)'에 대한 설명으로 볼 수 없으므로 적절하지 않다.
(C) TV 광고로 인한 고객 인식 변화와 빈칸 다음 문장에서 언급한 광고 방송에 지장을 준 문제가 자연스럽게 연결되지 않는다.

136 (A) approval
(B) transmission
(C) designation
(D) retrieval

(A) 승인
(B) 전송, 송신
(C) 지정
(D) 회수, 되찾음

┤ 명사 어휘 ├

전후 문맥상 방송 수신에 문제가 생긴 상황임을 알 수 있다. 따라서 방송 수신과 관련된 어휘인 (B) transmission(전송, 송신)이 정답으로, '광고 방송 송신에 지장을 주었다'는 의미가 되어 자연스럽다.

정답 (B)

137 (A) be relating
(B) to be related
(C) have been related
(D) relates

┤ 조동사＋동사원형 및 능동태와 수동태의 구별 ├

타동사 relate(관련시키다)는 be related to의 형태로 '~와 관계가 있다'는 의미로 쓰인다. 여기서도 빈칸 뒤의 전치사 to로 보아 수동태 be related to가 되어야 하는데, 이에 해당하는 (B) to be related와 (C) have been related 중 빈칸 앞의 may와 결합할 수 있는 (C)가 정답이다.
be related to ~와 관련되다

정답 (C)

138 (A) your
(B) most
(C) other
(D) any

(A) 당신의
(B) 대부분의
(C) 다른
(D) 어떠한

┤ 형용사 어휘 ├

앞으로 '어떠한' 문제라도 발생하면 즉시 연락하겠다는 의미가 되어야 자연스러우므로 (D) any(어떠한)가 정답이다.

정답 (D)

Questions 139-142 refer to the following announcement. 139-142는 다음 공지를 참조하시오.

Attention all Sureway Grocery Store Shoppers:

You may expect to see some changes in the Sureway checkout process throughout the next month. The Fremont store will be the testing site of a new computerized cashier machine.

139. -------, the checkout process is conducted manually.

Beginning on May 10, it will be computerized by the use of automated cash registers. **140.** ------- will scan items for purchase, bag merchandise, and process payments.

We expect this new technology to facilitate customer checkout, possibly resulting in shorter wait times. While some worry that the machines will prove inefficient, we think there will be an overall increase in **141.** -------.

142. -------.

Sincerely,

Flora Alvarez
General Manager, Sureway Grocery Store

모든 Sureway Grocery Store 쇼핑객 여러분께 알립니다.

다음 달 동안 여러분께서는 Sureway의 계산 절차에 있어 몇 가지 변화를 보실 수 있을 것 같습니다. Fremont 매장이 전산화된 새로운 계산대를 테스트하는 장소가 될 것입니다.

139 현재, 계산 과정은 수작업으로 이뤄지고 있습니다.

5월 10일을 시작으로, 자동 금전 등록기 사용으로 인해 계산 과정이 전산화될 것입니다. 140 그것들은 구매를 위해 상품을 스캔하고 상품을 가방에 담아줄 것이며, 비용 지불을 처리할 것입니다.

저희는 이 새로운 기술이 고객의 계산을 용이하게 해 드릴 것으로 기대하고 있으며, 결과적으로 대기 시간이 줄어들 것입니다. 141 이 기기들이 비효율적인 것으로 판명될 것이라는 우려가 있지만, 생산성에서 전반적인 증대가 있을 것으로 생각합니다.

142 다음 달에 방문하셔서 이 새로운 방식을 시도해 보시길 바랍니다.

안녕히 계십시오.

Flora Alvarez
총무부장, Sureway Grocery Store

어휘 expect to do ~하기를 기대하다 checkout 계산 process 절차, 과정; ~을 처리하다 throughout ~ 동안 내내 site 장소 conduct ~을 시행하다 manually 손으로, 수작업으로 automated 자동화된 cash register 금전 등록기 bag ~을 가방에 담다 facilitate ~을 용이하게 하다 result in ~의 결과를 가져오다 prove ~한 것으로 판명되다 inefficient 비효율적인 overall 전반적인

139 (A) At present
(B) For example
(C) Even so
(D) Lastly

(A) 현재
(B) 예를 들어
(C) 그렇다 하더라도
(D) 마지막으로

┤ 적절한 연결어 찾기 ├

빈칸 앞부분에서는 앞으로 변경될 전산화된(computerized) 계산 방식에 대해 언급하고 있는데, 빈칸 뒤에 나온 내용은 앞서 언급한 것과 대조되는 수작업(manually) 방식에 관한 것으로 현재 시제의 문장임에 주목해야 한다. 즉, 이것이 현재 시행 중인 계산 방식임을 알 수 있으므로 (A) At present(현재)가 정답이다.

정답 (A)

140 (A) It
(B) That
(C) They
(D) When

(A) 그것
(B) 저것
(C) 그것들
(D) ~할 때

┤ 적절한 대명사 찾기 ├

빈칸 이하 부분을 보면, 'A, B, and C'의 구조로 '동사+목적어'가 3회 반복되는 것을 확인할 수 있다. 이는 모두 앞서 언급한 새로운 기기가 하게 될 일을 가리키는 것이므로 automated cash registers를 대신할 수 있는 복수 대명사 (C) They(그것들)가 정답이다.

정답 (C)

141 (A) productivity
(B) cost
(C) personnel
(D) error

(A) 생산성
(B) 비용
(C) 직원, 인사(과)
(D) 오류

┤ 명사 어휘 ├

빈칸에는 새로운 기기를 사용함으로써 증가될 것으로 생각되는 대상을 가리킬 명사가 와야 하는데, 문장 맨 앞의 접속사 While(~인 반면)이 이끄는 절이 부정적인 내용인 것으로 보아 빈칸을 포함한 절은 새로운 기기 사용의 장점과 관련된 내용이어야 한다. 따라서 앞 단락에서 언급된 비용 계산 및 지불 등과 관련된 전반적인 처리의 향상을 하나로 아우를 수 있는 명사 (A) productivity(생산성)가 정답이다.

정답 (A)

142 (A) Please stop by next month and give the new process a try.
(B) Sureway Grocery Store is gaining popularity among young shoppers.
(C) Four computerized cash registers have been successfully installed.
(D) We believe that manual process is safer than the new technology.

(A) 다음 달에 방문하셔서 이 새로운 방식을 시도해 보시길 바랍니다.
(B) Sureway Grocery Store는 젊은 쇼핑객들 사이에서 점점 더 인기를 얻고 있습니다.
(C) 네 대의 자동 금전 등록기가 성공적으로 설치되었습니다.
(D) 수동적인 처리가 신기술보다 더 안전할 것이라고 생각합니다.

┤ 빈칸에 알맞은 문장 고르기 ├

빈칸 앞에는 계산 시스템의 전산화와 그에 따른 장점들이 나열되어 있다. 따라서 빈칸에는 이를 마무리짓는 문장이 와야 한다. 보기 중 계산 시스템의 전산화를 the new process(이 새로운 과정)으로 지칭한 (A) '다음 달에 이 새로운 방식을 시도해 보시길 바랍니다'가 가장 자연스럽게 연결된다.

어휘 give a try 시도하다 gain ~을 얻다 popularity 인기 install ~을 설치하다

정답 (A)

오답분석

(B) Sureway Grocery Store에 대한 일반적인 설명이므로 상점을 설명하는 부분이나 지문의 다른 부분에 위치하면 자연스러울 수 있으나 새로운 기기가 가져올 이점을 설명하는 내용에 이어지는 마무리 문장으로서는 적절하지 않다.
(C) 자동 금전 등록기의 구체적인 숫자를 언급하고 있으므로 금전 등록기가 사용될 시점과 등록기의 역할을 구체적으로 설명하는 세 번째 단락에 어울리는 문장이며, 지문의 마지막 문장으로는 어울리지 않는다.
(D) 바로 앞 문장에 자동화 기기의 사용을 통해 전반적인 생산성 증대가 이뤄질 것으로 생각하고 있다는 내용이 있으므로 자동화 기기와 반대되는 개념인 수동적인 처리에 찬성하는 내용을 언급하는 것은 논리적으로 맞지 않는다.

Questions 143-146 refer to the following e-mail. 143-146은 다음 이메일을 참조하시오.

To: Arianne Fredericks <afredericks@MaritonHerald.com>
From: Susan Lee <slee@MaritonPostOffice.gov>
Date: December 18
Subject: Relocation Announcement
Attachment: Photos

Dear Ms. Fredericks,

Mariton City post office will be moving to 4010 Twelfth Avenue, and resuming normal business hours on January 30. -------, we would **143.** like to make an advertisement in the *Mariton Herald* newspaper.

Please create a simple advertisement that includes the date and address of the new location, as well as a small map to help residents ------- our new address with ease.
144.

-------. Incorporate these images at will, and do whatever you judge
145.
to be most effective in most clearly communicating our relocation.

I will be ------- information regarding the cost of the ad space.
146.

Susan Lee, Director
Mariton Post Service

수신: Arianne Fredericks 〈afredericks@MaritonHerald.com〉
발신: Susan Lee 〈slee@MaritonPostOffice.gov〉
날짜: 12월 18일
제목: 이전 공고
첨부: 사진들

Fredericks 씨께,

Mariton City 우체국이 Twelfth Avenue의 4010으로 이전할 것이며, 1월 30일에 정상 업무를 재개할 것입니다. 143 그에 따라, 〈Mariton Herald〉 신문에 광고를 내고자 합니다.

144 주민들께서 새로운 주소를 쉽게 찾는 데 도움이 될 수 있도록 작은 지도뿐만 아니라 날짜 및 새로운 위치의 주소를 포함한 간단한 광고를 만들어 주시기 바랍니다.

145 광고에 포함될 새 건물의 사진들을 첨부했습니다. 이 이미지들을 자유로이 넣어 주시고, 우리의 이전을 가장 명확하게 알리는 데 있어 가장 효과적이라고 판단하시는 모든 방법을 활용해 주시기 바랍니다.

146 광고란 비용에 관한 정보를 기다리고 있겠습니다.

Susan Lee, 부장
Mariton Post Service

어휘 relocation 이전, 이사 resume ~을 재개하다 include ~을 포함하다 as well as ~뿐만 아니라 resident 주민 with ease 쉽게, 편리하게 incorporate ~을 포함하다, 통합하다 at will 마음대로 judge ~을 판단하다 effective 효과적인 clearly 명확히 communicate ~을 알리다, 전달하다 ad 광고(= advertisement)

143 (A) Moreover
 (B) Furthermore
 (C) Accordingly
 (D) Nonetheless

(A) 더욱이
(B) 뿐만 아니라, 더욱이
(C) 그에 따라서
(D) 그럼에도 불구하고

┤ 적절한 연결어 찾기 ├

빈칸 다음에 광고를 내고 싶다는 내용이 있는데, 이는 앞 문장에서 언급한 우체국 이전에 대한 결과이므로 (C) Accordingly(그에 따라)가 정답이다.

정답 (C)

144 (A) locations
(B) located
(C) locate
(D) locating

───┤ 동사원형 자리 │ help + 목적어 + 동사원형 ├───

빈칸 앞에 to부정사로 쓰인 동사 help와 사람 목적어 residents가 있으므로 빈칸은 help의 목적격 보어 자리이다. help의 목적격 보어로는 동사원형이 올 수 있으므로 (C) locate(~의 위치를 찾다)가 정답이다. 'help + 사람 목적어 + 동사원형'은 '~가 …하는 것을 돕다'라는 의미이다.

어휘 location 위치, 장소   locate ~의 위치를 찾다

정답 (C)

145 (A) I have attached photos of the new building to include in it.
(B) The residents will be delighted to meet the editor in person.
(C) We are open to any further inquiries about the newspaper article.
(D) Call us at 219-136-100 today and learn more about the renewal.

(A) 광고에 포함될 새 건물의 사진들을 첨부했습니다.
(B) 주민들은 직접 편집장을 만나게 되어 기뻐할 것입니다.
(C) 신문 기사에 대해 추가 질문이 있으시다면 언제든지 하세요.
(D) 오늘 219-136-100으로 전화하셔서 갱신에 대해 알아보시기 바랍니다.

───┤ 빈칸에 알맞은 문장 고르기 ├───

빈칸 앞 문장에서 주민들에게 도움이 될 수 있는 간단한 광고를 만들어 달라는 요청을 했으므로 다음 문장에는 이 광고와 관련된 내용이 있어야 글의 흐름이 자연스럽다. 따라서 보기 중 a simple advertisement을 it으로 받아 '그곳에 포함될 새 건물의 사진들을 첨부했습니다'라고 한 (A)가 정답이다.

어휘 attach ~을 첨부하다   be delighted to do ~하는 것을 기쁘게 생각하다   in person 직접   inquiry 조사, 질문   renewal 갱신

정답 (A)

오답분석
(B) 바로 앞의 문장에서 주민들을 위한 지도 및 광고 제작에 관한 이야기를 하고 있으므로 편집장을 만난다는 것은 전혀 무관한 내용이다.
(C) 앞 문장은 신문에 실릴 광고의 제작을 부탁하는 내용이지, 신문 기사를 작성해 달라는 내용이 아니므로 오답이다.
(D) 신문 구독 갱신에 관한 내용이 아니므로 갱신에 관한 문의 안내는 적절하지 않다.

146 (A) conducting
(B) inquiring
(C) awaiting
(D) releasing

(A) ~을 수행하는
(B) ~을 묻는
(C) ~을 기다리는
(D) ~을 공개하는

───┤ 동사 어휘 ├───

빈칸이 포함된 문장은 광고 제작을 의뢰하는 이메일의 가장 마지막 문장으로 '광고란 비용에 관한 정보'를 언급하고 있는 것으로 보아 광고비 관련 정보를 요청하는 사항이다. 따라서 정답은 (C) awaiting(~을 기다리는)으로 '광고란 비용에 관한 정보를 기다리고 있다'는 의미가 되어 자연스럽다.

정답 (C)

PART 7

Questions 147-148 refer to the following postcard. 147-148 다음 엽서를 참조하시오.

Show this postcard to any one of our managers when visiting a branch of Archie's Restaurants for a meal. You'll receive a 30% discount on any bill over $50!

One offer per customer only. This offer may not be used in conjunction with our summer time special or winter spectacular discounts. This offer is not valid for use in any of our airport branches. For full terms and conditions, please visit our Web site.

Note: 147 You have received this special offer as you spent over $100 on your last visit to Archie's. 148 To learn more about branches close to your local area, just text "Show Me" to 99542.

Archie's Restaurants Ltd.
PO Box 93250
Seattle, Washington 93027

147 Thomas King
57b King James Street
Lexington, WV 20042

식사를 하시기 위해 Archie's Restaurants의 지점을 방문하시면 저희 매니저들 중 한 사람에게 이 엽서를 보여 주세요. 총액이 50달러가 넘으면 30퍼센트 할인을 받으실 것입니다!

고객 한 분당 한 번만 제공됩니다. 이것은 여름 시즌 특별 할인이나 겨울 대 할인과 함께 사용될 수 없습니다. 이 할인은 공항 지점들에서는 사용이 불가능합니다. 전체 사용 조건이 궁금하시면, 저희 웹사이트에 방문해 주십시오.

비고: 147 지난번에 Archie's를 방문하셨을 때 100달러 이상 주문하셨기에 이 특가 제공을 받으셨습니다. 148 계신 곳에서 가까운 지점에 대해 더 알기 원하시면, 99542로 "Show Me"라고 문자를 보내세요.

Archie's Restaurants Ltd.
PO Box 93250
Seattle, Washington 93027

147 Thomas King
57b King James Street
Lexington, WV 20042

어휘 branch 지점, 분점 meal 식사 bill 계산서 in conjunction with ~와 함께 valid 유효한 terms and conditions 조건

147 What does the postcard suggest about Mr. King?

(A) He is the manager of Archie's Restaurant.
(B) He has visited the restaurant before.
(C) He is applying for a managerial role.
(D) He is a Web site designer.

엽서에서 King 씨에 관해 암시하는 것은 무엇인가?

(A) Archie's Restaurant의 매니저이다.
(B) 전에 식당을 방문했었다.
(C) 관리직에 지원하고 있다.
(D) 웹사이트 디자이너이다.

┤ 추론 | 진위확인 ├

엽서 우측 하단에서 King 씨가 수신자라는 것을 알 수 있으며, 비고(Note)에서 이것은 '지난번에 식당을 방문했을 때 100달러 이상을 주문했기 때문에 받는 것(You have received this special offer as you spent over $100 on your last visit)'이라고 했으므로, King 씨가 전에 식당을 방문했었다는 것을 알 수 있다. 따라서 (B)가 정답이다.

어휘 apply for ~에 지원하다 managerial 관리의 role 역할

정답 (B)

148 Why might the recipient send a text?

(A) To activate a new phone contract
(B) To confirm that the details of an order are correct
(C) To receive information about restaurant locations
(D) To view some terms and conditions

수신자는 왜 문자를 보낼 것인가?

(A) 새 전화를 개통하기 위해
(B) 주문 사항이 맞는지 확인하기 위해
(C) 식당 위치에 관한 정보를 받기 위해
(D) 몇 가지 조건을 보기 위해

┤ 세부사항 | Why ├

비고(Note)에서 '가까운 지점을 알고 싶으면 문자를 보내라(To learn more about branches close to your local area, just text)'고 했으므로 위치 정보를 요청하기 위해 문자를 보내는 것임을 알 수 있다. 따라서 (C)가 정답이다.

어휘 activate ~을 작동시키다, 활성화시키다 confirm ~을 확인하다

정답 (C)

Questions 149-150 refer to the following text message. 149-150은 다음 문자 메시지를 참조하시오.

---

149 From: Jack Chalmers, 014-4325-2392
Received: Monday December 12, 12:15 a.m.

150 Hi Anthony,

My plane has been cancelled due to heavy snow on the runway. I'm going to have to book a hotel room and stay here tonight. **149** Would you be able to pick my daughter up from school? Her grandmother will be waiting for her at home, but she doesn't have a car at the moment. **150** Please get in touch with me as soon as you can.

Jack

---

149 발신: Jack Chalmers, 014-4325-2392
수신: 12월 12일 월요일 오전 12시 15분

150 Anthony 씨 안녕하세요.

활주로에 눈이 많이 쌓여서 제 비행기가 취소되었어요. 저는 호텔을 예약해서 오늘 밤 여기 머물러야 할 거예요. **149** 학교에서 제 딸을 데리고 와 줄 수 있나요? 아이의 할머니께서 집에서 기다리고 계실 테지만 지금은 차가 없어요. **150** 가능한 한 빨리 저에게 연락을 주길 바랍니다.

Jack

어휘 cancel ~을 취소하다   due to ~ 때문에   runway 활주로   book ~을 예약하다   pick up ~을 태우러 가다   get in touch with ~와 연락하다

---

149 Why did Jack send the message?

(A) To arrange the pick-up of his daughter
(B) To ask about a weather forecast
(C) To organize a car rental
(D) To enquire about the price of a hotel room

Jack은 왜 메시지를 보냈는가?

(A) 그의 딸을 데려오도록 하기 위해
(B) 일기예보에 대해 묻기 위해
(C) 자동차 대여를 준비하기 위해
(D) 호텔 객실료에 대해 문의하기 위해

> **주제/목적 | 목적**
> 문자 중간에 딸을 학교에서 데려와 달라며, 아이의 할머니가 집에 계시지만 차가 없다고 덧붙이고 있으므로 (A)가 정답이다.
> **어휘** arrange ~을 마련하다, 처리하다   weather forecast 일기예보   organize ~을 준비하다, 조직하다   enquire about ~에 대해 문의하다
> 정답 (A)

---

150 What is Anthony asked to do quickly?

(A) Arrange transportation
(B) Make contact
(C) Visit his grandmother
(D) Confirm a reservation

Anthony는 무엇을 빨리 하도록 요청받는가?

(A) 교통편 마련하기
(B) 연락하기
(C) 그의 할머니를 방문하기
(D) 예약 확인하기

> **세부사항 | What**
> 문자 마지막 부분에 '가능한 한 빨리 연락해 달라(Please get in touch with me as soon as you can.)'고 했으므로 (B)가 정답이다.
> **어휘** confirm ~을 확인하다   reservation 예약
> 정답 (B)

Questions 151-152 refer to the following advertisement.

Kavariso Sandwich Shop
2320 East Fulton St
Jefferson, WY 82310
(307) 555-1212
www.kavarisosandwich.com

151 Do you ever wish you could share the great taste of Kavariso's sandwiches with your friends, family, and coworkers without having to visit one of our stores? We're happy to say that now you can! Starting August 1, Kavariso will serve its delicious sandwiches at group events.

We offer three sandwich sets ranging from basic to broad:

Monster Sandwich (Feeds 10-15) A two-meter sandwich that can be served pre-cut or whole and bottled soft drinks. $64

Monster Sandwich Meal (Feeds 15-20) A Monster Sandwich, a fresh vegetable platter, and bottled soft drinks. $88

Monster Sandwich Full Meal (Feeds 20-30) A Monster Sandwich, a fresh vegetable platter, bottled soft drinks, assorted potato chips in single-serving bags, and dessert (brownies and cookies). $116

152 Orders of three or more sets will receive a 20 percent discount. Orders must be placed at least four hours in advance by phone or through our Web site.

---

151 What is the purpose of the advertisement?

(A) To promote the opening of a store
(B) To announce a new catering service
(C) To describe recent menu changes
(D) To compare sandwich serving sizes

152 How can customers receive a discount from Kavariso's?

(A) By ordering through the Web site
(B) By ordering the meal in advance
(C) By ordering at least three sets
(D) By ordering from a group event

Questions 153-154 refer to the following text message chain. 153-154는 다음 문자 메시지 대화를 참조하시오.

Lucy Crouse 8:38 A.M. I have some bad news. My car wouldn't start this morning, so I have to take the bus into the city. It looks like I'll be about twenty minutes late. **Jane Levy** 8:40 A.M. Oh, no! So, you won't get here in time to set up the projector for my 9 A.M. presentation. **Lucy Crouse** 8:41 A.M. Could you move to another room with a built-in projector? Or start at 9:30 instead? **Jane Levy** 8:42 A.M. Unfortunately, I can't change the presentation time, and all the rooms are booked. 153 But I'll find someone else to do it for me. 154 Who would have the expertise to handle it? Jim Burke from the IT department? **Lucy Crouse** 8:44 A.M. He's the one. Sorry again and tell him thanks for me.	**Lucy Crouse** 오전 8:38 좋지 않은 소식이 있어요. 제 차가 오늘 아침에 시동이 걸리지 않아서, 시내로 가는 버스를 타야 해요. 약 20분 정도 늦을 것 같습니다. **Jane Levy** 오전 8:40 아, 이런! 그럼, 이곳에 제때 도착하셔서 오전 9시에 있을 제 발표에 필요한 프로젝터를 설치해 주시지 못하시겠네요. **Lucy Crouse** 오전 8:41 프로젝터가 내장되어 있는 다른 방으로 옮기실 수 있을까요? 아니면 대신 9시 30분에 시작하시는 건요? **Jane Levy** 오전 8:42 안타깝게도, 발표 시간은 변경할 수 없고 모든 방들이 예약이 되어 있어요. 153 하지만 이 작업을 대신 해 주실 다른 분을 찾아 볼게요. 154 누가 이 일을 처리할 수 있는 전문적인 기술을 갖고 있을까요? IT 부서에 계신 Jim Burke 씨인가요? **Lucy Crouse** 오전 8:44 바로 그분이죠. 다시 한 번 사과 드려요, 그리고 그분께 저 대신 감사의 말씀 좀 전해 주세요.

어휘 start (차량이) 시동이 걸리다   take (교통편) ~을 타다, 이용하다   into the city 시내로 가는   It looks like ~인 것 같다   about 약, 대략   get here 이곳으로 오다   in time 제때, 제시간에   set up ~을 설치하다   presentation 발표, 발표회   move to ~로 옮기다, (시간대를) 변경하다   built-in (장비 등이) 갖춰진, 내장된   instead 그 대신에   unfortunately 안타깝게도, 아쉽게도   booked 예약된   someone else 누군가 다른 사람   expertise 전문 기술, 전문 지식   handle ~을 처리하다, 다루다

153 What does Ms. Levy plan to do?

(A) Move to another room
(B) Set up some equipment
(C) Ask a colleague for help
(D) Take public transportation

Levy 씨는 무엇을 할 계획인가?

(A) 다른 방으로 옮기기
(B) 몇몇 장비를 설치하기
(C) 동료 직원에게 도움을 요청하기
(D) 대중 교통을 이용하기

세부사항 | What

Levy 씨가 8시 42분에 남긴 메시지에서, 'I'll find someone else to do it for me'라는 말로 미래 시제 동사와 함께 자신이 하려는 일을 알리고 있다. 즉, 앞에서 언급한 프로젝터 설치 작업을 대신 해 줄 사람을 찾겠다는 말인데, 이 말 바로 다음에 특정 부서의 인물을 예로 들어 물어보는 것으로 볼 때 회사 내 다른 직원에게 도움을 요청할 계획이라는 것을 알 수 있다. 따라서 (C)가 정답이다.

어휘 colleague 동료   정답 (C)

154 At 8:44 A.M., what does Ms. Crouse most likely mean when she writes, "He's the one"?

(A) She reported the problem to Mr. Burke.
(B) She is confident in Mr. Burke's abilities.
(C) She left some equipment with Mr. Burke.
(D) She thinks Mr. Burke has reserved a room.

오전 8시 44분에, Crouse 씨가 "He's the one"이라고 썼을 때 의미하는 것은 무엇인가?

(A) Burke 씨에게 문제점을 알렸다.
(B) Burke 씨의 능력에 대해 확신한다.
(C) 몇몇 장비를 Burke 씨에게 맡겨 놓았다.
(D) Burke 씨가 방을 예약했다고 생각한다.

의도파악

오전 8시 44분에 "He's the one"이라고 한 말은 앞서 Levy 씨가 '누가 이 일을 처리할 수 있는 전문적인 기술을 갖고 있을까요? IT 부서에 계신 Jim Burke 씨인가요(Who would have the expertise to handle it? Jim Burke from the IT department)'라고 묻는 것에 대한 답변이다. 즉, Jim Burke 씨가 설치 작업을 해 줄 수 있을지 묻는 질문에 '그가 그 사람이다'라고 말하는 것은 Jim Burke 씨가 해 줄 수 있음을 의미한다. 따라서 'Burke 씨의 능력에 대해 확신한다'는 의미인 (B)가 정답이다.

어휘 report ~을 보고하다, 알리다   confident 확신하는   ability 능력   reserve ~을 예약하다   정답 (B)

Questions 155-157 refer to the following e-mail. 155-157은 다음 이메일을 참조하시오.

To: Committee members
From: Susan Coyle
Re: Funding
Date: 27 January

I would like to thank you all again for helping to bring the modern art exhibit to the Cubix gallery. We really couldn't have done it without your hard work.

156 I am always on the lookout for exciting new artwork to display in the gallery; this is to ensure that the people of our city get the chance to experience modern culture first-hand. At the moment, I am currently negotiating with the artist Patrick Cabaye. We are hopeful of exhibiting his work in the summer.

As you know, we rely on the funding of our members in order to cover operating costs. 155 In order to help finance the Cabaye exhibit, please visit www.cubix.com/members and give as much as you can. We at the gallery really do appreciate your continued support.

I hope you can support the gallery in this latest endeavor. 157 The Cubix gallery frequently attracts visitors to the city of Redbridge, which is beneficial to all local businesses. On behalf of everyone here, I would like to once again thank you for your continued support.

Faithfully,

156 Susan Coyle
156 Chief Curator, Modern Art Exhibits

수신: 위원회 회원들
발신: Susan Coyle
제목: 기금
날짜: 1월 27일

Cubix 미술관에서 현대 예술 전시회를 유치할 수 있도록 도와주신 것에 여러분 모두에게 다시 한 번 감사를 전하고 싶습니다. 여러분의 노고가 없었다면 절대 해낼 수 없었을 것입니다.

156 저는 항상 미술관에서 전시할 흥미로운 새 예술품을 찾고 있습니다. 이는 우리 시의 사람들이 현대 문화를 직접 경험할 수 있는 기회를 얻게 하기 위해서입니다. 지금 이 순간, 저는 예술가 Patrick Cabaye 씨와 현재 협상 중에 있습니다. 저희 미술관은 여름에 그의 작품을 전시하기를 바라고 있습니다.

여러분도 아시다시피, 운영비를 감당하기 위하여 저희는 회원들의 기금에 의존하고 있습니다. 155 Cabaye 전시회의 자금 조달을 돕기 위해, www.cubix.com/members에 방문하셔서 가능한 한 많은 도움을 주시기 바랍니다. 저희 미술관은 여러분의 지속적인 후원에 진심으로 감사 드립니다.

귀하께서 미술관의 이와 같은 최근의 노력을 지원해 주시길 바랍니다. 157 Cubix 미술관은 Redbridge 시에 빈번히 여행객들을 끌어들이고 있고, 이는 모든 지역 사업체에 도움이 되고 있습니다. 여기 모든 이들을 대표하여, 다시 한 번 여러분들의 지속적인 지원에 감사를 전하고 싶습니다.

156 Susan Coyle
156 수석 큐레이터, Modern Art Exhibits

어휘 exhibit 전시회 be on the lookout for ~을 찾다, 세심히 살피다 ensure ~을 보장하다 first-hand 직접 negotiate 협상하다 rely on ~에 의존하다 in order to do ~하기 위해 operating cost 운영비 finance ~의 자금을 조달하다 appreciate ~에 감사하다 endeavor 노력 frequently 자주, 종종 attract ~를 끌어들이다 beneficial 이익이 되는 on behalf of ~을 대표하여

155 What is the purpose of the e-mail?

(A) To thank staff for attending a meeting
(B) To provide a biographical profile of an artist
(C) To invite donations from members
(D) To provide directions to a local business

이메일의 목적은 무엇인가?

(A) 회의에 참석한 것에 대해 직원들에게 감사를 전하기
(B) 예술가의 약력을 제공하기
(C) 회원들에게 기부를 요청하기
(D) 한 지역 업체로 가는 길을 안내하기

| 주제/목적 | 목적 |

세 번째 단락에서 전시회 자금 조달을 위해 사이트에 접속하여 도움을 달라고 했으므로 위원회 회원들에게 기부를 요청하는 것이 목적임을 알 수 있다. 따라서 (C)가 정답이다.

어휘 biographical 전기의 invite ~을 초대하다, 요청하다 donation 기부 directions 길 안내

정답 (C)

156 What is stated about Ms. Coyle?

(A) She manages the content of displays at Cubix.
(B) She has recently moved to Redbridge.
(C) She will submit artwork this summer.
(D) She is an exciting and upcoming artist.

Coyle 씨에 대하여 언급된 것은 무엇인가?

(A) Cubix에서 전시의 주제를 담당한다.
(B) 최근 Redbridge로 이사했다.
(C) 올여름에 작품을 출품할 것이다.
(D) 흥미롭고 뜨고 있는 예술가이다.

진위확인 | True

Coyle 씨는 이 이메일의 작성자이다. 두 번째 단락에서 자신이 항상 전시할 작품을 찾아본다고 했고, 이메일 마지막에 본인의 직업을 '수석 큐레이터(Chief Curator)'로 언급했기 때문에 Coyle 씨가 전시 관련 담당자임을 알 수 있다. 따라서 (A)가 정답이다.

어휘 manage ~을 운영하다, 관리하다   content 내용, 주제   artwork 예술품

정답 (A)

---

157 What is mentioned about Cubix?

(A) It sells tickets online.
(B) It has been open for over a decade.
(C) It is being closed for maintenance work.
(D) It has become a tourist attraction.

Cubix에 관하여 언급된 것은 무엇인가?

(A) 티켓을 온라인으로 판매한다.
(B) 10년 넘게 운영되고 있다.
(C) 보수공사 때문에 문을 닫고 있다.
(D) 관광 명소가 되었다.

진위확인 | True

마지막 단락에서 'Cubix 미술관이 관광객들을 유치하고 있다(The Cubix gallery frequently attracts visitors to the city of Redbridge)'고 했으므로 이곳이 관광 명소가 된 것을 알 수 있다. 따라서 (D)가 정답이다.

어휘 decade 10년   maintenance work 보수공사   tourist attraction 관광 명소

정답 (D)

Questions 158-160 refer to the following information. 158-160은 다음 정보를 참조하시오.

Choose Geronimo Inc. For Your Business Needs

¹⁵⁹ Do your staff often fail to secure the deal through their sales pitches? Do they lack confidence when presenting to managers of other businesses? Then Geronimo Inc. might just solve all your problems!

¹⁵⁸, ¹⁵⁹ Our unique training DVDs will empower your employees through teaching them a range of presentation skills, making them more likely to land those important deals. The material is delivered by Hollywood actor Ryan Minute, making them engaging and enjoyable. On average, businesses report a sales increase of 12% after using our product.

To place an order, please visit www.geronimo.org. ¹⁶⁰ If spending over $200, please e-mail our operations leader Dan (dan@geronimo.inc) to receive 15% off the purchase. Our delivery drivers will be standing by to get your order to you as soon as possible.

Geronimo Inc.

비즈니스 운용을 위해 Geronimo Inc.를 선택하세요!

¹⁵⁹ 귀사의 직원들이 판매 교섭을 통해 거래를 확보하는 것에 종종 실패합니까? 그들이 다른 사업체의 경영진에게 발표할 때 자신감이 부족합니까? 그러면 Geronimo Inc.가 귀사의 모든 문제를 해결할 수 있을 것입니다!

¹⁵⁸, ¹⁵⁹ 저희의 차별화된 교육 DVD는 귀사의 직원들에게 다양한 발표 기술을 가르쳐서 중요한 거래를 더 잘 획득할 수 있도록 할 것입니다. 자료는 할리우드 배우 Ryan Minute 씨의 음성으로 전달되어 집중할 수 있고 재미있게 들을 수 있습니다. 평균적으로, 사업체들은 저희의 제품을 사용한 후 매출이 12퍼센트 증가했다고 보고합니다.

주문을 하기 위해서는, www.geronimo.org를 방문해 주세요. ¹⁶⁰ 만약 200달러 이상 구매하시면, 저희 회사 운영 담당자 Dan(dan@geronimo.inc)에게 이메일을 보내셔서 15퍼센트 할인을 적용받으시기 바랍니다. 우리 배송 기사들은 가능한 한 빨리 귀하의 주문을 배송하기 위해서 대기하고 있을 것입니다.

Geronimo Inc.

어휘 secure ~을 확보하다 deal 거래 sales pitch 판매 교섭 lack ~이 없다, 부족하다 confidence 자신감 empower ~의 능력을 향상시키다 a range of 다양한 land ~을 차지하다, 획득하다 deliver (연설·강연 등을) 하다 engaging 호감이 가는, 매력적인 on average 평균적으로 place an order 주문하다 stand by 대기하다

---

158 What is the purpose of the information?

(A) To promote some instructional DVDs
(B) To inform of delivery rates
(C) To announce a sales meeting
(D) To advertise a forthcoming movie

정보의 목적은 무엇인가?

(A) 몇몇 교육용 DVD를 홍보하기
(B) 배송비를 알리기
(C) 영업 회의를 알리기
(D) 곧 나올 영화를 광고하기

| 주제/목적 | 목적 |

두 번째 단락에서 '직원들이 중요한 거래를 잘 진행할 수 있도록 DVD를 통해 발표 기술을 가르친다(empower your employees through teaching them a range of presentation skills, making them more likely to land those important deals)'고 했으므로 교육용 DVD를 홍보하는 글임을 알 수 있다. 따라서 정답은 (A)이다.

어휘 instructional 교육용의 forthcoming 다가오는, 곧 있을

정답 (A)

---

159 Who would most directly benefit from using Geronimo Inc. products?

(A) Business managers
(B) Seminar leaders
(C) Computer dealers
(D) Sales staff

Geronimo Inc.의 제품들을 사용하면 누가 직접적으로 이익을 얻겠는가?

(A) 사업 관리자들
(B) 세미나 리더들
(C) 컴퓨터 판매자들
(D) 판매직원들

| 세부사항 | Who |

첫 번째 단락에서 '거래를 맺는 것에 실패하는 직원(fail to secure the deal through their sales pitches)'을 언급했고, 두 번째 단락에서 DVD 교육을 통해 중요한 거래를 잘할 수 있을 것이라고(making them more likely to land those important deals) 했으므로 결국 판매를 담당하는 직원들에게 도움이 되는 것을 알 수 있다. 따라서 정답은 (D)이다.

어휘 benefit from ~로부터 이익을 얻다 dealer 중개인, 판매자

정답 (D)

160 What is mentioned about Geronimo Inc.?

(A) It is seeking to hire a new operations leader.
(B) It has reported its increased sales figures.
(C) It offers discounts to qualifying customers.
(D) It has a telephone ordering system.

Geronimo Inc.에 관하여 언급된 것은 무엇인가?

(A) 새 운영 담당자를 찾고 있다.
(B) 자사의 증가된 매출액을 보고했다.
(C) 자격이 있는 고객들에게 할인을 제공한다.
(D) 전화 주문 시스템이 있다.

진위확인 | True

마지막 단락에서 200달러 이상 구매 고객에 한해 할인을 제공한다고 했으므로 특정 조건을 충족하는 자격 있는 고객들에게는 할인을 제공하는 것을 알 수 있다. 따라서 (C)가 정답이다.

어휘 operation 운영   figures 수치   qualifying 자격이 있는

정답 (C)

Questions 161-164 refer to the following online chat discussion. 161-164는 다음 온라인 채팅을 참조하시오.

Nicole Gannon [10:23 A.M.]
Thank you both for responding to my e-mail so quickly. You seemed to have some concerns, so I thought I'd address them here.

Denise Shulte [10:24 A.M.]
I was confused when you said you will be reassigning 161 some of our team's work for creating logos.

Youngsik Park [10:26 A.M.]
Right. Will our current projects be interrupted?

Nicole Gannon [10:27 A.M.]
That depends on the project.

Denise Shulte [10:28 A.M.]
161 I'm currently working on some images for Bond Tech. 162 Because of previous projects, I know their tastes, so I'd rather not give up this project.

Nicole Gannon [10:31 A.M.]
I understand that. But 163 I've decided to assign high-profile accounts to the most experienced designers. That's why Youngsik will cover Bond Tech.

Youngsik Park [10:33 A.M.]
I may have more experience, but let's look at the bigger picture.

Nicole Gannon [10:34 A.M.]
What do you mean?

Youngsik Park [10:35 A.M.]
163 The representatives at Bond Tech would probably prefer to work with someone they're familiar with.

Nicole Gannon [10:36 A.M.]
You have a point.

Denise Shulte [10:38 A.M.]
In this case, how about I continue with the work and have Youngsik review it?

Nicole Gannon [10:41 A.M.]
I'm okay with that. 164 I'll make some adjustments to the assignment list and send you a new one shortly.

Nicole Gannon [오전 10:23]
제 이메일에 이렇게 신속히 답변해 주신 것에 대해 두 분께 감사 드립니다. 두 분께서 우려하시는 부분이 있었던 것 같아서 이 대화를 통해 제가 해결해 드려야겠다고 생각했습니다.

Denise Shulte [오전 10:24]
161 로고를 만드는 일에 대한 우리 팀의 업무 일부를 다시 배정하시겠다고 말씀하셨을 때 저는 혼란스러웠습니다.

Youngsik Park [오전 10:26]
맞습니다. 저희의 현재 프로젝트들은 중단되는 건가요?

Nicole Gannon [오전 10:27]
그건 프로젝트에 따라 다릅니다.

Denise Shulte [오전 10:28]
161 저는 현재 Bond Tech를 위해 몇몇 이미지 작업을 하고 있습니다. 162 이전의 프로젝트들 때문에, 그들의 취향을 알고 있어서 이 프로젝트를 포기하지 않는 편이 좋을 것 같습니다.

Nicole Gannon [오전 10:31]
이해합니다. 하지만 163 가장 경험이 많은 디자이너들께 크게 주목 받고 있는 고객들을 배정하기로 결정했습니다. 그것이 바로 Youngsik 씨께서 Bond Tech를 맡으시게 되는 이유입니다.

Youngsik Park [오전 10:33]
제가 경험이 더 많을 수는 있겠지만, 좀 더 큰 틀에서 생각해 보시죠.

Nicole Gannon [오전 10:34]
무슨 말씀이시죠?

Youngsik Park [오전 10:35]
163 Bond Tech의 직원들은 아마 자신들이 익숙한 사람과 일하는 것을 선호할 겁니다.

Nicole Gannon [오전 10:36]
일리 있는 말씀이세요.

Denise Shulte [오전 10:38]
그럼, 제가 일을 계속 진행하고 Youngsik 씨께서 검토하시는 건 어떨까요?

Nicole Gannon [오전 10:41]
그렇게 하셔도 좋습니다. 164 제가 배정 업무 목록을 좀 수정해서 곧 두 분께 새로운 목록을 보내 드리겠습니다.

어휘 respond to ~에 응답하다, 답변하다 seem to do ~하는 것 같다 concern 우려, 걱정 address ~을 해결하다, 처리하다 confused 혼란스러운 reassign ~을 다시 배정하다 create ~을 만들어 내다 current 현재의 interrupt ~을 방해하다, 중단시키다 depend on ~에 따라 다르다, 달려 있다 work on ~을 맡아 작업하다 previous 이전의 taste 취향 would rather do (차라리) ~하겠다 give up ~을 포기하다 decide to do ~하기로 결정하다 high-profile 크게 주목 받는 account 고객 experienced 경험이 많은 cover ~을 떠맡다, 책임지다 look at the bigger picture 큰 틀에서 생각하다, 멀리 내다보다 representative 직원 probably 아마 prefer to do ~하는 것을 선호하다 be familiar with ~에 익숙하다, ~을 잘 알다 have a point 일리가 있다 in this case 이런 경우라면 how about I ~? 제가 ~하는 건 어떨까요? continue 계속하다 have A do A가 ~하게 하다 review ~을 검토하다 make an adjustment 조정하다 assignment 배정(된 일) shortly 곧, 머지않아

161 Which department is Ms. Gannon most likely in charge of?

(A) Sales
(B) IT
(C) Graphic design
(D) Accounting

Gannon 씨는 어느 부서를 책임지고 있을 것 같은가?

(A) 영업부
(B) 정보통신 기술부
(C) 그래픽 디자인부
(D) 회계부

━┤ 추론 │ 세부사항 ┠━

부서의 특성을 묻는 문제이므로 특정 업무를 나타내는 단어나 표현 등을 단서로 삼아야 한다. Shulte 씨가 10시 24분에 '로고를 만드는 일을 하는 우리 팀의 업무(our team's work for creating logos)'라고 말한 부분이나, 10시 28분에 '몇몇 이미지 작업을 하고 있다(I'm currently working on some images)'라고 말하는 부분 등을 통해 디자인 업무를 하는 팀이라는 것을 알 수 있다. 따라서 (C)가 정답이다.

정답 (C)

162 What is implied about Ms. Shulte?

(A) She has more experience than Mr. Park.
(B) She has worked with Bond Tech before.
(C) She did not respond to Ms. Gannon's e-mail.
(D) She cannot meet the deadline of a project.

Shulte 씨에 관해 암시된 것은 무엇인가?

(A) Park 씨보다 경험이 더 많다.
(B) 예전에 Bond Tech와 일해 본 적이 있다.
(C) Gannon 씨의 이메일에 답하지 않았다.
(D) 한 프로젝트의 마감 시한을 지킬 수 없다.

━┤ 추론 │ 진위확인 ┠━

Shulte 씨의 10시 28분 메시지 중 '이전의 프로젝트들 때문에, 그들의 취향을 알고 있다(Because of previous projects, I know their tastes)'는 말로 보아 그가 바로 앞 문장에서 언급된 Bond Tech와 일한 경험이 있다는 것을 알 수 있다. 따라서 (B)가 정답이다.

어휘 meet the deadline 마감 (시한)에 맞추다

정답 (B)

163 At 10:33 A.M., what does Mr. Park mean when he writes, "let's look at the bigger picture"?

(A) He disagrees with a strategy.
(B) He requested working with a client.
(C) He thinks a company will grow.
(D) He wants to hold a meeting.

오전 10시 33분에, Park 씨가 "let's look at the bigger picture"라고 썼을 때 의미하는 것은 무엇인가?

(A) 전략에 대해 동의하지 않는다.
(B) 고객과 함께 일하는 것을 요청했다.
(C) 회사가 성장할 것이라고 생각한다.
(D) 회의를 열고 싶어 한다.

━┤ 의도파악 ┠━

해당 표현은 10시 31분에 Gannon 씨가 '가장 경험이 많은 디자이너들에게 크게 주목 받고 있는 고객들을 배정하기로 결정했고 그것이 바로 Youngsik 씨가 Bond Tech를 맡게 된 이유(I've decided to ~ cover Bond Tech)'라고 말한 것에 대한 반응이다. 뒤이어 10시 35분에 'Bond Tech의 직원들은 아마 자신들이 익숙한 사람과 일하는 것을 선호할 것(The representatives at ~ they're familiar with)'이라는 설명을 덧붙이는 것으로 볼 때 Gannon 씨가 밀한 결정에 동의하지 않고 있음을 알 수 있다. 따라서 (A)가 정답이다.

어휘 disagree 동의하지 않다   strategy 전략

정답 (A)

164 What will Ms. Gannon probably do next?

(A) Send a new contract
(B) Contact a Bond Tech representative
(C) Change some employee assignments
(D) Review Ms. Shulte's work

Gannon 씨는 곧이어 무엇을 할 것 같은가?

(A) 새로운 계약서를 발송하기
(B) Bond Tech의 직원에게 연락하기
(C) 직원들의 배정 업무를 변경하기
(D) Shulte 씨가 작업한 것을 검토하기

━┤ 세부사항 │ What ┠━

지문의 맨 마지막에 Gannon 씨가 '배정 업무 목록을 좀 수정해서 곧 새로운 목록을 보내주겠다(I'll make some ~ new one shortly.)'고 알리고 있으므로 이에 대해 언급한 (C)가 정답이다.

어휘 contract 계약(서)   assignment 배정(된 일)

정답 (C)

Questions 165-167 refer to the following article. 165-167은 다음 기사를 참조하시오.

Attack of the Drones to visit Spartsville

2 Dec.— — [1] —. New movie *Attack of the Drones* will be visiting Spartsville Movie Theater **165, 166** in order to provide fans with an opportunity to attend an advanced screening on the weekend of 19-20 December. This has been arranged by city mayor Russell Padrino as part of the city's bid to raise its artistic profile. The film will be released for general viewing the following week.

— [2] —. **167** Each guest shall also be provided with a hot drink at no charge. All attendants shall receive a courtesy magazine, featuring images from the movie.

166 The film is scheduled to begin at 4 p.m. on Saturday, and 5 p.m. on Sunday. — [3] —. **166** Furthermore, on Sunday, director Dan Scremington will be on hand to take questions from the audience about his film. This additional event will take place after the showing in Room E of the theater. — [4] —. To view the full timetable, and to enter the competition, please visit www.attackofthedrones.net.

Spartsville을 방문하는 〈Attack of the Drones〉

12월 2일— — [1] —. 새 영화 〈Attack of the Drones〉가 **165, 166** 12월 19일부터 20일까지 주말 동안 팬들에게 시사회에 참석할 기회를 주기 위하여 Spartsville Movie Theater를 방문할 예정입니다. 이것은 예술적 관심을 높이기 위한 시의 노력의 일환으로 Russell Padrino 시장에 의해 마련되었습니다. 영화는 그 다음 주에 일반인들에게 공개될 것입니다.

— [2] —. **167** 각각의 관객들은 또한 따뜻한 음료를 무료로 제공받을 것입니다. 모든 참석자들은 영화의 장면이 실린 무료 잡지도 받을 것입니다.

166 영화는 토요일 오후 4시와 일요일 오후 5시에 시작할 예정입니다. — [3] —. **166** 추가로, 일요일에는 Dan Scremington 감독이 영화와 관련하여 관객들에게 질문을 받기 위해 참석할 것입니다. 이 추가 행사는 상영 후에 극장의 Room E에서 있을 것입니다. — [4] —. 전체 시간표가 보고 싶고 행사에 참가하고 싶으시면, www.attackofthedrones.net을 방문해 주세요.

어휘 in order to do ~하기 위해서 opportunity 기회 advanced screening 시사회 arrange ~을 마련하다, 주선하다 bid 시도, 노력, 입찰 artistic 예술의 profile 관심, 인지도 release ~을 공개하다, 출시하다 at no charge 무료로 courtesy 무료의 on hand 출석한 take place 발생하다 timetable 시간표 competition 대회, 시합

165 What is the purpose of the article?

(A) To advertise a film screening
(B) To offer a magazine subscription
(C) To inform of a mayoral election
(D) To announce the opening of a convention center

이 기사의 목적은 무엇인가?

(A) 영화 시사회를 광고하기
(B) 잡지 구독을 제안하기
(C) 시장 선거를 알리기
(D) 컨벤션 센터의 개관식을 알리기

주제/목적 | 목적

첫 번째 단락에서 '영화 시사회(advanced screening)'에 대해 소개하고 있으므로 이를 언급한 (A)가 정답이다.

어휘 advertise ~을 광고하다 mayoral 시장의 election 선거

정답 (A)

166 What is indicated about Mr. Scremington?

(A) He is a billionaire.
(B) He is a competition winner.
(C) He visits Spartsville at least once a year.
(D) He will answer questions on December 20.

Scremington 씨에 대해 언급된 것은 무엇인가?

(A) 억만장자이다.
(B) 대회 우승자이다.
(C) 최소한 일 년에 한 번은 Spartsville에 방문한다.
(D) 12월 20일에 질문에 답변을 할 것이다.

진위확인 | True

마지막 단락에서 Scremington 씨가 일요일에 관객들의 질문을 받기 위해 참석할 것이라고 했고, 첫 단락에 언급된 행사 날짜와 마지막 단락의 영화 시작 정보를 보면 일요일은 12월 20일임을 알 수 있다. 따라서 (D)가 정답이다.

어휘 billionaire 억만장자

정답 (D)

167 In which of the positions marked [1], [2], [3], and [4] does the following sentence best belong?

"The movie screening is free to all, and ticketing will be allocated on a first-come first-served basis."

(A) [1]
(B) [2]
(C) [3]
(D) [4]

[1], [2], [3], [4]로 표기된 위치들 중에서 다음 문장이 가장 잘 어울리는 곳은 어디인가?

"영화 시사회는 모든 사람들에게 무료이며, 티켓은 선착순으로 교부됩니다."

(A) [1]
(B) [2]
(C) [3]
(D) [4]

주어진 문장 넣기 | 문장의 내용 단서

제시된 문장은 시사회가 무료이며 선착순으로 티켓을 나눠준다는 정보를 담고 있다. 이는 시사회 행사 참석과 관련된 정보이므로 해당 행사에 참석할 경우 누릴 수 있는 혜택이 언급된 두 번째 단락에 포함되는 것이 글의 흐름상 자연스럽다. 따라서 이 단락의 시작 부분에 위치한 (B)가 정답이다.

어휘 allocate ~을 할당하다   first-come first-served 선착순

정답 (B)

Questions 168-171 refer to the following notice.

Announcement: Trade Fair in Stockholm
Posted: February 22

168, 169-B Our senior management team is delighted to announce that staff at Readyflex Electronics will once again be travelling to Sweden for the Quantum Future trade fair next month. All managers are expected to organize and pay for their own room at The Chilview Hotel, **170** which will be reimbursed by our company on the last day of the trade fair. We also require 6 members of our sales team to attend the event. Those wishing to volunteer for this opportunity must contact Mark Kennedy by February 26.

The trade fair itself is located in The Alexander White Building, and **170** will be open 9 a.m.–5 p.m. every day between 20-24 March.

Our products will be on display as follows:
> Readyflex T500d model: **169-D** Tuesday and Thursday, Quantum Main Hall; Stand B
> Advanced battery and memory card packs: **169-D** Wednesday, Quantum Main Hall; Stand B
> Readyflex Bluejaw model: **169-D** Friday, External Area C
> Innovations in Auto Body Repair: Thursday, Quantum Main Hall; Stand B

169-C All of our prices for the trade fair have been reduced by 20% in order to attract first-time customers. Please make sure items are clearly marked with the offer price.

As per the terms of your contract, staff are not required to attend this event. However, **171** those that do volunteer will be eligible for a $500 bonus to be added to their regular salary next month. Once again, please contact Mr. Kennedy if you wish to participate.

Leonard Schulz, Director
Readyflex Electronics Personnel Office

168 What is the purpose of the notice?
(A) To promote a particular chain of luxurious hotels
(B) To give details of the launch of a new product
(C) To advertise a managerial vacancy
(D) To provide information on a business trip abroad

169 What is NOT suggested about Readyflex Electronics?

(A) Its products will be displayed on every weekday.
(B) It has attended the Quantum Future trade fair before.
(C) Its items will be available for a discount.
(D) Its products will be displayed in more than one location.

Readyflex Electronics에 관해 알 수 없는 것은 무엇인가?

(A) 그곳의 제품이 주중에 매일 전시될 것이다.
(B) 전에 Quantum Future 무역 박람회에 참석한 적이 있었다.
(C) 할인 가격으로 제품 이용이 가능할 것이다.
(D) 제품이 한 곳보다 더 많은 곳에서 전시될 것이다.

> **추론 | 진위확인**
>
> 첫 번째 문단에서 무역 박람회에 다시 참석할 것이라고 했으므로 (B)를 확인할 수 있으며, 네 번째 문단에서 신규 고객을 유치하기 위해 20퍼센트 할인할 것이라고 했으므로 (C)도 확인할 수 있다. 또한 전시될 제품을 알리는 세 번째 단락에서 Quantum Main Hall과 외부 구역 C, 두 곳이 언급되므로 (D)도 맞는 내용이다. 그러나 전시 일정에 관해서는 화요일, 수요일, 목요일, 금요일만 언급되어 있으므로 주중에 항상 전시될 것이라고 설명한 (A)가 정답이다.
>
> **어휘** display ~을 전시하다 location 장소, 위치
>
> 정답 (A)

170 When will accommodation reimbursement be issued?

(A) On February 22
(B) Before March 20
(C) On March 24
(D) Before February 26

언제 숙박료가 상환될 것인가?

(A) 2월 22일에
(B) 3월 20일 전에
(C) 3월 24일에
(D) 2월 26일 전에

> **세부사항 | When**
>
> 첫 번째 문단에서 숙박료는 박람회 마지막 날에 상환될 것이라고 했고, 두 번째 문단에 박람회 날짜가 명시되어 있다. 이를 통해 박람회가 끝나는 마지막 날인 3월 24일에 숙박료가 상환될 것임을 알 수 있다. 따라서 정답은 (C)이다.
>
> 정답 (C)

171 According to the notice, why might staff be interested in attending the event?

(A) They will receive a financial reward.
(B) They will be eligible to receive a promotion.
(C) They will be tested on new procedures.
(D) They need to describe new products to customers.

공지에 따르면, 직원들은 왜 행사에 참석하는 것에 관심이 있을 것 같은가?

(A) 금전적인 보상을 받을 것이다.
(B) 승진 자격을 얻을 것이다.
(C) 새로운 절차에 대해 테스트를 받을 것이다.
(D) 신제품을 고객들에게 설명해야 한다.

> **세부사항 | Why**
>
> 마지막 단락에서 '행사에 지원하면 보너스로 500달러를 받을 것(those that do volunteer will be eligible for a $500 bonus)'이라고 했으므로 금전적 보상을 언급한 (A)가 정답이다.
>
> **어휘** financial 금전적인 reward 보상 be eligible to do ~할 자격이 있다 procedure 절차 describe ~을 묘사하다, 설명하다
>
> 정답 (A)

Questions 172-175 refer to the following letter. 172-175는 다음 편지를 참조하시오.

Antonio's Stationery

Claire Darras
Supervisor, Shawcross Services 193 Bridge Street
174-A Chicago, IL

Nov 4

Dear Mrs. Darras,

I am writing to inform you that we at Antonio's are planning to make changes to the way we operate. — [1] —. 175 As such, we now need to carry out much-needed expansion work on our storage warehouse. 172 Once complete, we will be able to provide stationery services to a greater numbers of clients than we do presently. We assume that we will reopen on December 10.

— [2] —. Our business will be closed between November 14 and December 9, meaning your usual service will be temporarily cut off. On the reopening day, we will invite customers to visit our premises, where we will hold a celebratory barbecue. All clients attending will receive a coupon entitling them to 15% off their next purchase. We hope that as many people attend as possible.

— [3] —. We hope that you will be patient while we carry out these much-needed changes to our business. 174-B We truly appreciate the business of companies such as yours, which have standing orders to purchase goods each week. Furthermore, 174-D we pledge to offer you free delivery next year as our way of apologizing for the inconvenience. — [4] —.

If you have any queries with regard to the above information, please don't hesitate to get in touch. We are reachable by telephone at 555-3954-322. We look forward to resuming normal service and being able to serve your stationery needs.

Sincerely,

Antonio Cinelli
CEO, Antonio's Stationery

Antonio's Stationery

Claire Darras
Supervisor, Shawcross Services 193 Bridge Street
174-A Chicago, IL

11월 4일

Darras 씨께,

저희 Antonio's가 운영 방식에 있어 몇 가지 변화를 계획하고 있음을 알려드리기 위해 편지를 드립니다. — [1] —. 175 그러하기 때문에, 이제 저희 보관 창고의 확장 공사가 몹시 필요합니다. 172 일단 완료되면, 현재보다 더 많은 고객님들께 문구류 서비스를 제공할 수 있을 것입니다. 저희는 12월 10일에 다시 문을 열 수 있을 것으로 예상합니다.

— [2] —. 저희 업체는 11월 14일과 12월 9일 사이에 문을 닫을 것이며, 이는 고객님의 평상시 서비스가 일시적으로 중단되는 것을 의미합니다. 다시 문을 여는 날에, 고객님들을 저희 매장에 초대해서 축하 바비큐 파티를 열 것입니다. 참석하시는 모든 고객님들은 다음 구매 시 15 퍼센트 할인 적용이 가능한 쿠폰을 받을 것입니다. 저희는 가능한 한 많은 분들께서 참석하시기를 바랍니다.

— [3] —. 저희 매장에 매우 필요한 변화를 단행하는 동안 기다려 주시길 바랍니다. 174-B 저희는 매주 정기적으로 물품을 구매해 주시는 귀사와 같은 회사들에게 진심으로 감사를 전하고 싶습니다. 게다가, 불편함을 드린데 대한 사과의 의미로 174-D 내년에 무료 배송 서비스를 제공해 드릴 것을 약속합니다. — [4] —.

만약 위의 정보와 관련하여 문의 사항이 있으시면, 주저하지 마시고 연락주세요. 555-3954-322로 전화 연락이 가능합니다. 저희 업체는 정상적으로 서비스를 재개하여 귀사가 필요하신 문구 제품을 제공할 수 있기를 바랍니다.

안녕히 계십시오.

Antonio Cinelli
CEO, Antonio's Stationery

어휘 stationery 문구 operate 작동되다, 영업하다 carry out ~을 실행하다 expansion 확장 storage 보관, 저장 presently 현재 assume ~을 추정하다 temporarily 일시적으로 premises 부지, 구내, 지역 celebratory 기념하는 entitle A to B A에게 B라는 자격을 부여하다 patient 인내하는, 참을성 있는 standing orders 정기 주문 pledge to do ~을 약속하다, 맹세하다 inconvenience 불편함 query 문의 with regard to ~에 관하여 hesitate to do ~하는 것을 망설이다 resume ~을 재개하다

172 What is suggested about Antonio's Stationery?

(A) It will upgrade its delivery services.
(B) It will move to another place in March.
(C) It will soon serve more customers.
(D) It has a Web site.

| 추론 | 진위확인 |

첫 번째 문단에서 '공사가 완료되면 현재보다 더 많은 고객들에게 서비스를 제공할 것(Once complete, we will be able to provide stationery services to a greater numbers of clients than we do presently.)'이라고 했으므로 (C)가 정답이다.

어휘 delivery 배송　move to ~로 이전하다

정답 (C)

Antonio's Stationery에 관해 알 수 있는 것은 무엇인가?

(A) 배송 서비스를 업그레이드할 것이다.
(B) 3월에 다른 곳으로 이전할 것이다.
(C) 곧 더 많은 고객들을 응대할 것이다.
(D) 웹사이트를 가지고 있다.

---

173 The phrase "cut off" in paragraph 2, line 2, is closest in meaning to

(A) improved
(B) divided
(C) reduced
(D) discontinued

| 동의어 | 형용사구 |

지문에서 cut off 는 '중단된'이라는 의미이므로 이와 가장 유사한 의미를 지니는 (D) discontinued(중단되는)가 정답이다.

정답 (D)

두 번째 단락, 두 번째 줄의 어구 "cut off"와 의미가 가장 가까운 것은 무엇인가?

(A) 향상되는
(B) 나누어지는
(C) 줄여지는
(D) 중단되는

---

174 What is NOT indicated about Shawcross Services?

(A) It is located in Chicago.
(B) It regularly receives goods from Antonio's Stationery.
(C) It is an accountancy firm.
(D) It will be exempt from shipping costs next year.

| 진위확인 | NOT true |

Shawcross Services는 편지의 수신자가 소속된 업체의 이름으로, 편지 상단의 주소로 보아 Chicago에 위치함을 알 수 있고, 세 번째 단락에서는, Antonio's Stationery의 제품을 꾸준히 주문해왔으며, 서비스 일시 중단을 참아준 대가로 내년에 무료 배송 혜택을 받을 수 있음을 확인할 수 있다. 따라서 언급되지 않은 것은 (C)이다.

어휘 regularly 정기적으로　be exempt from ~을 면제받다

정답 (C)

Shawcross Services에 관하여 언급되지 않은 것은 무엇인가?

(A) Chicago에 위치해 있다.
(B) Antonio's Stationery에서 정기적으로 제품을 받는다.
(C) 회계 회사이다.
(D) 내년에 배송비를 면제받을 것이다.

---

175 In which of the positions marked [1], [2], [3], and [4] does the following sentence best belong?

"Since we opened in March this year, we have seen a steady increase in regular buyers."

(A) [1]
(B) [2]
(C) [3]
(D) [4]

| 주어진 문장 넣기 | 연결어 단서 |

주어진 문장은 회사의 개업 시점 및 단골 고객의 꾸준한 증가세를 언급하는 내용을 담고 있다. 이는 창고 확장 공사의 원인에 해당하므로 '그러하기 때문에'라는 말과 함께 '보관 창고 확장 공사'의 필요성을 언급하는 문장 앞에 위치하는 것이 글의 흐름상 적절하다. 따라서 (A)가 정답이다.

어휘 steady 꾸준한　regular 정기적인

정답 (A)

[1], [2], [3], [4]로 표기된 위치들 중에서 다음 문장이 가장 잘 어울리는 곳은 어디인가?

"올해 3월에 개업한 이래로, 정기 구매자들의 꾸준한 증가를 보이고 있습니다."

(A) [1]
(B) [2]
(C) [3]
(D) [4]

Questions 176-180 refer to the following e-mails.

180-B From: Tony Burrows <tburrows@supersaver.com>
177 To: Lucy Vixen <lucyvixen3@guardian.net>
Date: Monday, March 7 11:40 A.M.
Subject: Business Partnership

Dear Ms. Vixen,

My co-workers and I enjoyed meeting you last Thursday (March 3). After further discussion among ourselves, we would like to inform you that we are excited by the prospect of stocking Guardian Inc. products in our megastore outlets. 178 We would like to invite you back to our offices to arrange the terms of the contract. As I mentioned at the time, this meeting will be conducted by 180-A managing director Robert Ruins. 177 He was also personally impressed by your range of make-up products, and feels they perfectly represent the spirit of stocking environmentally-friendly goods that we hold here at SuperSaver.

176, 179 Are you available to come by our offices this Thursday (March 10)? If this does not work for you, Mr. Ruins has a gap in his schedule on Friday afternoon that it would be possible to hold discussions in. As you may imagine, his schedule becomes filled up extremely rapidly as the week progresses, so please let me know your preference as soon as possible. Alternatively, you may contact 180-C his personal assistant Tina Coggins directly at 555-292-5200 to arrange this. We look forward to further discussions.

Sincerely,

Tony Burrows
Product Decision Manager

From: Lucy Vixen <lucyvixen3@guardian.net>
To: Tony Burrows <tburrows@supersaver.com>
Date: Monday, March 7 4:00 P.M.
Re: Business partnership

Dear Mr. Burrows,

I was thrilled to read your e-mail expressing your willingness to stock our products in your stores. As you may imagine, this is a huge success for a small manufacturer such as ourselves.
179 Regrettably, I have checked my diary and I have a business trip scheduled for the Thursday that you suggest. However, I would be able to meet with you on Friday and I am available any time after midday.

Furthermore, I spoke to **180 my colleague Phil Satters** about the prospect of producing some promotional materials as we discussed last week. He agreed that this would be extremely beneficial in promoting our goods to your customers.

I look forward to Friday.

Sincerely,
Lucy Vixen

추가로, 저는 지난주에 저희가 논의했듯이 몇 가지 홍보 제품을 만드는 것의 가능성에 대하여 **180 제 동료 Phil Satters**와 얘기했습니다. 그는 이것이 귀사의 고객들에게 저희 제품을 홍보하는 데 매우 도움이 될 것임에 동의했습니다.

금요일을 고대합니다.

안녕히 계십시오.
Lucy Vixen

어휘 thrilled 기쁜, 신이 난 regrettably 유감스럽게도 promotional 홍보의 beneficial 이익이 되는

176 What is the purpose of the first e-mail?

(A) To schedule a delivery
(B) To arrange a meeting
(C) To place an order
(D) To provide some directions

첫 번째 이메일의 목적은 무엇인가?

(A) 배송 일정 정하기
(B) 회의 주선하기
(C) 주문하기
(D) 몇 가지 지시 사항 제공하기

주제/목적 | 목적

첫 번째 이메일 두 번째 단락에서 목요일과 금요일을 언급하며 회의 일정을 잡고자 했으므로 이메일의 목적이 회의 주선임을 알 수 있다. 따라서 (B)가 정답이다.

어휘 schedule ~의 일정을 정하다 directions 지시, 명령

정답 (B)

177 What type of products does Guardian Inc. most likely manufacture?

(A) Electronics
(B) Cosmetics
(C) Kitchenware
(D) Office supplies

Guardian Inc.는 어떤 종류의 제품을 제조할 것 같은가?

(A) 전자제품
(B) 화장품
(C) 주방용품
(D) 사무용품

추론 | 세부사항

Guardian Inc.는 첫 번째 이메일의 수신자가 소속된 회사임을 알 수 있는데, 첫 번째 단락에서 '귀사의 메이크업 제품에 깊은 인상을 받았다'고 했으므로 Guardian Inc.가 화장품 회사임을 알 수 있다. 따라서 정답은 (B)이다.

정답 (B)

178 According to the first e-mail, why does Mr. Burrows want to arrange a meeting with Ms. Vixen?

(A) To discuss product details
(B) To make a complaint
(C) To negotiate a contract
(D) To produce an advertising campaign

첫 번째 이메일에 따르면, Burrows 씨는 왜 Vixen 씨와 회의를 하기를 원하는가?

(A) 제품 세부 사항을 의논하기 위해
(B) 불만을 제기하기 위해
(C) 계약을 협상하기 위해
(D) 광고물을 제작하기 위해

세부사항 | Why

첫 번째 단락에서 '계약 조건(the terms of the contract)'을 정하기 위해 사무실로 다시 와 달라고 했으므로 (C)가 정답이다.

어휘 complaint 불평, 항의 negotiate ~을 협상하다

정답 (C)

179 When is Ms. Vixen expecting to be on a business trip?

    (A) On March 3
    (B) On March 7
    (C) On March 10
    (D) On March 11

Vixen 씨는 언제 출장을 갈 것으로 예상하고 있는가?

    (A) 3월 3일에
    (B) 3월 7일에
    (C) 3월 10일에
    (D) 3월 11일에

연계문제 | 세부사항

두 번째 이메일의 첫 번째 단락에서 목요일은 출장을 가야 해서 불가능하다고 했고, 첫 번째 이메일의 두 번째 단락에서 목요일은 3월 10일이라고 언급했으므로 정답은 (C)이다.

정답 (C)

---

180 Who is NOT an employee of SuperSaver Inc.?

    (A) Mr. Ruins
    (B) Mr. Burrows
    (C) Ms. Coggins
    (D) Mr. Satters

SuperSaver Inc.의 직원이 아닌 사람은?

    (A) Ruins 씨
    (B) Burrows 씨
    (C) Coggins 씨
    (D) Satters 씨

진위확인 | NOT true

첫 번째 이메일의 발신자 이메일 주소를 보면 Burrows 씨는 SuperSaver Inc.의 직원임을 알 수 있으므로 (B)는 오답이다. 첫 번째 단락에서 Ruins 씨는 같은 회사의 managing director로, 두 번째 단락에서 Coggins 씨를 Ruins 씨의 개인 비서로 소개하고 있으므로 (A)와 (C)도 오답이다. 따라서 (D)가 정답이다.

정답 (D)

Questions 181-185 refer to the following article and foreword of a brochure.

Kingsville Business Weekly

On June 14, two-weeks before the week-long closure of the city's airport for planned expansion work, the Kingsville Association of Businesses (KAB) published a brochure entitled *Keep Your Business Flying*. This brochure was produced to provide local firms with strategies for mitigating the impact to normal business operations during the scheduled closure. The brochure was delivered to all KAB-registered businesses directly, and 181 the demand from other businesses was so great that extra copies needed to be printed.

The KAB is currently modifying its initial publication to produce a new version. This is in light of the city council's recent announcement affecting further work to the area's infrastructure, with a month-long closure of High Road planned for essential maintenance work.

184-B The new version, which the association hopes to release at the start of September, 184-B will feature a foreword penned by a business owner who was forced to take steps to deal with the airport closure. In order to cut back on expensive printing costs, an online-only version of this brochure will be released.

182 KAB is currently soliciting opinions from other companies which were impacted by the previous disruptions. Store owners prepared to give an interview are asked to get in touch with Marcus Holmes. He can be contacted by telephone at 555-3934-3178, or by email at marcusholmes@kab.gov.com.

Keep Your Business Flying (Second Edition)
Foreword

184-D Due to the large number of orders taken through our Web site, we at Ryan Clothing rely on long-distance transportation for shipping a lot of our products around the country, with 60% of our business passing through Kingsville Airport. As such, we assumed that we would incur a huge loss of income when it was announced that the airport was closed for a whole week. That was until the brochure from KAB landed on my doorstep. It contained a lot of useful, practical tips, such as how to make use of the country's extensive rail network during this time. While the airport ended up being closed for three weeks, 184-A we only saw a 20% downturn in sales, compared to the 60% that our accountants had forecasted. KAB deserves a lot of credit for this, as their tips allowed us to minimize the disruption to our business.

As well as similar tips in minimizing disruption to your business, this new brochure features 185 accounts from CEOs detailing how they coped with the airport work taking more time than anticipated. I urge you to reap the benefit of their experience to help you through this disruptive period.

184-B Ryan Waynefield

하였으므로 이 공적에 대해 KAB는 인정을 받을 만합니다.

귀사의 피해를 최소화하는 데 있어 비슷한 조언뿐만 아니라, 이 새로운 책자는 185 예상보다 시간이 더 소요된 공항 공사에 대처한 방법을 설명한 CEO들의 경험담도 실었습니다. 귀사가 이렇게 힘든 시기를 헤쳐나가는 데 도움이 될 그들의 경험에서 혜택을 얻기를 바랍니다.

184-B Ryan Waynefield

어휘 rely on ~에 의존하다 assume ~을 추정하다 incur ~을 발생시키다, 초래하다 loss 손실 end up -ing 결국 ~하게 되다 downturn 감소, 하락 compared to ~와 비교하여 forecast ~을 예상하다 deserve ~할 만한 가치가 있다 credit 인정, 공로 minimize ~을 최소화하다 account 설명 cope with ~에 대처하다 than anticipated 예상보다 urge A to do A에게 ~하는 것을 촉구하다 reap (성과, 이익 등) ~을 올리다, 거두다

181 What is mentioned about KAB's publication in the article?

(A) It was designed two weeks ago.
(B) It was distributed at a charge.
(C) It was extremely popular.
(D) It was written by only one author.

기사에서 KAB의 출판물에 대해 언급된 것은 무엇인가?

(A) 2주 전에 디자인되었다.
(B) 유료로 배포되었다.
(C) 매우 인기가 많았다.
(D) 오직 한 작가에 의해서 쓰였다.

진위확인 | True

기사 첫 번째 단락에서 다른 업체에서도 KAB의 책자를 받길 원하여 추가 인쇄 작업에 들어갔다고 했으므로 인기가 많았다는 것을 알 수 있다. 따라서 (C)가 정답이다.

어휘 distribute ~을 배포하다 at a charge 비용을 받고 extremely 매우 author 작가

정답 (C)

182 Why would a company's representative probably get in touch with a KAB official?

(A) To protest the airport closure
(B) To apply for a job
(C) To purchase a copy of a book
(D) To offer their views

회사의 대표는 왜 KAB 직원과 연락할 것인가?

(A) 공항 폐쇄에 항의하기 위해
(B) 일자리에 지원하기 위해
(C) 책을 구매하기 위해
(D) 그들의 의견을 말하기 위해

세부사항 | Why

기사 네 번째 단락에서 KAB가 이전의 중단으로 영향을 받은 사업주들에게 의견을 요청했고 준비가 된 사람들은 담당자에게 연락해 달라고 했으므로 KAB 직원과 연락하는 이유는 '의견을 말하기 위해서'라고 추측할 수 있다. 따라서 (D)가 정답이다.

어휘 protest ~을 항의하다

정답 (D)

183 In the foreword, the word "credit" in paragraph 1, line 8, is closest in meaning to

(A) donations
(B) interviews
(C) power
(D) recognition

서문에서, 첫 번째 단락, 여덟 번째 줄의 단어 "credit"과 의미가 가장 가까운 것은 무엇인가?

(A) 기부
(B) 인터뷰
(C) 힘
(D) 인정

동의어 | 명사

여기서 credit은 '공로, 인정'의 의미로 쓰였으므로 보기 중 '인정'이라는 뜻을 가진 (D) recognition이 정답이다.

정답 (D)

184 What is NOT indicated about Ryan Clothing?

(A) It experienced some reduced profits.
(B) It is owned by Waynefield.
(C) It excluded trains when delivering goods.
(D) It receives online orders.

Ryan Clothing에 관하여 언급되지 않은 것은?

(A) 얼마간의 수익 감소를 경험했다.
(B) Waynefield가 소유하고 있다.
(C) 제품을 배송할 때 철도는 제외했다.
(D) 온라인 주문을 받는다.

연계문제 | 진위확인

두 번째 지문인 소책자의 서문 전체에서 Ryan Clothing에 대한 정보가 언급되고 있다. 첫 번째 줄에 웹사이트를 통해 주문을 받는다고 했으므로 (D)는 오답이다. 같은 단락에서 20퍼센트 매출 감소를 경험했다고 했으므로 (A)도 오답이다. 또한 서문 마지막에 작성자의 이름이 Ryan Waynefield로 명시되어 있는데, 기사 세 번째 단락에 따르면 업체 소유주가 소책자의 서문을 쓸 것이라고 했으므로 Waynefield가 Ryan clothing의 소유주임을 알 수 있다. 여기서 (B)도 오답임을 알 수 있다. 따라서 보기 중 언급되지 않은 (C)가 정답이다.

어휘 reduced 감소된   profits 수익, 이익   own ~을 소유하다   exclude ~을 제외하다

정답 (C)

---

185 What is suggested about the airport closure?

(A) It was beneficial to Ryan Clothing.
(B) It caused many businesses to go bankrupt.
(C) It was closed for longer than planned.
(D) It was harmful to the city's tourism industry.

공항 폐쇄에 관해 알 수 있는 것은 무엇인가?

(A) Ryan Clothing에 이익을 주었다.
(B) 많은 사업체들의 파산 원인이 되었다.
(C) 계획보다 오랫동안 폐쇄되었다.
(D) 도시 관광 산업에 피해를 주었다.

추론 | 진위확인

소책자 서문의 두 번째 단락에서 공항 공사에 예상보다 더 많은 시간이 소요되었다고 언급되어 있으므로 정답은 (C)이다.

어휘 beneficial 이익이 되는   go bankrupt 파산하다   harmful 해로운   tourism industry 관광 산업

정답 (C)

Questions1 186-190 refer to the following advertisement, e-mail, and text message.

Berkshire Film Festival
Timeless Films for All Ages

186 The Berkshire Artists Association is sponsoring the area's first ever film festival at the Cessna Theater from Tuesday, May 12, to Friday, May 15. Each evening during the festival, audience members will be able to enjoy a different classic film. All films begin at 7 P.M., and tickets can be purchased from the Cessna Theater box office and various venues around town. 190 Buy five or more tickets for any given film, and you will get 10% off.

Schedule of Showings:
  May 12: *The Journey to New Orleans*
  188 May 13: *Mystery of Silver Cave*
  May 14: *Susanne's Dream*
  May 15: *Train in the Night*

To: Conrad Varga <c.varga@npinbox.com>
From: William Riggs <riggsw@trujilloinc.com>
CC: Annie Lockwood <lockwooda@trujilloinc.com>
Date: May 2
Subject: Upcoming Visit

187, 188 Dear Mr. Varga,

I'm pleased that you will be able to come to the Trujillo Inc. branch in Berkshire. The members of the hiring committee were impressed with your responses to the phone-based questions, and 187 we look forward to interviewing you in person. 188 We have divided our prospective employees into Group A and Group B, and those groups will have visits to the branch on May 13 and 14, respectively. You have been assigned to Group A. After the day's activities, the group members will attend the local film festival. It's our way of showing our appreciation. Please let me know if you have any questions.

Warmest regards,

William Riggs

To: Annie Lockwood 397-555-1695
From: William Riggs 397-555-7940

Due to a train scheduling error, Conrad Varga has to move to Group B. We don't have to change anything with the tickets because Amelia Raff is moving to Group A. So, 190 I can still get the bulk discount for both groups' tickets. 189 Please be sure to have all of the visitor passes ready for everyone when they come. I've e-mailed you a photo of each visitor to include on the pass. Thanks!

수신: Annie Lockwood 397-555-1695
발신: William Riggs 397-555-7940

기차 일정상의 오류로, Conrad Varga 씨는 그룹 B로 옮겨져야 합니다. Amelia Raff 씨가 그룹 A로 옮겨질 것이기 때문에 우리는 티켓에 대해서는 아무것도 변경하지 않아도 됩니다. 따라서, 190 여전히 두 그룹 모두에 대해 티켓 대량 구매 할인을 받을 수 있습니다. 189 모든 분들께서 오시면 반드시 방문객 출입증을 전부 준비해 주시기 바랍니다. 출입증에 넣을 각 방문객의 사진을 이메일로 보내 드렸습니다. 감사합니다!

어휘 due to ~ 때문에 scheduling error 일정상의 오류 bulk discount 대량 구매 할인 be sure to do 반드시 ~하다, 꼭 ~하다 have A ready A를 준비하다 visitor pass 방문객 출입증 include ~을 포함하다

186 What is mentioned about the Berkshire Film Festival?

(A) It has been sponsored by the city.
(B) It is being held for the first time.
(C) It is intended for adults only.
(D) It will have two showings per day.

Berkshire Film Festival에 관해 언급된 내용은 무엇인가?

(A) 시의 후원을 받았다.
(B) 처음으로 열릴 것이다.
(C) 오직 성인들만을 대상으로 한다.
(D) 하루에 2회 상영을 할 것이다.

진위확인 | True

영화제 관련 정보를 찾을 수 있는 첫 지문의 시작 부분에서, 'Berkshire Artists Association이 지역 역사상 최초로 개최되는 영화제를 후원한다(The Berkshire Artists Association is sponsoring the area's first ever film festival)'고 언급되어 있으므로 (B)가 정답이다.

어휘 be intended for ~을 대상으로 하다

정답 (B)

187 What is the purpose of Mr. Varga's visit to Trujillo Inc.?

(A) To perform an inspection
(B) To conduct a training session
(C) To attend an interview
(D) To negotiate a sale

Varga 씨가 Trujillo Inc.를 방문하는 목적은 무엇인가?

(A) 점검을 실시하기
(B) 교육 프로그램을 진행하기
(C) 면접에 참석하기
(D) 매매 협의하기

세부사항 | What

Varga 씨가 Trujillo Inc.를 방문하는 목적과 관련된 정보는 Varga 씨가 수신인인 이메일에서 확인할 수 있다. 이메일 시작 부분에서 '귀하와 직접 면접을 볼 수 있기를 고대하고 있다(we look forward to interviewing you in person)'고 언급하고 있으므로 (C)가 정답이다.

어휘 inspection 점검 conduct ~을 하다 negotiate ~을 협상하다

정답 (C)

188. Which film was Mr. Varga originally supposed to see?

(A) *The Journey to New Orleans*
(B) *Mystery of Silver Cave*
(C) *Susanne's Dream*
(D) *Train in the Night*

Varga 씨는 원래 어느 영화를 관람하기로 되어 있었는가?

(A) 〈The Journey to New Orleans〉
(B) 〈Mystery of Silver Cave〉
(C) 〈Susanne's Dream〉
(D) 〈Train in the Night〉

┤ 연계문제 | 세부사항 ├

영화 제목이 제시되어 있는 광고와 Varga 씨에 대해 나와 있는 이메일의 정보를 조합하여 문제를 해결해야 한다. 이메일의 중간 부분에 '면접 대상자들이 두 개의 그룹에 속하게 되어 각각 5월 13일과 14일에 지사를 방문할 예정이라고 알리면서 Varga 씨는 그룹 A에 배정되었다(~ visits to the branch on May 13 and 14, respectively. You have been assigned to Group A)'고 하였다. 뒤이어 지사에 방문하는 날에 영화를 본다고 하였으므로 그룹 A의 방문 날짜인 5월 13일에 상영될 영화 제목을 첫 지문에서 찾으면 (B)가 정답이다.

정답 (B)

189. What does Mr. Riggs ask Ms. Lockwood to do?

(A) Prepare ID badges
(B) Buy another festival ticket
(C) Make a meal reservation
(D) Confirm a guest list

Riggs 씨는 Lockwood 씨에게 무엇을 하도록 요청하는가?

(A) 출입증 준비하기
(B) 축제 티켓 한 장 더 구입하기
(C) 식사 예약하기
(D) 초대 손님 목록 확인하기

┤ 세부사항 | What ├

Lockwood 씨에게 보내는 문자 메시지인 세 번째 지문의 후반부에서, '모든 사람들이 오면 반드시 방문객 출입증을 전부 준비해 달라(Please be sure to have all of the visitor passes ready for everyone when they come)'고 요청하고 있다. 따라서 이와 같은 요청 사항을 언급한 (A)가 정답이다.

어휘 prepare ~을 준비하다 confirm ~을 확인하다

정답 (A)

190. What is suggested about Mr. Riggs?

(A) He will meet some visitors at a train station.
(B) He is a member of the Berkshire Artists Association.
(C) He has met Ms. Raff in person before.
(D) He will purchase at least ten tickets.

Riggs 씨에 관해 알 수 있는 것은 무엇인가?

(A) 기차역에서 몇몇 방문객들을 만날 것이다.
(B) Berkshire Artists Association의 회원이다.
(C) 예전에 Raff 씨를 직접 만난 적이 있다.
(D) 최소 10장의 티켓을 구입할 것이다.

┤ 연계문제 | 추론 ├

Riggs 씨가 보내는 문자 메시지의 중간 부분에 '여전히 두 그룹 모두에 대해 티켓 대량 구매 할인을 받을 수 있다(I can still get the bulk discount for both groups' tickets)'고 언급하였고, 광고의 첫 단락에는 '5장 이상의 입장권을 구입하면 10퍼센트의 할인을 받을 수 있다(Buy five or more tickets for any given film, and you will get 10% off)'고 제시되어 있다. 따라서 두 그룹 인원이 각각 최소 5명 이상임을 알 수 있으므로, 최소 10장의 티켓을 구입할 것이라고 한 (D)가 정답이다.

어휘 purchase ~을 구입하다

정답 (D)

Questions 191-195 refer to the following Web page and e-mails.

---

www.weddingbliss.net

Wedding Bliss
We provide big help for your big day!

| HOME | SERVICES | PHOTO GALLERY | TESTIMONIALS | CONTACT |

Planning a wedding is a time of excitement and joy, but it can also be stressful. Hire Wedding Bliss and enjoy any or all of the services below:
- Elegant flowers and decorations to complement your selected colors
- Pianist or organist to provide music throughout the ceremony
- DJ for dinner and reception
- Valet parking for guests
- 191 Professional photographer to capture your memories
- A wide selection of catering options

We have sites in the 195 Columbia Building (288 Chapman Lane) and in the Ritter Complex (1434 Jefferson Street), and we also assist with off-site weddings. We work with you every step of the way to make sure everything is just the way you want it. Click here to contact one of our experienced event planning professionals today.

---

192 To: Alysa Frederick <fredericka@whitleyinc.com>
192, 193 From: Jennifer Morton <j_morton@garlandsales.com>
Date: September 14
Subject: Wedding Bliss

Dear Ms. Frederick,

I am currently in the process of planning my wedding, and I'm considering hiring Wedding Bliss. The company provided some references, but I wanted to check with someone independently. I work at the Jackson Center, and 192 an accountant at my office, Daniel Crawford, gave your contact information to me. He said you used Wedding Bliss's services in April. I'm wondering if you could tell me about your experience, and whether you used a Wedding Bliss venue or another site. 193-C Were there enough choices provided by the caterer? 193-D Also, how was the pianist who performed during the ceremony? Any information you could give me would be greatly appreciated.

Thank you!

Jennifer

To: Jennifer Morton <j_morton@garlandsales.com>
193, 194 From: Alysa Frederick <fredericka@whitleyinc.com>
Date: September 14
Subject: RE: Wedding Bliss

Dear Ms. Morton,

I'm glad you got in touch with me. I know how overwhelming wedding planning can be, so it's my pleasure to help. Overall, I was very pleased with Wedding Bliss' services. Originally, we wanted to use the services off site, at Villa Hall, but it was booked for the day we wanted. We decided to use Wedding Bliss' facility on Jefferson Street, **195** as the one on Chapman Lane wasn't open yet at that time. We had about 300 guests and many of them were vegetarians. **193-C** The dishes offered by the caterer were diverse enough to accommodate all of our guests' tastes. I also loved the decorations prepared by the Wedding Bliss staff. They were festive yet elegant, and they captured my style perfectly.

Because an event like this is so personal, **194** I suggest making an appointment with one of their consultants. You can do this for free, and it will help you to see exactly what they have to offer.

Best of luck!

Alysa

191 What is stated about Wedding Bliss?

(A) Its decorations are set up the day before the event.
(B) It provides a piano player for the dinner.
(C) It offers a photo-taking service.
(D) Its services must all be used together.

Wedding Bliss에 관해 언급된 것은 무엇인가?
(A) 장식은 행사 전날에 설치된다.
(B) 저녁 만찬을 위해 피아노 연주자를 제공한다.
(C) 사진 촬영 서비스를 제공한다.
(D) 제공되는 서비스가 모두 함께 이용되어야 한다.

진위확인 | True

Wedding Bliss에 관한 전반적인 정보를 확인할 수 있는 첫 지문을 보면, 열거한 서비스 항목들 중에 '추억을 담아 주는 전문 사진 기사(Professional photographer to capture your memories)'가 제시되어 있다. 따라서 이를 언급한 (C)가 정답이다.

어휘 set up ~을 설치하다 provide ~을 제공하다

정답 (C)

192 Where did Ms. Morton get Ms. Frederick's e-mail address?

(A) From the Wedding Bliss Web site
(B) From a relative
(C) From a Wedding Bliss representative
(D) From her coworker

Morton 씨는 어디에서 Frederick 씨의 이메일 주소를 얻었는가?
(A) Wedding Bliss의 웹사이트에서
(B) 친척에게서
(C) Wedding Bliss의 직원에게서
(D) 그녀의 동료에게서

세부사항 | Where

Morton 씨의 이름은 두 번째 지문인 이메일의 발신인 정보에서 확인할 수 있다. Frederick 씨의 이메일 주소를 얻게 된 방법과 관련해 중간 부분에 '자신의 사무실에 근무하는 회계사인 Daniel Crawford 씨가 연락처를 알려 주었다(an accountant at my office, Daniel Crawford, gave your contact information to me)'고 밝히고 있으므로 (D)가 정답이다.

어휘 relative 친척 representative 대표, 대리인, 직원 coworker 동료

정답 (D)

193 What did Ms. Morton ask about that was NOT addressed by Ms. Frederick?

(A) Decorations
(B) Pricing
(C) Menu options
(D) A musician

Morton 씨가 물어본 것 중에서 Frederick 씨에 의해 답변되지 않은 부분은 무엇인가?
(A) 장식
(B) 가격 정보
(C) 메뉴 선택권
(D) 음악 연주자

연계문제 | 진위확인

Morton 씨가 궁금해 하는 부분은 Morton 씨가 보낸 이메일의 중반부 이하에서 확인할 수 있다. 이메일에서 결혼식 장소(whether you used a Wedding Bliss venue or another site), 출장 요리 업체의 음식(Were there enough choices provided by the caterer?), 그리고 피아노 연주자(how was the pianist who performed during the ceremony?)에 관해 문의하고 있다. 그리고 Frederick 씨가 보낸 이메일을 살펴보면 결혼식 장소(We decided to use Wedding Bliss' facility on Jefferson Street)와 음식 수준(The dishes offered by the caterer were diverse ~), 그리고 장식물(I also loved the decorations ~)에 관한 의견들이 제시되어 있다. 따라서 Morton 씨의 문의 내용들 중에서 피아노 연주자에 대한 답변이 빠져 있으므로 (D)가 정답이다.

어휘 option 선택(권)

정답 (D)

194 What advice does Ms. Frederick give?

(A) Negotiating an offer
(B) Setting up a consultation
(C) Requesting a free catalog
(D) Using an off-site facility

Frederick 씨가 조언한 것은 무엇인가?

(A) 제안 사항을 협의하기
(B) 상담 일정을 잡기
(C) 무료 카탈로그를 요청하기
(D) 다른 곳의 시설을 이용하기

> **세부사항 | What**
>
> Frederick 씨가 쓴 이메일인 세 번째 지문의 두 번째 단락을 보면, '그곳(Wedding Bliss)의 컨설턴트들 중 한 분과 약속을 잡을 것을 권한다(I suggest making an appointment with one of their consultants.)'고 조언하고 있다. 따라서 이와 같은 조언 사항을 언급한 (B)가 정답이다.
>
> 어휘 negotiate ~을 협상하다   consultation 상담
>
> 정답 (B)

195 Where is Wedding Bliss' newest facility?

(A) Columbia Building
(B) Jackson Center
(C) Ritter Complex
(D) Villa Hall

Wedding Bliss의 최신 시설은 무엇인가?

(A) Columbia Building
(B) Jackson Center
(C) Ritter Complex
(D) Villa Hall

> **연계문제 | 세부사항**
>
> Wedding Bliss의 시설물과 관련해 세 번째 지문의 첫 단락 중간 부분에서 Frederick 씨가 장소를 예약할 당시 'Chapman Lane에 있는 것이 아직 문을 열지 않았다(the one on Chapman Lane wasn't open yet at that time)'는 내용이 있다. 그런데 첫 번째 지문의 마지막 단락에서, 지점 중의 하나로 Chapman Lane에 있는 곳이 Columbia Building이라고 나와 있으므로 (A)가 정답이다.
>
> 정답 (A)

Questions 196-200 refer to the following information, online forum, and message.

Standing Desks and Accessories by Lloyd Designs

Research shows that sitting for long periods of time can be harmful to the body. A standing desk by Lloyd Designs is the perfect solution. Desks can be adjusted to suit most people, and we have the accessories you need to create the perfect workspace.

- **Standing Desk** — 32"x52" work surface with a height range of 24"–50". Available in black, white, and gray. Price: $499 / Model: G284
- **Adjustable Stool** — Cushioned stool covered in black leather with a height range of 22"–36". Price: $149 / Model: T175
- **Monitor Arm** — The easiest way to position your screen perfectly. Holds up to 20 pounds. Gray design with black trim. Price: $99 / Model: W422
- **Standing Mat** — Soft surface to help prevent fatigue while standing. Features a non-slip textured surface. Available in black. Price: $29 / Model: K398

Order online at lloyddesigns.com.

---

http://www.realfeedbackforum.com

Company: Lloyd Designs   Thread opened: January 8

Fabian Roscoe   Posted 51 minutes ago

I purchased the Lloyd Designs standing desk for my home office, and overall I am pleased with the results. Adding this desk to my workspace has significantly reduced the back pain I suffer from. I like the ability to sit and stand throughout the day and work in several positions. Standing has also helped me to strengthen my leg muscles and improve my balance.

While I highly recommend the desk, I can't say the same for the accessories. I do have some concerns about model T175. It is a compact size, but it doesn't seem strong enough to hold an adult. I also purchased model K398, but it left black marks on the floor.

어휘 thread 스레드 (인터넷에서 회원들이 올린 일련의 의견) overall 전반적으로 be pleased with ~에 만족하다 add A to B A를 B에 추가하다 significantly 상당히 reduce ~을 감소시키다 suffer from ~으로 고통 받다 throughout ~ 내내 in several positions 다양한 자세로 strengthen ~을 강화하다 muscle 근육 improve ~을 개선하다 highly recommend ~을 적극 추천하다 concern 걱정, 우려 compact 소형의 enough to do ~하기에 충분히 leave A on B A를 B에 남기다

---

http://www.realfeedbackforum.com

Private Message   To: Fabian Roscoe   From: Lloyd Designs

198, 199 Dear Mr. Roscoe,

I am a customer service representative of Lloyd Designs. We are glad that you are pleased with our standing desk, and we appreciate your kind comments. **198** Regarding our accessory leaving marks, you are not the only customer to have this problem. We have recalled that item for the very reason you described. We are now using a new material, and **198** I would be happy to ship a free replacement to you. **199** Please send me back a private message with your e-mail address, and I will e-mail you the necessary form to get a free replacement. **200** As for your concerns about model T175, I want to assure you that it has been thoroughly tested in our laboratory and can withstand more than 350 pounds of weight.

Sincerely,

Kevin Siegel, Lloyd Designs

---

http://www.realfeedbackforum.com

개인 메시지 수신: Fabian Roscoe 발신: Lloyd Designs

198, 199 Roscoe 씨께,

저는 Lloyd Designs의 고객 서비스 담당 직원입니다. 귀하께서 저희 스탠딩 책상에 만족하고 계신다는 점에 기쁘게 생각하며, 친절한 의견에 감사 드립니다. **198** 저희 부대용품이 자국을 남기는 것과 관련해, 귀하께서는 이와 같은 문제점을 겪고 계신 유일한 고객이 아니십니다. 귀하께서 설명해 주신 바로 그 이유에 때문에 저희는 그 제품을 회수했습니다. 저희는 현재 새로운 재료를 사용하고 있으며, **198** 귀하께 기꺼이 무료 대체품을 배송해 드리겠습니다. **199** 귀하의 이메일 주소를 제게 개인 메시지로 보내 주시면, 무료 대체품을 받기 위해 필요한 양식을 이메일로 보내 드리겠습니다. **200** T175 모델에 대한 귀하의 우려와 관련해서는, 이 제품이 저희 연구소에서 철저히 테스트되었으며 350파운드가 넘는 무게를 견딜 수 있는 제품이라는 점을 장담합니다.

안녕히 계십시오.

Kevin Siegel, Lloyd Designs

어휘 representative 직원 regarding ~에 관해 recall ~을 회수하다 very 바로 그 describe ~을 설명하다 material 재료 free 무료의 replacement 대체품 private 개인의 necessary 필요한, 필수의 form 양식 as for ~에 관해서는 assure A that A에게 ~임을 보장하다, 장담하다 thoroughly 철저히 laboratory 연구소, 실험실 withstand ~을 견디다 more than ~가 넘는 weight 무게

196 What does Mr. Roscoe mention about his desk?

(A) It has a sophisticated design.
(B) Using it has resulted in pain relief.
(C) It comes in a compact size.
(D) Assembling it was easy to do.

Roscoe 씨는 자신의 책상에 관해 무엇이라고 언급하는가?
(A) 세련된 디자인으로 되어 있다.
(B) 해당 제품 사용이 통증 완화로 이어졌다.
(C) 소형 사이즈로 나온다.
(D) 조립하기가 쉬웠다.

진위확인 | True

Roscoe 씨가 자신의 책상에 관한 의견을 제시한 두 번째 지문의 첫 단락을 보면, '업무 공간에 이 책상을 추가한 것이 자신이 겪고 있는 요통을 상당히 줄여 주었다(Adding this desk to my workspace has significantly reduced the back pain I suffer from)'고 언급하였다. 따라서 (B)가 정답이다.

어휘 sophisticated 세련된 result in (결과적으로) ~을 낳다, 야기하다 pain relief 통증 완화 compact 소형의 assemble ~을 조립하다

정답 (B)

197 In the online forum, the word "balance" in paragraph 1, line 5, is closest in meaning to

(A) remainder
(B) steadiness
(C) productivity
(D) harmony

온라인 포럼에서, 첫 번째 단락, 다섯 번째 줄의 단어 "balance"와 의미가 가장 가까운 것은 무엇인가?
(A) 나머지
(B) 안정적임
(C) 생산성
(D) 조화

┤ 동의어 | 명사 ├

온라인 포럼의 첫 번째 단락 다섯 번째 줄의 'balance'가 포함된 문장을 보면, 해당 책상 제품을 사용함으로써 좋아진 점을 언급하고 있다. 다리 근육이 개선된 것과 같은 좋은 점이 언급되어 있으므로 여기서 'balance'는 신체와 관련되어 있음을 알 수 있다. 따라서 '신체적 균형'과 가장 가까운 의미를 지니는 단어로 '안정적임'이라는 뜻을 나타내는 (B)가 정답이다.

정답 (B)

198 What does Mr. Siegel offer to send to Mr. Roscoe?

(A) A discount voucher
(B) A monitor arm
(C) A standing mat
(D) A product catalog

Siegel 씨는 Roscoe 씨에게 무엇을 보내겠다고 제안하는가?

(A) 할인 쿠폰
(B) 모니터 암
(C) 스탠딩 매트
(D) 제품 카탈로그

┤ 연계문제 | 세부사항 ├

Siegel 씨가 Roscoe 씨에게 뭔가를 보내주겠다고 알리는 내용을 담은 세 번째 지문의 초반부를 보면, '부대용품 제품이 자국을 남기는 문제점(Regarding our accessory leaving marks)'을 언급하면서 '기꺼이 무료 대체품을 배송해 주겠다(I would be happy to ship a free replacement to you)'고 알리고 있다. 이와 같은 문제점과 관련해, 두 번째 지문의 끝부분에서 Roscoe 씨는 'K398 모델도 구입했지만 바닥에 검은색 자국을 남겼다(I also purchased model K398, but it left black marks on the floor)'라고 알리고 있고, 해당 모델명으로 된 제품을 첫 번째 지문에서 찾아보면 네 번째로 소개된 '스탠딩 매트'임을 알 수 있으므로 (C)가 정답이다.

어휘 voucher 쿠폰

정답 (C)

199 What is Mr. Roscoe asked to do?

(A) Return an item by mail
(B) E-mail a picture of some damage
(C) Respond to the private message
(D) Provide a phone number

Roscoe 씨는 무엇을 하도록 요청받는가?

(A) 우편으로 제품을 반품하기
(B) 손상 부위 사진을 이메일로 보내기
(C) 개인 메시지로 답변하기
(D) 전화번호를 제공하기

┤ 세부사항 | What ├

Roscoe 씨에게 보내는 메시지에 해당하는 세 번째 지문에 찾아볼 수 있다. 중간 부분에서 Roscoe 씨에게 '이메일 주소를 개인 메시지로 보내 주기 바란다(Please send me back a private message with your e-mail address)'고 하였으므로 (C)가 정답이다.

어휘 return ~을 반송하다 damage 손상, 피해

정답 (C)

200 What is probably true about the Lloyd Designs stool?

(A) Its material has been changed.
(B) It has been recalled.
(C) It comes in different colors.
(D) It is very durable.

Lloyd Designs의 등받이 없는 의자에 관해 무엇이 사실일 것 같은가?

(A) 재료가 바뀌었다.
(B) 회수되었다.
(C) 다양한 색상으로 나온다.
(D) 내구성이 매우 좋다.

┤ 연계문제 | 추론 ├

첫 번째 지문에서 등받이 없는 의자(stool)의 모델명이 T175임을 확인할 수 있고, 이와 관련해 두 번째 지문의 두 번째 단락에서 Roscoe 씨가 '성인 한 명을 지탱하기에는 충분히 튼튼하지 않은 것 같다(it doesn't seem strong enough to hold an adult)'고 우려하는 내용이 있다. 그런데 이에 대한 답변을 담은 세 번째 지문의 끝부분에서 '철저히 테스트되어 350파운드가 넘는 무게를 견딜 수 있다(~ can withstand more than 350 pounds of weight)'고 설명하고 있으므로 이를 '내구성이 좋다'는 말로 간략히 바꿔 표현한 (D)가 정답이다.

어휘 durable 내구성이 있는

정답 (D)

PART 5
PART 6
PART 7

ANSWER KEYS

PART 5
101 (B) 102 (C) 103 (B) 104 (D) 105 (B) 106 (A) 107 (B) 108 (C) 109 (C) 110 (A)
111 (B) 112 (A) 113 (A) 114 (D) 115 (C) 116 (D) 117 (B) 118 (A) 119 (A) 120 (D)
121 (C) 122 (A) 123 (A) 124 (C) 125 (C) 126 (B) 127 (C) 128 (C) 129 (C) 130 (B)

PART 6
131 (B) 132 (D) 133 (C) 134 (D) 135 (B) 136 (C) 137 (D) 138 (B) 139 (D) 140 (D)
141 (A) 142 (B) 143 (C) 144 (B) 145 (B) 146 (D)

PART 7
147 (A) 148 (C) 149 (D) 150 (B) 151 (D) 152 (D) 153 (B) 154 (A) 155 (C) 156 (D)
157 (B) 158 (C) 159 (B) 160 (D) 161 (C) 162 (D) 163 (A) 164 (D) 165 (B) 166 (B)
167 (B) 168 (D) 169 (B) 170 (C) 171 (A) 172 (B) 173 (D) 174 (A) 175 (C) 176 (A)
177 (D) 178 (B) 179 (C) 180 (C) 181 (D) 182 (A) 183 (C) 184 (A) 185 (B) 186 (B)
187 (A) 188 (D) 189 (D) 190 (C) 191 (A) 192 (C) 193 (C) 194 (B) 195 (A) 196 (B)
197 (D) 198 (C) 199 (A) 200 (A)

PART 5

101 New ------- should fax a copy of their bankbooks so that the finance department can set up the monthly salary payment.

(A) employed
(B) employees
(C) employer
(D) employment

재무 부서가 월급 지급을 준비할 수 있도록 신입 사원들은 각자의 은행 통장 사본을 팩스로 보내야 한다.

비슷한 명사의 구별 | employee VS employer VS employment

빈칸 뒤에 동사 should fax가 있으므로 빈칸은 문장의 주어 자리이다. 따라서 형용사 역할을 하는 과거분사인 (A) employed는 올 수 없다. 나머지 명사 보기 중에서 (C) employer는 '고용주'라는 뜻의 가산명사여서 단독으로 쓸 수 없고 앞에 관사나 소유격이 와야 하므로 오답이다. (B) employees(직원들)와 (D) employment(고용) 중에서, 해석상 '신입 직원들이 각자의 은행 통장 사본을 팩스로 보내야 한다'가 적절하므로 '직원들'의 의미인 (B)가 정답이다. (D) employment는 사람을 나타내는 명사가 아니므로 문서를 팩스로 보내는 일을 할 수 없다.

어휘 a copy of ~의 사본, ~의 1부 bankbook 은행 통장 finance 재무, 재정 set up ~을 준비하다 monthly salary 월급 payment 지급, 지불 employee 직원 employer 고용주 employment 고용, 취업

정답 (B)

102 ------- a certified valuation of the property when applying for a home mortgage with our financial institution.

(A) Included
(B) Including
(C) Include
(D) Includes

저희 금융 기관에서 주택 담보 대출을 신청하실 때 공인된 부동산 가치 평가액을 포함해 주시기 바랍니다.

명령문

문장이 성립되려면 기본적으로 주어와 동사가 있어야 하는데, 둘 다 없다. 하지만 주어가 필요하다고 해서 명사를 빈칸에 넣으면 동사가 없어 문장이 성립되지 않는다. 따라서 주어 없이 동사만으로 문장이 성립되는 명령문 형태가 되어야 하며, 명령문은 동사원형으로 시작하므로 동사원형인 (C) Include가 정답이다.

어휘 certified 공인된, 인증된 valuation (가치) 평가, 평가액 property 부동산, 건물 apply for ~을 신청하다 home mortgage 주택 담보 대출 financial institution 금융 기관 include ~을 포함하다

정답 (C)

103 The registration documents for the trade expo have been filed ------- in a secure location in Ms. Grayson's office.

(A) numeral
(B) numerically
(C) numerals
(D) numerical

무역 박람회의 등록 서류들은 Grayson 씨 사무실의 안전한 곳에 수치에 따라 정리 보관되어 있다.

부사 자리 | 수동태+부사

문장의 주어가 The registration documents이고 동사는 have been filed이다. 빈칸은 동사를 수식하는 부사 자리이며, 의미상으로도 '수치에 따라 정리 보관되어 있다'가 적절하므로 보기 중 부사인 (B) numerically(수치상으로)가 정답이다.

어휘 registration 등록, 신청 document 서류, 문서 trade expo 무역 박람회 file ~을 정리 보관하다 secure 안전한 location 위치 numeral 숫자, 수사 numerically 수치상으로, 숫자로 표시되어 numerical 숫자의, 숫자와 관련된

정답 (B)

104 The mail room staff members at the Helena Building usually deliver packages and letters about thirty minutes after receiving -------.

(A) this
(B) it
(C) him
(D) them

Helena Building의 우편물실의 직원들은 보통 소포와 편지들을 수령하고 약 30분 후에 전달해 준다.

---| 목적격 인칭대명사 |---

빈칸은 동명사 receiving의 목적어 자리이고, 보기의 대명사들이 모두 동사의 목적어로 쓰일 수 있으므로 빈칸의 대명사가 무엇을 가리키는지 파악해야 한다. 빈칸의 대명사는 바로 앞에서 언급한 복수 명사 packages and letters를 가리켜야 하므로 복수 명사를 가리키는 목적격 대명사 (D) them이 정답이다.

어휘 mail room 우편물실 usually 보통, 일반적으로 deliver ~을 전달하다, 배달하다 package 소포 about 약, 대략 receive ~을 받다

정답 (D)

---

105 The countertop and appliances in the kitchen need to be replaced, but the light ------- is still in fine condition.

(A) mark
(B) fixture
(C) design
(D) barrier

주방에 있는 조리대와 기기들이 교체되어야 하지만, 조명 설비는 여전히 좋은 상태를 유지하고 있다.

(A) 표시, 자국, 흔적
(B) 설비
(C) 디자인
(D) 장애물

---| 명사 어휘 |---

보기가 모두 의미가 다른 명사로 구성되어 있으므로 해석을 통해 문맥상 적절한 것을 선택한다. 보기 중에서 빈칸 앞의 light(조명)와 함께 '조명 설비'라는 의미의 복합 명사로 사용 가능한 (B) fixture(설비)가 정답이다.

어휘 countertop 조리대 appliance (가전) 기기 replace ~을 교체하다 in fine condition 상태가 좋은

정답 (B)

---

106 By negotiating with co-founder Samuel Lars upon his retirement, Gail Hendricks was able to gain a(n) ------- share of the company.

(A) significant
(B) extended
(C) virtual
(D) cooperative

공동 창립자인 Samuel Lars 씨가 은퇴할 때 그와의 협의를 통해 Gail Hendricks 씨는 그 회사의 상당한 지분을 얻을 수 있었다.

(A) 상당한
(B) 연장된, 늘어난
(C) 사실상의
(D) 협력하는

---| 형용사 어휘 |---

의미가 다른 형용사로 보기가 구성되어 있으므로 해석을 통해 가장 자연스럽게 연결되는 것을 선택한다. 빈칸은 뒤에 나온 명사 share(지분)를 수식하므로, '상당한'의 의미로 양이나 정도를 강조하는 (A) significant가 정답이다. (C) virtual은 '사실상, 거의 ~와 다름없는'의 의미이므로 share와 어울리지 않아 오답이다.

어휘 negotiate with ~와 협의하다 co-founder 공동 창립자 upon ~할 때 retirement 은퇴, 퇴직 be able to do ~할 수 있다 gain ~을 얻다 share 지분, 몫

정답 (A)

---

107 ------- efforts to fulfill the terms of the agreement on time, not enough products were shipped from the facility by the end of February.

(A) Neither
(B) Despite
(C) Unless
(D) Though

제때 계약 조건을 이행하려는 노력에도 불구하고, 2월 말까지 충분한 제품이 시설로부터 운송되지 못했다.

(A) 둘 다 아닌
(B) ~에도 불구하고
(C) ~하지 않으면
(D) 비록 ~이지만

---| 부사절 접속사 VS 전치사 |---

보기가 접속사와 전치사로 구성되어 있다. 따라서 빈칸 이하의 구조를 먼저 확인해야 한다. 빈칸 이후에서 콤마까지가 명사 efforts와 이를 수식하는 to부정사구가 이어지는 '명사+수식어'의 형태이고, 콤마 뒤로 완전한 절이 이어지므로 빈칸은 전치사 자리이다. 따라서 보기 중에서 유일한 전치사인 (B) Despite(~에도 불구하고)가 정답이다.

어휘 effort 노력 fulfill ~을 이행하다 terms 조건 agreement 협정, 협의 on time 제때 ship ~을 운송하다 facility 시설

정답 (B)

108 Customer service employees are always working hard to ------- that each Mariana Resort guest experiences the highest level of comfort and convenience.

(A) notice
(B) consent
(C) ensure
(D) inform

고객 서비스 담당 직원들은 각각의 Mariana Resort 손님들이 최상의 편안함과 편리함을 경험하는 것을 보장하기 위해 항상 열심히 일하고 있다.

(A) ~을 주목하다
(B) 동의하다
(C) ~을 보장하다
(D) ~에게 알리다

> **동사 어휘**
>
> 동사 어휘 문제이다. 빈칸에 필요한 동사는 열심히 일하는 목적을 나타내는 to부정사를 구성하는데, 바로 뒤에 that절이 이어지고 있으므로 that절을 목적어로 취할 수 있는 (A) notice(~을 주목하다)와 (C) ensure(~을 보장하다) 중에서 정답을 찾아야 한다. 문맥상 '~하도록 보장하기 위해 열심히 일한다'는 의미가 되어야 자연스러우므로 (C)가 정답이다.
>
> 어휘 comfort 편안함 convenience 편리함
>
> 정답 (C)

109 Though ------- believed the museum was being too ambitious, it managed to acquire a world-class collection of art in just five years.

(A) any
(B) herself
(C) many
(D) both

비록 많은 사람들이 그 박물관은 지나치게 야심적이라고 생각했지만, 박물관은 단 5년 만에 세계적 수준의 작품들을 획득해냈다.

(A) 누구나
(B) 그녀 자신
(C) 많은 사람들
(D) 둘 다

> **적절한 대명사 찾기**
>
> 접속사 Though 다음에 빈칸이 있고, 그 뒤로 동사 believed가 쓰여 있기 때문에 빈칸은 Though절의 주어 자리이다. 보기의 단어들 중에서 (B) herself를 제외하고 나머지 주어 역할을 하는 대명사로 쓰일 수 있는데, 이 문장에서 문맥상 가장 자연스럽게 연결되는 것은 (C) many(많은 사람들)이다. (A) any는 주로 부정문에 쓰이고, (D) both는 '둘 다'의 의미로 앞에서 두 가지 대상이 언급됐어야 하므로 오답이다.
>
> 어휘 though 비록 ~이지만 ambitious 야심적인, 야망 있는 manage to do (어떻게든) ~을 해내다 acquire ~을 얻다, 획득하다
>
> 정답 (C)

110 Company CEO Hu Chang implemented a plan that requires extensive collaborations ------- the various departments.

(A) among
(B) besides
(C) pertaining to
(D) before

회사의 최고 경영자인 Hu Chang은 여러 부서들 사이에서 폭넓은 협력을 필요로 하는 계획을 시행했다.

(A) ~ 사이에서
(B) ~ 외에도
(C) ~에 관련된
(D) ~ 전에

> **전치사 어휘**
>
> 전치사 어휘 문제이므로 빈칸 앞뒤에 위치한 명사들의 의미 관계를 확인해야 한다. '여러 부서들 사이에서의 협력'이라는 의미가 되는 것이 가장 자연스러우므로 정답은 (A) among(~ 사이에서)이다.
>
> 어휘 implement ~을 시행하다 extensive 폭넓은 collaboration 협력
>
> 정답 (A)

111 Every passenger using Seaside Express must purchase a ticket with a valid credit card and ------- the receipt in case a refund or exchange is requested.

(A) retained
(B) retain
(C) retaining
(D) to retain

Seaside Express를 이용하는 모든 승객들은 유효한 신용카드로 표를 구매해야 하며 환불이나 교환이 필요할 경우에 대비해 영수증을 보관해야 한다.

> **등위 접속사**
>
> and 앞에 '동사(purchase)+목적어(a ticket)'가 있고, and 뒤로 빈칸과 명사가 있다. and는 같은 성분으로 된 요소를 연결하므로 and 뒤에도 '동사+목적어'의 형태가 되어야 한다. 따라서 빈칸은 동사 자리이며 이때 빈칸에 들어갈 동사는 purchase와 마찬가지로 must의 영향을 받으므로 원형인 (B) retain(~을 보유하다)이 정답이다.
>
> 어휘 valid 유효한 receipt 영수증 in case (that) ~할 경우에 대비해서 refund 환불 exchange 교환 retain ~을 보유하다
>
> 정답 (B)

112 The flexibility to work weekends, nights and some overtime is a ------- for the secretarial position at Fremont City Hospital.

(A) requirement (B) reservation
(C) registration (D) replacement

주말과 야간, 그리고 종종 초과 근무를 할 수 있는 유연성은 Fremont City Hospital의 비서 직책에 있어 필수 요건이다.

(A) 필수 요건 (B) 예약
(C) 등록 (D) 후임자, 대체자

┤ 명사 어휘 ├

보기가 모두 의미가 다른 명사로 구성되어 있으므로 의미상 적절한 것을 선택한다. 빈칸은 문장의 주어인 flexibility의 보어 자리이므로 주어를 적절히 설명하는 어휘가 정답이다. 주말과 야간, 그리고 초과 근무를 할 수 있는 유연성이 비서 직책에 필요한 '필수 요건'이라는 의미가 가장 자연스러우므로 정답은 (A) requirement(필수 요건)이다.

어휘 flexibility 유연성 · overtime 초과 근무 · secretarial 비서의

정답 (A)

113 Jules Electronics Inc. is ------- that its new tablet prototype will be refined and on the market before the holiday season.

(A) hopeful (B) probable
(C) powerful (D) cautious

Jules Electronics Inc.는 새로운 태블릿 견본이 개선되어 연휴 시즌 전에 시장에 나오길 바라고 있다.

(A) 희망하는, 기대하는 (B) 있을 것 같은
(C) 강력한 (D) 신중한

┤ 형용사 어휘 ├

보기가 모두 의미가 다른 형용사로 구성되어 있으므로 해석상 적절한 것을 선택한다. 또한 빈칸 뒤에 that절이 있으므로 that절과 연결해 사용할 수 있는 형용사를 찾아야 한다. 보기의 형용사들 중에서 that과 함께 쓰일 수 있는 것은 (A) hopeful(희망하는)과 (B) probable(있을 것 같은)인데, 회사명이 주어로 쓰였으므로 (A) hopeful이 빈칸에 와야 한다. (B) probable의 경우 가주어 it이 쓰인 'It is probable+that절'의 형태로 주로 쓰인다.

어휘 prototype 견본, 원형 · refine ~을 개선하다, 정제하다 · be on the market 시장에 나오다

정답 (A)

114 The engineer team was having difficulty solving the weight problem regarding the bridge ------- Hamilcar Moreno came up with a useful solution.

(A) unless (B) as though
(C) because (D) until

기술팀은 Hamilcar Moreno 씨가 유용한 해결책을 생각해 낼 때까지 다리와 관련된 무게 문제를 해결하는 데 어려움을 겪고 있었다.

(A) ~하지 않는 한 (B) 마치 ~인 것처럼
(C) ~때문에 (D) ~할 때까지

┤ 적절한 접속사 찾기 ├

빈칸 앞뒤로 완전한 절이 있고 보기가 모두 부사절 접속사로 구성되어 있으므로, 빈칸 앞뒤의 내용을 확인해 가장 잘 연결할 수 있는 것을 찾아야 한다. '어려움을 겪고 있었다'라는 말과 '아이디어를 생각해 냈다'라는 말이 앞/뒤 절의 요지이므로, '~할 때까지 어려움을 겪고 있었다'라는 의미를 나타내는 (D) until(~할 때까지)이 빈칸에 오는 것이 가장 자연스럽다.

어휘 have difficulty -ing ~하는 데 어려움을 겪다 · solve ~을 해결하다 · regarding ~에 관하여 · come up with ~을 생각해 내다

정답 (D)

115 Award-winning writer Jeremy Keith has published 12 novels, several of ------- were best-sellers for many years.

(A) whose (B) this
(C) which (D) other

수상 경력이 있는 작가 Jeremy Keith는 12권의 소설을 출간했는데, 이들 중 여러 권이 몇 년간 베스트 셀러였다.

┤ 관계대명사 which ├

난이도가 높은 문제이다. Award-winning writer가 주어, has published가 동사인데, 빈칸 뒤에 동사 were가 있으므로 빈칸은 절을 연결하는 접속사 자리이다. 또한 best-sellers가 가리키는 것은 앞의 12 novels이므로 빈칸에는 앞의 명사를 꾸며주면서 접속사 역할을 하는 관계대명사(형용사절 접속사)가 들어갈 자리이다. 보기 중 관계대명사는 (A) whose와 (C) which가 있는데, 전치사 뒤에는 관계대명사 which와 whom만 가능하므로 (C)가 정답이다.

어휘 award-winning 수상 경력이 있는, 상을 받은 · publish ~을 출간하다 · several 여러 개, 여러 가지

정답 (C)

116 The cost of Ralling Internet and phone services has increased ------- $10 a month.

(A) between (B) at
(C) onto (D) by

Ralling 인터넷 및 전화 서비스 비용이 한 달에 10달러만큼 증가되었다.

(A) ~ 사이에 (B) ~에
(C) ~ 위로 (D) ~만큼

┤ 전치사 어휘 ├

빈칸 앞에 '증가되었다'라는 내용이 있고, 그 뒤로 비용($10)이 제시되어 있으므로 빈칸에는 양이나 정도를 나타낼 때 사용하는 전치사 (D) by(~만큼)가 와야 한다.

어휘 cost 비용   increase 증가하다

정답 (D)

117 Beginning next year, residents in the Chula Vista area ------- their utility bills electronically rather than by mail.

(A) has received (B) will receive
(C) receiving (D) will be received

내년부터, Chula Vista 지역의 주민들은 그들의 공과금 고지서를 우편이 아닌 전자 메일로 받을 것이다.

┤ 능동태와 수동태의 구별 및 적절한 시제 찾기 ├

주어가 residents이며 빈칸은 동사 자리이다. 따라서 현재분사인 (C) receiving은 제일 먼저 정답에서 제외된다. 미래를 나타내는 시간 표현(Beginning next year)이 있으므로 미래 시제인 (B) will receive와 (D) will be received 중에서 능/수동을 판단해 알맞은 것을 골라야 하는데, 빈칸 다음에 주민들이 받게 될 것을 나타내는 목적어(their utility bills)가 있기 때문에 능동태인 (B)가 정답이다.

어휘 resident 주민, 거주자   utility bill 공과금 고지서   rather than ~보다는 (오히려)   receive ~을 받다

정답 (B)

118 The solar power system has been designed ------- to meet the demand of local hotels.

(A) specifically (B) specific
(C) specifies (D) specify

태양열 발전 시스템은 지역 호텔의 수요를 충족하기 위해 특별히 고안되었다.

┤ 부사 자리 | 수동태+부사 ├

빈칸 앞에는 동사 has been designed가 있고, 빈칸 뒤에는 목적을 나타내는 to부정사가 있다. 따라서 빈칸에는 동사를 수식하는 부사가 와야 하므로 (A) specifically(특별히)가 정답이다.

어휘 be designed to do ~하도록 고안되다   meet ~을 충족하다   demand 수요   specifically 특별히   specific 특정한   specify ~을 명시하다

정답 (A)

119 Although the hours of operation change based on the season, the state's parks and recreation centers are open ------- the year.

(A) throughout (B) since
(C) on (D) under

비록 시즌에 따라 운영 시간이 변경되기는 하지만, 그 주의 공원과 레크리에이션 센터는 일년 내내 개장한다.

(A) ~ 내내, ~에 걸쳐 (B) ~ 이후로
(C) ~ 위에 (D) ~ 아래에

┤ 전치사 어휘 ├

보기가 모두 전치사로 구성되어 있으므로 빈칸 앞뒤를 살펴서 가장 어울리는 전치사를 선택한다. 빈칸 다음에 위치한 기간 표현(the year)과 어울리는 것은 (A) throughout(~ 내내, ~에 걸쳐)이다. (B) since(~ 이후로)는 기간 표현이 아닌 과거의 시점 표현과 함께 쓰인다.

어휘 hours of operation 운영 시간   based on ~을 기반으로, ~을 바탕으로

정답 (A)

120. After researching alternatives, it has been determined that installing new air conditioning units is the ------- of all solutions available in the foreseeable future.

(A) cheaply
(B) cheapness
(C) cheapen
(D) cheapest

대안들을 조사한 후에, 새 에어컨을 설치하는 것이 가까운 미래에 이용 가능한 모든 해결책들 중에서 가장 저렴한 것이라는 결론이 내려졌다.

┤ 최상급 ├

정관사 the와 전치사 of 사이에 빈칸이 있어서 명사 형태인 (B)를 정답으로 선택하기 쉽지만 이 경우 문장의 의미가 어색해지므로 오답이다. be 동사 뒤에는 형용사가 올 수 있으므로 형용사의 최상급 형태인 the cheapest가 와서 is the cheapest of가 되면 '~중 가장 저렴하다'가 되어 형태와 의미가 모두 적절해지므로 (D) cheapest가 정답이다. 이처럼, 'the + 형용사의 최상급 + of (~ 중 가장 ···한)'의 형태로 쓸 수 있다는 것을 기억해야 한다.

어휘 alternative 대안 determine ~을 결정하다 install ~을 설치하다 solution 해결책 available 이용 가능한 in the foreseeable future 가까운 미래에 cheaply 싸게, 저렴하게 cheapness 값쌈 cheapen ~의 격을 낮추다 cheapest 가장 저렴한

정답 (D)

121. After a long delay, the budget proposal for the new building construction project was ------- approved by the board of directors.

(A) exactly
(B) totally
(C) finally
(D) currently

오랜 지연 끝에 새 건물 공사 프로젝트에 대한 예산 제안서가 이사회에 의해 마침내 승인되었다.

(A) 정확히
(B) 완전히
(C) 마침내
(D) 현재

┤ 부사 어휘 ├

부사 어휘 문제이므로 빈칸 앞뒤의 내용을 파악하여 가장 자연스러운 문맥을 만드는 것을 선택한다. 오랜 지연 끝에 바라던 결과를 얻게 되었다는 맥락이므로 '마침내 승인되었다'라는 의미가 되는 것이 자연스럽다. 따라서 (C) finally(마침내)가 정답이다.

어휘 delay 지연 budget 예산 proposal 제안(서) construction 공사, 건설 approve ~을 승인하다 board of directors 이사회

정답 (C)

122. The marketing department is scheduled ------- its strategic plan to increase the company's name recognition in the coming months.

(A) to outline
(B) outlining
(C) to outlining
(D) has outlined

마케팅 부서는 다가오는 몇 달 동안 회사의 인지도를 높이기 위한 전략적 계획의 개요를 설명할 예정이다.

┤ to부정사 숙어 표현 | be scheduled to do(~할 예정이다) ├

'be scheduled to + 동사원형'의 숙어를 알고 있으면 빠르게 풀 수 있는 문제로 빈칸 앞에 is scheduled가 있으므로 빈칸에는 'to + 동사원형'이 와야 한다. 따라서 정답은 (A) to outline이다. 'be scheduled for + 시점(~로 예정되어 있다)'도 출제되므로 기억해 두어야 한다.

어휘 be scheduled to do ~할 예정이다 strategic 전략의, 전략적인 recognition 인지, 인식 outline ~의 개요를 설명하다

정답 (A)

123. Samples of our delicious ice cream flavors are available ------- request to any of our store visitors.

(A) upon
(B) about
(C) for
(D) behind

맛있는 저희 아이스크림의 샘플은 저희 매장 방문자 누구든 요청하면 맛보실 수 있습니다.

(A) ~하자마자
(B) ~에 대한
(C) ~을 위해
(D) ~ 뒤에

┤ 전치사 숙어 표현 | upon + 명사(~하자마자) ├

전치사 어휘 문제로, 빈칸 뒤에 쓰인 명사 request와 함께 사용될 수 있는 것을 찾아야 한다. request는 '요청'을 뜻하므로 '요청하면, 요청 시에'라는 의미를 나타낼 때 사용하는 (A) upon이 정답이다. 'upon[on] + 명사'는 '~하면, ~하자마자'라는 의미로 잘 쓰이는 표현이므로 기억해야 한다.

어휘 flavor 맛, 풍미 available 이용 가능한 upon request 요청하면, 요청 시에

정답 (A)

124 Due to the efforts of dedicated employees, the deadline for submitting the financial aid requests has been -------.

(A) meet
(B) meets
(C) met
(D) meeting

헌신적인 직원들의 노력 덕분에, 재정 지원 요청서 제출의 마감 기한이 지켜질 수 있었다.

―┤ 능동태와 수동태의 구별 ├―

'have[has] been' 다음에 과거분사가 오면 수동의 의미를 나타내고, 현재분사가 오면 능동의 의미를 나타낸다. meet은 '~을 만나다'라는 의미 외에도 '(기한 등을) 지키다'라는 의미로 쓰이며, 이 문장에서는 '마감(deadline)이 지켜졌다'라는 의미가 되어야 알맞으므로 수동의 의미를 나타낼 수 있도록 (C) met이 빈칸에 와야 한다.

어휘 due to ~ 때문에, 덕분에   effort 노력   dedicated 헌신적인   deadline 마감   submit ~을 제출하다   financial aid 재정 지원   meet (기한 등) ~을 지키다, 충족하다

정답 (C)

---

125 ------- Total Catering Services expands its family restaurant business into South America depends on the company's ability to utilize money and workforce.

(A) Whatever
(B) Despite
(C) Whether
(D) Nearby

Total Catering Services가 자사의 패밀리 레스토랑 사업을 남미로 확장시킬지는 그 회사의 자금과 노동력을 활용하는 능력에 달려 있다.

(A) ~하는 것은 무엇이든지   (B) ~에도 불구하고
(C) ~인지 아닌지   (D) 근처에 있는

―┤ 명사절 접속사 ├―

빈칸에서 America까지가 문장의 주어이고, depends on이 문장의 동사이다. 따라서 빈칸에는 America까지의 절의 형태를 주어로 만들어 줄 수 있는 명사절 접속사가 필요하다. 보기 중에서 명사절 접속사는 (A) Whatever(~하는 것은 무엇이든)와 (C) Whether(~인지 아닌지)인데, (A)는 의미상으로도 적절하지 않고 주어나 목적어가 없는 불완전한 문장과 결합하므로 오답이다. 따라서 '~인지 아닌지'라는 의미로 명사절을 만들 수 있는 (C) Whether가 정답이다.

어휘 expand A into B A를 B로 확장하다   depend on ~에 달려 있다, ~에 따라 다르다   ability to do ~할 수 있는 능력   utilize ~을 이용하다   workforce 노동력

정답 (C)

---

126 All meals served in public school cafeterias must ------- with government nutritional requirements.

(A) observe
(B) comply
(C) adhere
(D) conform

공립학교 식당에서 제공되는 모든 식사는 정부의 영양 요구량을 준수해야 한다.

(A) ~을 준수하다   (B) 준수하다
(C) 고수하다   (D) 따르다

―┤ 동사 어휘 ├―

동사 어휘 문제로 빈칸 뒤에 전치사 with가 있으므로 with와 함께 쓰일 수 있는 자동사를 찾아야 한다. 보기의 동사들 중에서 with와 어울려 쓰이는 동사는 (B) comply(준수하다)이다. (A) observe(~을 준수하다)는 타동사이므로 목적어가 바로 뒤에 와야 하며, (C) adhere(고수하다)는 전치사 to와 함께 쓰인다. (D) conform(따르다)은 자동사로 쓰일 경우 to와 함께 쓰이므로 오답이다.

어휘 meal 식사   nutritional 영양의   government 정부   requirement 필요 조건, 요구 조건

정답 (B)

---

127 Newcomers are permitted to take part in the annual seminar ------- they pay the registration fee in advance.

(A) whether
(B) so that
(C) as long as
(D) due to

신입 회원은 미리 등록비를 지불하면 연례 세미나에 참석하는 것이 허용된다.

(A) ~인지 아닌지   (B) ~할 수 있도록
(C) ~하는 한   (D) ~ 때문에

―┤ 부사절 접속사 VS 전치사 ├―

빈칸 앞뒤로 주어와 동사가 있는 완전한 절이 있으므로, 빈칸은 부사절 접속사 자리이다. (A) whether(~인지 아닌지)는 or 없이는 부사절 접속사로 쓰이지 못하고 명사절 접속사로만 쓰이므로 오답이다. (D) due to(~ 때문에)는 전치사이므로 오답이다. 나머지 두 개의 보기 중에서, 빈칸 뒤에 이어지는 내용이 행사 참석을 위한 조건에 해당하므로 '~하는 한'이라는 뜻으로 쓰이는 (C) as long as가 정답이다.

어휘 be permitted to do ~하도록 허용되다   take part in ~에 참석하다   annual 연례의, 해마다의   registration 등록   in advance 미리

정답 (C)

128 The real estate prices in the Henderson area ------- in the quarterly report have been compiled from information gathered by local agents.

(A) will quote
(B) are quoted
(C) quoted
(D) quoting

분기 보고서에 인용된 Henderson 지역의 부동산 가격은 지역 중개인들이 모은 정보를 통해 수집된 것이다.

┤ 후치 수식 분사 ├

이 문장의 주어는 The real estate prices이고, 동사는 have been compiled이다. 따라서 빈칸부터 report까지는 주어를 수식하는 수식어구가 되어야 하므로 동사인 (A) will quote와 (B) are quoted는 오답이다. quote는 '~을 인용하다'라는 의미로 쓰이는 타동사이므로 prices(가격)를 수식하기에 적절한 형태는 수동의 의미를 가진 과거분사이다. 따라서 (C) quoted(인용된)가 정답이다.

어휘 real estate 부동산   quarterly 분기의   compile (자료 등) ~을 수집하다   gather ~을 모으다   agent 중개인, 대리인   quote ~을 인용하다

정답 (C)

129 A company vice president will ------- the appointment of Mark Poe as the new chairperson of Kit Foods.

(A) inform
(B) earn
(C) announce
(D) interfere

회사의 부사장이 Mark Poe가 Kit Foods의 새 회장으로 임명된 것을 발표할 것이다.

(A) ~에게 알리다
(B) ~을 얻다, 획득하다
(C) ~을 발표하다
(D) 방해하다

┤ 동사 어휘 ├

동사 어휘 문제로, 빈칸 뒤의 목적어인 명사 appointment(임명)와 의미가 어울리는 동사를 찾아야 한다. 이 문장에서 appointment는 '임명, 지명'의 의미이므로 (C) announce(~을 발표하다)가 빈칸에 와서 '임명을 발표하다'라는 의미가 되는 것이 자연스럽다. (A) inform(~에게 알리다)의 경우, 바로 뒤에 사람 목적어가 와야 하므로 정답이 될 수 없다.

어휘 vice president 부사장   appointment 임명   chairperson 회장

정답 (C)

130 Hullet Laboratory is well known for winning many ------- research awards for its work in developing low-cost pharmaceutical products.

(A) successful
(B) prestigious
(C) alternative
(D) reluctant

Hullet Laboratory는 저렴한 가격의 제약품을 개발한 업적으로 많은 권위 있는 연구 관련 상들을 받은 것으로 잘 알려져 있다.

(A) 성공적인
(B) 권위 있는
(C) 대체 가능한
(D) 꺼려하는

┤ 형용사 어휘 ├

형용사 어휘 문제로, '상'을 뜻하는 awards를 수식하기에 적절한 것은 '권위 있는'이라는 의미로 쓰이는 (B) prestigious이다.

어휘 be known for ~로 잘 알려져 있다, 유명하다   win (상 등) ~을 받다   award 상   develop ~을 개발하다   pharmaceutical 제약의

정답 (B)

PART 6

Questions 131-134 refer to the following notice. 131-134는 다음 공지를 참조하시오.

Welcome to Dilantin Windows and Doors! Since we were ------- 35 years ago, our engineers have been designing the best-made windows and doors in the industry. Our highest objective is to make certain that each product ------- our logo functions in accordance with brand standards.

-------. Our employees consider every customer suggestion as though it were from one of our very own product inspectors.

We hope to provide our customers with the quality products and services. -------, we invite you to participate in a real-time chat session with one of our representatives. He or she will be happy to answer any questions you may have regarding our products.

Dilantin Windows and Doors에 오신 것을 환영합니다! 131 35년 전 회사가 설립된 이후로, 저희 엔지니어들은 업계에서 최상의 품질로 제작된 창문과 문을 디자인해 왔습니다. 132 저희의 가장 큰 목표는 저희 로고를 지니고 있는 각각의 제품이 브랜드 기준에 부합되게 기능하도록 하는 것입니다.

133 저희는 기꺼이 고객들의 이야기를 듣고자 합니다. 저희 직원들은 모든 고객 제안 사항을 마치 회사의 제품 관리 담당자들 중 한 명에게서 들은 것처럼 여깁니다.

저희는 고객 여러분께 양질의 제품과 서비스를 제공하기를 원합니다. 134 그 목적을 달성하기 위해서, 저희는 여러분께서 저희 직원들 중 한 명과 함께 하는 실시간 채팅에 참여하시기를 요청합니다. 직원들이 저희 제품과 관련해 여러분께서 가지고 계실 모든 문의 사항에 대해 기꺼이 답변해 드릴 것입니다.

어휘 in the industry 업계에서 objective 목표 make certain that ~을 확실히 하다 function 기능하다 in accordance with ~에 따라서, ~에 부합되게 standard 기준 consider ~을 고려하다 as though 마치 ~인 것처럼 inspector 검사관 quality 양질의 invite A to do A에게 ~하도록 요청하다 participate in ~에 참여하다 real-time 실시간의 representative 직원 regarding ~와 관련해서

131 (A) related
(B) founded
(C) conducted
(D) indicated

(A) 관련된
(B) 설립된
(C) 수행된
(D) 지시된

┤ 동사 어휘 ├

의미상 적절한 보기를 선택해야 하는 동사 어휘 문제이다. 주어 we는 Dilantin Windows and Doors 사를 지칭하므로, '우리(회사)가 35년 전에 설립된 이후로'가 의미상 적절하다. 따라서 (B) founded(설립된)가 정답이다. (A) related(관련된)는 회사가 무엇과 관련되었는지 알 수 없을 뿐만 아니라 수동태일 경우 be related to(~와 관계가 있다)로 쓰인다. (C) conducted(수행된)와 (D) indicated(지시된) 역시 특정 회사를 가리키는 주어 we와 의미상으로 연결되지 않으므로 오답이다.

정답 (B)

132 (A) carries
(B) carried
(C) has carried
(D) carrying

┤ 후치 수식 분사 ├

빈칸이 포함된 that 절에 동사 functions가 있으므로 빈칸은 뒤의 our logo를 목적어로 취하면서 that절의 주어인 each product를 수식할 수 있는 현재분사가 와야 한다. 따라서 (D) carrying(~을 지니고 있는)이 정답이다. function(기능을 하다; 기능)이 명사뿐만 아니라 동사로도 쓰일 수 있다는 것을 기억해야 한다.

정답 (D)

440 정재현 新토익 실전 1000제 RC 해설집

133 (A) We are listed among the top 10 popular companies.
(B) Our products are inspected every three months.
(C) We are willing to hear from our customers.
(D) However, employee satisfaction is very important.

(A) 우리는 인기 있는 10개의 회사 중 하나로 선정되었습니다.
(B) 우리 상품은 3개월에 한 번씩 점검됩니다.
(C) 저희는 기꺼이 고객들의 이야기를 듣고자 합니다.
(D) 하지만 직원 만족도는 매우 중요합니다.

── 빈칸에 알맞은 문장 고르기 ──
빈칸은 새로운 단락이 시작되는 첫 문장이므로 빈칸 뒤 문장의 내용과 적절하게 이어지는 보기가 정답이 된다. 빈칸 뒤 문장의 내용은 '모든 고객의 제안 사항을 중요하게 생각한다'이므로 '기꺼이 고객의 의견을 듣고자 한다'는 (C)가 적절하다.

어휘 inspect ~을 검사하다   be willing to do 기꺼이 ~하다   employee satisfaction 직원 만족도

정답 (C)

오답분석
(A) 회사의 홍보에 대한 내용이므로 오히려 회사를 홍보하는 첫 단락에 어울리는 문장이다. 뒤에 고객 제안 사항의 가치를 설명하는 문장이 이어지기에는 어색하므로 오답이다.
(B) 빈칸 뒤 문장의 inspector와 관련되어 보이지만 뒤 문장의 핵심은 '고객 제안의 중요성'이므로 어울리지 않는다.
(D) 단락의 첫 문장이 연결어로 시작하는 것은 어색하다. 또한 직원의 만족도와 고객의 제안 사항은 관련이 없는 내용이다.

134 (A) For instance
(B) Interestingly
(C) Afterward
(D) To that end

(A) 예를 들어
(B) 흥미롭게
(C) 그 이후에
(D) 그 목적을 달성하기 위해서

── 적절한 연결어 찾기 ──
빈칸이 포함된 문장은 앞 문장에서 말한 내용을 달성하기 위한 구체적인 시행 방법에 해당하므로 (D) To that end(그 목적을 달성하기 위해서)가 정답이다.

정답 (D)

Questions 135-138 refer to the following notice. 135-138은 다음 공지를 참조하시오.

Dear Santorini Bank Employees,

-------. The specialists in the department will ensure each system
135.
------- as it is intended.
136.

Specifically, if any issue does come to your attention, a report can be completed at santorinibank.itservices.com. Be sure to specify your contact information, which computer you were using, and a description of the -------.
137.

Also, it is advised to provide all possible details in order to facilitate the repair process.

Kindly note that IT Services may at times require more than 24 hours to completely analyze problems and react -------.
138.

Thank you for your cooperation and patience.

Santorini Bank 직원 여러분께,

135 여러분의 컴퓨터에 어떤 문제가 생길 경우, IT 서비스 부서로 연락 주시기 바랍니다. **136** 그 부서의 전문가들이 각 시스템이 사용 목적에 맞게 작동하도록 해줄 것입니다.

특히, 마음에 걸리시는 어떠한 문제라도 발생하면, santorinibank.itservices.com에서 보고서를 작성하실 수 있습니다. **137** 귀하의 연락처와 어느 컴퓨터를 사용하시는지, 그리고 문제점에 대한 설명을 반드시 명시해 주시기 바랍니다.

또한, 수리 과정을 용이하게 하기 위해서 모든 가능한 상세 정보를 제공해 주시기 바랍니다.

138 IT 서비스 부서에서 문제점들을 완전히 분석하고 그에 따라 대응하는 데 때때로 24시간이 넘게 필요할 수도 있다는 점을 유념해 주시기 바랍니다.

귀하의 협조 및 양해에 감사 드립니다.

어휘 specialist 전문가 ensure ~을 확실히 하다, 보장하다 intended 의도된, 목적에 맞는 specifically 특히 issue 문제, 사안 come to one's attention ~의 주의를 끌다 complete ~을 작성하다 be sure to do 꼭 ~하다 specify ~을 명시하다 description 설명 be advised to do ~하시기 바랍니다, ~하는 것이 권고됩니다 details 상세 정보 in order to do ~하기 위해 facilitate ~을 용이하게 하다 process 절차, 과정 note that ~임에 유의하다 at times 때때로 completely 완전히 analyze ~을 분석하다 cooperation 협력 patience 인내, 참을성

---

135 (A) A banking conference for all departments will be held in October.
(B) In case of any problems, please contact IT Services.
(C) Please turn off computers and monitors when leaving the office.
(D) We have recently launched a new system for our valued customers like yourself.

(A) 모든 부서들을 위한 은행 회의는 10월에 있을 예정입니다.
(B) 여러분의 컴퓨터에 어떤 문제가 생길 경우, IT 서비스 부서로 연락 주시기 바랍니다.
(C) 사무실을 나가실 때 컴퓨터와 모니터를 꺼 주세요.
(D) 당신과 같은 소중한 고객들을 위해 저희는 최근에 새로운 시스템을 출시했습니다.

│ 빈칸에 알맞은 문장 고르기 │

빈칸 뒤의 문장에서, '그 부서의 전문가들이 각 시스템이 사용 목적에 맞게 작동하도록 해줄 것'이라고 했으므로 빈칸에는 '그 부서'에 해당하는 부서명과 어떤 경우에 이런 조치를 취해줄지에 관한 문장이 제시되어야 한다. 따라서 IT 서비스 부서와 컴퓨터 문제를 언급하는 (B)가 정답이다.

어휘 in case of ~의 경우에 contact ~에게 연락하다 launch ~을 시작하다 valued 귀중한   정답 (B)

오답분석

(A) 바로 뒤 문장의 '부서 전문가들이 시스템이 목적에 맞게 작동 가능하도록 해 줄 것'이라는 내용과 은행 회의는 전혀 연결되지 않는다.
(C) 바로 뒤에 나온 문장 및 공지의 전체 내용과 전혀 관련이 없는 내용이다.
(D) '시스템'이라는 단어 때문에 정답으로 착각할 수 있지만 공지의 대상이 은행의 직원들이므로 '당신과 같은 소중한 고객들'은 모순되는 내용이다.

136 (A) workable
(B) to work
(C) is working
(D) worked

┤ 동사 자리 및 적절한 시제 찾기 ├

빈칸 앞에 쓰인 동사 ensure는 명사 또는 that절을 목적어로 취하는 동사이다. 여기서 each system은 ensure의 대상이 되기에는 의미가 부족하므로 each system과 빈칸이 함께 하나의 절을 구성해야 한다(that은 생략된 형태). 따라서 빈칸은 동사 자리인데, 시스템의 현재 또는 앞으로의 작동 상태를 나타내야 알맞으므로 현재 진행형인 (C) is working이 정답이다.

정답 (C)

137 (A) arrangement   (A) 조정, 배치, 준비
(B) publication   (B) 출판(물)
(C) account   (C) 계정, 계좌
(D) problem   (D) 문제

┤ 명사 어휘 ├

빈칸 앞에 쓰인 description은 '설명'을 의미한다. 이 문장에서 말하는 description은 보고서에 포함되는 것으로, 컴퓨터와 관련한 문제 상황을 설명해달라는 맥락이 알맞으므로 (D) problem(문제)이 가장 적절하다.

정답 (D)

138 (A) frequently   (A) 자주, 빈번히
(B) accordingly   (B) 그에 따라
(C) collectively   (C) 집합적으로, 전체적으로
(D) regularly   (D) 주기적으로

┤ 부사 어휘 ├

빈칸에는 바로 앞에 위치한 동사 react를 수식하여, 문제를 분석한 후에 대응하는 방식을 나타내는 부사 어휘가 들어가야 한다. 보기의 부사들 중 (B) accordingly(그에 따라)가 와서 '그에 따라 대응하다'라는 의미가 되는 것이 가장 자연스럽다.

정답 (B)

Questions 139-142 refer to the following e-mail. 139-142는 다음 이메일을 참조하시오.

From: jhill@westernwaterplant.gov
To: heather.kim@uod.edu
Date: 22 April
Subject: Re: Soil usage

Dear Ms. Kim,

Thank you for the e-mail in which you suggested we make use of the soil ------- **139.** when purifying the city's water supply by marketing it as fertilizer for local farms and gardens.

After careful consideration, our management team believes this is a very ------- **140.** alternative to our previous methods of waste disposal.
A committee has already been formed to establish the most cost-effective marketing and distribution methods.

------- **141.** matter is very important to us and we appreciate your taking the time to write us.

We wish you the best in your studies at the University of Dranton. -------. **142.** Your initiative and innovation would be highly valued at Western Water.

Sincerely,

Joe Hill
Western Water Plant Director

발신: jhill@westernwaterplant.gov
수신: heather.kim@uod.edu
날짜: 4월 22일
제목: 회신: 흙 사용

Kim 씨께,

139 저희가 도시의 상수도를 정화할 때 제거된 흙을 지역의 농장 및 화원에 비료로 마케팅하여 활용할 것을 제안해 주신 이메일에 감사 드립니다.

140 신중히 고려한 후에, 저희 경영진은 이것이 저희가 이전에 사용한 폐기물을 처리하는 방식에 대한 매우 현실적인 대안이라고 생각하고 있습니다. 가장 비용 효율적인 마케팅 및 분배 방식을 확립하기 위해 이미 위원회가 결성되었습니다.

141 이 문제는 저희에게 매우 중요한 것이며, 저희에게 글을 써서 보내는 데 귀하의 시간을 내어주셔서 감사 드립니다.

University of Dranton에서의 귀하의 학업이 잘 되시기를 바랍니다. 142 여름에 저희의 대학생 인턴십에 지원하는 것을 고려해 보십시오. 귀하의 진취성과 혁신적인 생각이 Western Water에서 매우 높은 평가를 받을 것입니다.

안녕히 계십시오.

Joe Hill
Western Water Plant 담당자

어휘 soil 흙, 토양 make use of ~을 활용하다 purify ~을 정화하다 water supply 상수도 fertilizer 비료 careful 신중한 consideration 고려 alternative 대안 previous 이전의 method 방식 waste disposal 폐기물 처리 committee 위원회 establish ~을 확립하다 cost-effective 비용 효율적인 distribution 분배, 배포 initiative 진취성, 결단력 innovation 혁신, 혁신적인 것 highly valued 높은 평가를 받는

139 (A) are removed
(B) to remove
(C) removing
(D) removed

┤ 후치 수식 분사 ├

빈칸에서 water supply까지가 빈칸 바로 앞의 the soil을 수식해야 하는데, 흙은 '제거되는' 대상이므로 수동의 의미를 나타내는 과거분사 (D) removed(제거되는)가 정답이다.

정답 (D)

140 (A) visible
(B) abbreviated
(C) able
(D) practical

(A) 눈에 보이는
(B) 축약된
(C) 할 수 있는
(D) 현실적인

─┤ 형용사 어휘 ├─

빈칸의 형용사는 빈칸 뒤에 있는 alternative(대안)를 수식해야 하며, 뒤에 이어지는 내용을 보면, 상대방의 제안을 실제로 활용하려 한다는 것을 알 수 있으므로 (D) practical(현실적인)이 정답이다.

정답 (D)

141 (A) This
(B) Their
(C) Our
(D) Her

(A) 이
(B) 그들의
(C) 우리의
(D) 그녀의

─┤ 지시형용사 this ├─

matter(일, 문제)는 바로 앞서 언급한 폐기물 처리 방식 제안을 가리키므로 이미 언급한 것을 가리킬 때 쓰는 지시형용사인 (A) This가 정답이다.

정답 (A)

142 (A) I am certain that you will succeed in your new position as a manager.
(B) Consider applying for our student internship during the summer.
(C) In addition, we would like to inform you of our new fertilizing system.
(D) The university is located in the East Waterloo district.

(A) 귀하께서는 팀장으로 새 자리에서 성공하실 거라고 확신합니다.
(B) 여름에 저희의 대학생 인턴십에 지원하는 것을 고려해 보십시오.
(C) 게다가, 귀하께 저희들의 새로운 비료 시스템에 대해 알려 드리고자 합니다.
(D) 대학은 East Waterloo 구역에 위치해 있습니다.

─┤ 빈칸에 알맞은 문장 고르기 ├─

빈칸 앞에서는 수신인에게 University of Dranton에서의 학업이 잘 되기를 바란다고 하였고, 빈칸 뒤의 문장에서는 수신인의 진취성 및 혁신적인 생각이 Western Water(발신인의 회사)에서 매우 높은 평가를 받을 수 있을 것이라고 했다. 대학생인 수신인이 어떤 행동을 하게 되면 발신인의 회사에서 매우 높은 평가를 받게 될지 생각해보면, 보기 중 자신의 회사에서 인턴으로 일할 것을 권하는 내용인 (B)가 문맥상 가장 자연스럽다.

어휘 succeed in ~에서 성공하다 consider -ing ~하는 것을 고려하다 apply for ~에 지원하다 fertilize 비료를 주다 be located in ~에 위치해 있다 district 구역

정답 (B)

오답분석

(A) 빈칸 앞에서 대학에서의 학업을 언급한 것으로 보아 수신인이 아직 학생임을 알 수 있으므로 연결되기에 어색한 문장이다.
(C) in addition은 앞의 내용에 대한 부가 설명을 할 때 쓰는 접속 부사이다. 앞의 문장은 대학에서의 학업이 잘 되기를 바란다는 내용이었으므로 새로운 비료 시스템에 대해 알고자 한다는 것은 부가 설명으로 볼 수 없다.
(D) 대학 위치의 설명은 '귀하의 진취성 및 혁신적인 생각이 Western Water에서 매우 높은 평가를 받을 것'이라는 빈칸 뒤의 문장과 흐름상 전혀 연결이 되지 않는다.

Questions 143-146 refer to the following notice. 143-146은 다음 공지를 참조하시오.

Attention All Passengers:

During the month of March, the subway system will be undergoing a variety of changes, necessitating a modified train schedule. Such changes will include the modernization of passenger cars and train depot renovation.

We plan to have this ------- completed before March 25.
                        143.

The temporary timetable, which will be ------- beginning March 2,
                                        144.
will be available through the public transit smartphone application.

145.

All updates regarding this project ------- on the Public Transit
                                   146.
Authority Web site(PTA.gov/CloverCity). Questions can be directed to subway@ccpta.gov. Type "March renovations" in the subject line.

Best regards,

Samuel Lee
Clover City Public Transit Authority

모든 승객 여러분께 알립니다.

3월 한 달 동안, 지하철 시스템이 다양한 변화를 겪을 것이며, 이것은 수정된 열차 운행 일정을 필요로 합니다. 이러한 변화에는 승객 탑승 칸의 현대화와 열차 정류장의 보수 작업이 포함될 것입니다.

143 저희는 이 과정을 3월 25일 이전에 완료할 계획입니다.

144 3월 2일부터 시행될 임시 시간표는 대중 교통 스마트폰 애플리케이션을 통해 이용하실 수 있습니다. 145 대체 시간표는 불편함을 줄이기 위한 것입니다.

146 이 프로젝트와 관련된 모든 최신 상황은 Public Transit Authority 웹사이트(PTA.gov/CloverCity)에 게시될 예정입니다. 문의 사항은 subway@ccpta.gov로 보내실 수 있습니다. 제목에 "3월 보수 공사"라고 기재해주세요.

감사합니다.

Samuel Lee
Clover City Public Transit Authority

어휘 undergo ~을 겪다, (과정 등) ~을 거치다 a variety of 다양한 necessitate ~을 필요로 하다 modified 수정된 include ~을 포함하다 modernization 현대화 passenger car 승객 탑승 칸 train depot 열차 정류장 temporary 임시의 available 이용 가능한 Public Transit Authority 대중 교통 당국 be directed to ~로 보내지다 subject 제목

143 (A) event
(B) simulation
(C) process
(D) analysis

(A) 행사
(B) 모의실험
(C) 과정, 절차
(D) 분석

┤ 명사 어휘 ├

빈칸 앞에 있는 this가 가리키는 것은 앞서 말한 보수 작업이므로 이를 대체할 수 있는 단어는 (C) process(과정)이다.

정답 (C)

144 (A) out of date
(B) in effect
(C) on the contrary
(D) in particular

(A) 구식인, 뒤떨어진
(B) 효력이 있는
(C) 대조적으로
(D) 특히

┤ 부사 어휘 ├

앞에서 3월부터 일정이 변경된다고 했으므로 빈칸 뒤의 날짜 March 2는 임시 시간표가 시행되는 시점이다. 따라서 (B) in effect(효력이 있는)가 정답이다.

정답 (B)

145 (A) The renovation project has been approved by the city council.
(B) The alternative schedule is meant to reduce inconveniences.
(C) Free subway passes will be provided to passengers for a limited time.
(D) Passengers are advised to avoid using the subway if possible.

(A) 시의회는 수리 프로젝트를 승인했습니다.
(B) 대체 시간표는 불편함을 줄이기 위한 것입니다.
(C) 제한된 기간 동안 승객들에게 무료 지하철 이용권이 제공될 것입니다.
(D) 승객들은 가능하다면 지하철 이용을 피할 것을 권해 드립니다.

┤ 빈칸에 알맞은 문장 고르기 ├

빈칸 앞 문장에서 3월 2일부터 시행될 임시 시간표는 대중 교통 스마트폰 애플리케이션을 통해 이용할 수 있다고 했으므로 이와 관련된 내용을 찾는다. 보기 중 앞 문장의 temporary timetable(임시 시간표)을 대신한 표현인 The alternative schedule(대체 일정)을 사용하여, '대체 시간표는 불편함을 줄이기 위한 것'이라고 앞 문장에 대해 부연 설명한 (B)가 정답이다.

어휘 renovation 수리   approve ~을 승인하다   council 의회   alternative 대체의   reduce ~을 줄이다   inconvenience 불편함   avoid ~을 피하다

정답 (B)

오답분석
(A) 이미 두 번째 단락에서 이 과정을 3월 25일 이전에 완료할 계획이라고 했으므로 프로젝트 승인을 다시 언급할 필요가 없다.
(C) 빈칸 앞 문장은 임시 시간표와 그 이용 방법에 관련된 내용이므로 무료 지하철 이용권은 관련이 없는 내용이다.
(D) 앞에서 임시 시간표를 제공한다고 했으므로 지하철을 이용하지 말라는 내용은 글의 흐름상 어색하다.

146 (A) to post
(B) had posted
(C) were being posted
(D) will be posted

┤ 능동태와 수동태의 구별 및 적절한 시제 찾기 ├

빈칸은 문장의 동사 자리이며 updates(최신 상황)는 '게시되는' 대상이므로 수동태인 (D) will be posted가 정답이다.

어휘 post ~을 게시하다

정답 (D)

Questions 147-148 refer to the following notice. 147-148은 다음 공지를 참조하시오.

For Your Convenience

We have a few heated blankets that our guests may borrow. ¹⁴⁷ You may request to have one placed in your room when you make your reservation. ¹⁴⁸⁻ᴬ, ᴮ You may also speak with the person working at the front desk to borrow appliances such as coffee makers and blenders, which are available on a first-come, first-served basis.

Those individuals bringing electric razors or other small appliances from foreign countries ¹⁴⁸⁻ᴰ should be sure to request a voltage converter as their item will almost surely require one. ¹⁴⁷ Simply call the front desk, and it will be brought to your room immediately.

귀하의 편의를 위해

저희는 고객들께서 빌려 가실 수 있는 열선 담요가 있습니다. ¹⁴⁷ 여러분께서 예약을 하실 때 이 담요를 객실에 놓아 두도록 요청하실 수 있습니다. ¹⁴⁸⁻ᴬ, ᴮ 또한 안내 데스크에서 근무하는 직원에게 얘기하시면 커피메이커나 믹서기 같은 기기를 빌려 가실 수 있으며, 이 기기들은 선착순으로 이용이 가능합니다.

외국에서 전기 면도기나 기타 소형 기기들을 가져오시는 분들은 가져오시는 물품들이 거의 확실히 변환기를 필요로 하기 때문에 ¹⁴⁸⁻ᴰ 전압 변환기를 요청하셔야 합니다. ¹⁴⁷ 안내 데스크에 전화하시면, 객실로 즉시 보내 드릴 것입니다.

어휘 convenience 편의 blanket 담요 borrow ~을 빌리다 request to do ~하도록 요청하다 place ~을 놓다, 두다 reservation 예약 appliances 가전 기기 such as ~와 같은 blender 믹서 available 이용 가능한 on a first-come, first-served basis 선착순으로 individual 개인, 사람 electric razor 전기 면도기 be sure to do 꼭 ~하다 voltage converter 전압 변환기 surely 확실히 immediately 즉시

147 Where would this notice most likely be found?

(A) In a hotel
(B) At a hair salon
(C) At a supermarket
(D) In an electronics store

이 공지는 어디에서 찾아볼 수 있을 것 같은가?

(A) 호텔에서
(B) 미용실에서
(C) 슈퍼마켓에서
(D) 전자 기기 매장에서

| 추론 | 출처 |

지문에 언급된 물품들과 관련해서, 객실에 놓아 두도록 요청 가능하다고 했고 안내 데스크 직원에게 요청할 수 있다고 했으므로 공지를 읽을 수 있는 곳으로 알맞은 장소는 호텔이다. 따라서 (A)가 정답이다.

정답 (A)

148 What items can readers NOT request?

(A) Coffee makers
(B) Blenders
(C) Electric razors
(D) Voltage converters

공지를 읽는 사람들이 요청할 수 없는 물품은 무엇인가?

(A) 커피메이커
(B) 믹서기
(C) 전기 면도기
(D) 전압 변환기

| 진위확인 | NOT true |

보기에 제시된 물품들 중에서, (A)와 (B), 그리고 (D)는 요청 가능한 물품으로 제시되어 있지만 (C)는 고객들이 가져오는 물품 중의 하나로 언급되었으므로 (C)가 정답이다.

정답 (C)

Questions 149-150 refer to the following text message chain. 149-150은 다음 문자 메시지 대화를 참조하시오.

149 Timothy, 1:21 P.M.
149 Hi, Caroline. I just took the bus to the Sampson Building for my meeting with Ms. Jasper, but she's not listed on building directory. 149 Could you check the notebook on my desk? I wrote her office number down there.

Caroline, 1:24 P.M.
149 It's office #508. 150 You're taking Ms. Jasper to Vivian's Restaurant after the meeting, right? It's usually busy on Friday.

Timothy, 1:25 P.M.
150 Good point. I'll book a table for us now.

Caroline, 1:27 P.M.
Great. Have a good time!

149 Timothy, 오후 1:21
149 안녕하세요, Caroline. 저는 Jasper 씨와의 회의를 위해 버스를 타고 지금 막 Sampson Building에 왔는데, 그분의 성함이 건물 층별 안내에 기재되어 있지 않아요. 149 제 책상에 있는 노트 좀 확인해 주시겠어요? 제가 거기에 그분의 사무실 번호를 적어 놨거든요.

Caroline, 오후 1:24
149 508호실이에요. 150 회의 후에 Jasper 씨를 모시고 Vivian's Restaurant에 가시는 게 맞으시죠? 그곳은 보통 금요일에 바빠요.

Timothy, 오후 1:25
150 좋은 지적입니다. 지금 자리를 하나 예약할게요.

Caroline, 오후 1:27
좋습니다. 즐거운 시간 보내세요!

어휘 | take (교통편) ~을 타다, 이용하다 list ~을 기재하다, 목록으로 표기하다 building directory 건물 층별 안내(판) check ~을 확인하다 write A down A를 적어 놓다, 받아 적다 take A to B A를 B로 데려 가다 Good point 좋은 지적이다 book ~을 예약하다

149 Where is Caroline when she writes to Timothy?

(A) At a restaurant
(B) On the bus
(C) At the Sampson Building
(D) At his office

Caroline은 Timothy에게 문자를 쓸 때 어디에 있는가?

(A) 레스토랑에
(B) 버스에
(C) Sampson Building에
(D) 그의 사무실에

┤세부사항 | Where ├

1시 21분에 Timothy가 처음 쓴 메시지 중에 '제 책상에 있는 노트를 확인해 그분의 사무실 번호를 알려 달라(Could you check the notebook on my desk? I wrote her office number down there)'고 부탁하는 부분이 있다. 이에 대해 Caroline이 '508호실(It's office #508)'이라고 알려 주는 것으로 볼 때 Caroline이 Timothy의 사무실에 있는 그의 책상에 가 있다는 것을 알 수 있다. 따라서 (D)가 정답이다.

정답 (D)

150 At 1:24 P.M., what does Caroline most likely mean when she writes, "It's usually busy on Friday"?

(A) Ms. Jasper will probably be late.
(B) A dinner reservation should be made.
(C) Timothy might get stuck in traffic.
(D) She was not able to make an appointment.

오후 1시 24분에, Caroline이 "It's usually busy on Friday"라고 썼을 때 의미하는 것은 무엇인가?

(A) Jasper 씨가 아마도 늦을 것이다.
(B) 저녁 식사 예약을 해야 한다.
(C) Timothy가 교통 체증에 갇힐 수도 있다.
(D) 그녀는 예약을 할 수 없었다.

┤의도파악├

1시 24분에 Caroline은 Timothy에게 Jasper 씨를 모시고 Vivian's Restaurant에 갈 것인지 물은 후에 "It's usually busy on Friday"라고 말하고 있다. 뒤이어 Timothy가 이 말에 대해 동의하면서 '자리를 예약하겠다(I'll book a table for us now)'고 하는 것으로 볼 때 식당이 붐빌 것을 대비해 미리 식사 자리를 예약해야 한다는 것을 알리기 위해 "It's usually busy on Friday"라고 한 것을 알 수 있다. 따라서 (B)가 정답이다.

어휘 get stuck in traffic 교통 체증에 갇히다 make an appointment 예약하다

정답 (B)

Questions 151-152 refer to the following receipt. 151-152는 다음 영수증을 참조하시오.

Guest Statement

Guest Name: Jacob Irwin
152 Company: T.Y. Saks
Address: 45 Robinson Road, Des Moines, IA

Reservation Code: 459-549MV
Reservation Date: April 11

Arrival Date: April 20
151 Departure Date: April 22

Number of Guests: 1 Adult
Room Type: Deluxe

Date	Description	Amount	Notes
April 20	Deluxe Room	$150.00	
April 20	Room Service (Dinner)	$42.99	
April 21	Deluxe Room	$150.00	
April 21	Room Service (Lunch)	$18.00	
April 21	International Telephone Call	$12.75	10-minute call
April 22	Room Service (Breakfast)	$22.00	

Sub-Total: $395.74
Tax: $27.29
Total: $423.03
Amount Paid: $423.03
Amount Owed: $0.00

Rudolph Hotel
45 Baker Street, Seattle, Washington

152 Payer: T.Y. Saks
Credit Card Number: ****9804

Thank you for staying at the Rudolph Hotel. We hope you come again.

고객 명세서

고객 성명: Jacob Irwin
152 회사명: T.Y. Saks
주소: 45 Robinson Road, Des Moines, IA

예약 코드: 459-549MV
예약 날짜: 4월 11일

도착 날짜: 4월 20일
151 출발 날짜: 4월 22일

고객 수: 성인 1명
객실 종류: 디럭스

날짜	내역	금액	참고 사항
4월 20일	디럭스 룸	150.00달러	
4월 20일	룸 서비스 (저녁)	42.99달러	
4월 21일	디럭스 룸	150.00달러	
4월 21일	룸 서비스 (점심)	18.00달러	
4월 21일	국제 전화 통화	12.75달러	통화 시간 10분
4월 22일	룸 서비스 (아침)	22.00달러	

소계: 395.74달러
세금: 27.29달러
총계: 423.03달러
지불 총액: 423.03달러
미지불 총액: 0.00달러

Rudolph Hotel
45 Baker Street, Seattle, Washington

152 비용 지급인: T.Y. Saks
신용카드 번호: ****9804

Rudolph Hotel을 이용해 주셔서 감사합니다. 다시 찾아 주시기를 바랍니다.

어휘 statement 명세(서) reservation 예약 arrival 도착 departure 출발 description 설명, 내역 amount 금액, 액수 sub-total 소계 tax 세금 amount paid 지불된 금액 amount owed 미지불된 금액

151 When did Mr. Irwin check out the Rudolph Hotel?

(A) On April 11
(B) On April 20
(C) On April 21
(D) On April 22

Irwin 씨는 언제 Rudolph Hotel에서 체크아웃했는가?

(A) 4월 11일에
(B) 4월 20일에
(C) 4월 21일에
(D) 4월 22일에

┤ 세부사항 | When ├

체크아웃은 객실을 이용한 후 나갈 때 하는 일이므로 명세서에서 호텔을 떠난 날짜를 확인하면 4월 22일임을 알 수 있다. 따라서 (D)가 정답이다.

정답 (D)

152 What is indicated on the receipt?

(A) Mr. Irwin ordered dinner in his room everyday.
(B) The entire hotel bill was not paid.
(C) The hotel Mr. Irwin stayed at is located in Des Moines.
(D) Mr. Irwin's employer paid for his stay.

영수증에서 알 수 있는 것은 무엇인가?

(A) Irwin 씨는 매일 그의 객실에서 저녁을 주문했다.
(B) 전체 호텔 청구 비용이 지불되지 않았다.
(C) Irwin 씨가 묵었던 호텔은 Des Moines에 위치해 있다.
(D) Irwin 씨의 고용주가 숙박비를 지불했다.

> **진위확인** | True
> 명세서 상단에 있는 회사명과 하단에 있는 비용 지급인이 같으므로 회사에서 비용을 지불했음을 알 수 있다. 따라서 이에 대해 언급한 (D)가 정답이다.
>
> **어휘** entire 전체의   stay 머무르다   employer 고용주
>
> 정답 (D)

Questions 153-154 refer to the following advertisement. 153-154는 다음 광고를 참조하시오.

Cousteau Pro Pool Care

153 **Crestville's most trusted pool care provider for over 30 years!**

The weather is getting warmer and now is the time to get your pool ready for summer! For the month of May only, Cousteau Pro Pool Care is offering a special price on our "Season Starter" equipment inspection and pool opening package. Whether you schedule the 154 **"Season Starter"** online or by phone, simply provide the discount code MAY16 to receive $50 off the regular price. Our technicians are professionally trained, and 154 **we guarantee that they will have your pool clean and ready for use within two days.**

After your pool is open, keep it sparkling clean all summer long with one of our weekly maintenance packages. We also offer certified safety inspections and affordably priced repairs for both private and commercial swimming pools. Call Cousteau Pro Pool Care at (314) 555-1212 or visit our Web site at cousteauppc.com.

Cousteau Pro Pool Care

153 Crestville에서 가장 신뢰할 수 있는 30년이 넘은 수영장 관리 서비스 업체!

날씨가 점점 따뜻해지고 있고, 지금이 바로 여름에 대비해 여러분의 수영장을 준비할 시기입니다! 5월 한 달에 한해, Cousteau Pro Pool Care가 "Season Starter" 장비 점검 서비스와 수영장 오픈 패키지에 대해 특별 할인가를 제공합니다. 154 "Season Starter" 서비스의 일정을 온라인으로 신청하시든 전화로 하시든 상관없이, 할인 코드 MAY16를 제시하시고 정가에서 50달러를 할인 받으세요. 저희 기술자들은 전문적으로 교육을 받았으며, 154 그들은 이틀 안에 여러분의 수영장을 깨끗하고 사용할 준비가 되도록 할 것을 보장해 드립니다.

수영장이 문을 연 후에는, 주간 관리 패키지를 통해 여름 내내 여러분의 수영장을 빛이 나도록 깨끗하게 유지하세요. 또한 사설 및 상업용 수영장 모두를 대상으로 공인된 안전 점검과 적당한 가격의 수리 서비스도 제공해 드립니다. (314) 555-1212로 Cousteau Pro Pool Care에 전화하시거나 저희 웹사이트 cousteauppc.com을 방문하시기 바랍니다.

어휘 most trusted 가장 신뢰할 만한 get A ready A를 준비하다 equipment 장비 inspection 점검 whether A or B A이든 B이든 상관없이 receive ~을 받다 regular price 정가 professionally trained 전문적으로 교육을 받은 guarantee that ~을 보장하다 sparkling clean 눈이 부시도록 깨끗한 maintenance 관리, 유지 보수 certified 공인된 affordably priced 가격이 적절하게 책정된 commercial 상업의

153 What is indicated about the company?

(A) It offers training for new employees.
(B) It is an established business.
(C) It is a service for public pools.
(D) It is having a sale for its anniversary.

회사에 관해 알 수 있는 것은 무엇인가?

(A) 신입 직원들을 위해 교육을 제공한다.
(B) 확고히 자리를 잡은 회사이다.
(C) 공공 수영장을 위한 서비스 업체이다.
(D) 개업 기념일로 인해 세일을 하고 있다.

┤ **진위확인** | True ├

지문 시작 부분에 '가장 신뢰할 수 있는 30년이 넘은 업체(most trusted pool care provider for over 30 years)'라고 소개하고 있으므로 이를 다른 말로 표현한 (B)가 정답이다.

어휘 established 인정받는, 확고히 자리를 잡은 anniversary 기념일

정답 (B)

154 What does the company promise with its "Season Starter" package?

(A) Fast results
(B) Free repairs
(C) Safety classes
(D) Swimming lessons

이 회사는 "Season Starter" 패키지에 무엇을 약속하는가?

(A) 신속한 결과
(B) 무료 수리
(C) 안전 관련 강좌
(D) 수영 강습

┤ **세부사항** | What ├

Season Starter 패키지가 언급된 첫 번째 단락의 후반부를 보면 이틀 안에 서비스를 완료해 준다고 했는데, 이는 빠른 시간 안에 서비스를 제공하는 것을 의미하므로 (A)가 정답이다.

정답 (A)

Questions 155-157 refer to the following letter. 155-157은 다음 편지를 참조하시오.

Great Harvest Bank
2300 Windsor Street
Atlanta, Georgia

October 5

Peter Oh
2511 Amberidge Trail
Unit 3
Sandy Springs, GA 30319

We at Great Harvest Bank are honored that you have chosen us to safeguard your financial future. Your membership in our bank is highly valued and the security of your personal information is one of our highest priorities. 155 Effective November 1, our online services will be requiring a code to verify your identity at each login.

To establish this code, you will receive an automated telephone call to the phone number on our file, xxx-xxx-0693. The system will prompt you to enter a six-digit number which you will use when logging into your account. 156 If you have questions or prefer to establish the code with a live person, call 800-232-5242 to speak with a Great Harvest Bank representative.

Best regards,

Jenny Kim
Great Harvest Bank

Great Harvest Bank
2300 Windsor Street
Atlanta, Georgia

10월 5일

Peter Oh
2511 Amberidge Trail
Unit 3
Sandy Springs, GA 30319

저희 Great Harvest Bank는 귀하께서 금융 선물을 보호하기 위해 저희를 선택해 주신 것을 대단한 영광으로 생각합니다. 저희 은행에 회원으로 가입하신 귀하께서는 대단히 소중하므로 귀하의 개인 정보 보안은 저희 은행에서 가장 우선시 하는 일들 중 하나입니다. 155 11월 1일부로, 저희 온라인 서비스에 로그인하실 때마다 귀하의 신분을 확인하는 비밀번호가 필요할 것입니다.

이 비밀번호를 설정하기 위해, 귀하께서는 저희 파일에 있는 전화번호 xxx-xxx-0693으로 자동 녹음된 전화를 한 통 받게 되실 것입니다. 이 시스템이 귀하께 귀하의 계좌에 로그인하실 때 사용하실 6자리 숫자를 입력하도록 할 것입니다. 156 문의 사항이 있으시거나 실제 직원을 통해 비밀번호를 설정하기를 선호하시는 경우, 800-232-5242로 전화 주셔서 저희 Great Harvest Bank의 직원과 통화하시기 바랍니다.

안녕히 계십시오.

Jenny Kim
Great Harvest Bank

어휘 be honored that ~에 대해 영광으로 생각하다 choose ~을 선택하다 safeguard ~을 보호하다 financial future 금융 선물(先物) 거래 highly 대단히, 매우 valued 소중한 security 보안 priority 우선 사항 effective + 날짜 ~부로, ~부터 require ~을 필요로 하다 verify ~을 확인하다, 입증하다 identity 신분 establish ~을 설정하다, 확립하다 receive ~을 받다 automated 자동화된 prompt A to do A에게 ~하도록 요청하다, 촉구하다 six-digit 6자리의 account 계좌, 계정 prefer to do ~하는 것을 선호하다 representative 직원

155 What is the reason for this letter?

(A) Mr. Oh has established membership at Great Harvest Bank.
(B) A security breach has recently occurred.
(C) A change in the current login system has been made.
(D) A new online account is ready to function.

편지를 쓴 이유는 무엇인가?

(A) Oh 씨가 Great Harvest Bank에 회원 가입을 했다.
(B) 최근에 보안상의 위반이 발생되었다.
(C) 현재의 로그인 시스템에 변동 사항이 생겼다.
(D) 신규 온라인 계정이 가동될 준비가 되어 있다.

| 주제/목적 | 목적 |

첫 단락의 마지막 부분을 통해 편지를 쓴 이유를 확인할 수 있다. '11월 1일부터 로그인할 때 신분 확인용 비밀번호가 필요하다 (~ will be requiring a code to verify your identity at each login)'는 말에서 로그인 방식이 달라지는 상황임을 알 수 있으므로 (C)가 정답이다.

어휘 security breach 보안 침해, 보안 위반 occur 일어나다, 발생하다 current 현재의 function 기능하다, 가동하다

정답 (C)

156 What is mentioned about establishing the code?

(A) It is replacing an existing code.
(B) All members need to log into their accounts to do it.
(C) Mr. Oh can choose whether to use a code or not.
(D) It can be done by talking to bank personnel.

비밀번호 설정에 관해 언급된 내용은 무엇인가?

(A) 기존의 비밀번호를 대체할 것이다.
(B) 비밀번호를 설정하기 위해서 모든 회원들이 각자의 계정에 로그인해야 한다.
(C) Oh 씨는 비밀번호 사용 여부를 선택할 수 있다.
(D) 은행 직원과 이야기하는 방법으로 완료될 수 있다.

┤ 진위확인 | True ├

비밀번호 설정 방법과 관련된 정보는 두 번째 단락에서 찾아볼 수 있다. 이 단락에 자동 녹음된 전화를 받아 설정하는 방법과 실제 직원과 통화를 해서 설정하는 방법(~ prefer to establish the code with a live person, call 800-232-5242 to speak with a Great Harvest Bank representative)이 제시되어 있는데, 이 중에서 두 번째 방법에 대해 말한 (D)가 정답이다.

어휘 replace ~을 대체하다, 대신하다   existing 기존의, 현재 사용되는   personnel (조직의) 인원, 직원들

정답 (D)

157 The word "prompt" in paragraph 2, line 2, is closest in meaning to

(A) persuade
(B) lead
(C) halt
(D) activate

두 번째 단락, 두 번째 줄의 단어 "prompt"와 의미가 가장 가까운 것은 무엇인가?

(A) 설득하다
(B) 이끌다
(C) 중단시키다
(D) 활성화하다

┤ 동의어 | 동사 ├

해당 문장을 보면, 'prompt+사람+to do'의 구조로 되어 있다. 이 문장의 주어인 The system과 to부정사 이하 부분의 내용으로 볼 때 '시스템이 당신에게 6자리 번호를 입력하도록 만들 것이다'라는 맥락이 되어야 알맞다는 것을 알 수 있다. 즉, 6자리 번호를 입력하도록 '안내하다, 이끌다'라는 의미로 prompt가 사용된 것이므로 이와 유사한 의미를 지닌 (B)가 정답이다.

정답 (B)

Questions 158-160 refer to the following letter. 158-160은 다음 편지를 참조하시오.

Trenton Courier
67 Fairmont Drive
Vancouver, Canada

Bill Hamilton
Hamilton Consulting 309 W. Pacific Avenue
Vancouver, Canada

Dear Mr. Hamilton,

We at Trenton Courier appreciate the fact that we have been business partners for more than five years. — [1] —. We take great pleasure in providing you and your company with speedy overnight service everywhere in Canada and the United States. — [2] —. Trenton Courier has a spotless record when it comes to transporting important packages quickly and at the lowest rates. — [3] —. **158, 160 We would like you to know that we have expanded the services that our company provides.** — [4] —.

* We now provide next-day airmail service to every country in Europe.
* We now provide three-day airmail service to every country in Asia and South America.
* **159 We now provide custom shipping of large objects (up to 2 tons), such as pianos, to anywhere in Canada and the United States.**

To find out more about these new services and to learn about our pricing schemes, call us anytime.

Sincerely,

Russell Peterson
Owner, Trenton Courier

158 Why was the letter written?

(A) To offer a discount to a business partner
(B) To mention where new offices will be opened
(C) To provide information about new services
(D) To advertise positions available in other countries

159 What is indicated about Trenton Courier?

(A) It has reduced its rates to selected customers.
(B) It offers transport of oversized packages.
(C) It is moving its headquarters to the United States.
(D) It has employees that can speak various Asian languages.

Trenton Courier에 관해 알 수 있는 것은 무엇인가?

(A) 선택된 고객들에게 요금을 할인했다.
(B) 규격이 큰 소포에 대한 운송 서비스를 제공한다.
(C) 본사를 미국으로 이전한다.
(D) 다양한 아시아 언어를 말할 수 있는 직원들이 있다.

> **진위확인 | True**
>
> Trenton Courier는 발신자가 소속된 회사이므로 각 보기의 내용을 먼저 확인한 후 지문에서 관련 정보를 찾아야 한다. 중반부의 마지막 항목에 제시된 '대형 물품(최대 2톤) 맞춤 운송 서비스(custom shipping of large objects (up to 2 tons))'를 다른 말로 간략히 줄여 표현한 (B)가 정답이다.
>
> **어휘** rate 요금 selected 선택된 headquarters 본사
>
> 정답 (B)

160 In which of the positions marked [1], [2], [3], and [4] does the following sentence best belong?

"Here is what we have done:"

(A) [1]
(B) [2]
(C) [3]
(D) [4]

[1], [2], [3], [4]로 표기된 위치들 중에서 다음 문장이 가장 잘 어울리는 곳은 어디인가?

"다음은 저희가 이룬 것들입니다."

(A) [1]
(B) [2]
(C) [3]
(D) [4]

> **주어진 문장 넣기 | 문장의 내용 단서**
>
> 주어진 문장은 현재 완료 시제 동사를 써서 '여기 저희가 한 일이 있습니다'라는 의미를 나타내며, 이와 같은 표현은 구체적인 예를 들 때 잘 쓰이는 문장이다. 따라서 '확장된 서비스를 알려 주겠다(~ we have expanded the services~)'고 언급한 문장과 해당 서비스를 구체적으로 설명하는 항목들 사이에 위치한 [4]에 쓰여야 가장 적절하므로 (D)가 정답이다.
>
> 정답 (D)

Questions 161-163 refer to the following advertisement. 161-163은 다음 광고를 참조하시오.

All of the residents of Springwater are invited to attend a unique event this Saturday. 161 The Springwater Community Center is finally ready to open. After more than two years of construction, the community center is now complete. 162 It has several outdoor facilities, including tennis courts, a jogging track, a park, and a swimming pool. Also, there are many indoor facilities, such as a basketball court and an aerobics area, and several rooms for language and arts classes.

Visitors to the community center will be given a tour of the entire area, which covers more than twenty acres. They will learn about the benefits of becoming a member of the center. And they will learn about all of the classes and the sporting events that will be provided exclusively for members. Staff members of the center will be on hand to answer any questions.

161 This center is located at 90 Valley Road in the Golden Fields neighborhood of Springwater. Visitors are welcome to come anytime on Saturday between the hours of 9 A.M. and 6 P.M. Anyone who cannot attend the opening event can feel free to check out the Web site at www.springwatercommunitycenter.org. 163 Information regarding the fees for the membership can be found online or can be discussed with a staff member at the center itself.

Springwater의 모든 주민들께서는 이번 토요일에 있을 독특한 행사에 참석하시기 바랍니다. 161 Springwater Community Center가 마침내 문을 열 준비가 되었습니다. 2년이 넘는 공사 끝에, 이 주민 센터가 이제 완공되었습니다. 162 이 센터에는 테니스 코트와 조깅 트랙, 공원, 그리고 수영장을 포함한 다양한 야외 시설이 갖추어져 있습니다. 또한 농구 코트와 에어로빅 공간, 그리고 언어 및 미술 강좌를 위한 여러 강의실과 같은 많은 실내 시설도 있습니다.

주민 센터를 찾아오시는 방문객들은 20에이커가 넘는 모든 구역을 견학하실 수 있습니다. 그들은 센터의 회원이 되는 것의 혜택에 대해서 알게 될 것입니다. 그리고 회원들에게만 독점적으로 제공될 모든 강좌와 스포츠 행사에 대해서도 알게 될 것입니다. 센터 내 직원들이 현장에 있어서 어떤 질문에 대해서도 답변해 드릴 것입니다.

161 이 센터는 Springwater의 Golden Fields 인근에 있는 Valley Road 90번지에 위치해 있습니다. 방문객들께서는 토요일 오전 9시에서 오후 6시 사이에 언제든지 찾아오실 수 있습니다. 개장 행사에 참석하실 수 없는 분들은 웹사이트 www.springwatercommunitycenter.org에서 언제든지 확인해 보실 수 있습니다. 163 회원 가입 비용과 관련된 정보는 온라인으로 찾아보시거나 센터에 있는 직원과 함께 논의하실 수 있습니다.

어휘 resident 주민 be invited to do ~하도록 초청되다, 요청받다 attend ~에 참석하다 unique 독특한 community center 주민 센터 be ready to do ~할 준비가 되다 construction 건설, 공사 complete 완료된 several 여러 가지의 facility 시설물 entire 전체의, 모든 cover ~을 포함하다 benefit 혜택 exclusively for ~에게 독점적으로 on hand 현장에 있는 be located at ~에 위치해 있다 regarding ~와 관련해 discuss ~을 논의하다

161 What event is being held at 90 Valley Road?

(A) A seminar on the classes being offered to residents
(B) A meeting regarding the building of a new facility
(C) An introduction to new public amenities
(D) A presentation about getting involved in the local community

Valley Road 90번지에서 무슨 행사가 열리는가?

(A) 주민들에게 제공되는 강좌에 대한 세미나
(B) 새 시설물 건축에 관한 회의
(C) 새 공공 편의 시설 소개
(D) 지역 사회에 참여하는 것에 관한 발표

┤ 세부사항 | What ├

Valley Road 90번지는 마지막 단락에 제시되어 있다. 이 주소는 해당 문장에서 말하는 센터의 주소인데, 이 센터는 첫 단락에서 언급하는 바와 같이 새로 완공되어 문을 열게 되는 Springwater Community Center를 가리킨다. 따라서 이를 '새 공공 편의 시설(new public amenities)'로 표현한 (C)가 정답이다.

어휘 introduction 소개, 도입 amenity 생활 편의 시설 get involved in ~에 관여하다 정답 (C)

162 What is indicated about the Springwater Community Center?

(A) It exceeded its budget during the construction process.
(B) People can take part in various activities there.
(C) Only members may use the center's outdoor facilities.
(D) It is offering a special discount on membership this weekend.

Springwater Community Center에 관해 알 수 있는 것은 무엇인가?

(A) 공사 과정에서 예산을 초과했다.
(B) 사람들은 그곳에서 다양한 활동에 참여할 수 있다.
(C) 오직 회원들만 센터의 야외 시설물을 이용할 수 있다.
(D) 이번 주말에 회원 가입에 대한 특별 할인을 제공한다.

┤ 진위확인 | True ├

지문 전체적으로 Springwater Community Center와 관련된 정보가 많이 제시되어 있으므로 각 보기를 먼저 읽고 지문에서 관련 정보를 찾아 비교해야 한다. 첫 단락에서 다양한 실내외 활동 및 강좌를 제공한다고 언급했는데, 이를 다른 말로 바꿔 표현한 (B)가 정답이다.

어휘 exceed ~을 초과하다 budget 예산 take part in ~에 참여하다

정답 (B)

163 What is provided on the Web site?

(A) Information on paying for a service
(B) Pictures of the community center
(C) A list of the names of the staff members
(D) All of the classes being offered next month

웹사이트에서 무엇이 제공되는가?

(A) 서비스 비용 지불에 관한 정보
(B) 주민 센터의 사진
(C) 직원들의 이름 목록
(D) 다음 달에 제공되는 모든 강좌

┤ 세부사항 | What ├

웹사이트에 대해서는 마지막 단락에 언급되어 있다. 웹사이트 주소 제시와 함께 온라인 상에서 회원 가입 비용에 관련된 정보를 확인할 수 있다고 했으므로 (A)가 정답이다.

어휘 information 정보 pay for ~에 대한 대가를 지불하다

정답 (A)

Questions 164-167 refer to the following article.

Chapman Manufacturing to Upgrade Facilities

AUGUSTA (June 12)—Chapman Manufacturing, one of the largest manufacturers of electronic appliances in the United States, announced that it is going to upgrade the facilities at its factory in Augusta. 164-B "We just signed a couple of new deals with corporations in Spain and Japan. — [1] —." said company president Gerald Powell. 164-A "We need to increase the production while simultaneously keeping our labor force the same size."

166, 167 Mr. Powell said that the assembly lines in the company's factory will be improved by adding state-of-the-art machinery to them. — [2] —. 164-C, 167 As a result, the efficiency of the workers is expected to improve by up to 40%. The machines that will be installed are manufactured by Deco, Inc.

Mr. Powell mentioned that Chapman Manufacturing has no intentions of reducing the company's workforce. — [3] —. "We are anticipating getting several more contracts this year," he stated at a press conference. "And we have no intentions of letting any of our workers go as it would be foolish for us to let any of our competitors get their hands on such highly trained individuals."

165, 166 He added that most of the employees will have to be trained to use the new machinery. Chapman Manufacturing is going to have seminars and training sessions on the machinery led by engineers from Deco. 166 Mr. Mastroeni is one of the workers who anticipates getting trained. — [4] —. "I'm looking forward to learning how to do my job better and faster," he said. "And it will be great to acquire new skills as well."

164 What is NOT mentioned as a reason that Chapman Manufacturing is going to upgrade its machinery?

(A) Chapman Manufacturing does not want to hire more workers.
(B) Chapman Manufacturing has gotten more business overseas.
(C) The machinery will let the employees do their jobs better.
(D) The competitors of Chapman Manufacturing are purchasing new machinery.

> **진위확인 | NOT true**
>
> (A)와 (B)는 첫 번째 단락의 '노동력 규모의 유지' 계획과 '스페인 및 일본 기업과의 계약 체결' 내용에서 단서를 찾을 수 있으며, (C)는 두 번째 단락의 '직원 효율성 개선' 내용에서 확인할 수 있다. 하지만 경쟁사의 기계 구매 관련 내용은 찾아볼 수 없으므로 (D)가 정답이다.
>
> **어휘** hire 고용하다
>
> 정답 (D)

165 According to Mr. Powell, what will some of the workforce at Chapman Manufacturing do?

(A) Transfer to facilities in other countries
(B) Receive guidance on improving their skills
(C) Look for a new job in the same field
(D) Get promoted and receive pay raises

Powell 씨에 따르면, Chapman Manufacturing의 일부 직원들은 무엇을 할 것인가?

(A) 다른 나라에 있는 시설로 전근 가기
(B) 기술을 향상시키는 것에 대한 지도 받기
(C) 같은 분야에 있는 새로운 일 찾기
(D) 승진되고 급여 인상 받기

> **세부사항 | What**
>
> 마지막 단락에 일부 직원들이 새로운 기계 사용법과 관련해 교육을 받게 될 것이라고 언급되어 있으므로 이를 '기술 향상 지도'로 표현한 (B)가 정답이다.
>
> **어휘** guidance 지도   pay raise 봉급 인상
>
> 정답 (B)

166 What type of work does Mr. Mastroeni currently do?

(A) He creates new designs for better machinery.
(B) He operates machinery on the assembly line.
(C) He manages the employees of the factory.
(D) He receives training for the new machinery.

Mastroeni 씨가 현재 하는 일의 종류는 무엇인가?

(A) 그는 더 나은 기계를 위해 새로운 디자인을 만들어 낸다.
(B) 그는 조립 라인에서 기기를 조작한다.
(C) 그는 공장의 직원들을 관리한다.
(D) 그는 새로운 기계에 대한 교육을 받는다.

> **세부사항 | What**
>
> Mastroeni 씨는 교육을 받게 될 사람으로 마지막 단락에 언급되어 있다. 마지막 단락의 시작 부분을 보면, 새로운 기기를 사용하도록 직원들이 교육을 받을 것이라는 말이 있는데, 여기서 가리키는 기기는 두 번째 단락에 나타난 바와 같이 조립 라인에 새롭게 추가되는 기기들이다. 따라서 Mastroeni 씨가 현재 하는 일 역시 조립 라인과 관련된 업무일 것이므로 (B)가 정답이다.
>
> **어휘** create ~을 만들다   operate ~을 조작하다, 운용하다   manage ~을 관리하다
>
> 정답 (B)

167 In which of the positions marked [1], [2], [3], and [4] does the following sentence best belong?

"That will enable the workers to accomplish their duties much more quickly and more accurately than before."

(A) [1]
(B) [2]
(C) [3]
(D) [4]

[1], [2], [3], [4]로 표기된 위치들 중에서 다음 문장이 가장 잘 어울리는 곳은 어디인가?

"이는 이전보다 직원들이 각자의 업무를 훨씬 더 신속하고 정확하게 완수할 수 있게 해 줄 것이다."

(A) [1]
(B) [2]
(C) [3]
(D) [4]

> **주어진 문장 넣기 | 지시어 단서**
>
> 질문과 함께 제시된 문장은 특정한 대상을 지칭하는 That으로 시작되고 있으며, 이 일로 인해 직원들이 업무를 훨씬 더 신속하고 정확하게 완수할 수 있을 것이라는 의미를 나타낸다. 따라서 두 번째 단락에서, '조립 라인에 최신 기계가 추가된다'는 문장과 '효율이 40퍼센트까지 개선될 수 있다'는 결과를 나타내는 문장 사이인 [2]에 해당 문장이 위치해야 내용 전개상 흐름이 가장 자연스러우므로 (B)가 정답이다.
>
> **어휘** enable A to do A가 ~할 수 있게 하다   accomplish ~을 완수하다   accurately 정확하게
>
> 정답 (B)

Questions 168-171 refer to the following online chat discussion. 168-171은 다음 온라인 채팅을 참조하시오.

Acrex Customer Service Online Help Desk

Representative James Turner   9:42 A.M.
Good morning. I'm James from the Acrex Customer Service team. How can I help you today?

Charlotte Farrell   9:43 A.M.
168 I purchased your Book Tracker 230 software program and downloaded it from your Web site. However, I'm not able to sign in.

Representative James Turner   9:44 A.M.
I can help you with that. First, go to the sign-in page. Your username should appear automatically according to the name you used for the purchase.

Charlotte Farrell   9:46 A.M.
I'm looking at the sign-in page now. It has the username cfarrell.

Representative James Turner   9:47 A.M.
All right. 169 Now, type in the password you selected when you set up the software.

Charlotte Farrell   9:48 A.M.
It's my first time using it.

Representative James Turner   9:50 A.M.
I see. 169 Then, instead of using your own password, you need to use the initial password that was generated by our company. It's a twelve-character string of letters and numbers.

Charlotte Farrell   9:51 A.M.
Where would I find that?

Representative James Turner   9:52 A.M.
170 You should have been sent an e-mail with your purchase receipt, and then another one—the welcome e-mail—with that twelve-character string.

Charlotte Farrell   9:53 A.M.
I only received the receipt. Let me check my Spam folder.

Charlotte Farrell   9:56 A.M.
It's not there.

Representative James Turner   9:57 A.M.
That's no problem. 171 I can issue you a new one by e-mail. It'll take a few minutes.

Charlotte Farrell   9:59 A.M.
Thank you.

Representative James Turner   10:00 A.M.
171 Please stay in the chat to let me know that you got it.

Charlotte Farrell   10:01 A.M.
Okay, I will.

어휘 help desk 상담 센터, 지원 센터　representative 직원　purchase 구입(품); ~을 구입하다　be able to do ~할 수 있다　sign in (서명하고) 등록하다, 들어가다　help A with B B에 대해 A를 돕다　username 사용자 이름　appear 나타나다　automatically 자동으로　according to ~에 따라　type ~을 타이핑하다　password 비밀번호　select ~을 선택하다　set up ~을 설치하다　initial 초기의, 처음의　generate ~을 생성하다, 만들어 내다　twelve-character 12개의 글자로 된　string 일련(번호)　letter 문자, 글자　should have p.p. ~했어야 했다　receipt 영수증　issue ~을 발급하다

168 Why does Ms. Farrell need assistance?

(A) She was not sent the software she purchased.
(B) She downloaded the wrong program.
(C) She deleted some necessary data.
(D) She cannot access a software program.

Farrell 씨는 왜 도움이 필요한가?

(A) 그녀가 구입한 소프트웨어를 받지 못했다.
(B) 그녀는 엉뚱한 프로그램을 다운로드했다.
(C) 그녀는 일부 필수 데이터를 삭제했다.
(D) 그녀는 소프트웨어 프로그램에 접속할 수 없다.

┤ 세부사항 | Why ├

Farrell 씨가 도움이 필요한 이유를 묻고 있으므로 Farrell 씨가 겪는 문제점과 관련된 내용을 찾아야 한다. 오전 9시 43분에 Farrell 씨는 Book Tracker 230 소프트웨어 프로그램을 구입한 사실을 언급하면서 '등록을 할 수 없다(I'm not able to sign in)'는 문제점을 알리고 있다. 따라서 소프트웨어 프로그램에 접속할 수 없다는 말로 이 상황을 표현한 (D)가 정답이다.

어휘 necessary 필수의　access ~에 접속하다

정답 (D)

169 At 9:48 A.M., what does Ms. Farrell most likely mean when she writes, "It's my first time using it"?

(A) She needs to restart her computer.
(B) She didn't create a password.
(C) She doesn't know her username.
(D) She cannot find a sign-in page.

오전 9시 48분에, Farrell 씨가 "It's my first time using it"이라고 썼을 때 의미하는 것은 무엇인가?

(A) 그녀는 그녀의 컴퓨터를 다시 시작해야 한다.
(B) 그녀는 비밀번호를 만들지 않았다.
(C) 그녀는 그녀의 사용자 이름을 알지 못한다.
(D) 그녀는 등록 페이지를 찾을 수 없다.

┤ 의도파악 ├

우선, "It's my first time using it"이라는 말을 그대로 해석해 보면 '이번이 처음 사용하는 것이다'라는 뜻이다. 이 말은 앞서 Turner 씨가 '소프트웨어를 설치할 때 선택한 비밀번호를 입력하라'고 알리는 것에 대한 대답으로 사용되었다. 그리고 바로 뒤이어 Turner 씨가 '직접 만든 비밀번호가 아닌 회사에서 초기에 생성한 비밀번호를 사용해야 한다(~ use the initial password that was generated by our company)'고 알리는 것으로 볼 때 Farrell 씨는 아직 이 소프트웨어를 설치하지 않은 상태여서 비밀번호도 만들지 않았다는 뜻으로 말한 것임을 알 수 있다. 따라서 (B)가 정답이다.

어휘 create ~을 만들다　username 사용자 이름

정답 (B)

170 What does Mr. Turner suggest about the welcome e-mail?

(A) It has instructions for changing the username.
(B) It will take a few days to arrive.
(C) It was sent separately from the receipt.
(D) It confirms the purchase price.

Turner 씨는 환영 이메일에 관해 무슨 말을 하는가?

(A) 사용자 이름을 변경하는 것에 대한 설명이 들어 있다.
(B) 도착하는 데 며칠 걸릴 것이다.
(C) 영수증과 별도로 발송되었다.
(D) 구매 가격을 확인해 준다.

┤ 추론 | 진위확인 ├

환영 이메일에 대한 내용은 9시 52분에 Turner 씨가 쓴 메시지에 제시되어 있다. '구매 영수증이 포함된 이메일을 받은 후에 따로 하나 더 이메일을 받았어야 하고 그게 환영 이메일이다(You should have been sent an e-mail with your purchase receipt, and then another one—the welcome e-mail)'라고 알리고 있다. 이는 두 개의 이메일이 따로 전달됨을 뜻하므로 (C)가 정답이다.

어휘 instruction 설명　separately 따로, 별도로　confirm ~을 확인해 주다

정답 (C)

171 Why is Ms. Farrell asked to stay in the chat?

(A) To confirm receipt of an e-mail
(B) To receive some warranty information
(C) To download another product
(D) To get a more detailed explanation

Farrell 씨는 왜 채팅 창에 남아 있도록 요청받는가?

(A) 이메일을 받았는지 확인해 주기 위해
(B) 품질 보증 관련 정보를 받기 위해
(C) 다른 제품을 다운로드하기 위해
(D) 더 자세한 설명을 듣기 위해

세부사항 | Why

채팅 창에 남아 있으라고 요청하는 말은 10시에 Turner 씨가 쓴 메시지에서 확인할 수 있다. 이 메시지에서 '채팅 창에 잠시 대기하고 있다가 이메일을 받으면 알려 달라(Please stay in the chat to let me know that you got it)'고 요청하고 있다. 여기서 말하는 it은 앞서 9시 57분에 Turner 씨가 이메일로 새로운 비밀번호를 발급해 주는 것(I can issue you a new one by e-mail)을 가리킨다. 따라서 해당 이메일을 받았는지 확인하기 위해 채팅 창에 남아 있도록 요청한 것이므로 (A)가 정답이다.

어휘 warranty 품질 보증 detailed 자세한 explanation 설명

정답 (A)

Questions 172-175 refer to the following letter. 172-175는 다음 편지를 참조하시오.

Standish Metals, Inc.
2020 Watson Road
Dublin

October 17

Daniel Hampton
Manager, 172 Hampton's Place
209 Burlington Avenue
Dublin

Dear Mr. Hampton,

173 I am writing this letter to thank you for hosting the award banquet for one of my colleagues on Friday, October 12. While I had never had the pleasure of frequenting your establishment, 173 it is one of the favorite spots of Mr. Roy Capers, who was being honored that night. 172 I really enjoyed the food there so much that I intend to visit your business sometime soon in the presence of my wife and some of our friends.

Of particular note was the degree of professionalism displayed by everyone on your staff. The servers were pleasant, and the chef was even kind enough to speak with us for a few moments.

Again, thank you very much for what turned out to be an extremely pleasant evening. 175 I anticipate contacting you again soon as we are trying to find a place to hold our year-end party this December.

Sincerely,

Ed Standish
173 CEO, Standish Metals, Inc.

172 What is Hampton's Place?

(A) A mining company
(B) A restaurant
(C) A caterer
(D) A cooking academy

정답 (B)

173 What is indicated about Mr. Capers?

(A) He has been promoted recently.
(B) He was celebrating his fifth year of employment.
(C) He secured a new contract for Standish Metals, Inc.
(D) He was recognized by Standish Metals, Inc.

Capers 씨에 대해 알 수 있는 것은 무엇인가?
(A) 그는 최근에 승진되었다.
(B) 그는 재직 5년째를 기념했다.
(C) 그는 Standish Metals, Inc.를 위해 새로운 계약을 땄다.
(D) 그는 Standish Metals, Inc.에 의해 인정을 받았다.

┤ 진위확인 | True ├

Capers라는 이름은 첫 번째 단락에 등장한다. 이 부분에서 Capers라는 사람에 대해 who was being honored라고 설명했는데, 이는 상을 받았다는 의미이므로 이와 유사한 의미를 나타내는 was recognized(인정 받았다)가 쓰인 (D)가 정답이다.

어휘 secure ~을 확보하다 contract 계약 recognize ~을 인정하다

정답 (D)

174 The word "degree" in paragraph 2, line 1, is closest in meaning to

(A) level
(B) type
(C) appearance
(D) expectation

두 번째 단락, 첫 번째 줄의 단어 "degree"와 의미가 가장 가까운 것은 무엇인가?
(A) 수준
(B) 종류
(C) 외관
(D) 기대

┤ 동의어 | 명사 ├

해당 단어가 쓰인 문장은 직원들이 보여준 전문성의 '수준이나 정도'를 의미하므로 이와 유사한 의미를 지니는 (A) level(수준)이 정답이다.

정답 (A)

175 What does Mr. Standish imply in his letter?

(A) He thought the prices at Hampton's Place were a bit too expensive.
(B) He learned about Hampton's Place from one of his friends.
(C) He expects to do business with Hampton's Place in the future.
(D) He hopes that Mr. Hampton will respond quickly to his letter.

Standish 씨가 편지에서 암시하는 것은 무엇인가?
(A) 그는 Hampton's Place의 가격이 너무 비싸다고 생각했다.
(B) 그는 자신의 친구들 중의 한 명을 통해 Hampton's Place에 대해 알게 되었다.
(C) 그는 Hampton's Place와 앞으로 거래를 할 것으로 기대하고 있다.
(D) 그는 Hampton 씨가 자신의 편지에 빨리 답변하기를 바란다.

┤ 추론 | 진위확인 ├

Hampton's Place의 음식에 깊은 인상을 받은 Standish 씨는 마지막 단락에서 앞으로 있을 다른 행사를 위해 곧 연락을 하고자 한다고 말하고 있으므로 이를 '앞으로의 거래'로 바꿔 표현한 (C)가 정답이다.

어휘 a bit 조금, 약간 do business with ~와 거래하다 respond to ~에 대답[응답]하다

정답 (C)

Questions 176-180 refer to the following schedules and Web page.

The Ninth Annual Marketing Conference
The Rocky Point Hotel
Presentation Schedule

10:00 A.M. How Can I Use Social Media to Market My Product?
Persephone Jones of Tillis Media will speak about the best ways to make use of social media to spread the word about products to customers as well as potential advertisers. She will analyze several recent attempts to use social media that were successful.

178 11:30 A.M. Getting the Most out of Your Advertising Budget
176, 178 Shamus O'Conner, a manager at Watson Advertising, will discuss ways that marketing managers with limited funds can make the most of them. He will present two case studies of instances in which advertising budgets were well spent.

179 1:30 P.M. Surveys: Are They Useful?
179 This panel discussion, which will feature Jessica Wilder of Kilburn Advertising, Mark Lemay of Sanderson, Inc., and Mary Harper of Green Media, will provide insights on surveys and how they can best be used.

4:00 P.M. Marketing through Print Media
Karl Jesse, a marketing professor at Central University, will speak about the advantages and disadvantages of marketing goods and services through print media. 177 Professor Jesse is a proponent of using the print media so he will present several ideas as to why print media shouldn't be avoided solely to focus on the Internet.

The Ninth Annual Marketing Conference Attendee Feedback

I work for a small company that doesn't really think that much about marketing. In fact, we have a limited amount of funds that I can spend, so 180 I need to work hard and stay occupied to make the money go as far as possible. 178 In the session that I attended, I learned some great ways to make every dollar count, and I'll be sure to use them in the future.
176, 180 Tammy Howell, posted July 19, 9:14 A.M.

179 Even though I made sure to be on time for all the sessions I attended, I couldn't always find a seat. That was especially true for

the panel discussion. More than half of the people in attendance were standing against the walls or in the aisles. The Rocky Point Hotel needed to put these events into larger rooms. Or the organizers need to move to a different venue next year.
Joe Buckley, posted July 20, 4:55 P.M.

180 Sadly, I only made it to the last session of the day since my schedule was full of meetings with clients for most of the day. I loved the ideas that Professor Jesse proposed. They made me think about print media, which I have mostly ignored during the past few years.
180 *Naomi Watkins, posted July 20, 6:33 P.M.*

Your comments are welcome. Please submit one.
Name:
Comment:

어휘 in fact 사실, 실은   amount 액수, 수량   occupied 바쁜   go far 잘 되다, 성공하다   make A count A를 소중히 여기다   be sure to do 꼭 ~하다 (= make sure to do)   especially 특히   in attendance 참석한   organizer 주최자, 조직자   venue 장소   make it to ~로 가다   be full of ~로 가득하다   ignore ~을 무시하다   comment 의견   submit ~을 제출하다

---

176 What was the topic of Mr. O'Conner's presentation?

(A) The efficient use of money
(B) The advantages of social media
(C) How to raise funds for advertisements
(D) The best ways to utilize surveys

> **세부사항 | What**
> O'Conner 씨의 이름은 첫 지문의 두 번째 단락에서 찾을 수 있다. 자금을 최대로 활용하는 방법에 대해 발표한다고 되어 있으므로 이를 '효율적인 자금 사용'으로 표현한 (A)가 정답이다.
> **어휘** efficient 효율적인   raise ~을 올리다, 마련하다   utilize ~을 활용하다
> 정답 (A)

177 What is mentioned about Professor Jesse?

(A) He used to work as a newspaper reporter.
(B) He is unfamiliar with how to market products on the Internet.
(C) He gives a presentation at the conference every year.
(D) He supports marketing efforts in newspapers and magazines.

> **진위확인 | True**
> Jesse 교수의 이름은 첫 지문의 마지막 단락에 제시되어 있다. 여기서 Jesse 교수는 인쇄 매체를 옹호하는 사람(proponent)이라고 했으므로 인쇄 매체를 '신문과 잡지'로 바꿔 표현한 (D)가 정답이다.
> **어휘** used to do ~하곤 했다   unfamiliar with ~에 익숙하지 않은   support ~을 지지하다   effort 노력
> 정답 (D)

178 At what time did Ms. Howell participate in a presentation?

(A) At 10:00 A.M.
(B) At 11:30 A.M.
(C) At 1:30 P.M.
(D) At 4:00 P.M.

Howell 씨는 언제 발표회에 참석했는가?

(A) 오전 10:00
(B) 오전 11:30
(C) 오후 1:30
(D) 오후 4:00

─┤ 연계문제 | 세부사항 ├─

Howell 씨의 이름이 제시되는 곳은 두 번째 지문의 첫 단락이다. 여기서 Howell 씨는 참석했던 시간에 배운 자금 활용 방법을 이용해 볼 것이라고 말하고 있는데, 첫 지문에서 이를 주제로 한 행사는 오전 11시 30분에 있었던 '광고 예산을 최대로 활용하기'이므로 (B)가 정답이다.

정답 (B)

179 What presentation most likely attracted the most individuals?

(A) How Can I Use Social Media to Market My Product?
(B) Getting the Most out of Your Advertising Budget
(C) Surveys: Are They Useful?
(D) Marketing through Print Media

어느 발표가 가장 많은 사람들을 끌어모았을 것 같은가?

(A) 제품을 마케팅하기 위해 어떻게 소셜 미디어를 이용할 수 있는가?
(B) 광고 예산을 최대로 활용하기
(C) 설문 조사: 유용한 것인가?
(D) 인쇄 매체를 통한 마케팅

─┤ 연계문제 | 추론 ├─

많은 사람이 참석한 콘퍼런스에 대한 내용은 두 번째 지문의 둘째 단락에 언급되어 있다. 자신이 참석한 행사마다 자리를 찾을 수 없었다고 말하고 있으며, 특히 패널 토론회가 그랬다고 알리고 있는데, 첫 지문을 보면, 패널 토론회 형식의 행사는 세 번째 단락의 '설문 조사: 유용한 것인가?'이므로 (C)가 정답이다.

어휘 attract ~을 끌어들이다   survey 조사   print media 인쇄 매체

정답 (C)

180 How are Ms. Howell and Ms. Watkins alike?

(A) They work at advertising firms.
(B) They live and work in the same city.
(C) They are both busy at work.
(D) Their companies are small firms.

Howell 씨와 Watkins 씨는 어떻게 비슷한가?

(A) 광고 회사에서 일한다.
(B) 같은 도시에서 생활하며 일한다.
(C) 두 사람 모두 일로 바쁘다.
(D) 소속 회사가 작은 회사이다.

─┤ 세부사항 | How ├─

Howell 씨와 Watkins 씨는 두 번째 지문의 첫 단락과 세 번째 단락에 제시된 의견을 쓴 사람들이다. 두 사람이 쓴 글을 읽어보면, 두 사람은 각각 work hard and stay occupied와 my schedule was full of meetings with clients라는 말로 일 때문에 매우 바쁘다고 말하고 있으므로 (C)가 정답이다.

어휘 advertising 광고   firm 회사

정답 (C)

Questions 181-185 refer to the following article and letter.

The Saratoga Daily
185 August 30
Place to Eat: Jimmy's Lakehouse
185 Reviewed by Daniel Simon

Jimmy's Lakehouse has been the talk of the town 185 since it opened this month. The restaurant is located at 65 Patterson Lane and overlooks Lake Hamilton. Despite its closeness to the water, 181 the restaurant is very close to both the tourist and business district, so it is in a prime location. Diners particularly approve of the spacious parking lot, which means they don't have to waste any time looking for parking spots in the area.

After being seated, my party and I enjoyed looking through the menu. 183 It was unusually extensive for a medium-sized restaurant so we decided to settle on the buffet in order to sample a bit of everything. Unsurprisingly, the fish, especially the salmon, was cooked to perfection. The fried chicken and beef tenderloin were delicious. The numerous vegetable dishes were filled with fresh, colorful foods. Despite the relatively low price, the food was of high quality, which was a pleasant surprise. The wine list was also nice and featured plenty of outstanding wines at affordable prices.

The only drawback was the wait time. We failed to make reservations, so we had to wait more than one hour to get seated. We simply had to wait in the lobby at the front until our table was ready, which was something a couple of members of my party complained about. 185 The owner of the restaurant, however, indicated to me that this wouldn't be a problem much longer.

Jimmy's Lakehouse is open every day of the week from 5:00 P.M. to 11:00 P.M. It is definitely a restaurant you should visit. Just be sure to make a reservation by calling 904-2900 before you go.

The Saratoga Daily
Letter to the Editor
September 3

To the Editor,

We at Jimmy's Lakehouse were pleased to read your August 30 review of our restaurant. We are proud of the food we serve to our customers as well as the fact that we do not charge prices too high.

184 However, I would like to point out one thing. The article mentioned that the reviewer had to wait a long time to be seated. I would like to let you know that we are in the process of expanding our restaurant so that it will have 30% more seats than it does now. 184 So as of September 20, we anticipate that our guests will have much shorter waiting times once they arrive even if they don't have a reservation.

Sincerely,

185 Tim Morrow
Owner, Jimmy's Lakehouse

저희 Jimmy's Lakehouse는 8월 30일에 작성된 저희 레스토랑의 방문기를 읽고 기뻤습니다. 저희는 음식 가격이 너무 높지 않다는 사실뿐만 아니라 손님들에게 제공하는 음식에 대해서도 자랑스럽게 생각합니다.

184 하지만, 한 가지 짚고 넘어가고 싶은 것이 있습니다. 이 기사에서 작성자가 자리에 앉기까지 오랫동안 기다려야 했다고 언급하셨습니다. 저는 저희 레스토랑이 확장 공사를 진행하는 과정에 있기 때문에 현재보다 30퍼센트 더 많은 좌석을 확보하게 될 것이라는 점을 알려 드리고 싶습니다. 184 따라서 9월 20일부로, 저희 레스토랑은 손님들이 예약을 하지 않더라도 일단 도착하면 훨씬 더 짧게 대기하실 것으로 기대하고 있습니다.

안녕히 계십시오.

185 Tim Morrow
사장, Jimmy's Lakehouse

어휘 be pleased to do ~해서 기쁘다 be proud of ~을 자랑스러워 하다 the fact that ~라는 사실 charge ~을 청구하다 point out ~을 지적하다 mention that ~라고 언급하다 in the process of ~하는 과정에 있는 expand ~을 확장하다 as of ~부로, ~부터 anticipate that ~임을 기대하다 once 일단 ~하면 even if ~라 하더라도

181 What is mentioned about Jimmy's Lakehouse?

(A) It is not particularly new.
(B) It has lots of expensive menus.
(C) It is located near commercial buildings.
(D) It takes a long time to prepare food.

Jimmy's Lakehouse에 관해 언급된 것은 무엇인가?

(A) 특별히 새롭지는 않다.
(B) 비싼 음식들이 많이 있다.
(C) 상업용 건물들이 있는 곳과 가깝다.
(D) 음식을 조리하는 데 시간이 오래 걸린다.

진위확인 | True

Jimmy's Lakehouse에 관한 내용을 묻는 문제이므로 보기의 내용을 확인한 후에 관련 정보를 지문에서 찾아 비교해야 한다. 첫 지문의 첫 단락에서 상업 지구(business district)와 가깝다고 했으므로 이에 대해 언급한 (C)가 정답이다.

어휘 particularly 특별히 commercial 상업의 prepare ~을 준비하다

정답 (C)

182 In the article, the word "prime" in paragraph 1, line 3, is closest in meaning to

(A) ideal
(B) acceptable
(C) relevant
(D) nearby

기사에서, 첫 번째 단락, 세 번째 줄의 단어 "prime"과 의미가 가장 가까운 것은 무엇인가?

(A) 이상적인
(B) 받아들일 수 있는
(C) 관련된
(D) 가까운

동의어 | 형용사

prime이 쓰인 문장을 읽어 보면, 호수와 가깝기도 하고 여행지 및 상업 지구와 가까운 곳에 위치해 있다고 쓰여 있으므로 아주 좋은 곳에 위치한 식당이라는 것을 알 수 있다. 따라서 이때의 prime은 '최고의, 뛰어난'이라는 뜻으로 쓰였으므로 이와 유사한 의미인 '이상적인'이라는 의미로 쓰이는 (A) ideal이 정답이다.

정답 (A)

183 What aspect of the restaurant does the reviewer find uncommon?

(A) The amount of food
(B) The size of the place
(C) The choices of dishes
(D) The number of customers

기사 작성자는 레스토랑의 어떤 측면이 흔치 않다고 생각하는가?

(A) 음식의 양
(B) 장소의 크기
(C) 음식의 선택 사항들
(D) 고객들의 숫자

┤ 세부사항 │ What ├

질문의 uncommon이 키워드이다. 이와 유사한 의미의 표현으로 첫 지문의 두 번째 단락에서 unusually extensive가 쓰였는데, 여기서 언급하는 아주 특별한 점은 메뉴의 다양함이므로 (C)가 정답이다.

어휘 uncommon 흔하지 않은, 드문

정답 (C)

184 Why was the letter sent?

(A) To provide some updates
(B) To correct an error
(C) To apologize for a mistake
(D) To mention a new menu item

편지는 왜 보내졌는가?

(A) 최신 정보를 제공하기 위해
(B) 실수를 수정하기 위해
(C) 실수에 대해 사과하기 위해
(D) 새로운 메뉴를 언급하기 위해

┤ 주제/목적 │ 목적 ├

편지의 두 번째 단락에서 편지를 쓴 이유를 찾아볼 수 있다. 자신이 짚고 넘어가고 싶은(point out) 것이 있다고 밝힌 후에, 첫 지문에서 언급된 문제점(긴 대기 시간)이 개선될 것임을 단락 마지막 부분에서 알리고 있으므로 이를 '최신 정보 제공'으로 간단히 바꿔 표현한 (A)가 정답이다.

어휘 correct 수정[정정]하다 apologize for ~에 대해 사과하다

정답 (A)

185 When did Mr. Morrow talk to Mr. Simon?

(A) In July
(B) In August
(C) In September
(D) In October

Morrow 씨는 언제 Simon 씨와 이야기했는가?

(A) 7월에
(B) 8월에
(C) 9월에
(D) 10월에

┤ 연계문제 │ 세부사항 ├

Morrow 씨는 두 번째 지문인 편지를 쓴 사람으로 Jimmy's Lakehouse의 사장이며, Simon 씨는 첫 번째 지문인 방문 후기를 쓴 사람이다. 두 사람이 이야기를 했다는 것에 대해서는 첫 지문의 세 번째 단락에 쓰인 'The owner of the restaurant, however, indicated to me ~' 부분을 통해 확인할 수 있는데, 이 지문의 시작 부분을 보면 '이 달에 문을 열었다(opened this month)'라고 되어 있고 작성 날짜가 August 30이므로 방문 시기 및 이야기를 나눈 때는 8월임을 알 수 있다. 따라서 (B)가 정답이다.

정답 (B)

Questions1 86-190 refer to the following advertisement, form, and online review. 186-190은 다음 광고와 양식, 그리고 온라인 후기를 참조하시오.

Pyramid Security Systems

You've worked hard to build a business, and at Pyramid Security Systems, we work hard to protect that business. Whatever your business' needs, we can find a solution that works for you. **186-C We offer a complimentary 30-day trial** so you can make sure our services are a good fit. In addition, **186-A our equipment doesn't leave holes in the walls, like many other systems do.** This is perfect for those renting their business space. Call us today at 1-800-555-9778 **186-D to speak with one of our agents, who can suggest the best way to move forward.** Or complete the Contact Us form at www.pyramidsecsys.com. Check out our standard packages below.

Package Type	Number of Cameras	Motion Sensor Lights	Digital Recording	Emergency Response
Starter	2	2		
Pyramid-Pro	3-5	4	✔	
190 Pyramid-Premium	6-9	6	✔	✔
All-Inclusive	10+	8	✔	✔

어휘 build a business 사업체를 설립하다 solution 해결책 work for ~에 알맞다 complimentary 무료의 trial 시범 운영 make sure (that) 반드시 ~하다, ~하는 것을 확실히 하다 in addition 추가로 equipment 장비 leave ~을 남기다 rent ~을 임대하다 agent 직원 suggest ~을 제안하다 move forward 앞으로 나아가다, 발전하다 complete ~을 작성하다 form 양식 below 아래에 motion sensor 동작 감지 센서 emergency 긴급 상황 response 반응, 대처 all-inclusive 전부 포함된

---

https://www.pyramidsecsys.com/contactus

Pyramid Security Systems: Contact Us

Name: Sharon Wenzel   Date: July 24

Summary of your inquiry: **187 I heard about you through Carl O'Connor, a friend of mine who uses your services for his bakery in Bonner City. I understand that your headquarters is in Stevensville. I'm also operating there,** so I think it would be convenient to set up an initial meeting. I'm interested in security services for my eye clinic. My problem is that while I'm giving examinations, my receptionist is sometimes in the back room repairing glasses, or in our display area helping customers select frames. **188 When both of us are busy, it means that some areas of the property are left unattended.** I'd like to find out more about what you offer. Thanks.

어휘 summary 요약(본) inquiry 문의 understand that ~임을 알다 headquarters 본사 operate (업체를) 운영하다 convenient 편리한

set up ~을 정하다, 준비하다   initial 최초의   be interested in ~에 관심이 있다   eye clinic 안과 병원   give an examination 진찰하다
receptionist 접수 담당 직원   repair ~을 수리하다   display 진열, 전시   select ~을 고르다   property 건물, 부지   be left unattended 방치된 채로 남겨지다   find out more about ~에 관해 더 많은 것을 알아보다

---

https://www.pyramidsecsys.com/testimonials

I had Pyramid Security Systems install cameras at my business about two months ago. 190 I originally had one camera each in my waiting room, main hallway, display area, and reception desk. After a few weeks, I decided to add a camera outside and in my personal office. I am pleased with the high level of customer service, and I like the digital recording feature, which allows me to back up the footage on my computer easily and store it for later. In addition, 187 I received a 10% discount for being a locally owned business. I would highly recommend Pyramid Security Systems to any small business owner.

–Sharon Wenzel

---

https://www.pyramidsecsys.com/testimonials

저는 약 2개월 전에 Pyramid Security Systems에 의뢰해 제 업체에 카메라를 설치했습니다. 190 원래는 대기실과 중앙 복도, 진열 공간, 그리고 접수 데스크에 각각 카메라가 하나씩 있었습니다. 몇 주 후에, 제 개인 사무실 내부와 바깥에 카메라를 추가하기로 결정했습니다. 저는 높은 수준의 고객 서비스에 만족하고 있으며, 디지털 녹화 기능이 마음에 드는데, 제 컴퓨터에 동영상을 쉽게 백업할 수 있어서 나중을 위해 저장할 수 있게 해 주기 때문입니다. 게다가, 187 지역 내에 위치한 업체인 관계로 10퍼센트의 할인도 받았습니다. 저는 어느 소규모 업체 소유주에게든지 Pyramid Security Systems를 적극 추천해 드리고 싶습니다.

- Sharon Wenzel

어휘 have A V A가 ~하게 하다   install ~을 설치하다   originally 애초에, 원래   decide to do ~하기로 결정하다   be pleased with ~에 만족하다   feature 특징, 기능   allow A to do A가 ~할 수 있게 하다   footage 동영상   easily 쉽게   store ~을 저장하다   receive ~을 받다   locally owned 지역에 속해 있는   highly recommend ~을 적극 추천하다   small business 소규모 업체

---

186 What is NOT indicated about Pyramid Security Systems?

(A) Its products do not cause damage to walls.
(B) Its prices are lower than those of its competitors.
(C) Its services can be used free for a limited time.
(D) Its agents can make recommendations to clients.

Pyramid Security Systems에 관해 알 수 있는 내용이 아닌 것은 무엇인가?

(A) 제품이 벽에 손상을 초래하지 않는다.
(B) 가격이 경쟁사들보다 더 저렴하다.
(C) 제한된 기간 동안 서비스가 무료로 이용될 수 있다.
(D) 직원들이 고객들에게 추천해 줄 수 있다.

진위확인 | NOT true

첫 지문의 중간 부분에서, '장비가 벽에 구멍을 남기지 않는다(our equipment doesn't leave holes in the walls)'고 했으므로 (A)는 맞는 내용이다. 또한 '30일 무료 체험을 제공한다(We offer a complimentary 30-day trial)'고 했으므로 (C)도 맞는 내용이며, '직원들 중 한 명과 말씀을 나누시면, 더 잘될 수 있는 방법을 제안해 준다(~ to speak with one of our agents, who can suggest the best way to move forward)'고 했으므로 (D)도 맞는 내용이다. 하지만 가격이 더 저렴하다는 내용은 제시되어 있지 않으므로 (B)가 정답이다.

어휘 damage 손상, 피해   compotitor 경쟁자, 경쟁사   limited 제한된   agent 대리인

정답 (B)

---

187 What is implied about Mr. O'Connor?

(A) He is not eligible for a discount.
(B) He supplies eyeglasses to Ms. Wenzel.
(C) He used to work for Pyramid Security Systems.
(D) He will move his business to Stevensville.

O'Connor 씨에 관해 유추할 수 있는 것은 무엇인가?

(A) 할인을 받을 자격이 없다.
(B) Wenzel 씨에게 안경을 납품한다.
(C) Pyramid Security Systems에서 근무했다.
(D) 자신의 업체를 Stevensville로 옮길 것이다.

| 연계문제 | 추론 |

O'Connor 씨의 이름은 두 번째 지문의 시작 부분에 언급되어 있는데, 'Wenzel 씨의 친구이자 Bonner City에서 제과점을 한다(~ Carl O'Connor, a friend of mine who uses your services for his bakery in Bonner City)'고 쓰여 있다. 뒤이어 Wenzel 씨는 Pyramid Security Systems가 Stevensville에 있다는 말과 함께, '자신도 같은 지역에서 업체를 운영한다(~ your headquarters is in Stevensville. I'm also operating there)'고 했으며, 세 번째 지문의 하단에서, Wenzel 씨는 '지역 내에 위치한 업체인 관계로 10퍼센트의 할인도 받았다(In addition, I received a 10% discount for being a locally owned business)'고 하였다. 따라서 다른 지역(Bonner City)에 위치한 O'Connor 씨는 할인을 받지 못했을 것임을 유추할 수 있다. 그러므로 이에 대해 언급한 (A)가 정답이다.

어휘 eligible for ~의 자격이 있는   supply ~을 공급하다

정답 (A)

188 What does Ms. Wenzel suggest about her business?

(A) It needs a new receptionist.
(B) It provides free eye exams.
(C) It recently had a security issue.
(D) It has a very small staff.

Wenzel 씨는 그녀의 업체에 관해 무엇을 암시하는가?

(A) 새로운 접수 담당 직원을 필요로 한다.
(B) 무료 시력 검사를 제공한다.
(C) 최근에 보안 관련 문제가 있었다.
(D) 매우 적은 규모의 직원을 보유하고 있다.

| 추론 | 진위확인 |

Wenzel 씨가 작성한 문의 내용인 두 번째 지문의 하단에서, '두 사람이 모두 바쁠 때는 병원 내 일부 구역이 방치된 상태가 된다(When both of us are busy, it means that some areas of the property are left unattended)'고 했으므로 인원이 매우 적은 소규모 병원에서 일하고 있다는 것을 알 수 있다. 따라서 (D)가 정답이다.

어휘 eye exam 시력 검사   security 보안

정답 (D)

189 In the form, the word "unattended" in paragraph 1, line 7, is closest in meaning to

(A) lonely
(B) avoided
(C) unfurnished
(D) empty

양식에서, 첫 번째 단락, 일곱 번째 줄의 단어 "unattended"와 의미가 가장 가까운 것은 무엇인가?

(A) 외로운
(B) 회피된
(C) 가구가 갖춰지지 않은
(D) 비어 있는

| 동의어 | 형용사 |

'unattended'가 포함된 that절은 두 사람이 모두 바쁠 때 '병원 내 일부 공간(some areas of the property)'이 어떤 상태가 되는지를 나타낸다. 두 번째 지문이 보안 카메라를 설치하기 위해 문의하는 내용을 담고 있다는 점을 고려하면, 해당 공간들은 직접 관리하거나 감시할 수 없는 상태가 된다는 것을 나타내기 위해 'unattended'라는 단어가 사용되었음을 알 수 있다. 따라서 '비어 있는'이라는 의미로 쓰이는 (D)가 정답이다.

정답 (D)

190 Which security package is Ms. Wenzel currently using?

(A) Starter
(B) Pyramid-Pro
(C) Pyramid-Premium
(D) All-Inclusive

Wenzel 씨는 현재 어느 보안 패키지를 이용하고 있는가?

(A) Starter
(B) Pyramid-Pro
(C) Pyramid-Premium
(D) 전체 포함

| 연계문제 | 세부사항 |

Wenzel 씨의 이용 후기인 세 번째 지문의 시작 부분에서 '원래는 대기실과 중앙 복도, 진열 공간, 그리고 접수 데스크에 각각 카메라가 하나씩 있었고, 몇 주 후에 개인 사무실 내부와 바깥에 카메라를 추가하기로 결정했다(I originally had one camera each in my waiting room, main hallway, display area, and reception desk. After a few weeks, I decided to add a camera outside and in my personal office)'고 되어 있다. 따라서 총 6대의 카메라를 설치했음을 알 수 있으며, 첫 번째 지문의 도표에서 카메라 수가 '6-9'로 표기된 패키지가 Pyramid-Premium이므로 (C)가 정답이다.

정답 (C)

Questions 191-195 refer to the following Web page and e-mails.

---

www.cleanwatersymposium.co.uk/about

| HOME | ABOUT | SPEAKERS | BOOTHS | REGISTER |

The Clear Water Symposium is an annual event held in the UK to discuss water issues facing our growing world population. **191** Due to the symposium's popularity, this year's event will be held at the Valle Complex, which can accommodate a much larger crowd than last year's venue.

Below you can find just a few of the activities that will be available. Visit the Speakers and Booths pages for a complete list.

– Keynote speech by Dr. Sheng Kang, founder of the Water United Foundation
– Question-and-answer session with Member of Parliament Kieran Harper
– **193** Craft activity directed by Professor Lauren Wilkinson of Stokes University: building your own water filter
– Field trip led by Jodie Mellor, President of the National Environmental Association: guided tour of St. Ives Bay

---

To: Elizabeth Palmer <e.palmer@eil1.co.uk>
192, 193 From: Curtis Volk <c.volk@eil1.co.uk>
Date: March 18
Subject: Clear Water Symposium

Dear Ms. Palmer,

My time at the Clear Water Symposium has been well spent, and I think it was a great idea sending me here. I'm learning a lot of valuable information that I believe will be of interest to **192** our subscribers. I had the opportunity to meet Kieran Harper after his appearance. In addition, I got some excellent photos during the bay tour. **193** The most enjoyable activity by far, which was educational as well, was creating a water filter out of items normally found in nature. This is something that people could also try at home, so I might include step-by-step instructions **192** in my article.

195 Tomorrow I will watch a demonstration of a solar-powered water pump, and I've already arranged an interview with the inventor. I'll spend the rest of my time talking to representatives at the various booths.

Talk to you soon,

Curtis

---

195 To: Amil Kota <kotaamil@atwmail.com>
From: Curtis Volk <c.volk@eil1.co.uk>
Date: March 20
Subject: Thank you!

Dear Mr. Kota,

195 I just wanted to thank you once again for taking the time to meet with me after your demonstration yesterday. It was fascinating to hear your insights into solutions for the world's water crisis. If you provide me with your mailing address, I can send you a copy of the edition in which you will appear.

Warmest regards,

Curtis Volk

---

191 According to the Web page, what is true about this year's Clear Water Symposium?

(A) It will be held in a different location.
(B) Some of its speakers will give multiple talks.
(C) Its admission fee has been increased.
(D) It will last for three days in total.

정답 (A)

192 Who most likely is Mr. Volk?

(A) A magazine publisher
(B) A photographer
(C) A journalist
(D) A business owner

> **추론 | 세부사항**
> Volk 씨는 두 이메일의 작성자인데, 첫 번째 이메일 첫 단락의 '우리 구독자들(our subscribers)'이라는 말과 첫 단락 끝 부분의 '제 기사(in my article)'와 같은 말로 보아 기사를 작성하는 기자임을 알 수 있다. 따라서 (C)가 정답이다.
>
> 정답 (C)

193 Whose activity does Mr. Volk say he liked most?

(A) Dr. Kang's
(B) Mr. Harper's
(C) Ms. Wilkinson's
(D) Ms. Mellor's

Volk 씨는 누구의 활동이 가장 마음에 들었다고 말하는가?

(A) Kang 박사의 활동
(B) Harper 씨의 활동
(C) Wilkinson 씨의 활동
(D) Mellor 씨의 활동

> **연계문제 | 세부사항**
> Volk 씨가 가장 마음에 들어 했던 활동에 대한 정보는 두 번째 지문 첫 단락에서 우선 찾아볼 수 있다. 여기서 '정수기 필터를 만드는 일이 가장 즐거웠다(The most enjoyable activity by far, which was educational as well, was creating a water filter ~)'고 했는데, 첫 지문에서 이 활동은 Lauren Wilkinson 교수가 진행하는 것으로 나와 있으므로 (C)가 정답이다.
>
> 정답 (C)

194 In the first e-mail, the word "rest" in paragraph 2, line 2, is closest in meaning to

(A) support
(B) remainder
(C) break
(D) assignment

첫 번째 이메일에서, 두 번째 단락, 두 번째 줄의 단어 "rest"와 의미가 가장 가까운 것은 무엇인가?

(A) 지지, 후원
(B) 나머지
(C) 휴식
(D) 과제, 임무

> **동의어 | 명사**
> rest가 포함된 문장은, 앞서 Volk 씨가 심포지엄에서 경험했던 일들을 자세히 설명한 뒤에 이어지는 내용으로, 남은 시간 동안 자신이 할 일을 알리고 있으므로 '나머지'라는 의미로 쓰이는 (B) remainder가 정답이다.
>
> 정답 (B)

195 What is suggested about Mr. Kota?

(A) He invented a device.
(B) He has recently moved.
(C) He left the symposium early.
(D) He is Mr. Volk's coworker.

Kota 씨에 관해 알 수 있는 것은 무엇인가?

(A) 장치를 발명했다.
(B) 최근에 이사했다.
(C) 심포지엄 장소를 일찍 떠났다.
(D) Volk 씨의 동료 직원이다.

> **연계문제 | 추론**
> Kota 씨의 이름은 두 번째 이메일 상단의 수신자 정보에서 확인할 수 있으며, 여기서 Volk 씨는 Kota 씨에게 '시연회가 끝나고 만난 것에 대해 감사하다(I just wanted to thank you once again for taking the time to meet with me after your demonstration yesterday)'고 하였다. 시연회 정보가 쓰여 있는 첫 번째 이메일의 두 번째 단락에서 '태양열 양수기를 발명한 사람과 인터뷰를 한다(I've already arranged an interview with the inventor)'고 되어 있으므로 Kota 씨가 그 발명가임을 알 수 있다. 따라서 (A)가 정답이다.
>
> **어휘** invent ~을 발명하다 device 장비, 장치
>
> 정답 (A)

Questions 196-200 refer to the following report, e-mail, and article.

Workplace Injury Report

As requested by Everest Manufacturing, Ashford Automotive Consulting (AAC) carried out a review of the company's workplace safety record. **196** Because many minor injuries are not formally reported, AAC developed a questionnaire to gather precise details about what is happening at the plant. These were distributed to shift managers, who are believed to be the best source of information on these matters.

197 The survey was conducted from August 15 to 28 at the Elmhurst, St. Charles, and Pine Valley branches of Everest Manufacturing. Based on the initial findings, three main areas of improvement were identified. These were injuries caused by the misuse of production equipment or failure to wear the required safety gear, injuries caused by either malfunctioning machinery that had worn or incorrectly installed components, and injuries caused by falling on slippery surfaces or off ladders and other high places. AAC will submit recommendations for resolving these issues.

To: Jin Ni <jin.ni@everestmfg.com>
From: Alex Vinson <alex.vinson@everestmfg.com>
Date: September 20
Subject: AAC Report

Dear Ms. Ni,

198 I am in complete agreement with AAC's advice to change our equipment training from annually to every six months. To carry out this task without having production delays, employees will have to be paid overtime so that they can attend sessions outside their normal work schedules. It will be no problem to secure the funding for this, as it is essential not only to the safety of our employees but also to the company's ability to pass governmental inspections. **200** The next inspection is scheduled for October 27, so I hope we can take action before that time.

Thanks,

Alex Vinson

어휘 in complete agreement with ~에 전적으로 동의하는 annually 연례적으로, 해마다 task 일, 업무 delay 지연, 지체 be paid overtime 초과 근무 수당을 받다 attend ~에 참석하다 session (특정 활동을 위한) 시간 secure ~을 확보하다 funding 자금, 기금 essential 필수의 not only A but also B A뿐만 아니라 B도 ability 능력 governmental 정부의 inspection 점검, 조사 be scheduled for ~로 예정되다 take action 조치를 취하다

Everest Manufacturing Newsletter
Pine Valley Branch, Vol. 127

Everest Manufacturing 사보
Pine Valley 지사, 127호

Mandatory Workshop for All Staff

전 직원을 대상으로 하는 의무 워크숍

Workers at Everest Manufacturing will undergo safety training this month following recommendations by Ashford Automotive Consulting (AAC). **197** In addition to AAC's original surveys in August, two more Everest Manufacturing sites—Beachville and Wright City—were reviewed by the consultancy firm. It was found that further safety training was needed. **200** The first workshop to address this issue will be held on October 20 and will be conducted by Alex Vinson. Those who are unable to attend the workshop should speak to their immediate supervisor for further instructions.

우리 Everest Manufacturing의 직원들은 Ashford Automotive Consulting(AAC)의 권고에 따라 이번 달에 안전 교육을 받을 것입니다. **197** AAC에서 8월에 실시한 초기의 설문 조사들 외에도, 두 곳의 Everest Manufacturing의 지점들(Beachville과 Wright City)이 해당 컨설팅 회사의 점검을 받았습니다. 추가 안전 교육이 필요한 것으로 밝혀졌습니다. **200** 이 문제를 해결하기 위한 첫 워크숍이 10월 20일에 열릴 것이며, Alex Vinson 씨께서 진행하실 예정입니다. 이번 워크숍에 참석하실 수 없는 분들은 추가 지시 사항을 들을 수 있도록 각자의 직속 상사에게 알려야 합니다.

어휘 mandatory 의무인 undergo (테스트 등) ~을 받다, 거치다 following ~에 따라, ~후에 in addition to ~외에도 consultancy 컨설팅, 자문 It is found that ~임이 밝혀지다 further 추가의 address ~을 해결하다 be held on ~에 열리다 be unable to do ~할 수 없다 immediate supervisor 직속 상사 instructions 지시, 안내, 설명

196 Why was a survey given to shift managers?

(A) To request feedback about a new process
(B) To get accurate information about incidents
(C) To identify employees who should be promoted
(D) To look for ways to reduce operating costs

교대 근무 책임자들에게 왜 설문지가 주어졌는가?

(A) 새로운 절차에 관한 의견을 요청하기 위해
(B) 사고에 관한 정확한 정보를 얻기 위해
(C) 승진되어야 하는 직원들을 확인하기 위해
(D) 운영비를 줄이기 위한 방법을 찾기 위해

세부사항 | Why

첫 지문의 첫 번째 단락에서, '공장 내에서 발생되는 일에 관한 정확한 상세 자료를 수집하기 위해(to gather precise details about what is happening at the plant)' 설문지를 만들었고, 이 설문지가 이 사안에 관한 정보를 얻을 수 있는 가장 좋은 출처로 여겨지는 '교대 근무 책임자들에게 배부되었다(These were distributed to shift managers)'고 쓰여 있다. 따라서 사고 사례와 관련해 정확한 정보를 얻기 위한 조치로 생각할 수 있으므로 (B)가 정답이다.

어휘 accurate 정확한 incident 사고 identify ~을 확인하다 operating cost 운영비

정답 (B)

197 How many sites were reviewed by AAC in total?

(A) Two
(B) Three
(C) Four
(D) Five

AAC에 의해 총 얼마나 많은 장소가 점검되었는가?

(A) 두 곳
(B) 세 곳
(C) 네 곳
(D) 다섯 곳

연계문제 | 세부사항

점검된 장소는 두 지문에 걸쳐 제시되어 있다. 첫 지문의 두 번째 단락에서 'Elmhurst, St. Charles, 그리고 Pine Valley 지점에서 8월 15일부터 28일까지 실시되었다(The survey was conducted from August 15 to 28 at the Elmhurst, St. Charles, and Pine Valley branches of Everest Manufacturing)'고 하였고, 세 번째 지문에서 '두 곳의 Everest Manufacturing의 지점들(Beachville과 Wright City)이 추가로 점검을 받았다(~ two more Everest Manufacturing sites—Beachville and Wright City—were reviewed by the consultancy firm)'고 하였다. 따라서 전부 합쳐 다섯 곳이 점검을 받았음을 알 수 있으므로 (D)가 정답이다.

정답 (D)

---

198 What recommendation did AAC make to Everest Manufacturing?

(A) Installing more modern equipment
(B) Distributing employee safety manuals
(C) Increasing the frequency of training sessions
(D) Purchasing protective gear for workers

AAC는 Everest Manufacturing에 무슨 권고를 했는가?

(A) 더 현대적인 장비를 설치할 것
(B) 직원 안전 관리 책자를 배부할 것
(C) 교육 시간의 빈도를 높일 것
(D) 직원들을 위해 보호 장비를 구입할 것

세부사항 | What

두 번째 지문의 시작 부분을 보면 '장비 교육을 해마다 실시하는 것에서 6개월마다 실시하는 것으로 변경하라는 AAC의 조언(AAC's advice to change our equipment training from annually to every six months)'에 전적으로 동의한다고 언급하는 부분이 있다. 따라서 교육 진행 횟수와 관련된 권고임을 알 수 있으므로 (C)가 정답이다.

어휘 distribute ~을 나누어 주다, 배부하다 frequency 빈도 protective gear 보호 장비

정답 (C)

---

199 In the e-mail, the word "secure" in paragraph 1, line 4, is closest in meaning to

(A) obtain
(B) confirm
(C) fasten
(D) protect

이메일에서, 첫 번째 단락, 네 번째 줄의 단어 "secure"와 의미가 가장 가까운 것은 무엇인가?

(A) 얻다
(B) 확인하다
(C) 단단히 조이다
(D) 보호하다

동의어 | 동사

to부정사로 쓰인 동사 secure 다음에 목적어로 '자금, 기금' 등을 의미하는 funding이 쓰여 있다. 따라서 돈을 마련한다는 의미로 secure가 쓰였다는 것을 알 수 있으므로 '~을 얻다'라는 뜻으로 쓰이는 (A)가 정답이다.

정답 (A)

200 What is suggested about Mr. Vinson?

(A) He will lead a workshop one week before an inspection.
(B) He wants to schedule a meeting with Ms. Ni.
(C) He disagrees with some of AAC's recommendations.
(D) He has recently transferred to the Pine Valley branch.

Vinson 씨에 관해 알 수 있는 것은 무엇인가?

(A) 점검이 있기 일주일 전에 워크숍을 진행할 것이다.
(B) Ni 씨와의 회의 일정을 잡고 싶어 한다.
(C) AAC의 일부 권고 사항에 동의하지 않는다.
(D) 최근에 Pine Valley 지사로 전근했다.

연계문제 | 추론

세 번째 지문의 중간 부분에서, 특정 문제 해결을 위한 '첫 번째 워크숍이 10월 20일에 열릴 예정이고 Alex Vinson 씨가 진행한다 (~ will be held on October 20 and will be conducted by Alex Vinson)'고 나와 있다. 그런데 이 워크숍 개최 시점과 관련해, 두 번째 지문의 하단에서 '다음 점검이 10월 27일(The next inspection is scheduled for October 27)'이라고 나와 있다. 따라서 이 정보들을 종합하면 점검 일주일 전에 워크숍을 진행할 것임을 알 수 있으므로 (A)가 정답이다.

어휘 inspection 점검   disagree ~에 동의하지 않다   transfer 전근가다

정답 (A)

TEST 10

PART 5
PART 6
PART 7

ANSWER KEYS

PART 5
101 (C) 102 (B) 103 (A) 104 (C) 105 (C) 106 (A) 107 (D) 108 (C) 109 (A) 110 (C)
111 (C) 112 (D) 113 (C) 114 (C) 115 (A) 116 (A) 117 (D) 118 (C) 119 (D) 120 (B)
121 (C) 122 (B) 123 (C) 124 (B) 125 (D) 126 (A) 127 (B) 128 (C) 129 (C) 130 (A)

PART 6
131 (D) 132 (C) 133 (C) 134 (D) 135 (D) 136 (B) 137 (D) 138 (A) 139 (B) 140 (A)
141 (C) 142 (C) 143 (A) 144 (D) 145 (B) 146 (C)

PART 7
147 (C) 148 (B) 149 (D) 150 (C) 151 (C) 152 (A) 153 (C) 154 (B) 155 (C) 156 (B)
157 (C) 158 (A) 159 (B) 160 (C) 161 (C) 162 (C) 163 (B) 164 (D) 165 (B) 166 (A)
167 (D) 168 (D) 169 (D) 170 (C) 171 (C) 172 (C) 173 (C) 174 (D) 175 (D) 176 (C)
177 (D) 178 (C) 179 (A) 180 (C) 181 (C) 182 (C) 183 (D) 184 (A) 185 (C) 186 (C)
187 (C) 188 (D) 189 (A) 190 (A) 191 (D) 192 (C) 193 (B) 194 (C) 195 (C) 196 (C)
197 (D) 198 (C) 199 (B) 200 (B)

101 Industry experts predict that Karl Amundson will be named the Author of the Year for ------- creative writing in the *Westward Adventures* series.

(A) him   (B) himself
(C) his   (D) he

업계의 전문가들은 Karl Amundson 씨가 창작 소설 〈Westward Adventures〉 시리즈로 인해 올해의 작가로 지명될 것이라고 예상하고 있다.

┤ 소유격 인칭대명사 ├

빈칸은 뒤의 명사구 creative writing을 수식하는 자리이므로 명사를 수식하는 소유격이 와야 한다. 따라서 (C) his가 정답이다. (A) him은 목적격이므로 목적어 자리에, 재귀대명사인 (B) himself는 목적어 자리나 강조하고자 하는 성분 뒤에, 그리고 주격인 (D) he는 문장의 주어 자리에 오므로 오답이다.

어휘 industry 업계   expert 전문가   predict that ~라고 예상하다   name A B A를 B로 지명하다   author 작가, 저자   creative 창의적인   writing 집필, 저술(물)

정답 (C)

102 During the meeting with potential investors, Mr. Demitri suggested a ------- marketing strategy for the company's new wireless headphones.

(A) numerous   (B) bold
(C) variable   (D) grateful

잠재 투자자들과의 회의를 진행하는 동안, Demitri 씨는 회사의 새로운 무선 헤드폰 제품에 대한 과감한 마케팅 전략을 제안했다.

(A) 수많은   (B) 과감한, 대담한
(C) 변동이 심한   (D) 감사하는

┤ 형용사 어휘 ├

보기가 모두 의미가 다른 형용사로 구성되어 있으므로 해석을 통해 가장 자연스럽게 연결되는 것을 선택한다. 빈칸은 뒤에 나온 '마케팅 전략'이 어떤 전략인지를 설명하는 형용사가 들어가는 자리이다. 의미상 '과감한' 마케팅 전략이 적절하므로 (B) bold가 정답이다. (A) numerous는 복수명사와 결합하므로 오답이고, (D) grateful은 '고마워하는, 감사하는'이라는 의미이므로 마케팅 전략을 수식할 수 없어서 오답이다.

어휘 potential 잠재적인   investor 투자자   suggest ~을 제안하다   strategy 전략

정답 (B)

103 For insurance purposes, all workers on the production floor are required to complete an extremely ------- safety course every year.

(A) demanding   (B) demanded
(C) demand   (D) demands

보험 가입 목적으로, 생산 작업장 내의 모든 직원들은 매년 대단히 까다로운 안전 교육을 완수해야 한다.

┤ p.p.와 V-ing형 분사의 구별 ├

빈칸은 앞에 위치한 부사의 수식을 받으면서 빈칸 뒤에 나온 명사를 수식하고 있으므로 형용사 자리이다. 보기 중에서 형용사는 (A) demanding(까다로운)과 (B) demanded(요구된)이므로 해석을 통해 구분해야 한다. '까다로운 안전 교육'이 '요구된 안전 교육'보다 자연스러우므로 (A) demanding이 정답이다.

어휘 insurance 보험   purpose 목적   production floor 생산 작업장   be required to do ~해야 하다, ~할 필요가 있다   complete ~을 완수하다   extremely 대단히, 매우   safety course 안전 교육   demand 수요, 요구(되는 일); ~을 요구하다

정답 (A)

104 The works of ------- architect Jackson Black of Australia have been on display in the famed Drake Center convention building.

(A) solitary   (B) founded
(C) renowned   (D) clear

저명한 호주 건축가 Jackson Black의 작품들이 유명한 Drake Center 컨벤션 빌딩에 전시되고 있다.

(A) 혼자 하는   (B) 설립된
(C) 저명한   (D) 명확한

┤ 형용사 어휘 ├

빈칸 다음을 보면 사람의 직업과 이름이 있으므로 사람을 수식하기에 적절한 형용사를 찾아야 하는데 (C) renowned(저명한)가 이러한 역할을 하기에 가장 적절하다.

어휘 architect 건축가   famed 유명한

정답 (C)

105 NewPage Hotel Group ------- its hotel chain as soon as agreements with various competitor companies are signed.

(A) will be expanded
(B) is being expanded
(C) will expand
(D) has expanded

NewPage Hotel Group은 다양한 경쟁사들과의 계약에 서명이 되는 대로 자사의 호텔 체인을 확장할 것이다.

능동태와 수동태의 구별 및 적절한 시제 찾기

모든 보기가 동사의 형태로 되어 있으므로 '수 일치 → 능동/수동 → 시제'의 순서로 따져 정답을 선택한다. 주어가 단수(NewPage Hotel Group)이므로 모든 보기가 주어와 수 일치되며, 빈칸 다음에 목적어가 있으므로 능동태 동사가 되어야 한다. 따라서 수동형인 (A) will be expanded, (B) is being expanded는 오답이다. 나머지 보기 중 시간의 부사절 접속사인 as soon as의 동사가 현재(are signed)이므로 빈칸에는 미래 시제인 (C) will expand(확장할 것이다)가 와야 한다.

어휘 as soon as ~하자마자 | agreement 계약 | competitor 경쟁사

정답 (C)

---

106 Interpublic Incorporated, a widely recognized global -------, is now planning to launch a variety of new software programs.

(A) supplier
(B) supplying
(C) supplement
(D) supplies

널리 알려진 세계적인 공급업체인 Interpublic Incorporated는 현재 다양한 새 소프트웨어 프로그램들을 출시할 계획을 갖고 있다.

비슷한 명사의 구별 | supplier VS supplement VS supplies

빈칸은 콤마와 함께 삽입된 구에 속해 있는데, 이 구는 주어를 설명하는 부분으로 주어와 동격이 되어야 한다. 주어가 회사(Interpublic Incorporated)이므로, 보기 중에서 회사명과 동격이 될 수 있는 단어인 (A) supplier(공급업체)가 정답이다.

어휘 widely recognized 널리 알려진 | launch ~을 출시하다 | a variety of 다양한 | supply ~을 제공하다 | supplement 보충물

정답 (A)

---

107 MGU Holdings Corp. is one of the companies that ------- invest in small and medium-sized local businesses.

(A) highly
(B) shortly
(C) accordingly
(D) rarely

MGU Holdings Corp.는 지역의 중소기업에 좀처럼 투자를 하지 않는 회사들 중의 하나이다.

(A) 매우, 대단히
(B) 곧
(C) 그에 따라서
(D) 좀처럼 ~않다

부사 어휘

보기가 모두 의미가 다른 부사로 구성되어 있으므로 의미상 적절한 것을 정답으로 선택한다. 빈칸의 부사는 동사 invest(투자하다)를 수식하는데, 문맥상 (D) rarely(좀처럼 ~않다)가 들어가서 '중소기업에 좀처럼 투자를 하지 않는 회사들 중 하나'라는 의미가 되는 것이 적절하다. 나머지 보기는 모두 의미가 통하지 않는데, 특히 (A) highly는 '매우, 대단히'라는 의미로 쓰일 때는 동사를 수식하지 않고 형용사와 부사만 수식하므로 오답이다.

어휘 invest in ~에 투자하다 | small and medium-sized business 중소기업

정답 (D)

---

108 On behalf of the organizing committee of the concert, the event coordinator Mr. Wilson will apologize for ------- inconvenience caused by the delay of the performance.

(A) many
(B) those
(C) any
(D) both

콘서트 조직 위원회를 대표해, 행사 조직 책임자인 Wilson 씨가 공연의 지연으로 인해 야기된 모든 불편함에 대해 사과할 것이다.

(A) 많은
(B) 그것들의
(C) 어떤, 어느
(D) 둘 다의

수량 형용사

for의 목적어인 inconvenience를 수식할 형용사가 빈칸에 와야 하는데 (A) many, (B) those, (D) both는 모두 복수명사를 수식한다. inconvenience는 셀 수 없는 명사이므로 보기 중 이를 수식할 수 있는 것은 (C) any(어떤, 어느)가 유일하다.

어휘 on behalf of ~를 대표해, 대신해 | organizing committee 조직 위원회 | coordinator 조직 책임자 | apologize for ~에 대해 사과하다 | inconvenience 불편함 | caused by ~에 의해 야기된 | delay 지연, 지체

정답 (C)

109 All individuals in the facility will be asked to show their identification badges to security personnel ------- they are seen on the premises after 6:00 P.M.

(A) when
(B) rather than
(C) thus
(D) meanwhile

시설 내에 있는 모든 사람들은 오후 6시 이후에 시설 부지 내에서 모습이 보일 경우에 경비 직원에게 그들의 신분 확인 명찰을 보여 주도록 요청을 받을 것이다.

(A) ~할 때
(B) ~보다 오히려
(C) 그러므로
(D) 그러는 동안에

⊣ 부사절 접속사 VS 전치사 VS 부사 ⊢

빈칸 앞뒤에 주어와 동사가 포함된 완전한 절이 있으므로 빈칸은 두 절을 연결하는 부사절 접속사 자리이다. 따라서 접속부사인 (C) thus, (D) meanwhile은 오답이다. 빈칸 앞의 내용은 '신분 확인 명찰을 보여 주다'이고 뒤의 내용은 '오후 6시 이후 부지 내에서 모습이 보이다'이므로, 두 개의 내용을 의미상 적절히 연결하는 것은 (A) when(~할 때)이다.

어휘 individual 사람, 개인 facility 시설 be asked to do ~하도록 요청받다 identification badge 신분 확인 명찰 security personnel 경비 직원 premises 부지, 구역

정답 (A)

110 The Ghepo Tech marketing department is distributing complimentary passes ------- admittance to its annual tech show.

(A) near
(B) between
(C) for
(D) among

Ghepo Tech의 마케팅 부서는 자사의 연례 기술 박람회의 입장을 위한 무료 출입증을 배부하고 있다.

(A) ~에서 가까이
(B) ~ 사이에
(C) ~을 위한
(D) ~ 사이에

⊣ 전치사 어휘 ⊢

빈칸 앞뒤에 위치한 두 명사 passes와 admittance 사이의 관계를 나타낼 전치사가 와야 한다. admittance(입장)가 passes(출입증)의 목적을 나타내므로 (C) for(~을 위한)가 정답이다.

어휘 distribute ~을 배부하다, 나눠 주다 complimentary 무료의 pass 출입증 admittance 입장 annual 연례의

정답 (C)

111 Due to the ongoing drought, many ------- farmers are forced to increase the price of their crops.

(A) close
(B) entire
(C) local
(D) near

계속되는 가뭄으로 인해, 많은 지역 농부들이 농작물의 가격을 어쩔 수 없이 올린다.

(A) 가까운
(B) 전체의
(C) 지역의
(D) 가까운

⊣ 형용사 어휘 ⊢

'농부'를 뜻하는 farmers를 수식해 가장 자연스러운 의미를 만드는 형용사를 찾아야 하는데, 보기의 형용사들 중에서 의미가 가장 잘 어울리는 것은 (C) local(지역의)이다.

어휘 due to ~로 인해 ongoing 계속되는 drought 가뭄 be forced to do 어쩔 수 없이 ~하다 increase ~을 올리다 crop 농작물

정답 (C)

112 Our customer service representatives are standing by twenty-four hours a day every day of the year to solve your problems ------- you give them a call.

(A) so that
(B) although
(C) as far as
(D) whenever

저희 고객 서비스 직원들은 여러분께서 전화를 거실 때마다 문제를 해결해 드리기 위해 연중 매일 24시간 대기하고 있습니다.

(A) ~하도록, 그 결과
(B) 비록 ~이지만
(C) ~하는 한
(D) ~할 때마다

⊣ 적절한 접속사 찾기 ⊢

모든 보기가 부사절 접속사이므로 두 개의 절을 의미상 가장 잘 연결하는 보기를 정답으로 선택한다. '전화를 걸 때마다 문제를 해결해 주기 위해 대기하고 있다'라는 의미가 되어야 자연스러우므로 접속사 (D) whenever(~할 때마다)가 정답이다.

어휘 representative 직원 stand by 대기하다 solve ~을 해결하다

정답 (D)

113 Business conference presenter Jillian Hull's core area of ------- is international marketing laws and strategy.

(A) treatment (B) estimate
(C) expertise (D) possibility

비즈니스 학회 발표자인 Jillian Hull의 핵심 전문 분야는 국제 마케팅 법률과 전략이다.

(A) 치료(법) (B) 견적(서)
(C) 전문 지식 (D) 가능성

> **명사 어휘**
>
> 빈칸 앞에 소유격 Jillian Hull's가 있으므로 빈칸에는 사람이 지닐 수 있는 것을 나타내는 명사가 와야 한다. 그런데 빈칸 바로 앞에 area of(~의 분야)가 온 것으로 보아, '분야(area)'로 구분할 수 있는 개념의 어휘가 와야 하므로 정답은 (C) expertise(전문 지식)이다.
>
> **어휘** presenter 발표자 core 핵심의, 가장 중요한 international 국제(상)의
>
> 정답 (C)

114 Carlos Falconi will lead a seminar on the new software to ------- the accountants in the department with its use.

(A) familiarity (B) familiar
(C) familiarize (D) familiarizing

Carlos Falconi는 부서 내에 있는 회계사들이 새로운 소프트웨어 사용법에 익숙해지게 하기 위해 그 소프트웨어에 관한 세미나를 주도할 것이다.

> **목적을 나타내는 to부정사**
>
> to는 to부정사의 to일 수도 있고, 전치사 to일 수도 있으므로 빈칸에는 동사원형이나 명사 형태가 정답이 될 수 있다. 해석상 '익숙해지게 하기 위해서'가 적절하므로 '~을 하기 위해서'의 의미를 나타내는 to부정사의 형태가 되어야 한다. 따라서 동사원형인 (C) familiarize(익숙하게 하다)가 정답이다.
>
> **어휘** lead ~을 주도하다, 이끌다 accountant 회계사 familiarity 익숙함 familiar 익숙한 familiarize ~를 익숙하게 하다
>
> 정답 (C)

115 Any employee who desires a parking ------- must pay a $15 monthly fee.

(A) permit (B) permitting
(C) permitted (D) permits

주차 허가증을 원하는 어떤 직원이든지 반드시 매달 15달러의 요금을 지불해야 한다.

> **복합명사**
>
> 빈칸 앞을 보면 부정관사 a와 명사 parking이 있다. 따라서 parking(주차)과 짝을 이루면서 부정관사 a와 함께 쓰일 수 있는 것을 찾아야 하므로 단수명사 (A) permit(허가증)가 정답이다. permit(허가증; 허락하다)는 명사와 동사로 모두 쓰일 수 있음을 기억해 두자.
>
> **어휘** desire ~을 원하다, 바라다 parking permit 주차 허가증 monthly fee 월부금
>
> 정답 (A)

116 Customers are encouraged to contact a company representative for details ------- the Web site's contents.

(A) about (B) into
(C) like (D) except

고객들은 웹사이트의 내용에 관한 상세 정보를 위해 회사의 직원에게 연락해 보는 것이 권장된다.

(A) ~에 관한 (B) ~ 안으로
(C) ~처럼 (D) ~을 제외하고

> **전치사 어휘**
>
> 빈칸 앞에 위치한 명사 details(상세 정보)와 빈칸 다음에 제시되어 있는 '웹사이트의 내용' 사이의 관계를 나타낼 전치사가 필요하다. 여기서 말하는 상세 정보는 웹사이트의 내용에 '관한' 것이어야 하므로 (A) about(~에 관한)이 정답이다.
>
> **어휘** be encouraged to do ~하는 것이 권장되다 contact ~에 연락하다 representative 직원 details 상세 정보 content 내용
>
> 정답 (A)

117 According to a company spokesperson, ------- of the renovation work on the factory will take place over the course of two months.

(A) every (B) several
(C) both (D) most

회사 대변인에 따르면, 대부분의 공장 보수 작업은 두 달간 진행될 것이다.

(A) 모든   (B) 몇몇
(C) 둘 다 (D) 대부분

―| 부분이나 전체를 나타내는 대명사 |―

빈칸은 of the renovation work(보수 작업 중에서)의 수식을 받는, 부분을 나타내는 대명사 자리이다. 따라서 (A) every는 형용사이므로 오답이다. 나머지 보기는 모두 전치사의 수식을 받을 수 있는 대명사로 쓰일 수 있는데, of 다음의 명사 renovation work(보수 작업)가 불가산명사이므로 복수명사와 결합하는 (B) several과 (C) both는 오답이다. 따라서 불가산명사와 복수명사 모두와 결합할 수 있는 (D) most(대부분)가 정답이다.

어휘 according to ~에 따르면 spokesperson 대변인 take place 일어나다, 발생하다 over the course of ~의 기간에 걸쳐

정답 (D)

118 Employees should have all changes to the work schedule ------- by the manager in charge of staffing.

(A) reported (B) transferred
(C) approved (D) refrained

직원들은 근무 일정에 대한 모든 변경 사항들에 대해 채용 담당 부서장의 승인을 받아야 한다.

(A) 보고된   (B) 이동된, 이전된
(C) 승인된   (D) 삼가된

―| 형용사 어휘 |―

보기가 모두 의미가 다른 p.p. 형태로 구성되어 있으므로 해석상 적절한 것을 정답으로 선택한다. have는 5형식 동사로 'have + 목적어 + p.p.(목적어가 ~되게 하다)'의 형태로 쓸 수 있다. 따라서 빈칸에는 목적어(all changes to the work schedule)에 어울리는 단어가 와야 한다. 일정 변경 사항이 '승인되도록 하다'가 의미상 적절하므로 (C) approved(승인된)가 정답이다. 부서장이 업무 일정의 변경 사항을 보고 받아야 하는 것이지 부서장에 의해 보고되는 것은 적절하지 않으므로 (A) reported는 오답이다.

어휘 have A p.p. A가 ~되게 하다 in charge of ~을 담당하는, 맡은 staffing 직원 채용

정답 (C)

119 Bissell Business Magazine ------- publishes articles outlining survey findings to show recent changes in consumer trends.

(A) greatly (B) moderately
(C) almost   (D) frequently

Bissell Business Magazine은 소비자 경향의 최근 변화를 보여주기 위해 설문 조사 결과를 간략히 정리한 기사를 종종 게재한다.

(A) 대단히, 크게 (B) 적당히
(C) 거의   (D) 종종

―| 부사 어휘 |―

문장의 주어와 동사 사이에 빈칸이 있으므로 빈칸에는 동사와 어울리는 부사가 와야 한다. publishes는 현재 시제인데, 이렇게 현재 시제로 쓰인 동사와 어울릴 수 있는 것은 빈도를 나타내는 부사 (D) frequently(종종)이다.

어휘 article 기사 outline ~의 개요를 서술하다 findings 결과 consumer 소비자

정답 (D)

120 Newly employed interns have been ------- since they participated in a workshop held in March.

(A) producing   (B) productive
(C) production (D) productively

새롭게 채용된 인턴들은 3월에 열린 워크숍에 참석한 이후로 생산적이었다.

―| 형용사 자리 | be + 형용사 |―

have been 다음에 빈칸이 있으므로 be 동사와 함께 쓰일 수 있는 것을 찾아야 한다. (A) producing(생산하는)이 쓰이면 능동태 동사가 되는데 뒤에 목적어가 없으므로 오답이고, 명사인 (C) production(생산)은 사람과 동격이 될 수 없으므로 오답이다. 따라서 사람의 상태를 나타내는 보어로 쓰일 수 있는 형용사 (B) productive(생산적인)가 정답이다.

어휘 participate in ~에 참석하다 productive 생산적인 production 생산, 제조

정답 (B)

121 The new line of items manufactured by Space Technology can interest consumers ------- tastes in electronics and home appliances are luxurious.

(A) who
(B) which
(C) whose
(D) that

┤ 소유격 관계대명사 whose ├

보기의 단어들은 모두 관계대명사인데, 빈칸 다음에 주어와 동사가 포함된 완전한 절이 온 것으로 보아 뒤에 오는 명사를 수식하는 역할을 하는 소유격 관계대명사 (C) whose가 정답이다. 소유격 관계대명사 뒤에는 반드시 명사가 온다.

어휘 manufacture ~을 제조하다 interest ~의 관심을 끌다 taste 취향 electronics 전자제품 home appliances 가전제품 luxurious 고급스러운

정답 (C)

Space Technology에서 제조된 새로운 제품 라인은 전자제품 및 가전제품에 대한 취향이 고급스러운 소비자들의 관심을 끌 수 있다.

122 Mr. Nixon is expected to receive a(n) ------- promotion if the retail branch that he manages continues to outperform its competitors.

(A) frequent
(B) significant
(C) tentative
(D) observant

┤ 형용사 어휘 ├

빈칸은 명사 promotion을 수식하는 형용사 자리이다. receive a promotion은 '승진하다'라는 의미인데, 그 정도를 나타내는 형용사인 (B) significant(상당한)가 promotion을 수식하여 '상당한 승진을 하다'라는 의미가 되는 것이 문맥상 가장 알맞다.

어휘 be expected to do ~할 것으로 기대되다, 예상되다 promotion 승진 retail 소매의 branch 지점, 지사 continue to do 계속 ~하다 outperform ~보다 더 잘하다, 능가하다 competitor 경쟁자

정답 (B)

Nixon 씨는 그가 운영하는 소매점이 계속해서 다른 경쟁 대리점들보다 더 나은 실적을 올리면 상당한 승진을 할 것으로 기대된다.

(A) 빈번한
(B) 상당한, 중요한
(C) 잠정적인
(D) 관찰력 있는, 준수하는

123 ABT Industries should come up with practical measures to ensure its long-term ------- plan for the newly introduced production systems.

(A) stable
(B) stabilize
(C) stability
(D) stabilizer

┤ 복합명사 ├

형용사 long-term과 명사 plan 사이에 빈칸이 있으므로 명사를 수식하는 형용사나 빈칸 뒤의 명사와 복합명사를 이룰 수 있는 명사 중에서 정답을 골라야 한다. 그런데 형용사 (A) stable(안정된)이 쓰이면 plan 자체가 안정적이라는 의미가 되어 어색한 문장이 된다. 따라서 명사 (C) stability(안정, 안정성)가 와서 stability plan(안정성 계획)이라는 복합명사를 이루는 것이 적절하다.

어휘 come up with ~을 생각해 내다 practical 현실적인 measure 방법 ensure ~을 확실히 하다 long-term 장기간의 newly introduced 새롭게 도입한 stabilize ~을 안정시키다 stability 안전성 stabilizer 안정 장치, 안정제

정답 (C)

ABT Industries는 새롭게 도입된 생산 시스템에 대한 장기 안정성 계획을 확실히 하기 위한 현실적인 방안을 강구해야 한다.

124 Paper Planes International ventured into the field of video gaming ------- the acquisition of Hero Graphics, Ltd.

(A) between
(B) with
(C) across
(D) in

┤ 전치사 어휘 ├

빈칸 다음에 쓰인 명사 acquisition은 '인수'를 뜻한다. 빈칸 앞의 사업에 뛰어들었다는 내용인데, '인수하는 것과 함께 비디오 게임 업계에 뛰어들었다'라는 의미가 되는 것이 가장 적절하므로 (B) with(~하면서)가 정답이다.

어휘 venture into 위험을 무릅쓰고 ~에 뛰어들다 field 업계, 분야 acquisition 인수, 매입

정답 (B)

Paper Planes International은 Hero Graphics, Ltd를 인수하면서 비디오 게임 업계에 위험을 무릅쓰고 뛰어들었다.

(A) ~ 사이에
(B) ~하면서
(C) ~을 가로질러서
(D) ~ 안에

125 Peterman International provides consulting services in Europe, ------- it has not yet entered the Asian market.

(A) thus (B) and
(C) after (D) but

Peterman International은 유럽에서 컨설팅 서비스를 제공하고 있지만, 아직 아시아 시장에는 진입하지 않았다.

(A) 그러므로 (B) 그리고
(C) ~ 후에 (D) 그러나

등위 접속사 VS 부사절 접속사 VS 부사

빈칸 앞뒤에 주어와 동사가 포함된 완전한 절이 있으므로 연결 기능이 없는 접속부사인 (A) thus는 오답이다. (B) and, (D) but은 등위 접속사로 두 개의 절을 연결할 수 있고 (C) after도 부사절 접속사로 역시 두 개의 절을 연결할 수 있으므로 이 중 해석상 가장 적절한 것을 정답으로 선택해야 한다. 앞의 절과 뒤의 절이 대조되는 내용이므로 (D) but(그러나)이 정답이다.

어휘 provide ~을 제공하다 enter ~에 진입하다

정답 (D)

126 Lere Kitchen Appliances is engaged in an ongoing ------- to improve the quality and functionality of our products.

(A) effort (B) growth
(C) strength (D) rise

Lere Kitchen Appliances는 우리 제품의 질과 기능성을 향상시키기 위한 계속되는 노력을 하고 있다.

(A) 노력 (B) 성장
(C) 힘, 장점 (D) 증가

명사 어휘

보기가 모두 의미가 다른 명사로 구성되어 있으므로 해석상 적절한 것을 정답으로 선택한다. 의미상으로도 '~을 향상시키기 위한 계속되는 노력'이 적절하며, 명사 effort는 to부정사의 수식을 받을 수 있으므로 (A) effort(노력)가 정답이다.

어휘 be engaged in ~에 관여하다 ongoing 계속되는 improve ~을 향상시키다 quality 질, 품질 functionality 기능성

정답 (A)

127 Mr. Kim has hired an advisor to help his employees ------- their ideas to potential investors.

(A) create (B) promote
(C) interfere (D) respond

Kim 씨는 자신의 직원들이 그들의 생각을 잠재적인 투자자들에게 알리는 데 도움이 될 수 있도록 고문을 고용했다.

(A) ~을 만들어 내다 (B) ~을 장려하다, 홍보하다
(C) 방해하다 (D) 응답하다

동사 어휘

보기가 모두 의미가 다른 동사로 구성되어 있으므로 의미상 적절한 것을 선택한다. '그들의 생각을 장려하다'가 의미상 적절한데다, promote A to B(A를 B에게 장려하다)로 쓰이므로 뒤의 전치사 to와도 자연스럽게 연결되는 (B) promote(장려하다)가 정답이다. (C) interfere는 interfere with(~을 방해하다), (D) respond는 respond to(~에 응답하다)의 형태로, 전치사가 있어야 목적어를 취할 수 있는 자동사이므로 오답이다.

어휘 hire ~을 고용하다 advisor 고문 help A do A가 ~하도록 돕다 potential 잠재적인 investor 투자자

정답 (B)

128 After ------- review of the portfolio submitted by Jason Cochran, the human resources director has decided to have an interview with him.

(A) cares (B) cared
(C) careful (D) carefully

Jason Cochran이 제출한 포트폴리오를 신중하게 검토한 끝에, 인사부장은 그와 면접을 하기로 결정했다.

형용사 자리 | 전치사+형용사+명사

빈칸 다음에 쓰인 review는 전치사 After의 목적어에 해당하는 명사이다. 따라서 명사를 앞에서 수식할 수 있는 단어를 찾아야 하므로 형용사인 (C) careful(신중한)이 정답이다. review(검토하다; 검토)는 동사와 명사로 모두 쓰인다는 것을 기억해 두자.

어휘 review 검토 submit ~을 제출하다 decide to do ~하기로 결정하다 have an interview with ~와 면접하다 care 조심, 주의, 염려; 상관하다, 관심을 가지다 carefully 조심해서, 신중히

정답 (C)

129 Every participant should thoroughly read the instructions posted at the entrance ------- loading their display items for the exhibition.

(A) as for
(B) along
(C) before
(D) behind

모든 참가자는 전시를 위한 진열 물품들을 싣기 전에 입구에 게시되어 있는 설명을 꼼꼼히 읽어야 한다.

(A) ~에 관해서라면
(B) ~을 따라
(C) ~ 전에
(D) ~ 뒤에

┤ 전치사 어휘 ├

빈칸 뒤에 동명사구가 있는데, 보기가 모두 전치사로 쓰일 수 있으므로 의미가 가장 잘 어울리는 것을 찾아야 한다. 물품을 싣기 '전에' 설명을 읽어야 한다는 내용이 되어야 자연스러우므로 일의 순서를 나타내는 (C) before가 정답이다. 또한, before는 before -ing(~하기 전에)의 형태로 토익에 자주 출제되므로 기억해 두자.

어휘 participant 참가자 thoroughly 꼼꼼히, 철저히 instructions 지시 사항, 설명 post ~을 게시하다 load ~을 싣다 display item 진열 물품 exhibition 전시(회)

정답 (C)

130 The address can be changed ------- the receiver can get in contact with the courier one hour before the package is scheduled to be delivered.

(A) provided that
(B) rather than
(C) in addition
(D) as though

소포가 배송될 것으로 예정된 시간 1시간 전에 수신자가 택배 회사와 연락할 수 있다면 주소 변경이 가능하다.

(A) ~라면, ~라는 가정하에
(B) ~보다 오히려
(C) 추가로
(D) 마치 ~인 것처럼

┤ 부사절 접속사 VS 전치사 VS 부사 ├

빈칸 앞뒤에 주어와 동사가 포함된 완전한 절이 있으므로 빈칸은 두 절을 연결하는 부사절 접속사의 자리이다. 따라서 접속부사인 (C) in addition은 오답이다. 나머지 보기는 모두 완전한 두 개의 절을 연결할 수 있는데, 두 절의 내용을 읽어 보면 빈칸 다음에 오는 절이 주소를 변경하기 위한 조건에 해당되므로 조건이나 가정을 제시할 때 쓰이는 접속사 (A) provided that(~라면)이 정답이다.

어휘 get in contact with ~와 연락하다 courier 택배 회사 package 소포 be scheduled to do ~할 예정이다 deliver ~을 배송하다

정답 (A)

PART 6

 Questions 131-134 refer to the following letter. 131-134는 다음 편지를 참조하시오.

March 24
Mr. Stephen Garland
162 Strathtay Road
Dundee, Scotland, UK

Dear Mr. Garland,

I am writing to confirm that we have ------- your order for *The British Journal of Electrical Engineering* and *Contemporary Econ Journal*. **131.**
-------. It should arrive within one week.
132.

-------, the shipment will not include *The British Journal of Electrical Engineering* due to printing issues, and you will not be able to view a couple of our online features until April 15th due to the current maintenance of our Web site. Our journal archive will not be ------- to view until late April.
133.
134.

Once our Web site and journal archive become fully functional, we will send a notification message to the e-mail address you provided.

Best regards,

Mary Chilton
Subscription Services Manager

3월 24일
Stephen Garland 씨
162 Strathtay Road
Dundee, 스코틀랜드, 영국

Garland 씨께,

131 〈The British Journal of Electrical Engineering〉과 〈Contemporary Econ Journal〉에 대한 귀하의 주문을 처리해 드렸음을 확인하기 위해 편지드립니다. **132** 〈Contemporary Econ Journal〉은 어제 배송되었습니다. 그것은 일주일 안으로 도착할 것입니다.

133 안타깝게도, 배송 물품에는 인쇄 문제로 인해 〈The British Journal of Electrical Engineering〉이 포함되지 않을 것이며, 현재 저희 웹사이트의 보수로 인해 4월 15일까지 몇몇 온라인상의 기능들을 보실 수 없을 것입니다. **134** 저희의 온라인 잡지 보관소는 4월 말까지 열람하는 것이 불가능할 것입니다.

웹사이트와 잡지 보관소가 완전히 제 기능을 하게 되면, 귀하께서 제공해 주신 이메일 주소로 알림 메시지를 보내드리겠습니다.

안녕히 계십시오.

Mary Chilton
구독 서비스 팀장

어휘 confirm that ~임을 확인하다 include ~을 포함하다 feature 기사, 연재물, 특징(적인 것), 특색 due to ~로 인해 current 현재의 maintenance 보수, 유지 관리 archive (자료·기록 등의) 보관소 once 일단 ~하면, ~하는 대로 fully 완전히, 제대로 functional 기능하는 notification 알림, 통지

131 (A) suspended
(B) delivered
(C) rejected
(D) processed

(A) ~을 연기했다
(B) ~을 배송했다
(C) ~을 거절했다
(D) ~을 처리했다

┤ 동사 어휘 ├

your order를 목적어로 취하면서 문장의 의미에 가장 잘 어울리는 동사를 찾는 문제이다. 주문한 사항을 '처리했다'라는 의미를 나타내는 processed와 '배송했다'라는 의미를 나타내는 delivered가 order와 의미 연결이 가능한데, 두 가지 주문 사항 중에서 아직 배송되지 않은 것에 대한 내용이 뒤에 나오므로 '처리했다'라는 의미가 되는 것이 가장 적절하다. 따라서 (D) processed가 빈칸에 와야 알맞다.

정답 (D)

132 (A) Information on the subscription procedure is found on our Web site.
(B) We have launched a new scholarly journal which you may be interested in.
(C) *Contemporary Econ Journal* was shipped out yesterday.
(D) Members will no longer receive printed copies of our journals.

(A) 구독 절차에 관한 정보는 저희 웹사이트에서 확인하실 수 있습니다.
(B) 저희는 귀하가 관심을 가질 만한 새 학술지를 출간했습니다.
(C) 〈Contemporary Econ Journal〉은 어제 배송되었습니다.
(D) 회원들께서는 더 이상 저희 잡지의 인쇄본을 받지 못하실 것입니다.

┤ 빈칸에 알맞은 문장 고르기 ├

빈칸 다음 문장에서 '그것이(It)이 일주일 안에 도착할 것'이라고 했으므로 It이 가리키는 대상이 빈칸에 제시되어야 자연스럽게 연결된다. 따라서 보기 중 그것이 가리키는 대상인 〈Contemporary Econ Journal〉을 언급한 (C) '〈Contemporary Econ Journal〉은 어제 배송되었습니다.'가 정답이다.

어휘 subscription 구독 procedure 절차 launch ~을 출간하다 scholarly 학문적인 ship out ~을 배송하다, 보내다 no longer 더 이상 ~가 아니다

정답 (C)

오답분석
(A) 빈칸 다음에서 '그것이 일주일 안에 도착한다'고 했는데 앞에서 구독 절차 정보 확인 방법에 대한 내용을 이야기하면 글의 흐름상 자연스럽지 않다.
(B) 편지 처음 부분에서 〈The British Journal of Electrical Engineering〉과 〈Contemporary Econ Journal〉에 대한 주문을 처리해 드렸음을 확인하기 위해 편지를 보낸다는데, 새 학술지를 출간했다는 소식을 언급하는 것은 부자연스럽다.
(D) 일주일 안에 도착한다는 빈칸 뒤 내용과 연결이 되지 않는다.

133 (A) Moreover
(B) Whereas
(C) Unfortunately
(D) For example

(A) 더욱이
(B) ~인 반면에
(C) 안타깝게도
(D) 예를 들어

┤ 적절한 연결어 찾기 ├

문장 맨 앞에서 앞뒤 문장의 의미를 연결해 주는 역할을 할 부사를 찾는 문제이다. 두 가지 주문품 중에서 하나의 잡지만 배송되었고, 일부 온라인 서비스도 이용이 불가능한 상황임을 알리고 있으므로 '안타깝게도, 아쉽게도'라는 의미로 쓰이는 부사 (C) Unfortunately가 정답이다.

정답 (C)

134 (A) access
(B) accessibly
(C) accessibility
(D) accessible

┤ 형용사 자리 | be + 형용사 ├

be 동사 다음에 빈칸이 있는데, 부사인 accessibly를 제외하고 나머지 단어들은 be 동사와 함께 사용될 수 있는 형태이다. 명사로 쓰이는 access와 accessibility의 경우, 의미상 주어인 Our journal archive와 동격이 될 수 없다. 따라서 주어의 상태나 특성 등을 설명하는 형용사 (D) accessible(이용 가능한)이 정답이다.

정답 (D)

Questions 135-138 refer to the following e-mail. 135-138은 다음 이메일을 참조하시오.

To: Winny Lancet
From: Edwind Real Estate Online
Date: February 15
Subject: Membership Issues

Ms. Lancet,

We recently attempted to automatically renew your yearly account with Edwind Real Estate Online. -------. Please log into your online
                                                                    135.
account and check that your name and address match those on the credit card we have on file. If ------- has changed, please update the
                                                136.
information within 10 days, or your account may be deleted.

Additionally, be sure to submit proof of ownership for any property you have for sale or rent on your account, unless this has -------
                                                                                                                          137.
been done.

New company policies which were not in place at the time of your original ------- now require that each property being advertised on
                            138.
Edwind Real Estate Online be under the account of the current owner only.

Sincerely,

Edwind Real Estate Online

수신: Winny Lancet
발신: Edwind Real Estate Online
날짜: 2월 15일
제목: 회원 자격 관련 문제

Lancet 씨께,

저희는 최근 귀하의 Edwind Real Estate Online 연간 계정을 자동으로 갱신하려 했습니다. **135** 하지만 귀하의 지불 관련 정보에 오류가 있었습니다. 귀하의 온라인 계정에 로그인하셔서 귀하의 성함과 주소가 저희가 파일로 보관 중인 신용 카드에 있는 정보와 일치하는지 확인 바랍니다. **136** 둘 중 하나라도 변경된 경우, 10일 안에 정보를 업데이트해 주시길 바라며, 그렇지 않으면 귀하의 계정은 삭제될 수 있습니다.

추가로, 귀하의 계정상에 판매 또는 임대를 목적으로 귀하께서 보유 중이신 부동산에 대한 소유권 증명서를 반드시 제출해 주시기 바라며, **137** 이는 이미 그렇게 처리하시지 않은 경우에만 해당합니다.

138 귀하께서 처음으로 목록에 오를 당시에는 시행되지 않았던 새로운 회사 정책은 이제 Edwind Real Estate Online을 통해 광고되고 있는 각 부동산이 오로지 현 소유주의 계정하에 있는 것을 요구합니다.

안녕히 계십시오.

Edwind Real Estate Online

어휘 attempt to do ~하려고 시도하다 automatically 자동으로 renew ~을 갱신하다 yearly 연간의 account 계정, 계좌 delete ~을 삭제하다 additionally 추가로 be sure to do 꼭 ~하다 submit ~을 제출하다 proof 증명(서) property 부동산, 건물, 재산 for sale or rent 판매 또는 임대용으로 unless ~가 아니라면 policy 정책 in place 시행 중인 at the time of ~할 당시에 original 최초의, 애초의 require that ~해야 함을 요구하다 under ~하에 current 현재의

135 (A) Subscriptions can be renewed online or by telephone.
(B) You have been approved as a member of Edwind Real Estate Online.
(C) The recent software update has enhanced efficiency in transactions.
(D) However, an error occurred regarding your payment information.

(A) 구독은 온라인이나 전화로 갱신할 수 있습니다.
(B) 귀하께서는 Edwind Real Estate Online의 회원으로 승인되셨습니다.
(C) 최근 소프트웨어 업데이트는 거래의 효율성을 증진시켰습니다.
(D) 하지만 귀하의 지불 관련 정보에 오류가 있었습니다.

빈칸에 알맞은 문장 고르기

빈칸 앞에서 Edwind Real Estate Online의 연간 계정을 자동으로 갱신하는 시도를 했다고 했는데, 빈칸 다음 문장에서는 Winny Lancet 씨에게 온라인 계정에 로그인하여 이름과 주소가 자사에서 보관 중인 정보와 일치하는지 확인해 달라고 요청하고 있다. 결국 자동 갱신 시도가 실패했음을 알 수 있으므로 이와 관련한 내용인 (D) '하지만 귀하의 지불 관련 정보에 오류가 있었습니다.'가 정답이다.

어휘 subscription 구독(료) approve ~을 승인하다 enhance ~을 강화하다 efficiency 효율성 transaction 거래 occur 발생하다 payment 지불

정답 (D)

> 오답분석
> (A) 빈칸 앞 문장에서 회사 측에서 직접 자동 갱신을 시도했다고 했으므로 따로 온라인이나 전화로 신청하지 않아도 된다는 것을 알 수 있다.
> (B) 빈칸 앞 문장에서 연간 계정을 자동으로 갱신하려 했다고 하는 것으로 보아 수신인은 이미 회원 자격을 가지고 있다는 것을 확인할 수 있으므로 정답이 될 수 없다.
> (C) 빈칸 앞뒤 문장에서 소프트웨어 관련 내용이 전혀 언급되지 않으므로 글의 흐름상 무관한 문장이다.

136 (A) every   (A) 모든
     (B) either   (B) 둘 중 하나
     (C) another   (C) 또 하나
     (D) little   (D) 조금

> **적절한 대명사 찾기**
> every를 제외하고 나머지는 모두 주어 역할이 가능한 대명사로 쓰일 수 있다. 여기서 변경된 대상이 될 수 있는 것은 앞에서 언급한 개인 정보, 즉 이름과 주소인데, '이 두 가지 중 하나가 변경된 경우에 정보를 업데이트하다'는 맥락이므로 '둘 중 하나'를 의미하는 (B) either가 정답이다.
>
> 정답 (B)

137 (A) hardly   (A) 거의 ~않다
     (B) primarily   (B) 주로
     (C) instantly   (C) 즉각, 즉시
     (D) already   (D) 이미

> **부사 어휘**
> 빈칸이 포함된 unless절은 '~한 경우 외에는'이라는 뜻으로 조건을 나타내는데, 여기서는 unless가 이끄는 절의 시제가 현재 완료이다. 따라서 현재 완료 시제와 잘 어울리는 부사인 (D) already(이미)가 정답으로 '이미 그렇게 하지 않은 경우에는'이라는 의미가 되어 앞의 내용과 자연스럽게 연결된다.
>
> 정답 (D)

138 (A) listing   (A) 목록, 명단
     (B) tour   (B) 여행
     (C) statement   (C) 진술
     (D) receipt   (D) 영수증, 수령

> **명사 어휘**
> 빈칸이 포함된 문장은 새로 시행되는 정책을 설명하는 내용으로 수신인이 이 업체의 서비스를 처음 이용했을 때는 이 정책이 시행되지 않았다는 맥락이다. 수신인이 서비스를 '맨 처음 이용했을 때'를 'at the time of your original -------'로 표현하고 있는데, 전후 문맥으로 보아 이 업체는 온라인 부동산 광고 서비스를 제공하므로 온라인상의 목록이나 명단을 가리킬 수 있는 (A) listing이 빈칸에 와서 '귀하께서 처음으로 목록에 오를 당시'라는 의미가 되는 것이 가장 자연스럽다.
>
> 정답 (A)

Questions 139-142 refer to the following article. 139-142는 다음 기사를 참조하시오.

Hudson Lanny Gallery will feature Tara Hidalgo's images of ------- **139.** living all throughout the month of August. -------. **140.** Contributions will go to the Hidalgo Children's Art Education Fund.

Known internationally for her unique work focused on poverty in small farming towns, few artists have such a rich connection with their work as does Ms. Hidalgo. Her ------- are said to reflect much **141.** of her own childhood.

------- by her experience of living in various country settings across **142.** the American Midwest, Ms. Hidalgo continues to give the roots to her work not just artistically but as a philanthropist as well.

139 Hudson Lanny Gallery는 Tara Hidalgo 씨의 전원생활 사진들을 8월 한 달 내내 특별 전시할 예정이다. 140 갤러리 입장은 기부에 의해서만 가능할 것이다. 기부금은 Hidalgo Children's Art Education Fund로 전달될 것이다.

작은 농촌 마을의 가난에 초점을 맞춘 그녀의 독특한 작품으로 세계적으로 알려져 있기 때문에, Hidalgo 씨만큼 작품 속에 그런 풍부한 연관성을 갖고 있는 예술가들은 많지 않다. 141 그녀의 사진들은 자신의 어린 시절의 많은 부분을 반영하는 것으로 알려져 있다.

142 미국 중서부 지역에 걸쳐 다양한 시골 환경에서 산 경험에서 영감을 받아, Hidalgo 씨는 자신의 작품에 그 배경을 예술적인 방법뿐만 아니라 자선가의 입장에서도 지속적으로 반영하고 있다.

어휘 | feature ~을 특집으로 하다 throughout ~에 걸쳐 contribution 기부(금) known for ~로 알려진 internationally 세계적으로 unique 독특한 focused on ~에 초점이 맞춰진 poverty 가난 connection with ~와의 연계, 연결성 reflect ~을 반영하다 country setting 시골 환경 continue to do 계속 ~하다 artistically 예술적으로 philanthropist 자선가 as well 또한, 마찬가지로

139 (A) city
(B) rural
(C) artistic
(D) corporate

(A) 도시
(B) 시골의
(C) 예술적인
(D) 기업의

형용사 어휘

빈칸에는 Hidalgo 씨 작품의 특성을 나타낼 형용사가 와야 한다. 단서는 뒤에 이어지는 내용에서 찾을 수 있는데, 두 번째 단락에서 Hidalgo 씨의 작품이 작은 농촌 마을(small farming towns)에 초점을 맞춘다는 내용이 있으므로 (B) rural(시골의)이 정답이다.

정답 (B)

140 (A) Entrance to the gallery will be by donation only.
(B) In the meantime, Ms. Hidalgo is publishing a book on farming.
(C) Several galleries started bidding on the project.
(D) Many artists have been requested to contribute their artwork.

(A) 갤러리 입장은 기부에 의해서만 가능할 것이다.
(B) 그동안, Hidalgo 씨는 농사에 관한 책을 출판할 것이다.
(C) 몇몇 갤러리들은 그 프로젝트에 대한 입찰에 응하기 시작했다.
(D) 많은 예술가들은 그들의 예술 작품을 기부하도록 요청받았다.

빈칸에 알맞은 문장 고르기

빈칸 앞에서는 전시회를 열 것이라고 했고, 빈칸 뒤에서는 '기부금(Contributions)'이 Hidalgo Children's Art Education Fund로 전달될 것이라고 했으므로 빈칸에는 어떤 형태로 기부금을 모을 것인지 구체적으로 설명한 문장이 필요하다. 따라서 보기 중 돈과 관련한 내용이면서 기부금을 어떻게 모으는지를 추측할 수 있는 (A) '갤러리 입장은 기부에 의해서만 가능할 것이다.'가 정답이다.

어휘 | donation 기부(금) in the meantime 그동안 publish ~을 출판하다 bid 입찰에 응하다 request ~을 요구하다

정답 (A)

오답분석
(B) 빈칸 앞 문장에서 전시회를 열 것이라고 했는데, in the meantime과 연결하여 '그 전시회를 열 동안에 농사에 관한 책을 출판할 것이다'가 되어 글의 흐름상 자연스럽지 않다.
(C) '그 프로젝트'가 무엇인지 빈칸 앞 문장에서 언급되어 있지 않다.
(D) 빈칸 뒤의 문장에서 '기부금'이 전달될 것이라고 했을 뿐 예술 작품 기부와는 무관하다.

141 (A) songs
(B) buildings
(C) photographs
(D) performances

(A) 노래
(B) 건물
(C) 사진
(D) 공연, 연주

┤ 명사 어휘 ├

빈칸 앞의 Her는 이 지문에서 소개하는 작가를 가리킨다. 빈칸 뒤에 이어지는 내용을 보면, 자신의 어린 시절의 많은 부분을 반영한다고 나타나 있는데, 이는 이 작가의 작품에 담겨 있는 것이다. 지문 도입부에 보면 사진(images) 전시회를 한다고 했으므로 이와 유사한 의미로 쓰이는 (C) photographs(사진들)가 정답이다.

정답 (C)

142 (A) Inspiring
(B) Inspire
(C) Inspired
(D) Inspires

┤ 분사구문 │ p.p., 완전한 문장 ├

동사 inspire는 목적어를 필요로 하는 타동사인데, 빈칸 바로 다음에 전치사 by가 있으므로 목적어 없이 사용될 수 있으려면 과거분사 형태로 수동의 의미를 나타내는 (C) Inspired(영감을 받은)가 빈칸에 와야 알맞다.

정답 (C)

Questions 143-146 refer to the following e-mail. 143-146은 다음 이메일을 참조하시오.

To: Danielle Lim
From: Huckle Books Customer Service
Re: Textbook Order
Date: November 3

Ms. Lim,

We have processed your order ------- October 30 for the following
                                  143.
titles:
Epidemiology: A Microscopic World 8th edition by Jennifer Schwarzen $67.85
Hospital Administration 4th edition by Adrian Flemming $84.00
Nursing Research: A Look into Change 5th edition by Michelle Stevenson $45.50

-------. However, after searching our database, we discovered that
144.
the third book you ordered is not currently in stock. We have asked for a copy and will expedite it to you free of charge once it is -------.
                                                                        145.

We apologize for the ------- and hope that it has not caused you any
                      146.
inconvenience. Please accept the attached 10 percent off coupon for your next purchase.

Sincerely,

Dana Henry
Huckle Books Customer Service

수신: Danielle Lim
발신: Huckle Books 고객 서비스부
제목: 교재 주문
날짜: 11월 3일

Lim 씨께,

143 다음 도서들에 대한 10월 30일 자 귀하의 주문을 처리했습니다.
〈Epidemiology: A Microscopic World〉 8판 저자 Jennifer Schwarzen 67.85달러
〈Hospital Administration〉 4판 저자 Adrian Flemming 84.00달러
〈Nursing Research: A Look into Change〉 5판 저자 Michelle Stevenson 45.50달러

144 〈Epidemiology〉와 〈Nursing Research〉는 모두 오늘 배송되었습니다. 하지만 데이터베이스를 찾아본 끝에, 귀하께서 주문하신 세 번째 도서는 현재 재고가 없다는 것을 알게 되었습니다. 145 저희는 한 권을 요청했으며, 이용 가능하게 되는 대로 귀하께 무료로 긴급 배송해 드릴 것입니다.

146 지연된 것에 대해 사과드리며, 이로 인해 귀하께 어떠한 불편함도 초래되지 않기를 바랍니다. 다음 구매 시에 사용할 수 있는 첨부된 10퍼센트 할인 쿠폰을 받아 주시기 바랍니다.

안녕히 계십시오.

Dana Henry
Huckle Books 고객 서비스부

어휘 process ~을 처리하다 following 다음의, 아래의 edition (잡지 등의) 판, 호 discover that ~임을 알다 currently 현재 in stock 재고가 있는 ask for ~을 요청하다 expedite ~을 긴급 배송하다 free of charge 무료로 apologize for ~에 대해 사과하다 cause A B A에게 B를 초래하다 inconvenience 불편함 accept ~을 받아들이다, 수락하다 attached 첨부된

143 (A) dated
(B) was dated
(C) to date
(D) is dating

┤ 후치 수식 분사 ├

문장에 이미 동사 have processed가 있으므로 동사 역할이 가능한 형태인 (B) was dated와 (D) is dating은 정답이 될 수 없다. 과거의 날짜와 함께 '~의 날짜로 된'이라는 의미로 order를 수식하는 분사의 형태가 되어야 하므로 (A) dated가 정답이다.

정답 (A)

144 (A) You can place an order for these books online at any time.
(B) Unfortunately, we no longer provide shipping service.
(C) In addition, we have posted a listing of new titles on our Web site.
(D) *Epidemiology and Nursing Research* were both shipped today.

(A) 귀하께서는 온라인에서 언제든지 이 책들을 주문하실 수 있습니다.
(B) 안타깝게도, 저희는 더 이상 배송 서비스를 제공하지 않습니다.
(C) 게다가, 저희는 웹사이트에 신간 도서 목록을 올려 놓았습니다.
(D) ⟨Epidemiology⟩와 ⟨Nursing Research⟩는 모두 오늘 배송되었습니다.

┤ 빈칸에 알맞은 문장 고르기 ├

빈칸 앞부분에서 세 가지 주문한 책 목록을 보여주고, 빈칸 다음 문장에서 주문한 책 중 세 번째 책은 현재 재고가 없다는 것을 알게 되었다고 했으므로 나머지 두 책의 배송 상황을 설명한 (D) '⟨Epidemiology⟩와 ⟨Nursing Research⟩는 모두 오늘 배송되었습니다.'가 문맥상 가장 자연스럽다.

어휘 place an order 주문하다   at any time 언제든지   post ~을 게시하다   ship ~을 배송하다

정답 (D)

오답분석
(A) 빈칸 앞 문장에서 이미 주문한 도서를 '처리'했다고 했으므로 온라인에서 책 주문이 가능하다는 것은 흐름상 맞지 않는다.
(B) 문제는 주문한 세 권의 책 중 세 번째 도서의 재고가 없다는 것이므로 배송 서비스 운영 문제는 무관한 내용이다.
(C) 접속부사 in addition은 앞의 내용에 대한 부연설명을 할 때 쓰이는데, 신간 도서 목록을 올린 것이 앞서 언급한 주문 완료 내용에 대한 부연설명이 아니므로 정답이 될 수 없다.

145 (A) repaired
(B) available
(C) ordered
(D) expected

(A) 수리된
(B) 구매 가능한, 이용 가능한
(C) 주문된
(D) 예상되는

┤ 형용사 어휘 ├

빈칸 앞의 내용은 재고가 없는 책을 요청했으니 긴급 배송으로 보내 주겠다는 내용이고, 빈칸이 속한 once절은 그에 대한 조건을 나타낸다. 배송이 되려면 제품이 있어야 하므로 '구매 가능한, 이용 가능한'이라는 의미로 쓰이는 (B) available이 정답이다.

정답 (B)

146 (A) defect
(B) accident
(C) delay
(D) malfunction

(A) 결함
(B) 사고
(C) 지연
(D) 작동 오류

┤ 명사 어휘 ├

빈칸에는 사과하는 이유를 나타내는 명사가 와야 한다. 이 문장에서 사과를 하는 이유는 앞서 언급한 바와 같이 주문한 책의 재고가 없어서 배송이 늦어졌기 때문이므로 이러한 상황에 어울리는 (C) delay(지연)가 빈칸에 오는 것이 자연스럽다.

정답 (C)

PART 7

Questions 147-148 refer to the following information. 147-148은 다음 정보를 참조하시오.

Zenith Supplies Order Details

Item Description / Quantity	Price
16″ round fiberglass **147 serving tray** / x 12 at $18.99 each	$227.88
20″x20″ **147 cloth napkins** (pack of 12) / x 10 at $23.99 each	$239.90
8-quart stainless steel **147 warming dish** / x 3 at $169.99 each	$509.97
13″ stainless steel **147 serving spoon** / x 6 at $3.99 each	$23.94
Subtotal	$1,001.69
Delivery and taxes	$134.95
148 Total	$1,136.64

148 Payment type: Credit card ending in 8946 / Charge of $1,136.64 applied on February 3

Date of order: February 3
Customer name: Anuj Misra
Estimated delivery: February 9
Business reference number: F53R98

Special instructions: Napkins will be printed with the Misra Co. logo.

Zenith Supplies 상세 주문 내역

제품 설명 / 수량	가격
16인치 둥근 섬유 유리 **147** 서빙 쟁반 / 12개, 개당 18.99달러	227.88달러
20인치x20인치 **147** 헝겊 냅킨 (12개 들이 팩) / 10개, 개당 23.99달러	239.90달러
8쿼트 스테인리스 스틸 **147** 예열 접시 / 3개, 개당 169.99달러	509.97달러
13인치 스테인리스 스틸 **147** 서빙 스푼 / 6개, 개당 3.99달러	23.94달러
소계	1,001.69달러
배송비 및 세금	134.95달러
148 총계	1,136.64달러

148 지불 방식: 8946로 끝나는 신용 카드 / 1,136.64달러의 청구 비용이 2월 3일에 적용됨.

주문 날짜: 2월 3일   예상 배송일: 2월 9일
고객 성함: Anuj Misra   조회 번호: F53R98

특이 사항: 냅킨에는 Misra Co.의 로고가 새겨질 것입니다.

어휘 description 설명   quantity 수량   fiberglass 섬유 유리   tray 쟁반   quart 쿼트(수량 단위)   subtotal 소계   ending in ~로 끝나는   charge 청구 비용   apply 적용되다   estimated 예상된, 추정된   instructions 지시, 설명, 안내

147 What type of business does Mr. Misra most likely operate?

(A) A clothing shop
(B) A hardware store
(C) A catering company
(D) A laundry service

Misra 씨는 무슨 종류의 사업을 운영할 것 같은가?

(A) 의류 매장
(B) 철물점
(C) 출장 요리 제공 업체
(D) 세탁소

추론 | 세부사항

표에 나타나 있는 각 주문품의 특성으로 보아 음식과 관련된 사업을 한다는 것을 알 수 있으므로 (C)가 정답이다.

어휘 operate ~을 운영하다

정답 (C)

148 What is stated about the order?

(A) It will be delivered to Mr. Misra's home.
(B) Its payment was made in full.
(C) It included clearance sale items.
(D) Its delivery fee was waived.

주문에 관해 언급된 것은 무엇인가?

(A) Misra 씨의 집으로 배송될 것이다.
(B) 비용이 전액 지불되었다.
(C) 정리 할인 판매 제품을 포함했다.
(D) 배송 비용이 면제되었다.

진위확인 | True

총계(Total)가 $1,136.64로 되어 있는데, 바로 아랫부분을 보면 같은 금액으로 표기된 청구 비용이 특정 신용 카드에 적용되었다고 명시되어 있으므로 대금을 모두 지불했음을 유추할 수 있다. 따라서 (B)가 정답이다.

어휘 in full 전부   clearance sale 재고 정리 할인   waive ~을 면제하다

정답 (B)

Questions 149-150 refer to the following Web page. 149-150은 다음 웹 페이지를 참조하시오.

http://www.lunjaninc.com

Lunjan, Inc.

149 Now offering moving vans along with our regular fleet of cars and trucks!

149 In addition to the daily usage charge, you can add a number of features to suit your needs such as:

– GPS Navigation Device
– Heavy-duty Folding Cart
– Bicycle Rack
– Ski Rack

Fees are dependent upon the package selected, and a deposit is required. Click here for more information. 150 Please note that all payments must be made by credit card or bank transfer only, as we do not keep cash on the premises.

---

http://www.lunjaninc.com

Lunjan, Inc.

149 기존의 저희 보유 승용차 및 트럭과 함께 현재 이삿짐 전용 트럭도 제공하고 있습니다!

149 일일 이용 요금이 부과되는 서비스와 더불어, 다음과 같이 여러분의 요구 사항에 적합한 여러 가지 기능들을 추가하실 수 있습니다.

– GPS 내비게이션 장치
– 튼튼한 접이식 카트
– 자전거 거치대
– 스키 거치대

요금은 선택하시는 패키지에 따라 다를 수 있으며, 이용 보증금은 필수입니다. 여기를 클릭해 더 많은 정보를 확인해 보시기 바랍니다. 150 저희는 회사 내에 현금을 두지 않으므로 모든 비용 지불은 반드시 신용 카드나 은행 계좌 이체를 통해서만 이뤄져야 한다는 점에 유의하시기 바랍니다.

어휘 offer ~을 제공하다 moving van 이삿짐 트럭 along with ~와 함께 regular 평상시의 fleet (한 업체가 소유한 전체 차량의) 무리 in addition to ~에 더해, ~ 외에도 usage charge (부과되는) 이용 요금 a number of 많은 feature 특징, 기능 suit ~에 적합하다, ~을 충족하다 such as ~와 같은 device 장치, 기기 heavy-duty 튼튼한 rack 거치대, 선반, ~ 걸이 fee 요금 be dependent upon ~에 따라 다르다 select ~을 선택하다 deposit 보증금, 예치금 note that ~라는 점에 유의하다 make a payment 지불하다 bank transfer 은행 계좌 이체 premises (건물) 구내, 부지

---

149 What type of business most likely is Lunjan, Inc.?

(A) A sporting goods store
(B) A real estate agency
(C) A moving company
(D) A vehicle rental agency

Lunjan, Inc.는 무슨 종류의 업체일 것 같은가?

(A) 스포츠 용품 매장
(B) 부동산 중개업체
(C) 이삿짐 전문 회사
(D) 차량 대여 업체

| 추론 | 세부사항 |

제공되는 서비스의 특징과 관련해, 지문 시작 부분에 다양한 종류의 차량을 제공하고(offering moving vans along with our regular fleet of cars and trucks) 있음을 언급하고 있다. 그리고 이에 대해 일일 요금이 부과된다는(daily usage charge) 사실이 함께 제시되어 있으므로 (D)가 정답임을 알 수 있다.

어휘 real estate 부동산

정답 (D)

---

150 What is suggested about the deposit?

(A) It can be paid in installments.
(B) It is reduced for regular customers.
(C) It is not accepted in cash.
(D) It can be returned quickly.

보증금에 관해 알 수 있는 것은 무엇인가?

(A) 할부로 납부할 수 있다.
(B) 단골 고객들에게는 할인된다.
(C) 현금으로 수납되지 않는다.
(D) 신속히 돌려받을 수 있다.

| 추론 | 진위확인 |

보증금(deposit) 관련 정보는 마지막 단락에 제시되어 있다. 이 단락에서 지불 방식으로 언급된 정보를 보면, 현금이 아닌(we do not keep cash on the premises) 신용 카드나 계좌 이체를 이용하도록 권하고 있으므로 (C)가 정답이다.

어휘 installment 할부

정답 (C)

Questions 151-152 refer to the following online chat discussion. 151-152는 다음 온라인 채팅을 참조하시오.

Ken Johnson [10:43 A.M.] Hey, Blake. Have you selected a hotel for Nicky Sutton's crew yet?	**Ken Johnson** [오전 10:43] 안녕하세요, Blake. Nicky Sutton 씨의 작업 팀원들에게 필요한 호텔은 정해 놓으셨나요?
Blake Hurst [10:45 A.M.] I just did it this morning. They'll be staying at the Columbus Inn. It's within walking distance, **151** so it will be easy for them to come over here and set up our stage.	**Blake Hurst** [오전 10:45] 오늘 아침에 막 정했습니다. 그분들께서는 Columbus Inn 에 머무실 겁니다. 걸어서 갈 수 있는 거리에 있는 곳이기 때문에 **151** 그분들께서 이쪽으로 오셔서 무대 설치 작업을 하시기 수월하실 겁니다.
Ken Johnson [10:46 A.M.] Great. Please forward the booking information to Ms. Sutton's agent.	**Ken Johnson** [오전 10:46] 좋아요. Sutton 씨의 대리인에게 예약 정보를 전송해 주세요.
Blake Hurst [10:47 A.M.] I will. And Ms. Sutton is arriving on a Buena Airlines flight at 2:05 P.M. on June 1. **152** Do you think we should send a limo to pick her up?	**Blake Hurst** [오전 10:47] 그렇게 하겠습니다. 그리고 Sutton 씨께서 6월 1일 오후 2시 5분에 Buena Airlines 항공편으로 도착하실 예정입니다. **152** 우리가 리무진을 보내서 모셔 오도록 해야 할까요?
Ken Johnson [10:49 A.M.] Certainly. **152** She's a big celebrity.	**Ken Johnson** [오전 10:49] 물론이죠. **152** 그분은 대단한 유명 인사입니다.
Blake Hurst [10:51 A.M.] Then I'll make the necessary arrangements to greet her in style.	**Blake Hurst** [오전 10:51] 그렇다면 그분을 멋지게 맞이할 수 있도록 필요한 조치를 취하겠습니다.

어휘 select ~을 고르다, 선정하다 crew (함께 일하는) 팀, 조 yet (의문문에서) 이미, 벌써 within walking distance 걸어서 갈 수 있는 거리에 있는 come over here 이쪽으로 오다 set up ~을 설치하다 forward A to B A를 B에게 전송하다 booking 예약 agent 대리인, 직원 limo 리무진 pick A up (차로) A를 데리러 가다, 데려오다 Certainly. 물론이죠, 당연하죠. celebrity 유명 인사 then 그렇다면, 그러면 make an arrangement 조치를 취하다, 준비하다 necessary 필요한 greet ~을 맞이하다 in style 멋지게, 거창하게

151 Where do the people most likely work?

(A) At a travel agency
(B) At a hotel
(C) At a theater
(D) At an airport

메시지 작성자들은 어디에서 근무할 것 같은가?

(A) 여행사에서
(B) 호텔에서
(C) 극장에서
(D) 공항에서

┤ 추론 │ 세부사항 ├

근무 장소를 묻는 문제에서는 특정 업무나 서비스 등과 관련된 정보가 제시된 부분을 찾아야 한다. Hurst 씨가 10시 45분에 남긴 메시지를 보면, '그분들이(앞서 언급된 Nicky Sutton's crew) 이쪽으로 와서 무대 설치 작업을 하기 편리할 것(it will be easy for them to come over here and set up our stage)'이라고 알리는 내용이 있다. 이는 Hurst 씨와 Johnson 씨가 일하는 곳이 무대 설치와 관련된 곳임을 의미하는 것이므로 (C)가 정답이다.

어휘 travel agency 여행사 theater 극장

정답 (C)

152 At 10:49 A.M., what does Mr. Johnson most likely mean when he writes, "Certainly"?

(A) He thinks the suggested transportation is a good idea.
(B) He agrees that using Buena Airlines is the best option.
(C) He plans to pick Ms. Sutton up from the airport himself.
(D) He has stayed at the Columbus Inn in the past.

오전 10시 49분에, Johnson 씨가 "Certainly"라고 썼을 때 의미하는 것은 무엇인가?

(A) 제안된 교통편이 좋은 아이디어라고 생각한다.
(B) Buena Airlines를 이용하는 것이 가장 좋은 선택이라는 데 동의한다.
(C) 자신이 직접 공항에서 Sutton 씨를 모셔 올 계획이다.
(D) 과거에 Columbus Inn에서 숙박한 적이 있다.

| 의도파악 |

해당 표현은 바로 앞서 Hurst 씨가 '리무진을 보내서 모셔 와야 하는지(Do you think we should send a limo to pick her up?)' 묻는 질문에 대한 긍정의 답변으로 쓰인 말이다. 이 말과 함께 '그분은 대단한 유명 인사(a big celebrity)'라는 말을 덧붙이고 있으므로 당연히 리무진으로 모셔 와야 한다는 뜻을 나타내는 것을 알 수 있다. 따라서 리무진을 '제안된 교통편'이라는 말로 바꿔 표현하여 상대의 제안에 찬성하는 내용인 (A)가 정답이다.

어휘 transportation 교통편 stay (호텔 등에) 숙박하다, 묵다

정답 (A)

Questions 153-154 refer to the following invitation. 153-154는 다음 초대장을 참조하시오.

Harrison Towers
at 372 Stratford Drive
153 Opening Event on Saturday, August 28

On behalf of Woodland, Inc. 153 you are cordially invited to view the luxury properties Harrison Towers has to offer.

153 Rental options available in various sizes!

Drop in from 1 P.M. to 7 P.M. to tour the site at your leisure.

154 Call Erin Varner at (212) 555-2054 for unit layouts and sample lease agreements.

Harrison Towers
372 Stratford Drive
153 개장 행사, 8월 28일, 토요일

Woodland, Inc.를 대표하여, 153 Harrison Towers가 제공하는 고급 주택을 둘러보실 수 있도록 귀하를 정중히 초청합니다.

153 다양한 규모의 임대 선택이 이용 가능합니다!

오후 1시부터 7시 사이에 한가하실 때 방문하시어 둘러보시기 바랍니다.

154 개별 배치나 샘플 임대 계약서를 원하시는 분은 (212) 555-2054로 Erin Varner 씨에게 전화하십시오.

어휘 opening event 개장 행사 be cordially invited to do ~하도록 정중히 초청되다 view ~을 둘러보다 property 건물, 부동산 rental option 임대 선택 사항 available 이용 가능한 various 다양한 drop in 들르다 at one's leisure 한가할 때 unit (아파트 등의) 한 가구 layout 배치(도) lease agreement 임대 계약(서)

---

153 What is the purpose of the event?

(A) To publicize a construction plan
(B) To recruit more staff members
(C) To promote a new housing complex
(D) To introduce a change in leadership

행사의 목적은 무엇인가?

(A) 공사 계획을 알리기
(B) 더 많은 직원을 모집하기
(C) 새로운 복합 거주 건물을 홍보하기
(D) 경영진의 교체를 발표하기

> **세부사항 | What**
> '개장 행사'라는 말과 함께 지문 중반부에 건물을 둘러보도록 초청한다는 내용, 그리고 임대가 가능하다는 말 등으로 볼 때 행사의 목적으로 (C)가 가장 알맞다.
>
> **어휘** publicize ~을 알리다 recruit ~을 모집하다 promote ~을 홍보하다 complex 복합 건물, (건물) 단지 introduce ~을 발표하다, 소개하다
>
> 정답 (C)

---

154 Who most likely is Erin Varner?

(A) A museum tour guide
(B) A real estate agent
(C) A construction crew manager
(D) A financial expert

Erin Varner는 누구인 것 같은가?

(A) 박물관 견학 가이드
(B) 부동산 중개 직원
(C) 건축 인부 책임자
(D) 재정 전문가

> **추론 | 세부사항**
> Erin Varner라는 이름은 지문 하단부에 나와 있다. 아파트의 개별 가구 배치나 임대 계약서 샘플과 관련해 문의할 수 있는 사람이므로 부동산 관련 직종인 (B)가 정답이다.
>
> **어휘** museum 박물관 financial 재정의 expert 전문가
>
> 정답 (B)

Questions 155-158 refer to the following text message chain. 155-158은 다음 문자 메시지 대화를 참조하시오.

PAUL	8:11 A.M.

158 I'm heading to the business center on the 3rd floor. I'm going to make extra copies of the event schedule and bring down another chair.

VANESSA	8:12 A.M.

I'm at our booth. I thought the banner we brought would be too small, but it's the perfect size because 155 we're only using half of the booth. 155, 156 And, we got lucky with Ralston Co.'s color scheme.

WILLIAM	8:13 A.M.

I'm not following you.

VANESSA	8:15 A.M.

155, 156 I mean that their decorations are really different from ours, so it's clear that we're two different companies.

PAUL	8:17 A.M.

That's great. Visitors will start arriving in an hour. Let's take turns watching the booth so we can go around and see the rest of the expo.

WILLIAM	8:18 A.M.

Good idea. 157 I'd love to see the demonstration by Jarvis Enterprises on the main stage this afternoon.

VANESSA	8:19 A.M.

157 Me too. The Nixon-44 is one of the most highly anticipated smartphones of the year.

PAUL	8:21 A.M.

Yeah, it'll be great. By the way, there are some gift bags for exhibitors up here too, but I can't carry everything down in one trip.

WILLIAM	8:22 A.M.

158 I'll come to the business center to help you.

어휘 be heading to ~로 가다, 향하다　make a copy 복사하다　extra 추가의, 별도의　schedule 일정(표)　bring down ~을 가지고 내려 가다　booth 부스, 칸막이 공간　banner 현수막　half 절반　get lucky with ~ 때문에 운이 좋다　color scheme 색상 조합　follow ~을 이해하다, 내용을 따라잡다　decoration 장식(물)　different from ~와 다른　it's clear that ~라는 것이 분명하다　take turns -ing 순서를 돌아가며 ~하다　watch ~을 지키다, 지켜보다　go around 돌아다니다　the rest of ~의 나머지　demonstration 시연(회)　highly 대단히, 매우　anticipate ~을 기대하다　by the way (화제 전환 시) 그건 그렇고　exhibitor 전시 업체　carry ~을 옮기다, 나르다　in one trip 한 번의 이동으로

155 What is suggested about the group's booth?

(A) It is getting a lot of visitors.
(B) It comes with a free banner.
(C) It is shared with another group.
(D) It is near the business center.

이 그룹의 부스에 관해 알 수 있는 것은 무엇인가?

(A) 많은 방문객들이 찾아올 것이다.
(B) 무료 현수막이 딸려 있다.
(C) 다른 그룹과 공유하고 있다.
(D) 비즈니스 센터에서 가깝다.

| 추론 | 진위확인 |

Vanessa가 8시 12분에 쓴 메시지를 보면, '부스의 절반만 사용한다(we're only using half of the booth)'고 언급하는 내용이 있다. 뒤이어 Ralston Co.를 언급하고 있는데, 메시지에서 이 회사가 자신들의 회사와 완전히 다르게(we're two different companies) 구별된다는 말을 하고 있으므로 부스 하나를 서로 나눠 쓰는 상황임을 알 수 있다. 따라서 (C)가 정답이다.

어휘 come with ~이 딸려 있다   share ~을 공유하다

정답 (C)

156 At 8:13 A.M., what does Mr. William most likely mean when he writes, "I'm not following you"?

(A) He thinks some decorations should be changed.
(B) He doesn't understand what was said.
(C) He wants to use his own ideas.
(D) He doesn't have time to go with Vanessa.

오전 8시 13분에, William 씨가 "I'm not following you"라고 썼을 때 의미하는 것은 무엇인가?

(A) 일부 장식품이 바뀌어야 한다고 생각한다.
(B) 무슨 말인지 이해하지 못하고 있다.
(C) 자신이 내놓은 아이디어를 활용하고 싶어 한다.
(D) Vanessa와 함께 갈 시간이 없다.

| 의도파악 |

"I'm not following you"를 그대로 해석하면, '당신을 따라가지 못하겠다'는 뜻이다. 이 말의 앞뒤 메시지들을 보면 Vanessa가 8시 12분에 자신이 했던 말에 대해 8시 15분에 'I mean that ~'이라는 표현과 함께 자세하게 다시 설명해 주는 내용이 쓰여 있다. 따라서 "I'm not following you"라는 말은 Vanessa가 한 말을 명확하게 이해하지 못하겠다는 의미임을 알 수 있으므로 (B)가 정답이다.

정답 (B)

157 What is implied about the Nixon-44?

(A) Its demonstration will begin in an hour.
(B) It is a best-seller at the writers' company.
(C) It is manufactured by Jarvis Enterprises.
(D) It will be given away to exhibitors.

Nixon-44에 관해 암시된 내용은 무엇인가?

(A) 그 제품의 시연회가 한 시간 후에 시작될 것이다.
(B) 메시지 작성자들의 회사의 베스트셀러 제품이다.
(C) Jarvis Enterprises에 의해 제조된다.
(D) 전시 업체에 증정될 것이다.

| 추론 | 진위확인 |

Nixon-44라는 명칭은 8시 19분에 Vanessa가 쓴 메시지에서 찾을 수 있다. 여기서 Vanessa는 앞서 William이 'Jarvis Enterprises의 시연회를 정말로 보고 싶다(I'd love to see the demonstration by Jarvis Enterprises)'라고 말한 것에 동의하면서 Nixon-44라는 제품의 특징을 언급하고 있다. 즉, Jarvis Enterprises에서 만든 제품인 Nixon-44의 시연회가 있을 예정임을 알 수 있으므로 (C)가 정답이다.

어휘 manufacture ~을 제조하다   give away ~을 선물로 주다

정답 (C)

158 What will William probably do next?

(A) Go to the third floor
(B) Find a place to park
(C) Make copies of a schedule
(D) Meet Paul at the main stage

William은 곧이어 무엇을 할 것 같은가?

(A) 3층으로 간다.
(B) 주차할 공간을 찾는다.
(C) 일정표를 복사한다.
(D) 중앙 무대에서 Paul을 만난다.

| 추론 | 세부사항 |

지문 맨 마지막 부분에서, William은 'I'll come to the business center to help you.'라는 말로 자신이 비즈니스 센터로 가서 돕겠다고 알리고 있다. 그런데 지문 시작 부분에 Paul이 비즈니스 센터의 위치가 3층이라고(the business center on the 3rd floor) 말하는 내용이 있으므로 William이 3층으로 갈 것임을 알 수 있다. 따라서 (A)가 정답이다.

어휘 make a copy 복사하다

정답 (A)

Questions 159-161 refer to the following advertisement. 159-161은 다음 광고를 참조하시오.

Sardis
Job Openings

159 Massage therapists: Part-time massage therapist positions (3 total). Candidates must be licensed by the state and have at least two years' related experience. — [1] —. We are open every day from 7 A.M. to 10 P.M., so candidates must be available days, evenings, and weekends. **160** You will be scheduled to work five days a week. — [2] —.

Receptionist: Full-time receptionist (1 total). **161** The receptionist is responsible for taking incoming calls, **159** arranging appointments for massages and other beauty treatments, and handling incoming and outgoing bills. — [3] —. **160** Working hours are Sunday to Thursday, 7 A.M. to 4 P.M. Applicants with experience are preferred, but we are willing to train the right person.

Please fill out an online application at www.sardis.net/careers on or before June 14. — [4] —.

어휘 therapist 치료 전문가 candidate 지원자 be licensed by ~에 의해 허가를 받다 related 관련된 available (사람이) 시간이 나는 be scheduled to do ~할 예정이다 receptionist 접수 담당자 be responsible for ~에 대한 책임이 있다 take an incoming call 전화를 받다 arrange ~을 조정하다 appointment 예약, 약속 handle ~을 처리하다 bill 청구서 applicant 지원자 preferred 선호되는 be willing to do ~하고자 하다 train ~을 교육하다 fill out ~을 작성하다

159 What type of business most likely is Sardis?

(A) A training institute
(B) A spa facility
(C) A mental health clinic
(D) An insurance company

Sardis는 무슨 종류의 업체일 것 같은가?

(A) 교육 기관
(B) 스파 시설
(C) 정신 건강 클리닉
(D) 보험 회사

| 추론 | 세부사항 |

지문 시작 부분에 마사지 치료 전문가를 채용한다고 되어 있고, 두 번째 단락에서도 마사지 및 미용 치료를 바탕으로 한 업무에 대해 소개하고 있으므로 (B)가 정답이다.

어휘 institute 기관 mental 정신의, 마음의 insurance 보험

정답 (B)

160 According to the advertisement, what is required of workers in both positions?

(A) Having prior experience
(B) Being available until 10 P.M.
(C) Working five days a week
(D) Holding a valid state certification

광고에 따르면, 두 직책의 직원들에게 모두 요구되는 것은 무엇인가?

(A) 과거의 경력이 있는 것
(B) 밤 10시까지 근무가 가능한 것
(C) 일주일에 5일을 근무하는 것
(D) 주에서 발급한 유효 자격증이 있는 것

| 세부사항 | What |

두 직책의 공통점을 찾아야 하는 문제이다. 첫 단락 마지막 부분의 'work five days a week'와 두 번째 단락의 'Working hours are Sunday to Thursday' 부분에서 두 직책에 근무하는 사람 모두 일주일에 5일을 근무하게 된다는 점을 언급하고 있으므로 (C)가 정답이다. 과거의 경력은 마사지 치료 전문가 자리에는 필수이지만 접수 담당자 자리에는 우대 사항일 뿐이므로 (A)는 오답이다.

어휘 prior 이전의, 사전의 valid 유효한 certification 자격증

정답 (C)

161 In which of the positions marked [1], [2], [3], and [4] does the following sentence best belong?

"You may also be asked to make updates on our social media page."

(A) [1]
(B) [2]
(C) [3]
(D) [4]

[1], [2], [3], [4]로 표기된 위치들 중에서 다음 문장이 가장 잘 어울리는 곳은 어디인가?

"또한, 저희 소셜 미디어 페이지를 업데이트하는 일을 요청받으실 수도 있습니다."

(A) [1]
(B) [2]
(C) [3]
(D) [4]

주어진 문장 넣기 | 문장의 내용 단서

주어진 문장은 소셜 미디어 페이지를 업데이트하는 일을 요청받을 수도 있다는 가능성을 나타낸다. 그리고 '또한'이라는 의미로 사용되는 also가 포함되어 있어 추가 정보를 제시하는 문장에 해당한다. 즉, 특정 직책에 들어가는 것이 요구되는 업무를 추가로 전달하는 내용이므로 접수 담당자가 하는 일을 구체적으로 설명하는 문장 바로 다음에 위치한 [3]에 들어가는 것이 알맞다. 따라서 (C)가 정답이다.

어휘 be asked to do ~하도록 요청받다

정답 (C)

Questions 162-164 refer to the following contract. 162-164는 다음 계약서를 참조하시오.

Maritime Event Supply
1024 Maritime Street
Miami, Fl 33114

Lease Agreement

Today's date: June 10   Reservation date: August 1
Lessee: Marshal Wendt
Contact preference: ___ e-mail   ___ home phone
                    _X_ mobile phone: 305-208-6666
Lease Length:
___ Morning (6 A.M. to 1 P.M.)
___ Full day (6 A.M. to 8 P.M.)
163 _X_ Overnight (6 A.M. to 10 A.M. next day)

Item	Quantity	Price
Chairs (natural wood; folding)	100	$300.00
Tables (round 6´)	12	$168.00
Table clothes (peach; round)	12	$60.00
Tables (long 8´)	6	$90.00
Total		$618.00
Amount paid		$309.00
Refundable security deposit paid		$100.00
Remainder due by July 25		$309.00

NOTE: You will be requested to provide photo identification and sign upon pick-up. Be sure to pay remaining rental fee on time, or the reservation may be lost. **162** A full deposit can be expected pending the condition of the items and timelines of return. **164-B** For items returned after the designated time, a 10 percent hourly late fee may apply. **164-C** Cost for damages outside of normal use will also be deducted from the security deposit. While fees for basic cleaning are included in rental costs, we do request that tables and chairs be free of food and generally well maintained. **164-A** Please be advised that additional charges will apply if items are stained or require specialized cleaning. Such charges will be deducted from the security deposit, unless they exceed the $100 amount, in which case you may receive an additional bill.

Maritime Event Supply
1024 Maritime Street
Miami, Fl 33114

임대 계약서

오늘 날짜: 6월 10일   예약 날짜: 8월 1일
임차인: Marshal Wendt
선호하는 연락 방법: ___ 이메일   ___ 자택 전화
                    _X_ 휴대 전화: 305-208-6666
임대 시간:
___ 오전(오전 6시부터 오후 1시까지)
___ 종일(오전 6시부터 오후 8시까지)
163 _X_ 야간 포함(오전 6시부터 익일 오전 10시까지)

품목	수량	가격
의자(천연 원목; 접이식)	100	300달러
탁자(원형, 6피트)	12	168달러
테이블보(살구색; 원형)	12	60달러
탁자(긴 것, 8피트)	6	90달러
총계		618.00달러
지불 완료 금액		309.00달러
환급용 임차 보증금 지불액		100.00달러
7월 25일까지 지불 예정인 남은 금액		309.00달러

유의사항: 물품 수령 시 사진이 부착된 신분증을 제시하신 후 서명하셔야 합니다. 남은 대여료는 반드시 제때 지불되어야 하며, 그렇지 않을 경우 예약이 취소될 수 있습니다. **162** 보증금은 물품의 상태와 반환 시점에 따라 전액 지급될 수 있습니다. **164-B** 지정된 시간이 지난 후에 반환되는 물품에 대해서는, 시간당 10퍼센트의 연체 요금이 적용될 수 있습니다. **164-C** 정상적으로 사용하지 않아서 발생한 물품 손상에 대한 비용 또한 보증금에서 공제될 것입니다. 기본적인 세척 작업에 대한 요금이 대여료에 포함되어 있기는 하지만, 탁자와 의자에 음식이 묻지 않도록 사용해 전반적으로 잘 관리된 상태를 유지하시기를 요청드립니다. **164-A** 물품에 얼룩이 남아 있거나 특별 세척 작업이 필요한 경우에 추가 요금이 적용된다는 점에 유의하시기 바랍니다. 해당 요금은 100달러가 초과되지 않는 경우에는 보증금에서 공제되지만, 초과하는 경우에는 추가 비용 청구서를 받으실 수 있습니다.

어휘 lease agreement 임대 계약서   reservation 예약   lessee 임차인   preference 선호(하는 것)   length (시간) 길이   overnight 야간의, 하룻밤 동안의   quantity 수량   folding 접을 수 있는   round 원형의, 둥근   table cloth 테이블보   peach 살구색   refundable 환급 가능한   security deposit 보증금   remainder 나머지   due (지불) 예정인   be requested to do ~해야 하다, ~하도록 요청받다   provide ~을 제공하다   identification 신분증   upon ~할 때   pick-up (물건 등을) 가져감, 가져옴   be sure to do 반드시 ~하다   remaining 남은   rental fee 대여료   on time 제때   full 전액의   expect ~을 예상하다   pending the condition of ~의 조건에 따라, ~의 상태에 따라   timeline 시점, 시간대   return 반환, 반품   designated 지정된   hourly 1시간마다의   late fee 연체료   apply 적용되다   damage 손상   outside of ~가 아닌   normal 정상적인   deduct A from B B에서 A를 공제하다   include ~을 포함하다   request that ~하도록 요청하다   free of ~가 없는   generally 전반적으로   maintain ~을 유지하다   be advised that ~라는 점에 유의하다   additional 추가의   charge 청구 요금   stained 얼룩진   specialized 특별한, 특수한   unless ~가 아니라면   exceed ~을 초과하다   receive ~을 받다   bill 청구서

162 What is indicated about Maritime Event Supply?

(A) It requires information on the customer's credit card.
(B) It rents items which are used in a kitchen.
(C) It returns the deposit once items are back.
(D) It allows rental of items for a maximum of ten hours.

Maritime Event Supply에 관해 알 수 있는 것은 무엇인가?

(A) 고객 신용 카드상의 정보를 요구한다.
(B) 주방에서 사용되는 물품들을 대여해 준다.
(C) 물품들이 반환되는 대로 보증금을 되돌려 준다.
(D) 최대 10시간 동안 물품 대여를 허용한다.

진위확인 | True

지문 하단에 제시된 유의사항 초반부에 '물품의 상태와 반환 시점에 따라 보증금을 전액 환불해 줄 수 있다(A full deposit can be expected pending the condition of the items and timelines of return)'라는 내용이 있으므로 (C)가 정답임을 알 수 있다. 대여 물품 목록으로 '탁자, 의자, 테이블보'가 쓰여 있는데, 이 정보만으로는 주방에서 사용되는 물품들인지 명확히 알 수 없으므로 (B)는 오답이다.

어휘 allow ~을 허용하다 maximum 최대

정답 (C)

163 When are the rented items due to be returned?

(A) By 6:00 A.M.
(B) By 10:00 A.M.
(C) By 1:00 P.M.
(D) By 8:00 P.M.

임대 물품들은 언제 반환될 예정인가?

(A) 오전 6시까지
(B) 오전 10시까지
(C) 오후 1시까지
(D) 오후 8시까지

세부사항 | When

임대 시간(Lease Length) 항목을 보면 'Overnight (6 A.M. to 10 A.M. next day)' 부분에 표기되어 있으므로 물품 반환 시간이 '오전 10시'임을 알 수 있다. 따라서 (B)가 정답이다.

정답 (B)

164 What expenses are NOT deducted from the deposit?

(A) Cleaning fee
(B) Hourly late fee
(C) Cost for damages
(D) Remaining rental fee

어느 비용이 보증금에서 공제되지 않는가?

(A) 세척 비용
(B) 시간당 연체료
(C) 손상에 대한 비용
(D) 남아 있는 대여료

진위확인 | NOT true

보증금 공제 대상 관련 정보는 지문 하단의 유의사항에서 찾아볼 수 있다. 중간 부분에, 지정된 시간 이후에 반환되는 물품에 대한 연체료 및 물품 손상에 대한 비용이 보증금에서 공제된다고 되어 있으므로 (B)와 (C)는 오답이다. 또한, 마지막 부분에 100달러가 초과되지 않는 세척 요금이 추가로 발생할 경우 보증금에서 공제된다고 했으므로 (A)도 오답이다. 따라서 공제 대상으로 언급된 바가 없는 (D)가 정답이다.

정답 (D)

Questions 165-167 refer to the following e-mail. 165-167은 다음 이메일을 참조하시오.

To: Diane Hines <d.hines@ingrammail.com>
From: Roy Monroe <monroeroy@stepbystepgoods.com>
Date: April 20
Subject: Product R-490 (Gigi Cube)

Dear Ms. Hines,

165 Thank you for your participation in testing the Gigi Cube, which is the safe play structure for toddlers that we are currently developing to accompany our line of toys and supplies. You will receive the item by courier sometime next week at the address you provided us. Feel free to track the delivery of the package on our Web site using the following code: TWLHO90.

We request that you incorporate the Gigi Cube into your everyday lifestyle, using it in your home and also 167 taking it with you when visiting friends, family, and public spaces. 165 You are required to file weekly comments about the product on our Web site at stepbystepgoods.com/testing using the login details previously provided. Please be as detailed as possible about the convenience, appearance, and quality of the item as well as anything else you think may be helpful for us to know. 166 Because we use real customers instead of professionals at this stage in the development process, we can figure out what people really want and need.

At the end of the six-week testing period, the Gigi Cube is yours to keep. It's our way of saying thank you for participating in this process.

Warmest regards,

Roy Monroe
R&D Director, 166 Step by Step

---

165 What is the purpose of the e-mail?

(A) To explain why a shipment was delayed
(B) To give instructions regarding a task
(C) To thank a customer for making a purchase
(D) To introduce a new line of children's clothing

이메일의 목적은 무엇인가?

(A) 배송이 지연된 이유를 설명하기
(B) 일에 관한 지시 사항을 전하기
(C) 제품을 구매한 것에 대해 고객에게 감사하기
(D) 새로운 아동복 제품 라인을 소개하기

| 주제/목적 | 목적 |

첫 단락의 시작 부분에 테스트에 참여한 것에 대해 감사하다는 인사를 하고 있고, 그다음 단락에서 테스트와 관련해 상대방이 해야 할 일들을 자세히 설명하는 내용이 제시된다. 이를 통해 테스트 기간 동안 해야 할 일들을 설명하는 것이 이 이메일의 목적임을 알 수 있으므로 (B)가 정답이다.

정답 (B)

166 What is mentioned about Step by Step?

(A) It involves ordinary consumers when developing its goods.
(B) Its R&D department is short-staffed at the moment.
(C) It will make extensive changes to its Web site.
(D) It supplies volunteers with discount shopping codes.

Step by Step에 관해 언급된 것은 무엇인가?

(A) 제품을 개발할 때 일반 소비자들을 참여시킨다.
(B) 연구 개발 부서가 현재 직원이 부족하다.
(C) 웹사이트에 대대적인 변화를 줄 것이다.
(D) 자원자들에게 할인 쇼핑 코드를 제공한다.

> **진위확인 | True**
>
> Step by Step은 지문 맨 마지막 부분의 발신인 정보에서 확인 가능한 명칭으로 회사의 이름이다. 따라서 보기의 내용들을 먼저 확인한 후에 지문 전반에 걸쳐 해당 정보들을 파악해 비교해서 풀어야 한다. 두 번째 단락의 마지막 문장에 언급된 'we use real customers instead of professionals ~(전문가들 대신 실제 고객들을 활용한다)'에 해당하는 정보를 '소비자 참여'로 바꿔 표현한 (A)가 정답이다.
>
> **어휘** ordinary 보통의, 평범한 short-staffed 직원이 부족한 extensive 대대적인, 광범위한 supply ~을 제공하다 volunteer 자원자
>
> 정답 (A)

167 What can be suggested about the Gigi Cube?

(A) It is made from recyclable materials.
(B) It can be washed in the washing machine.
(C) It comes in several kinds of fabric.
(D) It is intended to be portable.

Gigi Cube에 관해 알 수 있는 것은 무엇인가?

(A) 재활용할 수 있는 재질로 만들어진다.
(B) 세탁기로 세척할 수 있다.
(C) 여러 종류의 직물로 구성되어 있다.
(D) 들고 다닐 수 있도록 고안되었다.

> **추론 | 진위확인**
>
> Gigi Cube는 지문에서 언급하는 제품의 이름이므로 이 제품의 특징에 관한 정보들을 찾아야 한다. 두 번째 단락을 보면, 친구, 가족, 공공장소를 방문할 때 가져가 보라고(taking it with you when visiting friends, family, and public spaces) 했으므로 들고 다닐 수 있는(portable) 제품임을 알 수 있다. 따라서 (D)가 정답이다.
>
> **어휘** recyclable 재활용할 수 있는 washing machine 세탁기 fabric 직물 intended 의도된, 계획된 portable 휴대용의
>
> 정답 (D)

Questions 168-171 refer to the following letter.

Diego Milanesi
4368 Oliverio Drive
Satanta, KS 67870

Dear Mr. Milanesi,

I am writing regarding your submission to the Globe Photography Contest. Your landscape photo entitled *Walk in the Woods* impressed our judging panel due to its unique use of light. **168 Therefore, I am delighted to let you know that your photo has made it to the final round of the competition.** Congratulations! — [1] —. Just for making it this far, you will receive a $50 gift card from Russell Printing, where you can get photos printed in all sizes.

Your photo will be enlarged and put on display, along with those of other semi-finalists, at the Middleton Gallery on 18th Street. — [2] —. Photos will be available for public viewing from Tuesday, September 6 through **169 Saturday, September 10. 169, 171 On Saturday, the winners will be presented plaques and prizes at a wine and cheese reception at 7 P.M. The first-place winner will be getting the photo printed in *Nature Monthly* magazine.** — [3] —. And we're confident that the public exposure would be highly beneficial for the first-place contestant.

In order to help us prepare the right amount of refreshments, **170 please mail back the enclosed form to let us know if you plan to participate in the reception.** — [4] —. We ask that you do so by August 23 at the latest. If you have any questions, feel free to call me at 555-4950, extension 45.

Joyce Parker

168 Why did Ms. Parker send the letter to Mr. Milanesi?

(A) To confirm that an entry is original work
(B) To ask him to vote for his favorite photo
(C) To request that he join a judging panel
(D) To inform him of his status in a contest

169 When will finalists most likely attend an event?

(A) On August 23
(B) On September 1
(C) On September 6
(D) On September 10

| 추론 | 세부사항 |

두 번째 단락 중간 부분을 보면, 9월 10일 토요일에 와인과 치즈가 제공되는 축하 연회에서 최종 우승자를 발표한다고 되어 있으므로 (D)가 정답이다.

어휘 finalist 결승 진출자

정답 (D)

170 What information is Mr. Milanesi asked to provide?

(A) Additional examples of his work
(B) Where he would like materials sent
(C) Whether or not he will join an event
(D) His preference for photo sizes

| 세부사항 | What |

마지막 단락에서, 발신자는 Milanesi 씨에게 축하 연회에 참석할 것인지(if you plan to participate in the reception)를 알려 달라고 했으므로 이를 간략히 줄여 표현한 (C)가 정답이다.

어휘 preference 선호

정답 (C)

171 In which of the positions marked [1], [2], [3], and [4] does the following sentence best belong?

"This is the most exciting prize we have ever offered."

(A) [1]
(B) [2]
(C) [3]
(D) [4]

| 주어진 문장 넣기 | 지시어 단서 |

주어진 문장은 특정 대상을 가리키는 This와 함께 '지금까지 제공했던 것 중에서 가장 흥미로운 상'이라는 의미를 나타낸다. 따라서 특정한 상에 관련한 내용인 문장 다음에 와야 한다는 것을 알 수 있으므로 상패 및 상품 수여 일정을 알리는 문장과 우승자에게 주어지는 혜택이 언급된 문장 다음에 위치한 (C) [3]이 정답이다.

어휘 exciting 흥미로운

정답 (C)

Questions 172-175 refer to the following article. 172-175는 다음 기사를 참조하시오.

Meadowbrook (October 15)—172 The baseball stadium near Reynolds Street subway station is now formally renamed Hennepin Stadium in recognition of the local employer Hennepin Manufacturing, which provides jobs to thousands of people in the area.

"The decision to rename the stadium to honor Hennepin Manufacturing was based not only on the company's good standing in the community, but also 173 its generous investment last year of $3 million toward a plan for site improvements at the stadium," commented John Ross, the chairman of the city council, at a press conference yesterday.

"We were delighted with the news that the baseball stadium would bear the Hennepin name, since it is such a key facility of the community," said Hennepin Manufacturing's public relations director, Kelly Woodruff. "It's also an exciting event to coincide with our 20-year anniversary in business. We know our employees are proud to support the improvements at the stadium and we hope that Meadowbrook residents will enjoy the facility for years to come."

The building improvement project was approved after a survey of visitors revealed that the most common complaint was difficulty in getting to and from the stadium. In response, 175-C the stadium's multi-story parking structure was expanded to accommodate more vehicles. Additionally, 175-B two bus stops were added to the city bus line—one at the east end and one at the west end.

Planners used the remaining funds to install solar panels on a portion of the stadium's roof. 175-A This will allow the complex to operate with less electricity from the city's grid.

Meadowbrook(10월 15일)—172 Reynolds Street 지하철역 근처의 야구 경기장이 지역 내 수천 명의 사람들에게 일자리를 제공하는 지역 사업체인 Hennepin Manufacturing의 공로를 인정하여 172 이제 공식적으로 이름이 Hennepin Stadium으로 변경된다.

"Hennepin Manufacturing의 업적을 기리기 위해 경기장의 이름을 바꾼 것은 지역 사회 내 회사의 명망뿐만 아니라 173 작년에 경기장 부지 개선을 위한 계획에 아낌없이 3백만 달러를 투자한 것에 준한 결정이었습니다."라고 어제 기자 회견에서 시의회 위원장 John Ross 씨가 언급했다.

"야구 경기장은 지역 사회의 주요한 시설이므로 Hennepin이란 이름을 갖게 될 것이라는 소식을 듣고 저희는 기뻤습니다."라고 Hennepin Manufacturing의 홍보 담당자 Kelly Woodruff 씨가 말했다. "이는 또한 저희 회사의 창립 20주년 기념일과 함께 일어난 즐거운 이벤트입니다. 저희는 저희 직원들이 경기장 개선 사업을 후원하는 것을 자랑스러워한다는 것을 알고 있고, Meadowbrook 주민들이 향후 몇 년 동안 그 시설에서 즐거운 시간을 갖기를 바랍니다."

방문객들을 대상으로 한 설문조사에서 가장 큰 불만 사항이 경기장 출입에 대한 어려움이라는 것이 드러난 후 경기장 개선 사업이 승인되었다. 이에 따라, 175-C 더 많은 차량을 수용하기 위하여 경기장의 다층형 주차 건물이 확장되었다. 더불어 175-B 두 개의 버스 정류장이 시내버스 노선에 추가되었는데, 하나는 동쪽 끝에 다른 하나는 서쪽 끝에 있다.

설계자들은 남은 자금을 경기장 지붕 일부에 태양 전지판을 설치하는 데 사용했다. 175-A 이는 단지가 도시 전력망에서 전기를 덜 이용할 수 있도록 해 줄 것이다.

어휘 rename ~에 새 이름을 붙이다 stadium 경기장 in recognition of ~의 공로를 인정하여 honor ~을 기리다 community 지역 사회 generous 후한, 관대한 investment 투자 comment 언급하다 city council 시의회 press conference 기자 회견 delighted 기쁜 bear (이름을) 가지다, 지니다 facility 시설 public relations 홍보 coincide with ~와 동시에 일어나다, 일치하다 proud 자랑스러워하는 for years to come 앞으로 몇 년간 approve ~을 승인하다 reveal ~을 드러내다, 폭로하다 complaint 불만 사항, 불평 in response 이에 대응하여 structure 건물 expand ~을 확장하다 accommodate ~을 수용하다 additionally 더불어 install ~을 설치하다 solar panel 태양 전지판 complex 단지, 복합 건물 grid 전력망

172 According to the article, what has been recently announced?

(A) The winning of a baseball competition
(B) The opening of a production facility
(C) The renaming of a sports complex
(D) The resignation of a city council member

기사에 따르면, 최근 무엇이 발표되었는가?

(A) 야구 경기의 승리
(B) 생산 시설의 개업
(C) 스포츠 종합단지의 이름 변경
(D) 시의회 의원의 사임

세부사항 | What

기사 첫 번째 단락에서 한 야구 경기장의 이름을 Hennepin Stadium으로 변경하겠다고 했으므로 정답은 (C)이다.

어휘 competition 경기, 시합 resignation 사임

정답 (C)

173 What did Hennepin Manufacturing do last year?

(A) Examined feedback from visitors
(B) Moved its headquarters to Meadowbrook
(C) Donated money to a project
(D) Encouraged employees to do volunteer work

Hennepin Manufacturing은 작년에 무엇을 했는가?

(A) 방문객들로부터 받은 피드백을 검토했다.
(B) 본사를 Meadowbrook으로 옮겼다.
(C) 프로젝트에 돈을 기부했다.
(D) 직원들이 봉사활동을 하도록 장려했다.

세부사항 | What

두 번째 단락에서, Hennepin Manufacturing이 작년에 경기장 부지 개선을 위한 계획에 300만 달러를 투자했다고 했으므로 결국 프로젝트에 돈을 기부한 것임을 알 수 있다. 따라서 정답은 (C)이다.

어휘 examine ~을 검토하다 headquarters 본사 donate ~을 기부하다 encourage A to do A가 ~하도록 장려하다

정답 (C)

---

174 The word "bear" in paragraph 3, line 2, is closest in meaning to

(A) recall
(B) uncover
(C) try
(D) carry

세 번째 단락, 두 번째 줄의 단어 "bear"와 의미가 가장 가까운 것은 무엇인가?

(A) 상기시키다
(B) 알아내다
(C) 노력하다
(D) 지니다

동의어 | 동사

bear 뒤에 name이라는 명사가 오면 그 이름을 '가지다'라는 의미다. 따라서 보기 중 이와 가장 의미가 비슷한 (D)가 정답이다.

정답 (D)

---

175 What is NOT mentioned as a benefit of the improvements?

(A) The reduction of energy usage
(B) The expansion of a public transportation route
(C) The addition of more parking spaces
(D) The creation of construction jobs

개선의 이점으로 언급된 것이 아닌 것은?

(A) 에너지 사용의 감소
(B) 대중교통 노선의 확장
(C) 더 많은 주차 공간의 추가
(D) 건설 사업 조성

진위확인 | NOT true

경기장 개선에 관한 세부 내용이 열거된 네 번째와 다섯 번째 단락에서 관련 정보를 찾아 각 보기와 대조해 본다. 네 번째 단락에서 주차 건물이 확장될 것이라고 했고, 버스 노선에도 정류장 2개가 추가될 것이라고 했다. 마지막으로 다섯 번째 단락에서 전기 사용을 줄일 수 있다고 했으므로 보기 중 관련 정보가 언급되지 않은 (D)가 정답이다.

어휘 reduction 감소 expansion 확장 public transportation 대중교통 route 노선 addition 추가

정답 (D)

Questions 176-180 refer to the following advertisement and letter.

Simpson Industries is seeking a hard-working and team-oriented factory supervisor for its branch in Detroit. **176 Simpson Industries is one of the leading producers of automotive components in the nation** and has been for the past three decades. These components have a reputation for their high quality and are used throughout the world.

The factory supervisor will oversee all activities on the production floor. The duties of this position include ensuring safe working conditions in compliance with state and federal regulations, organizing the maintenance and purchase of equipment, and communicating company policies to workers. At least three years of management experience is required.

177 Our facility is open 363 days a year, including most national holidays, and applicants' availability must be able to accommodate this schedule. Managing staffing levels and adapting to changing manpower needs is essential for staying within our labor budget. **179 We use COBRA scheduling software on-site, so applicants must be proficient in using it.**

Those interested in joining our team should download an application at www.simpsonind.com/careers. This should be completed in full and mailed with two letters of recommendation to Attn: Manuel Watts, Simpson Industries, 405 Woodbridge Street, Detroit, MI 48205.

October 16

Attn: Manuel Watts
Simpson Industries
405 Woodbridge Street
Detroit, MI 48205

Dear Mr. Watts,

I am writing on behalf of Mr. Pai, who has applied for the factory supervisor position at Simpson Industries. **180 For the past six of Mr. Pai's eight years with us**, I have been his direct supervisor and have worked closely with him on a daily basis. **178 While working for Newton Co. as a production floor manager, Mr. Pai excelled in promoting cooperation among team members, resulting in a low turnover rate compared to industry averages.** I have also been pleased with his contributions to weekly management meetings. He has shared numerous helpful ideas, many of which have been implemented at our company.

179 I have reviewed the job requirements in your advertisement and can confirm that Mr. Pai meets all of them. Furthermore, surveys from employees, as well as our internal investigations, have indicated that Mr. Pai is fully dedicated to preventing injuries and creating excellent working conditions. We have even sent him to other facilities to advise the managers at those sites.

If you choose to hire Mr. Pai, I am certain that you will be more than satisfied with his talents and attitude. I would be happy to discuss his employment at our company in further detail should you find it necessary. You may contact me at my office at 555-8923, extension 24.

Sincerely,

Jessie Hoyle
Facilities Director, **180** Newton Co.

179 저는 귀사의 채용 공고에 명시된 자격 요건을 검토했고 Pai 씨가 모든 요건에 적합하다고 확신합니다. 더욱이, 내부 조사뿐만 아니라 직원들의 설문조사에서도 Pai 씨는 부상을 막고 우수한 근무 환경을 만드는 데 완전히 헌신한다는 것을 보여주었습니다. 저희는 심지어 다른 시설의 관리자들에게 조언을 해 주도록 그를 보내기도 했습니다.

만약 Pai 씨를 고용하기로 결정하신다면, 그의 재능과 태도에 더없이 만족하시리라 확신합니다. 만약 필요하시다면, 저희 회사에서 그의 고용에 대해 기꺼이 더 자세히 말씀드리겠습니다. 사무실 번호 555-8923에 내선 번호 24로 저에게 연락하실 수 있습니다.

안녕히 계십시오.

Jessie Hoyle
시설 책임자, **180** Newton Co.

어휘 on behalf of ~를 대신하여, ~위해 apply for ~에 지원하다 on a daily basis 매일 excel 능가하다 cooperation 협력 turnover rate 이직률 contribution 공헌, 기여 implement ~을 시행하다 confirm that (진술 등) ~을 진실하다고 확증하다 investigation 조사 indicate that ~임을 보여주다 be dedicated to ~에 전념하다 prevent ~을 막다, 예방하다 injury 부상 satisfied 만족한 attitude 태도 in further detail 더욱 자세하게 extension 내선 번호

176 What is indicated about Simpson Industries?

(A) It has job openings in several departments.
(B) It plans to expand its business to Detroit.
(C) It specializes in manufacturing parts for vehicles.
(D) It has been in operation for three years.

Simpson Industries에 대해 언급된 것은 무엇인가?

(A) 몇몇 부서에 채용 공고가 있다.
(B) 사업을 Detroit로 확장할 계획이다.
(C) 차량의 부품 제조를 전문으로 한다.
(D) 3년간 운영해 왔다.

진위확인 | True

광고의 첫 번째 단락에서 Simpson Industries를 선도적인 자동차 부품 생산업체 중 하나라고 언급했으므로 Simpson Industries는 자동차 부품 제조를 전문으로 하는 회사임을 알 수 있다. 따라서 (C)가 정답이다.

어휘 department 부서 specialize in ~을 전문으로 하다 vehicle 차량, 탈것 in operation 가동 중인, 운영 중인

정답 (C)

177 According to the advertisement, what may be required of the factory supervisor?

(A) Moving heavy items
(B) Passing a health exam
(C) Taking business trips
(D) Working on holidays

광고에 따르면, 공장 관리자는 무엇이 요구되는가?

(A) 무거운 물건을 운반하는 것
(B) 건강검진을 통과하는 것
(C) 출장을 가는 것
(D) 휴일에 근무하는 것

세부사항 | What

광고의 세 번째 단락에서 공장이 공휴일을 포함하여 운영되고 있고 이를 수용할 수 있는 지원자를 찾는다고 했으므로 구인 중인 공장 관리자 직책에 요구되는 것은 휴일 근무이다. 따라서 (D)가 정답이다.

어휘 health exam 건강검진 business trip 출장

정답 (D)

178 What is the purpose of the letter?

(A) To make a job offer to an applicant
(B) To find out more about an open position
(C) To give a favorable assessment of an employee
(D) To describe a hiring process

편지의 목적은 무엇인가?

(A) 한 지원자에게 일자리를 제안하기
(B) 공석에 대해 더 알아보기
(C) 한 직원에 대해 호의적인 평가를 해 주기
(D) 고용 과정을 설명하기

주제/목적 | 목적

편지의 첫 번째 단락에서 입사 지원자 Pai 씨의 이전 회사에서의 업적과 공헌에 대해 설명하고 있으므로 정답은 (C)이다.

어휘 applicant 지원자 find out ~을 알아보다 favorable 호의적인 assessment 평가 describe ~을 설명하다

정답 (C)

---

179 What is suggested about Mr. Pai?

(A) He knows how to use COBRA scheduling software.
(B) He uploaded his résumé to a Web site.
(C) He has taken team-building courses.
(D) He has experience developing policies.

Pai 씨에 관해 알 수 있는 것은 무엇인가?

(A) COBRA 일정 관리 소프트웨어 사용법을 알고 있다.
(B) 웹사이트에 그의 이력서를 올렸다.
(C) 팀 구축 강좌를 수강했다.
(D) 정책을 개발한 경험이 있다.

연계문제 | 추론

광고의 세 번째 단락에서, 일정 관리 프로그램을 능숙하게 다루는 능력을 포함하여 공장 관리직에 필요한 자격 요건을 언급하고 있다. 그리고 편지의 두 번째 단락에서 전 직장 상사는 채용 광고 자격 요건을 모두 검토했고 Pai 씨가 모든 요건에 부합한다고 하였으므로 그가 일정 관리 프로그램을 능숙하게 다룰 수 있다는 것을 알 수 있다. 따라서 (A)가 정답이다.

어휘 résumé 이력서 course 강좌

정답 (A)

---

180 For how long was Mr. Pai employed at Newton Co.?

(A) Three years
(B) Six years
(C) Eight years
(D) Ten years

Pai 씨는 얼마나 오랫동안 Newton Co.에서 근무했는가?

(A) 3년
(B) 6년
(C) 8년
(D) 10년

세부사항 | How

편지의 첫 번째 단락에서, Pai 씨가 Newton Co.에서 근무한 8년 중에서 6년 동안 자신과 근무했다고 했으므로 Pai 씨가 이 회사에서 근무한 총기간은 8년이다. 따라서 (C)가 정답이다.

정답 (C)

Questions 181-185 refer to the following schedule and e-mail.

Gazelle Wine Merchant Delivery Schedule

	Tuesday	Wednesday	183 Thursday	Friday
Morning	Lynwood	Seattle (North)	SeaTac	Renton
183 Afternoon	Edmonds	Seattle (South)	183 Tukwila	Bellevue (North)
Evening	Shoreline	Burien	Kent	Bellevue (South)

Deliveries for shops in the greater Seattle area are as above, excluding holidays.

181 No regular deliveries are scheduled for Mondays, as those are reserved for picking up goods from area wineries. Should you be unable to accept delivery at your regularly scheduled time, please contact Shipping Manager Sabine Korovina at s.korovina@gazellewinemerchant.com.

To: George Hoffman <george@regalgoods.net>
From: Sabine Korovina <s.korovina@gazellewinemerchant.com>
Date: October 28
Subject: RE: Delivery request

Dear Mr. Hoffman,

I hope I can clear up some of the confusion you expressed in your e-mail yesterday. Firstly, 182 it's correct that the regular delivery schedule will be amended for the week beginning November 7 due to the national holiday on Friday, November 11. We plan to move all deliveries up by one day for that week only. 183 That means delivery personnel will visit your store on Wednesday, November 9, rather than Thursday, November 10. You will receive the goods at the usual delivery time, so right after lunch in your case. 184 Our team will be making delivery rounds on Monday, November 7, so I'm afraid we cannot accommodate your request for help in setting up a merchandising display.

The normal delivery schedule will resume from November 14, and I will send one of our merchandising specialists to your shop on that day at 10 A.M. to assist you in preparing the holiday display for Cordova Wines. 185 Don't forget to remove shelving, standing signs, and other items from the place where you want the display to be erected. This will expedite the process. If you have any further questions, please feel free to e-mail me anytime.

Sincerely,

Sabine Korovina

안녕히 계십시오.

Sabine Korovina 드림

어휘 clear up ~을 설명[해결]하다 confusion 혼동, 혼란 amend ~을 수정하다 personnel 직원 rather than ~라기보다는 accommodate (부탁 등) ~을 들어주다 merchandising 판매, 판촉 resume 재개하다 assist A in B A가 B하는 것을 돕다 remove ~을 치우다 shelving 선반 erect ~을 세우다 expedite ~을 신속하게 하다 feel free to do 편하게 ~하다

181 What happens on Mondays?

(A) Deliveries have an extra charge.
(B) The warehouse is closed.
(C) New stock is gathered.
(D) Delivery vehicles are inspected.

월요일마다 무슨 일이 있는가?

(A) 배송에 추가 비용이 있다.
(B) 창고가 문을 닫는다.
(C) 새 물품이 들어온다.
(D) 배송 차량이 점검을 받는다.

┤ 세부사항 | What ├

일정표 두 번째 단락에서 월요일마다 지역 양조장에서 제품을 가져와야 한다고 했으므로 (C)가 정답이다.

어휘 extra 추가의 warehouse 창고 stock 재고(품) gather ~을 모으다 inspect ~을 점검하다

정답 (C)

182 Why did Ms. Korovina write the e-mail?

(A) To introduce a new product
(B) To thank Mr. Hoffman for his purchase
(C) To apologize for an out-of-stock item
(D) To explain changes to a schedule

Korovina 씨는 왜 이메일을 보냈는가?

(A) 신상품을 소개하기 위해
(B) Hoffman 씨에게 구매에 대해 감사하기 위해
(C) 품절된 물품에 대해 사과하기 위해
(D) 일정 변경을 설명하기 위해

┤ 주제/목적 | 목적 ├

이메일의 첫 번째 단락에서 11월 11일이 국경일이기 때문에 7일부터 배송 일정에 변경이 있을 것이라고 했으므로 (D)가 정답이다.

어휘 apologize for ~에 대해 사과하다 out-of-stock 재고가 떨어진 explain ~을 설명하다

정답 (D)

183 Where most likely is Mr. Hoffman's shop?

(A) Bellevue
(B) Burien
(C) Seattle
(D) Tukwila

Hoffman 씨의 가게는 어디에 있을 것 같은가?

(A) Bellevue
(B) Burien
(C) Seattle
(D) Tukwila

┤ 연계문제 | 추론 ├

이메일 첫 번째 단락에서 목요일이 원래 배송일이고 점심 시간 직후가 배달 시간이라고 했으므로 일정표에서 목요일 오후에 배송되는 지역을 확인하면 Hoffman 씨의 가게가 Tukwila에 있음을 알 수 있다. 따라서 (D)가 정답이다.

정답 (D)

184 For when did Mr. Hoffman most likely request merchandising assistance?

(A) November 7
(B) November 9
(C) November 10
(D) November 11

Hoffman 씨는 언제로 제품 판촉 관련 도움을 요청했을 것 같은가?

(A) 11월 7일
(B) 11월 9일
(C) 11월 10일
(D) 11월 11일

| 추론 | 세부사항 |

이메일의 첫 번째 단락 끝부분에 Hoffman 씨가 도움을 요청한 '판촉용 전시의 설치(setting up a merchandising display)'를 언급하면서 '11월 7일 월요일에 배송 업무가 있어 그 요청을 수락할 수 없다'라고 거절하는 내용이 있다. 따라서 Hoffman 씨가 도움을 받기를 원하는 날짜는 11월 7일일 수 있으므로 정답은 (A)이다.

정답 (A)

185 What does Ms. Korovina remind Mr. Hoffman to do?

(A) Order materials for a display
(B) Submit a formal request by e-mail
(C) Clear an area for a display
(D) Confirm his employees' availability

Korovina 씨는 Hoffman 씨에게 무엇을 하도록 상기시키는가?

(A) 전시를 위한 재료를 주문하는 것
(B) 이메일로 공식 요청서를 제출하는 것
(C) 전시를 위한 공간을 치워 두는 것
(D) 직원들이 할 수 있는지 확인하는 것

| 세부사항 | What |

이메일의 두 번째 단락에서 잊지 말고 진열장을 세우길 원하는 곳의 선반과 표지판, 다른 물품을 치워 달라고 했으므로 (C)가 정답이다.

어휘 material 재료 formal 공식적인 clear ~을 치우다 availability 이용할 수 있음, 유용성

정답 (C)

Questions1 86-190 refer to the following e-mail, memo, and Web page. 186-190은 다음 이메일과 메모, 그리고 웹 페이지를 참조하시오.

To: Newscast Radio <feedback@newscastradio.net>
From: Wesley Vincent <w.vincent@wv-enterprises.com>
Date: April 21
Subject: Listener Opinion

To Whom It May Concern:

I have been a big fan of Newscast Radio for many years, particularly the international business broadcasts, as I am the owner of a small steel manufacturing business. I was considering purchasing a Newscast Radio membership, but it seems the membership resources are not very different from what is offered for free to the public. However, 186 if you added transcripts of your radio shows to the membership section, I would definitely sign up. I think a lot of people would like to have access to show transcripts because their schedules may prevent them from listening to your radio channel reliably. Thank you for considering my opinion.

Sincerely,

Wesley Vincent

수신: Newscast Radio <feedback@newscastradio.net>
발신: Wesley Vincent <w.vincent@wv-enterprises.com>
날짜: 4월 21일
제목: 청취자 의견

관계자께:

저는 수년 동안 Newscast Radio의 열혈 팬이었으며, 제가 소규모 철강 제조회사의 소유주이기 때문에 특히 국제 비즈니스 방송을 좋아했습니다. 제가 Newscast Radio의 회원권을 구입하는 것을 고려했었는데, 회원들이 이용할 수 있는 서비스가 일반 대중들에게 무료로 제공되는 것과 크게 다르지 않은 것처럼 보입니다. 하지만 186 회원들을 위한 섹션에 라디오 방송의 대본을 추가해 주신다면 저는 분명 가입할 것입니다. 제 생각엔 많은 사람들이 각자의 일정으로 인해 귀사의 라디오 채널을 제대로 듣지 못할 수도 있기 때문에 방송 대본을 볼 수 있기를 원할 것 같습니다. 제 의견을 고려해 주셔서 감사합니다.

안녕히 계십시오.

Wesley Vincent

어휘 opinion 의견　particularly 특히　broadcast 방송　steel manufacturing business 철강 제조회사　consider -ing ~하는 것을 고려하다　it seems (that) ~인 것 같다　membership resources 회원들이 이용하는 서비스, 자료　different from ~와 다른　for free 무료로　public 일반 대중　add A to B A를 B에 추가하다　transcript 대본, 글로 옮긴 기록　definitely 분명히, 명백히　sign up 가입하다, 등록하다　have access to ~을 이용하다, ~에 접근하다　prevent A from -ing A가 ~하지 못하게 하다, A가 ~하는 것을 막다　reliably 확실히, 견실히

To: Newscast Radio Reporters
From: Kong Wei
188 Date: May 3
Subject: Weekly Meeting

For those of you who weren't at this morning's meeting, I wanted to provide a brief overview of what we covered.

Construction is well underway on Florence Tower, which will be our new headquarters building. 189 We are scheduled to move in sometime in September, when the work is completed. Details about preparing for the relocation will be provided as the moving date nears.

In addition to the daily news, we have identified several topics for in-depth analysis, each forming a four-part series to be broadcast next month. The selected topics are the increase in the popularity of digital currencies, 187 the prime minister race in Canada, and the bankruptcy proceedings for Reyna Enterprises. 187 These will be researched by Sara, Yuiko, and Manjit, respectively.

수신: Newscast Radio 기자 여러분
발신: Kong Wei
188 날짜: 5월 3일
제목: 주간 회의

오늘 아침 회의에 참석하지 않으신 분들을 위해, 우리가 다뤘던 것에 관해 간략한 개요를 설명해 드리고자 합니다.

우리의 새 본사 건물이 될 Florence Tower의 공사는 아주 잘 진행되고 있습니다. 189 우리는 모든 공사가 완료되면 9월 중에 이전할 예정입니다. 건물 이전 준비에 관한 세부 사항은 이사 날짜가 가까워지는 대로 제공될 것입니다.

일상적인 소식 외에, 심층 분석이 필요한 여러 주제들을 확인했으며, 각각은 네 파트의 시리즈로 구성되어 다음 달에 방송됩니다. 선정된 주제들은 전자 화폐의 인기 증가, 187 캐나다 총리 경선, 그리고 Reyna Enterprises의 파산 절차입니다. 187 이 주제들은 각각 Sara와 Yuiko, 그리고 Manjit 씨에 의해 취재될 것입니다.

188 Patrick, from the IT department, was supposed to give us a demonstration of the new video conferencing equipment, but this was postponed, as he is still awaiting the shipment. Most likely, this will be done next week.

188 IT 부서의 Patrick 씨가 새로운 화상 회의 장비에 대해 시연할 예정이었지만, 아직 물품 배송을 기다리고 있어서 연기되었습니다. 이는 다음 주에 수행될 가능성이 가장 큽니다.

어휘 brief 간략한   overview 개요   cover (주제 등) ~을 다루다   underway 진행 중인   headquarters 본사   be scheduled to do ~할 예정이다   complete ~을 완료하다   detail 세부 사항, 상세 정보   prepare for ~을 준비하다   relocation (위치) 이전   near ~이 가까워지다, 다가오다   in addition to ~ 외에도   identify ~을 확인하다   several 여러 가지의   in-depth 심층적인   analysis 분석   form ~을 구성하다, 형성하다   selected 선별된   increase in ~의 증가   popularity 인기   digital currency 전자 화폐   prime minister 총리   race 경선   bankruptcy 파산   proceedings 절차   respectively 각각   be supposed to do ~할 예정이다, ~하기로 되어 있다   give A a demonstration A에게 시연하다   video conferencing 화상 회의   equipment 장비   postpone ~을 연기하다

---

https://www.newscastradio.net/updates

Changes at Newscast Radio   **189** Posted November 4

Newscast Radio is delighted to announce an upgrade to its membership services. **186** Transcripts of all broadcasts will now be available to download from the membership section of our Web site. Click here to enroll in our membership program for just $3.95 per month.

189 We will be moving into our new headquarters building this month. In addition to offering more space for our staff, it will have a visitor area on the first floor where members of the public can learn about our business, listen to live broadcasts, and enjoy a drink from the on-site café.

190 We're also thrilled to welcome back to our team Mr. Reynaldo Carter. Many of you may remember him from his "Fact Focus" interviews.

---

https://www.newscastradio.net/updates

Newscast Radio의 변화   **189** 게시일 11월 4일

Newscast Radio는 자사의 회원 서비스 향상을 알려 드리게 되어 매우 기쁩니다. **186** 모든 방송의 대본을 이제 저희 웹사이트의 회원 섹션에서 다운로드받을 수 있게 될 것입니다. 여기를 클릭하셔서 매달 단 3.95달러에 이용 가능한 회원 프로그램에 가입하시기 바랍니다.

189 저희는 이번 달에 새로운 본사 건물로 이전할 예정입니다. 직원들에게 더 넓은 공간을 제공하는 것 외에도, 1층에 방문객 공간이 생길 것이며 이곳에서 일반인 회원께서 저희 회사에 대해 더 많은 것을 아실 수 있고 생방송을 듣거나 건물 내 카페에서 음료를 즐기실 수도 있습니다.

190 또한, 저희 팀에 다시 돌아오신 Reynaldo Carter 씨를 환영하게 되어 대단히 기쁩니다. 많은 분들께서 '사실 집중' 인터뷰로 이분을 기억하고 계실 것입니다.

어휘 be delighted to do ~해서 매우 기쁘다   announce ~을 발표하다   enroll in ~에 등록하다   per month 매달   on-site 건물 내의   be thrilled to do ~해서 대단히 기쁘다, 흥분되다   remember A from B B로부터 A를 기억하다

---

186 What is suggested about Mr. Vincent?

(A) He travels internationally for his business.
(B) He is a new Newscast Radio listener.
(C) He will most likely sign up for a membership.
(D) He thinks the Newscast Radio signal is unreliable.

Vincent 씨에 관해 알 수 있는 것은 무엇인가?

(A) 사업상 해외로 출장을 다닌다.
(B) Newscast Radio의 새로운 청취자이다.
(C) 회원으로 가입할 가능성이 클 것이다.
(D) Newscast Radio 신호가 믿을 만하지 못하다고 생각한다.

연계문제 | 추론

Vincent 씨가 쓴 이메일인 첫 지문의 중간 부분에서, 라디오 방송의 대본이 있다면 회원으로 가입할 것이라고(if you added transcripts of your radio shows to the membership section, I would definitely sign up) 알리고 있는데, 마지막 지문의 첫 단락에서 방송 대본을 다운로드받을 수 있다고(Transcripts of all broadcasts will now be available to download) 되어 있다. 이를 통해 Vincent 씨가 회원으로 가입할 가능성이 큰 것으로 판단할 수 있으므로 (C)가 정답이다.

어휘 internationally 해외로   unreliable 믿을 수 없는

정답 (C)

187 Who will research a national election?

(A) Kong
(B) Sara
(C) Yuiko
(D) Manjit

누가 전국 선거를 취재할 것인가?

(A) Kong
(B) Sara
(C) Yuiko
(D) Manjit

세부사항 | Who

'선거'와 관련된 내용은 두 번째 지문의 세 번째 단락의 방송 주제들이 열거된 부분에 제시되어 있다. 여기서 '캐나다의 총리 경선(the prime minister race in Canada)'이 나열된 주제에서 두 번째로 언급되어 있고, Sara와 Yuiko, 그리고 Manjit 씨가 각각(respectively) 세 가지 주제가 언급된 순서대로 취재한다고 알리고 있으므로 두 번째로 언급된 (C) Yuiko가 정답이다.

정답 (C)

---

188 What is mentioned about the video conferencing equipment?

(A) It is easy for users to operate.
(B) It can be checked out from Patrick.
(C) It was funded with a budget surplus.
(D) It was not delivered by May 3.

화상 회의 장비에 관해 언급된 것은 무엇인가?

(A) 사용자들이 작동하기 쉽다.
(B) Patrick으로부터 대여될 수 있다.
(C) 여분의 예산으로 비용이 충당되었다.
(D) 5월 3일까지 배송되지 않았다.

진위확인 | True

화상 회의 장비에 대한 정보는 두 번째 지문의 마지막 단락에 쓰여 있다. 이 부분에서 장비가 아직 도착하지 않았음을 알 수 있는데(he is still awaiting the shipment), 지문 상단에 이 이메일의 작성 날짜가 5월 3일(May 3)로 되어 있으므로 이와 같은 정보들을 종합하면 5월 3일까지 장비가 배송되지 않았음을 알 수 있다. 따라서 (D)가 정답이다.

어휘 check out from ~에서 빌리다　fund ~에 자금을 제공하다　budget 예산　surplus 과잉

정답 (D)

---

189 What is implied about Florence Tower?

(A) Its construction was delayed.
(B) It is near public transportation.
(C) It has a high level of security.
(D) It will be featured in a news story.

Florence Tower에 관해 유추할 수 있는 것은 무엇인가?

(A) 공사가 지연되었다.
(B) 대중교통과 가까운 곳에 있다.
(C) 보안 수준이 엄격하다.
(D) 뉴스 소식에서 다뤄질 것이다.

연계문제 | 추론

Florence Tower에 관련된 정보는 먼저 두 번째 지문의 두 번째 단락에서 찾아볼 수 있다. 여기서 '공사가 완료되는 9월 중에 그 건물로 이전한다(We are scheduled to move in sometime in September)'고 되어 있는데, 게시일이 11월 4일(Posted November 4)로 되어 있는 세 번째 지문의 두 번째 단락에서 '이번 달에 새 본사 건물로 이전한다(We will be moving into our new headquarters building this month)'고 알리고 있다. 이를 통해 공사가 늦게 완료되었음을 알 수 있으므로 (A)가 정답이다.

어휘 public transportation 대중교통　security 보안

정답 (A)

---

190 What is indicated about Mr. Carter?

(A) He worked for Newscast Radio in the past.
(B) He is in charge of the membership program.
(C) He will interview a local celebrity.
(D) He provides tours of Florence Tower.

Carter 씨에 관해 알 수 있는 것은 무엇인가?

(A) 과거에 Newscast Radio에서 일했다.
(B) 회원 프로그램을 책임지고 있다.
(C) 지역의 유명 인사를 인터뷰할 것이다.
(D) Florence Tower 견학을 제공한다.

진위확인 | True

Carter 씨의 이름은 Newscast Radio의 웹 페이지 게시물인 세 번째 지문의 마지막 단락에서 찾아볼 수 있다. 여기서 다시 돌아온 Carter 씨를 환영한다고 되어 있고(welcome back to our team Mr. Reynaldo Carter), 이 사람을 기억할 수 있는 과거의 프로그램 이름을 언급하는 것으로 볼 때(Many of you may remember him from his "Fact Focus" interviews), Carter 씨는 Newscast Radio에서 일한 적이 있는 사람임을 알 수 있으므로 (A)가 정답이다.

어휘 be in charge of ~을 책임지고 있다　celebrity 유명 인사

정답 (A)

Questions 191-195 refer to the following e-mails and report.

To: Derek Mohr <d.mohr@jarvissolutions.com>
From: Clara Campbell <c.campbell@jarvissolutions.com>
Date: March 14
Subject: ERS United

Dear Mr. Mohr,

I am waiting at the airport for my return flight to Seattle. **192** I gave the sales presentation to representatives from ERS United. Because the prototype for our water filtration system was too large to take on the plane, I shipped it directly to the ERS United offices using Dobbs Couriers. However, due to a problem with the shipment, **191** I had to skip the thirty-minute demonstration that I had planned for the last part of the talk. Fortunately, some of my slides included video clips of the device in use, but I don't think it was enough. **192** I'll have to arrange another trip here to give a full demonstration.

I contacted Dobbs Couriers earlier today and made a formal complaint about the matter. I'll give you more details about ERS United tomorrow at the office.

Sincerely,

Clara Campbell
Sales Representative, Jarvis Solutions

Dobbs Couriers Weekly Incident Report: March 10-16

Submitted by Jacqueline Roberts

The number of incidents with customer deliveries was higher than last week but was still within the accepted range. The summary is included below.

Incident Reported	Transaction ID	Description of Incident	Insurance Purchased	Status
March 11	48502	Lost package	$100	Trace placed on package
March 12	59641	Incorrect address	None	Package rerouted

March 14	**194, 195** 29482	**194** Damaged contents	**195** $500	Pending
March 16	37709	Late delivery	$200	Pending

---

194 To: Clara Campbell <c.campbell@jarvissolutions.com>
From: Dobbs Couriers <cservice@dobbscouriers.com>
Date: March 16
Subject: Your Delivery
Attached: voucher_#01125

Dear Ms. Campbell,

194, 195 On behalf of Dobbs Couriers, I would like to sincerely apologize for the disappointing experience you had with your recent delivery (transaction #29482). We understand that this was a great inconvenience for you. You had requested a reimbursement of $1,200 for travel expenses related to this matter. Unfortunately, we cannot reimburse you for any losses other than those directly related to the package. As you insured the contents, **195** you will receive the full amount of your insurance coverage, and this will be sent to your company's bank account directly. Also, I have attached a voucher for $50 off your next shipment with us by way of apology.

Thank you for your understanding,

Jacqueline Roberts
Customer Service Agent, Dobbs Couriers

191 What is indicated about Ms. Campbell's presentation?

(A) It was supposed to be given by Mr. Mohr.
(B) It resulted in a new client contract.
(C) It included a question-and-answer session.
(D) It was shorter than originally planned.

Campbell 씨의 발표에 관해 알 수 있는 것은 무엇인가?
(A) Mohr 씨에 의해 진행될 예정이었다.
(B) 새로운 고객과의 계약으로 이어졌다.
(C) 질의응답 시간이 포함되어 있었다.
(D) 애초에 계획된 것보다 더 짧았다.

진위확인 | True

Campbell 씨의 발표와 관련된 정보가 제시되어 있는 첫 지문의 첫 단락을 보면, 예정되어 있던 30분간의 시연회를 건너 뛰어야 했다고(I had to skip the thirty-minute demonstration that I had planned for the last part of the talk) 되어 있으므로 발표가 원래 계획보다 짧아졌음을 알 수 있다. 따라서 (D)가 정답이다.

어휘 result in ~을 야기하다   question-and-answer 질의응답의   originally 애초에, 원래

정답 (D)

---

192 What is suggested about ERS United?

(A) It plans to form a partnership.
(B) It is located in Seattle.
(C) It needs to be visited again.
(D) Its meeting was canceled.

ERS United에 관해 알 수 있는 것은 무엇인가?
(A) 제휴 관계를 맺을 계획이다.
(B) Seattle에 위치해 있다.
(C) 다시 방문될 것이다.
(D) 회의가 취소되었다.

추론 | 진위확인

첫 번째 지문의 첫 단락 끝부분을 보면, 이 이메일을 쓴 Campbell 씨가 '다시 ERS United를 방문할 일정을 잡아야 할 것(I'll have to arrange another trip here to give a full demonstration)'이라고 알리고 있으므로 이에 대해 언급한 (C)가 정답이다.

어휘 partnership 제휴 관계

정답 (C)

---

193 In the report, the word "range" in paragraph 1, line 2, is closest in meaning to

(A) variety
(B) limit
(C) distance
(D) ability

보고서에서, 첫 번째 단락, 두 번째 줄의 단어 "range"와 의미가 가장 가까운 것은 무엇인가?
(A) 갖가지
(B) 허용치
(C) 거리
(D) 능력

동의어 | 명사

"range"가 쓰여 있는 문장을 보면, '여전히 용인되는 범위에 있다'는 의미를 나타내기 위해 range가 사용되었으므로 '허용 범위'를 의미하는 (B) limit가 가장 유사한 의미를 지닌 단어임을 알 수 있다.

정답 (B)

---

194 What problem did Ms. Campbell have with her delivery?

(A) It could not be found by Dobbs Couriers.
(B) It was sent to the wrong address.
(C) It arrived at the site in damaged condition.
(D) It was delivered later than scheduled.

Campbell 씨는 자신의 배송 물품에 대해 무슨 문제점을 겪었는가?
(A) Dobbs Couriers에 의해 찾을 수 없었다.
(B) 잘못된 주소로 보내졌다.
(C) 손상된 상태로 배송지에 도착했다.
(D) 예정보다 늦게 배송되었다.

연계문제 | 세부사항

Campbell 씨의 배송 물품과 관련해, 세 번째 지문의 초반부에 언급된 정보를 보면 거래 번호가 '29482'로 제시되어 있으며, 두 번째 지문의 도표에서 이 번호로 된 배송 물품의 상태를 파악해 보면 내용물이 손상된 것(Damaged contents)으로 기재되어 있으므로 (C)가 정답이다.

어휘 condition 상태

정답 (C)

195 How much will be sent to Jarvis Solutions' bank account?

(A) $100
(B) $200
(C) $500
(D) $1,200

Jarvis Solutions의 은행 계좌로 얼마가 송금될 것인가?

(A) 100달러
(B) 200달러
(C) 500달러
(D) 1,200달러

연계문제 | 세부사항

Jarvis Solutions의 은행 계좌로 송금되는 비용과 관련된 정보는 세 번째 지문의 후반부에 쓰여 있는데, '보험 처리 비용 전액이 회사의 계좌로 송금될 것(you will receive the full amount of your insurance coverage, and this will be sent to your company's bank account ~)'이라고 했다. 두 번째 지문의 도표에서 해당 물품의 보험 비용을 찾아보면 500달러라고 쓰여 있으므로 (C)가 정답이다.

정답 (C)

Questions 196-200 refer to the following instructions, letter, and text message.

Instructions for Song Submissions

Congratulations on having your song selected to be featured in an upcoming film by Coburn Studios. Please follow the instructions below to expedite the approval process.

— Review the terms and conditions of the licensing agreement carefully before signing it.
— Because some of the words may be difficult to understand, 196 please supply us with the lyrics to the song that will be used.
— 197 If other musicians are in your recording (for example, background singers, drummers, guitarist, etc.), you must get their consent for the song to be used. This must be done even if you are the song's writer. 197 Consent forms for this purpose are available at www.coburn-studios.com/consent. The signed forms can be submitted by mail or scanned and sent by e-mail.
— Please note that the song may be used only partially or in its entirety, at the discretion of the director.

Coburn Studios
469 Athens Avenue
New York, NY 10021
www.coburn-studios.com

September 27

Daphne Gallagher
3198 Ferguson Street
Westborough, MA 01581

Dear Mr. Gallagher,

197 I have received all the necessary consent forms, so I can confirm that your song *Daylight Dreams* will be used in our upcoming documentary, *Beyond Politics*. I'm also pleased to hear that 198 you will be able to attend the debut screening onsite at our studio on December 10. I have enclosed four tickets for you and any guests you may want to bring along. 200 Someone from my team will pick you and your party up at your hotel to transport you to the studio.

We're glad you can be a part of this event, and we thank you once again for your contribution. Feel free to call me at (212) 555-9785 if you have any questions, but please note that I only take calls on this number during business hours.

All the best,

¹⁹⁸ Jerald Hornsby
Junior Producer, Coburn Studios

저희는 귀하께서 이번 행사에 참여하시게 된 것에 대해 기쁘게 생각하며, 귀하의 공헌에 다시 한 번 감사드립니다. 궁금하신 점이 있으시면 언제든지 제게 (212) 555-9785로 전화 주셔도 좋지만, 업무 시간에는 이 번호로 오는 전화만 받는다는 점에 유의하시기 바랍니다.

안녕히 계십시오.

¹⁹⁸ Jerald Hornsby
부 제작 책임자, Coburn Studios

어휘 receive ~을 받다 necessary 필요한 confirm that ~임을 확인하다 attend ~에 참석하다 debut screening 개봉 기념 시사회 onsite 현장에서 enclose ~을 동봉하다 bring along ~을 데리고 오다 pick A up A를 차로 데리러 가다 party 일행 transport A to B A를 B로 이동시키다 contribution 공헌 feel free to do 마음껏 ~하다 business hour 업무 시간

From: Michael Spence
Sent: December 10, 5:35 P.M.
To: Daphne Gallagher

²⁰⁰ Hi, this is Michael Spence. I'm on my way to pick you up and take you to the studio. I'll be at your hotel in about twenty minutes, and I will wait for you near the main entrance. I'm driving a white SUV with a CS logo on the side. See you soon.

발신: Michael Spence
전송: 12월 10일, 오후 5:35
수신: Daphne Gallagher

²⁰⁰ 안녕하세요, 저는 Michael Spence입니다. 귀하를 모셔서 스튜디오로 데려다 드리기 위해 가는 중입니다. 약 20분 후에 머물고 계신 호텔에 도착할 것이며, 중앙 출입구 근처에서 기다리고 있겠습니다. 저는 차량 측면에 CS 로고가 표시된 흰색 SUV를 운전하고 있습니다. 곧 뵙겠습니다.

어휘 on one's way 가는 중인, 오는 중인 about 약, 대략 near ~의 근처에 on the side 측면에

---

196 What do the instructions tell musicians to do?

(A) Shorten the length of the song
(B) Offer different versions of the song
(C) Provide words to the song
(D) E-mail a copy of the song

안내는 음악가들에게 무엇을 하라고 말하는가?

(A) 노래 길이를 줄일 것
(B) 노래의 다른 버전을 제공할 것
(C) 노래 가사를 제공할 것
(D) 노래 사본을 이메일로 보낼 것

> **세부사항 | What**
>
> 첫 지문에 제시된 상세 안내 정보들 중에서, 두 번째 항목에 스튜디오에서 사용할 가사를 제공해 달라고(please supply us with the lyrics to the song that will be used) 요청하는 부분이 있으므로 이에 대해 언급한 (C)가 정답이다.
>
> **어휘** shorten ~을 줄이다
>
> 정답 (C)

197 What is suggested about *Daylight Dreams*?

(A) Its duration is much longer than average.
(B) It has appeared in several documentary films.
(C) It was originally written by Mr. Hornsby.
(D) It includes performances by multiple musicians.

〈Daylight Dreams〉에 관해 알 수 있는 것은 무엇인가?

(A) 재생 시간이 평균보다 훨씬 더 길다.
(B) 여러 다큐멘터리 영화에 수록됐었다.
(C) 원래 Hornsby 씨가 쓴 것이다.
(D) 여러 음악가의 연주를 포함한다.

> **연계문제 | 추론**
>
> 〈Daylight Dreams〉는 다큐멘터리 영화에 사용될 음악으로 두 번째 지문의 시작 부분에 언급되어 있다. 여기서 모든 동의서 양식을 받았다는 정보가 함께 제시되어 있는데(I have received all the necessary consent forms), 이와 관련해 첫 지문의 중간 부분을 보면 다른 음악가들이 함께 녹음할 경우에 꼭 동의서를 받으라고 알리는 내용이 있다(If other musicians are in your recording ~, you must get their consent for the song to be used). 따라서 다양한 음악가들이 참여하게 되어 그들로부터 동의서를 받았다는 것을 알 수 있으므로 (D)가 정답이다.
>
> **어휘** duration 지속 시간 average 평균 multiple 다수의, 다양한
>
> 정답 (D)

198 According to Mr. Hornsby, what will Coburn Studio do in December?

(A) Send a payment to a film's contributor
(B) Start an ad campaign for *Beyond Politics*
(C) Show a movie for the first time
(D) Enter a documentary contest

Hornsby 씨에 따르면, Coburn Studios는 12월에 무엇을 할 것인가?

(A) 영화에 공헌한 사람들에게 비용을 지급할 것이다.
(B) 〈Beyond Politics〉를 위한 광고 캠페인을 시작할 것이다.
(C) 영화 한 편을 처음으로 선보일 것이다.
(D) 다큐멘터리 대회에 참가할 것이다.

세부사항 | What

Hornsby 씨의 이름은 두 번째 지문의 끝부분에서 확인할 수 있으며 이를 통해 이 편지를 작성한 사람이자 Coburn Studios에 소속된 사람임을 알 수 있다. 편지 첫 단락을 보면 12월 10일에 스튜디오 현장에서 개봉 기념 시사회가 열린다는 정보가 제시되어 있으므로(~ you will be able to attend the debut screening onsite at our studio on December 10) 이를 통해 알 수 있는 사실인 (C)가 정답이다.

어휘 contributor 공헌자 enter (대회 등) ~에 참가하다, 출전하다

정답 (C)

199 In the letter, the word "take" in paragraph 2, line 3, is closest in meaning to

(A) choose
(B) accept
(C) carry
(D) remove

편지에서, 두 번째 단락, 세 번째 줄의 단어 "take"와 의미가 가장 가까운 것은 무엇인가?

(A) 선택하다
(B) 받아들이다
(C) 나르다
(D) 제거하다

동의어 | 동사

해당 문장은 Hornsby 씨가 자신에게 연락할 수 있는 방법을 알려 주는 내용을 담고 있으며, 동사 take의 목적어로 calls가 쓰인 것으로 볼 때 '전화를 받다'라는 의미를 나타낸다는 것을 알 수 있다. 따라서 '~을 받다, 받아들이다'라는 의미로 쓰이는 (B) accept가 정답이다.

정답 (B)

200. Who most likely is Mr. Spence?

(A) The director of *Beyond Politics*
(B) Mr. Hornsby's coworker
(C) A hotel employee
(D) Ms. Gallagher's manager

| 연계문제 | 추론 |

Spence 씨는 세 번째 지문인 문자 메시지의 발신인이다. 이 메시지에서 Spence 씨는 Gallagher 씨에게 스튜디오로 모셔다 드리러 가는 중이라고 알리고 있다. 이와 관련해 두 번째 지문의 첫 단락 끝부분을 보면, Hornsby 씨의 팀원 중 누군가가 Gallagher 씨의 일행이 스튜디오로 갈 수 있도록 호텔에 차로 모시러 간다고(Someone from my team will pick you and your party up at your hotel to transport you to the studio) 했으므로 Spence 씨는 Hornsby 씨의 동료직원이다. 따라서 (B)가 정답이다.

어휘 coworker 동료직원

정답 (B)

Spence 씨는 누구일 것 같은가?

(A) 〈Beyond Politics〉의 감독
(B) Hornsby 씨의 동료직원
(C) 호텔 직원
(D) Gallagher 씨의 매니저

점수 환산표

맞은 개수	환산 점수	맞은 개수	환산 점수
96-100	465-495	41-45	115-155
91-95	415-470	36-40	95-130
86-90	380-425	31-35	70-105
81-85	350-390	26-30	55-90
76-80	320-365	21-25	40-70
71-75	290-335	16-20	30-55
66-70	260-305	11-15	20-45
61-65	230-275	6-10	15-30
56-60	200-245	1-5	5-15
51-55	170-215	0	5
46-50	145-185		

나의 점수 향상표

TEST	맞은 개수	환산 점수
TEST 01		
TEST 02		
TEST 03		
TEST 04		
TEST 05		
TEST 06		
TEST 07		
TEST 08		
TEST 09		
TEST 10		

2017년 12월 2주 YES24 국어 외국어 사전>영어>토익/TOEIC 주별 베스트 1위
2017년 12월 6일~9일 YES24 국어 외국어 사전 일별 베스트 1위
(2011.08~2014.04 토익시험 대비특강 / 2014.06~2016.03 영단기 적중특강 조회수 합산기준, 중복 조회자 포함)
네이버 취업카페 스펙업 회원 선정 2012 BEST 토익 강사 1위
(2012.6.20~6.27 스펙업 회원 대상, 투표참여 인원 : 209명 / 편미디어 조사)

영단기 토익 RC 대표
정재현

가장 선호하는 토익 교재 브랜드

영단기가 만든 <영단기 신토익 RC> 저자
영단기 신토익 입문서 <영단기 신토익 스타트 RC> 저자
<정재현의 신토익 RC 종결노트 3종 : 강의노트, 복습노트, 실전노트>저자
<영단기 토익 RC> 저자
<여기서 다 나온다 20일 속성> 교재 저자
<영단기 토익 기출 보카> 교재 저자

*<정재현의 신토익 RC 종결노트 3종 : 강의노트, 복습노트, 실전노트>는 영단기에서만 구매 가능

결과로 증명된 BEST 강사!
적중모의고사 560만 View 이상
네이버 취업카페 스펙업 회원 선정
BEST 토익 강사 1위

토익 시험장 가기 전, 실전 감각을 더욱 높여줄
정재현 선생님만의 특별한 콘텐츠!

시험 직전 마지막 실전 마무리!
정재현의 적중모의고사

토익 직전,
점수를 올려줄
적중 문제를 확인하라!

**핵심 출제 포인트까지
한 번에 잡을 무료 특강!**

시험장에 가져가야 할, 단 한 권의 노트
新토익 적중노트

시험 D-7, 하루 30분으로
시험 준비 끝!

시험 바로 직전까지
반드시 알아야 하는
전략만 제공합니다.

지금 영단기 홈페이지에 접속하시면 정재현 선생님의 모든 강좌를 확인하실 수 있습니다.

영단기 토익 교재

입문서

영단기 신토익 스타트 LC   영단기 신토익 스타트 RC   영단기 영문법 스타트

기본서

목표 점수 800+   목표 점수 900+

기적의 토익 기출 LC   기적의 토익 기출 RC   영단기 토익 LC   영단기 토익 RC   영단기 토익 기출보카

필기노트   LC+RC 통합 기본서

영단기 700+ 기적의 필기노트   영단기 토익 만점자 필기노트 PART 5 문법   영단기 토익 LC+RC 700+한 달에 끝내기   정재현 토익 똑똑한 기본서 LC+RC

기술서/요약서

  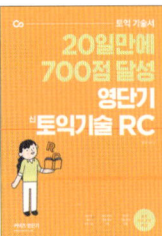   

영단기 토익 기술 LC   영단기 토익 기술 실전문제집 LC   영단기 토익 기술 RC   영단기 토익 기술 실전문제집 RC   영단기 신토익 LC 20일 속성   영단기 신토익 RC 20일 속성

파트별 교재

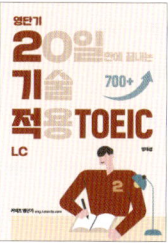   

| 영단기 2기적 토익 LC | 영단기 2기적 토익 PART 5&6 | 영단기 2기적 토익 PART 7 | 영단기 토익 PART 7 유형별 공식 40 |

실전모의고사

영단기 신토익 LC+RC 빈출모의고사 / 영단기 토익 실전 1000제 1 LC / 영단기 토익 실전 1000제 1 RC / 영단기 토익 실전 1000제 2 LC / 영단기 토익 실전 1000제 2 RC

영단기 오픽 & 토익스피킹 교재

영단기 OPIc / 영단기 OPIc 실전모의고사 / 영단기 토익스피킹 / 영단기 토익스피킹 기술 / 영단기 토익스피킹 실전모의고사

영단기 지텔프 교재

지텔프 기출문제 Level 2 / 지텔프 독해 유형별 기출문제 Level 2 / 지텔프 문법 유형별 기출문제 Level 2

누적 수강생 수 756만*,
수강후기 31만*으로 검증된 강의력.
10년째 영단기를 꾸준히 찾는 이유!
* 영단기 수강생 설문조사 결과 영단기 찾는 이유 1위 강사진 54% (2020년 10월 27~31일)
* 영단기 사이트 내 수강후기 누적건수 314,439개 (2020년 11월 23일 기준)

영단기만의 압도적 강사진

그동안 경험할 수 없던 차원이 다른 강의력!
지금 영단기에서 경험해보세요!

커넥츠 영단기 eng.conects.com